深圳市安车检测股份有限公司
Shenzhen Anche Technologies Co., Ltd.

公司简介

深圳市安车检测股份有限公司创建于2006年，是国内机动车检测行业整体解决方案提供商，于2016年12月成功上市(股票名称：安车检测，股票代码：300572)。公司是集研发、生产、销售与服务全系列在用机动车检测系统、联网监管系统、机动车驾驶人考试系统、环境监测系统、整车厂新车下线检测系统等解决方案为一体的国家级高新技术企业。

公司检测技术实力雄厚，拥有专业的技术研发团队，曾多次参与国家标准和行业标准的起草与修订，现拥有79项专利(13项发明专利，63项实用新型)及90项软件著作权，并拥有多项先进的独创技术。公司有完善的服务体系，通过专业服务人员为用户提供持续高效的技术支持与服务，确保用户的投资价值和回报。公司将一如既往地秉承品质服务，坚持自主创新，为世界汽车后市场树立中国品牌。

资质荣誉

国家高新技术企业

政府采购优秀供应商

中国汽车保修设备行业协会
副会长单位

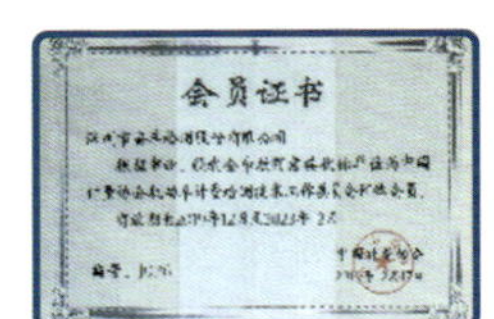

中国计量协会机动车计量检测技术工作委员会 团体会员

深圳市高新技术企业

深圳市软件行业协会 会员单位

全国汽保企业管理现代化创新成果

中国汽车维修行业协会
常务理事单位

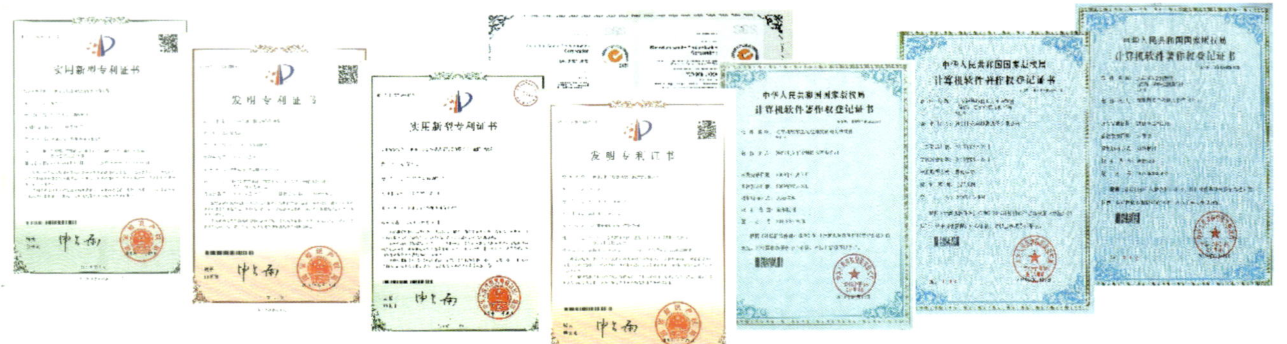
专利技术证书

主营业务

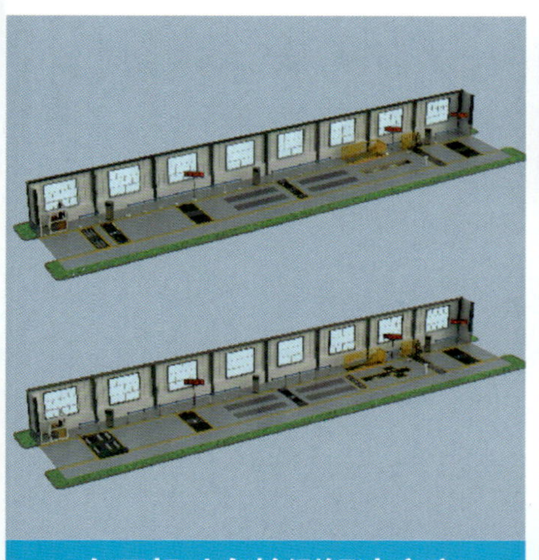
在用机动车检测解决方案

行业监管联网平台

环境监测解决方案

机动车驾驶人考试系统

整车厂新车下线检测解决方案

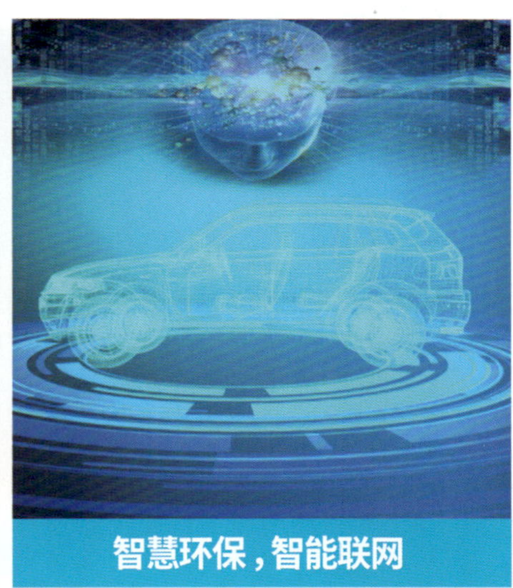
智慧环保，智能联网

深圳市安车检测股份有限公司

热线：400-7777-266

网址：www.anche.cn

地址：深圳市南山区学府路63号高新区
联合总部大厦35楼

官网

微信公众号

成都成保发展股份有限公司

公司简介

成都成保发展股份有限公司（简称“成保公司”），前身为交通部成都汽车保修机械厂，创建于1970年，原为国家二级企业，2002年国企改制后，作为子公司进入成都禾嘉集团，现位于成都市新都工业东区。

成保公司拥有近五十年的发展历史，是伴随我国机动车检测事业的发展而成长壮大的，二十世纪八十年代中期，由交通部统一部署，以成保为主，原交通部公路科学研究所参与，在国内组织开发汽车安全检测设备，包括汽车速度表检验台、汽车制动检验台、汽车侧滑检验台、前照灯检测仪、底盘测功机（水冷式），于1987年相继完成并通过相关部门组织验收，正式注册“成保”品牌（CB）。从此，“成保牌”检测设备在行业内家喻户晓。随后几年成保公司又引进日本技术，经消化吸收并国产化形成产品，大量投放到国内市场及返销到日本及其他国家和地区，填补了国内安检、综检行业的空白。1998年，成保公司派遣专家到美国学习工况法技术，于2000年研制出国内第一台工况法底盘测功机及控制系统，于2003年形成产品并首先全面推向北京市场。目前，公司已累计销售汽车综安检线2000余条、工况法环保检测线800余条，得到了社会的高度认可。

荣誉证书

成保公司是行业内少有的集研发、生产、销售、服务为一体的综合性公司，现有员工200余人。作为推动行业技术发展的先行者，公司汇集了一大批机械、电子、软件方面的高学历、高技能人才，既有享受国务院津贴的专家、教授级高工等高级技术人才，也有各类优秀的工程管理及生产管理人才。公司累计参与起草国标及行业标准20余项，获得专利证书近30项，两次获得国家科技进步奖，并成功将技术推广应用到部队及国外市场。今天的成保，始终秉承专业、创新之理念，在新时代将继续砥砺前行，不忘初心，精益求精，与时俱进，为检测行业的发展再度增辉。

机动车检测设备国家计量技术规范和标准汇编

广告目录

鸣谢单位 冠名权

浙江江兴汽车检测设备有限公司 徐益东
山东盛大高诚测控技术有限公司 董海峰 刘勇
山东正能汽车检测装备有限公司 梁绍敏 张民
石家庄华燕交通科技有限公司 周豫 张广现
珠海市圣丰机动车辆检测设备有限公司 张艺龄 王文滔
佛山分析仪有限公司 张伟 邱文华
烟台开发区海德科技有限公司 张念坤 宋立国
河北中航检测技术服务有限公司 陈继武
上海三骏通讯设备技术有限公司 朱忠弟
中山市卡特世检测设备科技有限公司 梁孝武

机动车检测设备
国家计量技术规范和标准汇编
（2020 年）

中国标准出版社　编

中国标准出版社

北　京

图书在版编目(CIP)数据

机动车检测设备国家计量技术规范和标准汇编：2020年/中国标准出版社编.—北京：中国标准出版社，2020.11
ISBN 978-7-5066-9753-8

Ⅰ.①机… Ⅱ.①中… Ⅲ.①机动车-车辆检测器-技术规范-汇编-中国 Ⅳ.①U472.9-65

中国版本图书馆CIP数据核字(2020)第205230号

中国标准出版社出版发行
北京市朝阳区和平里西街甲2号(100029)
北京市西城区三里河北街16号(100045)

网址 www.spc.net.cn
总编室：(010)68533533 发行中心：(010)51780238
读者服务部：(010)68523946

中国标准出版社秦皇岛印刷厂印刷
各地新华书店经销

*

开本 880×1230 1/16 印张 40.5 字数 1 218 千字
2020年11月第一版 2020年11月第一次印刷

*

定价 208.00 元

出版说明

为了满足机动车检测设备计量技术发展的需要，加强标准化管理，促进相关计量技术规范和标准的贯彻与实施，更好地满足机动车检测设备计量技术人员和管理人员的需求，中国标准出版社组织有关人员根据机动车检测设备国家计量技术规范和标准使用的实际情况，收集了截至2019年12月发布的、现行有效的相关国家计量技术规范和标准，并汇编成册。

本汇编收入国家标准2项，计量技术规范32项，可为机动车检测设备计量技术人员和管理人员提供较完整的参考资料，方便查阅。

读者在使用本汇编时请注意以下几点：

1. 由于时效性，本汇编所收入的国家计量技术规范和标准内容可能被修订或重新制定，请读者使用时注意采用最新的有效版本。

2. 鉴于国家计量技术规范和标准出版年代不尽相同，对于其中的量和单位不统一之处及格式不一致之处未做改动。

本汇编在资料收集和编辑过程中难免会有疏漏和错误，敬请广大读者批评指正。

编　者

2020年9月

目　　录

中华人民共和国国家计量检定规程

JJG 688—2017

汽车排放气体测试仪

Vehicle Exhaust Emissions Measuring Instruments

2017-11-20 发布　　　　2018-05-20 实施

国家质量监督检验检疫总局 发布

汽车排放气体测试仪检定规程

Verification Regulation of Vehicle Exhaust Emissions Measuring Instruments

JJG 688—2017
代替 JJG 688—2007

归 口 单 位：全国法制计量管理计量技术委员会

主要起草单位：内蒙古自治区计量测试研究院
广东省计量科学研究院
中国计量协会

参加起草单位：吉林省计量科学研究院
北京市计量检测科学研究院
佛山分析仪有限公司

本规程委托全国法制计量管理计量技术委员会负责解释

本规程主要起草人：

闫　军（内蒙古自治区计量测试研究院）

权小箐（广东省计量科学研究院）

罗新元（中国计量协会）

参加起草人：

陈林颖（内蒙古自治区计量测试研究院）

刘　育（北京市计量检测科学研究院）

房法成（吉林省计量科学研究院）

何桂华（佛山分析仪有限公司）

引　言

本规程是以JJF 1002—2010《国家计量检定规程编写规则》、JJF 1001—2011《通用计量术语及定义》、JJF 1059.1—2012《测量不确定度评定与表示》为基础，对JJG 688—2007版进行修订。

与JJG 688—2007相比，除编辑性修改外主要变化如下：

——删除了“范围”中“型式评价试验的相关项目可参照本规程执行”。

——删除了“引用文件”中JJF 1001—1998《通用计量术语及定义》和JJF 1059—1999《测量不确定度评定与表示》，增加了GB/T 11606《分析仪器环境试验方法》。

——调整了“术语和计量单位”的内容。

——调整了“概述”的内容。

——删除了“计量性能要求”中零位漂移、示值漂移以及对“Ⅱ级测试仪”的要求。增加了绝缘强度、稳定性要求，“测量范围”调整为“最小测量范围”，调整了O_2的分辨力的技术要求。

——调整了“检定项目”和“检定方法”的内容，删除了零位漂移和示值漂移，增加了绝缘强度、稳定性，对示值误差、重复性、响应时间的内容进行了调整。

——调整了“附录B”“附录C”“附录D”的内容。

——删除了“附录E”“附录F”。

本规程的历次版本发布情况：

——JJG 688—2007；

——JJG 688—1990。

汽车排放气体测试仪检定规程

1 范围

本规程适用于汽车排放气体测试仪（以下简称测试仪）的首次检定、后续检定和使用中检查，测试仪最小测量范围应满足 HC：(0～2 000)×10^{-6}；CO：(0.00～5.00)×10^{-2}；CO_2：(0.0～16.0)×10^{-2}；NO：(0～4 000)×10^{-6}；O_2：(0.0～21.0)×10^{-2}。

2 引用文件

本规程引用下列文件：

JJF 1481—2014 汽车排放气体测试仪型式评价大纲

GB/T 11606 分析仪器环境试验方法

GB 18285—2005 点燃式发动机汽车排气污染物排放限值及测量方法（双怠速法及简易工况法）

ISO/PAS 3930：2009（E） 测量车辆废气排放的仪器 计量和技术要求；计量管理和性能测试（Instruments for measuring vehicle exhaust emissions-Metrological and technical requirements; Metrological control and performance tests）

凡是注日期的引用文件，仅注日期的版本适用于本规程；凡是不注日期的引用文件，其最新版本（包括所有的修改单）适用于本规程。

3 术语和计量单位

3.1 术语和定义

JJF 1481—2014 界定的及以下术语和定义适用于本规程。

3.1.1 不分光红外分析法 non-dispersed infrared spectroscopic analysis（JJF 1481—2014，3.1）

基于不同的气体分子（CO、CO_2、HC 等）对光吸收的特征波长不同的原理，将不分光的红外光线通过某种气体，根据其对不同波长光的吸收程度确定气体中某类气体的浓度的分析方法。

3.1.2 电化学分析法 electrochemical analysis（JJF 1481—2014，3.2）

基于气体对电化学原理工作的敏感电极表面进行氧化（或还原）反应，随着气体的浓度变化反应电流也变化的原理，根据反应电流的大小确定气体浓度的分析方法。

3.2 计量单位

测试仪采用法定计量单位，各组分气体含量的测量结果用体积分数表示，其中：

CO、CO_2、O_2体积分数表示为“%”或“×10^{-2}”；

HC、NO 体积分数表示为“×10^{-6}”。

4 概述

测试仪是用来测量点燃式发动机汽车排放气体浓度的仪器。

测试仪结构一般由取样探头、水分离器、过滤器、测量单元、数据处理系统、显示器件和控制、调节、辅助装置等部分组成。

测试仪对 HC、CO 和 CO_2的测量一般采用不分光红外分析方法，对 O_2和 NO 的测量可采用电化学分析法或其他等效方法进行。

5 计量性能要求

5.1 显示分辨力

测试仪显示分辨力见表 1。

表 1 测试仪显示分辨力

HC	CO	CO_2	NO	O_2	
				≤4%	>4%
1×10^{-6}	0.01×10^{-2}	0.1×10^{-2}	1×10^{-6}	0.01×10^{-2}	0.1×10^{-2}

5.2 示值误差

各等级测试仪示值误差不超过表 2、表 3、表 4 规定的最大允许误差。

表 2 00 级测试仪最大允许误差

气体种类	最小测量范围	最大允许误差	
		绝对误差表示	相对误差表示
HC	$(0\sim2000)\times10^{-6}$	$\pm4\times10^{-6}$	±3%
CO	$(0.00\sim5.00)\times10^{-2}$	$\pm0.02\times10^{-2}$	±3%
CO_2	$(0.0\sim16.0)\times10^{-2}$	$\pm0.3\times10^{-2}$	±3%
NO	$(0\sim4\ 000)\times10^{-6}$	$\pm25\times10^{-6}$	±4%
O_2	$(0.0\sim21.0)\times10^{-2}$	$\pm0.1\times10^{-2}$	±5%
注：满足最大允许误差两种表示（绝对误差表示、相对误差表示）中的任一要求即可。			

表 3 0 级测试仪最大允许误差

气体种类	最小测量范围	最大允许误差	
		绝对误差表示	相对误差表示
HC	$(0\sim2\ 000)\times10^{-6}$	$\pm10\times10^{-6}$	±5%
CO	$(0.00\sim5.00)\times10^{-2}$	$\pm0.03\times10^{-2}$	±5%
CO_2	$(0.0\sim16.0)\times10^{-2}$	$\pm0.5\times10^{-2}$	±5%
NO	$(0\sim4\ 000)\times10^{-6}$	$\pm25\times10^{-6}$	±4%
O_2	$(0.0\sim21.0)\times10^{-2}$	$\pm0.1\times10^{-2}$	±5%
注：满足最大允许误差两种表示（绝对误差表示、相对误差表示）中的任一要求即可。			

表 4　Ⅰ级测试仪最大允许误差

气体种类	最小测量范围	最大允许误差	
		绝对误差表示	相对误差表示
HC	$(0\sim2\ 000)\times10^{-6}$	$\pm12\times10^{-6}$	±5%
CO	$(0.00\sim5.00)\times10^{-2}$	$\pm0.06\times10^{-2}$	±5%
CO_2	$(0.0\sim16.0)\times10^{-2}$	$\pm0.5\times10^{-2}$	±5%
NO	$(0\sim4\ 000)\times10^{-6}$	$\pm25\times10^{-6}$	±4%
O_2	$(0.0\sim21.0)\times10^{-2}$	$\pm0.1\times10^{-2}$	±5%
注：满足最大允许误差两种表示（绝对误差表示、相对误差表示）中的任一要求即可。			

5.3　稳定性

1 h 内，测试仪的示值误差不超过最大允许误差。

5.4　重复性

示值重复性不大于其最大允许误差绝对值的 1/3。

5.5　响应时间

测试仪各通道的响应时间见表 5。

表 5　各通道响应时间要求

准确度等级	HC、CO、CO_2	NO	O_2
00 级和 0 级	不大于 8 s	不大于 15 s	不大于 60 s
Ⅰ级	不大于 12 s		

6　通用技术要求

6.1　外观及一般要求

6.1.1　测试仪应有下列标志：名称、型号、编号、制造厂名（或商标）、出厂日期和电源电压、制造计量器具许可证号和丙烷/正己烷当量系数（P. E. F.）。

6.1.2　各种调节旋钮、按键和开关均能正常工作，无松动现象，电缆线的接插件应接触良好。

6.2　电气安全性能

6.2.1　绝缘电阻

绝缘电阻在试验电压为 500 V 时应大于 20 MΩ。

6.2.2　绝缘强度

应能承受电压为 1.5 kV、频率为 50 Hz 交流电压，在 1 min 内无击穿及飞弧现象。

7　计量器具控制

计量器具控制包括首次检定、后续检定和使用中检查。

7.1　检定条件

7.1.1 环境条件

环境温度：5 ℃～40 ℃。

相对湿度：≤85%。

电源：额定电压 187 V～242 V；频率 50 Hz±1 Hz。

大气压力：86 kPa～106 kPa。

7.1.2 检定用仪器设备

检定用仪器设备如表 6 所示。

表 6 检定用计量器具和设备一览表

序号	名称	测量范围	主要性能指标
1	标准气体	见附录 A	
2	电子秒表	——	分辨力不大于 0.1 s 日差：±0.5 s
3	浮子流量计	(0～10) L/min	4.0 级
4	绝缘电阻表	不小于 20 MΩ (500 V)	10 级
5	耐压试验仪	1.5 kV、50 Hz	5 级
6	空盒气压表	(800～1 060) hPa	不超过±2.5 hPa

7.2 检定项目

检定项目如表 7 所示。

表 7 检定项目一览表

检定项目		首次检定	后续检定	使用中检查
外观及一般要求		+	+	+
电气安全性能	绝缘电阻	+	—	—
	绝缘强度	+	—	—
显示分辨力		+	—	—
示值误差		+	+	+
稳定性		+	+	—
重复性		+	+	+
响应时间		+	—	—
注："+"表示需检定的项目，"—"表示不需检定的项目。				

7.3 检定方法

7.3.1 通用技术要求

7.3.1.1 外观及一般要求

通过目测和手动检查，应符合 6.1 的要求。

7.3.1.2 电气安全性能

1）使测试仪处于非工作状态，电源开关置于接通位置。

2）用绝缘电阻表在测试仪电源插头的相、中线端与机壳或保护接地端之间施加500 V直流电压，稳定5 s后测量测试仪的绝缘电阻值。

3）用绝缘强度测试仪在测试仪电源插头的相、中线端与机壳或保护接地端之间施加电压1.5 kV、频率50 Hz交流电，历时1 min，观察是否击穿及飞弧现象。应符合6.2的要求。

7.3.2 计量性能要求

7.3.2.1 显示分辨力

开机后观察测试仪显示屏，应符合5.1的要求。

7.3.2.2 示值误差

1）接通电源，按测试仪说明书规定的时间预热。

2）预热完成后启动气泵，调好测试仪的零位后将气泵关闭或使用附录A.6的气体调零。

3）向测试仪通入4号标准气体，调整测试仪的示值，使其与标准气体的标称值相符；启动气泵，排除测试仪中标准气体至测试仪回复零位，气泵关闭。

4）向测试仪通入1号标准气体，待示值稳定后，记录测试仪相应示值。启动气泵，排出测试仪中标准气体至测试仪回复零位，气泵关闭。测量3次。

5）分别向测试仪通入2号、3号和4号标准气体，按步骤4）进行测量。

按公式（1）和公式（2）计算示值误差。

$$\Delta_i=\overline{C}_{di}-C_s \tag{1}$$

$$\delta_i=\frac{\overline{C}_{di}-C_s}{C_s}\times 100\% \tag{2}$$

式中：

Δ_i——第i号标准气体通入时，测试仪示值绝对误差，$i=1$，2，3，4；

$\overline{C}_{di}$——第i号标准气体通入时，3次测试仪示值的平均值；

C_s——第i号标准气体的标称值；

δ_i——第i号标准气体通入时，测试仪示值相对误差。

示值误差应符合5.2中最大允许误差的要求。

7.3.2.3 稳定性

1）接通电源，按测试仪说明书规定的时间预热。

2）预热完成后启动气泵，通入清洁的空气，调好测试仪的零位后将气泵关闭。

3）向测试仪通入4号标准气体，调整测试仪的示值，使其与标准气体的标称值一致；开启气泵，排除测试仪中标准气体至测试仪回复零位。

4）关闭气泵，向测试仪通入3号标准气体，待示值稳定后，记录测试仪相应示值。开启气泵。

5）测试仪继续运行，每隔30 min，重复步骤4）。1 h共记录3次示值。

按公式（3）和公式（4）计算每次示值误差。

$$\Delta_3=C_{d3}-C_3 \tag{3}$$

$$\delta_3=\frac{C_{d3}-C_3}{C_3}\times 100\% \tag{4}$$

式中：

Δ_3——第 3 号标准气体通入时，测试仪示值绝对误差；

C_{d3}——第 3 号标准气体通入时，测试仪示值；

C_3——第 3 号标准气体的标称值；

δ_3——第 3 号标准气体通入时，测试仪示值相对误差。

稳定性应符合 5.3 的要求。

7.3.2.4 重复性

1）开启气泵，通入清洁的空气，调整好测试仪零位。

2）关闭气泵。通入 1 号标准气体，待示值稳定后，记录测试仪相应示值。开启气泵，排出测试仪中标准气体至测试仪回复零位。

3）重复上述 2）步骤 6 次。

按公式（5）和公式（6）计算重复性：

$$s_A=\sqrt{\frac{1}{n-1}\sum_{i=1}^{n}(C_i-\overline{C})^2} \tag{5}$$

式中：

s_A——重复性（以实验标准偏差表示）；

C_i——第 i 次通入标准气体时的示值；

$\overline{C}$——6 次测量值的算术平均值；

n——检定的次数，$n=6$ 。

$$s_a=\frac{s_A}{\overline{C}}\times 100\% \tag{6}$$

式中：

s_a——重复性（以相对实验标准偏差表示）；

s_A——重复性（以实验标准偏差表示）；

$\overline{C}$——6 次测量值的算术平均值。

重复性应符合 5.4 的要求。

7.3.2.5 响应时间

1）接通电源，按测试仪说明书规定的时间预热，对测试仪进行调零和示值调整。

2）如图 1 所示，连接标准气体钢瓶、减压阀、节流阀、浮子流量计、三通接头、气囊及 5 m 采样管等。开启标准气体钢瓶的阀门，二位三通电磁阀通电（P、A 通），再启动测试仪气泵。调节节流阀，使通入测试仪的标准气体的流量能够维持图 1 中的气囊不要处于真空，也不要充盈。待测试仪示值稳定后，记下各通道的示值。断开二位三通电磁阀电源（O、A 通），使清洁空气通入测试仪，调零。重新打开钢瓶阀门，然后给二位三通电磁阀通电（P、A 通），使标准气体（附录 A.5）进入测试仪。同时，用秒表分别测量从二位三通电磁阀接通瞬间至测试仪各通道（除氧气外）的示值达到其稳定值的 90％时的时间间隔。记录秒表的读数；对于测试仪氧气通道，用秒表测量从二位三通电磁阀接通瞬间至测试仪示值达到与其稳定值之差小于 0.1%时的时间间隔。记录秒表的读数。

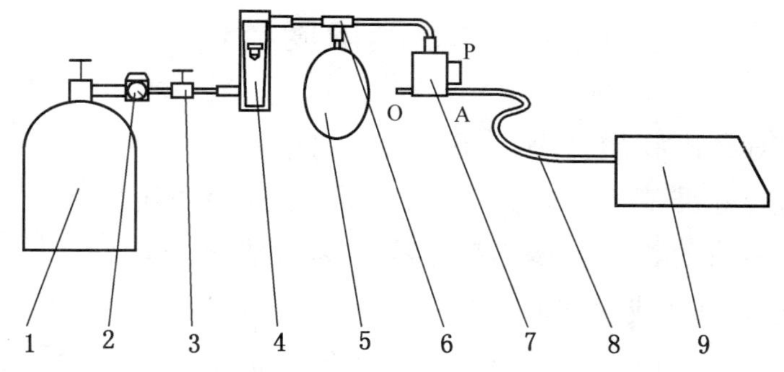

图 1　响应时间检定示意图

1—标准气体钢瓶；2—减压阀；3—节流阀；4—浮子流量计；5—气囊；6—三通接头；7—二位三通电磁阀；8—5 m 采样管；9—测试仪

3）重复 2）的操作 2 次，计算 3 次测量结果的算术平均值。

按公式（7）计算响应时间。

$$\overline{T}=\frac{T_1+T_2+T_3}{3} \tag{7}$$

式中：

$\overline{T}$——3 次响应时间测量值的算术平均值，s；

T_1，T_2，T_3——3 次响应时间测量值，s。

响应时间应符合 5.5 的要求。

8　检定结果的处理

经检定合格的测试仪，发给检定证书；检定不合格的测试仪，发给检定结果通知书，并注明不合格项目。

9　检定周期

测试仪的检定周期一般不超过 1 年。修理后按首次检定进行。

附录A

标准气体及其浓度要求

A.1 标准气体应具有标准物质证书，在有效期内使用。

A.2 标准气体配制的标准值应不超过表A.1所规定标准值的±15%。

A.3 标准气体的标准值的相对扩展不确定度应为（或优于）1%。对于NO标准气体，其相对扩展不确定度应为（或优于）2%。

A.4 示值误差、重复性和稳定性检定用标准气体的标准值见表A.1，按照测试仪标注的测试气体种类配制成单组分标准气体或多组分标准气体，但不允许气体之间发生反应。

表A.1 示值误差、重复性和稳定性检定用标准气体的标准值

气体名称	序号			
	1号	2号	3号	4号
氮中丙烷气体标准物质	200×10^{-6}	960×10^{-6}	$1\,920\times10^{-6}$	$3\,200\times10^{-6}$
氮中一氧化碳气体标准物质	0.5×10^{-2}	2.4×10^{-2}	3.6×10^{-2}	4.8×10^{-2}
氮中二氧化碳气体标准物质	3.6×10^{-2}	6.0×10^{-2}	7.2×10^{-2}	12.0×10^{-2}
氮中氧气气体标准物质	0.5×10^{-2}	5×10^{-2}	10×10^{-2}	20.9×10^{-2}
氮中一氧化氮气体标准物质	300×10^{-6}	900×10^{-6}	$1\,800\times10^{-6}$	$3\,000\times10^{-6}$

A.5 仪器响应时间检定用标准气体见表A.2。

表A.2 响应时间检定用标准气体的标准值

气体名称	气体的体积分数
氮中丙烷气体标准物质	$1\,920\times10^{-6}$
氮中一氧化碳气体标准物质	4.8×10^{-2}
氮中二氧化碳气体标准物质	12.0×10^{-2}
氮中氧气气体标准物质	0.5×10^{-2}
氮中一氧化氮气体标准物质	900×10^{-6}

A.6 检定过程中对测试仪调零应按照实际需要采用纯度不低于99.99%的高纯氮气、含氧量为（20.9%±0.1%）的配制空气或清洁的空气。

附录 B

检定原始记录格式

送检单位			记录/证书编号		
仪器生产厂		型号规格		出厂编号	
		级别			
检定用计量标准装置和标准器信息					
计量标准装置	名称	测量范围	不确定度/准确度等级/最大允许误差	计量标准证书编号	有效期至
标准器	名称	测量范围	不确定度/准确度等级/最大允许误差	检定/校准证书编号	有效期至
环境温度		相对湿度		大气压	
检定日期		检定地点			
检定员		核验员			
结论					
检定项目					
外观及一般要求					
气体种类	显示分辨力				
HC（$\times10^{-6}$）					
CO（$\times10^{-2}$）					
CO_2（$\times10^{-2}$）					
O_2（$\times10^{-2}$）					
NO（$\times10^{-6}$）					

示值误差

气体种类	标准值	测量值				绝对误差	相对误差
		1	2	3	平均值		
HC（$\times10^{-6}$）							

表（续）

<table>
<tr><td colspan="9">**示值误差**</td></tr>
<tr><td rowspan="2">气体种类</td><td rowspan="2">标准值</td><td colspan="4">测 量 值</td><td rowspan="2">绝对误差</td><td rowspan="2">相对误差</td></tr>
<tr><td>1</td><td>2</td><td>3</td><td>平均值</td></tr>
<tr><td rowspan="4">CO
(×10^{-2})</td><td></td><td></td><td></td><td></td><td></td><td></td><td></td></tr>
<tr><td></td><td></td><td></td><td></td><td></td><td></td><td></td></tr>
<tr><td></td><td></td><td></td><td></td><td></td><td></td><td></td></tr>
<tr><td></td><td></td><td></td><td></td><td></td><td></td><td></td></tr>
<tr><td rowspan="4">CO_2
(×10^{-2})</td><td></td><td></td><td></td><td></td><td></td><td></td><td></td></tr>
<tr><td></td><td></td><td></td><td></td><td></td><td></td><td></td></tr>
<tr><td></td><td></td><td></td><td></td><td></td><td></td><td></td></tr>
<tr><td></td><td></td><td></td><td></td><td></td><td></td><td></td></tr>
<tr><td rowspan="4">O_2
(×10^{-2})</td><td></td><td></td><td></td><td></td><td></td><td></td><td></td></tr>
<tr><td></td><td></td><td></td><td></td><td></td><td></td><td></td></tr>
<tr><td></td><td></td><td></td><td></td><td></td><td></td><td></td></tr>
<tr><td></td><td></td><td></td><td></td><td></td><td></td><td></td></tr>
<tr><td rowspan="4">NO
(×10^{-6})</td><td></td><td></td><td></td><td></td><td></td><td></td><td></td></tr>
<tr><td></td><td></td><td></td><td></td><td></td><td></td><td></td></tr>
<tr><td></td><td></td><td></td><td></td><td></td><td></td><td></td></tr>
<tr><td></td><td></td><td></td><td></td><td></td><td></td><td></td></tr>
</table>

<table>
<tr><td colspan="11">**稳定性**</td></tr>
<tr><td rowspan="2">气体种类</td><td rowspan="2">标准值</td><td colspan="3">测 量 值</td><td colspan="3">绝对误差</td><td colspan="3">相对误差</td></tr>
<tr><td>0 min</td><td>30 min</td><td>1 h</td><td>0 min</td><td>30 min</td><td>1 h</td><td>0 min</td><td>30 min</td><td>1 h</td></tr>
<tr><td>HC
(×10^{-6})</td><td></td><td></td><td></td><td></td><td></td><td></td><td></td><td></td><td></td><td></td></tr>
<tr><td>CO
(×10^{-2})</td><td></td><td></td><td></td><td></td><td></td><td></td><td></td><td></td><td></td><td></td></tr>
<tr><td>CO_2
(×10^{-2})</td><td></td><td></td><td></td><td></td><td></td><td></td><td></td><td></td><td></td><td></td></tr>
<tr><td>O_2
(×10^{-2})</td><td></td><td></td><td></td><td></td><td></td><td></td><td></td><td></td><td></td><td></td></tr>
<tr><td>NO
(×10^{-6})</td><td></td><td></td><td></td><td></td><td></td><td></td><td></td><td></td><td></td><td></td></tr>
</table>

表（续）

重复性										
气体种类	标准值	测　　量　　值							标准偏差	相对标准偏差
		1	2	3	4	5	6	平均		
HC $(\times10^{-6})$										
CO $(\times10^{-2})$										
CO_2 $(\times10^{-2})$										
O_2 $(\times10^{-2})$										
NO $(\times10^{-6})$										

响应时间					
气体种类	标准值	1	2	3	平均值
HC $(\times10^{-6})$					
CO $(\times10^{-2})$					
CO_2 $(\times10^{-2})$					
O_2 $(\times10^{-2})$					
NO $(\times10^{-6})$					

电气安全性能	
绝缘电阻（500 V）	
绝缘强度（1.5 kV、50 Hz）	

附录 C

检定证书内页格式

<table>
<tr><td rowspan="2">计量标准装置</td><td>名称</td><td>测量范围</td><td colspan="2">不确定度/准确度等级/最大允许误差</td><td colspan="2">计量标准证书编号</td><td colspan="2">有效期至</td></tr>
<tr><td></td><td></td><td colspan="2"></td><td colspan="2"></td><td colspan="2"></td></tr>
<tr><td rowspan="3">标准器</td><td>名称</td><td>测量范围</td><td colspan="2">不确定度/准确度等级/最大允许误差</td><td colspan="2">检定/校准证书编号</td><td colspan="2">有效期至</td></tr>
<tr><td></td><td></td><td colspan="2"></td><td colspan="2"></td><td colspan="2"></td></tr>
<tr><td></td><td></td><td colspan="2"></td><td colspan="2"></td><td colspan="2"></td></tr>
<tr><td>序号</td><td colspan="2">检定项目</td><td colspan="6">检定结果</td></tr>
<tr><td>1</td><td colspan="2">外观及一般要求</td><td colspan="6"></td></tr>
<tr><td>2</td><td colspan="2">显示分辨力</td><td colspan="6"></td></tr>
<tr><td>3</td><td colspan="8">示值误差</td></tr>
<tr><td rowspan="6"></td><td colspan="2">通　道</td><td colspan="3">绝对误差</td><td colspan="3">相对误差</td></tr>
<tr><td colspan="2">HC</td><td colspan="3"></td><td colspan="3"></td></tr>
<tr><td colspan="2">CO</td><td colspan="3"></td><td colspan="3"></td></tr>
<tr><td colspan="2">CO_2</td><td colspan="3"></td><td colspan="3"></td></tr>
<tr><td colspan="2">NO</td><td colspan="3"></td><td colspan="3"></td></tr>
<tr><td colspan="2">O_2</td><td colspan="3"></td><td colspan="3"></td></tr>
<tr><td>4</td><td colspan="8">重复性</td></tr>
<tr><td rowspan="6"></td><td colspan="2">通　道</td><td colspan="3">标准偏差</td><td colspan="3">相对标准偏差</td></tr>
<tr><td colspan="2">HC</td><td colspan="3"></td><td colspan="3"></td></tr>
<tr><td colspan="2">CO</td><td colspan="3"></td><td colspan="3"></td></tr>
<tr><td colspan="2">CO_2</td><td colspan="3"></td><td colspan="3"></td></tr>
<tr><td colspan="2">NO</td><td colspan="3"></td><td colspan="3"></td></tr>
<tr><td colspan="2">O_2</td><td colspan="3"></td><td colspan="3"></td></tr>
<tr><td>5</td><td colspan="8">稳定性</td></tr>
<tr><td rowspan="7"></td><td colspan="2" rowspan="2">通　道</td><td colspan="3">绝对误差</td><td colspan="3">相对误差</td></tr>
<tr><td>0 min</td><td>30 min</td><td>1 h</td><td>0 min</td><td>30 min</td><td>1 h</td></tr>
<tr><td colspan="2">HC</td><td></td><td></td><td></td><td></td><td></td><td></td></tr>
<tr><td colspan="2">CO</td><td></td><td></td><td></td><td></td><td></td><td></td></tr>
<tr><td colspan="2">CO_2</td><td></td><td></td><td></td><td></td><td></td><td></td></tr>
<tr><td colspan="2">NO</td><td></td><td></td><td></td><td></td><td></td><td></td></tr>
<tr><td colspan="2">O_2</td><td></td><td></td><td></td><td></td><td></td><td></td></tr>
</table>

表（续）

序号	检定项目	检定结果	
6	响应时间		
	通　道	时间/s	
	HC		
	CO		
	CO_2		
	NO		
	O_2		
7	电气安全性能	绝缘电阻	
		绝缘强度	

附录 D

检定结果通知书内页格式

<table>
<tr><td rowspan="2">计量标准装置</td><td>名称</td><td>测量范围</td><td colspan="2">不确定度/准确度等级/最大允许误差</td><td colspan="2">计量标准证书编号</td><td colspan="2">有效期至</td></tr>
<tr><td></td><td></td><td colspan="2"></td><td colspan="2"></td><td colspan="2"></td></tr>
<tr><td rowspan="3">标准器</td><td>名称</td><td>测量范围</td><td colspan="2">不确定度/准确度等级/最大允许误差</td><td colspan="2">检定/校准证书编号</td><td colspan="2">有效期至</td></tr>
<tr><td></td><td></td><td colspan="2"></td><td colspan="2"></td><td colspan="2"></td></tr>
<tr><td></td><td></td><td colspan="2"></td><td colspan="2"></td><td colspan="2"></td></tr>
<tr><td>序号</td><td colspan="2">检定项目</td><td colspan="6">检定结果</td></tr>
<tr><td>1</td><td colspan="2">外观及一般要求</td><td colspan="6"></td></tr>
<tr><td>2</td><td colspan="2">显示分辨力</td><td colspan="6"></td></tr>
<tr><td>3</td><td colspan="8">示值误差</td></tr>
<tr><td rowspan="6"></td><td colspan="2">通　道</td><td colspan="3">绝对误差</td><td colspan="3">相对误差</td></tr>
<tr><td colspan="2">HC</td><td colspan="3"></td><td colspan="3"></td></tr>
<tr><td colspan="2">CO</td><td colspan="3"></td><td colspan="3"></td></tr>
<tr><td colspan="2">CO_2</td><td colspan="3"></td><td colspan="3"></td></tr>
<tr><td colspan="2">NO</td><td colspan="3"></td><td colspan="3"></td></tr>
<tr><td colspan="2">O_2</td><td colspan="3"></td><td colspan="3"></td></tr>
<tr><td>4</td><td colspan="8">重复性</td></tr>
<tr><td rowspan="6"></td><td colspan="2">通　道</td><td colspan="3">标准偏差</td><td colspan="3">相对标准偏差</td></tr>
<tr><td colspan="2">HC</td><td colspan="3"></td><td colspan="3"></td></tr>
<tr><td colspan="2">CO</td><td colspan="3"></td><td colspan="3"></td></tr>
<tr><td colspan="2">CO_2</td><td colspan="3"></td><td colspan="3"></td></tr>
<tr><td colspan="2">NO</td><td colspan="3"></td><td colspan="3"></td></tr>
<tr><td colspan="2">O_2</td><td colspan="3"></td><td colspan="3"></td></tr>
<tr><td>5</td><td colspan="8">稳定性</td></tr>
<tr><td rowspan="7"></td><td colspan="2" rowspan="2">通　道</td><td colspan="3">绝对误差</td><td colspan="3">相对误差</td></tr>
<tr><td>0 min</td><td>30 min</td><td>1 h</td><td>0 min</td><td>30 min</td><td>1 h</td></tr>
<tr><td colspan="2">HC</td><td></td><td></td><td></td><td></td><td></td><td></td></tr>
<tr><td colspan="2">CO</td><td></td><td></td><td></td><td></td><td></td><td></td></tr>
<tr><td colspan="2">CO_2</td><td></td><td></td><td></td><td></td><td></td><td></td></tr>
<tr><td colspan="2">NO</td><td></td><td></td><td></td><td></td><td></td><td></td></tr>
<tr><td colspan="2">O_2</td><td></td><td></td><td></td><td></td><td></td><td></td></tr>
</table>

表（续）

<table>
<tr><th>序号</th><th>检定项目</th><th colspan="2">检定结果</th></tr>
<tr><td>6</td><td colspan="3">响应时间</td></tr>
<tr><td rowspan="6"></td><td>通　道</td><td colspan="2">时间/s</td></tr>
<tr><td>HC</td><td colspan="2"></td></tr>
<tr><td>CO</td><td colspan="2"></td></tr>
<tr><td>CO_2</td><td colspan="2"></td></tr>
<tr><td>NO</td><td colspan="2"></td></tr>
<tr><td>O_2</td><td colspan="2"></td></tr>
<tr><td rowspan="2">7</td><td rowspan="2">电气安全性能</td><td>绝缘电阻</td><td></td></tr>
<tr><td>绝缘强度</td><td></td></tr>
</table>

不合格项目：

中华人民共和国国家计量检定规程

JJG 745—2016

2016-11-30 发布　　2017-05-30 实施

国家质量监督检验检疫总局 发布

机动车前照灯检测仪检定规程

Verification Regulation of Headlamp Testers for Motor Vehicle

JJG 745—2016
代替 JJG 745—2002

归 口 单 位：全国光学计量技术委员会

主要起草单位：中国测试技术研究院

海南省计量测试所

参加起草单位：成都驰达电子有限责任公司

佛山市南华仪器股份有限公司

佛山分析仪有限公司

广州市福立分析仪器有限公司

本规程委托全国光学计量技术委员会负责解释

本规程主要起草人：

杨春生（中国测试技术研究院）

罗发贵（中国测试技术研究院）

符传伟（海南省计量测试所）

参加起草人：

温厚勇（成都驰达电子有限责任公司）

杨耀光（佛山市南华仪器股份有限公司）

何桂华（佛山分析仪有限公司）

章彦辉（广州市福立分析仪器有限公司）

引　言

本规程是在 JJG 745—2002 的基础上，参照 JJF 1002—2010《国家计量检定规程编写规则》重新修订的，与 JJG 745—2002《机动车前照灯检测仪》相比，除按照 JJF 1002—2010《国家计量检定规程编写规则》所作的章节构成和格式上的修改外，主要技术变化如下：

——增加了术语的英文释义（见 3）；

——修订了概述中对自动式前照灯仪的描述（见 4）；

——在计量性能要求中，合并了首次检定和后续检定、使用中检查对光强和光轴偏移值（角）的示值误差要求；取消了对近光明暗截止线转角偏移值（角）的示值误差要求；取消了前照灯仪高度比测量范围和高度比示值误差的要求；将发光强度示值误差在零角度和测量范围内其他角度的不同要求做了合并（见 5）；

——在通用技术要求中，对具备近光检测功能的前照灯仪，增加了近光功能特性的要求（见 6.3）；

——在检定条件中，修订和完善了对主要计量标准设备的计量指标要求（见 7.1.1）；

——在检定项目中，根据计量性能要求和通用技术要求的调整，对检定项目做了相应修订（见 7.2）；

——在检定方法中，根据被检灯光仪的发光强度测量范围，将检定点由原来的“8 kcd、10 kcd、15 kcd、20 kcd、30 kcd”，修订为：“8 kcd，15 kcd，20 kcd，25 kcd，30 kcd，40 kcd”（对光强测量上限为 60 kcd 的灯光仪）和“8 kcd，15 kcd，20 kcd，30 kcd，40 kcd，60 kcd（光强测量上限为 120 kcd 的灯光仪）；将光轴角偏移值（角）检定点做了角度与偏移值的量值对等修订；取消了近光明暗截止线转角偏移值（角）的检定方法；取消了对自动式前照灯仪高度比的检定方法（见 7.3）；

——修改了检定记录推荐格式（见附录 A）；增加了检定证书（内页）格式、检定结果通知书（内页）格式（见附录 B）；增加了检定结果的不确定度评定（见附录 C）。

本规程的历次版本发布情况：

——JJG 745—2002。

机动车前照灯检测仪检定规程

1 范围

本规程适用于机动车前照灯检测仪（以下简称前照灯仪）的首次检定、后续检定和使用中检查。

2 引用文件

本规程引用了下列文件：

GB 7258 机动车运行安全技术条件

GB/T 13306 标牌

GB 21861 机动车安全技术检验项目和方法

凡是注日期的引用文件，仅注日期的版本适用于本规程；凡是不注日期的引用文件，其最新版本（包括所有的修改单）适用于本规程。

3 术语和计量单位

3.1 远光光束中心 center of far light

当前照灯远光光束照射在距前照灯正前方 10 m 处的屏幕上（屏幕原点与前照灯基准中心已经对准）时，如果在该屏幕坐标系的横轴上距离原点为左 52.4 cm 和右 52.4 cm 两处的照度相等，且该坐标系的纵轴上距离原点为上 17.5 cm 和下 17.5 cm 两处的照度也相等，则屏幕坐标原点的位置为远光光束中心。

3.2 前照灯基准中心高度 reference center height of headlamp

前照灯基准中心与地面的距离，单位为米（m）。

3.3 检测距离 detection distance

前照灯基准中心到前照灯仪受光箱镜面的距离，单位为米（m）。

3.4 光轴角 optic axial angle

前照灯光轴与水平面以及过前照灯纵向几何中轴铅垂面之间的夹角，单位为度（°）、分（′）。

3.5 光轴偏移值（角） offset of optical axis

前照灯照射在距离为 10 m 的屏幕上的远光光束中心、近光光束明暗截止线转角与屏幕原点的偏移距离（夹角），单位为 cm/dam（°）。

3.6 光轴偏移值（角）示值间差 absolute difference between the maximum and minimum indication errors of the offset of optical axis

在校准器光强与光轴偏移值（角）不变的情况下，自动式前照灯仪分别从上、下、左、右跟踪测量，测得的光轴偏移值（角）最大示值误差与最小示值误差之差的绝对值。

4 概述

前照灯仪用于机动车前照灯远光光束的发光强度、光轴偏移值（角）和近光光束明暗截止线转角位置的检测。前照灯仪按功能分为远、近光都能测和只能检测远光两种；按操作方法又分为手动式和自动式两种。前照灯仪主要由光学测量装置与行走机构两部分组成，手动式前照灯仪光学测量装置与行走机构的运动过程是手动的，自动式前照灯仪光学测量装置和行走机构的运动过程是自动的。无论哪种方式的前照灯仪，其测量原理基本一致，都是通过前照灯仪受光箱上的光电接收器件将接收到的光信号转换为电信号，经处理后，计算出发光强度和光轴偏移值（角）。

5 计量性能要求

5.1 发光强度

发光强度的示值最大允许误差为±15%。

5.2 光轴偏移值（角）

5.2.1 发光强度为定值（如 20 kcd）时，光轴偏移值（角）的示值最大允许误差为±4.4 cm/dam（±15′）。

5.2.2 自动式前照灯仪的光轴偏移值（角）示值间差最大不超过±4.4 cm/dam（±15′）。

5.2.3 发光强度改变时，光轴偏移值（角）的示值最大允许误差为±3.5 cm/dam（±12′）。

5.3 跟踪时间

自动式前照灯仪在能接收前照灯光束照射的范围内，自动跟踪并完成测定时间不大于 20 s。

5.4 光接收器的疲劳特性

前照灯仪光接收器的疲劳特性：其发光强度示值的相对变化不超过 3%。

5.5 基准中心高度

前照灯仪的基准中心离地高度示值最大允许误差为±0.01 m。

5.6 导轨水平面度

自动式前照灯仪导轨水平面度应在 3 mm/m（10′）范围内。

6 通用技术要求

6.1 外观要求

6.1.1 前照灯仪应有铭牌，符合 GB/T 13306 的要求，并标有仪器名称、规格型号、制造厂名、生产日期、出厂编号等。

6.1.2 前照灯仪各运动部件应运转灵活、平稳、锁定可靠。光学器件应清洁、无斑点、气泡和划痕等影响测量精确度的缺陷。

6.1.3 前照灯仪应有发光强度、光轴偏移值（角）的显示仪表。显示仪表为指针式的，表盘应清晰，指针不应弯曲，指针转动时不应出现跳动、卡滞等现象；显示仪表为数显式的，显示应完整清晰、不应有影响读数的缺陷。

6.2 打印及显示

配有打印机装置或配置在计算机控制的机动车检测线上的自动式前照灯仪，其仪表显示值、打印值或线上计算机显示值均应与仪表示值一致。

6.3 近光要求

具备近光检测功能的前照灯仪，其近光功能应满足GB 7258、GB 21861对机动车前照灯近光检测的需要。应能够显示近光明暗截止线转角或中点偏移值（角），并与10 m屏幕人眼目视的结果一致。

7 计量器具控制

计量器具的控制包括首次检定、后续检定和使用中检查。

7.1 检定条件

7.1.1 计量标准

7.1.1.1 前照灯仪校准器

发光强度的相对扩展不确定度$U=6\%$（$k=2$）；光轴角示值最大允许误差不超过$\pm 5'$。

7.1.1.2 经纬仪

一测回水平方向标准偏差6″。

7.1.1.3 钢卷尺

量程5 m，分度值1 mm，精度等级：1级。

7.1.1.4 秒表

分辨力0.01 s，精度等级：日差优于0.5 s。

7.1.1.5 条式水平仪

分度值0.02 mm/m。

7.1.2 检定环境条件

7.1.2.1 相对湿度：≤85%。

7.1.2.2 温度：(0～40)℃。

7.1.2.3 电源电压：AC（220±22）V。

7.2 检定项目

主要检定项目见表1。

表1 检定项目表

序号	检定项目	首次检定	后续检定	使用中检查
1	外观	+	+	+
2	打印及显示示值一致性	+	+	+
3	近光要求	+	−	−
4	发光强度	+	+	+
5	光轴偏移值（角）	+	+	+

表 1（续）

序号	检定项目	首次检定	后续检定	使用中检查
6	跟踪时间	+	—	—
7	光接收器的疲劳特性	+	—	—
8	基准中心高度	+	+	+
9	导轨水平面度	+	—	—
注：需检定的项目用“+”表示，不需检定的项目用“—”表示。				

7.3 检定方法

7.3.1 前照灯仪校准器的安置

7.3.1.1 手动式前照灯仪检定前的校准器安置

对于手动式前照灯仪，应按产品说明书规定的方法安置校准器。

7.3.1.2 自动式前照灯仪检定前的校准器安置

a）如图 1 所示，在距离被检前照灯仪 L+（2～3）m 处（L 为前照灯仪规定的检测距离）安置经纬仪，并调整好经纬仪的水平。

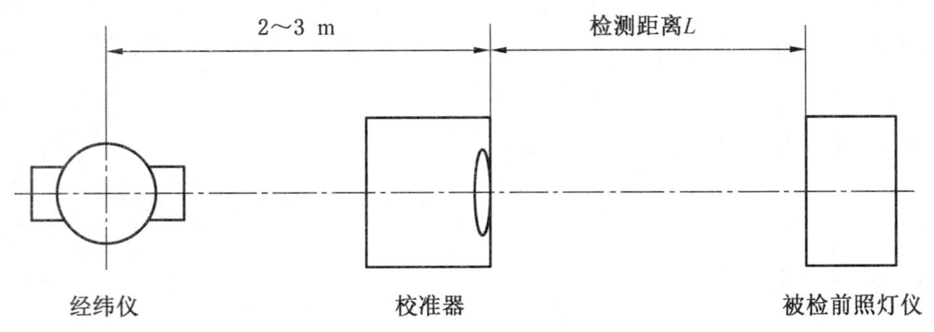

图 1 自动式前照灯仪检定前校准器安置示意图

b）在地面上作一条基准线（粗细不超过 1 mm），并使基准线处于经纬仪竖轴中心位置且与检验车辆用的引车线平行。

c）用经纬仪望远镜十字丝竖线瞄准地面上的基准线，锁紧经纬仪的水平制动器。调节水平微动使望远镜保持只能在一个中心铅垂面上旋转，而且地面上的基准线就处在这个铅垂面中。

d）根据被检前照灯仪规定的检测距离安置前照灯仪校准器。调整好校准器水平，同时调整校准器的方向和位置，使其前后两准星都处于经纬仪望远镜十字丝竖线上。

e）检测站中没有引车线或引车线难以辨认，无法作为基准的情况下，应以被检前照灯仪的导轨为基准，作导轨的垂直线为基准线，按 7.3.1.2 中 c）和 d）安置校准器。

7.3.2 发光强度示值误差

7.3.2.1 被检前照灯仪按使用说明书要求开机预热。

7.3.2.2 光轴偏移值（角）为零时发光强度示值误差

对测量上限为 60 kcd 的灯光仪：

将校准器光轴偏移值（角）置于零。选取校准器发光强度 8 kcd，15 kcd，20 kcd，

25 kcd，30 kcd，40 kcd 6 个点逐个改变，并读取前照灯仪相应远光发光强度 6 个示值。重复 3 次，取平均值。

对测量上限为 120 kcd 的灯光仪：

将校准器光轴偏移值（角）置于零。选取校准器发光强度 8 kcd，15 kcd，20 kcd，30 kcd，40 kcd，60 kcd 6 个点逐个改变，并读取前照灯仪相应远光发光强度 6 个示值。重复 3 次，取平均值。

按公式（1）计算前照灯仪远光光轴偏移值（角）为零时的各测量点发光强度示值误差，应符合 5.1 的要求。

$$\delta_i = \frac{\overline{I_i} - I_{oi}}{I_{oi}} \times 100\% \tag{1}$$

式中：

δ_i——第 i 个测量点发光强度的相对示值误差，$i=1$，…，6；

$\overline{I_i}$——第 i 个测量点前照灯仪发光强度 3 次读数的平均值，kcd；

I_{oi}——第 i 个测量点校准器的标准发光强度，kcd。

7.3.2.3　光轴偏移值（角）不为零时发光强度示值误差

将校准器发光强度置于 20 kcd，校准器光轴偏移值（角）分别置于表 2 所列 A 组检定点，读取前照灯仪相应远光发光强度示值。重复 3 次取平均值。按公式（2）计算前照灯仪光轴偏移值（角）为任意值时的发光强度示值误差，应符合 5.1 的要求。

$$\delta_j = \frac{\overline{I_j} - I_{oj}}{I_{oj}} \times 100\% \tag{2}$$

式中：

δ_j——第 j 个测量点发光强度的相对示值误差，$j=1$，…，4；

$\overline{I_j}$——第 j 个测量点前照灯仪发光强度 3 次读数的平均值，kcd；

I_{oj}——第 j 个测量点校准器的标准发光强度，kcd。

表 2　光轴偏移值(角)测量点

组	单位	1	2	3	4
A	cm/dam（°）	上 17.5；左 35 （上 1；左 2）	上 17.5；右 35 （上 1；右 2）	下 35；左 35 （下 2；左 2）	下 35；右 35 （下 2；右 2）
B	cm/dam（°）	上 8.7；左 17.5 （上 0.5；左 1）	上 8.7；右 17.5 （上 0.5；右 1）	下 17.5；左 17.5 （下 1；左 1）	下 17.5 ；右 17.5 （下 1；右 1）

7.3.3　光轴偏移值（角）示值误差及间差

7.3.3.1　手动式前照灯仪光轴偏移值（角）

将校准器远光发光强度置于 20 kcd，按表 2 中的 A 组所列检定点，分别设定校准器不同的光轴偏移值（角），读取前照灯仪光轴偏移值（角）的示值，按公式（3）计算水平方向偏移值（角）示值误差，按公式（4）计算垂直方向偏移值（角）示值误差（$i=1$，…，4），应符合 5.2.1 的要求。

$$\Delta V_i = \alpha_i - \alpha_{oi} \tag{3}$$

$$\Delta H_i = \theta_i - \theta_{oi} \tag{4}$$

式中：

ΔV_i——第 i 个测量点水平方向光轴偏移值（角）的示值误差，$i=1$，…，4；

ΔH_i——第 i 个测量点垂直方向光轴偏移值（角）的示值误差，$i=1$，…，4；

α_i——第 i 个测量点水平方向前照灯仪光轴偏移值（角）的示值，cm/dam 或（°）；

α_{oi}——第 i 个测量点水平方向校准器光轴偏移值（角）的标准值，cm/dam 或（°）；

θ_i——第 i 个测量点垂直方向前照灯仪光轴偏移值（角）的示值，cm/dam 或（°）；

θ_{oi}——第 i 个测量点垂直方向校准器光轴偏移值（角）的标准值，cm/dam 或（°）。

7.3.3.2　自动式前照灯仪光轴偏移值（角）示值误差及间差

将校准器发光强度置于 20 kcd，按表 2 所列 AB 两组检定点，分别设定校准器不同的光轴偏移值（角），让前照灯仪自动跟踪测量，示值稳定后读取前照灯仪光轴偏移值（角）的示值。按公式（3）、公式（4）分别计算示值误差（$i=1$，…，8），应符合 5.2.1 的要求。

在每一个测量点上，通过遮挡或其他方法使受光箱分别偏离平衡点上、下、左、右约 15 cm 后，让其自动跟踪测量回位，每一测量点 4 次跟踪测量的最大示值误差与最小示值误差之差即为间差检定值，均应符合 5.2.2 的要求。

7.3.3.3　光强变化时光轴偏移值（角）示值误差

将校准器的光轴偏移值（角）置零，在校准器光强分别置于 8 kcd，15 kcd，20 kcd，25 kcd，30 kcd，40 kcd（对测量上限为 60 kcd 的灯光仪）或 8 kcd，15 kcd，20 kcd，30 kcd，40 kcd，60 kcd（对测量上限为 120 kcd 的灯光仪）时读取被检前照灯仪的光轴偏移值（角）示值，按公式（3）、公式（4）分别计算示值误差。对自动式前照灯仪每改变一次光强，应让其任意偏离约 15 cm 后跟踪测量读数。各测量点示值误差应符合 5.2.3 的要求。

7.3.4　跟踪时间

自动式前照灯仪在能接收前照灯光束照射的范围内，将校准器的水平与垂直光轴偏移值（角）都置于零，发光强度分别调至 8 kcd 和 30 kcd 两个点，靠遮挡或其他方法使前照灯仪随意偏离约 15 cm 后，撤去遮挡并开始计时，让前照灯仪自由跟踪测量，直至示值稳定时结束计时，记取的跟踪时间应符合 5.3 的要求。

7.3.5　光接收器的疲劳特性

将校准器发光强度调至 20 kcd，对前照灯仪照射 2 min 时读取发光强度示值，然后再持续照射 10 min 后读取发光强度示值，按公式（5）计算其相对变化值，应符合 5.4 的要求。

$$\delta_i = \frac{|I_{10\ \mathrm{min}} - I_{2\ \mathrm{min}}|}{I_{2\ \mathrm{min}}} \times 100\% \tag{5}$$

式中：

δ_i——发光强度示值相对变化值；

$I_{2\ \mathrm{min}}$——对前照灯仪照射 2 min 时的发光强度示值，kcd；

$I_{10\ \mathrm{min}}$——对前照灯仪持续照射 10 min 时的发光强度示值，kcd。

7.3.6 基准中心离地高度示值误差

7.3.6.1 手动式前照灯仪

将校准器发光强度调至 20 kcd，水平与竖直光轴偏移值（角）均置于零，用钢卷尺测出校准器基准中心离地高度值，前照灯仪按仪器使用说明书规定的方法对准校准器，按公式（6）计算前照灯基准中心离地高度示值误差，应符合 5.5 的要求。

$$\Delta H = h - H \tag{6}$$

式中：

ΔH——前照灯基准中心离地高度示值误差，m；

h——前照灯基准中心离地高度示值，m；

H——校准器基准中心离地高度，m。

7.3.6.2 自动式前照灯仪

将校准器发光强度调至 20 kcd，水平与竖直偏移值（角）均置于零，用钢卷尺测出校准器基准中心高度值，让前照灯仪进行检测，自动跟踪稳定后读取前照灯仪上的高度示值，按公式（6）计算前照灯基准中心离地高度示值误差，应符合 5.5 的要求。

7.3.7 导轨水平面度

把条式水平仪分别按垂直和平行于导轨方向放在自动式前照灯仪的受光箱上，在导轨的行程范围内移动被检前照灯仪，观察条式水平仪的水泡变化值即为检定值，应满足 5.6 的要求。

7.3.8 通用技术要求

通过目测和手感，按 6.1 规定的各项内容进行检查，并记录检查结果。

7.3.9 配有打印机装置或配置在机动车检测线上的前照灯仪，在进行 7.3.2.2 发光强度示值误差检定和 7.3.3.2 光轴偏移值（角）示值误差检定时，观察打印值或计算机显示值与自动式前照灯仪的仪表示值，应符合 6.2 要求。当不符合要求时，应检查前照灯仪输出信号值，以确定不一致或超差的来源是前照灯仪还是其他。

7.4 检定结果处理

经检定合格的前照灯仪发给检定证书；不合格者发给检定结果通知书，并列出不合格项及数据。对不满足 6.2 要求者，应判定并注明是前照灯仪还是其他原因造成。

7.5 检定周期

前照灯仪检定周期一般不超过 1 年。

附录 A

检定记录推荐格式

仪器型号		制造厂		生产日期		出厂编号	
送检单位		检定日期		温度		湿度	
校准器		证书号		检定员		核验员	

发光强度示值误差	校准器 kcd	仪器示值/kcd				示值误差/%	校准器 20 kcd 时光轴偏移角 (°)	仪器示值/kcd				示值误差/%
		1	2	3	平均			1	2	3	平均	
	8 (8)											
	15 (15)											
	20 (20)						上 1°左 2°					
	25 (30)						上 1°右 2°					
	30 (40)						下 2°右 2°					
	40 (60)						下 2°左 2°					

光轴偏移角示值误差	校准器光轴偏移角	仪表示值					示值误差	间差	校准器光轴偏移角	仪表示值					示值误差	间差
		0	上	下	左	右				0	上	下	左	右		
	上 1°								上 0.5°							
	左 2°								左 1°							
	上 1°								上 0.5°							
	右 2°								右 1°							
	下 2°								下 1°							
	右 2°								右 1°							
	下 2°								下 1°							
	左 2°								左 1°							

光强变化时光轴偏移角	光强/kcd		8 (8)	15 (15)	20 (20)	25 (30)	30 (40)	40 (60)
	仪器示值 (°)	上下						
		左右						

自动跟踪测定时间/s	光强 8 kcd 时		光强 30 kcd 时	

光接收器疲劳特性 (20 kcd)	照射 2 min 示值		持续照射 10 min 示值		变化量	
基准中心离地高度	前照灯仪示值		校准器高度		误差	
前照灯仪导轨水平面度						

通用技术要求		
	铭牌符合 GB/T 13306 的要求，标有仪器名称、规格型号、制造厂名、生产日期、出厂编号等	
	运动部件灵活，平稳，锁定可靠，光学器件无影响测量精确度的缺陷	
	显示仪表应正常，无影响读数的缺陷	
	配有计算机控制的仪表示值与计算机示值（或打印机示值）应满足要求	
检定结论		

附录 B

检定证书/检定结果通知书（内页）推荐格式

检定证书/检定结果通知书第 2 页

证书编号：××××××-××××

<table>
<tr><td colspan="5">检定机构授权说明</td></tr>
<tr><td colspan="5">检定环境条件及地点：</td></tr>
<tr><td>温　度</td><td>℃</td><td>地　点</td><td colspan="2"></td></tr>
<tr><td>相对湿度</td><td>%</td><td>其　他</td><td colspan="2"></td></tr>
<tr><td colspan="5">检定使用的计量（基）标准装置</td></tr>
<tr><td>名　称</td><td>测量范围</td><td>不确定度/准确度等级/最大允许误差</td><td>计量（基）标准证书编号</td><td>有效期至</td></tr>
<tr><td></td><td></td><td></td><td></td><td></td></tr>
<tr><td colspan="5">检定使用的标准器</td></tr>
<tr><td>名　称</td><td>测量范围</td><td>不确定度/准确度等级/最大允许误差</td><td>检定/校准证书编号</td><td>有效期至</td></tr>
<tr><td></td><td></td><td></td><td></td><td></td></tr>
</table>

第　页　共　页

检定证书第 3 页

证书编号：××××××-××××

检 定 结 果

1. 外观：____________

2. 计算机示值与仪表示值一致性：____________

3. 近光要求：____________

4. 发光强度示值误差：____________

5. 光轴偏移值（角）示值误差：____________

6. 跟踪时间：____________

7. 光接收器的疲劳特性：____________

8. 基准中心高度误差：____________

9. 导轨水平面度：____________

以 下 空 白

第 页 共 页

检定结果通知书第 3 页

证书编号：××××××-××××

检 定 结 果

1. 外观：____________

2. 计算机示值与仪表示值一致性：____________

3. 近光要求：____________

4. 发光强度示值误差：____________

5. 光轴偏移值（角）示值误差：____________

6. 跟踪时间：____________

7. 光接收器的疲劳特性：____________

8. 基准中心高度误差：____________

9. 导轨水平面度：____________

附加说明：说明检定结果不合格项。

以 下 空 白

第　页　共　页

附录 C

示值误差检定结果不确定度评定

依据前照灯仪计量检定规程的各项技术要求、检定条件与检定方法的规定，本附录给出了使用前照灯校准器对前照灯仪进行检定时，发光强度与光轴偏移值（角）示值误差检定结果的不确定度评定。

C.1　发光强度

C.1.1　测量模型

$$\delta=\frac{\bar{I}-I_{\circ}}{I_{\circ}} \tag{C.1}$$

式中：

δ——被检灯光仪发光强度示值误差；

$\bar{I}$——被检灯光仪发光强度三次示值平均值；

$I_{\circ}$——校准器发光强度示值。

C.1.2　灵敏系数与合成不确定度

$$c_1=\frac{\partial\,\delta}{\partial\,\bar{I}}=\frac{1}{I_{\circ}}$$

$$c_2=\frac{\partial\,\delta}{\partial\,I_{\circ}}=-\frac{\bar{I}}{I_{\circ}^2}$$

因为各分量 $\bar{I}$，$I_{\circ}$ 独立不相关，合成不确定度：

$$u_c^2(\delta)=c_1^2u^2(\bar{I})+c_2^2u^2(I_{\circ}) \tag{C.2}$$

式中：

$u(\bar{I})$ ——被检灯光仪发光强度示值引入的不确定度；

$u(I_{\circ})$ ——校准器发光强度示值引入的不确定度。

C.1.3　标准不确定度分量来源

C.1.3.1　被检灯光仪示值测量重复性引入的不确定度 u_1

被检灯光仪示值的不确定度主要来源于灯光仪的测量重复性以及数显量化误差。

用校准器检定被检灯光仪时，选取校准器发光强度较为有代表性的 15 kcd；光轴角 0 cm/dam 进行等精度重复测量 10 次，读取灯光仪的相应发光强度显示值。

表 C.1 是一台灯光仪发光强度等精度重复测量 10 次的示值。

表 C.1　发光强度重复性测量示值

测量次数	示值/kcd
1	15.0
2	15.0
3	15.0

表 C.1（续）

测量次数	示值/kcd
4	14.8
5	14.8
6	15.0
7	15.0
8	14.9
9	15.1
10	15.0
$\sum X_i$	149.6
$\overline{X}$	14.96

根据：$\sigma=\sqrt{\dfrac{\sum_{i=1}^{n}(X_i-\overline{X})^2}{n-1}}$

发光强度单次实验标准差：

$$s(I)=0.1\ \text{kcd}$$

实际检定中，按规程规定测量三次，以三次测量的算术平均值作为测量结果，所以：

$$u_1=\frac{s(I)}{\sqrt{3}}=0.06\ \text{kcd}$$

自由度：　$\nu_1=10-1=9$

C.1.3.2　被检灯光仪示值数显量化误差引入的不确定度 u_2

被检灯光仪的发光强度显示分辨力为 0.1 kcd，其量化误差以等概率分布，落在宽度为$\dfrac{0.1\ \text{kcd}}{2}=0.05$ kcd 的区间内，包含因子 $k=\sqrt{3}$，所以：

$$u_2=\frac{0.05\ \text{kcd}}{\sqrt{3}}=0.029\ \text{kcd}$$

自由度：　$\nu_2=\infty$

计算被检灯光仪显示值测量重复性和示值数显量化误差引入的标准不确定度分量时，以灯光仪最小检定工作点 8 kcd 为例计算，此时的不确定度分量最大，则灵敏系数：

$$c_1=\frac{\partial\delta}{\partial\overline{I}}=\frac{1}{I_o}=\frac{1}{8}$$

C.1.3.3　校准器发光强度标准值准确度引入的不确定度分量 u_3

校准器发光强度的相对扩展不确定度由广东省计量科学研究院检定校准证书给定 $U=4.6\%$，$k=2$，其标准不确定度的分量按最小检定点 8 kcd 计算，所以：

$$u_3=\frac{8\ \text{kcd}\times4.6\%}{2}=0.18\ \text{kcd}$$

C.1.3.4 校准器发光强度标准值由于电压变化带来误差而引入的标准不确定度分量 u_4

经试验，当校准器电压变化 0.1%时，发光强度会变化 0.36%。用校准器检定灯光仪时，校准器电压表指示在 8.##～13.## V 之间改变，发光强度在 8 kcd～60 kcd 之间变化。计算时，平均以 10 V 考虑，使用中电压变化 0.01 V。即电压变化量为：$\frac{0.01}{10}=0.1\%$，由此产生的发光强度变化为 0.36%，在计算校准器因电压变化带来误差引入的标准不确定度时，以最小检定工作点 8 kcd 计算，其分布为均匀分布，所以：

$$u_4=\frac{8\ \text{kcd}\times 0.36\%}{\sqrt{3}}=0.016\ \text{kcd}$$

计算校准器发光强度标准值引入的标准不确定度分量时，以最小检定工作点 8 kcd 为例计算，则灵敏系数：

$$c_2=\frac{\partial\delta}{\partial I_o}=-\frac{\bar{I}}{I_o^2}=-\frac{1}{8}$$

C.1.4 发光强度标准不确定度分量一览表（见表 C.2）

表 C.2 不确定分量一览表

标准不确定度分量	不确定度来源	标准不确定度值	灵敏系数	$\|c_i\|u_i$	分布类型
u_1	测量重复性	0.06 kcd	1/8	0.75%	正态
u_2	数显量化误差	0.029 kcd	1/8	0.36%	矩形
u_3	校准器标准值准确度	0.18 kcd	−1/8	2.3%	未知
u_4	校准器电压变化	0.016 kcd	−1/8	0.2%	矩形

C.1.5 合成不确定度

由于不确定度分量独立不相关，因此，合成标准不确定度：

$$u_c(\delta)=\sqrt{\sum c_i^2u_i^2}=\sqrt{0.75^2+0.36^2+2.3^2+0.2^2}\%=2.45\%$$

C.1.6 扩展不确定度

$$U=ku_c(\delta)=2\times 2.45\%=4.9\%\quad k=2$$

C.2 光轴偏移值（角）

C.2.1 测量模型

因光轴偏移值（角）水平方向与垂直方向测量原理和误差要求完全相同，因此，仅以水平方向为例进行不确定度分析评定。

$$\Delta V=\alpha-\alpha_o \tag{C.3}$$

式中：

ΔV——水平方向光轴偏移值（角）的示值误差；

α——水平方向前照灯仪光轴偏移值（角）的示值；

α_o——水平方向校准器光轴偏移值（角）的标准值。

C.2.2 灵敏系数与合成不确定度

$$c_1=\frac{\partial\Delta V}{\partial\alpha}=1$$

$$c_2=\frac{\partial \Delta V}{\partial \alpha_o}=-1$$

因为各分量 α，α_o 独立不相关，合成不确定度：

$$u_c^2(\Delta V)=c_1^2u^2(\alpha)+c_2^2u^2(\alpha_o) \tag{C.4}$$

式中：

$u(\alpha)$ ——被检灯光仪光轴偏移值（角）显示值引入的不确定度；

$u(\alpha_o)$ ——校准器光轴偏移值（角）引入的不确定度。

C.2.3　标准不确定度分量来源

C.2.3.1　被检灯光仪示值测量重复性引入的不确定度 u_1

被检灯光仪显示值的不确定度主要来源于灯光仪的测量重复性及数显量化误差。

检定灯光仪光轴偏移值（角）时，按规程要求，将校准器的发光强度调至 20 kcd 时，水平角度调节到某一定值，等精度重复测量 10 次读取灯光仪相应的光轴偏移值（角）示值。

表 C.3 是一台灯光仪光轴偏移值（角）等精度重复测量 10 次的示值。

表 C.3　光轴偏移值重复性测量示值

测量次数	示值/（cm/dam）
1	39.5
2	40.0
3	39.0
4	39.0
5	40.0
6	39.5
7	40.0
8	39.5
9	40.0
10	39.5
$\sum X_i$	396
$\overline{X}$	39.6

根据：$\sigma=\sqrt{\dfrac{\sum_{i=1}^{n}(X_i-\overline{X})^2}{n-1}}$

光轴偏移值（角）单次实验标准差：　$s(\Delta V)=0.37$ cm/dam

实际测量中，按检定规程规定只进行一次测量，所以：

$$u_1=s(\Delta V)=0.37\ \text{cm/dam}$$

自由度：　$\nu_1=9$

C.2.3.2　被检灯光仪示值数显量化误差引入的不确定度 u_2

被检灯光仪的光轴偏移值（角）指示仪分辨力为 0.1 cm/dam，数显量化误差的分布为等概率分布，包含因子 $k=\sqrt{3}$，其宽度在 0.05 cm/dam 的区间内。所以：

$$u_2=\frac{0.05\ \text{cm/dam}}{\sqrt{3}}=0.029\ \text{cm/dam}$$

C.2.3.3 校准器光轴角标准值准确度引入的不确定度 u_3

校准器光轴偏移值（角）标准值根据广东省计量科学研究院检定校准证书给出的不确定度为：$U=1.7'$，$k=2$，所以：

$$u_3=\frac{1.7'}{2}=0.85'=0.25\ \text{cm/dam}$$

C.2.3.4 对中安置中经纬仪准确度引入的不确定度分量 u_4

在安置灯光仪校准器时，根据 JJG 745—2016《机动车前照灯检测仪》中相关方法，因校准器安置需要使用经纬仪作为瞄准工具，经纬仪自身精度将直接带来光轴偏移值（角）的测量误差。经纬仪采用6″级，其测量的一测回中误差是6″，它通过6个测量点正倒镜测量而得。在安置使用中是一次测量，则带来的不确定度分量为：

$$s=\sqrt{2}\times 6''=20.8''$$

其分布为均匀分布，包含因子 $k=\sqrt{3}$，所以：

$$u_4=\frac{s}{\sqrt{3}}=12''=0.058\ \text{cm/dam}$$

C.2.3.5 对中安置校准器时定位误差引入的不确定度分量 u_5

校准器二准心之间的距离为 170 mm，用经纬仪安置校准器时，需要使其同时处于望远镜十字丝的垂线上。由实践知，用经纬仪的望远镜瞄准时，二准心同时处于十字丝垂线上的误差不会超过 0.1 mm，所以，带来角度定位误差为：

$$s=\frac{0.1}{170}=0.000\ 59\ \text{m/m}=0.59\ \text{cm/dam}$$

其分布为均匀分布，包含因子 $k=\sqrt{3}$，所以：

$$u_5=\frac{s}{\sqrt{3}}=0.34\ \text{cm/dam}$$

C.2.4 光轴偏移值（角）标准不确定度分量一览表（见表 C.4）

表 C.4 不确定度分量一览表

标准不确定度分量	不确定度来源	标准不确定度值	灵敏系数	$\lvert c_i\rvert u_i$	分布类型
u_1	测量重复性	0.37 cm/dam	1	0.37 cm/dam	正态
u_2	数显量化误差	0.029 cm/dam	1	0.029 cm/dam	矩形
u_3	校准器标准值准确度	0.25 cm/dam	−1	0.25 cm/dam	矩形
u_4	经纬仪准确度等级	0.058 cm/dam	−1	0.058 cm/dam	矩形
u_5	瞄准定位误差	0.34 cm/dam	−1	0.34 cm/dam	矩形

C.2.5 合成不确定度

由于各不确定度分量独立不相关，因此，合成标准不确定度：

$$u_c(\Delta V)=\sqrt{\sum c_i^2 u_i^2}=\sqrt{0.37^2+0.029^2+0.25^2+0.058^2+0.34^2}\ \mathrm{cm/dam}$$
$$=0.56\ \mathrm{cm/dam}$$

C.2.6 扩展不确定度

$$U=2u_c(\Delta V)=2\times 0.56\ \mathrm{cm/dam}=1.12\ \mathrm{cm/dam}\quad k=2$$

中华人民共和国国家计量检定规程

JJG 847—2011

滤 纸 式 烟 度 计

Filter-Type Smokemeters

2011-07-28 发布　　　　2012-01-28 实施

国家质量监督检验检疫总局　发布

滤纸式烟度计检定规程

Verification Regulation of Filter Type Smokemeters

JJG 847—2011
代替 JJG 847—1993

本规程经国家质量监督检验检疫总局于 2011 年 7 月 28 日批准，并自 2012 年 1 月 28 日起施行。

归　口　单　位： 全国光学计量技术委员会

主要起草单位： 广东省计量科学研究院

佛山分析仪有限公司

北京市计量检测科学研究院

参加起草单位： 中国计量协会机动车计量检测技术工作委员会

本规程委托全国光学计量技术委员会负责解释

本规程主要起草人：

权小菁（广东省计量科学研究院）

贾　锐（广东省计量科学研究院）

何桂华（佛山分析仪有限公司）

张卿贤（北京市计量检测科学研究院）

参加起草人：

石劭毅（广东省计量科学研究院）

鲍国华（中国计量协会机动车计量检测技术工作委员会）

滤纸式烟度计检定规程

1 范围

本规程适用于滤纸式烟度计（以下简称烟度计）的首次检定、后续检定和使用中检查。

2 引用文献

JJF 1059—1999 测量不确定度评定与表示

GB/T 11798.5—2001 机动车安全检测设备 检定技术条件 第5部分：滤纸式烟度计检定技术条件

HJ 553—2010 烟度卡

使用本规则时，应注意使用上述引用文献的现行有效版本。

3 术语和计量单位

3.1 烟度 smoke

指滤纸烟度，即滤纸的染黑程度，用0～10波许烟度单位（BSU）表示，即清洁滤纸为0 BSU，全黑滤纸为10 BSU，从0～10之间均匀分度，用式（1）计算：

$$R_b = (1 - \rho_P / \rho_0) \times 10 \tag{1}$$

式中：R_b——烟度，BSU；

ρ_P——被染黑后滤纸的反射因数；

ρ_0——清洁滤纸的反射因数。

3.2 抽气量 swept volume

烟度计中抽气泵一次抽入气体的体积。

3.3 抽气时间 pump-down time

抽气泵活塞完成整个行程所需的时间。

3.4 泄漏量 leakage volume

由活塞和被夹紧滤纸边缘泄漏的气体容积。

4 概述

烟度计是用于测量柴油发动机汽车排烟浓度值的计量器具。

烟度计由取样系统和测量系统两大部分组成。取样系统包括取样探头及取样连接用管、抽气装置；测量系统包括测量探头、滤纸插入装置及显示仪表。

烟度计在规定时间内，抽取一定体积量的柴油发动机汽车排放废气，透过特定规格的滤纸，使废气中的炭微粒滞留在滤纸上，通过仪器内的光源发出的稳定光线照射到测试滤纸的烟斑上，经过烟斑再反射到光接收器正面的感光面上。光接收器由于光电效应产生的电流作为检测信号输出并放大，通过定量检测滤纸被污染的程度，进而确定柴油汽车排放的烟度值。

烟度计的工作原理如图1所示。

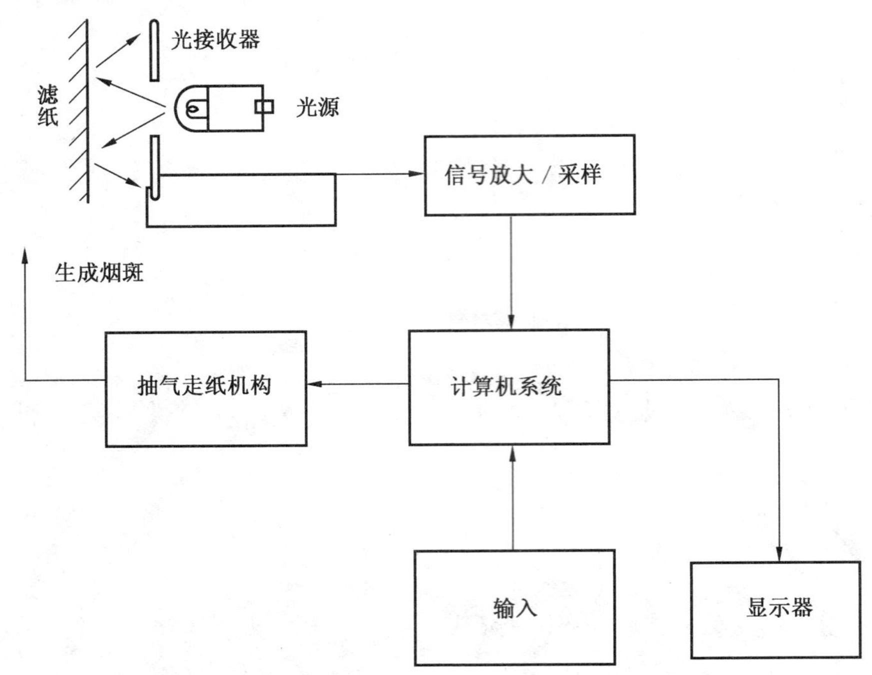

图1　烟度计工作原理图

5　计量性能要求

5.1　烟度值

5.1.1　漂移：15 min 内 R_b 的漂移量不超过 0.2 BSU。

5.1.2　重复性：不超过 0.2 BSU。

5.1.3　最大允许误差：不超过±0.3 BSU。

5.2　抽气泵性能

5.2.1　抽气量：(330±15) mL。

5.2.2　抽气时间：(1.4±0.2) s。

5.2.3　泄漏量：1 min 内，外界空气渗入量不超过 30 mL。

6　通用技术要求

6.1　外观及一般要求

6.1.1　烟度计应有清晰的铭牌，铭牌上标明设备名称、型号、规格、制造厂名、出厂编号、生产日期以及制造计量器具标志与编号等。

6.1.2　各操作开关、按键、旋钮、外部接线端子应有明显的文字或符号标志，且操作应灵活可靠。

6.1.3　指针式显示仪表应表盘清晰，指针旋转无颤抖、卡滞现象；数字式显示仪表的显示应清晰，无影响读数的缺陷。

6.2　电气安全性

6.2.1　烟度计应有保护接地端子及清晰的接地标志。

6.2.2 烟度计应有良好的绝缘性能，绝缘电阻不得小于 5 MΩ。

7 计量器具控制

计量器具控制包括首次检定、后续检定和使用中检查。

7.1 检定条件

7.1.1 环境条件

温度：0 ℃～40 ℃；

相对湿度：≤85%；

电源电压：(220±10) V。

检定应在无影响测量的污染、振动、电磁干扰的环境下进行。

7.1.2 检定用设备

检定用仪器设备及工具如表 1 所示。

表 1 检定用设备

名 称	主要技术指标
标准烟度卡（一套）	R_b 标准值约为（1.0～9.0）BSU；测量不确定度 0.2 BSU（$k=2$）
专用量筒	量程 500 mL；分度值 5 mL；A 级
秒表	分度值 0.01 s
绝缘电阻测量仪	量程不小于 100 MΩ；测量电压 500 V；5.0 级

7.2 检定项目

检定项目如表 2 所示。

表 2 检定项目

<table>
<tr><th colspan="3">检 定 项 目</th><th>首次检定</th><th>后续检定</th><th>使用中检查</th></tr>
<tr><td colspan="2" rowspan="2">通用技术要求</td><td>外观及一般要求</td><td>+</td><td>+</td><td>+</td></tr>
<tr><td>电气安全性</td><td>+</td><td>−</td><td>−</td></tr>
<tr><td rowspan="6">计量性能要求</td><td rowspan="3">烟度值</td><td>零点漂移</td><td>+</td><td>+</td><td>+</td></tr>
<tr><td>重复性误差</td><td>+</td><td>+</td><td>+</td></tr>
<tr><td>示值误差</td><td>+</td><td>+</td><td>+</td></tr>
<tr><td rowspan="3">抽气泵性能</td><td>抽气量</td><td>+</td><td>+</td><td>−</td></tr>
<tr><td>抽气时间</td><td>+</td><td>+</td><td>−</td></tr>
<tr><td>泄漏</td><td>+</td><td>+</td><td>−</td></tr>
<tr><td colspan="6">注：“+”表示必检项目，“−”表示选检项目。</td></tr>
</table>

7.3 检定方法

7.3.1 通用技术要求

7.3.1.1 通过目测和手动，检查烟度计的外观及一般要求，检查烟度计保护接地端子及标志。

7.3.1.2 断开电源，将电源开关置于接通位置，用绝缘电阻测试仪测量烟度计电源插头的相线分别与烟度计机壳之间及烟度计的保护接地端子之间的绝缘电阻，应符合6.2.2的要求。

7.3.2 烟度值

7.3.2.1 漂移

烟度计开机预热后，插入R_b约为5.0 BSU的标准烟度卡，将仪器示值调整到标准烟度卡的数值处，此值即为Y_0，观察15 min，每5 min读取一次烟度计指示值Y_i（i=1，2，3），测量3次。按公式（2）计算漂移量，应符合5.1.1的规定。

$$\Delta p_i = Y_{max} - Y_0 \tag{2}$$

式中：Δp_i——烟度计漂移量，BSU；

Y_{max}——烟度计偏离初始值最大示值，BSU；

Y_0——烟度计的初始值，BSU。

7.3.2.2 重复性

用R_b约为5.0 BSU的标准烟度卡，连续5次插入烟度计读取烟度计示值。5次烟度计示值与烟度卡标准值之间的最大差值作为重复性，应符合5.1.2的规定。

7.3.2.3 最大允许误差

首先插入R_b约为5.0 BSU的标准烟度卡对烟度计进行校准，把仪器调整到烟度卡的标准值处，然后依次插入R_b约为3.0 BSU，7.0 BSU的标准烟度卡，分别读取烟度计示值，重复3次，取平均值，其平均值与标准烟度卡的值之差即为最大允许误差，各测量点示值误差均应符合5.1.3的规定。

7.3.3 抽气泵性能

7.3.3.1 抽气量

烟度计放置好滤纸（如图2所示），将取样软管一端与烟度计取样入口端相连接，另一端与抽气装置上端管相连接，确保无漏气现象，开启阀A使容器内的压力与外界压力平衡之后随即关闭阀A。操作烟度计的抽气泵使之抽气，使量筒内液面上升，量筒内水液上升的容积即抽气量，重复测量3次取平均值，应符合5.2.1的规定。

7.3.3.2 抽气时间

按7.3.3.1的方法用秒表测定的活塞运动时间即为抽气时间（抽气时间的检定可与抽气量的检定同时进行），重复3次取平均值，应符合5.2.2的规定。

7.3.3.3 泄漏量

在7.3.3.1抽气量检定同时，量筒内液面上升后状态保持1 min，液面下降的容积即为泄漏量，重复测量3次取平均值，应符合5.2.3的规定。

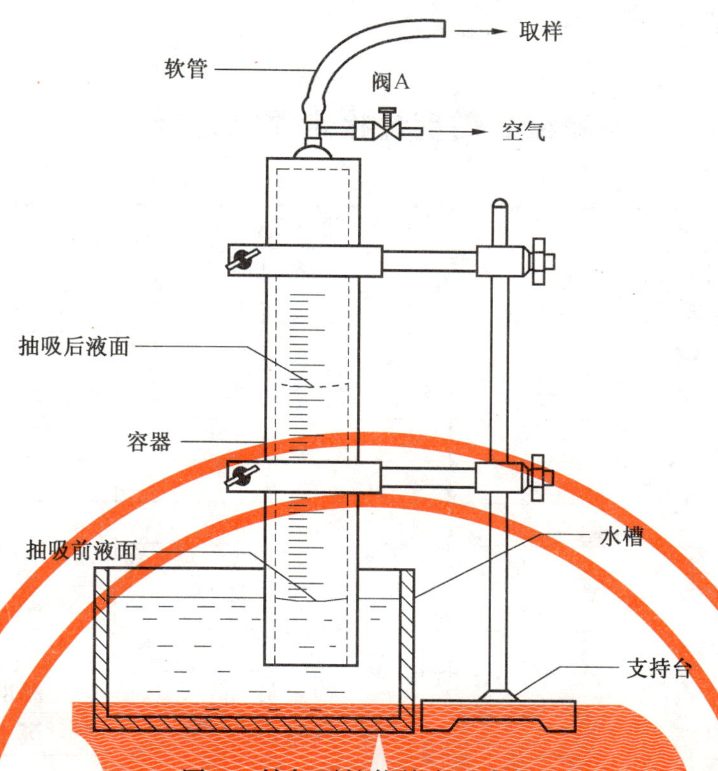

图 2　抽气泵性能检定示意图

7.4　检定结果的处理

7.4.1　按本规程要求检定合格的烟度计发给检定证书，不合格的发给检定结果通知书，并列出不合格项及数据。

7.4.2　检定记录格式见附录 A，检定证书内页格式见附录 B。

7.5　检定周期

烟度计的检定周期一般不超过 1 年。

附录 A

滤纸式烟度计检定原始记录

送检单位信息	送检单位		联系地址			
	联系人		联系电话		邮编	
被检仪器信息	仪器名称		型号规格		出厂编号	
	制造厂商		生产日期			

标准器信息	标准器名称	编号	准确度（或示值误差）	合格证书号	合格有效期

检定信息	检定地点		检定员		温度	
	检定日期		核验员		湿度	

检　定　记　录		
外观及一般要求	应有清晰的铭牌等	
	各操作开关、按键、旋钮、插座及接线端子等	
	指针式仪表无颤抖、卡滞现象；数字式仪表显示应清晰，无缺笔划、影响读数的缺陷等	
电气安全性	绝缘电阻不得小于 5 MΩ	

烟度值	漂移/BSU	Y_0	5 min	10 min	15 min	最大漂移量	
	示值误差/BSU	标准烟度值	示值 1	示值 2	示值 3	平均示值	示值误差
	重复性/BSU	1	2	3	4	5	最大差值

抽气泵性能	抽气量/mL	1	2	3	平均值	误差
	抽气时间/s	1	2	3	平均值	误差
	泄漏量/mL	1	2	3	平均值	误差
检定结果						

注：本检定记录允许根据检定单位技术管理要求，作适当修改。

附录 B

检定证书和检定结果通知书内页格式

滤纸式烟度计检定证书（内页）格式

一、外观及一般要求：________________

二、电气安全性：________________

三、烟度值

1. 漂移（BSU）：________________

2. 重复性（BSU）：________________

3. 最大允许误差（BSU）：________________

四、抽气泵性能

1. 抽气量（mL）：________________

2. 抽气时间（s）：________________

3. 泄漏量（mL）：________________

滤纸式烟度计检定结果通知书（内页）格式

一、外观及一般要求：________________

二、电气安全性：________________

三、烟度值

1. 漂移（BSU）：________________

2. 重复性（BSU）：________________

3. 最大允许误差（BSU）：________________

四、抽气泵性能

1. 抽气量（mL）：________________

2. 抽气时间（s）：________________

3. 泄漏量（mL）：________________

五、检定不合格项目：________________

中华人民共和国国家计量检定规程

JJG 906—2015

滚筒反力式制动检验台

Roller Opposite Force Type Brake Testers

2015-12-07 发布　　2016-06-07 实施

国家质量监督检验检疫总局 发布

滚筒反力式制动检验台检定规程

Verification Regulation of Roller

Opposite Force Type Brake Testers

JJG 906—2015
代替 JJG 906—2009

归 口 单 位：全国法制计量管理计量技术委员会

主要起草单位：浙江省计量科学研究院

中国测试技术研究院

参加起草单位：浙江江兴汽车检测设备有限公司

甘肃省计量研究院

上海市计量测试技术研究院

本规程委托全国法制计量管理计量技术委员会负责解释

本规程主要起草人：

严　瑾（浙江省计量科学研究院）

罗发贵（中国测试技术研究院）

林　峰（浙江省计量科学研究院）

参加起草人：

邵建文（浙江省计量科学研究院）

周申生（浙江江兴汽车检测设备有限公司）

高德成（甘肃省计量研究院）

马　明（上海市计量测试技术研究院）

引　　言

本规程替代 JJG 906—2009《滚筒反力式制动检验台》。

本规程部分参考 GB/T 13564—2005《滚筒反力式汽车制动检验台》。

本规程与 JJG 906—2009 相比，除编辑性修改外，主要修改如下：

——按 JJF 1002—2010《国家计量检定规程编写规则》规定，将原“2　引用文献”改为“2　引用文件”。

——取消原引用文献中的 GB/T 16273.6—2003《设备用图形符号　第 6 部分　运输、车辆检测及装载机械通用符号》，引用文件中增加 GB/T 13564—2005《滚筒反力式制动检验台》。

——按 JJF 1002—2010《国家计量检定规程编写规则》规定，将原“3　术语”改为“3　术语和计量单位”。

——取消术语中的“3.1　滚筒反力式制动检验台”定义。

——取消术语中的“3.2　额定承载质量”定义。

——取消术语中的“3.3　滚筒表面当量附着系数”，参照 GB/T 13564—2005《滚筒反力式制动检验台》改为“滚筒滑动附着系数”。

——取消术语中的“3.5　示值间差”定义。

——增加了术语“滚筒等效位置”和“驱动电机自动停机时的滑移率”。

——修改“概述”。

——取消“5.1　零点漂移”的要求。

——增加“分辨力”的要求。

——修改“5.2　空载动态零值误差”的要求。

——取消“5.6　鉴别力”的要求。

——修改“5.7　滚筒附着系数”的要求。

——增加“驱动电机自动停机时的滑移率”的要求。

——增加“动态误差”和“采样及数据处理准确性”的要求。

——取消“6.1　外观及一般要求”中 6.1.5、6.1.6、6.1.7 的要求。

——取消“6.2　电气安全性”的要求。

——修改“7.1.1　环境条件”中的要求。

——在“表 1　检定用仪器设备”中，增加“动态制动力测量装置”和“采样及数据处理测量装置”的要求；修改“附着系数测试仪”的要求；修改“游标卡尺”的要求，增加 π 尺的要求（可选）；修改“钢卷尺”的要求；增加“滑移率测量装置”的要求。

——在原规定“使用中检查＋”改为“使用中检查－”；取消检定项目“电气安全性”“零点漂移”“鉴别力”的要求；增加检定项目“分辨力”“动态测量重复性误差”“动态示值误差”“采样及数据处理准确性”“驱动电机自动停机时的滑移率”的要求；修改检定项目“滚筒附着系数”的要求。

——增加“分辨力”的检定方法。

——取消“7.3.1.1　零点漂移”的检定方法。

——修改“7.3.1.3　示值误差”的检定方法。

——取消“7.3.1.6　鉴别力”的检定方法。

——修改“7.3.1.7　滚筒滑动附着系数”的检定方法。

——增加“动态误差”中的“测量重复性”“示值误差”“采样与数据处理准确性”“驱动电机自动停机时的滑移率”的检定方法。

——取消通用技术要求中“电气安全性”的检定方法。

——增加附录C动态制动力测量装置和方法，附录D采样及数据处理准确性模拟信号加载方法，附录E驱动电机自动停机时的滑移率测量方法，附录F动态制动力测量装置校准方法。

本规程历次版本发布情况为：

——JJG 906—1996；

——JJG 906—2009。

滚筒反力式制动检验台检定规程

1 范围

本规程适用于滚筒反力式制动检验台（以下简称制动台）的首次检定、后续检定和使用中检查。

2 引用文件

GB 7258 机动车运行安全技术条件

GB/T 13564—2005 滚筒反力式汽车制动检验台

GB 21861 机动车安全技术检验项目和方法

凡是注日期的引用文件，仅注日期的版本适用于本规程；凡是不注日期的引用文件，其最新版本（包括所有的修改单）适用于本规程。

3 术语和计量单位

GB/T 13564—2005 界定的及以下术语和定义适用于本规程。

3.1 滚筒滑动附着系数 slip adhesion coefficient of roller

受检车辆车轮在主动滚筒的上母线滑动（车轮抱死）时，制动台测得的车轮制动力与车轮的重力载荷之比，为无量纲量。

3.2 空载动态零值误差 no load dynamic zero error

制动台在空载运转状态下，仪表显示的最大偏离零位值。单位为牛（N）或十牛（daN）。（GB/T 13564—2005，定义 3.4）

3.3 滚筒等效位置 equivalent position of roller

专用测力杠杆固定在滚筒之外的位置对滚筒施加转矩，其转矩的旋转中心处于滚筒轴线的延长线上，专用测力杠杆应能直接对主滚筒施加转矩。

3.4 驱动电机自动停机时的滑移率 slip ratio of driving motor stop

对带有第三滚筒的制动台，当被检测车辆制动时，第三滚筒线速度随制动车轮线速度的减慢而减慢，在制动台驱动电机自动停机瞬间，主滚筒线速度与第三滚筒的线速度之差与主滚筒线速度的百分比。

4 概述

制动台是用于测量机动车轮制动力的计量设备。制动台主要由滚筒装置、驱动电机、减速机构、测控系统与显示仪表等组成。制动台轮制动力的测量原理：机动车制动时，车轮对旋转滚筒表面产生反向切向力，通过制动台的测量系统检测该反向切向力即为轮制动力。

5 计量性能要求

5.1 分辨力

不超过0.1% FS。

注：FS表示制动力满量程，是英文“Full Scale”的缩写。

5.2 空载动态零值误差

FS≤1 500 daN：不超过±0.9% FS；

FS>1 500 daN：不超过±0.3% FS。

5.3 静态误差

5.3.1 示值误差：不超过±3%。

5.3.2 示值间差：不超过3%。

5.3.3 测量重复性：不超过2%。

5.4 动态误差

5.4.1 测量重复性：不超过3%。

5.4.2 示值误差：不超过±8%。

5.5 采样及数据处理准确性

不超过±3%。

5.6 滚筒滑动附着系数

5.6.1 标准装置测量法：不小于0.70。

5.6.2 模拟测量法：不小于0.75。

5.7 驱动电机自动停机时的滑移率

对带有第三滚筒的制动台，应在25%～35%范围内。

6 通用技术要求

外观及一般要求如下：

a）制动台应有清晰的铭牌，标明设备名称、型号规格、额定承载质量、测量范围、制造厂名、生产日期、出厂编号等。

b）各操纵件操作应灵活可靠，无松动或卡滞等现象。

c）滚筒表面不得有损伤轮胎及影响测量的缺陷。

d）仪表显示清晰，无影响读数的缺陷。

7 计量器具控制

7.1 检定条件

7.1.1 环境条件

a）相对湿度：≤85%；

b）温度：(0～40)℃；

c）电源电压：(220±22)V或(380±38)V；

d）其他：无影响测量的污染、振动或电磁干扰等。

7.1.2　检定用设备

检定用仪器设备如表 1 所示。

表 1　检定用仪器设备

序号	名　　称	主要技术指标
1	砝码①	测量范围：(0～FS/η)②，M_2等级
2	测力仪①	测量范围：(0～FS/η)，0.3 级
3	动态制动力测量装置（简称动态装置）	±3%
4	采样及数据处理测量装置	时间误差：±1 ms
5	附着系数测试仪	MPE：±0.03
6	游标卡尺③或 π 尺	游标卡尺：测量范围为（0～500）mm，分度值 0.10 mm π 尺：测量范围为（50～500）mm，MPE：±0.05 mm
7	钢卷尺	测量范围：(0～5) m，Ⅱ级
8	滑移率测量装置	测量范围：(5～40)%，±2%

注：

①：砝码检定法与测力仪检定法可任选其一。

②：η 为专用测力杠杆的等效力臂长度 L 与滚筒半径 r 的比值。

③：游标卡尺爪长不小于被检制动台滚筒半径。

7.2　检定项目

检定项目如表 2 所示。

表 2　检定项目

检定项目			首次检定	后续检定	使用中检查
通用技术要求	外观及一般要求		+	+	—
计量性能要求	分辨力		+	—	—
	空载动态零值误差		+	+	+
	静态误差	示值误差	+	+	+
		示值间差	+	+	+
		测量重复性	+	+	+
	动态误差	测量重复性	+	—	—
		示值误差*	+	—	—
	采样及数据处理准确性*		+	—	—
	滚筒滑动附着系数		+	+	—
	驱动电机自动停机时的滑移率		+	+	—

注："+"表示必检项目，"—"表示不需检定项目；标有"*"的项目摩托车线制动台不检。

7.3 检定方法

7.3.1 计量性能要求

7.3.1.1 分辨力

在静态示值误差检定时，观察制动台显示分辨力，应满足5.1的要求。

7.3.1.2 空载动态零值误差

制动台处于空载状态，将仪表调零后启动电机，待滚筒转速稳定后记录偏离零位的示值；用同样的方法重复3次，偏离零位的最大值应满足5.2的要求。

7.3.1.3 静态误差

a）示值误差

断开滚筒驱动电机的电源，按制动台使用说明书，将专用测力杠杆固定在制动台滚筒或滚筒等效位置上，用钢卷尺和游标卡尺（或 π 尺），分别测量专用测力杠杆的等效力臂长度及主滚筒直径，确定杠杆比 η 。

检定点选择制动台满量程的20%～100%范围内均匀5点。

1）砝码检定法

杠杆安装完毕，在满量程50%左右，使测力杠杆等效力臂处于水平状态，卸载砝码。

仪表调零，按规定检定点对左（右）制动台逐级加载砝码，读取各检定点所对应的左（右）制动台示值 $f_{i\mathrm{L(R)}}$ ，重复测量3次。

按公式（1）计算第 i 检定点左（右）制动台的示值误差。

$$\delta_{i\mathrm{L(R)}}=\frac{\overline{f}_{i\mathrm{L(R)}}-\eta\times M_i\times g}{\eta\times M_i\times g}\times 100\% \tag{1}$$

式中：

$\delta_{i\mathrm{L(R)}}$ ——左（右）制动台第 i 检定点的制动力相对示值误差，$i=1$，2，3，4，5；

$\overline{f}_{i\mathrm{L(R)}}$ ——左（右）制动台第 i 检定点制动力示值3次测量的算术平均值，N；

η ——专用砝码检测装置杠杆比；

M_i ——第 i 检定点加载砝码质量，kg；

g ——重力加速度，一般取9.8 $\mathrm{m/s^2}$。

各检定点示值误差 $\delta_{i\mathrm{L(R)}}$ 均应满足5.3.1条要求。如果检定过程中杠杆明显倾斜，则需要对杠杆比进行数据修正。

2）测力仪检定法

杠杆安装完毕，加载至满量程的50%左右，用水平尺调整专用测力杠杆处于水平状态，卸载至满量程的2%～5%左右。

测力仪与制动台仪表同时调零，测力仪按规定检定点对制动台逐级加载，读取各检定点所对应的左（右）制动台示值 $f_{i\mathrm{L(R)}}$ ，重复测量3次。

按公式（2）、公式（3）计算第 i 检定点左（右）制动台的示值误差。

$$\delta_{i\mathrm{L(R)}}=\frac{f_{i\mathrm{L(R)}}-\eta\times F_i}{\eta\times F_i}\times 100\% \tag{2}$$

$$\bar{\delta}_{iL(R)}=\sum_{i=1}^{3}\frac{\delta_{iL(R)}}{3} \tag{3}$$

式中：

F_i ——第 i 检定点测力仪加载标准力值，N。

各检定点示值误差 $\bar{\delta}_{iL(R)}$ 均应满足 5.3.1 的要求。如果检定过程中杠杆明显倾斜，则需要对杠杆比进行数据修正。

b）示值间差

根据 a）测量得到的左、右制动台示值误差，按公式（4）计算各检定点左、右制动台的制动力示值间差。各检定点示值间差均应满足 5.3.2 的要求。

$$\delta_{Pi}=|\delta_{iL}-\delta_{iR}| \tag{4}$$

式中：

δ_{Pi} ——第 i 检定点左制动台与右制动台的示值间差；

δ_{iL} ——第 i 检定点左制动台的示值误差；

δ_{iR} ——第 i 检定点右制动台的示值误差。

c）测量重复性

根据 a）测量得到的左、右制动台各检定点示值误差 $\delta_{iL(R)}$，按公式（5）计算各检定点的示值误差的测量重复性 $R_{iL(R)}$。各检定点示值误差的测量重复性均应满足 5.3.3 条要求。

$$R_{iL(R)}=\delta_{iL(R)\max}-\delta_{iL(R)\min} \tag{5}$$

式中：

$R_{iL(R)}$ ——制动台示值误差的测量重复性，$i=1, 2, 3, 4, 5$；

$\delta_{iL(R)\max}$ ——左（右）制动台第 i 检定点 3 次测量中制动力示值误差的最大值；

$\delta_{iL(R)\min}$ ——左（右）制动台第 i 检定点 3 次测量中制动力示值误差的最小值。

7.3.1.4 动态误差

将动态制动力测量装置（以下简称动态装置）中的左右标准轮分别安装在液压制动汽车后轴的两边，连接好动态装置的信号线。该汽车驶上制动台，制动台开机，滚筒带动标准轮转动，记录左右制动台显示的阻滞力 f_{i2}，动态装置清零，当制动台显示屏提示踩刹车时，操作员在（5～8）s 内连续慢踩刹车，应确保车轮处于非抱死状态（如抱死可采用加载重量的方式使其处于非抱死状态），完成制动力测试（动态制动力测量装置和检测方法见附录 C），分别记录动态装置测得的制动力标准值 f_{i0}，制动台测得的制动力 f_{i1} 和阻滞力 f_{i2}，用同样的方法检测 10 次，按公式（6）计算各次动态力示值误差 δ_i，按贝塞尔公式计算 10 次测量的单次测量标准差作为测量重复性 δ_Δ，按公式（7）计算示值误差 δ_D，均应满足 5.4 条要求。

$$\delta_i=\frac{f_{i1}-f_{i2}-f_{i0}}{f_{i0}}\times 100\% \tag{6}$$

式中：

δ_i ——第 i 次测量得动态示值误差，（$i=1, 2, 3, \cdots, 10$），%；

f_{i0} ——第 i 次测量，动态装置显示的制动力标准值，N；

f_{i1} ——第 i 次测量，制动台显示的制动力，N；

f_{i2} ——第 i 次测量，制动台显示的阻滞力，N。

$$\delta_D = \sum_{i=1}^{10} \frac{\delta_i}{10} \tag{7}$$

式中：

δ_D ——10 次动态示值误差平均值，%。

7.3.1.5 采样及数据处理准确性

首先，将制动台仪表切换到标定状态，在制动力传感器上加载模拟信号使得制动台检测数据达到满量程的 50%左右（信号加载方法见附录 D），记录此时的制动力值 F_{Ci} 和模拟信号加载量 M，重复 3 次，计算平均值 $\overline{F_C}$ 。退出标定状态。

然后，进入检测状态。车辆驶上制动台，记录此时阻滞力 F_{Zj} ；当制动台提示踩刹车时，不踩刹车，而是加载模拟信号加载量 M，持续时间为 20 ms，记录制动力 F_j 。重复测量 5 次，每次测量按公式（8）计算：

$$\delta_{Fj} = \frac{F_j - F_{Zj} - \overline{F_C}}{\overline{F_C}} \times 100\% \tag{8}$$

式中：

δ_{Fj} ——第 j 次检测时，采样及数据处理的准确性（$j = 1，2，3，4，5$）；

F_j ——第 j 次检测时，制动台显示制动力值，N；

F_{Zj} ——第 j 次检测时，制动台显示阻滞力值，N；

$\overline{F_C}$ ——标定状态时加载相同模拟信号时，制动台显示制动力值，N。

每次检测计算得的采样及数据处理的准确性 δ_{Fj} 均应满足 5.5 条要求。

7.3.1.6 滚筒滑动附着系数

（1）标准装置测量法

滚筒附着系数测试仪的测试轮与被测制动台滚筒上母线相接触，测试仪应加以固定、并确保测试时不会产生移动及测试轮轴线与被测滚筒轴线平行。开启制动台驱动电机使被测滚筒正常旋转，按滚筒附着系数测试仪使用说明书规定进行操作，测量滚筒的附着系数。取左、右台主滚筒的中间和两端（距滚筒边缘 100 mm 处取常用点）部位各重复测量 3 次，各部位测量值的平均值均应满足 5.6 的要求。

（2）模拟测量法

选取轮胎、气压符合 GB 7258《机动车运行安全技术条件》要求的汽车作为试验车。将试验车的待试验轴置于制动台上，采取防止车辆移动的有效措施。按照 GB 21861《机动车安全技术检验项目和方法》规定的方法检验制动力，分别测出左、右轮的最大制动力。按公式（9）计算滚筒的表面附着系数 $\mu_{L(R)}$ ，$\mu_{L(R)}$ 应满足 5.6 的要求。

$$\mu_{L(R)} = F_{L(R)} / G_{L(R)} \tag{9}$$

式中：

$\mu_{L(R)}$ ——制动台左（或右）滚筒表面附着系数；

$F_{L(R)}$ ——试验车左（或右）轮最大制动力测定值，N；

$G_{L(R)}$ ——试验车的左（或右）轮轮重，N。

（3）方法（1）和方法（2）任选其一，当有疑义时使用方法（1）进行仲裁。

7.3.1.7 驱动电机自动停机时的滑移率

使用滑移率测量装置测量制动台主滚筒线速度 V_0 和驱动电机自动停机时瞬间第三滚筒线速度 V_1，重复测量 3 次（测量方法见附录 E），按公式（10）计算制动台驱动电机自动停机时的滑移率，左右制动台应分别测量，均应满足 5.7 的要求。

$$\xi = \left| \frac{\bar{v}_1 - v_0}{v_0} \right| \times 100\% \tag{10}$$

式中：

ξ ——驱动电机自动停机时的滑移率；

$\bar{v}_1$ ——驱动电机自动停机时的 3 次测量得到的第三滚筒线速度的平均值，km/h；

v_0 ——制动台主滚筒线速度，km/h。

7.3.2 通用技术要求

通过目测和手感检查制动台的外观及一般要求。

7.4 检定结果的处理

检定记录格式参见附录 A。

按本规程要求经检定合格的制动台发给检定证书，不合格的发给检定结果通知书，并列出不合格项及数据。检定证书和检定结果通知书（内页）格式见附录 B。

7.5 检定周期

制动台的检定周期一般不超过 1 年。

附录 A

检定记录格式

滚筒反力式制动检验台检定记录

送检单位信息	单位名称		联系地址			
	联系人		联系电话		邮编	
被检仪器信息	仪器名称		型号规格			
	制造厂商		生产日期		出厂编号	

标准器信息	标准器名称	编号	准确度（或示值误差）	合格证书号	合格有效期

检定信息	检定地点		检定员		核验员	
	检定日期		温度		相对湿度	

检定记录				
通用技术要求	外观及一般要求			
分辨力				
空载动态零值误差	1	2	3	空载动态零值误差最大值

静态误差	标准值	台	1	2	3	平均值	示值误差 %	测量重复性 %	示值间差 %
		左							
		右							
		左							
		右							
		左							
		右							
		左							
		右							
		左							
		右							

动态误差	测量重复性			
	示值误差			
采样及数据处理准确性				
滚筒滑动附着系数	台	1	2	3	平均值
	左				
	右				
驱动电机自动停机时的滑移率	台	1	2	3	平均值
	左				
	右				

附录 B

检定证书和检定结果通知书（内页）格式

B.1　滚筒反力式制动检验台检定证书（内页）格式

<table>
<tr><th colspan="4">检定项目与检定结果</th></tr>
<tr><th colspan="3">检定项目</th><th>检定结果</th></tr>
<tr><td>通用
技术要求</td><td colspan="2">外观及一般要求</td><td></td></tr>
<tr><td rowspan="10">计量性能
要求</td><td colspan="2">分辨力</td><td></td></tr>
<tr><td colspan="2">空载动态零值误差</td><td></td></tr>
<tr><td rowspan="3">静态误差</td><td>示值误差</td><td></td></tr>
<tr><td>示值间差</td><td></td></tr>
<tr><td>测量重复性</td><td></td></tr>
<tr><td rowspan="2">动态误差</td><td>测量重复性</td><td></td></tr>
<tr><td>示值误差</td><td></td></tr>
<tr><td colspan="2">采样及数据处理准确性</td><td></td></tr>
<tr><td colspan="2">滚筒滑动附着系数</td><td></td></tr>
<tr><td colspan="2">驱动电机自动停机时的滑移率</td><td></td></tr>
</table>

B.2　滚筒反力式制动检验台检定结果通知书（内页）格式

<table>
<tr><th colspan="5">检定项目与检定结果</th></tr>
<tr><th colspan="3">检定项目</th><th>要求</th><th>检定结果</th></tr>
<tr><td>通用
技术要求</td><td colspan="2">外观及一般要求</td><td></td><td></td></tr>
<tr><td rowspan="10">计量性能
要求</td><td colspan="2">分辨力</td><td></td><td></td></tr>
<tr><td colspan="2">空载动态零值误差</td><td></td><td></td></tr>
<tr><td rowspan="3">静态误差</td><td>示值误差</td><td></td><td></td></tr>
<tr><td>示值间差</td><td></td><td></td></tr>
<tr><td>测量重复性</td><td></td><td></td></tr>
<tr><td rowspan="2">动态误差</td><td>测量重复性</td><td></td><td></td></tr>
<tr><td>示值误差</td><td></td><td></td></tr>
<tr><td colspan="2">采样及数据处理准确性</td><td></td><td></td></tr>
<tr><td colspan="2">滚筒滑动附着系数</td><td></td><td></td></tr>
<tr><td colspan="2">驱动电机自动停机时的滑移率</td><td></td><td></td></tr>
</table>

检定不合格项说明：

附录 C

动态制动力测量装置和检测方法

将装有力传感器的标准轮分别安装在汽车后轴的两边，汽车驶上制动台后实车检测称之为动态制动力测量。下面提供一种方法供参考。

1. 动态制动力测量装置

滚筒反力式汽车制动检验台动态制动力测量装置（简称动态装置）主要包括标准轮、信号处理单元和上位机。标准轮主要包括轮胎、轮毂和力传感器，具体结构见图 C.1。标准轮测得的制动力通过信号处理单元上传给上位机，上位机计算并显示出制动力上升曲线并确定动态的最大制动力。

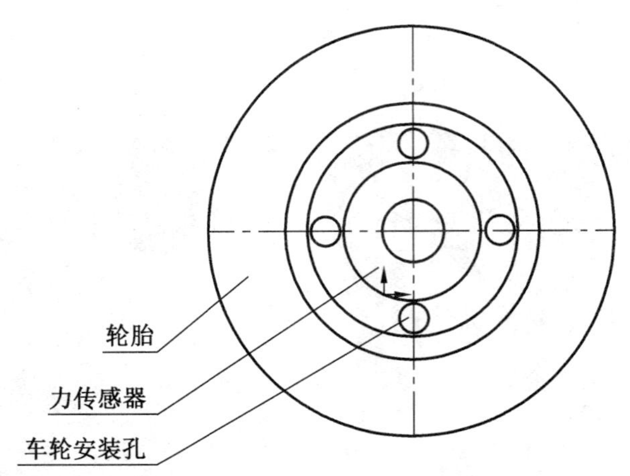

图 C.1　标准轮结构

2. 动态制动力检测方法

①将左右动态标准轮对应安装在检测车辆的后轴上，如图 C.2，标准轮的气压调节到轮胎规定气压。

②将检测车辆驶上被检制动台，标准轮置于滚筒上，被检制动台举升器下降，检测车辆松开制动。打开测量装置上位机软件，启动被检制动台左右电机，让其转动（5～10）s 后停止（期间不得踩刹车），测量装置和被检制动台同时清零。

③被检制动台进入检测状态，启动电机，测出标准轮与台体的阻滞力，当制动台显示屏提示踩刹车时，操作员在（5～8）s 内慢踩刹车，应确保车轮处于非抱死状态（若抱死可采用加载重量的方式使其处于非抱死状态），完成制动力测试，按公式（6）、公式（7）计算。

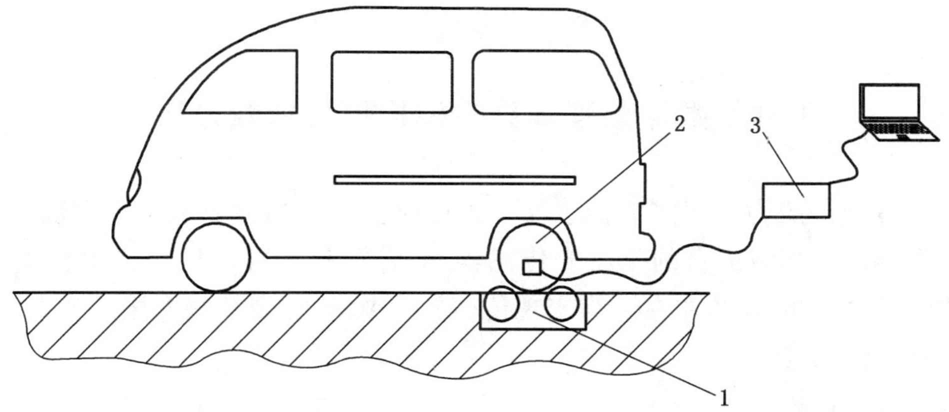

图 C.2　滚筒反力式汽车制动检验台动态制动力检测

1—受检制动台；2—标准轮；3—信号处理单元

附录 D

采样及数据处理准确性模拟信号加载方法

制动力传感器一般为压阻式力传感器，采用应变片和惠思登电桥来实现测量，如图 D.1 所示。模拟信号加载的目的是改变传感器 A 端或者 B 端电压，使得被检制动台测得制动力达到满量程的 50%左右。为实现传感器 A 端电压或 B 端电压改变有多种方式，下面提供一种方法供参考。

即在电源端（或电源地）和 A 端（或 B 端）之间并联一个可调电阻器（或者数字电位器），通过调节电阻阻值使得被检制动台测得制动力达到满量程的 50%左右。可调电阻器的接入持续时间为 20 ms。

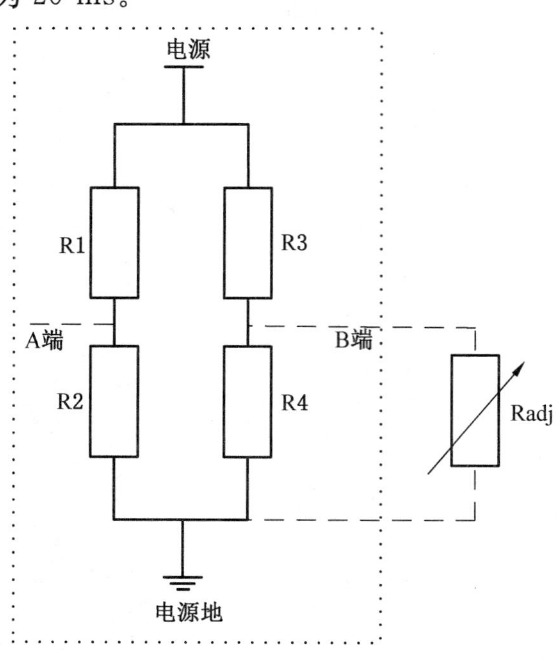

图 D.1　模拟信号加载示意图

附录 E

驱动电机自动停机时的滑移率测量方法

滑移率测量装置主要包括靠轮、电机、速度测量模块等。

将制动台电机的开关信号接在滑移率测量装置上，将靠轮放置在主滚筒和第三滚筒之间，启动制动台电机，用滑移率测量装置测量此时的主滚筒线速度 v_0；取出靠轮，用滑移率测量装置中的电机调节第三滚筒速度为 v_0，然后控制该速度逐渐降低，当速度降至制动台驱动电机自动停机时，滑移率测量装置接收到制动台的电机开关信号，用滑移率测量装置记录此时的第三滚筒线速度 v_1，而此时的主滚筒线速度应该一直保持不变，即为 v_0。按公式（10）计算驱动电机自动停机时的滑移率。

附录 F

动态制动力测量装置校准方法

本附录适用于附录 C 中提到的动态制动力测量装置的校准方法。

将标准轮的轮毂钢圈固定在标定架上，在一端挂上砝码挂篮，如图 F.1 所示，车轮轴心到挂篮的垂线距离为标定杆臂长 L_1，按照附录 C 要求安装的标准轮半径为 L_2。杠杆比 $\eta = L_1/L_2$。

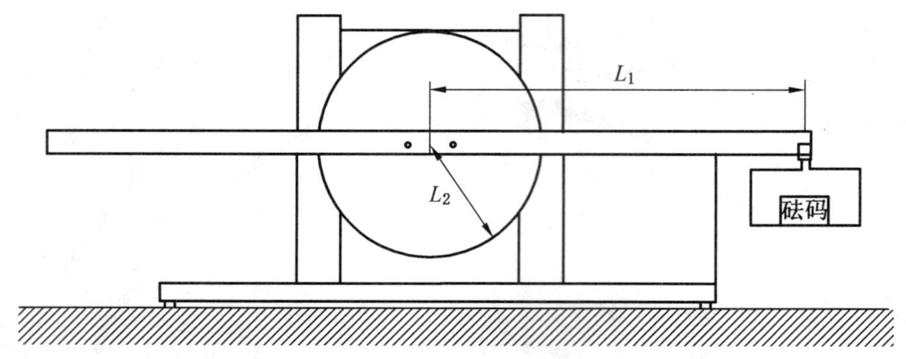

图 F.1　标定示意图

杠杆安装完毕，在满量程 50%左右，使测力杠杆等效力臂处于水平状态，卸载砝码。

仪表调零，对左（右）动态装置标准轮加载砝码，达到加载动态装置量程的 20%，40%，60%，80%，100%，读取各检定点所对应的左（右）动态装置示值 $f_{iL(R)}$。重复测量 3 次。

按公式（F.1）计算第 i 检定点左（右）动态装置的示值误差。

以各检定点示值误差 $\delta_{iL(R)}$ 中绝对值最大的值作为示值误差，示值误差应符合表 1 中动态制动力测量装置要求。

$$\delta_{iL(R)} = \frac{\overline{f}_{iL(R)} - \eta \times M_i \times g}{\eta \times M_i \times g} \times 100\% \tag{F.1}$$

式中：

$\delta_{iL(R)}$ ——左（右）动态装置第 i 检定点的示值误差，$i = 1, 2, 3$；

$\overline{f}_{iL(R)}$ ——左（右）动态装置第 i 检定点示值 3 次重复测量的算术平均值，N；

η ——专用砝码检测装置杠杆比；

M_i ——第 i 检定点加载砝码质量，kg；

g ——重力加速度，一般取 9.8 m/s^2。

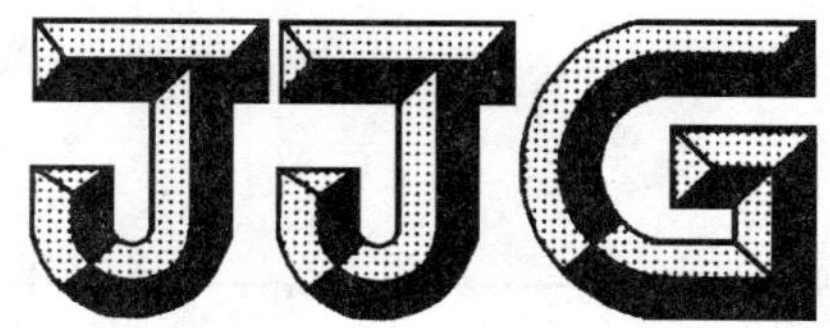

中华人民共和国国家计量检定规程

JJG 908—2009

汽车侧滑检验台

Automobile Side Slip Tester

2009-07-10 发布　　　　2010-01-10 实施

国家质量监督检验检疫总局 发布

汽车侧滑检验台检定规程

Verification Regulation of Automobile Side Slip Tester

JJG 908—2009
代替 **JJG 908—1996**

本规程经国家质量监督检验检疫总局于 2009 年 7 月 10 日批准，并自 2010 年 1 月 10 日起施行。

归 口 单 位： 全国法制计量管理计量技术委员会

主要起草单位： 中国测试技术研究院
上海市计量测试技术研究院
江西省计量测试研究院

参加起草单位： 南阳市质量技术监督检验测试中心
石家庄华燕交通科技有限公司
成都弥荣科技发展有限公司
成都成保发展股份有限公司
浙江江兴汽车检测设备有限公司

本规程委托全国法制计量管理计量技术委员会负责解释

本规程主要起草人：

罗发贵（中国测试技术研究院）

杨春生（中国测试技术研究院）

马　明（上海市计量测试技术研究院）

戴映云（江西省计量测试研究院）

参加起草人：

王林波（南阳市质量技术监督检验测试中心）

陈南峰（石家庄华燕交通科技有限公司）

周　兵（成都弥荣科技发展有限公司）

牟成波（成都成保发展股份有限公司）

周申生（浙江江兴汽车检测设备有限公司）

汽车侧滑检验台检定规程

1 范围

本规程适用于滑板式汽车侧滑检验台（以下简称侧滑台）的首次检定、后续检定和使用中检验。

2 术语

2.1 汽车侧滑检验台 automobile side slip tester

用来检验汽车在直线行驶过程中车轮侧滑量大小及方向的设备。

2.2 侧滑量 side slip distance

是指汽车在没有外加转向力的条件下，以车速（3～5）km/h 直线行驶通过侧滑台，双滑板联动汽车侧滑检验台的横向位移量与滑板的纵向有效测量长度之比值，侧滑量以米 /千米（m/km）表示。滑板向内为负（—）值、向外为正（+）值。

2.3 双滑板联动汽车侧滑检验台 twin slipper automobile side slip tester

由机械装置联接的左、右滑板可同步向内、向外移动，并通过机械和电测量装置显示侧滑量的汽车侧滑检验台。

3 概述

侧滑台是用于检测汽车侧滑量的设备。它由滑板、回位机构、联动装置（双滑板联动侧滑台）、位移传感器和显示仪表等组成。侧滑台检测的工作原理是：被检机动车以车速为（3～5）km/h 直线行驶通过检验台时，测得滑板向内或向外横向位移量并换算为汽车路面行驶时的侧滑量。

4 计量性能要求

4.1 零点漂移

侧滑台的零点漂移 15min 内不大于 0.2m/km。

4.2 零值误差

±0.2m/km。

4.3 示值误差

±0.2m/km。

4.4 示值重复性

0.1m/km。

4.5 滑板位移同步性

双滑板联动侧滑台左、右滑板位移同步性不大于 0.1mm。

4.6 滑板移动所需作用力

4.6.1 滑板从零位开始移动 0.1mm 时：所需作用力不大于 60N。

4.6.2 滑板从零位开始移动至侧滑量 5m/km 时：所需作用力不大于 120N。

5 通用技术要求

5.1 外观及一般要求

5.1.1 侧滑台应有清晰的铭牌，铭牌上标明设备名称、规格型号、额定载荷、测试量程、制造厂名、生产日期、出厂编号等。

5.1.2 滑板移动应灵活平稳，没有明显的阻滞和晃动现象。沿车辆行驶方向滑板不应有明显的窜动现象。

5.1.3 数字式仪表：显示应清晰稳定，不应有影响读数的缺陷。

5.1.4 指针式仪表：多段显示应有显示段的转换指示，表盘刻度清晰，指针不弯曲，摆动灵活、平稳，没有跳动、卡滞等现象。

5.2 电气安全性

侧滑台应可靠接地。

6 计量器具控制

计量器具控制包括首次检定、后续检定和使用中检验。

6.1 检定条件

6.1.1 环境条件

相对湿度：≤85％

温　　度：(0～40)℃

电源电压：AC，(220±22) V

检定应在周围无影响测量的污染、振动、电磁干扰的环境下进行。

6.1.2 检定用设备

检定用设备如表 1 所示。

表 1　检定设备一览表

设备名称	测量范围	准确度等级
百分表两个	(0～30) mm	1 级，分度值 0.01mm
工作测力仪一个	(0～200) N	2 级，分度值 5N
挡位工具两个	—	—
磁性表座两个	—	—

6.2 检定项目

检定项目如表 2 所示。

6.3 检定方法

6.3.1 通用技术要求

表 2　检定项目一览表

检定项目		首次检定	后续检定	使用中检验
通用技术要求	外观及一般要求	+	—	—
	电气安全性	+	—	—
计量性能要求	零点漂移	+	+	+
	零值误差	+	+	+
	示值误差	+	+	+
	示值重复性	+	+	+
	滑板位移同步性	+	+	+
	滑板移动所需作用力	+	+	+

注："+"表示必检项目，"—"表示选检项目

6.3.1.1　外观及一般要求

通过目测和手动检查。

6.3.1.2　电气安全性

人工检查侧滑台及仪表的保护接地状况。

6.3.2　计量性能要求

6.3.2.1　零点漂移

预热 15min，调整好数显式侧滑台的零位。每隔 5min 观察 1 次，连续 3 次，每次零点漂移值均应符合 4.1 的要求。

6.3.2.2　零值误差

如图 1 安装百分表和挡位工具，百分表测量杆轴线应与滑板移动方向一致，调整好

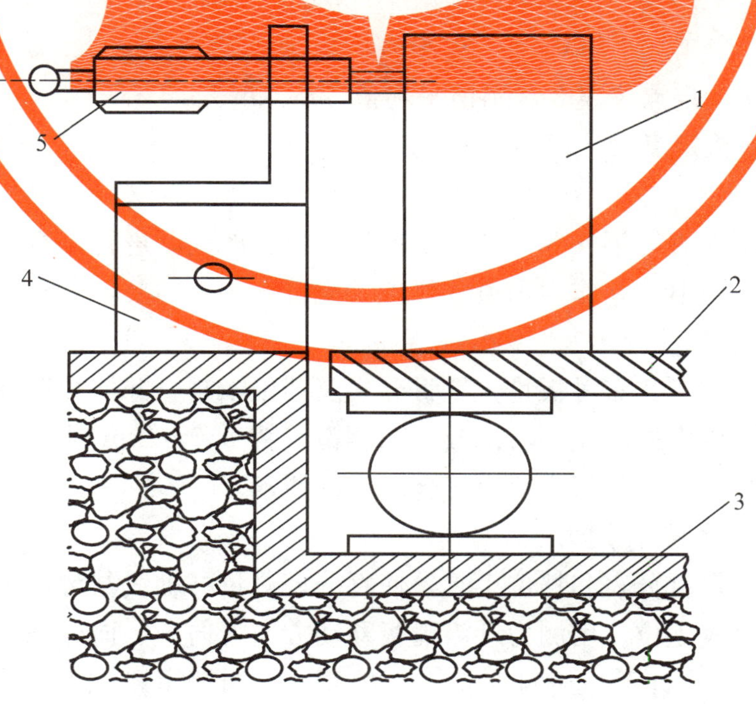

图 1　检定安装示意图

1—挡位工具；2—滑板；3—基座；4—磁性表座；5—百分表

仪表及百分表零位。向内、向外移动滑板，当侧滑量分别为3.0m/km和0.4m/km时，释放使滑板自由回位。上述过程重复3次，分别记录（检定原始记录格式见附录A），每次回位后示值均应符合4.2的要求。

6.3.2.3　示值误差

侧滑台的检定应在3m/km、5m/km、7m/km 3个测试点进行。常见的滑板有效测量长度与各检定点百分表的关系见表3所示。

表3　滑板移动量一览表

滑板有效长度（m）	检定点为3m/km时百分表示值（mm）	检定点为5m/km时百分表示值（mm）	检定点为7m/km时百分表示值（mm）
1.0	3.0	5.0	7.0
0.8	2.4	4.0	5.6
0.5	1.5	2.5	3.5

用微动工具缓慢推动滑板，使滑板移动，当百分表的示值分别为表3各点时，读取侧滑台仪表示值，按此方法向内、向外各重复3次，按式（1）计算各检定点示值误差，其示值误差应符合4.3的要求。

$$\Delta_i = \overline{X}_i - X_0 \tag{1}$$

式中：Δ_i——第i检定点示值误差，m/km；

$\overline{X}_i$——第i检定点仪表3次示值平均值，m/km；

X_0——第i检定点标准值，m/km。

6.3.2.4　示值重复性

重复性的检定在进行第6.3.2.3条示值误差检定的同时进行，将各测量点3次示值之间的最大值与最小值之差作为示值重复性，应符合4.4的要求。

6.3.2.5　滑板位移同步性

按图1方法，在左、右滑板均安置百分表及挡位工具，并同时调整好左、右百分表零位，向内、向外分别推动左、右滑板，当侧滑量为5.0m/km时，读取左、右百分表的示值，其左、右百分表示值之差应符合4.5的要求。

6.3.2.6　滑板移动所需作用力

按图1方法固定百分表和挡位工具，使百分表测量杆轴线与滑板移动方向一致，并调整好左、右百分表零位。用测力计沿滑板移动方向（向内、向外）拉动滑板，当百分表变化0.1mm时测力计示值应符合4.6.1的要求。当侧滑量绝对值为5.0m/km时测力计示值应符合4.6.2的要求。

6.4　检定结果的处理

按本规程要求经检定合格的侧滑台发给检定证书，不合格的发给检定结果通知书，并列出不合格项及数据。

检定证书和检定结果通知书（内页）格式见附录 B。

汽车侧滑检验台检定结果的不确定度按 JJF 1059—1999 的要求评定，不确定度评定的实例见附录 C。

6.5 检定周期

侧滑台的检定周期一般不超过 1 年。

附录 A

检定原始记录格式

汽车侧滑检验台检定原始记录

<table>
<tr><td colspan="2">送检单位</td><td colspan="2"></td><td colspan="2">出厂日期</td><td colspan="2"></td><td>检定单位</td><td></td></tr>
<tr><td colspan="2">设备名称</td><td colspan="2"></td><td colspan="2">出厂编号</td><td colspan="2"></td><td>检定日期</td><td></td></tr>
<tr><td colspan="2">制 造 厂</td><td colspan="2"></td><td colspan="2">记录编号</td><td colspan="2"></td><td>检定地点</td><td></td></tr>
<tr><td colspan="2">型号规格</td><td colspan="2"></td><td colspan="2">环境温度</td><td colspan="2"></td><td>检 定 员</td><td></td></tr>
<tr><td colspan="3">等级（不确定度）</td><td></td><td colspan="2">相对湿度</td><td colspan="2"></td><td>核 验 员</td><td></td></tr>
<tr><td colspan="5">检定项目</td><td colspan="5">检定内容及数据处理</td></tr>
<tr><td colspan="3">通用技术要求</td><td colspan="2">外观及一般要求</td><td colspan="5"></td></tr>
<tr><td colspan="2" rowspan="2">零值误差（m/km）</td><td colspan="2">移动 3m/km 后回复</td><td></td><td></td><td></td><td rowspan="2">最大偏离零位值（m/km）</td><td colspan="2" rowspan="2"></td></tr>
<tr><td colspan="2">移动 0.4m/km 后回复</td><td></td><td></td><td></td></tr>
<tr><td colspan="3">零点漂移（m/km）</td><td></td><td></td><td></td><td colspan="2">最大零点漂移值（m/km）</td><td colspan="2"></td></tr>
<tr><td rowspan="2">滑板</td><td rowspan="2">方向</td><td rowspan="2">检定点 m/km</td><td colspan="4">仪表示值 m/km</td><td rowspan="2">示值误差 m/km</td><td rowspan="2">示值重复性 m/km</td><td rowspan="2">滑板动作力 (N)</td></tr>
<tr><td>1</td><td>2</td><td>3</td><td>平均</td></tr>
<tr><td rowspan="8">左</td><td rowspan="4">内</td><td>3</td><td></td><td></td><td></td><td></td><td></td><td></td><td>初始 0.1mm</td></tr>
<tr><td>5</td><td></td><td></td><td></td><td></td><td></td><td></td><td></td></tr>
<tr><td>7</td><td></td><td></td><td></td><td></td><td></td><td></td><td>5m/km</td></tr>
<tr><td></td><td></td><td></td><td></td><td></td><td></td><td></td><td></td></tr>
<tr><td rowspan="4">外</td><td>3</td><td></td><td></td><td></td><td></td><td></td><td></td><td>初始 0.1mm</td></tr>
<tr><td>5</td><td></td><td></td><td></td><td></td><td></td><td></td><td></td></tr>
<tr><td>7</td><td></td><td></td><td></td><td></td><td></td><td></td><td>5m/km</td></tr>
<tr><td></td><td></td><td></td><td></td><td></td><td></td><td></td><td></td></tr>
<tr><td rowspan="8">右</td><td rowspan="4">内</td><td>3</td><td></td><td></td><td></td><td></td><td></td><td></td><td>初始 0.1mm</td></tr>
<tr><td>5</td><td></td><td></td><td></td><td></td><td></td><td></td><td></td></tr>
<tr><td>7</td><td></td><td></td><td></td><td></td><td></td><td></td><td>5m/km</td></tr>
<tr><td></td><td></td><td></td><td></td><td></td><td></td><td></td><td></td></tr>
<tr><td rowspan="4">外</td><td>3</td><td></td><td></td><td></td><td></td><td></td><td></td><td>初始 0.1mm</td></tr>
<tr><td>5</td><td></td><td></td><td></td><td></td><td></td><td></td><td></td></tr>
<tr><td>7</td><td></td><td></td><td></td><td></td><td></td><td></td><td>5m/km</td></tr>
<tr><td></td><td></td><td></td><td></td><td></td><td></td><td></td><td></td></tr>
<tr><td>同步性</td><td colspan="2">侧滑量 5m/km</td><td colspan="4">内：　　　　mm</td><td colspan="3">外：　　　　mm</td></tr>
</table>

附录 B

检定证书和检定结果通知书（内页）格式

B1　汽车侧滑检验台检定证书（内页）格式

所使用的计量标准器：

计量标准器证书编号：

依 据 的 技 术 文 件：

检 定 环 境 条 件：　　温度：　　℃；　　相对湿度：　　%

检定项目		检定结果
通用技术要求	外观及一般要求	
	电气安全性	
计量性能要求	零点漂移	
	零值误差	
	示值误差	
	示值重复性	
	滑板位移同步性	
	滑板移动所需作用力	

B2　汽车侧滑检验台检定结果通知书（内页）格式

所使用的计量标准器：

计量标准器证书编号：

依 据 的 技 术 文 件：

检 定 环 境 条 件：　　　　温度：　　　　℃；　　　　相对湿度：　　%

<table>
<tr><td colspan="3">检定项目</td><td colspan="2">检定内容及处理结果</td></tr>
<tr><td rowspan="2">通用技术要求</td><td colspan="2">外观及一般要求</td><td colspan="2"></td></tr>
<tr><td colspan="2">电气安全性</td><td colspan="2"></td></tr>
<tr><td rowspan="13">计量性能要求</td><td colspan="2">零点漂移</td><td colspan="2"></td></tr>
<tr><td colspan="2">零值误差</td><td colspan="2"></td></tr>
<tr><td colspan="2">滑板位移同步性</td><td colspan="2"></td></tr>
<tr><td colspan="2">滑板移动所需作用力</td><td colspan="2"></td></tr>
<tr><td colspan="2">示值检定点（m/km）</td><td>示值误差（m/km）</td><td>重复性（m/km）</td></tr>
<tr><td colspan="2">3.0</td><td></td><td></td></tr>
<tr><td colspan="2">5.0</td><td></td><td></td></tr>
<tr><td colspan="2">7.0</td><td></td><td></td></tr>
<tr><td rowspan="4">不合格项目</td><td colspan="3"></td></tr>
<tr><td colspan="3"></td></tr>
<tr><td colspan="3"></td></tr>
<tr><td colspan="3"></td></tr>
</table>

附录 C

汽车侧滑检验台检定结果的测量不确定度评定

C.1　测量方法

用微动工具缓慢推动滑板，使滑板移动，当百分表的示值分别为 3mm，5mm，7mm 时，同时分别记录侧滑台仪表示值，由此按 C.1 式计算该侧滑台示值误差。

C.2　数学模式

$$\Delta_i = X_i - X_0 \tag{C.1}$$

式中：Δ_i——被检侧滑台示值误差，m/km；

X_i——被检侧滑台仪表示值，m/km；

X_0——标准值，m/km。

C.2.1　方差

$$u_c^2(\Delta_i) = c^2(X_i)u^2(X_i) + c^2(X_0)u^2(X_0) \tag{C.2}$$

式中：u（X_i）——被检仪表显示值引入的标准不确定度；

u（X_0）——百分表引入的标准不确定度。

C.2.2　灵敏系数

$$c_1 = c(X_i) = \frac{\partial f}{\partial X_i} = 1$$

$$c_2 = c(X_0) = \frac{\partial f}{\partial X_0} = -1$$

C.3　计算标准分量不确定度

C.3.1　被检侧滑台测量重复性引入的不确定度 $u_1(X_i)$

对一稳定的侧滑台（滑板纵向长度 1m）进行 10 次独立、等精度重复试验，当侧滑台显示值为 5m/km 时，百分表的读数如表 C.1。

得单次测量结果的实验标准差 s 为：

$$s = \sqrt{\frac{\sum_{i=1}^{n}(X_i - \overline{X}_i)^2}{n-1}} = \sqrt{\frac{0.0009}{9}} = 0.01(\text{mm})(\text{对应侧滑量为 } 0.01\text{m/km})$$

由于侧滑台分辨力不够，因此用百分表的读数来反应其重复性。而实际测量时，规程规定在重复条件下连续测量三次，以三次测量的算术平均值作为测量结果，所以：

$$u_1(X_i) = \frac{s}{\sqrt{3}} = \frac{0.01}{\sqrt{3}} = 0.006(\text{m/km})$$

自由度：$\nu_1(X_i) = 10 - 1 = 9$

C.3.2　被检侧滑台仪表示值数显量化误差引入的不确定度 $u_2(X_i)$

表 C.1　一被检侧滑台对 5m/km 重复测量 10 次的结果

测量次数	百分表示值（mm）	$X_i-\overline{X}_0$	$(X_i-\overline{X}_0)^2$
1	4.98	0.01	0.0001
2	4.99	0.02	0.0004
3	4.97	0	0
4	4.96	−0.01	0.0001
5	4.96	−0.01	0.0001
6	4.97	0	0
7	4.98	0.01	0.0001
8	4.97	0	0
9	4.97	0	0
10	4.98	0.01	0.0001
$\sum X_i$	49.73		0.0009
$\overline{X}_i$	4.97		

侧滑台仪表数显示的分辨力为 0.1m/km，数显量化误差为：$\pm\dfrac{0.1\text{m/km}}{2}=\pm 0.05\text{m/km}$，其量化误差服从均匀分布，落在半宽为 0.05m/km 的区间内，取包含因子 $k=\sqrt{3}$。所以：

$$u_2(X_s)=\frac{0.05}{\sqrt{3}}=0.029(\text{m/km})$$

自由度：　　$\nu_2(X_i)=\infty$

C.3.3　由被检测台引入的标准不确定度 $u(X_i)$ 为

$$u(X_i)=\sqrt{u_1^2(X_i)^2+u_2^2(X_i)^2}=\sqrt{0.006^2+0.029^2}=0.029(\text{m/km})$$

$$\nu(X_i)=\frac{0.029^4}{\dfrac{0.006^4}{9}+\dfrac{0.029^4}{\infty}}=\infty$$

C.3.4　百分表固有误差引入的不确定度分量 $u_1(X_0)$

检定装置中的百分表示值误差是由上级计量部门给出，其允许误差为：±0.022mm，若引入的不确定度的分布为均匀分布，则：

$$u_1(X_0)=\frac{0.022}{\sqrt{3}}=0.01(\text{mm})$$

估计其相对不确定度为 20%，则

$$\nu_1(X_0)=\frac{1}{2}\times\left(\frac{20}{100}\right)^{-2}=13$$

C.3.5　百分表放置引入的不确定度 $u_2(X_0)$

根据侧滑台的测量原理，百分表轴线应与滑板移动方向一致，才能正确反映侧滑量，实际上难以绝对一致。百分表靠目测安装，估计百分表的测量杆偏离正确方向最大为5°，当侧滑量为5m/km时，对板宽为1m的侧滑台，百分表相应移动量是5mm。所以，百分表安装位置不准确引入的误差为：

$$(1-\cos 5°)\times 5=0.019\text{mm}$$

假设由此引入的不确定度服从均匀分布，因此：

$$u_2(X_0)=\frac{0.019}{\sqrt{3}}=0.01(\text{mm})$$

估计其相对不确定度为25%，则

$$\nu_1(X_0)=\left(\frac{\Delta u(X)}{u(X)}\right)^{-2}=\frac{1}{2}\times\left(\frac{25}{100}\right)^{-2}=8$$

C.3.6　百分表分辨力引入的不确定度 $u_3(X_0)$

百分表最小分度为0.01mm，最小分辨力为0.005mm，由此引入的不确定度为：

$$u_3(X_0)=\frac{0.005}{\sqrt{3}}=0.0029(\text{mm})$$

$$\nu_3(X_0)=\infty$$

C.3.7　由百分表引入的不确定度 $u(X_0)$ 为：

$$u(X_0)=\sqrt{u_1^2(X_0)+u_2^2(X_0)+u_3^2(X_0)}=\sqrt{0.01^2+0.01^2+0.0029^2}=0.014(\text{mm})$$

$$\nu(X_0)=\frac{0.014^4}{\frac{0.01^4}{13}+\frac{0.01^4}{8}+\frac{0.0029^4}{\infty}}=19$$

C.4　标准不确定度一览表

表C.2　标准不确定度一览表

标准不确定度分量 $u(x_i)$	不确定度来源	标准不确定度值 $u(x_i)$	$c_i=\frac{\partial f}{\partial X_i}$	$\lvert c_i\rvert u(x_i)$	自由度
$u(X_i)$	被检侧滑台	0.029m/km	1	0.029m/km	∞
$u_1(X_i)$	测量重复性	0.006m/km			9
$u_2(X_i)$	量化误差	0.029m/km			∞
$u(X_0)$	百分表	0.014mm	−1	0.014m/km	19
$u_1(X_0)$	百分表允差	0.01mm			13
$u_2(X_0)$	百分表放置	0.01mm			8
$u_3(X_0)$	百分表读数	0.0029mm			∞

C.5　合成标准不确定度

由于各标准不确定度分量不相关，所以：

$$u_c^2(\Delta_i)=c_1^2u^2(X_i)+c_2^2u^2(X_0)$$

$$u_c(\Delta_i)=\sqrt{0.03^2+0.014^2}=0.033(\text{m/km})$$

C.6 有效自由度

$$\nu_{\mathrm{eff}}=\frac{u_{\mathrm{c}}^{4}(\Delta_i)}{\frac{u^{4}(X_s)}{\nu(X_s)}+\frac{u^{4}(X)}{\nu(X)}}=\frac{0.033^{4}}{\frac{0.029^{4}}{\infty}+\frac{0.014^{4}}{19}}=31$$

C.7 扩展不确定度

按置信水平 $p=0.90$，取 $k_p=1.70$，因此扩展不确定度 $U_p=k_p\times u_{\mathrm{c}}(\Delta_i)=1.70\times 0.033=0.056$ (m/km)。

C.8 不确定度报告

由上述分析及计算可得汽车侧滑检验台计量检定结果的不确定度为：$U_p=0.056$m/km（置信概率 $p=0.90$，包含因子 $k_p=1.70$，$\nu_{\mathrm{eff}}=31$）。

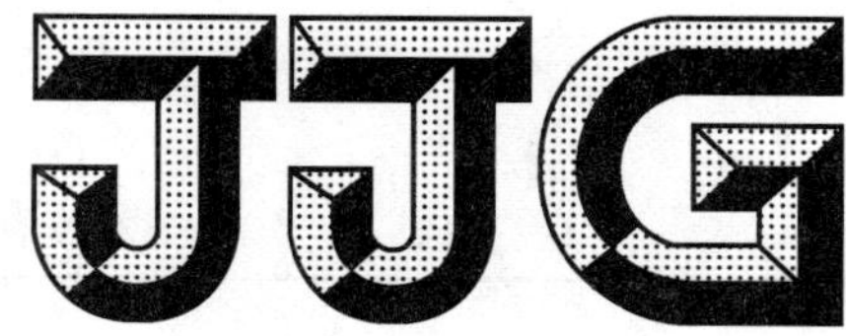

中华人民共和国国家计量检定规程

JJG 967—2015

机动车前照灯检测仪校准器

Calibrators for Headlamp Tester of Motor Vehicle

2015-08-24 发布　　2016-02-24 实施

国家质量监督检验检疫总局 发布

机动车前照灯检测仪校准器检定规程

Verification Regulation of Calibrators for Headlamp Tester of Motor Vehicle

JJG 967—2015
代替 JJG 967—2001

归 口 单 位：全国光学计量技术委员会

起 草 单 位：北京市计量检测科学研究院
广东省计量科学研究院
江西省计量测试研究院

本规程委托全国光学计量技术委员会负责解释

本规程起草人：

张卿贤（北京市计量检测科学研究院）

刘　毅（北京市计量检测科学研究院）

权小菁（广东省计量科学研究院）

戴映云（江西省计量测试研究院）

引 言

本规程依据JJF 1002—2010《国家计量检定规程编写规则》，同时参照JJF 1059.1—2012《测量不确定度评定与表示》、GB 4599—2007《汽车用灯丝灯泡前照灯》，并根据机动车前照灯检测仪校准器在交通运行安全、机动车检测等领域的相关应用，对JJG 967—2001《机动车前照灯检测仪校准器》进行了部分修订。

与JJG 967—2001相比，本规程的主要技术变化如下：

——将原规程中"发光强度"修改为"发光强度的示值误差"，并作出相应的指标要求；

——取消了原规程中对直流电源稳定性的要求；

——修改了原规程中对光轴角的示值误差测量范围；

——取消了原规程中3.3条水平调节机构的要求。

本规程历次版本发布情况为：

——JJG 967—2001

机动车前照灯检测仪校准器检定规程

1 范围

本规程适用于机动车前照灯检测仪校准器的首次检定、后续检定和使用中检查。

2 引用文件

本规程引用下列文件：

JJF 1059.1—2012《测量不确定度评定与表示》

GB 4599《汽车用灯丝灯泡前照灯》

凡是注日期的引用文件，仅注日期的版本适用于本规程，凡是不注日期的引用文件，其最新版本（包括所有的修改单）适用于本规程。

3 概述

机动车前照灯检测仪校准器（以下简称校准器）可分为远光校准器、远近光校准器和近光激光校准器。校准器是装有标准光源，带有水平和垂直精密旋转机构的装置。远光校准器由标准光源、直流稳压电源及电压表、水平和垂直角度旋转机构、水平调整机构和找正机构等部分组成；远近光校准器还带有激光器；近光激光校准器的组成包括激光器、水平和垂直角度旋转机构、水平调整机构和找正机构。其工作原理是通过调节电压调压装置和水平、垂直角度旋钮，使校准器发出一束已知发光强度和光轴角的光束，实现对前照灯检测仪的发光强度、光轴偏移角及近光明暗截止线转角的检定。

4 术语

4.1 发光强度 luminous intensity

光源在指定方向的发光强度是该光源在包含指定方向的立体角元 $d\Omega$ 内传输的光通量 $d\Phi$ 除以该立体角元之商：$I=d\Phi/d\Omega$。

4.2 光轴角 axis angle

校准器发出的光束光轴与水平面及铅垂面之间的夹角。

4.3 近光明暗截止线转角 inflection point near the light dark cut-off line

近光灯在光屏上投射出的光斑图形，其水平明暗分界线与倾斜明暗分界线的交点，称为明暗截止线转角。

5 计量性能要求

5.1 光轴角的零位示值误差

校准器光轴角的零位示值误差不超过±5′。

5.2 发光强度的示值误差

校准器在垂直于光轴的平面上投射一个比较清晰的对称的光斑，其光照度只有一个最大值；校准器发光强度的变化范围不小于（5～40）kcd，且校准器发光强度的示值误差应满足：

首次检定：不超过±4%；

后续检定和使用中检验：不超过±6%。

5.3 发光强度的重复性

校准器发光强度的重复性不大于1%。

5.4 发光强度的稳定性

校准器发光强度在10 min内的变化率不超过1.5%。

5.5 校准器光分布的对称性

校准器光轴角转动机构在垂直方向处于0°00′，水平方向在左（L）2°～右（R）2°范围内变化以及水平方向处于0°00′，上下方向在下（D）1°～上（U）1°范围内变化时，校准器光束光分布的不对称性不超过10%。

5.6 光轴角的示值误差

在左（L）2°～右（R）2°，上（U）2°～下（D）2°范围内，光轴角的示值误差不超过±5′。

5.7 光轴角转动机构的空程误差

光轴角转动机构的空程误差不超过±3′。

6 通用技术要求

1）校准器应有铭牌，标明仪器名称、型号、制造厂家、出厂编号及制造日期等。

2）校准器的所有光学零部件应清洁，无明显霉点、疵点、气泡、划痕等影响使用的缺陷；仪器的刻线、数字等应显示清晰，不应有断线、笔画短缺等缺陷。

3）校准器的各运动、调节部分应转动灵活、平稳、锁定可靠；光轴角转动机构应有锁紧装置。

7 计量器具控制

计量器具控制包括首次检定、后续检定和使用中检查。

7.1 检定条件

7.1.1 检定用设备

7.1.1.1 数字照度计：至少$3\frac{1}{2}$位显示，相对示值误差不超过±1%。

7.1.1.2 光度测量装置：测量距离不小于7 m，最大允差0.2%。

7.1.1.3 经纬仪（6″级）。

7.1.1.4 水准仪（S3级）。

7.1.1.5 光轴角检测装置（见附录C）。

7.1.2 检定环境和其他要求。

7.1.2.1 温度：(20±5)℃。

7.1.2.2 相对湿度：≤85%。

7.1.2.3 电源电压：AC (220±10)V。

7.2 检定项目

检定项目见表1。

表1 检定项目一览表

序号	检定项目	首次检定	后续检定	使用中检查
1	通用技术要求	+	+	+
2	光轴角的零位示值误差	+	+	+
3	发光强度的示值误差	+	+	+
4	发光强度的重复性	+	−	−
5	发光强度的稳定性	+	+	+
6	校准器光分布的对称性	+	+	+
7	光轴角的示值误差	+	+	+
8	光轴角转动机构的空程误差	+	+	+
注： 1 近光激光校准器只需检定第1，7，8项； 2 凡需要检定的项目用“+”表示，不需检定的项目用“−”表示。				

7.3 检定方法

检定前，按照使用说明书对校准器进行预热。

7.3.1 通用技术要求

目视观察和试验，应满足6.1～6.3的要求。

7.3.2 光轴角的零位示值误差

7.3.2.1 检定在光度测量装置上进行。将被检的校准器置于装置的圆转台上（见图1），先把校准器的角度调节旋钮调至零位，而后调整校准器，使其水泡处在圆环中央。用水准仪瞄准，反复调整，使校准器发光面的中心与已调好的数字照度计探测器受光面的中心等高；同时用经纬仪瞄准，反复调整，直至被检校准器光轴找正机构的两个尖锥的顶点与过探测器受光面中心的垂线在同一铅垂面内，此时被检校准器的水泡应保持在圆环中心，并定好被检校准器的起点。

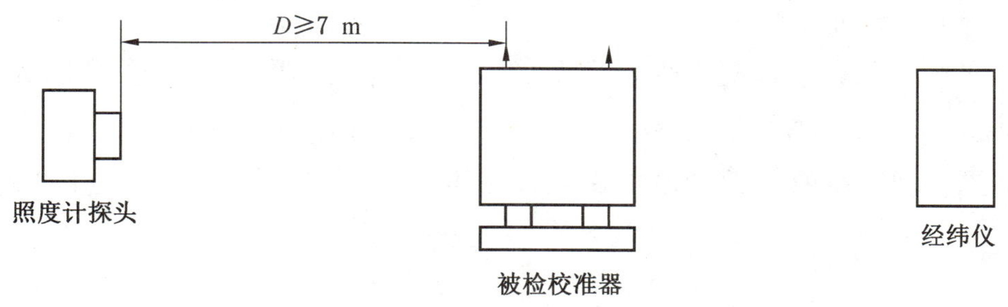

(a) 水平视图

图1 校准器发光强度检定调整示意图

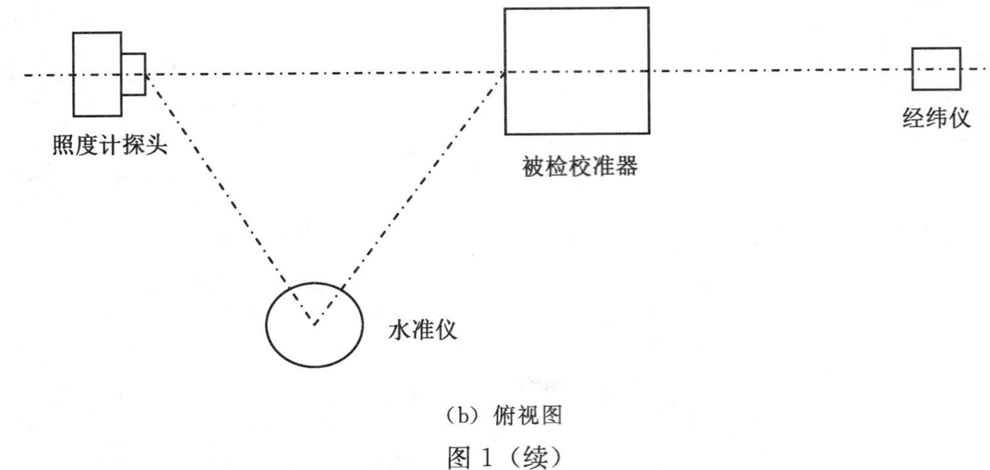

（b）俯视图

图 1（续）

7.3.2.2　用 α_i/β_j 作为光轴角的表示方法，其中 α_i 为第 i 个水平方向的光轴角，左右方位用 L 或 R 表示，β_j 为第 j 个垂直方向的光轴角，上下方位用 U 或 D 表示，所有角度应精确到分。

将照度计的探测器和被检的校准器固定在装置上相距 D 的两个位置，光轴角为 0°/0°。保持垂直方向上的光轴角 0°不变，将水平方向的光轴角示值转到 L3°（或 R3°），再按照 L3°→0°→R3°（或 R3°→0°→L3°）缓慢转动光轴角转动机构，并观察照度计的示值。在光轴角为 L2°和 R2°附近找到照度计示值相等的两个位置，并记录此时光轴角的示值 α'_{L_i} 和 α'_{R_i}。

然后再反方向按上述方法，在 L2°和 R2°附近找到照度计示值相等的两个位置，并记录此时光轴角的示值 α''_{L_i} 和 α''_{R_i}。

水平方向光轴角的零位示值误差按公式（1）和公式（2）计算：

$$\Delta\alpha'_0=(\alpha'_{L_i}-\alpha'_{R_i})/2 \tag{1}$$

$$\Delta\alpha''_0=(\alpha''_{L_i}-\alpha''_{R_i})/2 \tag{2}$$

按公式（3）计算两次结果的平均值作为校准器光轴在水平方向的零位示值误差：

$$\Delta\alpha_0=(\Delta\alpha'_0+\Delta\alpha''_0)/2 \tag{3}$$

保持校准器水平方向的光轴角处在 0°不变，光轴角垂直方向的示值转到 D2°（或 U2°），再按照 D2°→0°→U2°（或 U2°→0°→D2°）方向缓慢转动光轴角转动机构，并观察照度计的示值。在光轴角为 U1°，D1°附近找到照度计示值相等的两个位置，记录此时垂直方向的光轴角示值 β'_{U_j} 和 β'_{D_j}。

再反方向按上述方法，在光轴角为 U1°，D1°附近找到照度计示值相等的两个位置，记录此时垂直方向的光轴角示值 β''_{U_j} 和 β''_{D_j}。

两次垂直方向校准器零位的示值误差分别按公式（4）和公式（5）计算：

$$\Delta\beta'_0=(\beta'_{U_j}-\beta'_{D_j})/2 \tag{4}$$

$$\Delta\beta''_0=(\beta''_{U_j}-\beta''_{D_j})/2 \tag{5}$$

按公式（6）计算两次检定结果的平均值作为校准器光轴在垂直方向的零位示值误差：

$$\Delta\beta_0=(\Delta\beta'_0+\Delta\beta''_0)/2 \tag{6}$$

被检校准器光轴角的零位示值误差记为 $\Delta\alpha_0/\Delta\beta_0$，方位分别用 L 或 R 与 D 或 U 表示，应符合 5.1 的要求。

7.3.3 发光强度的示值误差

7.3.3.1 将调整好的被检校准器和照度计的探测器，固定在装置上相距 D 的两个位置（见图 1），使光轴角处在 0°/0°状态，保持被检校准器垂直方向的光轴角（0°）不变，按某一方向缓慢转动水平方向光轴角转动旋钮，同时观察照度计的读数变化，当照度计读数最大时，记录此时光轴角的示值 α'_I。继续按原方向转动光轴角转动旋钮至少 1°，然后再反方向转动光轴角转动旋钮，当照度计的读数再次出现最大值时，记录此时水平方向光轴角的示值 α''_I。被检校准器光束照度最大点水平方向的位置按公式（7）给出：

$$\alpha_I = (\alpha'_I + \alpha''_I)/2 \tag{7}$$

保持被检校准器水平方向的光轴角（0°）不变，缓慢转动垂直方向光轴角转动旋钮，找出照度计读数最大时对应的被检校准器垂直方向主光轴的两个示值 β'_I，β''_I。被检校准器光束照度最大点垂直方向的位置按公式（8）给出：

$$\beta_I = (\beta'_I + \beta''_I)/2 \tag{8}$$

被检校准器光束照度最大点的位置记为 α_I/β_I，方位分别用 L 或 R 与 D 或 U 表示。

7.3.3.2 将被检校准器的光轴角调至主光轴 α_I/β_I 位置。将照度计选择适当的挡位。调节校准器的电压旋钮，在其发光强度标称值依次为 8 kcd，10 kcd，15 kcd，20 kcd，30 kcd 时分别读取照度计的示值 E_i，取上升、下降两次的平均值 $\bar{E}_i$，按公式（9）计算发光强度的实际值 I_{0i}：

$$I_{0i} = \bar{E}_i \times D^2 \tag{9}$$

按公式（10）计算发光强度的示值误差 ΔI_i，它应满足 5.2 的要求。

$$\Delta I_i = \frac{I_i - I_{0i}}{I_{0i}} \times 100\% \tag{10}$$

式中：

$\bar{E}_i$——第 i 个发光强度下照度计的两次读数的平均值，单位：lx；

D——检测距离，单位：m；

I_i——第 i 个发光强度的标称值，单位：cd。

送检的校准器在检定发光强度示值误差的同时，应给出相应标称发光强度的实际电压值（详见附录 D）。

7.3.4 发光强度的重复性

连续 6 次调节电压调节旋钮，分别将电压调至发光强度为 20 kcd 所对应的电压 U_i 下，记录照度计的示值，按公式（11）计算发光强度的标准差作为被检校准器发光强度的重复性：

$$s = \frac{1}{\bar{I}} \times \sqrt{\frac{\sum_{i=1}^{n}(I_i - \bar{I})^2}{(n-1)}} \times 100\% \quad (n=6) \tag{11}$$

式中：

I_i——第 i 次测量值，$I_i = E_i D^2$，单位：cd；

$\bar{I}$——发光强度的平均值，单位：cd；

n——测量次数。

校准器发光强度的重复性应满足 5.3 的要求。

7.3.5 发光强度的稳定性

在发光强度为 20 kcd 所对应的电压 U_i 下，照度计的探测器受光照 2 min 开始测量，以后每隔 2 min 测量 1 次，共测量 6 次，被检校准器的稳定性按公式（12）计算：

$$u=\left(\frac{E_{\max}}{E_{\min}}-1\right)\times 100\% \tag{12}$$

式中：

$E_{\min}$——照度计的最小读数，单位：lx；

$E_{\max}$——照度计的最大读数，单位：lx。

校准器发光强度的稳定性应满足 5.4 的要求。

7.3.6 校准器光分布的对称性

保持被检校准器垂直方向的光轴角（0°）不变，将校准器的水平方向光轴角按 0°→L1°→L2°→L3°→L2°→L1°→0°→R1°→R2°→R3°→R2°→R1°→0°顺序调整，分别记录光轴角为 0°/0°时照度计的 3 次读数 E'_0，E''_0，E'''_0，求出平均值 E_0 及光轴角为 L1°/0°，L2°/0°，R1°/0°，R2°/0°时照度计对应的同一光轴角的 2 次读数 E'_α，E''_α，并求出平均值 E_α。

被检校准器水平方向的光轴角为 α 时的相对发光强度按公式（13）计算：

$$\frac{I_\alpha}{I_0}=\frac{E_\alpha}{E_0}\times 100\% \tag{13}$$

式中：

E_0——光轴角处于 0°/0°时，照度计的 3 次读数的平均值，单位：lx；

E_α——光轴角处于 α/0°时，照度计的 2 次读数的平均值，单位：lx。

被检校准器垂直方向的相对发光强度参照上述方法检定。被检校准器水平方向的光轴角保持在 0°状态不变，只改变垂直方向的光轴角。

被检校准器垂直方向的光轴角为 β 时的相对发光强度按公式（14）计算：

$$\frac{I_\beta}{I_0}=\frac{E_\beta}{E_0}\times 100\% \tag{14}$$

式中：

E_β——光轴角处于 β/0°时，照度计的 2 次读数的平均值，单位：lx。

光轴角分别为 L1°/0°与 R1°/0°，L2°/0°与 R2°/0°及 0°/D30′与 0°/U30′，0°/D1°与 0°/U1°的相对发光强度之差符合 5.5 的要求。

7.3.7 校准器光轴角的示值误差

将光轴角检定装置的旋转升降台台面调水平，放上被检的校准器，利用专用夹具将激光器安装到被检校准器灯泡的中央（远近光校准器和近光激光校准器可省略此步骤）（见图 2）。接通激光器电源，将被检校准器的光轴角转动机构设定在 0°/0°，调整旋转升降台的高度和角度，使得激光光斑中心与坐标板上的原点重合。

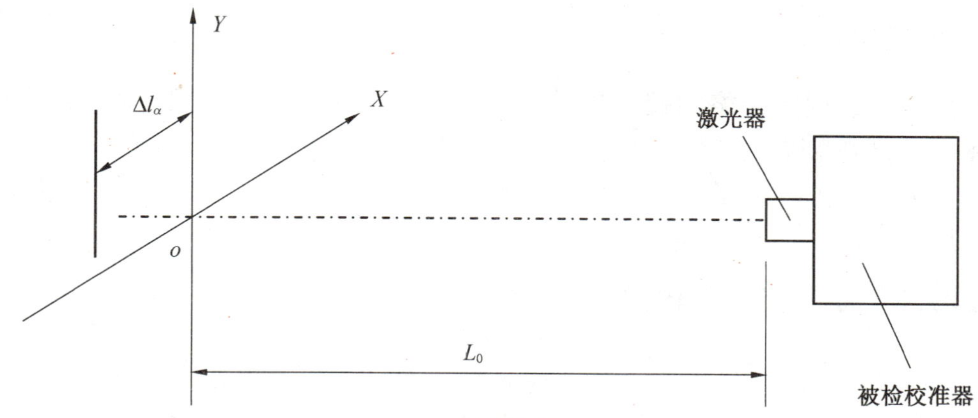

图 2 校准器光轴角检定示意图

保持被检校准器垂直方向的光轴角示值处在 0°状态，将校准器的水平方向光轴角按 0°→L1°→L2°→L3°→L2°→L1°→0°→R1°→R2°→R3°→R2°→R1°→0°顺序调整，从坐标板上读出水平方向光轴角处在同一示值时激光光斑中心偏离原点的距离的 2 次读数 $\Delta l'_\alpha$，$\Delta l''_\alpha$，以平均值 Δl_α 作为测量值。然后，保持被检校准器水平方向的光轴角示值处在 0°状态，将校准器的垂直方向光轴角按 0°→U1°→U2°→U3°→U2°→U1°→0°→D1°→D2°→D3°→D2°→D1°→0°顺序调整，从坐标板上读出垂直方向光轴角处在同一示值时激光光斑中心偏离原点的距离的 2 次读数 $\Delta l'_\beta$，$\Delta l''_\beta$，以平均值 Δl_β 作为测量值。激光器到坐标板原点的距离 L_0 事先测得，按公式（15）和公式（16）计算被检校准器光轴转动的实际角度：

$$\alpha_{0_i} = \arctan(\Delta l_{\alpha_i} / L_0) \tag{15}$$

$$\beta_{0_j} = \arctan(\Delta l_{\beta_j} / L_0) \tag{16}$$

光轴角的示值误差按公式（17）和公式（18）计算：

$$\Delta\alpha_i = \alpha_i - \alpha_{0_i} \tag{17}$$

$$\Delta\beta_j = \beta_j - \beta_{0_j} \tag{18}$$

式中：

α_i——第 i 个水平方向的光轴角示值；

β_j——第 j 个垂直方向的光轴角示值。

校准器光轴角的示值误差应满足 5.6 的要求。

7.3.8 校准器光轴转动机构的空程误差

重复 7.3.7 的步骤。

分别记录光轴角处在同一示值时激光光斑中心偏离原点的距离的 2 次读数 $\Delta l'_\alpha$，$\Delta l''_\alpha$，光轴角实际转动的角度按公式（19）和公式（20）计算得出：

$$\alpha' = \arctan(\Delta l'_\alpha / L_0) \tag{19}$$

$$\alpha'' = \arctan(\Delta l''_\alpha / L_0) \tag{20}$$

被检校准器在 α 角度的空程误差按公式（21）计算得出：

$$\Delta_\alpha = \alpha' - \alpha'' \tag{21}$$

校准器光轴角转动机构的空程误差应满足 5.7 的要求。

8 检定结果的处理

按本规程要求经检定合格的校准器发给检定证书；不合格的发给检定结果通知书，并列出不合格项目及数据。

9 检定周期

校准器的检定周期一般不超过1年。

附录 A

检定证书（内页）格式

A.1　通用技术要求：

A.2　光轴角的零位示值误差：

A.3　发光强度的示值误差：

主光轴位置	发光强度/kcd	电压/V
	8	
	10	
	15	
	20	
	30	

A.4　发光强度的重复性：

A.5　发光强度的稳定性：

A.6　校准器的光分布、光轴角示值误差与光轴转动机构的空程误差：

光轴角	光分布	光轴角示值误差	空程误差
0°/0°			
L1°/0°			
L2°/0°			
R1°/0°			
R2°/0°			
0°/D30′			
0°/D1°			
0°/D2°			
0°/U30′			
0°/U1°			
0°/U2°			

附录 B

前照灯检测仪校准器检定原始记录

证书编号： 第 页

送检单位		仪器名称			
型号规格		制 造 厂			
标 准 器		仪器编号			
检测依据		温 度	℃	湿 度	%RH

1. 通用技术要求：

2. 光轴角零位示值误差：	α_0		β_0	

3. 主光轴的位置、发光强度示值误差（主光轴位置： / $D=$ m）

检定点 I_i/kcd	电压读数 V	电压平均值	照度计读数 lx	照度平均值 lx	光强实际值 cd	示值误差 %
8						
10						
15						
20						
30						

4. 发光强度的重复性：

次 数	1	2	3	4	5	6
光照度/lx						

5. 发光强度的稳定性：

时间/min	0	2	4	6	8	10
光照度/lx						

6. 光分布的对称性；7. 光轴角示值误差；8. 光轴角转动机构的空程误差（$L_0=$ mm）

光轴角 α_i/β_j	照度计读数 E_i/lx	平均值 $\bar{E}_i$/lx	光分布 %	光斑偏移值 Δl_i/mm	平均值 Δl_i/mm	光轴角示值误差	转动机构空程误差
0°/0°							
L1°/0°							
L2°/0°							
R1°/0°							
R2°/0°							
0°/D30′							
0°/D1°							
0°/D2°							
0°/U30′							
0°/U1°							
0°/U2°							

检定员： 核验员： 日期：

附录 C

校准器光轴角检测装置

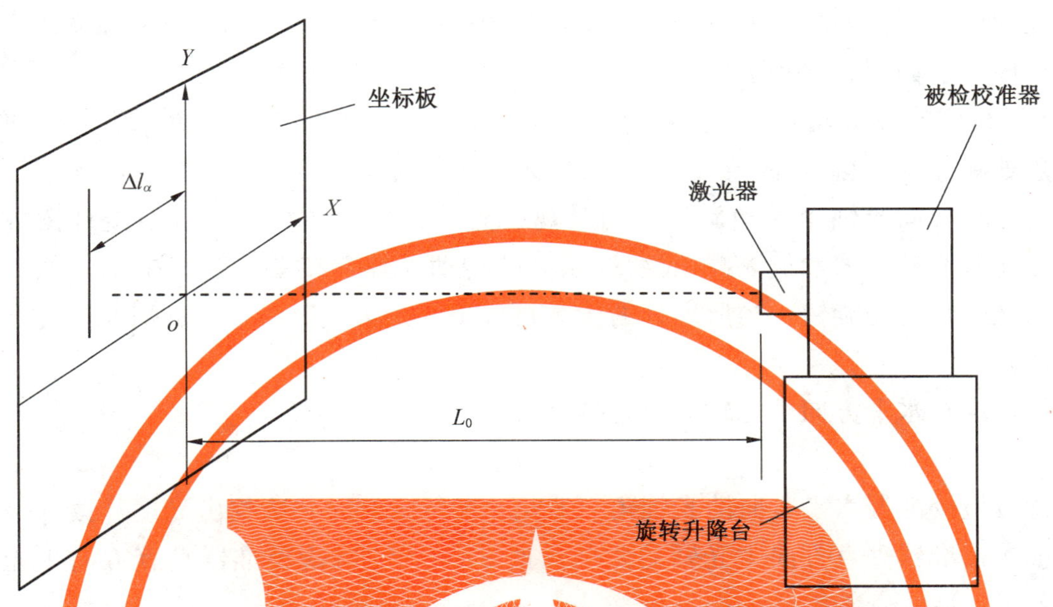

图 C.1　校准器光轴角检测装置

C.1　角度测量范围：左、右、下方向为 0°～3°，上方向为 0°～2°；

C.2　坐标板的最小分度为 1 mm；

C.3　旋转升降台转动范围为 0°～360°，锁定可靠，升降范围应能满足检定要求；

C.4　激光器射出的激光光束应垂直坐标板，偏差不超过 1′。

附录 D

校准器发光强度实际电压的标定

送检的校准器应在检定发光强度示值误差的同时，给出相应标称发光强度的实际电压值，具体方法如下：

D.1 将调整好的被检校准器和照度计的探测器，并固定在装置上相距 D 的两个位置，使光轴角处在 0°/0°状态，保持被检校准器垂直方向的光轴角（0°）不变，按某一方向缓慢转动水平方向光轴角转动旋钮，同时观察光度计的读数变化，当照度计读数最大时，记录此时光轴角的示值 α'_I，继续按原方向转动光轴角转动旋钮至少 1°，然后再反方向转动光轴角转动旋钮，当照度计的读数再次出现最大值时，记录此时水平方向光轴角的示值 α''_I。

被检校准器水平方向主光轴的位置按公式（D.1）给出：

$$\alpha_I=(\alpha'_I+\alpha''_I)/2 \tag{D.1}$$

保持被检校准器水平方向的光轴角（0°）不变，按上述方法找出光度计读数最大时对应的被检校准器垂直方向主光轴的两个示值 β'_I，β''_I。被检校准器垂直方向主光轴的位置按公式（D.2）给出：

$$\beta_I=(\beta'_I+\beta''_I)/2 \tag{D.2}$$

被检校准器主光轴的位置记为：α_I/β_I，方位分别用 L 或 R 与 D 或 U 表示。

D.2 顺时针方向将被检校准器的光轴角调至主光轴 α_I/β_I 位置。接通被检校准器的电源，打开开关，按仪器使用说明书的规定预热。打开照度计的开关，并选择适当的挡位后开始检定。逐渐升高校准器的电压，直至照度计的指示值为 E_i（lx）[对应的实际照度为 E_i（lx）$=I_i$（cd）$/D^2$（m），其中 I_i（cd）为被检校准器的第 i 个发光强度]，并记录此时被检校准器的显示电压 U'（V）。按此法逐一检定出被检校准器的发光强度分别为 8 kcd，10 kcd，15 kcd，20 kcd，30 kcd 等对应的显示电压 U'_i（$i=1$，2，3，…）。

逆时针方向将被检校准器的光轴角调至主光轴 α_I/β_I 位置，按上述方法逐一检定出被检校准器的发光强度分别为 30 kcd，20 kcd，15 kcd，10 kcd，8 kcd 等对应的显示电压 U''_j（$j=\cdots$，3，2，1）。

按公式（D.3）计算两次显示电压的平均值作为检定结果：

$$U_{I_i}=(U'_i+U''_j)/2 \quad (j=i) \tag{D.3}$$

附录 E

测量结果的不确定度评定

E.1　校准器发光强度的不确定度评定

E.1.1　发光强度的检定方法

检定校准器的发光强度时，固定被检校准器与照度计之间的距离 D，改变被检校准器的显示电压 U_i，得到不同的照度 E，被检校准器的发光强度 I，按公式（E.1）计算。

E.1.2　测量模型

$$I=E\times D^2 \tag{E.1}$$

式中：

I——被检校准器的发光强度；

D——照度计与校准器间的距离；

E——照度计的示值。

E.1.3　测量不确定度分析

由式（E.1）可知：

发光强度示值 I 的合成标准不确定度为：

$$u_c(I)=\sqrt{\left[\frac{\partial I}{\partial E}u(E)\right]^2+\left[\frac{\partial I}{\partial D}u(D)\right]^2} \tag{E.2}$$

发光强度示值 I 的合成相对标准不确定度为：

$$u_{\text{crel}}=\sqrt{(u_{E\text{rel}})^2+(2u_{D\text{rel}})^2} \tag{E.3}$$

E.1.4　不确定度分量的评定

E.1.4.1　照度 E 引入的相对标准不确定度

照度计的相对示值误差为 1%，由此引入的标准不确定度为 $u_{\Delta E\text{rel}}=\dfrac{0.01}{\sqrt{3}}=0.58\%$，该相对标准不确定度的可信度估计为 25%，则自由度：

$$\nu_{\Delta E\text{rel}}=\frac{1}{2}\times(25\%)^{-2}\approx 8$$

因此，照度 E 引入的相对标准不确定度为：

$$u_{E\text{rel}}=\sqrt{u_{\Delta E\text{rel}}{}^2}=0.58\%$$

E.1.4.2　检测距离 D 引入的相对标准不确定度

（1）检测距离测量的相对标准不确定度 $u_{D1\text{rel}}=1\ \text{mm}/1\,000\ \text{mm}=0.1\%$

该相对标准不确定度的可信度估计为 25%，则自由度：

$$\nu_{D1\text{rel}}=\frac{1}{2}\times(25\%)^{-2}\approx 8$$

（2）照度计探头与校准器光轴中心的偏移引入的相对标准不确定度

照度计探头与校准器光轴中心最大偏移 0.05 m，检测距离为 8 m，构成的夹角

$a=\arctan\frac{0.05}{8}$，此夹角反映在距离 D 上的误差为：$\Delta D=8\times(1-\cos a)=0.000\ 16$ m，引入的相对标准不确定度为：

$$u_{D2\text{rel}}=\frac{0.016}{8\times\sqrt{3}}\%=0.001\ 2\%$$，此值较小，可以忽略。

因此，检测距离 D 引入的相对标准不确定度为：

$$u_{D\text{rel}}=\sqrt{{u_{D1\text{rel}}}^2+{u_{D2\text{rel}}}^2}=0.1\%$$

E.1.5 计算合成标准不确定度

E.1.5.1 标准不确定度汇总表

相对标准不确定度分量	不确定度来源	相对标准不确定度	自由度
$u_{E\text{rel}}$	照度计	0.58%	8
$u_{D\text{rel}}$	检测距离	0.1%	8

E.1.5.2 计算合成相对标准不确定度

$$u_{\text{crel}}=\sqrt{(u_{E\text{rel}})^2+(2u_{D\text{rel}})^2}\%=\sqrt{0.58^2+(2\times0.1)^2}\%=0.62\%$$

有效自由度：$$\nu_{\text{eff}}=\frac{{u_{\text{crel}}}^4}{\frac{{u_{E\text{rel}}}^4}{\nu_{E\text{rel}}}+\frac{{u_{D\text{rel}}}^4}{\nu_{D\text{rel}}}}=\frac{0.62^4}{\frac{0.58^4}{8}+\frac{(2\times0.1)^4}{8}}\approx10$$

E.1.6 确定相对扩展不确定度

要求包含概率 p 为 0.99，由 $\nu_{\text{eff}}=10$，查表得：$t_{0.99}(10)=3.17$，取 $k_{99}=t_{0.99}(10)=3.17$，则发光强度的相对扩展不确定度为：

$$U_{99}=k_{99}\times u_{\text{crel}}=3.17\times0.62\%\approx1.96\%$$

E.1.7 结论

发光强度的最大允许误差为±6%，则：

$$\frac{U}{\text{MPEV}}=\frac{1.96\%}{6\%}<\frac{1}{3}$$

故检定可行。

E.2 校准器光轴角的不确定度评定

E.2.1 光轴角的检定方法

首先利用经纬仪、水准仪和可调工作台调节校准器的初始安放位置，确保校准器的几何中心对正坐标板的原点。而后激光器安装到校准器的前表面，激光束投射到坐标板上，测量光斑距坐标原点的偏移量，按式（E.4）计算光轴角。

E.2.2 测量模型

$$\alpha=\arctan\frac{\Delta l}{L} \tag{E.4}$$

式中：

α——光轴角值；

Δl——激光光斑在坐标板上的线位移；

L——激光器（校准器前表面）与坐标板间的距离。

E. 2. 3　测量不确定度分析

由式（E. 4）可知：

光轴角 α 的合成标准不确定为：

$$u_c=\sqrt{\left[\frac{\partial \alpha}{\partial (\Delta l)}u(\Delta l)\right]^2+\left[\frac{\partial \alpha}{\partial L}u(L)\right]^2} \tag{E. 5}$$

其中，灵敏系数：$\frac{\partial \alpha}{\partial \ (\Delta l)}=\frac{L}{(\Delta l)^2+L^2}$

$$\frac{\partial \alpha}{\partial L}=-\frac{\Delta l}{(\Delta l)^2+L^2}$$

在测量范围的最大值点计算灵敏系数值。即在 $\alpha=2°$，$\Delta l=0.280$ m，$L=8$ m 处，计算灵敏系数：

$$\frac{\partial \alpha}{\alpha(\Delta l)}=\frac{L}{(\Delta l)^2+L^2}=\frac{8}{0.280^2+8^2}\approx 0.12$$

$$\frac{\partial \alpha}{\alpha L}=-\frac{\Delta l}{(\Delta l)^2+L^2}=-\frac{0.280}{0.280^2+8^2}=-0.005$$

E. 2. 4　不确定度分量的评定

E. 2. 4. 1　校准器的初始零位安置误差引入的不确定度

用经纬仪安置校准器时，要使校准器上两准星同时处于经纬仪望远镜十字架垂直线上。实际上，它在坐标板上带来的线位移误差不超过 2 mm，将这种误差视为矩形分布，则引入的不确定度为：

$$u(\Delta l_0)=\frac{0.002}{\sqrt{3}}=0.001\ 15\ \text{m}$$

该标准不确定度的可信度估计为 25%，则自由度：

$$\nu_{\Delta l_0}=\frac{1}{2}\times(25\%)^{-2}\approx 8$$

E. 2. 4. 2　刻度坐标尺引入的不确定度

激光光斑在坐标板上的线位移偏移量，通过分辨率为 1 mm 的刻度坐标尺测量，若视为矩形分布，则引入的标准不确定度为：

$$u(\Delta l)=\frac{0.001}{\sqrt{3}}=0.000\ 58\ \text{m}$$

该标准不确定度的可信度估计为 25%，则自由度：

$$\nu_{\Delta l}=\frac{1}{2}\times(25\%)^{-2}\approx 8$$

E. 2. 4. 3　校准器与坐标板间的测量距离 L 引入的不确定度

距离 L 的误差为 0. 2 mm/1 000 mm，假设测量距离为 8 m，则误差为 0. 001 6 m，视为矩形分布，则引入的不确定度为：

$$u(L)=\frac{0.001\ 6}{\sqrt{3}}=0.000\ 9\ \text{m}$$

该标准不确定度的可信度估计为25%，则自由度：

$$\nu_L=\frac{1}{2}\times(25\%)^{-2}\approx 8$$

E.2.5 计算合成标准不确定度

E.2.5.1 标准不确定度汇总表

标准不确定度分量	不确定度来源	标准不确定度	传递系数	自由度
$u(\Delta l_0)$	初始零位安置	0.001 15 m	0.12	8
$u(\Delta l)$	刻度坐标尺	0.000 58 m	0.12	8
$u(L)$	检测距离	0.000 9 m	−0.005	8

E.2.5.2 计算合成标准不确定度

$$u_c=\sqrt{\left[\frac{\partial \alpha}{\partial(\Delta l)}u(\Delta l)\right]^2+\left[\frac{\partial \alpha}{\partial L}u(L)\right]^2}$$

$$=\sqrt{(0.12\times 0.001\,15)^2+(0.12\times 0.000\,58)^2+(-0.005\times 0.000\,9)^2}$$

$$=0.000\,155(\text{rad})$$

$$\approx 0.53'$$

有效自由度：

$$\nu_{\text{eff}}=\frac{u_c^4}{\dfrac{u(\Delta l_0)^4}{\nu_{\Delta l_0}}+\dfrac{u(\Delta l)^4}{\nu_{\Delta l}}+\dfrac{u(L)^4}{\nu_L}}\approx 12$$

E.2.6 确定扩展不确定度

要求包含概率 p 为0.99，由 $\nu_{\text{eff}}=12$，查表得：$t_{0.99}(12)=3.05$，取 $k_{99}=t_{0.99}(12)=3.05$，则光轴角的扩展不确定度为：

$$U_{99}=k_{99}\times u_c=3.05\times 0.53'=1.62'$$

E.2.7 结论

光轴角的最大允许误差为±5′，则：

$$\frac{U}{\text{MPEV}}=\frac{1.62'}{5'}<\frac{1}{3}$$

故检定可行。

中华人民共和国国家计量检定规程

JJG 1014—2019

机动车检测专用轴（轮）重仪

Special Axle（Wheel）Load Scales for Motor Vehicle Test

2019-09-27 发布 2020-03-27 实施

国家市场监督管理总局 发布

机动车检测专用轴（轮）重仪检定规程

JJG 1014—2019
代替 JJG 1014—2006

Verification Regulation of Special Axle (Wheel) Load Scales for Motor Vehicle Test

归 口 单 位： 全国法制计量管理计量技术委员会

主要起草单位： 甘肃省计量研究院
厦门市计量检定测试院
江西省计量测试研究院

参加起草单位： 青岛市计量技术研究院
浙江江兴汽车检测设备有限公司
佛山分析仪有限公司
深圳市安车检测股份有限公司

本规程委托全国法制计量管理计量技术委员会负责解释

本规程主要起草人：

高德成（甘肃省计量研究院）

江　涛（厦门市计量检定测试院）

戴映云（江西省计量测试研究院）

参加起草人：

王均国（青岛市计量技术研究院）

周申生（浙江江兴汽车检测设备有限公司）

何桂华（佛山分析仪有限公司）

敬天龙（深圳市安车检测股份有限公司）

引　　言

本规程代替 JJG 1014—2006《机动车检测专用轴（轮）重仪》

本规程主要参考 GB 7258《机动车运行安全技术条件》、GB 21861《机动车安全技术检验项目和方法》、JJG 99《砝码》、JJG 555《非自动秤通用检定规程》制定。与 JJG 1014—2006 相比，除编辑性修改外，主要修改如下：

——引用文件中增加 JJG 99《砝码》、GB 7258《机动车运行安全技术条件》、GB 21861《机动车安全技术检验项目和方法》；

——取消术语中的“3.1.1 机动车检测专用轴（轮）重仪”定义，增加了术语“整备质量轴（轮）重仪”和“加载制动检验台轴（轮）荷测量装置”；

——计量单位：取消吨（t）；

——取消“5.8 鉴别力”的要求；

——说明性标志：取消制造许可证标志、编号、电源电压、频率的要求；

——标准砝码：取消 M_{22} 级砝码；

——取消减载检定方法；

——修改偏载检定方法。

本规程历次版本发布情况为：

——JJG 1014—2006。

机动车检测专用轴（轮）重仪检定规程

1 范围

本规程适用于机动车检测专用轴（轮）重仪［以下简称轴（轮）重仪］的首次检定、后续检定和使用中检查。

2 引用文件

本规程引用下列文件：

JJG 99 砝码

JJG 555 非自动秤通用检定规程

GB 7258 机动车运行安全技术条件

GB 21861 机动车安全技术检验项目和方法

凡是注日期的引用文件，仅注日期的版本适用于本规程；凡是不注日期的引用文件，其最新版本（包括所有的修改单）适用于本规程。

3 术语和计量单位

3.1 术语

3.1.1 承载器 load receptor

用于接受被称载荷的部件（如承载台板），当在其上增加或卸下载荷时，轴（轮）重仪的平衡会产生改变。

3.1.2 整备质量轴（轮）重仪 axle (wheel) load scales for kerb weight measuring

即检测机动车整备质量专用的轴（轮）重仪。

注：该种轴（轮）重仪具有足够的有效测量长度，能够承受机动车双联和三联各并装轴同侧轮同时加载于一块承载器上。

3.1.3 加载制动检验台轴（轮）荷测量装置 axle (wheel) load measuring device of loading method automobile brake testers

即汽车加载制动检验台用于检测汽车轴（轮）荷质量的那部分测量设备。

3.2 计量单位

轴（轮）重仪使用的计量单位：千克（kg）。

4 概述

轴（轮）重仪是一种通过对机动车轴载荷（或轮载荷）质量的称量，以确定机动车各轴载荷（或轮载荷）分布状况的仪器，可分为轴重仪和轮重仪。轴（轮）重仪一般由承载器、称重传感器、称重显示器等部分组成。在承载器上的轴（或轮）的载荷，通过称重传感器转变为电信号，由称重显示器显示称重结果。轴（轮）重仪还包括加载制动检验台轴（轮）荷测量装置、整备质量轴（轮）重仪、摩托车轮重仪。

5 计量性能要求

5.1 空载变动性

不大于 0.1%FS 或 1d，两者取大者。

注：FS 表示轴（轮）重仪承载质量的满量程，是英文“Full Scale”的缩写；d 表示分度值。

5.2 分度值

指示装置和打印装置应具有相同的分度值。分度值的规定见表 1。

表 1 不同测量范围与分度值的关系

测量范围/kg	分度值/kg
$m\leqslant 3\ 000$	$d\leqslant 1$
$3\ 000<m\leqslant 13\ 000$	$d\leqslant 2$
$m>13\ 000$	$d\leqslant 5$
注：m 表示载荷。	

5.3 零点漂移

不大于 0.1%FS 或 1d，两者取大者。

5.4 偏载

不大于该检定点最大允许误差（MPE）绝对值的四分之一。

5.5 示值误差

示值误差应不超过表 2 给出的最大允许误差。

表 2 最大允许误差

载荷	最大允许误差
$m\leqslant 10\%$ FS	±0.2% FS
$m>10\%$ FS	±2%

5.6 左、右承载器示值间差

不大于该检定点最大允许误差的绝对值。

5.7 重复性

不大于该检定点最大允许误差绝对值的二分之一。

6 通用技术要求

6.1 轴（轮）重仪铭牌固定在轴（轮）重仪的醒目位置，其尺寸合适、字迹清晰易读，包含制造厂名称、设备名称、规格型号、测量范围、出厂编号、出厂日期等基本信息。

6.2 承载器台板表面应平整，不应有明显变形。

6.3 称重显示器不应有影响读数的缺陷。

7 计量器具控制

7.1 检定条件

7.1.1　环境条件

7.1.1.1　相对湿度：≤85%；

7.1.1.2　温度：−10 ℃～40 ℃；

7.1.1.3　电源电压：交流（220±22）V，（50±1）Hz；

7.1.1.4　其他：无影响测量结果的振动或电磁干扰等。

7.1.2　检定用设备

检定用仪器设备见表 3。

表 3　检定用仪器设备

序号	名称	主要技术指标
1	砝码	测量范围：0～FS，M_1 等级
2	标准测力仪	测量范围：0～FS，0.3 级
注：以上二种检定用仪器设备可任选其一。		

7.2　检定项目

检定项目见表 4。

表 4　检定项目

检定项目		首次检定	后续检定	使用中检查
通用技术要求		+	+	+
计量性能要求	空载变动性	+	+	+
	分度值	+	+	+
	零点漂移	+	+	+
	偏载	+	+	+
	示值误差	+	+	+
	左、右承载器示值间差	+	+	+
	重复性	+	+	−
注：“+”表示应检定项目，“−”表示可不检定项目。				

7.3　检定方法

7.3.1　通用技术要求

通过目测检查轴（轮）重仪，应符合 6.1～6.3 的要求。

7.3.2　计量性能要求

按照要求开机预热，待稳定后，预加载一次。

7.3.2.1　空载变动性

调整轴（轮）重仪的零点。加载约 10%FS 后再卸载，记录空载的示值。重复三次，其最大偏离零点的示值应符合 5.1 的要求。

7.3.2.2　分度值

在加载过程中目测检查轴（轮）重仪显示仪表分度值，应符合 5.2 中表 1 的要求。

7.3.2.3 零点漂移

轴（轮）重仪重新调整零点后，在 30 min 内每隔 10 min 观察示值一次，记录其示值，其最大偏离零点的示值应符合 5.3 的要求。

7.3.2.4 偏载

用不小于 1%FS 的固定载荷，在承载器前左、前右、后左、后右四个角不同位置分别加载，各示值间的差值应符合 5.4 的要求。

注：摩托车轮重仪因承载器尺寸限制，此项目可不检定。

7.3.2.5 示值误差

1）砝码检定法

向被检轴（轮）重仪的承载器上加砝码，从零点至最大测量范围，至少应选择三个检定点，其中应包括约 10%FS、50%FS 和 100%FS。如果是承载器尺寸的原因，无法对测量范围上限（或接近测量范围上限）的测量点进行检定时，可以检定至实际使用的最大测量点。

示值误差应不超过 5.5 中表 2 规定的最大允许误差，按式（1）、式（2）计算示值的绝对误差或相对误差：

当 $m \leqslant 10\%$ FS 时：

$$\Delta_i = x_i - m_i \tag{1}$$

式中：

Δ_i——第 i 检定点的示值误差，kg；

x_i——第 i 检定点轴（轮）重仪的示值，kg；

m_i——第 i 检定点加载砝码的质量值，kg。

当 $m > 10\%$ FS 时：

$$\delta_i = \frac{x_i - m_i}{m_i} \times 100\% \tag{2}$$

式中：

δ_i——第 i 检定点的示值误差，%；

x_i——第 i 检定点轴（轮）重仪的示值，kg；

m_i——第 i 检定点加载砝码的质量值，kg。

2）标准测力仪检定法

检定时应保证压力通过传感器轴线垂直作用在轴（轮）重仪的承载器上。至少应选择三个检定点，其中应包括约 10%FS、50%FS 和 100%FS。对于整备质量轴（轮）重仪，至少配备两组反力架和标准测力仪同时加载检定［轴（轮）重仪多组力加载检定装置和检定方法见附录 C］，单组加载载荷应不超过 50%FS。

示值误差应不超过 5.5 中表 2 规定的最大允许误差，按式（3）、式（4）计算示值的绝对误差或相对误差：

当 $m \leqslant 10\%$ FS 时：

$$\Delta_i = x_i - \frac{F_i}{g} \tag{3}$$

式中：

Δ_i——第 i 检定点示值误差，kg；

x_i——第 i 检定点轴（轮）重仪的示值，kg；

F_i——第 i 检定点力传感器的示值，N；

g——重力加速度，9.8 m/s^2。

当 $m>10\%$ FS 时：

$$\delta_i=\frac{x_i\times g-F_i}{F_i}\times 100\% \tag{4}$$

式中：

δ_i——第 i 检定点示值误差，%；

x_i——第 i 检定点轴（轮）重仪的示值，kg；

F_i——第 i 检定点力传感器的示值，N；

g——重力加速度，9.8 m/s^2。

注：当砝码检定法与标准测力仪检定法检定结果不一致时，以砝码检定法为准。

7.3.2.6　左、右承载器示值间差

根据 7.3.2.4 测量得到的左、右承载器示值误差，按式（5）、式（6）计算各检定点左、右承载器示值间差。各检定点示值间差均应符合 5.6 的要求。

当 $m\leqslant 10\%$ FS 时：

$$\Delta_{Pi}=|\Delta_{iL}-\Delta_{iR}| \tag{5}$$

式中：

Δ_{Pi}——第 i 检定点左、右承载器示值间差；

Δ_{iL}——第 i 检定点左承载器的示值误差；

Δ_{iR}——第 i 检定点右承载器的示值误差。

当 $m>10\%$ FS 时：

$$\delta_{Pi}=|\delta_{iL}-\delta_{iR}| \tag{6}$$

式中：

δ_{Pi}——第 i 检定点左、右承载器示值间差；

δ_{iL}——第 i 检定点左承载器的示值误差；

δ_{iR}——第 i 检定点右承载器的示值误差。

7.3.2.7　重复性

用约 20%FS 的固定载荷重复测量三次，三次测量结果间的差值应符合 5.7 的要求，重复性按式（7）计算：

$$R=\frac{x_{\max}-x_{\min}}{1.69\bar{x}}\times 100\% \tag{7}$$

式中：

R——重复性，%；

$x_{\max}$——三次测量中的最大示值，kg；

$x_{\min}$——三次测量中的最小示值，kg；

$\overline{x}$——所加载固定载荷平均值，kg。

7.4 检定结果的处理

7.4.1 检定合格的轴（轮）重仪，应发给检定证书（内页格式见附录 B.1）。

7.4.2 检定不合格的轴（轮）重仪，发给检定结果通知书（内页格式见附录 B.2），并注明不合格项目。

7.5 检定周期

轴（轮）重仪的检定周期为 1 年。

附录 A

检定记录格式

机动车检测专用轴（轮）重仪检定记录

<table>
<tr><td>被检单位名称</td><td colspan="4"></td><td>设备编号</td><td></td></tr>
<tr><td rowspan="2">被检仪器信息</td><td>型号</td><td colspan="2"></td><td>制造厂</td><td colspan="2"></td></tr>
<tr><td>出厂编号</td><td></td><td>最大秤量</td><td></td><td>分度值（d）</td><td></td></tr>
<tr><td rowspan="2">主标准器</td><td>名称</td><td>型号规格</td><td>仪器编号</td><td>技术特征</td><td colspan="2">证书编号</td></tr>
<tr><td></td><td></td><td></td><td></td><td colspan="2"></td></tr>
<tr><td>技术依据</td><td colspan="3"></td><td>温度： ℃</td><td colspan="2">相对湿度： %</td></tr>
<tr><td>通用技术要求</td><td colspan="2">外观及一般要求</td><td colspan="4"></td></tr>
<tr><td rowspan="5">空载变动性和零点漂移</td><td>次数</td><td>0</td><td>1</td><td>2</td><td>3</td><td>最大偏离零位值</td></tr>
<tr><td>左承载器空载变动性/kg</td><td></td><td></td><td></td><td></td><td></td></tr>
<tr><td>右承载器空载变动性/kg</td><td></td><td></td><td></td><td></td><td></td></tr>
<tr><td>左承载器零点漂移/kg</td><td></td><td></td><td></td><td></td><td></td></tr>
<tr><td>右承载器零点漂移/kg</td><td></td><td></td><td></td><td></td><td></td></tr>
<tr><td>分度值</td><td colspan="2">是否符合要求</td><td colspan="4"></td></tr>
<tr><td rowspan="11">示值误差，左、右承载器示值间差</td><td>载荷/kg</td><td>承载器</td><td>示值/kg</td><td>示值误差/kg 或%</td><td colspan="2">左、右承载器示值间差/kg 或%</td></tr>
<tr><td rowspan="2"></td><td>左</td><td></td><td></td><td colspan="2" rowspan="2"></td></tr>
<tr><td>右</td><td></td><td></td></tr>
<tr><td rowspan="2"></td><td>左</td><td></td><td></td><td colspan="2" rowspan="2"></td></tr>
<tr><td>右</td><td></td><td></td></tr>
<tr><td rowspan="2"></td><td>左</td><td></td><td></td><td colspan="2" rowspan="2"></td></tr>
<tr><td>右</td><td></td><td></td></tr>
<tr><td rowspan="2"></td><td>左</td><td></td><td></td><td colspan="2" rowspan="2"></td></tr>
<tr><td>右</td><td></td><td></td></tr>
<tr><td rowspan="2"></td><td>左</td><td></td><td></td><td colspan="2" rowspan="2"></td></tr>
<tr><td>右</td><td></td><td></td></tr>
</table>

表（续）

重复性	承载器	固定载荷平均值	1	2	3	重复性/%	
	左/kg						
	右/kg						
偏载	左承载器/kg					偏载误差/kg	
	右承载器/kg					偏载误差/kg	
检定结论				检定证书编号			
检定地点				检定员		核验员	
检定日期	年　月　日			有效期至	年　月　日		

附录 B

检定证书和检定结果通知书（内页）格式

B.1 机动车检测专用轴（轮）重仪检定证书（内页）格式

检定项目与检定结果		
检定项目		检定结果
通用技术要求	外观及一般要求	
计量性能要求	空载变动性	
	分度值	
	零点漂移	
	偏载	
	示值误差	
	左、右承载器示值间差	
	重复性	

B.2 机动车检测专用轴（轮）重仪检定结果通知书（内页）格式

检定项目与检定结果			
检定项目		要求	检定结果
通用技术要求	外观及一般要求		
计量性能要求	空载变动性		
	分度值		
	零点漂移		
	偏载		
	示值误差		
	左、右承载器示值间差		
	重复性		

检定不合格项说明：

附录 C

轴（轮）重仪多组力加载检定装置和检定方法

1. 轴（轮）重仪多组力加载检定装置

轴（轮）重仪多组力加载检定装置（简称检定装置）主要包括三组（或两组）立柱组件、横梁组件、千斤顶、力传感器和传感器仪表。具体结构如图 C.1 所示。检定时应保证压力通过传感器轴线垂直作用在轴（轮）重仪的承载器上。至少配备两组反力架和标准测力仪同时加载检定，千斤顶加压后力传感器测得的压力通过信号处理单元上传给传感器仪表或上位机，传感器仪表显示每组压力或者上位机计算出的多组压力总和。

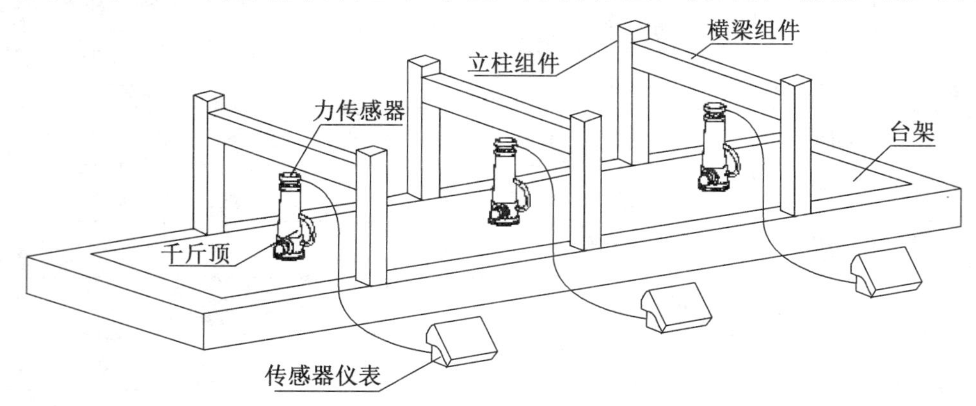

图 C.1　轴（轮）重仪多组力加载检定装置结构

2. 轴（轮）重仪多组力加载检定方法

①把三组（或两组）立柱组件和横梁组件安装在台架（或地基）上，加紧固定螺栓（或螺母）。

②把千斤顶放置于横梁组件中央正下方，安置好力传感器。

③驱动千斤顶向被测轴（轮）重仪的承载器施加加载力，必须保证加载力通过力传感器轴线垂直作用在承载器上。

④三组（或两组）千斤顶分别施加目标值的三分之一（或二分之一）加载力。

⑤等待传感器仪表读数稳定后，读取三个（或两个）传感器仪表示值，计算示值总和作为 F_i，或直接从上位机读取示值总和作为 F_i，按式（3）、式（4）进行计算。

中华人民共和国国家计量检定规程

JJG 1020—2017

2017-11-20 发布　　　　2018-05-20 实施

国家质量监督检验检疫总局 发布

平板式制动检验台检定规程

Verification Regulation of

Platform Brake Testers

JJG 1020—2017
代替 JJG 1020—2007

归 口 单 位：全国法制计量管理计量技术委员会

主要起草单位：中国测试技术研究院

河北省计量监督检测院

中测测试科技有限公司

参加起草单位：石家庄华燕交通科技有限公司

浙江江兴汽车检测设备有限公司

成都驰达电子有限责任公司

成都成保发展股份有限公司

本规程委托全国法制计量管理计量技术委员会负责解释

本规程主要起草人：

赵　军（中国测试技术研究院）

赵文平（河北省计量监督检测院）

罗文博（中测测试科技有限公司）

参加起草人：

邸建辉（石家庄华燕交通科技有限公司）

周申生（浙江江兴汽车检测设备有限公司）

温厚勇（成都驰达电子有限责任公司）

高建国（成都成保发展股份有限公司）

引　　言

本规程按照 JJF 1002《国家计量检定规程编写规则》和 JJF 1001《通用计量术语及定义》的规定编写。

本规程部分参考 GB/T 28529—2012《平板式制动检验台》和 JJG 1014—2006《机动车检测专用轴(轮)重仪》。

本规程与 JJG 1020—2007 相比，除编辑性修改外，主要修改如下：

——引言

按 JJF 1002 规定，增加“引言”。

——引用文件

按 JJF 1002 规定，将原“2　引用文献”改为“2　引用文件”；将相关内容进行修改。

——术语

增加“制动平板”“额定承载质量”“最大称量”“制动起始力”的定义。

——计量性能要求

1. 增加制动力的 5 项计量性能要求和轮重的 7 项计量性能要求；

2. 增加制动力、轮重加载检定的内容；

3. 取消制动力的“回零误差”“静态复现性”。

——通用技术要求

修改“5.2 电气安全性”的内容，增加“绝缘电阻”内容。

——计量器具控制

1. 以表格的形式表述检定用仪器设备；

2. 采用激光投（标）线仪检定制动平板水平度和制动平板间水平差；

3. 依据增加的计量性能要求，相应增加制动力、轮重加载检测等相关检测内容。

——附录

依据本规程的相关内容，对附录 A、附录 B 表格的具体格式与内容做相应调整。

本规程的历次版本发布情况：

——JJG 1020—2007。

平板式制动检验台检定规程

1 范围

本规程适用于机动车检测用平板式制动检验台（以下简称平板制动台）的首次检定、后续检定和使用中检查。

2 引用文件

本规程引用下列文件：

GB/T 13306 标牌

GB/T 28529—2012 平板式制动检验台

凡是注日期的引用文件，仅注日期的版本适用于本规程；凡是不注日期的引用文件，其最新版本（包括所有的修改单）适用于本规程。

3 术语和计量单位

GB/T 28529—2012 界定的及以下术语和定义适用于本规程。

3.1 平板式制动检验台 platform brake testers

模拟实际平坦道路的平板，让机动车行驶其上并实施制动，检测其制动性能和轮重的装置。

3.2 制动平板 brake panel

机动车在其平板上实施制动和称重时，传递制动力和轮载荷至测力传感器的部件。

3.3 额定承载质量 rated loading capacity

平板制动台允许承载受检车辆的最大静态轴载质量。单位为吨（t）。(GB/T 28529—2012 的 3.2)

3.4 最大称量 maximum weighting

平板制动台可称量的最大值，其值为受检车辆的最大静态轮载荷。单位为吨（t）。(GB/T 28529—2012 的 3.3)

3.5 轮制动力 wheel braking force

被检车辆在平板制动台上以（5～10）km/h 速度行驶，实施制动时，车轮传递给制动平板的切向力。单位为牛（N）或 10 牛（daN）。

3.6 制动起始力 braking starting force

沿制动平板的行车方向缓慢加力推（拉）制动平板，直至平板制动台的制动力示值有 1 个分度值的变化时所加的推（拉）力。单位为牛（N）。

3.7 示值间差 absolute value of difference for error

施加相同力值时，同轴左与右制动平板制动力示值误差之差的绝对值。为无量纲量。

3.8 制动平板水平度 levelness of braking platform

相对于某一参考水平面所测制动平板上若干检定点高度值中的极值之差与极值点间距离之比。单位为毫米/米（mm/m）。

3.9 制动平板间水平差 level difference between braking platforms

相对于同一参考水平面所测制动平板组平均高度值中的极值之差。单位为毫米（mm）。

4 概述

平板制动台是用于检测机动车制动性能和轮重的装置，它由多块制动平板（含测力传感器）、信号处理部分及显示部分等组成。

平板制动台的工作原理：当机动车以（5～10）km/h的速度驶上制动平板实施紧急制动时，通过车轮与制动平板间的摩擦力，带动制动平板沿车轮切向作用于测力传感器，信号经处理后得到相应车轮的制动力性能参数；同时，被检机动车的轮重作用于安装在制动平板下方的测力传感器，信号经处理后得到相应车轮的轮重参数。

5 通用技术要求

5.1 外观及一般要求

5.1.1 平板制动台应有符合GB/T 13306规定的产品铭牌，产品铭牌上标明设备名称、规格型号、额定轴载荷、额定或允许的最大轮制动力、制造厂名、生产日期、出厂编号等。

5.1.2 平板制动台的各操纵件操作应灵活可靠；显示仪表应显示清晰，没有影响读数的缺陷。

5.1.3 制动平板不得有损伤轮胎的尖角和影响测量的缺陷，在不均衡承载时不应有明显的翘曲等变形现象；制动平板应预留施力空间，便于检定时施力操作。

5.2 电气安全性

5.2.1 平板制动台应有接地装置和接地标志，应可靠接地。

5.2.2 平板制动台应有良好的绝缘性能，绝缘电阻应不小于5 MΩ。

6 计量性能要求

6.1 制动平板水平度

制动平板水平度在任意方向上不大于3 mm/m。

6.2 制动平板间水平差

制动平板间水平差不大于8 mm。

6.3 制动平板附着系数

制动平板的附着系数应不小于0.75。

6.4 制动力和轮重

制动力与轮重的计量性能要求见表1。

表 1 制动力与轮重的计量性能要求

<table>
<tr><td colspan="3" rowspan="1">项目</td><td colspan="2">计量性能要求</td><td rowspan="2">序号</td></tr>
<tr><td colspan="3">承载轴质量</td><td>≤3 t</td><td>>3 t</td></tr>
<tr><td rowspan="8">制动力</td><td colspan="2">分辨力</td><td>2 daN</td><td>5 daN</td><td>1</td></tr>
<tr><td colspan="2">制动起始力</td><td>50 N</td><td>150 N</td><td>2</td></tr>
<tr><td colspan="2">仪器漂移</td><td>±2 daN</td><td>±5 daN</td><td>3</td></tr>
<tr><td rowspan="2">示值误差</td><td>空载（不加轮重）</td><td colspan="2">±3%</td><td>4</td></tr>
<tr><td>加载（加载轮重）</td><td colspan="2">在加载 300 kg±30 kg 状态下：±5%[a]</td><td>5</td></tr>
<tr><td colspan="2">回零误差</td><td>±5 daN</td><td>±8 daN</td><td>6</td></tr>
<tr><td colspan="2">示值间差</td><td colspan="2">2%</td><td>7</td></tr>
<tr><td colspan="2">重复性</td><td colspan="2">2%</td><td>8</td></tr>
<tr><td rowspan="8">轮重</td><td colspan="2">分辨力</td><td>2 kg</td><td>5 kg</td><td>9</td></tr>
<tr><td colspan="2">仪器漂移</td><td>±2 kg</td><td>±5 kg</td><td>10</td></tr>
<tr><td rowspan="2">示值误差</td><td>空载（不加恒定力）</td><td colspan="2">±2%</td><td>11</td></tr>
<tr><td>加载（加载恒定力）</td><td colspan="2">±5%[b]</td><td>12</td></tr>
<tr><td rowspan="2">回零误差</td><td>空载（不加恒定力）</td><td>±2 kg</td><td>±5 kg</td><td>13</td></tr>
<tr><td>加载（加载恒定力）</td><td colspan="2">±1%FS[c]</td><td>14</td></tr>
<tr><td colspan="2">重复性</td><td colspan="2">2%</td><td>15</td></tr>
<tr><td colspan="2">偏载</td><td colspan="2">0.2%FS</td><td>16</td></tr>
</table>

[a] 平板制动台仪表调零，先给制动平板加载 300 kg±30 kg 的砝码或配重，然后按照 7.3.9.2 方法测试平板制动台在加载轮重状态下的制动力示值误差；

[b] 平板制动台仪表调零，先给制动平板加载 200 kg（或 500 kg）的砝码或配重，然后沿行车方向给制动平板施加恒定力 500 daN±50 daN，然后按照 7.3.15.2 方法测试平板制动台在加载恒定力状态下的轮重示值误差；

[c] 平板制动台仪表调零，先给制动平板加载 200 kg 以上的载荷，再沿行车方向给制动平板施加恒定力，然后按照 7.3.16.2 方法测试平板制动台在加载恒定力状态下的轮重回零误差。

7 计量器具控制

计量器具控制包括首次检定、后续检定和使用中检查。

7.1 检定条件

7.1.1 环境条件

温度：（−5～40）℃；

相对湿度：≤85％；

电源电压：220 V（1±10％），（50 ±1）Hz。

检定应在周围的污染、振动、电磁干扰对检定结果无影响的环境下进行。

7.1.2　检定用仪器设备

检定用仪器设备和量具工具如表 2 所示。

表 2　检定用仪器设备和量具工具

序号	名　　称	数量	测 量 范 围	最大允许误差/准确度等级	备　　注
1	激光投（标）线仪	一台	10 m	1 mm/5 m	
2	制动力标定装置（标准测力仪）	一套	满足平板制动台测量范围	不低于 0.3 级	
3	轮重标定装置（轮重标定仪）	一套	满足平板制动台测量范围	不低于 0.5 级	
4	专用平板附着系数测试装置	一套		不低于 1 级	
5	钢卷尺	一把	5 m		
6	钢直尺	一把	0.5 m	±0.2 mm	
7	管型拉力计	一支	500 N	±1％	
8	绝缘电阻测量仪	一只	不小于 500 MΩ，测量电压 500 V	10.0 级	兆欧表
9	砝码	一套	0.5 kg、1 kg 各两个，2 kg、5 kg、10 kg、20 kg 各一个	M_2 等级	
10	配重	一套	500 kg		砝码或其他重物
11	制动力专用加载装置	一套			
12	轮重专用加载装置	一套			
13	水准仪	一台		S3 级	没有激光投（标）线仪时用此仪器代替
	水准标尺	一把			

7.2　检定项目

检定项目如表 3 所示。

表 3　检定项目一览表

检定项目			首次检定	后续检定	使用中检查
外观及一般要求			+	+	+
电气安全性			+	−	−
制动平板水平度			+	+	+
制动平板间水平差			+	+	+
制动平板附着系数			+	+	+
制动力	分辨力		+	−	−
制动力	制动起始力		+	−	−
制动力	仪器漂移		+	+	+
制动力	示值误差	空载（不加轮重）	+	+	+
制动力	示值误差	加载（加载轮重）	+	+	+
制动力	回零误差		+	+	+
制动力	示值间差		+	+	+
制动力	重复性		+	+	+
轮重	分辨力		+	−	−
轮重	仪器漂移		+	+	+
轮重	示值误差	空载（不加恒定力）	+	+	+
轮重	示值误差	加载（加载恒定力）	+	−	−
轮重	回零误差	空载（不加恒定力）	+	+	+
轮重	回零误差	加载（加载恒定力）	+	−	−
轮重	重复性		+	+	+
轮重	偏载		+	+	+

注："+"表示必检项目；"−"表示选检项目。

7.3　检定方法

7.3.1　外观及一般要求

通过目测和手动检查，应满足 5.1 的要求。

7.3.2　电气安全性

人工检查平板制动台及仪表的保护接地状况，在断电状态下用绝缘电阻测量仪测量平板制动台用绝缘材料隔开的两导电体之间、导体与金属外壳之间的电阻值，应满足 5.2 的要求。

7.3.3　制动平板水平度

将激光投（标）线仪安放在制动平板附近地面上的适当位置，在每一块制动平板上选取 5 个检定点（距平板边缘约 20 cm 的四个角位上和平板中心），用激光投（标）线仪测试每个点相对于同一参考水平面的高度值，计算 5 个点高度值中最大差值与最大差值点间距离之比，即为制动平板水平度，应满足 6.1 的要求。

也可用水准仪或其他标准器参照上述方法进行检定。

7.3.4　制动平板间水平差

依据 7.3.3 的测试数据，计算每一块制动平板的平均高度值（取 5 个检定点高度值的平均），所测制动平板组中平均高度值间的最大差值即为制动平板间水平差，应满足 6.2 的要求。

7.3.5　制动平板附着系数

将专用平板附着系数测试装置（附录 C）置于制动平板上，通过人力水平拽拉，当该装置由静止开始滑动时，读取串联在拉绳中间的标准测力计的最大示值，此示值即为该制动平板的附着力，重复测量 3 次，取附着力的算术平均值 $\overline{F}$，按式（1）计算单块制动平板的附着系数 f。每一块制动平板的附着系数应满足 6.3 的要求。

$$f=\frac{\overline{F}}{mg} \tag{1}$$

式中：

f——制动平板的附着系数；

$\overline{F}$——显示仪表 3 次附着力峰值的算术平均值，N；

m——专用平板附着系数测试装置的总质量，$m=40\ \mathrm{kg}\pm 2\ \mathrm{kg}$；

g——重力加速度（g 取 $9.8\ \mathrm{m/s^2}$）。

7.3.6　制动力分辨力

按图 1 所示方法安装制动力加载装置，连接标准测力仪（制动力标定装置），调整加力方向与平板制动台制动力方向（即行车方向）一致，平板制动台仪表和标准测力仪调零。

给平板制动台加载 20% 最大轮制动力，待平板制动台的制动力示值稳定后，再逐渐缓慢地给平板制动台加力，直至平板制动台的制动力示值有变化时，读取（记录）标准测力仪的示值的变化量，即为平板制动台的制动力分辨力，应满足 6.4 表 1 中序号 1 的要求。

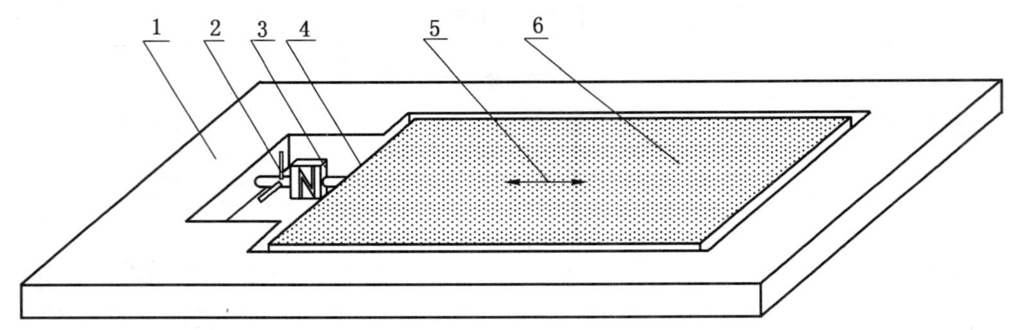

图 1　检定示意图

1—地基或机架；2—专用制动力加载工具；3—标准测力仪；4—检定装置与制动平板的连接处和外力作用点；5—施加外力的方向；6—制动平板

7.3.7　制动起始力

按照 7.3.6 的方法安装和调整仪器设备，平板制动台空载。

用制动力加载装置沿行车方向缓慢加力推（或拉）制动平板，使制动力加载装置、标准测力仪与制动平板间处于无缝接触状态，直至平板制动台的制动力示值有1个分度值的变化时，读取标准测力仪的示值 $A_{iL(R)}$，重复三次，每次测试前标准测力仪和平板制动台仪表应清零或复位；计算标准测力仪3次示值的平均值 $\overline{A}_{L(R)}$，即为被测制动平板的制动起始力，应满足6.4表1中序号2的要求。

也可用管型拉力计参照上述方法进行检定。

7.3.8 制动力仪器漂移

平板制动台空载，接通电气系统电源并预热，制动力显示仪表清零（零位），5 min后读取平板制动台制动力示值，该示值即为制动力仪器漂移，应满足6.4表1中序号3的要求。

7.3.9 制动力示值误差

7.3.9.1 制动力示值误差（不加轮重）

按7.3.6的方法安装和调整仪器设备。选择平板制动台额定或允许的最大轮制动力（未标注额定或允许的最大轮制动力的平板制动台取最大轮载荷的60%）的10%、50%左右和100% 3个检定点，由小到大逐级加力，分别读取各检定点标准测力仪示值 $B_{iL(R)}$ 和平板制动台制动力示值 $C_{iL(R)}$，重复3次，计算每一检定点3次示值的平均值 $\overline{B}_{iL(R)}$ 和 $\overline{C}_{iL(R)}$；每次测试前标准测力仪和平板制动台仪表应清零或复位。按式（2）计算各检定点左（右）制动平板的制动力示值误差 $\beta_{iL(R)}$，制动平板组所有检定点的制动力示值误差 $\beta_{iL(R)}$ 应满足6.4表1中序号4的要求。

$$\beta_{iL(R)}=\frac{\overline{C}_{iL(R)}-\overline{B}_{iL(R)}}{\overline{B}_{iL(R)}}\times 100\% \tag{2}$$

式中：

$\beta_{iL(R)}$——左（右）制动平板第 $i(i=1,2,3)$ 个检定点的制动力示值误差；

$\overline{B}_{iL(R)}$——左（右）制动平板第 $i(i=1,2,3)$ 个检定点3次标准测力仪示值的平均值，daN；

$\overline{C}_{iL(R)}$——左（右）制动平板第 $i(i=1,2,3)$ 个检定点的3次制动力示值的平均值，daN。

7.3.9.2 制动力示值误差（加载轮重）

按7.3.6的方法安装和调整仪器设备。选择平板制动台额定或允许的最大轮制动力（未标注额定或允许的最大轮制动力的平板制动台取最大轮载荷的60%）的30%、70%两个检定点。先在平板制动台的中部位置加载300 kg±30 kg的砝码或配重，然后按所选检定点逐级加力，分别读取标准测力仪示值和平板制动台制动力示值，重复3次。然后按式（2）计算平板制动台在加载轮重状态下的制动力示值误差，应满足6.4表1中序号5的要求。

7.3.10 制动力回零误差

在7.3.9.1的测试中，各检定点加载力后减载至标准测力仪示值为零时，读取平板制动台制动力偏离零位的示值即为制动力回零误差，各检定点的制动力回零误差应满足

6.4 表 1 中序号 6 的要求。

7.3.11　制动力示值间差

依据 7.3.9.1 测得的数据，按式（3）分别计算各检定点左与右制动平板的制动力示值间差 δ_i，各检定点的制动力示值间差 δ_i 应满足 6.4 的表 1 中序号 7 的要求。

$$\delta_i = |\ \beta_{i.\mathrm{L}} - \beta_{i.\mathrm{R}}\ | \tag{3}$$

式中：

δ_i——第 $i(i=1，2，3)$ 个检定点同轴左与右制动平板的制动力示值间差；

$\beta_{i.\mathrm{L}}$——第 $i(i=1，2，3)$ 个检定点左制动平板的制动力示值误差；

$\beta_{i.\mathrm{R}}$——第 $i(i=1，2，3)$ 个检定点右制动平板的制动力示值误差。

7.3.12　制动力重复性

依据 7.3.9.1 测得的数据，依据 JJF 1001 中定义，采用变差系数法按式（4）计算各检定点的重复性 $\rho_{i\mathrm{L(R)}}$，应满足 6.4 表 1 中序号 8 的要求。

$$\rho_{i\mathrm{L(R)}} = \frac{C_{i\mathrm{L(R)max}} - C_{i\mathrm{L(R)min}}}{C \times \overline{C}_{i\mathrm{L(R)}}} \times 100\% \tag{4}$$

式中：

C——极差系数，($n=3$，C 取 1.69)

$C_{i\mathrm{L(R)max}}$——左（右）制动平板第 $i(i=1，2，3)$ 个检定点、3 次测试的制动力示值最大值，daN；

$C_{i\mathrm{L(R)min}}$——左（右）制动平板第 $i(i=1，2，3)$ 个检定点、3 次测试的制动力示值最小值，daN；

$\overline{C}_{i\mathrm{L(R)}}$——左（右）制动平板第 $i(i=1，2，3)$ 个检定点、3 次测试的制动力示值平均值，daN。

7.3.13　轮重分辨力

给平板制动台加载不小于 50 kg 的载荷，待平板制动台的轮重示值稳定后，再从 0.5 kg 砝码开始逐渐给平板制动台添加砝码，直至平板制动台的轮重示值有变化时，记录所添加的砝码数，即为平板制动台的轮重分辨力，应满足 6.4 表 1 中序号 9 的要求。

7.3.14　轮重仪器漂移

平板制动台空载，接通电气系统电源并预热，轮重显示仪表清零（零位），5 min 后读取平板制动台的轮重示值，该示值即为轮重仪器漂移，应满足 6.4 表 1 中序号 10 的要求。

7.3.15　轮重示值误差

7.3.15.1　轮重示值误差（不加恒定力）

轮重示值误差可采用专用轮重加载装置或者砝码进行测试，在测试结果有争议时采用砝码法。

专用轮重加载装置测试法：安装专用轮重加载装置，连接轮重标定仪，平板制动台和轮重标定仪调零。选择平板制动台最大称量的 10%、50% 和 100%（或常用最大检定点）为检定点。按所选检定点由小到大逐级加载轮重，分别读取加载后各检定点轮重标

定仪示值 $D_{iL(R)}$ 和平板制动台轮重示值 $E_{iL(R)}$，重复 3 次，计算每一检定点 3 次示值的平均值 $\overline{D}_{iL(R)}$ 和 $\overline{E}_{iL(R)}$；每次测试前轮重标定仪和平板制动台仪表应同时清零或复位。按式（5）计算各检定点左（右）制动平板空载时的轮重示值误差 $\sigma_{iL(R)}$，制动平板组所有检定点的轮重示值误差 $\sigma_{iL(R)}$ 应满足 6.4 表 1 中序号 11 的要求。

$$\sigma_{iL(R)}=\frac{\overline{E}_{iL(R)}-\overline{D}_{iL(R)}}{\overline{D}_{iL(R)}}\times 100\% \tag{5}$$

式中：

$\sigma_{iL(R)}$——左（右）制动平板第 $i(i=1, 2, 3)$ 个检定点的轮重示值误差；

$\overline{D}_{iL(R)}$——左（右）制动平板第 $i(i=1, 2, 3)$ 个检定点轮重标定仪 3 次示值的平均值，kg；

$\overline{E}_{iL(R)}$——左（右）制动平板第 $i(i=1, 2, 3)$ 个检定点的 3 次轮重示值的平均值，kg。

砝码测试法：平板制动台轮重显示仪表清零，检定点选择与专用轮重加载装置测试法相同。按所选检定点由小到大逐级加载砝码，分别读取加载后各检定点所加砝码数 $D_{iL(R)}$ 和平板制动台轮重示值 $E_{iL(R)}$；每次测试前平板制动台仪表应清零或复位。按式（6）计算各检定点左（右）制动平板空载时的轮重示值误差 $\sigma_{iL(R)}$，制动平板组所有检定点的轮重示值误差 $\sigma_{iL(R)}$ 应满足 6.4 表 1 中序号 11 的要求。

$$\sigma_{iL(R)}=\frac{E_{iL(R)}-D_{iL(R)}}{D_{iL(R)}}\times 100\% \tag{6}$$

式中：

$\sigma_{iL(R)}$——左（右）制动平板第 $i(i=1, 2, 3)$ 个检定点的轮重示值误差；

$D_{iL(R)}$——左（右）制动平板第 $i(i=1, 2, 3)$ 个检定点所加砝码数，kg；

$E_{iL(R)}$——左（右）制动平板第 $i(i=1, 2, 3)$ 个检定点的轮重示值，kg。

7.3.15.2　轮重示值误差（加载恒定力）

安装专用制动力加载装置，平板制动台仪表调零。选择 200 kg、500 kg 两个轮重检定点。按所选检定点给平板制动台加 200 kg 标准载荷 W_{oi}（砝码或其他可搬动的配重），然后沿制动力方向给平板制动台加恒定力 500 daN±50 daN，读取平板制动台轮重示值 $E_{iL(R)}$，然后按式（7）计算在加载恒定力状态下的轮重示值误差 $\sigma_{wiL(R)}$。500 kg 检定点照此进行。制动平板组两个检定点在加载恒定力状态下的轮重示值误差 $\sigma_{wiL(R)}$ 应满足 6.4 表 1 中序号 12 的要求。

$$\sigma_{wiL(R)}=\frac{E_{iL(R)}-W_{oi}}{W_{oi}}\times 100\% \tag{7}$$

式中：

$\sigma_{wiL(R)}$——左（右）制动平板第 $i(i=1, 2)$ 个检定点在加载恒定力状态下的轮重示值误差；

W_{oi}——给制动平板第 $i(i=1, 2)$ 个检定点施加的标准载荷，kg；

$E_{iL(R)}$——左（右）制动平板第 $i(i=1, 2)$ 个检定点轮重示值，kg。

7.3.16　轮重回零误差

7.3.16.1　轮重回零误差（不加恒定力）

平板制动台仪表调零或复位，给平板制动台加载 200 kg 以上的载荷（砝码），然后卸载，读取平板制动台轮重偏离零位的示值，即为平板制动台在空载状态下的轮重回零误差；重复测试 3 次，制动平板组所有的轮重回零误差应满足 6.4 表 1 中序号 13 的要求。

7.3.16.2　轮重回零误差（加载恒定力）

平板制动台仪表及专用标准测力仪调零或复位，先给平板制动台加载 200 kg 以上的载荷（砝码），再沿制动力方向给平板制动台加恒定力 500 daN±50 daN，然后卸载载荷（砝码），读取平板制动台轮重偏离零位的示值，即为平板制动台在加载恒定力状态下的轮重回零误差；重复测试 3 次，制动平板组所有的轮重回零误差应满足 6.4 表 1 中序号 14 的要求。

7.3.17　轮重重复性

依据 7.3.15.1 砝码法的测试方法，按所选 10%、50%和 100% 3 个检定点由小到大逐级加砝码测试，读取加载时各检定点平板制动台的轮重示值 $E_{i\mathrm{L(R)}}$；重复测试 3 次；根据 JJF 1001 中定义，采用变差系数法按式（8）计算各检定点的轮重重复性 $\gamma_{i\mathrm{L(R)}}$，各检定点的轮重重复性应满足 6.4 表 1 中序号 15 的要求。

$$\gamma_{i\mathrm{L(R)}}=\frac{E_{i\mathrm{L(R)max}}-E_{i\mathrm{L(R)min}}}{C\times\overline{E}_{i\mathrm{L(R)}}}\times 100\% \tag{8}$$

式中：

$\gamma_{i\mathrm{L(R)}}$——左（右）制动平板第 $i(i=1,2,3)$ 个检定点的轮重重复性；

$E_{i\mathrm{L(R)min}}$——左（右）制动平板第 $i(i=1,2,3)$ 个检定点 3 次轮重示值中的最小值，kg；

$E_{i\mathrm{L(R)max}}$——左（右）制动平板第 $i(i=1,2,3)$ 个检定点 3 次轮重示值中的最大值，kg；

$\overline{E}_{i\mathrm{L(R)}}$——左（右）制动平板第 $i(i=1,2,3)$ 个检定点 3 次轮重示值的平均值，kg；

C——极差系数，($n=3$，C 取 1.69)。

7.3.18　轮重偏载

平板制动台调零，空载，在制动平板上任意不同位置（至少应包括制动平板的四个角位上）依次施加不小于 150 kg 的载荷，读取每一位置点对应的轮重示值，取其中的最大值与最小值之差为轮重偏载，应满足 6.4 表 1 中序号 16 的要求。

7.4　检定结果的处理

检定原始记录格式见附录 A。

按本规程要求经检定合格的平板制动台发给检定证书，不合格的发给检定结果通知书，并列出不合格项及数据。检定证书和检定结果通知书（内页）格式见附录 B。

7.5　检定周期

平板制动台的检定周期为 1 年。

附录 A

平板式制动检验台检定原始记录格式

平板式制动检验台检定原始记录

<table>
<tr><td rowspan="4">送检单位及被检仪器信息</td><td>单位名称</td><td></td><td>联系人</td><td></td><td>联系电话</td><td></td></tr>
<tr><td>联系地址</td><td></td><td>邮政编码</td><td></td><td>电子信箱</td><td></td></tr>
<tr><td>仪器名称</td><td></td><td>型号规格</td><td></td><td>额定载荷</td><td></td></tr>
<tr><td>制造厂商</td><td></td><td>出厂编号</td><td></td><td>生产日期</td><td></td></tr>
</table>

<table>
<tr><td rowspan="6">标准器信息</td><td>标准器名称</td><td>编号</td><td>准确度（或示值误差）</td><td>证书编号</td><td>证书有效期</td></tr>
<tr><td></td><td></td><td></td><td></td><td></td></tr>
<tr><td></td><td></td><td></td><td></td><td></td></tr>
<tr><td></td><td></td><td></td><td></td><td></td></tr>
<tr><td></td><td></td><td></td><td></td><td></td></tr>
<tr><td></td><td></td><td></td><td></td><td></td></tr>
</table>

<table>
<tr><td rowspan="2">检定信息</td><td>检定地点</td><td>检定日期</td><td>检定员</td><td>核验员</td><td>温度</td><td>湿度</td></tr>
<tr><td></td><td></td><td></td><td></td><td></td><td></td></tr>
</table>

<table>
<tr><td colspan="2">检定内容及数据处理</td></tr>
<tr><td>外观及一般要求</td><td></td></tr>
<tr><td>电气安全性</td><td></td></tr>
</table>

<table>
<tr><td rowspan="21">制动力</td><td colspan="3"></td><td colspan="2">左前</td><td colspan="2">右前</td><td colspan="3">左后</td><td colspan="2">右后</td><td>结论值</td></tr>
<tr><td colspan="3">分辨力</td><td colspan="2"></td><td colspan="2"></td><td colspan="3"></td><td colspan="2"></td><td></td></tr>
<tr><td colspan="3">仪器漂移</td><td colspan="2"></td><td colspan="2"></td><td colspan="3"></td><td colspan="2"></td><td></td></tr>
<tr><td rowspan="2">回零误差</td><td colspan="2">测试值</td><td colspan="2"></td><td colspan="2"></td><td colspan="3"></td><td colspan="2"></td><td rowspan="2"></td></tr>
<tr><td colspan="2">平均值</td><td colspan="2"></td><td colspan="2"></td><td colspan="3"></td><td colspan="2"></td></tr>
<tr><td colspan="3" rowspan="2">制动起始力</td><td colspan="2">左前</td><td colspan="2">右前</td><td colspan="3">左后</td><td colspan="2">右后</td><td>结论值</td></tr>
<tr><td colspan="2"></td><td colspan="2"></td><td colspan="3"></td><td colspan="2"></td><td></td></tr>
<tr><td rowspan="2">检定点</td><td rowspan="2">制动平板</td><td colspan="4">标准测力仪示值/daN</td><td colspan="4">平板制动台制动力示值/daN</td><td rowspan="2">示值误差</td><td rowspan="2">重复性</td><td rowspan="2">示值间差%</td></tr>
<tr><td>1</td><td>2</td><td>3</td><td>平均值</td><td>1</td><td>2</td><td>3</td><td>平均值</td></tr>
<tr><td rowspan="4">10%FS</td><td>左前</td><td></td><td></td><td></td><td></td><td></td><td></td><td></td><td></td><td></td><td></td><td rowspan="4"></td></tr>
<tr><td>右前</td><td></td><td></td><td></td><td></td><td></td><td></td><td></td><td></td><td></td><td></td></tr>
<tr><td>左后</td><td></td><td></td><td></td><td></td><td></td><td></td><td></td><td></td><td></td><td></td></tr>
<tr><td>右后</td><td></td><td></td><td></td><td></td><td></td><td></td><td></td><td></td><td></td><td></td></tr>
<tr><td rowspan="4">50%FS</td><td>左前</td><td></td><td></td><td></td><td></td><td></td><td></td><td></td><td></td><td></td><td></td><td rowspan="4"></td></tr>
<tr><td>右前</td><td></td><td></td><td></td><td></td><td></td><td></td><td></td><td></td><td></td><td></td></tr>
<tr><td>左后</td><td></td><td></td><td></td><td></td><td></td><td></td><td></td><td></td><td></td><td></td></tr>
<tr><td>右后</td><td></td><td></td><td></td><td></td><td></td><td></td><td></td><td></td><td></td><td></td></tr>
<tr><td rowspan="4">100%FS</td><td>左前</td><td></td><td></td><td></td><td></td><td></td><td></td><td></td><td></td><td></td><td></td><td rowspan="4"></td></tr>
<tr><td>右前</td><td></td><td></td><td></td><td></td><td></td><td></td><td></td><td></td><td></td><td></td></tr>
<tr><td>左后</td><td></td><td></td><td></td><td></td><td></td><td></td><td></td><td></td><td></td><td></td></tr>
<tr><td>右后</td><td></td><td></td><td></td><td></td><td></td><td></td><td></td><td></td><td></td><td></td></tr>
</table>

表（续）

<table>
<tr><td colspan="3"></td><td>左前</td><td>右前</td><td>左后</td><td>右后</td><td>结论值</td></tr>
<tr><td colspan="3">分辨力</td><td></td><td></td><td></td><td></td><td></td></tr>
<tr><td colspan="3">仪器漂移</td><td></td><td></td><td></td><td></td><td></td></tr>
<tr><td rowspan="4">回零误差</td><td rowspan="2">空载</td><td>测量值</td><td></td><td></td><td></td><td></td><td rowspan="4"></td></tr>
<tr><td>平均值</td><td></td><td></td><td></td><td></td></tr>
<tr><td rowspan="2">加载</td><td>测量值</td><td></td><td></td><td></td><td></td></tr>
<tr><td>平均值</td><td></td><td></td><td></td><td></td></tr>
<tr><td colspan="3">偏载</td><td></td><td></td><td></td><td></td><td></td></tr>
</table>

<table>
<tr><td rowspan="14">轮重</td><td rowspan="2">检定点</td><td rowspan="2">制动平板</td><td colspan="4">标准载荷示值/kg</td><td colspan="4">制动平板轮重示值/kg</td><td rowspan="2">示值误差</td><td rowspan="2">重复性</td></tr>
<tr><td>1</td><td>2</td><td>3</td><td>平均值</td><td>1</td><td>2</td><td>3</td><td>平均值</td></tr>
<tr><td rowspan="4">10%
FS</td><td>左前</td><td></td><td></td><td></td><td></td><td></td><td></td><td></td><td></td><td></td><td></td></tr>
<tr><td>右前</td><td></td><td></td><td></td><td></td><td></td><td></td><td></td><td></td><td></td><td></td></tr>
<tr><td>左后</td><td></td><td></td><td></td><td></td><td></td><td></td><td></td><td></td><td></td><td></td></tr>
<tr><td>右后</td><td></td><td></td><td></td><td></td><td></td><td></td><td></td><td></td><td></td><td></td></tr>
<tr><td rowspan="4">50%
FS</td><td>左前</td><td></td><td></td><td></td><td></td><td></td><td></td><td></td><td></td><td></td><td></td></tr>
<tr><td>右前</td><td></td><td></td><td></td><td></td><td></td><td></td><td></td><td></td><td></td><td></td></tr>
<tr><td>左后</td><td></td><td></td><td></td><td></td><td></td><td></td><td></td><td></td><td></td><td></td></tr>
<tr><td>右后</td><td></td><td></td><td></td><td></td><td></td><td></td><td></td><td></td><td></td><td></td></tr>
<tr><td rowspan="4">100%
FS</td><td>左前</td><td></td><td></td><td></td><td></td><td></td><td></td><td></td><td></td><td></td><td></td></tr>
<tr><td>右前</td><td></td><td></td><td></td><td></td><td></td><td></td><td></td><td></td><td></td><td></td></tr>
<tr><td>左后</td><td></td><td></td><td></td><td></td><td></td><td></td><td></td><td></td><td></td><td></td></tr>
<tr><td>右后</td><td></td><td></td><td></td><td></td><td></td><td></td><td></td><td></td><td></td><td></td></tr>
</table>

<table>
<tr><td rowspan="21">加载检定</td><td rowspan="11">加载一定轮重检制动力</td><td rowspan="3">检定点</td><td rowspan="3">制动平板</td><td colspan="9">加载 300 kg±30 kg 轮重时检测制动力的示值误差</td></tr>
<tr><td colspan="4">标准测力仪示值/daN</td><td colspan="4">平板制动台制动力示值/daN</td><td rowspan="2">示值误差</td></tr>
<tr><td>1</td><td>2</td><td>3</td><td>平均值</td><td>1</td><td>2</td><td>3</td><td>平均值</td></tr>
<tr><td rowspan="4">30%
FS</td><td>左前</td><td></td><td></td><td></td><td></td><td></td><td></td><td></td><td></td><td></td></tr>
<tr><td>右前</td><td></td><td></td><td></td><td></td><td></td><td></td><td></td><td></td><td></td></tr>
<tr><td>左后</td><td></td><td></td><td></td><td></td><td></td><td></td><td></td><td></td><td></td></tr>
<tr><td>右后</td><td></td><td></td><td></td><td></td><td></td><td></td><td></td><td></td><td></td></tr>
<tr><td rowspan="4">70%
FS</td><td>左前</td><td></td><td></td><td></td><td></td><td></td><td></td><td></td><td></td><td></td></tr>
<tr><td>右前</td><td></td><td></td><td></td><td></td><td></td><td></td><td></td><td></td><td></td></tr>
<tr><td>左后</td><td></td><td></td><td></td><td></td><td></td><td></td><td></td><td></td><td></td></tr>
<tr><td>右后</td><td></td><td></td><td></td><td></td><td></td><td></td><td></td><td></td><td></td></tr>
<tr><td rowspan="10">加载一定恒定力检轮重</td><td rowspan="2">检定点</td><td rowspan="2">制动平板</td><td colspan="9">加载恒定力 500 daN±50 daN 时检测轮重示值误差及零值误差</td></tr>
<tr><td colspan="3">加载砝码或标准载荷/kg</td><td colspan="3">制动平板轮重示值/kg</td><td colspan="2">示值误差</td><td>零值误差</td></tr>
<tr><td rowspan="4">200
kg</td><td>左前</td><td colspan="3"></td><td colspan="3"></td><td colspan="2"></td><td></td></tr>
<tr><td>右前</td><td colspan="3"></td><td colspan="3"></td><td colspan="2"></td><td></td></tr>
<tr><td>左后</td><td colspan="3"></td><td colspan="3"></td><td colspan="2"></td><td></td></tr>
<tr><td>右后</td><td colspan="3"></td><td colspan="3"></td><td colspan="2"></td><td></td></tr>
<tr><td rowspan="4">500
kg</td><td>左前</td><td colspan="3"></td><td colspan="3"></td><td colspan="2"></td><td></td></tr>
<tr><td>右前</td><td colspan="3"></td><td colspan="3"></td><td colspan="2"></td><td></td></tr>
<tr><td>左后</td><td colspan="3"></td><td colspan="3"></td><td colspan="2"></td><td></td></tr>
<tr><td>右后</td><td colspan="3"></td><td colspan="3"></td><td colspan="2"></td><td></td></tr>
</table>

表（续）

<table>
<tr><td colspan="2">制动平板位置</td><td>左前</td><td>右前</td><td>左后</td><td>右后</td><td>结论值</td></tr>
<tr><td rowspan="4">制动平板水平度</td><td>5点高度值</td><td></td><td></td><td></td><td></td><td rowspan="4"></td></tr>
<tr><td>两极点高差</td><td></td><td></td><td></td><td></td></tr>
<tr><td>两极点距离</td><td></td><td></td><td></td><td></td></tr>
<tr><td>水平度</td><td></td><td></td><td></td><td></td></tr>
<tr><td colspan="2">制动平板间水平差</td><td>平均高度：</td><td>平均高度：</td><td>平均高度：</td><td>平均高度：</td><td></td></tr>
<tr><td colspan="2">制动平板附着系数</td><td></td><td></td><td></td><td></td><td></td></tr>
</table>

附录 B

检定证书和检定结果通知书(内页)格式

B.1　平板式制动检验台检定证书（内页）

所使用的计量标准器：

计量标准器证书编号：

依据的技术文件：

检定环境条件：　　温度：　　℃　　　湿度：　　%RH

<table>
<tr><th colspan="4">检定项目</th><th>检定结果</th></tr>
<tr><td colspan="4">外观及一般要求</td><td></td></tr>
<tr><td colspan="4">电气安全性</td><td></td></tr>
<tr><td colspan="4">制动平板水平度</td><td></td></tr>
<tr><td colspan="4">制动平板间水平差</td><td></td></tr>
<tr><td colspan="4">制动平板附着系数</td><td></td></tr>
<tr><td rowspan="16">计量性能要求</td><td rowspan="8">制动力</td><td colspan="2">分辨力</td><td></td></tr>
<tr><td colspan="2">制动起始力</td><td></td></tr>
<tr><td colspan="2">仪器漂移</td><td></td></tr>
<tr><td rowspan="2">示值误差</td><td>空载（不加轮重）</td><td></td></tr>
<tr><td>加载（加载轮重）</td><td></td></tr>
<tr><td colspan="2">回零误差</td><td></td></tr>
<tr><td colspan="2">示值间差</td><td></td></tr>
<tr><td colspan="2">重复性</td><td></td></tr>
<tr><td rowspan="8">轮重</td><td colspan="2">分辨力</td><td></td></tr>
<tr><td colspan="2">仪器漂移</td><td></td></tr>
<tr><td rowspan="2">示值误差</td><td>空载（不加恒定力）</td><td></td></tr>
<tr><td>加载（加载恒定力）</td><td></td></tr>
<tr><td rowspan="2">回零误差</td><td>空载（不加恒定力）</td><td></td></tr>
<tr><td>加载（加载恒定力）</td><td></td></tr>
<tr><td colspan="2">重复性</td><td></td></tr>
<tr><td colspan="2">偏载</td><td></td></tr>
</table>

B.2　平板式制动检验台检定结果通知书（内页）

所使用的计量标准器：

计量标准器证书编号：

依据的技术文件：

检定环境条件：　　温度：　　℃　　　湿度：　　%RH

<table>
<tr><td colspan="4">检定项目</td><td>技术要求</td><td>检定结果</td></tr>
<tr><td colspan="4">外观及一般要求</td><td></td><td></td></tr>
<tr><td colspan="4">电气安全性</td><td></td><td></td></tr>
<tr><td colspan="4">制动平板水平度</td><td></td><td></td></tr>
<tr><td colspan="4">制动平板间水平差</td><td></td><td></td></tr>
<tr><td colspan="4">制动平板附着系数</td><td></td><td></td></tr>
<tr><td rowspan="16">计量性能要求</td><td rowspan="8">制动力</td><td colspan="2">分辨力</td><td></td><td></td></tr>
<tr><td colspan="2">制动起始力</td><td></td><td></td></tr>
<tr><td colspan="2">仪器漂移</td><td></td><td></td></tr>
<tr><td rowspan="2">示值误差</td><td>空载（不加轮重）</td><td></td><td></td></tr>
<tr><td>加载（加载轮重）</td><td></td><td></td></tr>
<tr><td colspan="2">回零误差</td><td></td><td></td></tr>
<tr><td colspan="2">示值间差</td><td></td><td></td></tr>
<tr><td colspan="2">重复性</td><td></td><td></td></tr>
<tr><td rowspan="8">轮重</td><td colspan="2">分辨力</td><td></td><td></td></tr>
<tr><td colspan="2">仪器漂移</td><td></td><td></td></tr>
<tr><td rowspan="2">示值误差</td><td>空载（不加恒定力）</td><td></td><td></td></tr>
<tr><td>加载（加载恒定力）</td><td></td><td></td></tr>
<tr><td rowspan="2">回零误差</td><td>空载（不加恒定力）</td><td></td><td></td></tr>
<tr><td>加载（加载恒定力）</td><td></td><td></td></tr>
<tr><td colspan="2">重复性</td><td></td><td></td></tr>
<tr><td colspan="2">偏载</td><td></td><td></td></tr>
</table>

附录 C

专用平板附着系数测试装置

C.1　专用平板附着系数测试装置的结构和测试工作原理

专用平板附着系数测试装置为一有模拟车轮、有一定重量 40 kg 左右、便于携带和操作的装置；其结构和测试工作原理见图 C.1。

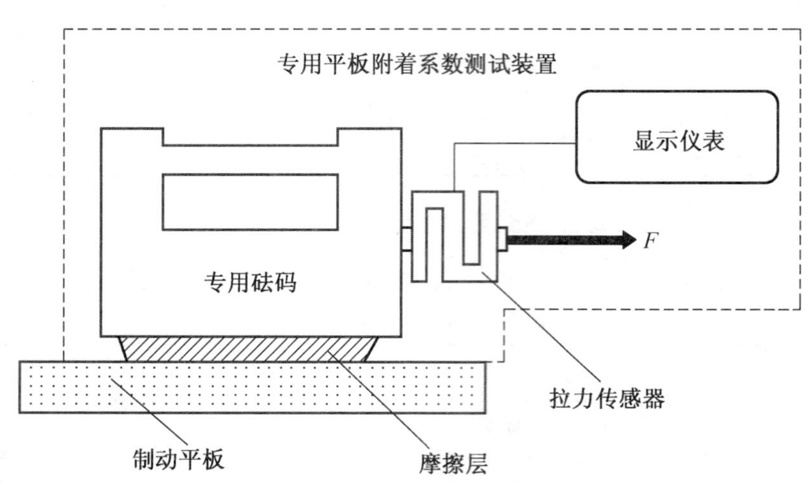

图 C.1　专用平板附着系数测试装置的结构和测试工作原理图

C.2　专用平板附着系数测试装置的技术要求

C.2.1　摩擦层材料应为较新的汽车轮胎，着地面积为 130 mm×100 mm（长×宽）；

C.2.2　拉力传感器及显示仪表的测量范围：(0～500) N，示值误差应优于±1%；

C.2.3　显示仪表具有峰值保持功能。

C.3　采用专用平板附着系数测试装置进行平板附着系数的测试与计算方法

将专用平板附着系数测试装置置于制动平板上，通过人力水平拽拉，当该装置由静止开始滑动时，读取串联在拉绳中间的标准测力计的最大示值，此示值即为该制动平板的附着力，重复测量三次，取附着力的算术平均值 $\overline{F}$，按式（C.1）计算即为单块制动平板的附着系数 f。

$$f=\frac{\overline{F}}{mg} \tag{C.1}$$

式中：

f——制动平板的附着系数；

$\overline{F}$——显示仪表三次附着力峰值的算术平均值，N；

m——专用平板附着系数测试装置总质量，m=40 kg±2 kg；

g——重力加速度（g 取 9.8 m/s²）。

中华人民共和国国家计量技术规范

JJF 1141—2006

汽车转向角检验台校准规范

Calibration Specification for

Turning Angle Testers for Automobile

2006-03-08 发布　　2006-07-01 实施

国家质量监督检验检疫总局 发布

汽车转向角检验台校准规范

Calibration Specification for

Turning Angle Testers for Automobile

JJF 1141—2006

本规范经国家质量监督检验检疫总局 2006 年 3 月 8 日批准，并自 2006 年 7 月 1 日起施行。

归 口 单 位： 全国几何量角度计量技术委员会

主要起草单位： 中国测试技术研究院

参加起草单位： 河南省计量科学研究院

成都成保发展股份有限公司

石家庄华燕交通科技有限公司

成都弥荣科技发展有限公司

本规范由归口单位负责解释

本规范主要起草人：

罗发贵　（中国测试技术研究院）

刘美生　（中国测试技术研究院）

杨春生　（中国测试技术研究院）

参加起草人：

隋　敏　（河南省计量科学研究院）

戚桂芬　（成都成保发展股份有限公司）

陈南峰　（石家庄华燕交通科技有限公司）

张晓光　（成都弥荣科技发展有限公司）

汽车转向角检验台校准规范

1 范围

本规范适用于汽车转向角检验台（以下简称转角台）的校准。

2 引用文献

JJG 1001—1998 通用计量术语及定义

JJF 1094—2002 测量仪器特性评定技术规范

JJF 1059—1999 测量不确定度评定与表示

使用本规范时，应注意使用上述引用文献的现行有效版本。

3 概述

转角台是以角度传感器为标准给出角位移的检测仪器。它广泛用于汽车综合性能检验中检测汽车转向轮的转向角，主要结构由左、右机架，浮动盘，角度传感器和显示器等部分组成，如图1所示。根据对中方法分为自动式和手动式。

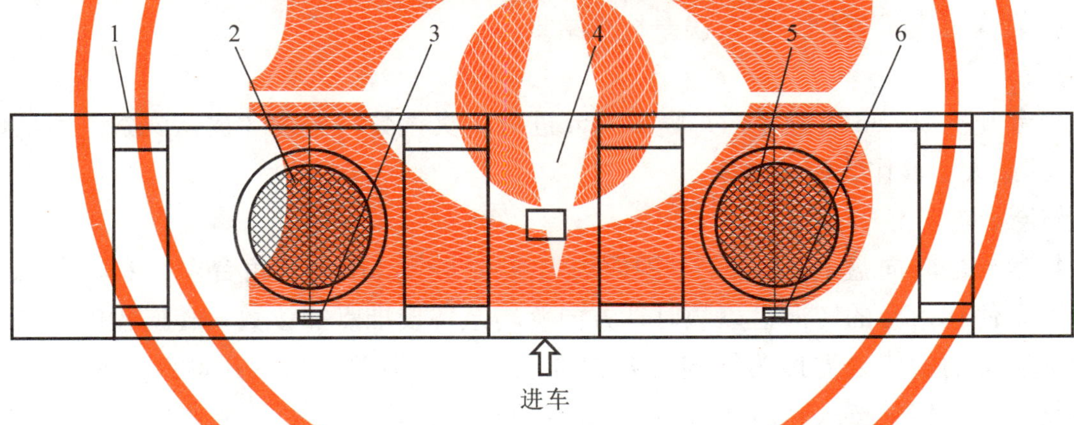

图1 汽车转向角检验台结构示意图

1—机架；2—左回转盘；3—左找正光电传感器；4—中间盖板；
5—右回转盘；6—右找正光电传感器

4 计量特性

4.1 测量范围：(0～±50)°

4.2 空载零位误差：±5°

4.3 漂移：数字显示式仪表的变化量不超过0.5°/0.5h

4.4 示值误差：±1°

注：由于校准不判定合格与否，故上述要求仅供参考。

5 校准条件

5.1 环境条件

校准工作在常温下进行。

5.2 校准器具

5.2.1 转角台标准装置：测量范围 0°～360°，分辨力 0.01°，示值误差±0.05°。

5.2.2 百分表：测量范围（0～30）mm，1 级。

6 校准项目和校准方法

首先检查，确定没有影响校准计量特性的因素后，再进行校准。

将转角台标准装置固定在转角台的转向盘上，用百分表调整其同轴度，百分表示值变化不大于 0.5mm。

6.1 测量范围

转角台标准装置仪表置零，顺时针转动转向盘至 50°，观测转向盘的示值是否为 50°；然后回到零位，逆时针转动转向盘重复上述操作。

6.2 空载零位误差

启动转角台处于工作状态，稳定后转角台示值应为零，若不为零即为零位误差，重复三次，取其最大示值作为零位误差校准结果。

6.3 漂移

转角台开机 30min 后置零，每隔 10min 进行 1 次读数，连续 3 次，观察其示值的变化量，取其最大示值作为校准结果。

6.4 示值误差

在转角台的转向盘上，在 50°范围内均匀选取 5 个点作为转角台左、右转向盘旋转的校准点，使转角台的转向盘以顺时针方向旋转至各校准点并读数，转向盘的示值和转角台标准装置的示值之差即为转向盘各校准点的示值误差，然后逆时针方向转动转向盘，重复上述操作。按式（1）计算各校准点的示值误差：

$$\delta_i = \beta_i - \beta_{0i} \tag{1}$$

式中：δ_i——转角台在各校准点的示值误差，(°)；

β_i——转角台在第 i 校准点的读数值，(°)；

β_{0i}——转角台标准装置在第 i 校准点的读数值，(°)。

示值误差取各校准点的示值误差最大值作为校准结果，计算实例见附录 A。

7 校准结果表达

经校准的转角台，出具校准证书。注明校准项目、校准用测量标准的溯源性及有效性说明以及测量结果不确定度等（详见附录 C）。

8 复校时间间隔

根据转角台的状态而定，校准时间间隔建议为 1 年。

附录 A

示值误差计算实例

	左转向盘			右转向盘	
	标准值	仪表显示值（°）	示值误差（°）	仪表显示值（°）	示值误差（°）
	β_{0i}	β_i	$\beta_i-\beta_{0i}$	β_i	$\beta_i-\beta_{0i}$
顺时针	0°	0	0	0	0
	15°	15.2	0.2	15.0	0.2
	30°	30.3	0.3	29.9	−0.1
	40°	40.2	0.2	40.4	0.4
	50°	50.4	0.4	49.8	−0.2
逆时针	0°	0	0	0	0
	15°	15.3	0.3	14.9	−0.1
	30°	29.7	−0.3	30.4	0.4
	40°	40.4	0.4	40.5	0.5
	50°	49.7	−0.3	50.3	0.3
最大示值误差		$\delta_{\max左}=0.4°$		$\delta_{\max右}=0.5°$	

附录 B

汽车转向角检验台示值误差测量不确定度的评定

B.1 测量方法

在转角台的转向盘上，在50°范围内均匀选取5个点作为转角台左、右转向盘旋转的校准点，使转角台的转向盘以顺时针旋转至各校准点并读数，转向盘的示值和转角台标准装置的示值之差即为转向盘的示值误差。

B.2 数学模型

$$\delta_i = \beta_i - \beta_{0i} \tag{B.1}$$

式中：δ_i——转角台在各校准点的示值误差，(°)；

β_i——转角台在第 i 校准点的读数值，(°)；

β_{0i}——转角台标准装置在第 i 校准点的读数值，(°)。

B.2.1 方差

依方程：$u_c^2(y) = \sum(\partial f/\partial x_i)^2 u^2(x_i)$ (B.2)

由（B.1）式得方差：$u_c^2(\delta_i) = c^2(\beta_i)^2 u^2(\beta_i)^2 + c^2(\beta_{0i}) u^2(\beta_{0i})^2$ (B.3)

式中：$u(\beta_i)$——转角台引入的标准不确定度；

$u(\beta_{0i})$——标准装置引入的标准不确定度。

B.2.2 灵敏系数

$$c(\beta_i) = \partial f/\partial \beta_i = 1 \tag{B.4}$$

$$c(\beta_{0i}) = \partial f/\partial \beta_{0i} = -1 \tag{B.5}$$

根据(B.4),(B.5)式得标准不确定度：

$$u^2(\delta_i) = 1^2 u^2(\beta_i)^2 + (-1)^2 u^2(\beta_{0i})^2 \tag{B.6}$$

B.3 标准不确定度分量

B.3.1 由转角台引入的标准不确定度 $u(\beta_i)$

B.3.1.1 由转角台测量重复性引入的标准不确定度分量 u_1

将转角台转过 30°，进行 10 次独立、等精度重复测量，转角台的测量结果如表 B.1。

表 B.1 对转角台进行 10 次独立、等精度测量的结果

被检转角台示值（°）											$\Sigma\beta_i$	$\overline{\beta_i}$
测量次数	1	2	3	4	5	6	7	8	9	10		
β_i	29.9	29.7	29.8	29.8	29.9	30.1	29.8	29.9	30.1	30.1	299.1	29.91
$\beta_i-\overline{\beta_i}$	−0.01	−0.21	−0.11	−0.11	−0.01	0.19	−0.11	−0.01	0.19	0.19		
$(\beta_i-\overline{\beta_i})^2$	0.0001	0.0441	0.0121	0.0121	0.0001	0.0361	0.0121	0.0001	0.0361	0.0361	0.189	

用贝塞尔公式计算出单次测量的实验标准差：

$$s=\sqrt{\sum_{i=1}^{n}(\beta_i-\overline{\beta_i})^2/(n-1)}=0.14^\circ \quad (其中\ n=10)$$

其标准不确定度分量为： $u_1=0.14^\circ$

自由度：$\nu_1(\beta_i)=10-1=9$

B.3.1.2　转角台数显量化误差引入的不确定度分量 u_2

转角台显示仪表的分辨力为：±0.1°，其量化误差以等概率分布在半宽度为0.1°/2=0.05°的区间内，取包含因子 $k=\sqrt{3}$，其引入的相对标准不确定度为：

$$u_2=0.05/\sqrt{3}=0.029^\circ$$

估计其相对不确定度为10%，所以自由度为：

$$\nu_2=1/2(10\%)^{-2}=50$$

由转角台引入的标准不确定度为：

$$u(\beta_i)=\sqrt{u_1^2+u_2^2}=\sqrt{0.14^2+0.029^2}=0.14^\circ$$

$$\nu(\beta_i)=0.085^4/(0.14^4/9+0.029/50)=9$$

B.3.2　标准装置引入的标准不确定度分量为 $u(\beta_0)$

B.3.2.1　标准装置由上一级标准检定的示值误差引入的标准不确定度分量为 $u_{\beta_{01}}$

标准装置是由上一级标准检定，标准装置的示值误差为±0.05°，此误差为均匀分布，取包含因子 $k=\sqrt{3}$，因此：

$$u_{\beta_{01}}=0.05\div\sqrt{3}=0.029^\circ$$

估计其相对不确定度为10%，所以自由度为：

$$\nu(\beta_{01})=1/2(10\%)^{-2}=50$$

B.3.2.2　标准装置数显量化误差引入的不确定度分量 $u_{\beta_{02}}$

标准装置数显示仪表的分辨力为：±0.01°，其量化误差以等概率分布在半宽度为0.01°/2=0.005°的区间内，取包含因子 $k=\sqrt{3}$，其引入的相对标准不确定度为：

$$u_{\beta_{02}}=0.005/\sqrt{3}=0.0029^\circ$$

估计其相对不确定度为10%，所以自由度为：

$$\nu_2=1/2(10\%)^{-2}=50$$

由标准装置引入的标准不确定度为：

$$u(\beta_0)=\sqrt{u_{\beta_{01}}^2+u_{\beta_{02}}^2}=\sqrt{0.0029^2+0.029^2}=0.029^\circ$$

$$\nu(\beta_0)=0.029^4/(0.0029^4/50+0.029/50)=50$$

B.3.3 标准不确定度分量

表 B.2 标准不确定度分量一览表

标准不确定度分量	不确定度来源	标准不确定值 $u(x_i)$	灵敏系数 $c_i=\partial f/\partial x_i$	$\|c_i\|\times u(x)$	自由度
$u(\beta_i)$	转角台	0.14	1	0.14	9
u_1	测量重复性	0.14		0.14	9
u_2	数显量化	0.14		0.14	9
$u(\beta_0)$	标准检测仪	0.029	−1	0.029	50

B.4 合成标准不确定度

由于各标准不确定度分量不相关，所以：

$$u_c(\delta_i)=\sqrt{c^2u^2(\beta_i)+c^2u^2(\beta_0)}=\sqrt{0.14^2+0.029^2}=0.14°$$

有效自由度为：

$$\nu_{eff}=0.14^4/(0.14^4/9+0.029^4/50)=9$$

B.5 扩展不确定度

按置信概率 $p=0.95$，有效自由度 $\nu_{eff}=9$，查 t 分布表得 $k_p=t_{95}(9)=2.26$，则扩展不确定度应为：$U_p=k_p\times u_c(\delta_i)=2.26\times0.14=0.32°$。

结论：上述分析及计算按 JJF 1059—1999《测量不确定度评定与表示》进行。得到汽车转向角检验台示值误差测量结果扩展不确定度为：$U_p=0.32°$（置信概率 $p=0.95$；包含因子 $k_p=2.26$）。根据汽车转向角检验台校准规范的规定，被检汽车转向角检验台允许示值误差为±1°，所以经上述不确定度评定，校准能满足三分之一量值传递要求。

附录 C

校准证书封面及内页格式

(校准单位名称)

地址:
Address
邮编:
Post Code
电话:　　　　传真:
Tel　　　　　Fax

校 准 证 书

CALIBRATION CERTIFICATE

证书编号:
Certificate No.
委　托　方:
Customer
地　　　址:
Address
样 品 名 称:
Description of Sample
制 造 厂 / 商:
Manufacturer
型 号 / 规 格:
Model/Type
出 厂 编 号:
Ex-factory No.

发证单位(专用章)
Issued by　(Stamp)

证书批准人: Approved by	职务(称): Position		
校　准　员: Calibrated by	核 验 员: Checked by		
校 准 日 期: Calibration Date	年 Year	月 Month	日 Day
样品接收日期: Received Date	年 Year	月 Month	日 Day

校准证书专用　　　　第　页　共　页
Calibration Certificate　　　　Page　of

校准证书（内页）格式

校准依据及代号：　　　　　　　　　　校准标准名称：

校准地点：　　　　　　　　　　　　　校准标准有效期：

温度：　　　℃　　　　　　　　　　　相对湿度：

建议下次校准时间：

共　　页　　第　　页

标准项目名称	结果
1　测量范围	
2　空载零位误差	
3　漂移	
4　示值误差	
4.1　左转向盘	
4.2　右转向盘	

示值误差测量不确定度为：

注：证书只对被校准仪器有效。未经校准单位批准，不得部分复印。

校准单位：　　　　　　　　　　　　　电话：

地址：　　　　　　　　　　　　　　　传真：

中华人民共和国国家计量技术规范

JJF 1151—2006

车轮动平衡机校准规范

Calibration Specification for Wheel Dynamic Balancers

2006－05－23 发布　　　　2006－08－23 实施

国家质量监督检验检疫总局 发布

车轮动平衡机校准规范

Calibration Specification
for Wheel Dynamic Balancers

JJF 1151—2006

本规范经国家质量监督检验检疫总局2006年5月23日批准，并自2006年8月23日起施行。

归 口 单 位： 全国振动冲击转速计量技术委员会

主要起草单位： 河北省交通勘测设计研究院

北京市计量检测科学研究院

参加起草单位： 北京科基汽车维修设备有限公司

本规范由全国振动冲击转速计量技术委员会负责解释

本规范主要起草人：

赵宝琳　（河北省交通勘测设计研究院）

单凯锋　（北京市计量检测科学研究院）

李　平　（河北省交通勘测设计研究院）

王保平　（河北省交通勘测设计研究院）

参加起草人：

任跃宇　（河北省交通厅科技处）

朱晓鹰　（北京科基汽车维修设备有限公司）

车轮动平衡机校准规范

1 范围

本规范适用于离车式硬支承车轮动平衡机（以下简称平衡机）的校准。

2 引用文献

ZBN 73001—1988 卧式硬支承平衡机

GB 4201—1984 通用卧式平衡机校验

GB 6444—1995 机械振动 平衡词汇

GB 9239—1988 刚性转子平衡品质许用不平衡量的确定

JBN 73004—1989 闪光动平衡机技术条件

使用本规范时，应注意使用上述引用文献的现行有效版本。

3 术语

3.1 分离比——是指给定转子两校正平面 A 和 B 的干扰比。I_{AB}和 I_{BA}定义如下：

$$I_{AB}=\frac{U_{AB}}{U_{BB}}\times 100\% \tag{1}$$

$$I_{BA}=\frac{U_{BA}}{U_{AA}}\times 100\% \tag{2}$$

式中：U_{AB}、U_{BB}——分别表示在校正平面 B 上加上规定的不平衡量后，A、B 面的不平衡量指示值；

U_{BA}、U_{AA}——分别表示在校正平面 A 上加上规定的不平衡量后，B、A 面的不平衡量指示值；

I_{AB}——B 面对 A 面的分离比；

I_{BA}——A 面对 B 面的分离比。

3.2 最小可达剩余不平衡量（e_{mar}）——平衡机能使转子达到的不平衡量的最小值。是衡量平衡机最高平衡能力的性能指标。计量单位为 g·mm/kg。

3.3 许用剩余不平衡质量（m_e）——校验转子每校正平面试验圆周上许用的剩余不平衡量，计量单位为 g。

4 概述

平衡机的工作原理是依据旋转刚体动平衡理论来实现的，一般是由机电转换系统将不平衡量转换为电信号，通过电测系统的测量与计算，由仪表显示不平衡量。它可对车轮动不平衡量进行检测。其原理示意图如下：

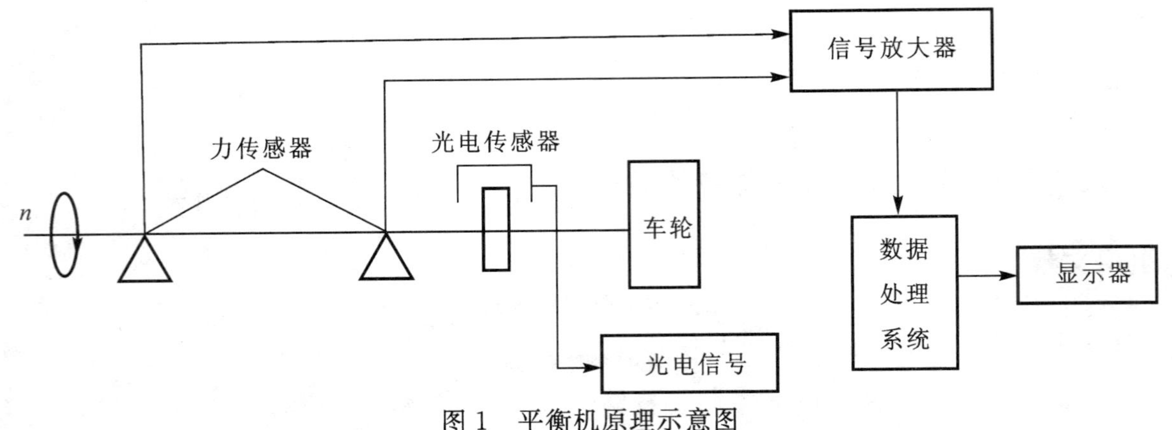

图1 平衡机原理示意图

5 计量特性

5.1 主轴轴向定位盘端面圆跳动

优于0.05mm。

5.2 主轴径向圆跳动

优于0.05mm。

5.3 专用卡规允许误差

±0.5mm。

5.4 最小可达剩余不平衡量

e_{mar}≤200g・mm/kg。

5.5 分离比

不小于1∶8。

5.6 重复装卡误差

不大于1.5e_{mar}。

5.7 重复性误差

不大于0.3e_{mar}。

5.8 相位允许误差

±15°。

注：上述技术指标仅供参考。

6 校准条件

6.1 环境条件

6.1.1 温度：0℃～40℃。

6.1.2　湿度：≤85%RH。

6.1.3　电源电压波动量不应超过额定值的±10%。

6.1.4　校准现场周围应无强烈的振动源和高频信号干扰。

6.2　标准器及其他设备

6.2.1　Ⅱ₉ 天平一架，称量范围 0.2kg。

6.2.2　砝码：M3 级克组。

6.2.3　带磁力表座的百分表，量程（0～10）mm；分度值 0.01mm，准确度 1 级。

6.2.4　500mm 钢直尺一把，准确度等级：Ⅰ级。

6.2.5　校验转子（见附录 A）。

6.2.6　试重（见附录 B）。

7　校准项目和校准方法

7.1　主轴轴向定位盘端面圆跳动的校准

安装好百分表，使百分表触头与主轴轴向定位盘端面接触，且离该端面边缘 5mm 左右，调整好百分表指针，用手转动主轴一周，记录百分表示值变动量（最大值-最小值）。

7.2　主轴径向圆跳动的校准

安装好百分表，使百分表触头与主轴接触，调整好百分表指针，用手转动主轴一周，记录百分表示值变动量。

7.3　专用卡规的校准

用钢直尺对专用卡规 50.8mm、152.4mm、254mm 三点进行校准，记录其结果与专用卡规长度之差值。

7.4　轮距尺的校准

在轮距尺满量程范围内选择三点作为校准点，用钢直尺对该三点进行校准，记录其结果与轮距尺示值之差值。

7.5　最小可达剩余不平衡量 e_{mar} 的校准

7.5.1　选定一个质量小于平衡机允许平衡最大质量三分之一的校验转子。

7.5.2　m_e 值的确定

由公式（3）计算 m_e 值：

$$m_e = \frac{M \times e_{mar}}{2R} \tag{3}$$

式中：M——校验转子质量，kg；

R——校验转子校验半径，mm。

m_e 值计算举例：

选定转子质量 $M=20\text{kg}$，转子半径 $R=356/2\text{mm}$

则：

$$m_e=\frac{20\times200}{356}=11.2\ (\text{g})$$

7.5.3 选择适合于转子中心孔径大小的锥套，将转子夹紧于车轮动平衡机主轴上。按平衡机使用说明书要求调整好平衡机，并将校验转子平衡至 $1.0m_e$ 以下。

7.5.4 在校验转子任意两个非校正平面上同时分别加上相当于校正平面上 $10m_e$ 的试重，两试重的相对位置不允许同相或反相。

7.5.5 按平衡机规定的操作程序在两校正平面上，根据平衡机读数进行不超过 4 次的启动平衡（允许现场称试重）至 $1.0m_e$ 以下，并做好记录。如果有一、二点超出，允许调整平衡机后，重做 4 次平衡。如 4 次平衡后达不到 $1.0m_e$ 以下，记录 e_{mar}值，且校准结束。

7.5.6 用两个相当于 $10m_e$ 的试重依次同相地分别加在 AB 校正平面轴向的螺孔内，位置是 0°，30°，60°，90°，120°，150°，180°，210°，240°，270°，300°，330°顺序任意，启动平衡机并记录相应读数 X_i。

7.5.7 X_i 的算术平均值 $\overline{X}$ 和 X_0 分别按公式（4）及公式（5）进行

$$\overline{X}=\frac{1}{12}\sum_{i=1}^{12}X_i \tag{4}$$

$$X_0=\frac{1}{10}\overline{X} \tag{5}$$

式中：X_i——12 点中第 i 点的读数值；

$\overline{X}$——12 点读数的算术平均值；

X_0——相当于在某校正平面加上 $1m_e$ 的试重时平衡机相应的读数值。

7.5.8 X_i 的读数要符合公式（6）的要求。

$$8.8X_0\leqslant X_i\leqslant 11.2X_0 \tag{6}$$

如若不符合，则按公式（7）计算修正值。

$$\Delta X_i=X_s-X_i \tag{7}$$

式中：ΔX_i——12 点中第 i 点的修正值；

X_s——试重砝码标称值。

7.6 分离比的校准

7.6.1 启动平衡机，将校验转子平衡到剩余不平衡量 $1.0m_e$ 以下。

7.6.2 将一个相当于 $10m_e$ 试重，每间隔 90°依次置于校验转子 B 校正平面轴向螺孔内，分别做一次启动平衡测量，记录相应读数，并按公式（1）计算 I_{AB}。

7.6.3 将同一试重置于校验转子 A 校正平面内，重复上一步骤，记下相应数据并按公式（2）计算 I_{BA}。

7.6.4 记录校验转子 A、B 校正平面各点的分离比。

7.7 重复装卡误差的校准

7.7.1 启动平衡机，将校验转子平衡到剩余不平衡量 1.0m_e 以下，记录平衡机读数值。

7.7.2 将校验转子相对平衡机主轴转动一角度，重新装卡，再次启动，记录平衡机读数值及两次平衡机读数值之差。

7.8 重复性误差的校准

7.8.1 启动平衡机，将校验转子平衡到剩余不平衡量 1.0m_e 以下。

7.8.2 将一个相当于 10m_e 的试重分别置于校验转子 A（B）校正平面任一螺孔内，每一校正平面重复启动 4 次。分别记录平衡机读数值及每一校正平面 4 次读数的最大值与最小值之差。

7.9 相位误差的校准

7.9.1 启动平衡机，将校验转子平衡到剩余不平衡量 1.0m_e 以下。

7.9.2 将一个相当于 10m_e 的试重置于校验转子 A 校正面上一已知相位的螺孔内，启动平衡机，记录相位读数。再将同一试重间隔 90°置于另一已知相位螺孔内，记录相位读数。重复 3 次。

7.9.3 将一个相当于 10m_e 的试重置于校验转子 B 校正平面上重复 7.9.2 的校准步骤。

7.9.4 记录校验转子 A、B 校正平面各点读数相位值与理论相位值之差。

注：当试重相位值＜180°时，理论相位值＝试重相位值＋180°，

当试重相位值≥180°时，理论相位值＝试重相位值－180°。

8 校准结果表达

经校准的平衡机颁发校准证书或校准报告，内容见附录 C。

9 复校时间间隔

平衡机复校时间间隔由使用者自定，建议不超过 1 年。

附录 A

校验转子

A.1　校验转子形状如图 A1 所示，其规格尺寸见表 A1。

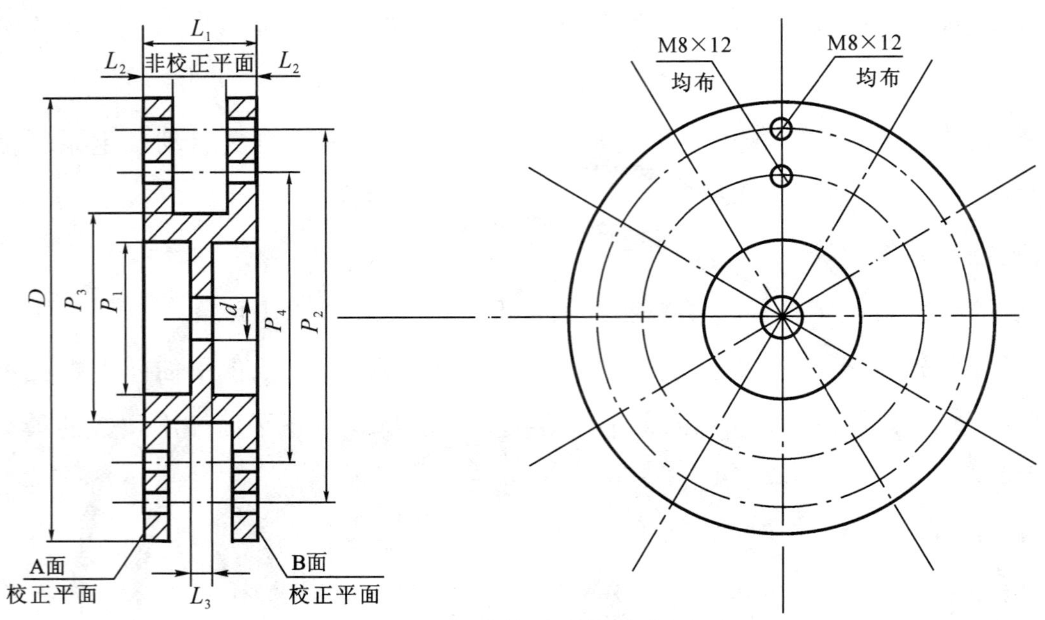

图 A1　校验转子形状示意图

表 A1　校验转子参考尺寸

参数 / 序号	M/kg	d/mm	D/mm	P_1/mm	P_2/mm	P_3/mm	P_4/mm	L_1/mm	L_2/mm	L_3/mm
1	10	80	280	160	254	180	203	114	8	8
2	20	80	380	260	356	280	300	165	8	8
3	30	80	460	356	432	376	406	165	10	10
4	40	80	462	356	432	376	406	178	15	15

A.2　校验转子材料应为普通碳钢。

A.3　对校验转子的要求：

A.3.1　平衡品质等级不底于 G16；

A.3.2　每个校正平面上零度基准应在同一角度方向上（在通过转子轴线的同一平面上）；

A.3.3　角度位置偏差小于 1°。

附录 B

试　　重

B.1　试重的形状应是螺钉螺栓等形状，并应标明质心位置。

B.2　试重的质量允许误差为±0.5%。

B.3　试重的规格与数量如表 B1。

B.4　试重如果不够，可以用螺钉和橡皮泥替代。但替代试重必须用天平称量。

表 B1　试重规格与数量

质量/g	5	10	20	30	40	50	60	80	100	120
数量	4	4	2	2	2	2	2	2	2	2

附录 C

校准证书（校准报告）内容

校准证书或校准报告应至少包括以下信息：

a）标题，如“校准证书”或“校准报告”；

b）实验室名称和地址；

c）进行校准的地点；

d）证书或报告的惟一性标识（如编号），每页及总页数的标识；

e）送校单位的名称和地址；

f）被校对象的描述和明确标识；

g）校准的日期；

h）如果与校准结果的有效性和应用有关时，应对抽样程序进行说明；

i）对校准所依据的技术规范的标识，包括名称及代号；

j）本次校准所用测量标准的溯源性及有效性说明；

k）校准环境的描述；

l）校准结果及其不确定度的说明；

m）校准证书或校准报告签发人的签名、职务或等效标识，以及签发日期；

n）校准结果仅对被校对象有效的声明；

o）未经校准单位书面批准，不准部分复制证书或报告的声明。

附录 D

车轮动平衡机测量不确定度的评定

因车轮动平衡机的转速远远低于其自振频率（以科基产品为例，转速在 150n），故可用静力学的方法来进行力的分析。

D.1 数学模型

被检车轮动平衡机不平衡量示值修正值的计算公式：

$$\Delta e_m = m_s - m_b$$

式中：Δe_m——被检车轮动平衡机不平衡量示值修正值；

m_s——试重（砝码标称值）；

m_b——被检车轮动平衡机不平衡量示值。

D.2 灵敏系数

$$c_1 = \frac{\partial \Delta e_m}{\partial m_s} = 1$$

$$c_2 = \frac{\partial \Delta e_m}{\partial m_b} = -1$$

D.3 标准不确定度评定

D.3.1 标准不确定度 $u(m_s)$ 的评定

试重砝码标称值引入的标准不确定度 $u(m_s)$

试重砝码在使用中按标称值使用，标称值以 g 为单位，其所引起的极限误差为 0.5g，分布为均匀分布，包含因子 $k=\sqrt{3}$，所以其引入的标准不确定度 $u(m_s)=\frac{0.5}{\sqrt{3}}=$ 0.29（g）。属 B 类标准不确定度。

D.3.2 标准不确定度 $u(m_b)$ 的评定

a）被检车轮动平衡机不平衡量示值引入的标准不确定度 $u(m_{b1})$

被检车轮动平衡机不平衡量的示值分度值为 5g（取最大的一种分度为例进行分析，下同），其所引起的极限误差为 2.5g，分布为均匀分布，包含因子 $k=\sqrt{3}$，所以其引入的标准不确定度 $u(m_{b1})=\frac{2.5}{\sqrt{3}}=1.44$（g）。属 B 类标准不确定度。

b）被检车轮动平衡机不平衡量示值重复性引入的标准不确定度 $u(m_{b2})$

用一试重为 117g 的砝码，选一不平衡量分度值为 5g 的车轮动平衡机做 10 次动平衡测试，车轮动平衡机的不平衡质量示值显示如下：115g，115g，115g，115g，115g，

115g，120g，115g，115g，115g。其平均值 $\overline{X}=115.5\text{g}$，试验标准差 $s(m_{b2})=1.58\text{g}$。

$$u(m_{b2})=s(m_{b2})=1.58\text{g}$$。属 A 类标准不确定度。

其自由度 $\nu(m_{b2})=10-1=9$。

$u(m_{b1})$和 $u(m_{b2})$是互不相干的，所以

$$u(m_b)=\sqrt{u^2(m_{b1})+u^2(m_{b2})}=\sqrt{1.44^2+1.58^2}=2.14(\text{g})。$$

D.4　合成标准不确定度

D.4.1　标准不确定度汇总

i	X_i	a_i	k_i	$u(X_i)$	$\lvert c_i \rvert$	$u_i(y)$
1	试重砝码标称值引入的 $u(m_s)$	0.5g	$\sqrt{3}$	0.29g	1	0.29g
2	m_b 引入的 $u(m_b)$				−1	2.14g
2.1	被检车轮动平衡机不平衡量示值引入的 $u(m_{b1})$	5g	$\sqrt{3}$	1.44g		
2.2	被检车轮动平衡机不平衡量示值重复性引入的 $u(m_{b2})$	1.58g		1.58g		

表中：i——误差或不确定度来源的序号；

X_i——第 i 个自变量或输入估计值；

a_i——X_i 的误差分散区间半宽、极限误差或扩展不确定度；

k_i——覆盖因子；

$u(X_i)=a_i/k_i$——输入 B 类标准不确定度；若用统计方法获得时，称为 A 类标准不确定度；

$\lvert c_i \rvert$——灵敏系数；

$u_i(y)=\lvert c_i \rvert u(X_i)$——输出标准不确定度分量。

D.4.2　合成标准不确定度计算

上述所分析的各项标准不确定度分量均不相关，所以其合成标准不确定度为

$$u_c(\Delta m_e)=\sqrt{u^2(m_s)+u^2(m_b)}=\sqrt{0.29^2+2.14^2}=2.16(\text{g})$$

D.5　扩展不确定度

按置信水平 $p=0.95$，取 $k=2.06$。因此扩展不确定度 $U=k\times u_c(\Delta m_e)=2\times 2.16=4.32$ (g)。

根据以上测量不确定度的评定，最小允许不平衡量 11.2g（以 356mm 直径，20kg 质量的校准转子为例）的车轮动平衡机不平衡量修正值的扩展不确定度为 4.32g，取其数值为 4.3g。

附录 E

校准记录的格式

送校单位		型号规格		出厂编号		出厂日期	
生产厂		校准日期		校准温度		校准湿度	
转子质量		转子宽度		校验半径		m_e	
主轴轴向定位盘端面圆跳动				主轴径向圆跳动			

专用卡规允许误差	50.8mm	152.4mm	254mm			

4 次平衡	A		B	
	试重	读数	试重	读数

最小可达剩余不平衡量	试重位置	0	30	60	90	120	150	180	210	240	270	300	330
	A 校正面示值												
	B 校正面示值												
	(A) $X=$			$X_0=$			$8.8X_0=$			$11.2X_0=$			
	(B) $X=$			$X_0=$			$8.8X_0=$			$11.2X_0=$			

分离比	A对B	相位		0°	90°	180°	270°	B对A	相位		0°	90°	180°	270°	分离比最大值
		读数	A						读数	A					
			B							B					

重复性、重复装卡误差	首次装卡	次数	1	2	3	4	误差	重复装卡	次数	1	2	误差
		A							A			
		B							B			

相位允差	相位/次数	1	2	3	4
	已知相位角				
	读数相位角				
	相位误差				

校准：　　　　审核：　　　　签发：

中华人民共和国国家计量技术规范

JJF 1154—2014

四轮定位仪校准规范

Calibration Specification for Four-wheel Aligners

2014-11-17 发布　　　　2015-05-17 实施

国家质量监督检验检疫总局 发布

四轮定位仪校准规范

Calibration Specification

for Four-wheel Aligners

JJF 1154—2014
代替 JJF 1154—2006

归 口 单 位： 全国几何量工程参量计量技术委员会

主要起草单位： 辽宁省计量科学研究院

南京市计量监督检测院

中国测试技术研究院

参加起草单位： 辽宁省产品质量监督检验院

上海一成汽车检测设备科技有限公司

吉林大学

本规范委托全国几何量工程参量计量技术委员会负责解释

本规范主要起草人：

张遥远（辽宁省计量科学研究院）

张子剑（辽宁省计量科学研究院）

钱　峥（南京市计量监督检测院）

刘美声（中国测试技术研究院）

参加起草人：

郑忠言（辽宁省产品质量监督检验院）

刘金东（上海一成汽车检测设备科技有限公司）

苏　建（吉林大学）

引　言

JJF 1154—2014《四轮定位仪校准规范》（以下简称“本规范”）是四轮定位仪校准的计量技术规范。四轮定位仪是汽车制造和维修企业用于检测汽车车轮定位参数，并与设计参数进行对比，指导使用者对车轮定位参数进行调整的仪器。

JJF 1071—2010《国家计量校准规范编写规则》、JJF 1059.1—2012《测量不确定度评定与表示》和 JJF 1001—2011《通用计量术语及定义》共同构成支撑本规范修订的基础性系列规范。

本规范是以 JT/T 505—2004《四轮定位仪》为主要参考标准对 JJF 1154—2006 版进行修订的。与 JJF 1154—2006《四轮定位仪》相比，除编辑性修改外，主要技术变化如下：

——在适用范围中增加了 3D 影像式四轮定位仪和在线非接触式四轮定位仪，以及相应的示意图。

——在四轮定位仪校准装置的技术要求中，明确规定了校准装置模拟轮距和模拟轴距的要求，以及其他示值误差要求。

——在校准项目中增加了单轮前束角、车轮外倾角零值误差和主销内倾角示值误差校准。

——对单轮前束角、车轮外倾角、主销后（内）倾角的测量范围、示值误差和重复性做了修改。

——在附录 B 中增加了四轮定位仪校准装置的校准方法。

本规范的历次版本发布情况为：

——JJF 1154—2006。

四轮定位仪校准规范

1 范围

本规范适用于四轮定位仪（光电传感器式四轮定位仪、3D 影像式四轮定位仪和在线非接触式四轮定位仪）的校准。

2 引用文件

本规范引用下列文件：

GB/T 3730.3 汽车和挂车的术语及其定义 车辆尺寸

JT/T 505 四轮定位仪

凡是注日期的引用文件，仅注日期的版本适用于本规范；凡是不注日期的引用文件，其最新版本（包括所有的修改单）适用于本规范。

3 术语

3.1 单轮前束角 individual wheel toe-in

车轮的旋转平面与汽车纵向轴线的内夹角，车轮前缘向内为正，向外为负。

3.2 车轮外倾角 camber

车轮旋转平面与铅垂线的夹角，车轮旋转平面上缘向外为正，向内为负。

3.3 主销后倾角 caster

前轮转向轴线在汽车纵向铅垂面上的投影线与铅垂线的夹角，转向轴线上端向后为正，向前为负。

3.4 主销内倾角 kingpin inclination

前轮转向轴线在汽车横向铅垂面上的投影线与铅垂线的夹角，转向轴线上端向内为正，向外为负。

4 概述

四轮定位仪是用于检测汽车车轮定位参数的仪器，主要形式有：光电传感器式四轮定位仪、3D 影像式四轮定位仪和在线非接触式四轮定位仪。仪器外形和结构分别如图 1、图 2 和图 3 所示。

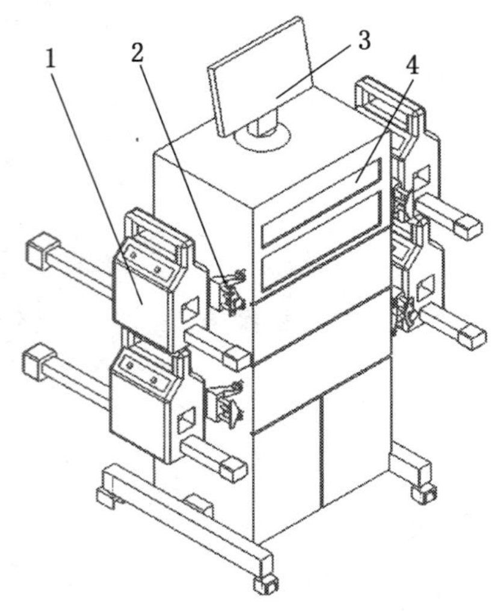

图 1　光电传感器式四轮定位仪

1—测量头；2—夹具；3—显示器；4—电脑

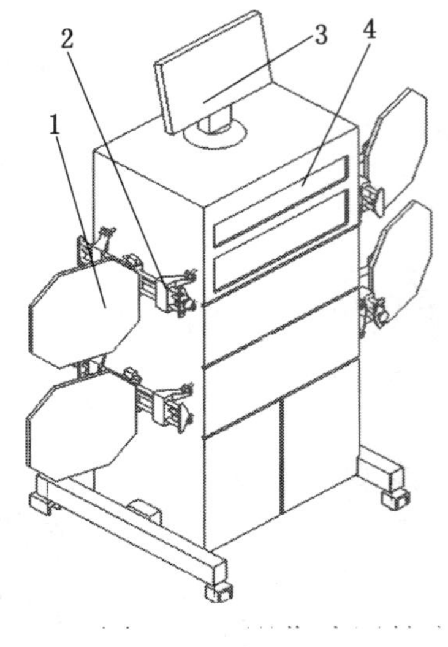

图 2　3D 影像式四轮定位仪

1—目标反光板；2—夹具；3—显示器；4—电脑

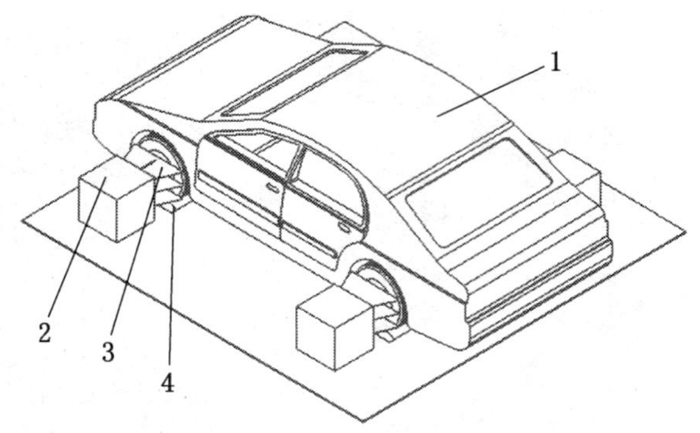

图 3　在线非接触式四轮定位仪

1—汽车；2—激光发射及计算机视觉处理图像装置；3—激光束；4 —托辊

5　计量特性

5.1　计量特性和要求

计量特性和要求见表 1。

表 1　四轮定位仪主要计量特性

序号	测量项目	测量范围	要　　求	
			光电传感器式、3D 影像式	在线非接触式
1	单轮前束角零位	—	零值误差不超过±3′	零值误差不超过±1′
2	车轮外倾角零位			
3	零位漂移		在 30 min 内，零位漂移不大于 4′	在 30 min 内，零位漂移不大于 1′
4	单轮前束角	±2°	示值误差不超过 ± 4′，重复性不大于 0.7′	示值误差不超过 ± 3′，重复性不大于 0.3′

表 1（续）

序号	测量项目	测量范围	要　求	
			光电传感器式、3D影像式	在线非接触式
5	车轮外倾角	±10°	在±4°范围内，示值误差不超过±4′，其余范围不超过±10′，重复性不大于0.7′	示值误差不超过±3′，重复性不大于0.3′
6	主销后倾角	±15°	在±12°范围内，示值误差不超过±12′，其余范围不超过±12′，重复性不大于2′	——
7	主销内倾角	−5°～+25°	在0°～+18°范围内，示值误差不超过±10′，其余范围不超过±12′，重复性不大于2′	——

5.2　夹具卡爪平面与测量头轴（孔）的垂直度

光电传感器式四轮定位仪夹具卡爪形成的平面与安装测量头轴（孔）的垂直度不大于2′。

注：校准工作不做符合性判断，以上计量特性仅供参考。

6　校准条件

6.1　环境条件

环境温度为−5 ℃～35 ℃，相对湿度不超过85%。

6.2　主要校准设备

6.2.1　四轮定位仪校准装置

6.2.1.1　四轮定位仪校准装置的基本功能

四轮定位仪校准装置应具有以下基本功能：具有能够模拟汽车底盘、独立悬架和转向系统的部分功能；其上能够安装4个呈矩形布置的模拟车轮或夹具；模拟车轮或夹具在其测量范围内既能绕 Z 轴转动（模拟单轮前束角）、还可绕 Y 轴转动（模拟车轮外倾角），见图4；前轮转向轴线在汽车纵（横）平面的两个投影线与铅垂线的夹角能够模拟主销后（内）倾角。校准3D影像式四轮定位仪的校准装置应能实现4个模拟车轮绕其轴线转动，校准在线非接触式四轮定位仪的校准装置应具有轴（轮）距调节功能。

6.2.1.2　四轮定位仪校准装置的主要技术要求

模拟轮距：0.8 m～1.8 m；模拟轴距：1.5 m～3.5 m；

模拟单轮前束角、车轮外倾角示值误差不超过±1′；重复性不大于0.3′；

模拟主销后（内）倾角示值误差不超过±3′；重复性不大于0.3′；

模拟车轮圆盘的端面跳动量和径向跳动量不大于0.05 mm；

调整杆两端装夹部分的同轴度不大于0.5 mm。

6.2.2 非接触四轮定位仪校正规

在线非接触四轮定位仪配有校正规，需按图纸对校正规进行检测，检测结果应符合要求。

7 校准项目和校准方法

7.1 校准项目和校准设备

校准项目和校准设备见表2。

表2 校准项目和校准设备一览表

<table>
<tr><th>序号</th><th colspan="2">校准项目</th><th>主要校准设备</th></tr>
<tr><td>1</td><td>单轮前束角</td><td rowspan="2">零值误差、零位漂移</td><td rowspan="2">四轮定位仪校准装置
四轮定位仪校正规、调整杆</td></tr>
<tr><td>2</td><td>车轮外倾角</td></tr>
<tr><td>3</td><td>单轮前束角</td><td rowspan="4">示值误差、重复性</td><td rowspan="4">四轮定位仪校准装置</td></tr>
<tr><td>4</td><td>车轮外倾角</td></tr>
<tr><td>5</td><td>主销后倾角</td></tr>
<tr><td>6</td><td>主销内倾角</td></tr>
<tr><td>7</td><td colspan="2">夹具卡爪平面与测量头轴（孔）的垂直度</td><td>模拟车轮、百分表(最大允许误差:±0.02 mm)</td></tr>
<tr><td colspan="4">注：四轮定位仪校正规仅用于校准在线非接触式四轮定位仪的零值误差和零位漂移。</td></tr>
</table>

7.2 校准方法

首先检查外观，确定没有影响校准计量特性的因素后再进行校准。

7.2.1 单轮前束角、车轮外倾角零值误差

7.2.1.1 光电传感器式和3D影像式四轮定位仪：将用于固定测量头的4个V形夹头呈矩形布置，把四个模拟车轮安装到V形夹头的外侧，再将测量头的夹具安装到模拟车轮上。按照四轮定位仪的操作界面提示，同步转动两个前模拟车轮，进入四轮定位仪的测量程序，将校准装置的单轮前束角、车轮外倾角、主销后（内）倾角调整为零，读取四轮定位仪显示器显示的4个单轮前束角和车轮外倾角读数，以3次读数的算术平均值作为零值误差的校准结果。

7.2.1.2 在线非接触式四轮定位仪：将校正规吊装到校准工位上，把定位销插入定位孔中，将校正规的相关参数输入计算机，读取四轮定位仪显示器显示的4个单轮前束角和车轮外倾角读数，以3次读数的算术平均值作为零值误差的校准结果。

7.2.2 零位漂移

7.2.2.1 光电传感器式和3D影像式四轮定位仪

每隔10 min读取1次零位示值，共读取4次，计算其中的最大与最小值之差，作为零位漂移的校准结果。

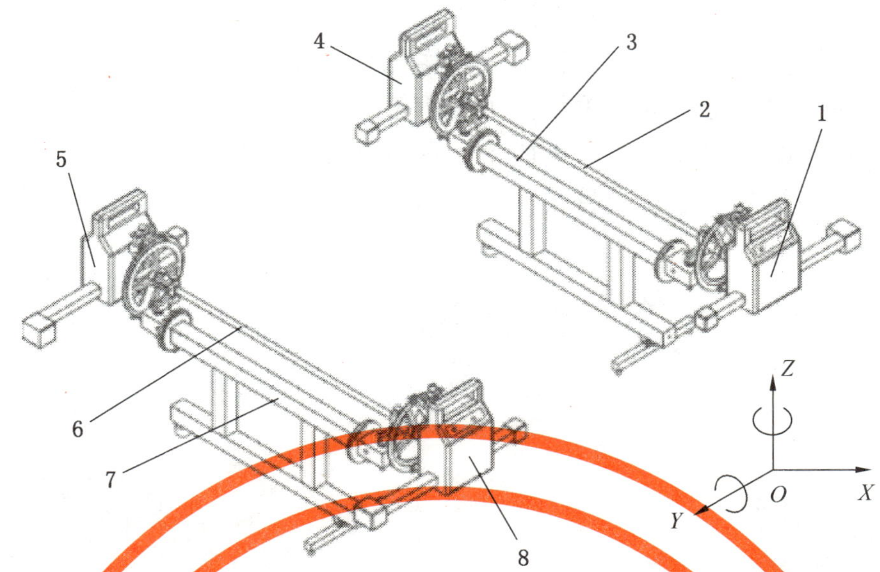

图 4 光电传感器式四轮定位仪零位校准示意图

1—左后轮测量头；2—调整杆；3—后轮校准器；4—右后轮测量头；

5—右前轮测量头；6 —调整杆；7—前轮检测器；8—左前轮测量头

7.2.2.2 在线非接触式四轮定位仪

使用校正规校准，每隔 10 min 读取一次零位示值，共读取四次，计算其中的最大与最小值之差，作为零位漂移的校准结果。

7.2.3 单轮前束角示值误差和重复性

7.2.3.1 校准光电传感器式、3D 影像式和在线非接触式四轮定位仪时，四轮定位仪校准装置的安装方式分别见图 5、图 6 和图 7。调整被校四轮定位仪的各车轮外倾角、主销后（内）倾角为零，然后在其单轮前束角的测量范围内均匀选取 6 个校准点，每一校准点重复测量 3 次。依次选择“左前轮”、“右前轮”、“左后轮”、“右后轮”，使测量头转动相应的角度，读取被校四轮定位仪的单轮前束角示值 α_{ij}，按公式（1）计算单轮前束角示值误差。

$$\Delta\alpha_j = \frac{\sum_{i=1}^{3}\alpha_{ij}}{3} - \alpha_j \tag{1}$$

式中：

$\Delta\alpha_j$——被校四轮定位仪在第 j 校准点的单轮前束角示值误差，(°)；

α_{ij}——被校四轮定位仪在第 i 次测量的第 j 校准点示值，(°)；

(i=1，2，3；j=1，2，3，4，5，6)

α_j——校准装置在第 j 校准点的前束角，(°)。

取 $\Delta\alpha_j$ 中绝对值最大者作为单轮前束角示值误差的校准结果。

7.2.3.2 选择一个校准点，重复测量 9 次，以极差法按公式（2）计算的实验标准差作为重复性的校准结果。

$$s(\alpha) = \frac{\alpha_{max} - \alpha_{min}}{C} \tag{2}$$

式中：

$s(\alpha)$ ——被校四轮定位仪的单轮前束角实验标准差，(°)；

α_{max}——被校四轮定位仪的单轮前束角示值重复测量中的最大值，(°)；

α_{min}——被校四轮定位仪的单轮前束角示值重复测量中的最小值，(°)；

C——极差系数，重复测量次数为 9 时极差系数为 2.97。

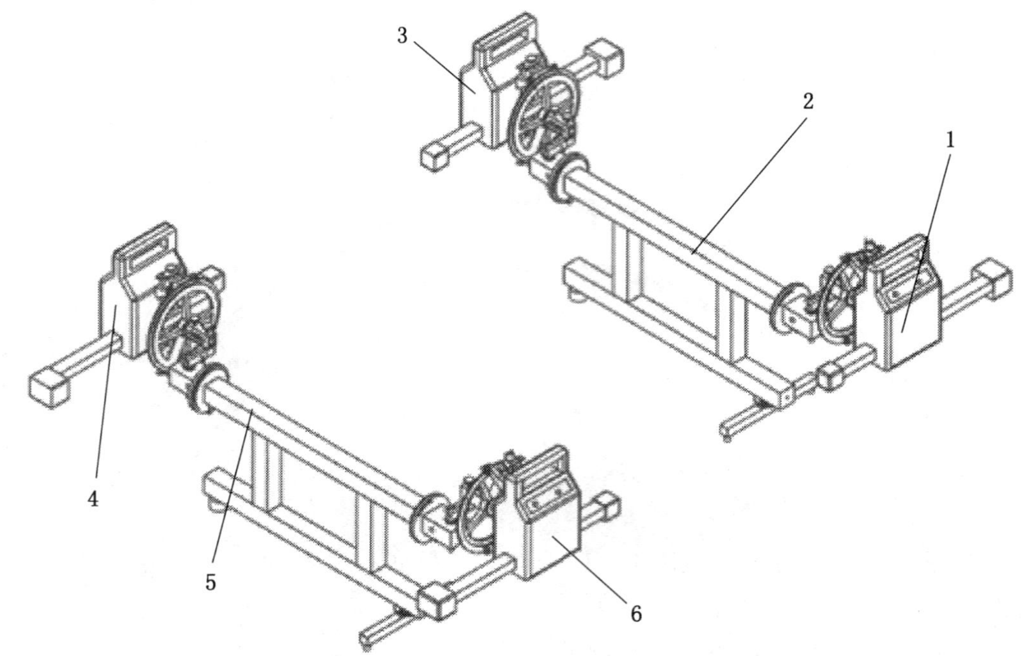

图 5　光电传感器式四轮定位仪前束角校准示意图

1—右前轮测量头；2—前轮校准器；3—左前轮测量头；4—左后轮测量头；
5—后轮检测器；6—右后轮测量头

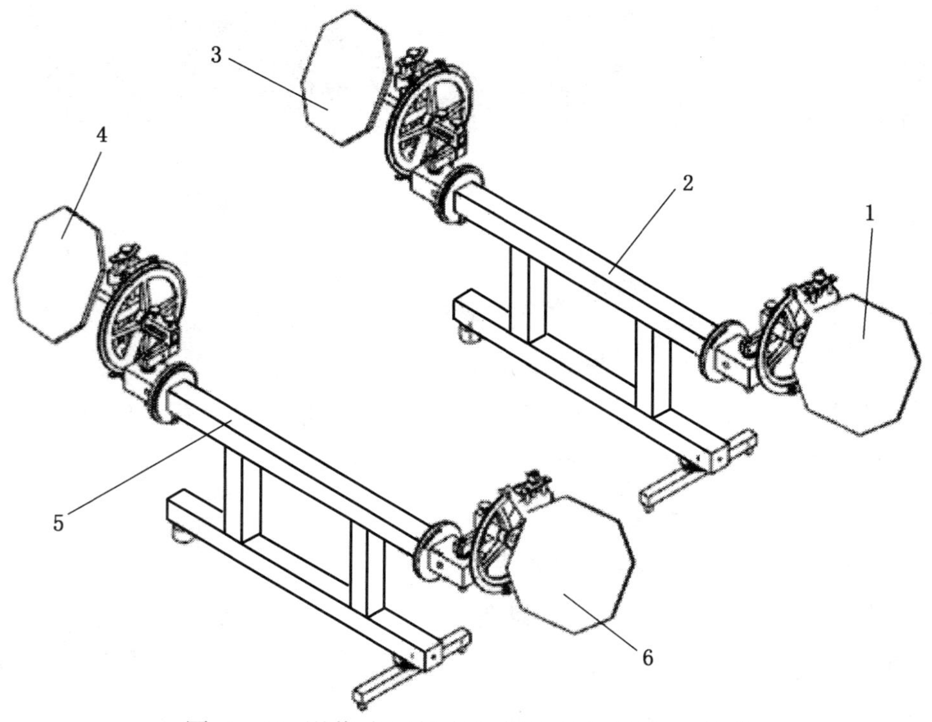

图 6　3D 影像式四轮定位仪前束角校准示意图

1—左后轮目标反光板；2—后轮校准器；3—右后轮目标反光板；
4—右前轮目标反光板；5—前轮检测器；6—左前轮目标反光板

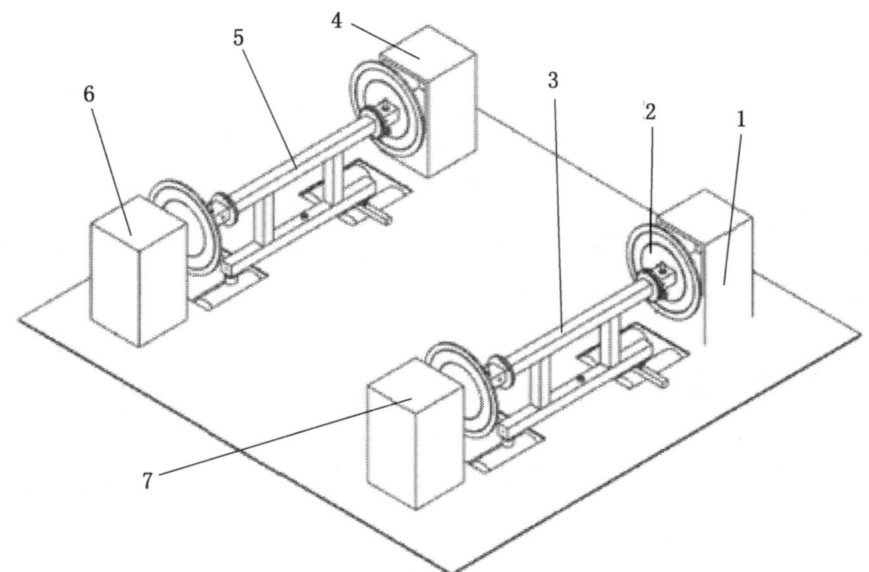

图 7 非接触式四轮定位仪前束角校准示意图

1—左前轮测量头；2—模拟轮胎靶盘；3—前轮检测器；4—左后轮测量头；
5—后轮校准器；6—右后轮测量头；7—右前轮测量头

7.2.4 车轮外倾角示值误差和重复性

7.2.4.1 调整四轮定位仪校准装置，使四轮定位仪的车轮外倾角为零，然后在其测量范围内均匀选取 6 个校准点，每一校准点重复测量 3 次。依次选择“左前轮”、“右前轮”、“左后轮”、“右后轮”，使测量头转动相应的角度，读取被校四轮定位仪车轮外倾角示值 β_{ij}，按公式（3）计算车轮外倾角示值误差。

$$\Delta\beta_j = \frac{\sum_{i=1}^{3}\beta_{ij}}{3} - \beta_j \tag{3}$$

式中：

$\Delta\beta_j$——被校四轮定位仪在第 j 校准点的车轮外倾角示值误差，(°)；

β_{ij}——被校四轮定位仪在第 i 次测量的第 j 校准点示值（$i=1$，2，3；$j=1$，2，3，4，5，6），(°)；

β_j——校准装置在第 j 校准点上的车轮外倾角值，(°)。

取 $\Delta\beta_j$ 中绝对值最大者作为车轮外倾角示值误差的校准结果。

7.2.4.2 选择一个校准点，重复测量 9 次，参见 7.2.3.2，以极差法计算出的实验标准差作为重复性的校准结果。

7.2.5 主销后（内）倾角示值误差和重复性

7.2.5.1 在主销后（内）倾角测量范围内均匀选择四个校准点，其中两个校准点的主销内（后）倾角不为零，调整四轮定位仪校准装置的左右前轮主销后（内）倾角至设定的校准点，每一校准点重复测量 3 次。置测量头水平，按照显示界面的提示进行操作：首先使两个前轮驱动轴通过模拟车轮带动测量头从零位同步向右转动 θ 角，然后向左转 2θ 角，再向右转 θ 角重新回到起始位（θ 角的大小按界面提示确定），被校四轮定位仪进入主销后倾角的显示界面，即可完成主销后（内）倾角的检测，读取四轮定位仪主销后（内）倾角示值 γ_{ij}，按公式（4）计算主销后（内）倾角示值误差。

$$\Delta\gamma_j = \frac{\sum_{i=1}^{3}\gamma_{ij}}{3} - \gamma_j \tag{4}$$

式中：

$\Delta\gamma_j$——被校四轮定位仪在第 j 校准点的主销后（内）倾角示值误差，(°)；

γ_{ij}——被校四轮定位仪在第 i 次测量的第 j 校准点示值，(°)；

($i=1, 2, 3$；$j=1, 2, 3, 4$)

γ_j——校准装置在第 j 校准点上的主销后（内）倾角值，(°)。

取 $\Delta\gamma_j$ 中绝对值最大者作为主销后（内）倾角示值误差的校准结果。

7.2.5.2 选择一个校准点，重复测量 9 次，参见 7.2.3.2，以极差法计算出的实验标准差作为重复性的校准结果。

7.2.6 夹具卡爪平面与测量头轴（孔）的垂直度

将夹具卡爪安装到模拟车轮上，将校准装置调至水平，把百分表装夹在磁力表座的夹持杆上，调整夹持杆，使百分表测量轴线与夹具轴的中心线垂直相交，百分表测头与夹具轴伸出的前、后端分别接触（夹具无伸出轴时需加装芯轴），转动模拟车轮 1 周并观察百分表示值的变化量。

按公式（5）计算夹具卡爪形成的平面与安装测量头的轴（孔）的垂直度 $\Delta\lambda$

$$\Delta\lambda = \arctan\left(\frac{\Delta h_2 - \Delta h_1}{2l}\right) \tag{5}$$

式中：

Δh_1——伸出轴前端接触点百分表示值的变化量；

Δh_2——伸出轴后端接触点百分表示值的变化量；

l——前、后端百分表两接触点间的距离。

注：1. 校准 3D 影像式四轮定位仪时，安装在校准装置上的目标反光板要在相机的取景范围内，校准前，将模拟车轮带动目标反光板向后转动约 30°（汽车倒车方向），再回到原位。

2. 在线非接触式四轮定位仪的校准方法与上述方法不同之处是：用模拟轮胎靶盘代替模拟车轮，且四个模拟轮胎靶盘的轴距、轮距、靶盘高度与所校准的四轮定位仪相关参数一致。

8 校准结果表达

经校准的四轮定位仪出具校准证书，校准证书内容及内页格式见附录 C。

9 复校时间间隔

由于复校时间间隔的长短是由仪器的使用情况、使用者、仪器本身质量等因素所决定的，因此，送校单位可根据实际使用情况自主决定复校时间间隔。

附录 A

四轮定位仪单轮前束角示值误差测量结果不确定度评定

A.1 测量方法

使用符合本规范的四轮定位仪校准装置，测量方法如正文所述。

注1：本规范以光电传感器式四轮定位仪单轮前束角的示值误差测量结果不确定度的评定为例，车轮外倾角、主销后（内）倾角示值误差测量结果不确定度的评定与此类似。

2：在四轮定位仪校准中，在整个范围内的各点不确定度相同，校准和测量能力（CMC）可采用单一值表示。

A.2 测量模型

$$\Delta\alpha_j = \frac{\sum_{i=1}^{3}\alpha_{ij}}{3} - \alpha_j = \overline{\alpha_j} - \alpha_j \qquad \text{(A.1)}$$

式中：

$\Delta\alpha_j$——被校四轮定位仪在第 j 校准点的单轮前束角示值误差，(°)；

α_{ij}——被校四轮定位仪在第 i 次测量的第 j 校准点前束角示值，(°)；($i=1$，2，3；$j=1$，2，3，4，5，6)

α_j——校准装置在第 j 校准点的前束角值，(°)；

$\overline{\alpha_j}$——被校四轮定位仪在第 j 校准点的单轮前束角 3 次测量平均值（°）。

A.3 方差和灵敏系数

因为各输入量彼此独立。依不确定度传播率：$u_c^2(y) = \sum_{i=1}^{n}[c_i u(x_i)]^2$

由式（A.1）得方差：$u_c^2(\Delta\alpha_j) = c_1^2 u^2(\overline{\alpha_j}) + c_2^2 u^2(\alpha_j)$ (A.2)

式中：

$u(\overline{\alpha_j})$ ——被校四轮定位仪前束角示值的不确定度分量；

$u(\alpha_j)$ ——四轮定位仪校准装置前束角示值的不确定度分量。

灵敏系数

$$c_1 = \frac{\partial(\Delta\alpha_j)}{\partial(\overline{\alpha_j})} = 1 \qquad c_2 = \frac{\partial(\Delta\alpha_j)}{\partial(\alpha_j)} = -1$$

故：$u_c^2(\Delta\alpha_j) = u^2(\overline{\alpha_j}) + u^2(\alpha_j)$

A.4 不确定度分量

本测量主要有两项不确定度分量，即由校准装置示值误差引入的不确定度 $u(\alpha_j)$ 和仪器的测量重复性引入的不确定度 $u(\overline{\alpha_j})$，其他的不确定度来源可忽略不计。

A.4.1 四轮定位仪校准装置示值误差引入的不确定度 $u(\alpha_j)$（B 类评定）

四轮定位仪校准装置的最大允许误差±1′，按均匀分布估算，则：

$$u(\alpha_j) = \frac{1'}{\sqrt{3}} = \frac{1'}{1.732} = 0.58'$$

A.4.2 仪器的测量重复性引入的不确定度 $u(\overline{\alpha_j})$（A类评定）

表A.1为四轮定位仪的单轮前束角重复9次的测量结果。

表A.1 四轮定位仪单轮前束角2°校准点测量结果

校准点 $\overline{\alpha_j}$	被校四轮定位仪单轮前束角示值								
	1	2	3	4	5	6	7	8	9
2.000°	−2°01′	−2°02′	−2°02′	−2°01′	−2°02′	−2°01′	−2°02′	−2°02′	−2°00′

重复性以极差法计算，极差系数为2.97，则

$$c(\overline{\alpha_j})=\frac{\alpha_{\max}-\alpha_{\min}}{C}=\frac{2'}{2.97}=0.7'$$

本规范以3次测量的算术平均值作为校准结果，其3次平均值的试验标准差为：

$$u(\overline{\alpha_j})=\frac{0.7'}{\sqrt{3}}=0.39'$$

A.5 合成标准不确定度（见表A.2）

表A.2 不确定度分量汇总表

不确定度分量 $u(x_i)$	不确定度来源	标准不确定度值 $u(x_i)$	分布和包含因子	$c_i=\frac{\partial(y_i)}{\partial x_i}$	$\|c_i\|u(x_i)$
$u(\alpha_j)$	标准器误差	0.58′	均匀分布 $\sqrt{3}$	−1	0.58′
$u(\overline{\alpha_j})$	测量重复性	0.39′	A类评定 极差法	1	0.39′
$u_c(\Delta\alpha_j)=0.62'$ $k=2$ $U=1.3'$					

$$u_c(\Delta\alpha_j)=\sqrt{u^2(\alpha_j)+u^2(\overline{\alpha_j})}=\sqrt{0.58'^2+0.39'^2}=0.70'$$

A.6 扩展不确定度

$$U=k\cdot u_c(\Delta\alpha_j)=2\times0.7'=1.4'$$

附录 B

四轮定位仪校准装置的校准方法

B.1　概述

四轮定位仪校准装置是通过模拟汽车车轮的定位角度（单轮前束角、车轮外倾角、主销后倾角、主销内倾角）对四轮定位仪主要计量性能进行校准的装置，本规范以图示校准装置为例简述其校准方法。

B.2　校准条件

B.2.1　校准环境条件

室温（20±5)℃，相对湿度不超过85％。

B.2.2　计量标准器具

经纬仪（DJ6级）或平面角传感器（测量范围：±15°、最大允许误差优于20″）；

倾角仪（测量范围：±25°；最大允许误差不超过：±20″）。

B.3　校准方法

B.3.1　单轮前束角示值误差及重复性

经纬仪通过连接螺丝安装到四轮定位仪校准装置单轮前束角的驱动轴上，调平经纬仪，在距经纬仪5 m～10 m并与经纬仪等高处安置一条铅垂线作为目标，用经纬仪瞄准目标（如图B1)，并将经纬仪和四轮定位仪校准装置的单轮前束角（车轮外倾角）归零，开始校准。

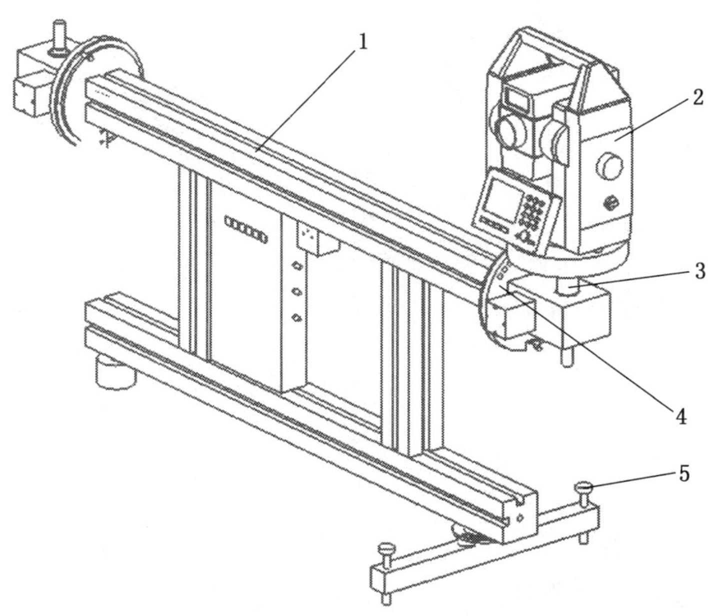

图 B.1　单轮前束角示值误差校准示意图

1—前轮检测器；2—经纬仪；3—连接螺丝；4—圆盘；5—调平螺丝

启动四轮定位仪校准装置使单轮前束角驱动轴带动经纬仪转过某一设定角度后（在−3°～3°范围内每隔3°选择一个校准点），逆向转动经纬仪重新瞄准目标，读取经纬仪水平转角 α'_{ij}，每一校准点重复进行3次，按公式（B.1）计算单轮前束角示值误差。

$$\Delta\alpha'_j=\alpha'_j-\frac{\sum_{i=1}^{3}\alpha'_{ij}}{3} \tag{B.1}$$

式中：

$\Delta\alpha'_j$——四轮定位仪校准装置在第 j 校准点的单轮前束角示值误差，(°)；

α'_{ij}——经纬仪在第 i 次测量的第 j 校准点水平转角，(°)；

($i=1$，2，3；$j=1$，2，3，…，6)

α'_j——四轮定位仪校准装置在第 j 校准点上的前束角，(°)。

取 $\Delta\alpha'_j$ 中绝对值最大者作为单轮前束角示值误差的校准结果。

选择一个校准点，重复测量 9 次，以极差法计算出的实验标准差作为重复性的校准结果。

B. 3. 2　主销后倾角示值误差及重复性

将倾角仪安置在驱动轴箱上并归零（如图 B. 2），使主销后倾角转至设定角度后（在−15°～15°范围内选择 6 个校准点），读取倾角仪的角度值 γ'_{ij}，每一校准点重复进行三次，按公式（B. 2）计算主销后倾角示值误差。

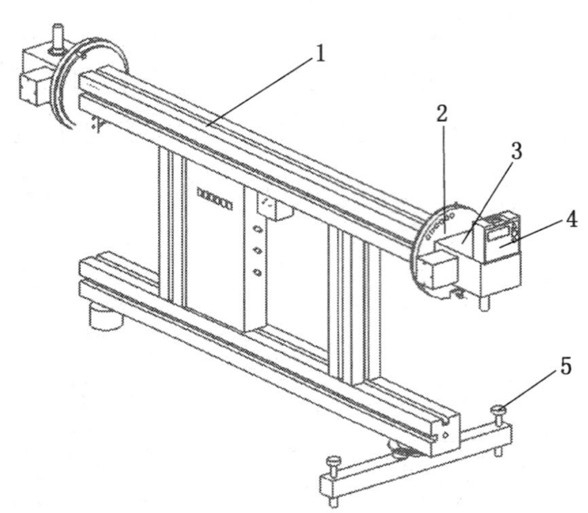

图 B. 2　主销后倾角示值误差校准示意图

1— 前轮检测器；2—圆盘；3—驱动轴箱；4—倾角仪；5—调平螺丝

$$\Delta\gamma'_j=\gamma'_j-\frac{\sum_{i=1}^{3}\gamma'_{ij}}{3} \tag{B.2}$$

式中：

$\Delta\gamma'_j$——四轮定位仪校准装置在第 j 校准点的主销后倾角示值误差，(°)；

γ'_{ij}——倾角仪在第 i 次测量的第 j 校准点倾角，(°)；

($i=1$，2，3；$j=1$，2，3，…，6)

γ'_j——四轮定位仪校准装置在第 j 校准点的主销后倾角，(°)。

取 $\Delta\gamma'_j$ 中绝对值最大者作为主销后倾角示值误差的校准结果。

选择一个校准点，重复测量 9 次，以极差法计算出的实验标准差作为重复性的校准结果。

B.3.3 车轮外倾角（主销内倾角）示值误差及重复性

将倾角仪安置在驱动轴箱上并归零，使车轮外倾角（主销内倾角）转至设定角度后（在−5°～25°范围内选择6个校准点），读取倾角仪的角度值。测量及计算方法与B.3.2相同。

附录 C

校准证书内容及内页格式

C.1　校准证书至少包括以下信息：

a）标题“校准证书”；

b）实验室名称和地址；

c）进行校准的地点（如果不在实验室内进行校准）；

d）证书或报告的唯一性标识（如编号），每页及总页的标识；

e）客户的名称和地址；

f）被校准对象的描述和明确标识；

g）进行校准日期，如果与校准结果的有效性应用有关时，应说明被校准对象的接收日期；

h）如果与校准结果的有效性和应用有关时，应对抽样程序进行说明；

i）对校准所依据的技术规范的标识，包括名称及代号；

j）本次校准所用计量标准的溯源性及有效性说明；

k）校准环境的描述；

l）校准结果及测量不确定度的说明；

m）对校准规范的偏离的说明；

n）校准证书或校准报告签发人的签名、职务或等效标识；

o）校准结果仅对被校准对象有效的声明；

p）未经实验室书面批准，不得部分复制证书的声明。

C.2　推荐的校准证书内页格式见表 C.1 。

表 C.1 校准证书内页格式

证书编号：

<table>
<tr><td colspan="7">校准环境： 温度：________ ℃ 相对湿度：________ %
校准地点：________________________________ 其他：____________</td></tr>
<tr><td>序号</td><td colspan="2">校准项目</td><td>左前轮</td><td>右前轮</td><td>左后轮</td><td>右后轮</td></tr>
<tr><td rowspan="2">1</td><td rowspan="2">单轮前束角</td><td>零值误差</td><td></td><td></td><td></td><td></td></tr>
<tr><td>零位漂移</td><td></td><td></td><td></td><td></td></tr>
<tr><td rowspan="2">2</td><td rowspan="2">车轮外倾角</td><td>零值误差</td><td></td><td></td><td></td><td></td></tr>
<tr><td>零位漂移</td><td></td><td></td><td></td><td></td></tr>
<tr><td rowspan="2">3</td><td rowspan="2">单轮前束角</td><td>示值误差</td><td></td><td></td><td></td><td></td></tr>
<tr><td>重复性</td><td></td><td></td><td></td><td></td></tr>
<tr><td rowspan="2">4</td><td rowspan="2">车轮外倾角</td><td>示值误差</td><td></td><td></td><td></td><td></td></tr>
<tr><td>重复性</td><td></td><td></td><td></td><td></td></tr>
<tr><td rowspan="2">5</td><td rowspan="2">主销后倾角</td><td>示值误差</td><td></td><td></td><td colspan="2" rowspan="4">——</td></tr>
<tr><td>重复性</td><td></td><td></td></tr>
<tr><td rowspan="2">6</td><td rowspan="2">主销内倾角</td><td>示值误差</td><td></td><td></td></tr>
<tr><td>重复性</td><td></td><td></td></tr>
<tr><td>7</td><td colspan="2">夹具卡爪平面与
测量头轴（孔）的垂直度</td><td></td><td></td><td></td><td></td></tr>
<tr><td colspan="7">测量不确定度：</td></tr>
</table>

校准员： 核验员：

中华人民共和国国家计量技术规范

JJF 1168—2007

便携式制动性能测试仪校准规范

Calibration Specification for Portable Braking
Performance Tester for Motor Vehicles

2007－02－28 发布　　2007－05－28 实施

国家质量监督检验检疫总局 发布

便携式制动性能测试仪
校准规范

Calibration Specification for Portable Braking Performance Tester for Motor Vehicles

JJF 1168—2007

本规范经国家质量监督检验检疫总局于 2007 年 2 月 28 日批准，并自 2007 年 5 月 28 日起实施。

归 口 单 位： 全国法制计量管理计量技术委员会

主要起草单位： 浙江省计量科学研究院

公安部交通安全产品质量监督检测中心

温州江兴汽车检测设备厂

中国计量协会机动车计量检测技术工作委员会

参加起草单位： 甘肃省计量研究院

交通部科学研究院

本规范由归口单位负责解释

本规范主要起草人：

严　瑾（浙江省计量科学研究院）

应朝阳（公安部交通安全产品质量监督检测中心）

周申生（温州江兴汽车检测设备厂）

鲍国华（中国计量协会机动车计量检测技术工作委员会）

参加起草人：

高德成（甘肃省计量研究院）

周正鸣（交通部科学研究院）

便携式制动性能测试仪校准规范

1 范围

本规范适用于便携式制动性能测试仪的校准。

本规范规定了便携式制动性能测试仪的计量性能及校准方法。

2 引用文献

GB 7258—2004 机动车运行安全技术条件

JJF 1059—1999 测量不确定度评定与表示

GA/T 485—2004 便携式制动性能测试仪

使用本规范时应注意使用上述引用文献的现行有效版本。

3 术语和计量单位

3.1 便携式制动性能测试仪 portable braking performance tester for vehicles

通过记录车辆制动过程中由减速度传感器输出的减速度值的时间历程，计算出速度、距离后，可计算得到符合 GB 7258—2004《机动车运行安全技术条件》要求的充分发出的平均减速度（*MFDD*）和制动协调时间的仪器，主要用于检验机动车的制动性能。

3.2 计量单位 measurement unit

便携式制动性能测试仪的计量单位为 m/s^2。

4 概述

便携式制动性能测试仪一般是由减速度传感器、主机、制动踏板触点开关及微型打印机等组成。按说明书规定将便携式制动性能测试仪安置在被检车辆中，接上制动踏板触点开关，并进行必要的设置；当车辆加速至规定速度后急踩制动，车辆停止后即能显示制动减速度和制动协调时间，并可打印数值。

5 计量特性

5.1 外观

各部件操作灵活，显示清晰，不应有影响校准的缺陷。

5.2 便携式制动性能测试仪测量范围

测量范围应满足（0～9.81）m/s^2。

5.3 基本误差

5.3.1 静态校准

5.3.1.1 便携式制动性能测试仪示值误差

a）减速度测量值为（0～4.90）m/s^2 时，示值误差为：±0.10m/s^2；

b）减速度测量值为其他值时，示值误差为：±2.0％。

5.3.1.2　便携式制动性能测试仪测量重复性

便携式制动性能测试仪测量重复性不允许超过示值误差绝对值的二分之一。

5.3.1.3　减速度值鉴别力阈

鉴别力阈不大于0.05m/s²。

5.3.2　动态校准

a）充分发出的平均减速度（*MFDD*）示值误差为：±5.0％。

b）便携式制动性能测试仪的显示值应与打印值一致。

5.4　数据保持

断电后，内置时钟（日期、时间）应正常工作，测试数据不应丢失或改变。

注：上述技术要求仅供参考。

6　校准条件

6.1　环境条件

校准时环境温度为（0～＋40）℃，相对湿度不大于85％RH。

6.2　标准器及其他设备

6.2.1　静态校准装置

带校准平台的静态校准装置。旋转范围不小于0°～180°；角度分辨力不大于0.1°；角度示值误差不超过±0.2℃。

6.2.2　水准器

水准器分辨力不大于1mm/m。

6.2.3　汽车速度计

a）速度示值误差不应超过±1.0％，分辨力不应大于0.01km/h。

b）距离示值误差不应超过±1.0％，分辨力不应大于0.01m。

c）必需带有脚踏触发开关。

7　校准项目和校准方法

首先检查外观，确定没有影响校准计量特性的因素后再进行校准。

7.1　便携式制动性能测试仪的静态校准

7.1.1　便携式制动性能测试仪校准前的安置

将带校准平台的静态校准装置安置在稳定、可靠的工作台上。调整校准平台的水平，要求不超过水准器的一个分度。调整好静态校准装置的零值位置。然后，将需校准的便携式制动性能测试仪（或传感器）固定在静态校准装置的校准平台上，并保证需校准便携式制动性能测试仪的传感器指示的车辆前进方向与静态校准装置的角度旋转轴线垂直。

7.1.2　便携式制动性能测试仪的减速度值测量范围

在静态校准装置处于零值时，使被校便携式制动性能测试仪（传感器）也处于零值位置。将静态校准装置的校准平台旋转90°，验证被校便携式制动性能测试仪的测量范围是否满足第 5.2 条要求。

7.1.3　便携式制动性能测试仪的减速度值示值误差

将静态校准装置的校准平台旋转分别至 12°、24°、37°、53°、90°等五个点，同时读取被校便携式制动性能测试仪相应的示值；重复测量 3 次，按公式（1）、（2）分别计算被校便携式制动性能测试仪示值误差，应满足第 5.3.1.1 条要求。

a）减速度值为（0～4.90）m/s^2 时，示值误差为

$$\Delta_i = \overline{X}_i - A_i \tag{1}$$

式中：Δ_i——第 i 测量点时，被校便携式制动性能测试仪示值误差，m/s^2；

$\overline{X}_i$——第 i 测量点时，被校便携式制动性能测试仪 3 次测量值的平均值，m/s^2；

A_i——第 i 测量点时，标准减速度值，m/s^2。

$A_i = \sin\alpha_i \times 9.80 m/s^2$，$\alpha_i$ 为静态校准装置的校准平台第 i 测量点时的旋转角度值（°）。

b）减速度值为除（0～4.90）m/s^2 以外其他值时，示值误差为

$$\delta_j = \left(\frac{\overline{Y}_j}{A_j} - 1\right) \times 100\% \tag{2}$$

式中：δ_j——第 j 测量点时，被校便携式制动性能测试仪示值误差；

$\overline{Y}_j$——第 j 测量点时，被校便携式制动性能测试仪 3 次测量值的平均值，m/s^2；

A_j——第 j 测量点时，标准减速度值，m/s^2。

$A_j = \sin\beta_j \times 9.80 m/s^2$，$\beta_j$ 为静态校准装置的校准平台第 j 测量点时的旋转角度值，（°）。

7.1.4　便携式制动性能测试仪测量重复性

在“7.1.3 便携式制动性能测试仪的减速度值示值误差”的校准基础上，按公式（3）、（4）计算其测量重复性，每一测量点的重复性均应满足第 5.3.1.2 条要求。

a）减速度值为（0～4.90）m/s^2 时，示值重复性为

$$\Delta_{Zi} = X_{i\max} - X_{i\min} \tag{3}$$

式中：Δ_{Zi}——第 i 测量点时，被校便携式制动性能测试仪示值重复性，m/s^2；

$X_{i\max}$——第 i 测量点时，被校便携式制动性能测试仪 3 次测量示值中的最大值，m/s^2；

$X_{i\min}$——第 i 测量点时，被校便携式制动性能测试仪 3 次测量示值中的最小值，m/s^2。

b）减速度值为除（0～4.90）m/s^2 以外其他值时，示值重复性为

$$\delta_{Zj} = \left(\frac{Y_{j\max} - Y_{j\min}}{A_j}\right) \times 100\% \tag{4}$$

式中：δ_{Zj}——第 j 测量点时，被校便携式制动性能测试仪示值重复性；

$Y_{j\max}$——第 j 测量点时，被校便携式制动性能测试仪 3 次测量示值中的最大值，m/s^2；

$Y_{j\min}$——第 j 测量点时，被校便携式制动性能测试仪 3 次测量示值中的最小值，m/s^2；

A_j——第 j 测量点时，标准减速度值，m/s^2。

7.1.5　减速度值鉴别力阈

a）在静态校准装置的校准平台旋转角度为37°时，读取被校便携式制动性能测试仪相应示值。然后，将静态校准装置的校准平台旋转角度逐步增加为37.3°、37.4°，被校便携式制动性能测试仪示值应有变化。

b）随后，反向旋转角度逐步减少至36.7°、36.6°，被校便携式制动性能测试仪示值应有变化。

若被校便携式制动性能测试仪相应示值在上述情况下仍不改变，即为不满足第5.3.1.3条要求。

7.2　便携式制动性能测试仪的动态校准

7.2.1　*MFDD* 示值误差的校准

a）选择一辆性能稳定的试验车辆，按相关说明书要求将汽车速度计及被校便携式制动性能测试仪一起安装在试验车辆上，并接上踏板开关。

试验场地及方法应符合GB 7258—2004相应规定。

在车辆速度约为30km/h、50km/h时，进行制动试验。各重复测量3次，按公式（5）计算各点、各次测量的 *MFDD* 示值误差。

$$\delta_{Dij}=\left(\frac{a_{ij}}{a_{0ij}}-1\right)\times 100\% \tag{5}$$

式中：δ_{Dij}——第 i 点、第 j 次测量时，被校便携式制动性能测试仪 *MFDD* 示值误差；$i=1$ 时，约为30km/h；$i=2$ 时，约为50km/h。$j=1，2，3$。

a_{ij}——第 i 点、第 j 次测量时，被校便携式制动性能测试仪 *MFDD* 示值，m/s^2；

a_{0ij}——第 i 点、第 j 次测量时，汽车速度计按公式（6）计算得到的相应的 *MFDD*，m/s^2。

$$a_{0ij}=\frac{v_{0ij}^2}{41.14(s_{eij}-s_{bij})} \tag{6}$$

式中：v_{0ij}——第 i 点、第 j 次测量时，汽车速度计测得的试验车辆制动初速度，km/h；

s_{bij}——第 i 点、第 j 次测量时，车速从 v_{0ij} 到 $0.8v_{0ij}$ 时，汽车速度计测得的试验车辆所行驶的距离，m；

s_{eij}——第 i 点、第 j 次测量时，车速从 v_{0ij} 到 $0.1v_{0ij}$ 时，汽车速度计测得的试验车辆所行驶的距离，m。

b）在约为30km/h和50km/h处，各取其3次测量示值误差的平均值作为校准值，按公式（7）计算 *MFDD* 示值误差，应满足第5.3.2条a）的要求。

$$\delta_D=\frac{a}{a_0}-1=\frac{41.14\cdot a\cdot\Delta s}{v_0^2}-1 \tag{7}$$

式中：a——被校便携式制动性能测试仪 *MFDD* 示值，m/s^2；

a_0——汽车速度计按公式（6）计算得相应的 *MFDD*，m/s^2；

Δs——车速从 v_0 到 $0.1v_0$ 时汽车速度计测得的试验车辆所行驶的距离 s_e 与车速从 v_0 到 $0.8v_0$ 时汽车速度计测得的试验车辆所行驶的距离 s_b 的差值，m；

v_0——汽车速度计测得的试验车辆制动初速度，km/h。

7.2.2 仪器显示值与打印值一致性的检查

在上述校准的同时观测仪器显示值，应与打印值一致。

7.3 数据保持

在上述校准基础上，关机并断开电源。30min 后，再次开机稳定，观察前校准数据是否保留，应满足第 5.4 条要求。

8 校准结果表达

经校准的便携式制动性能测试仪，填发校准证书，校准证书的内容见附录 B。

9 复校时间间隔

便携式制动性能测试仪的复校时间间隔由用户自定，建议不超过 1 年。

附录 A

校准便携式制动性能测试仪示值误差测量结果的不确定度分析

A.1　测量方法

便携式制动性能测试仪的校准是以带校准平台的静态校准装置旋转角度的正弦值和重力加速度乘积为标准值，将被校便携式制动性能测试仪相应示值与其进行比较，以确定便携式制动性能测试仪示值是否正确。

A.2　数学模型

减速度值为除（0～4.90）m/s² 以外其他值时

$$\delta=\frac{Y}{\sin\beta\times 9.80}-1$$

式中：δ——被校便携式制动性能测试仪示值误差；

Y——被校便携式制动性能测试仪示值，m/s²；

β——带校准平台的静态校准装置旋转角度值，(°)。

A.3　方差和灵敏系数

$$u^2(\delta)=\left(\frac{1}{\sin\beta\times 9.80}\right)^2\times u^2(Y)+\left(-\frac{Y\cdot\cos\beta}{\sin^2\beta\times 9.80}\right)^2\times u^2(\beta)$$

$$c_1=\frac{\partial\delta}{\partial Y}=\frac{1}{\sin\beta\times 9.80};\quad c_2=\frac{\partial\delta}{\partial\beta}=-\frac{Y\cdot\cos\beta}{\sin^2\beta\times 9.80}$$

A.4　输入量的不确定度来源

（1）被校便携式制动性能测试仪的测量结果重复性

$$\left(\frac{1}{\sin\beta\times 9.80}\right)\times u_1(Y)=u_A$$

（2）被校便携式制动性能测试仪的数显量化误差

$$\left(\frac{1}{\sin\beta\times 9.80}\right)\times u_2(Y)=u_1$$

（3）带校准平台的静态校准装置水平零位值误差

$$\left(-\frac{Y\cdot\cos\beta}{\sin^2\beta\times 9.80}\right)\times u_1(\beta)=u_2$$

（4）带校准平台的静态校准装置旋转角度值

$$\left(-\frac{Y\cdot\cos\beta}{\sin^2\beta\times 9.80}\right)\times u_2(\beta)=u_3$$

A.5　输入量的标准不确定度评定

（1）被校便携式制动性能测试仪测量结果重复性的标准不确定度评定

被校便携式制动性能测试仪示值 Y 估计值的不确定度主要来源于便携式制动性能测试仪的测量结果重复性及数显仪器的示值量化误差。测量结果重复性可以通过连续测量得到的测量列，采用 A 类方法进行评定。

在带校准平台的静态校准装置及被校便携式制动性能测试仪正常工况条件下，在带校准平台的静态校准装置指示值为35°时，读取被校便携式制动性能测试仪相应示值。等精度重复测量10次，计算单次实验标准差 s（Y_i）：

$$s(Y_i)=\sqrt{\frac{\sum(Y_i-\overline{Y})^2}{n-1}}=0.020\ \mathrm{m/s^2}$$

实际测量时，在重复条件下连续测量3次，以3次测量的算术平均值作为测量结果，则可得标准不确定度为

$$u_1(Y)=s(Y_i)/\sqrt{3}=0.012\ \mathrm{m/s^2}$$

自由度 $\nu_A=10-1=9$

(2) 被校便携式制动性能测试仪数显量化误差的标准不确定度评定

数显便携式制动性能测试仪的分辨力为0.01m/s²，其量化误差以等概率分布（矩形分布)落在宽度为（0.01m/s²）/2=0.005m/s² 的区间内。考虑其引入的标准不确定度为

$$u_2(X)=0.005/\sqrt{3}=0.003\mathrm{m/s^2}$$

自由度 $\nu_1\rightarrow\infty$

(3) 带校准平台的静态校准装置水平零位值误差

带校准平台的静态校准装置的起始水平由水准器调整，水准器的分辨力不大于1mm/m（相当于0.001rad)。按均匀分布计，带校准平台的静态校准装置水平零位值的标准不确定度为

$$u_1(\alpha)=0.001/\sqrt{3}=0.0006(\mathrm{rad})$$

估计该标准不确定度的可靠程度75%，则

自由度 $\nu_2=\frac{1}{2}\times\left[\frac{\Delta u(A)}{u(A)}\right]^{-2}=8$

(4) 带校准平台的静态校准装置旋转角度值

带校准平台的静态校准装置的角度极限误差不超过±0.2°，相当于0.0035rad

按正态分布计，带校准平台的静态校准装置旋转角度值的标准不确定度为

$$u_2(\alpha)=0.0035/3=0.0012(\mathrm{rad})$$

估计该标准不确定度的可靠程度90%，则

自由度 $\nu_3=\frac{1}{2}\times\left[\frac{\Delta u(A)}{u(A)}\right]^{-2}=50$

A.6 输出量的标准不确定度分量一览表

序号	输入量估计值的标准不确定度评定			自由度		输出量估计值的标准不确定度分量		
	来 源	符 号	数 值	符 号	数 值	符 号	灵敏系数 c_i	$\lvert c_i\rvert\times u(x)$
1	测量结果重复性	$u_1(Y)$	0.012m/s²	ν_A	9	u_A	$\frac{1}{\sin\beta\times9.80}$	0.21%
2	数显量化误差	$u_2(Y)$	0.003m/s²	ν_1	∞	u_1	$\frac{1}{\sin\beta\times9.80}$	0.05%

表（续）

序号	输入量估计值的标准不确定度评定			自由度		输出量估计值的标准不确定度分量		
	来 源	符 号	数 值	符 号	数 值	符 号	灵敏系数 c_i	$\|c_i\|\times u(x)$
3	水平零位值误差	$u_1(\beta)$	0.0006rad	ν_2	8	u_2	$-\dfrac{Y\cdot\cos\beta}{\sin^2\beta\times 9.80}$	0.09%
4	旋转角度值	$u_2(\beta)$	0.0012rad	ν_3	50	u_3	$-\dfrac{Y\cdot\cos\beta}{\sin^2\beta\times 9.80}$	0.17%

注：上述计算按测量点 β 为 35°、相应减速度值 $Y=5.62\text{m/s}^2$，计算输出量的标准不确定度。

A.7 合成标准不确定度的评定

由于各标准不确定度分量不相关，故合成标准不确定度为

$$u_c(\delta)=\sqrt{u_A^2+u_1^2+u_2^2+u_3^2}=0.29\%$$

有效自由度 $$\nu_{\text{eff}}=\frac{u_c^4(\delta)}{\sum\frac{u_i^4}{\nu_i}}=\frac{0.29^4}{\frac{0.21^4}{9}+\frac{0.05^4}{\infty}+\frac{0.09^4}{8}+\frac{0.17^4}{50}}=29$$

A.8 扩展不确定度的评定

按置信概率 $p=0.95$，有效自由度 $\nu_{\text{eff}}=29$，查 t 分布表，得到 $k=2.04$，故扩展不确定度为

$$U=k\times u_c(\delta)=2.04\times 0.29\%=0.59\%$$

A.9 测量不确定度的报告

校准便携式制动性能测试仪示值误差测量结果的不确定度分析得 $U=0.59\%$（$p=0.95$，$k=2.04$），而根据基本误差规定，便携式制动性能测试仪减速度测量值为 $(0\sim4.90)\text{m/s}^2$ 以外其他值时的示值误差不应超过±2%。故本校准方法基本能满足量值传递的要求。

附录B

校准证书内容

校准证书的内容应排列有序，格式清晰，至少应包括以下内容：

1. 标题：校准证书；
2. 实验室名称和地址；
3. 进行校准的地点（如果不在实验室内进行校准）；
4. 证书或报告编号、页码及总页数；
5. 送校单位的名称和地址；
6. 被校准仪器名称：便携式制动性能测试仪；
7. 被校准便携式制动性能测试仪的制造商、型号规格及编号；
8. 校准所使用的计量标准名称、溯源性及有效性说明；
9. 本规范的名称及编号和对本规范的任何偏离、增加或减少的说明；
10. 校准时的环境情况；
11. 校准项目的校准结果；
12. 示值误差校准结果的测量不确定度；
13. 校准人签名，核验人签名，批准人签名；
14. 校准证书签发日期；
15. 复校时间间隔的建议；
16. 未经校准实验室书面批准，不得部分复制校准证书。

中华人民共和国国家计量技术规范

JJF 1169—2007

汽车制动操纵力计校准规范

Calibration Specification for

Manipulating Force Tester for Automotive Brake

2007-02-28 发布 2007-05-28 实施

国家质量监督检验检疫总局 发布

汽车制动操纵力计
校 准 规 范

Calibration Specification for Manipulating Force Tester for Automotive Brake

JJF 1169—2007

本规范经国家质量监督检验检疫总局 2007 年 2 月 28 日批准，并自 2007 年 5 月 28 日起实施。

归 口 单 位： 全国法制计量管理计量技术委员会

主要起草单位： 浙江省计量科学研究院

温州江兴汽车检测设备厂

中国计量协会机动车计量检测技术工作委员会

参加起草单位： 石家庄华燕交通科技有限公司

甘肃省计量研究院

交通部科学研究院

本规范由归口单位负责解释

本规范主要起草人：

严　瑾（浙江省计量科学研究院）

周申生（温州江兴汽车检测设备厂）

鲍国华（中国计量协会机动车计量检测技术工作委员会）

参加起草人：

陈南峰（石家庄华燕交通科技有限公司）

高德成（甘肃省计量研究院）

赵文辉（交通部科学研究院）

汽车制动操纵力计校准规范

1 范围

本规范适用于汽车制动操纵力计的校准。汽车制动操纵力计包括行车制动时测量踏板力用的踏板力计和驻车制动时测量操纵力用的手拉力计两类。

本规范规定了汽车制动操纵力计的计量性能及校准方法。

2 引用文献

GB 7258—2004 机动车运行安全技术条件

JJF 1059—1999 测量不确定度评定与表示

使用本规范时，应注意使用上述引用文献的现行有效版本。

3 术语和计量单位

3.1 汽车制动踏板力计 pedaling force tester for automotive brake

测量汽车行车制动时作用在制动踏板上力值的测力仪，简称踏板力计。

3.2 汽车制动手拉力计 pulling force tester for automotive grip brake

测量汽车驻车制动时作用在操纵装置上力值的测力仪，简称手拉力计。

3.3 计量单位 measurement unit

汽车制动操纵力计（以下简称操纵力计）的计量单位为牛（N）。

4 概述

操纵力计的结构一般由测力传感器和显示装置组成，踏板力计测量压向力值、手拉力计测量拉向力值。

5 计量特性

5.1 外观及性能

各种开关、按钮、旋钮操作灵活可靠；显示装置清晰，具有瞬态显示和峰值保持功能，无影响读数的缺陷。

5.2 基本参数

5.2.1 测量范围

操纵力计测量范围至少满足（100～1000）N。

5.2.2 分度值

操纵力计分度值 d 应不大于 2 N。

5.3 技术要求

5.3.1 零点漂移

操纵力计的零点漂移不应超过 2 d。

5.3.2 鉴别力阈

操纵力计的鉴别力阈不应超过 2 d。

5.3.3 示值误差

操纵力计的示值误差不应超过±5%。

5.3.4 示值重复性

操纵力计的示值重复性不应超过 2%。

5.3.5 倾斜误差

踏板力计在倾斜 30°时的示值误差不应超过±5%。

注：上述技术要求仅供参考。

6 校准条件

6.1 环境条件

校准时环境温度为（0～40)℃、相对湿度不大于 85%RH。

6.2 校准用标准器

6.2.1 砝码校准法用标准装置

a）砝码一组：20 kg×4；10 kg×2，6(M_2）级；

b）小砝码一组：100 g×5、50 g×5，6(M_2）级；

c）砝码校准用装置。

6.2.2 传感器校准法用标准装置

a）测力传感器（包括显示仪表)：测量范围不小于 1000 N，示值误差不超过±1%；

b）小砝码一组：100 g×5、50 g×5，6(M_2）级

c）传感器校准用装置。

6.2.3 也可以采用符合要求的力标准机校准。

7 校准项目和校准方法

7.1 外观及性能的检查

靠目测和手感，按要求检查外观及性能。

7.2 零点漂移的校准

将被校操纵力计按使用说明书要求开机预热（此间允许调整零位）后，观察 10 min，零点漂移应满足第 5.3.1 条要求。

7.3 鉴别力阈的校准

在被校操纵力计处于零值时，加载与 0.5 d、1.0 d、1.5 d、2.0 d 相对应的小砝码，观察当操纵力计示值改变时的加载值，应满足第 5.3.2 条要求。

7.4 示值误差的校准

7.4.1 示值误差的校准点

校准点选取一般应从满量程的 20%至 100%，至少选取 5 点。对踏板力计，必须包括 500 N、700 N 两点；对手拉力计，必须包括 400 N、600 N 两点。

7.4.2　示值误差的校准

通过砝码或用加力装置对被校操纵力计进行加载，按上述校准点逐步加载。在规定校准点时读取被校操纵力计的相应示值，每一校准点重复测量3次，以3次测量值的平均值作为校准值。

7.4.3　示值误差的计算

按公式（1）计算被校操纵力计的示值误差，各校准点示值误差均应满足第5.3.3条要求。

$$\delta_i = \frac{\bar{f}_i - F_i}{F_i} \times 100\% \tag{1}$$

式中：δ_i——第i测量点时，被校操纵力计的示值误差；

$\bar{f}_i$——第i测量点时，被校操纵力计三次测量值的平均值，N；

F_i——第i测量点时，加载标准力值，N。

7.5　示值重复性的计算

在“7.3示值误差”校准基础上，按公式（2）计算相应重复性，均应满足第5.3.4条要求。

$$\delta_{zi} = \frac{f_{i\max} - f_{i\min}}{F_i} \times 100\% \tag{2}$$

式中：δ_{zi}——第i测量点时，被校操纵力计的示值重复性误差；

$f_{i\max}$——第i测量点时，被校操纵力计三次测量示值的最大值，N；

$f_{i\min}$——第i测量点时，被校操纵力计三次测量示值的最小值，N。

7.6　倾斜误差的校准

将被校压力式踏板力计的传感器倾斜30°（偏离水平），踏板力计以500 N为校准点。在规定校准点时读取被校踏板力计的相应示值，重复测量3次，以3次测量值的平均值作为校准值。按公式（3）计算相应倾斜误差，均应满足第5.3.5条要求。

$$\delta_q = \frac{\bar{f} - F \cdot \cos30^\circ}{F \cdot \cos30^\circ} \times 100\% \tag{3}$$

式中：δ_q——被校踏板力计的倾斜误差；

$\bar{f}$——被校踏板力计3次测量值的平均值，N；

F——加载标准力值，N。

8　校准结果表达

经校准的操纵力计，填发校准证书，校准证书的内容见附录B。

9　复校时间间隔

操纵力计的复校时间间隔由用户自定，建议不超过1年。

附录 A

校准操纵力计示值误差测量结果的不确定度分析

A.1 测量方法

操纵力计（包括踏板力计和手拉力计）的校准是其将被校操纵力计示值与相应进行比较，以确定操纵力计示值是否正确。

A.2 数学模型

以砝码为加载标准力值校准时，

$$\delta=\frac{f-M\cdot g}{M\cdot g}=\frac{f}{M\cdot g}-1$$

式中：δ——被校操纵力计示值误差；

f——被校操纵力计示值，N；

M——加载砝码标准量，kg；

g——重力加速度，常数：9.80m/s^2。

A.3 方差和灵敏系数

$$c_1=\frac{\partial\delta}{\partial f}=\frac{1}{M\cdot g};\ c_2=\frac{\partial\delta}{\partial M}=-\frac{f}{M^2\cdot g}$$

$$u^2(\delta)=\left(\frac{1}{M\cdot g}\right)^2\times u^2(f)+\left(-\frac{f}{M^2\cdot g}\right)^2\times u^2(M)$$

A.4 输入量的不确定度来源

（1）被校操纵力计示值（测量结果重复性）

$$\left(\frac{1}{M\cdot g}\right)\times u_1(f)=u_A$$

（2）被校操纵力计示值（数显量化误差）

$$\left(\frac{1}{M\cdot g}\right)\times u_2(f)=u_1$$

（3）砝码准确度引入误差

$$\left(-\frac{f}{M^2\cdot g}\right)\times u(M)=u_2$$

A.5 输入量的标准不确定度评定

（1）被校操纵力计示值（测量结果重复性）的标准不确定度评定

被校操纵力计示值 f 估计值的不确定度主要来源于操纵力计的测量结果重复性及数显仪器的示值量化误差。测量结果重复性可以通过连续测量得到的测量列，采用 A 类方法进行评定。

在被校操纵力计正常工况条件下，用 50 kg 对被校操纵力计加载，读取被校操纵力计相应示值。等精度重复测量 10 次，单次实验标准差 $s(f_i)$

$$s(f_i)=\sqrt{\frac{\sum(f_i-\bar{f})^2}{n-1}}=2.6\ \text{N}$$

实际测量时，在重复条件下连续测量三次，以三次测量的算术平均值作为测量结果，则可得标准不确定度为

$$u_1(f)=s(f_i)/\sqrt{3}=1.49\ \text{N}$$

自由度 $\nu_A=10-1=9$

(2) 被校操纵力计示值（数显量化误差）

数显式操纵力计的分辨力为 5 N，其量化误差以等概率分布（矩形分布）落在宽度为 5 N/2=2.5 N 的区间内。其引入的标准不确定度为

$$u_2(f)=2.5/\sqrt{3}=1.44\ \text{N}$$

自由度 $\nu_1\to\infty$

(3) 砝码准确度引入误差

根据砝码计量检定规程规定，$6_1(M_{22})$级砝码的允许误差为 1.5×10^4 mg=0.015 kg

按均匀分布计，砝码准确度引入的标准不确定度为

$$u(M)=0.015\ \text{kg}/\sqrt{3}=0.0087\ \text{kg}$$

估计该标准不确定度的可靠程度 75%，则

自由度 $$\nu_2=\frac{1}{2}\times\left[\frac{\Delta u(M)}{u(M)}\right]^{-2}=8$$

A.6 输出量的标准不确定度分量一览表

序号	输入量估计值的标准不确定度			自由度		输出量估计值的标准不确定度分量		
	来源	符号	数值	符号	数值	符号	灵敏系数 c_i	$\|c_i\|\times u(x)$
1	测量结果重复性	$u_1(f)$	1.49 N	ν_A	9	u_A	$1/Mg$	0.30%
2	数显量化误差	$u_2(f)$	1.44 N	ν_1	∞	u_1	$1/Mg$	0.29%
3	砝码准确度	$u(M)$	0.0087 kg	ν_2	8	u_2	$-f/(M^2\cdot g)$	0.02%

注：上述计算按测量点 f 为 500 N、相应砝码值 $M=50$ kg，计算输出量的标准不确定度。

A.7 合成标准不确定度的评定

由于各标准不确定度分量不相关，故合成标准不确定度为

$$u_c(\delta)=\sqrt{u_A^2+u_1^2+u_2^2}=0.42(\%)$$

有效自由度 $$\nu_{\text{eff}}=\frac{u_c^4(\delta)}{\sum\frac{u_i^4}{\nu_i}}=\frac{0.42^4}{\frac{0.30^4}{9}+\frac{0.29^4}{\infty}+\frac{0.02^4}{8}}=34$$

A.8 扩展不确定度的评定

按置信概率 $p=0.95$，有效自由度 $\nu_{\text{eff}}=34$，查 t 分布表，得到 $k=2.03$，故扩展不确定度为

$$U=k\times u_c(\delta)=2.03\times0.42\%=0.9\%$$

A.9 测量不确定度的报告

校准操纵力计示值误差测量结果的不确定度分析得 $U=0.9\%$（$p=0.95$，$k=2.03$），而根据技术要求规定，操纵力计的示值误差不应超过±5%。故本校准方法完全能满足量值传递的要求。

附录 B

校准证书内容

校准证书的内容应排列有序，格式清晰，至少应包括以下内容：

1. 标题：校准证书；
2. 实验室名称和地址；
3. 进行校准的地点（如果不在实验室内进行校准）；
4. 证书或报告编号、页码及总页数；
5. 送校单位的名称和地址；
6. 被校准仪器名称：汽车制动操纵力计；
7. 被校准汽车制动操纵力计的制造商、型号规格及编号；
8. 校准所使用的计量标准名称、溯源性及有效性说明；
9. 本规范的名称及编号和对本规范的任何偏离、增加或减少的说明；
10. 校准时的环境情况；
11. 校准项目的校准结果；
12. 示值误差校准结果的测量不确定度；
13. 校准人签名，核验人签名，批准人签名；
14. 校准证书签发日期；
15. 复校时间间隔的建议；
16. 未经校准实验室书面批准，不得部分复制校准证书。

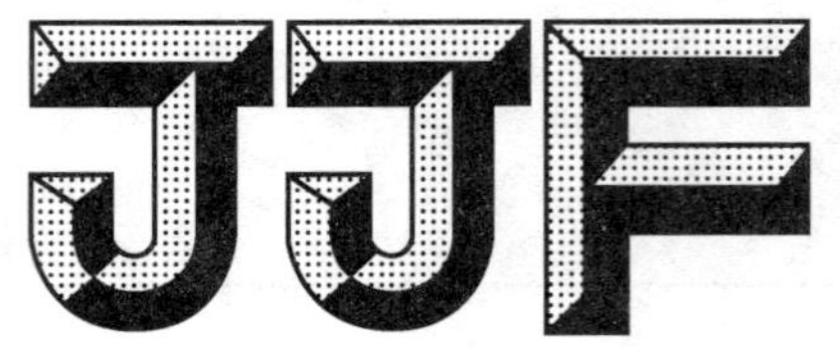

中华人民共和国国家计量技术规范

JJF 1192—2008

汽车悬架装置检测台校准规范

Calibration Specification for Automotive Suspension Tester

2008－03－24 发布　　2008－06－24 实施

国家质量监督检验检疫总局 发布

汽车悬架装置检测台校准规范

Calibration Specification for Automotive Suspension Tester

JJF 1192—2008

本规范经国家质量监督检验检疫总局于 2008 年 3 月 24 日批准，并自 2008 年 6 月 24 日起施行。

归 口 单 位： 全国法制计量管理计量技术委员会

主要起草单位： 甘肃省计量研究院

温州江兴汽车检测设备厂

河北省计量监督检测院

中国计量协会机动车计量检测技术工作委员会

参加起草单位： 湖北省计量测试研究院

石家庄华燕交通科技有限公司

内蒙古计量测试研究院

山东科大微机应用研究所有限公司

浙江省计量科学研究院

本规范由全国法制计量管理计量技术委员会负责解释

本规范主要起草人：

高德成（甘肃省计量研究院）

周申生（温州江兴汽车检测设备厂）

许兰国（河北省计量监督检测院）

鲍国华（中国计量协会机动车计量检测技术工作委员会）

参加起草人：

谭湘治（湖北省计量测试研究院）

陈南峰（石家庄华燕交通科技有限公司）

阎　军（内蒙古计量测试研究院）

曲　明（山东科大微机应用研究有限公司）

叶振洲（浙江省计量科学研究院）

汽车悬架装置检测台校准规范

1 范围

本规范适用于谐振式汽车悬架装置检测台（以下简称检测台）的校准。

2 引用文献

JJF 1001—1998《通用计量术语及定义》

JJF 1059—1999《测量不确定度评定与表示》

使用本规范时，应注意使用上述引用文献的现行有效版本。

3 术语

3.1 悬架 suspension

位于车架（或车身）与车轴（或车轮）之间，缓和并衰减由地面引起的冲击和振动，同时传递作用在车轮与车架（或车身）之间的各种力和力矩的装置。

3.2 谐振式汽车悬架装置检测台 resonant-automotive suspension tester

通过机械激振使汽车悬架系统产生谐振的方法来测定汽车悬架装置性能的检测设备。

3.3 额定承载质量 rated loading capacity

检测台允许检测的最大汽车轴质量。

3.4 额定承载轮质量 rated loading capacity of wheel

检测台允许检测的最大汽车轮质量。

3.5 起始激振频率 beginning excited vibrant frequency

检测台驱动电机启动并运转稳定后，所对应的台面振动频率，它是机械激振扫频过程中的最高频率。

3.6 车轮静态垂直接地力 static-vertical wheel contact force

检测台台面与汽车的车轮处于静止状态时，车轮作用在检测台台面上的垂直力。

3.7 车轮动态垂直接地力 dynamic-vertical wheel contact force

检测台启动后，车轮（包括汽车的悬架装置）振动时，车轮作用在检测台台面上的垂直力。

3.8 吸收率 absorptivity

被测车轮（包括汽车的悬架装置）、车架（或车身）发生共振时，车轮的最小动态垂直接地力与该车轮的静态垂直接地力之比。以百分数表示（%）。

3.9 吸收率偏置误差 offsetting error of absorptivity

被测汽车的车轮偏离检测台台面中心位置时，测得的吸收率与车轮在检测台台面中心位置时测得的吸收率的偏差。

4 概述

汽车悬架是汽车底盘重要组成部分之一。当汽车悬架装置处于非正常工况，在高速行驶时车轮动态垂直接地力会很小或为零，导致汽车操控不稳，而产生严重后果。

谐振式汽车悬架检测台是通过机械激振使车轮（包括汽车的悬架装置）、车架（或车身）产生共振的方法来测定汽车悬架装置性能的检测设备。通过测量产生共振时车轮的最小动态垂直接地力与车轮静态垂直接地力之比，用曲线图形或数值显示被测汽车悬架装置的吸收率。

5 计量特性

5.1 承载轮质量

5.1.1 分度值 d

不大于 1 kg。

5.1.2 空载变动性

不超过 2 kg。

5.1.3 最大允许误差

±3 kg 或±2%。

5.1.4 示值重复性

不超过 3 kg 或 2%。

5.1.5 左右台示值间差

不超过 3 kg 或 2%。

5.1.6 漂移

10 min 内不超过 3 kg。

5.1.7 鉴别力

不大于 1.5 d。

5.2 吸收率

5.2.1 吸收率重复性

不超过 3%①。

5.2.2 吸收率偏置误差

不超过 3%①。

5.2.3 左右台吸收率偏差

车辆正、反向安置进行检测，同一车轮的吸收率偏差不超过 5%①。

5.3 起始激振频率

大于 20 Hz。

注：由于校准不判定合格与否，故上述要求仅供参考。

---

① 是指吸收率的绝对量。

6 校准条件

6.1 环境条件

6.1.1 环境温度：(0～40)℃

6.1.2 相对湿度：≤85%。

6.1.3 电源电压：额定电压×（1±10%）。

6.1.4 校准应在无影响校准结果的污染、振动、噪声和电磁干扰等环境中进行。

6.2 校准用器具

6.2.1 砝码校准

a) 小砝码一组：0.1 kg×1、0.2 kg×2、0.5 kg×1、1 kg×1，准确度为 M_2 级。

b) 相当于100%额定承载轮质量的一组砝码，准确度为 M_2 级。

6.2.2 标准测力仪校准

a) 砝码一组：0.1 kg×1、0.2 kg×2、0.5 kg×1、1 kg×1、20 kg（或 25 kg）×1，准确度为 M_2 级。

b) 标准测力仪：测量范围不低于100%额定承载轮质量（相当），准确度为0.5级。

c) 反力架、千斤顶等辅助工具。

6.2.3 转速表：准确度为1级。

7 校准项目和校准方法

7.1 承载轮质量

7.1.1 空载变动性的校准

a) 按检测台使用说明书要求，开机预热后，调整零位。

b) 用加载 20 kg（或 25 kg）砝码的方法破坏其平衡状态，重复 3 次，卸载后最大的偏离零位值作为校准结果。

7.1.2 最大允许误差的校准

a) 砝码校准

选取约20%、60%、100%额定承载轮质量的 3 个测量点，逐步加载，重复 3 次。按公式（1)、(2）计算各测量点示值误差。左、右台应分别测量、计算。

$$\Delta_i = \overline{M}_i - m_i \tag{1}$$

式中：Δ_i——第 i 测量点示值绝对误差，kg（i=1，2，3)；

$\overline{M}_i$——第 i 测量点 3 次测量示值的平均值，kg；

m_i——第 i 测量点实际加载的砝码质量值，kg。

$$\delta_i = \frac{\overline{M}_i - m_i}{m_i} \times 100\% \tag{2}$$

式中：δ_i——第 i 测量点示值相对误差，%。

b) 标准测力仪校准

选取约相当于20%、60%、100%额定承载轮质量的 3 个值，逐步加载，重复 3

次。按公式（3）、（4）、（5）、（6）计算各测量点示值误差。左、右台应分别测量、计算。

$$\Delta_i = \frac{1}{3} \times \sum_{j=1}^{3} \Delta_{ij} \tag{3}$$

$$\Delta_{ij} = M_{ij} - \frac{F_{ij}}{g} \tag{4}$$

式中：Δ_i——第 i 测量点示值绝对误差，kg；

Δ_{ij}——第 i 测量点、第 j 次测量的示值绝对误差，kg（$j=1$，2，3）；

M_{ij}——第 i 测量点、第 j 次测量的示值，kg；

F_{ij}——第 i 测量点、第 j 次测量时标准测力仪测得力值，N；

g——重力加速度，9.8 m/s^2。

$$\delta_i = \frac{1}{3} \times \sum_{j=1}^{3} \delta_{ij} \tag{5}$$

$$\delta_{ij} = \frac{M_{ij} \cdot g - F_{ij}}{F_{ij}} \times 100\% \tag{6}$$

式中：δ_i——第 i 测量点示值相对误差；

δ_{ij}——第 i 测量点时，第 j 次测量的示值相对误差，%。

7.1.3　示值重复性的校准

a）砝码校准

按公式（7）、（8）计算各测量点的示值重复性。左、右台分别测量、计算。

$$r_{\Delta i} = M_{i\max} - M_{i\min} \tag{7}$$

式中：$r_{\Delta i}$——示值误差按绝对量计算时，第 i 测量点示值重复性，kg；

$M_{i\max}$——第 i 测量点 3 次示值中的最大值，kg；

$M_{i\min}$——第 i 测量点 3 次示值中的最小值，kg。

$$r_{\delta i} = \frac{M_{i\max} - M_{i\min}}{m_i} \times 100\% \tag{8}$$

式中：$r_{\delta i}$——示值误差按相对量计算时，第 i 测量点示值重复性，%。

b）标准测力仪校准

按公式（9）、（10）计算各测量点的示值重复性。左、右台应分别测量、计算。

$$r_{\Delta i} = \Delta_{i\max} - \Delta_{i\min} \tag{9}$$

式中：$\Delta_{i\max}$——第 i 测量点 3 次示值绝对误差中的最大值，kg；

$\Delta_{i\min}$——第 i 测量点 3 次示值绝对误差中的最小值，kg。

$$r_{\delta i} = \delta_{i\max} - \delta_{i\min} \tag{10}$$

式中：$\delta_{i\max}$——第 i 测量点 3 次示值相对误差中的最大值，%；

$\delta_{i\min}$——第 i 测量点 3 次示值相对误差中的最小值，%。

7.1.4　左右台示值间差的计算

计算相同测量点时左右台示值误差之差的绝对值，即为该测量点左右台示值间差。

7.1.5　漂移的校准

加载 20 kg（或 25 kg）砝码。示值稳定后读数，每隔 5 min 一次，共读数 3 次（包括首次），读数中的最大值与最小值之差即为漂移。

7.1.6 鉴别力的校准

加载 20 kg（或 25 kg）砝码。逐步加载 1 d，1.1 d，1.2 d，1.3 d，1.4 d，…，观察示值改变时的加载值作为测量结果。

7.2 吸收率

7.2.1 吸收率重复性的校准

a）根据检测台额定承载质量和承载台面对称中心线间距选择试验车，该试验车应装备完整、性能良好，轮胎气压符合制造厂要求。

b）将试验车沿检测台规定方向驶上承载台面，变速器处于空档。

c）各次试验时，使车辆中心线分别位于左右检测台对称中心线上及对称中心线左（右）约 100 mm 处。启动检测台，分别测量上述三个位置（中、左、右）时的左、右车轮吸收率，在每一位置重复测量 3 次。

d）按公式（11）分别计算左、右车轮处于各测试位置时，吸收率重复性 r_{Xi}。

$$r_{Xi}=X_{i\max}-X_{i\min} \tag{11}$$

式中：$X_{i\max}$——第 i 测试位置测量时，3 次测量吸收率的最大值，%（i=中、左、右）；

$X_{i\min}$——第 i 测试位置测量时，3 次测量吸收率的最小值，%。

7.2.2 吸收率偏置误差的计算

按公式（12）、（13）分别计算左、右台在车轮偏置时吸收率差 X_p。

$$X_{pL}=|\overline{X}_L-\overline{X}_Z| \tag{12}$$

式中：X_{pL}——车轮左偏置 100 mm 时的吸收率偏置误差，%；

$\overline{X}_L$——车轮左偏置 100 mm 时，3 次测量吸收率平均值，%；

$\overline{X}_Z$——车轮位于台面中心位置时，3 次测量吸收率平均值，%。

$$X_{pR}=|\overline{X}_R-\overline{X}_Z| \tag{13}$$

式中：X_{pR}——车轮右偏置 100 mm 时的吸收率偏置误差，%；

$\overline{X}_R$——车轮右偏置 100 mm 时，3 次测量吸收率平均值，%。

以 X_{pL}、X_{pR} 中的大值作为该台面在车轮偏置时的吸收率偏置误差。

7.2.3 左右台吸收率偏差的校准

在 7.2.1 完成后，将试验车掉头，反方向驶上承载台面，变速器处于空档。使车辆中心线位于左右检测台对称中心线上，启动检测台测试，重复测 3 次。按公式（14）任选左轮或右轮计算车辆正反方向安置时吸收率偏差。

$$S_{LR}=|\overline{S}_L-\overline{S}_R| \tag{14}$$

式中：S_{LR}——车辆正反方向安置时吸收率偏差，%；

$\overline{S}_L$——试验车左轮（或右轮）处于左承载台测得的 3 次吸收率的平均值，%；

$\overline{S}_R$——试验车左轮（或右轮）处于右承载台测得的 3 次吸收率的平均值，%。

7.3 起始激振频率

检测台驱动电机启动并运转稳定后，用转速表测量左、右检测台激振凸轮的等效稳定转速，按公式（15）分别计算左、右台起始激振频率。

$$f=\frac{n}{60} \tag{15}$$

式中：f——左、右台起始激振频率，Hz；

n——转速表测得左、右检测台激振凸轮的等效稳定转速，r/min。

8 校准结果表达

经校准的检测台，出具校准证书。注明校准项目、校准用测量标准的溯源性及有效性说明、测量不确定度等（详见附录B）。

9 复校时间间隔

根据检测台的使用状况由用户自定，建议复校时间间隔为1年。

附录 A

汽车悬架装置检测台示值误差校准结果的不确定度评定

A.1　建立数学模型

用标准测力仪校准时，谐振式汽车悬架装置检测台（以下简称检测台）的承载轮质量最大允许误差（以标准测力仪测量加载力值 F=1 960 N、被校检测台承载轮质量示值 M=200 kg 为输入量，被校检测台承载轮质量最大允许误差 δ 为输出量）校准结果的数学模型。

$$\delta=\frac{M\cdot g}{F}-1$$

式中：δ ——被校检测台承载轮质量示值误差；

M ——被校检测台承载轮质量示值，kg；

F ——标准测力仪测量的加载力值，N；

g ——重力加速度，9.8 m/s^2。

因为各分量 M，F 互不相关，由不确定度传播律：

$$u^2(\delta)=c_1^2\times u^2(M)+c_2^2\times u^2(F)$$

其中：$c_1=\frac{\partial\delta}{\partial M}=\frac{g}{F}=5\times10^{-3}\ \mathrm{kg}^{-1}$　　$c_2=\frac{\partial\delta}{\partial F}=\frac{M\cdot g}{F^2}=-5.1\times10^{-4}\ \mathrm{N}^{-1}$

故

$$u^2(\delta)=\left(\frac{g}{F}\right)^2\times u^2(M)+\left(-\frac{M\cdot g}{F^2}\right)^2\times u^2(F)$$
$$=(5\times10^{-3}\mathrm{kg}^{-1})^2\times u^2(M)+(-5.1\times10^{-4}\mathrm{N}^{-1})^2\times u^2(F)$$

A.2　输入量的不确定度来源

a）被校检测台承载质量示值 M

测量结果重复性　　$\frac{g}{F}\times u_1(M)=5\times10^{-3}\mathrm{kg}^{-1}\times u_1(M)=u_A$

数显量化误差　　$\frac{g}{F}\times u_2(M)=5\times10^{-3}\mathrm{kg}^{-1}\times u_2(M)=u_1$

b）标准测力仪测量加载力值 F 误差

$$\left(-\frac{M\cdot g}{F^2}\right)\times u(F)=(-5.1\times10^{-4}\mathrm{N}^{-1})\times u(F)=u_2$$

A.3　输入量的标准不确定度评定

a）被校检测台承载质量示值 M 估计值（测量结果重复性）的标准不确定度评定

被校检测台承载质量示值 M 估计值的不确定度主要来源于检测台的测量结果重复性及数显仪器的示值量化误差。测量结果重复性可以通过连续测量得到的测量列，采用 A 类方法进行评定。在校准装置及被校检测台正常工况条件下，在加载 1 960 N 力值时，重复读取被校检测台示值 10 次：

单次测量实验标准差 $s(M)$

$$s(M)=\sqrt{\frac{\sum_{i=1}^{10}(M_i-\overline{M})^2}{10-1}}=0.58\ \text{kg}$$

实际测量时，在每个测量点读取三次示值，取其平均值作为测量结果。故测量结果重复性引入的标准不确定度为

$$u_1(M)=s(M)/\sqrt{3}=0.33\ \text{kg}$$

自由度　$\nu_A=9$

b）被校检测台承载质量示值 M 估计值（数显量化误差）的标准不确定度评定

一般检测台的承载质量分度值为 1 kg，其数显量化误差以等概率分布（矩形分布）落在宽度为 1 kg/2=0.5 kg 的区间内。其标准不确定度为

$$u_2(M)=0.5\ \text{kg}/\sqrt{3}=0.29\ \text{kg}$$

自由度　$\nu_1\rightarrow\infty$

c）标准测力仪测量加载力值 F 估计值的标准不确定度评定

根据规范规定，标准测力仪为 0.5 级，其极限误差不超过±0.5%，对 1 960 N 就有±9.8 N 误差。按均匀分布考虑

$$u(F)=9.8\ \text{N}/\sqrt{3}=5.7\ \text{N}$$

估计该标准不确定度 75%可靠，故自由度为

$$\nu_2=\frac{1}{2}\times\left[\frac{\Delta u(F)}{u(F)}\right]^{-2}=\frac{1}{2}\times\left[\frac{0.25}{1}\right]^{-2}=8$$

A.4　输出量的标准不确定度分量一览表

序	输入量估计值的标准不确定度评定			自由度		输出量估计值的标准不确定度分量		
	来　源	符号	数值	符号	数值	符号	灵敏系数 c_i	$\lvert c_i \rvert\times u(x)$
1	测量结果重复性	$u_1(M)$	0.33 kg	ν_A	9	u_A	$5\times10^{-3}\ \text{kg}^{-1}$	0.17%
2	数显量化误差	$u_2(M)$	0.29 kg	ν_1	∞	u_1	$5\times10^{-3}\ \text{kg}^{-1}$	0.15%
3	标准测力仪误差	$u(F)$	5.7 N	ν_2	8	u_2	$-5.1\times10^{-4}\ \text{N}^{-1}$	0.29%

A.5　合成标准不确定度的评定

由于各标准不确定度分量相互无关，故

$$u_c(\delta)=\sqrt{u_A^2+u_1^2+u_2^2}=0.37\%$$

有效自由度

$$\nu_{\text{eff}}=\frac{u_c^4(\delta)}{\sum\frac{u_i^4}{\nu_i}}=\frac{0.37^4}{\frac{0.17^4}{9}+\frac{0.15^4}{\infty}+\frac{0.29^4}{8}}=19$$

A.6　扩展不确定度的评定

按置信概率 $p=0.95$，有效自由度 $\nu_{\mathrm{eff}}=19$，查 t 分布表，得 $k=2.09$。

故检测台承载质量示值误差校准结果的扩展不确定度应当为

$$U_{95}=k\times u_{\mathrm{c}}(\delta)=0.77\%$$

A.7　测量不确定度的报告

上述分析及计算按 JJG 1059—1999《测量不确定度评定与表示》进行，检测台承载质量示值误差校准结果的扩展不确定度 $U_{95}=0.77\%$，$\nu_{\mathrm{eff}}=19$。

附录 B

校准证书内容

校准证书的内容应排列有序，格式清晰，至少应包括以下内容：

1. 标题：校准证书；
2. 实验室名称和地址；
3. 进行校准的地点（如果不在实验室内进行校准）；
4. 证书或报告编号、页码及总页数；
5. 送校单位的名称和地址；
6. 被校准仪器名称：汽车悬架装置检测台；
7. 被校汽车悬架装置检测台的制造商、型号规格及编号；
8. 校准所使用的计量标准名称、溯源性及有效性说明；
9. 本规范的名称及编号和对本规范的任何偏离、增加或减少的说明；
10. 校准时的环境情况；
11. 校准项目的校准结果；
12. 示值误差校准结果的测量不确定度；
13. 校准人签名，核验人签名，批准人签名；
14. 校准证书签发日期；
15. 复校时间间隔的建议；
16. 未经校准实验室书面批准，不得部分复制校准证书。

中华人民共和国国家计量技术规范

JJF 1193—2008

非接触式汽车速度计校准规范

Calibration Specification for

Non-contact Automotive Speedmeter

2008－03－24 发布　　　　2008－06－24 实施

国家质量监督检验检疫总局 发布

非接触式汽车速度计校准规范

Calibration Specification for

Non-contact Automotive Speedmeter

JJF 1193—2008

本规范经国家质量监督检验检疫总局于 2008 年 3 月 24 日批准，并自 2008 年 6 月 24 日起施行。

归 口 单 位： 全国法制计量管理计量技术委员会

主要起草单位： 广西壮族自治区计量检测研究院

上海通运汽车科技有限公司

山东省计量科学研究院

中国计量协会机动车计量检测技术工作委员会

参加起草单位： 上海机动车检测中心

山东科大微机应用研究所有限公司

公安部交通安全产品质量监督检测中心

浙江省计量科学研究院

内蒙古自治区计量测试研究院

本规范由全国法制计量管理计量技术委员会负责解释

本规范主要起草人：

尹建文（广西壮族自治区计量检测研究院）

许　基（上海通运汽车科技有限公司）

李万升（山东省计量科学研究院）

陆　俊（广西壮族自治区计量检测研究院）

鲍国华（中国计量协会机动车计量检测技术工作委员会）

参加起草人：

陈建平（上海机动车检测中心）

曲　明（山东科大微机应用研究所有限公司）

李爱民（公安部交通安全产品质量监督检测中心）

林　峰（浙江省计量科学研究院）

郭晓冬（内蒙古自治区计量测试研究院）

非接触式汽车速度计校准规范

1 范围

本规范适用于非接触式汽车速度计（以下简称速度计）的校准。

2 引用文献

JJF 1001—1998 通用计量术语及定义
JJF 1059—1999 测量不确定度评定与表示
GB/T 12534—1990 汽车道路试验方法通则
使用本规范时，应注意使用上述引用文献的现行有效版本。

3 概述

速度计是用于测量汽车的行驶速度、行驶距离等参数的计量仪器。采用在汽车上对地安装光电位移式传感器（与地面不接触），将光照射地面反射斑纹的变化信号转换为电信号，经相应电路处理后显示行驶速度、距离。

4 计量特性

4.1 速度

4.1.1 测量范围

5.0 km/h～180.0 km/h。

4.1.2 分度值

不大于 0.1 km/h。

4.1.3 最大允许误差

不大于 50 km/h 时：±0.5 km/h；
大于 50 km/h 时：±1.0%。

4.1.4 重复性

不大于 50 km/h 时：0.5 km/h；
大于 50 km/h 时：1.0%。

4.2 距离

4.2.1 测量范围

1.0m～999.9m。

4.2.2 分度值

不大于 0.1m。

4.2.3 最大允许误差

不大于 30m 时：±0.3m；
大于 30m 时：±1.0%。

4.2.4 重复性

不大于 30m 时：0.3m；

大于 30m 时：1.0%。

注：由于校准不判定合格与否，故上述要求仅供参考。

5 校准条件

5.1 环境条件

环境温度：(0～40)℃；

湿度：≤85%RH。

5.2 校准用标准装置

速度计的速度、距离校准采用台架校准装置，距离校准还可以采用道路试验。

5.2.1 台架校准装置（以下简称校准装置，结构原理见附录 A）计量特性见表 1 所示。

表 1 台架校准装置计量特性

参数	速度	距离
测量范围	5.00 km/h～180.00 km/h	1.00 m～999.99 m
最大允许误差	不大于 50 km/h 时：±0.10 km/h	不大于 30 m 时：±0.10 m
	大于 50 km/h 时：±0.2%	大于 30 m 时：±0.2%

5.2.2 道路试验

钢卷尺：不小于 100m，准确度等级Ⅱ级（或同等准确度的其他长度计量器具）。

试验道路要求见附录 B。

6 校准项目和校准方法

6.1 用校准装置进行校准

6.1.1 速度计的安置

按速度计使用说明书的规定，将速度计光电位移传感器固定在校准装置上，并进行预热。

6.1.2 速度校准

6.1.2.1 校准点：10 km/h，30 km/h，60 km/h，90 km/h，120 km/h，180 km/h 6 个点，其对应序号为 $i=1$，2，…，6。

6.1.2.2 测量范围及分度值的检查

校准装置与速度计均置于速度检测状态。调节校准装置速度至 5 km/h，逐步调大速度至 180 km/h，观察速度计显示是否正常，检查其测量范围及分度值。

6.1.2.3 最大允许误差

将校准装置的速度分别调节到约 10 km/h，30 km/h，60 km/h，90 km/h，120 km/h，180 km/h，稳定后，分别读取速度计的速度示值。重复测量 3 次，按公式 (1)、(2) 计算示值误差。

a）校准装置速度不大于 50 km/h 时：

$$\Delta_{v_i}=\bar{v}_i-v_{Ai} \tag{1}$$

式中：Δ_{v_i}——第 i 测量点时，速度计的速度示值误差（i=1，2），km/h；

$\bar{v}_i$——第 i 测量点时，速度计 3 次速度示值的平均值，km/h；

v_{Ai}——第 i 测量点时，校准装置的速度示值，km/h。

b）校准装置速度大于 50 km/h 时：

$$\delta_{v_i}=\frac{\bar{v}_i-v_{Ai}}{v_{Ai}}\times 100\% \tag{2}$$

式中：δ_{v_i}——第 i 测量点时，速度计的速度示值误差（i=3，4，5，6）。

6.1.2.4 重复性

按公式（3）、（4）计算速度的重复性。

a）校准装置速度不大于 50 km/h 时：

$$r_{\Delta_i}=v_{i\max}-v_{i\min} \tag{3}$$

式中：r_{Δ_i}——第 i 测量点时，速度计的速度示值重复性（i=1，2），km/h；

$v_{i\max}$——第 i 测量点时，速度计 3 次速度示值中的最大值，km/h；

$v_{i\min}$——第 i 测量点时，速度计 3 次速度示值中的最小值，km/h。

b）校准装置速度大于 50km/h 时：

$$r_{\delta_i}=\frac{v_{i\max}-v_{i\min}}{\bar{v}_i}\times 100\% \tag{4}$$

式中：r_{δ_i}——第 i 测量点时，速度计的示值重复性（i=3，4，5，6）。

6.1.3 距离校准

6.1.3.1 校准点：25m，100m，其对应序号为 i=1，2，共 2 个点。

6.1.3.2 测量范围及分度值的检查

校准装置与速度计均置于距离检测状态，观察速度计距离显示是否正常，检查其测量范围及分度值。

6.1.3.3 最大允许误差

校准距离 25m 时，校准装置速度设置为 30 km/h；校准距离 100 m 时，校准装置速度设置为 100 km/h。速度稳定后，保证校准装置与速度计同步计量距离，并读取校准装置及速度计距离示值。每个校准点重复测量 3 次。按公式（5）、（7）计算速度计的示值误差。

a）距离不大于 30 m 时：

$$\Delta_S=\sum_{j=1}^{3}\Delta_{S_j}/3 \tag{5}$$

式中：Δ_S——距离不大于 30 m 时，速度计的距离示值误差，m；

Δ_{S_j}——距离不大于 30 m、第 j 次测量时，速度计的距离示值误差（j=1，2，3），m。

Δ_{S_j} 按公式（6）计算：

$$\Delta_{S_j}=S_j-S_{Aj} \tag{6}$$

式中：S_j——第 j 次测量时，速度计的距离示值，m；

S_{Aj}——第 j 次测量时，校准装置的距离示值，m。

b）距离大于 30 m 时：

$$\delta_S=\sum_{j=1}^{3}\delta_{S_j}/3 \tag{7}$$

式中：δ_S——距离大于 30 m 时，速度计的距离示值误差，%；

δ_{S_j}——距离大于 30 m、第 j 次测量时，速度计的距离示值误差（j=1，2，3）。

δ_{S_j} 按公式（8）计算：

$$\delta_{S_j}=\frac{S_j-S_{Aj}}{S_{Aj}}\times 100\% \tag{8}$$

6.1.3.4　重复性

按公式（9）、（10）计算速度计的距离示值重复性。

a）距离不大于 30 m 时：

$$r_{\Delta_S}=\Delta_{Smax}-\Delta_{Smin} \tag{9}$$

式中：r_{Δ_S}——距离不大于 30 m 时，速度计距离示值重复性，m；

Δ_{Smax}——距离不大于 30 m 时，速度计的 3 次距离示值误差中的最大值，m；

Δ_{Smin}——距离不大于 30 m 时，速度计的 3 次距离示值误差中的最小值，m。

b）距离大于 30 m 时：

$$r_{\delta_S}=\delta_{Smax}-\delta_{Smin} \tag{10}$$

式中：r_{δ_S}——距离大于 30 m，速度计距离示值重复性，%；

δ_{Smax}——距离大于 30 m，速度计的 3 次距离示值误差中的最大值；

δ_{Smin}——距离大于 30 m，速度计的 3 次距离示值误差中的最小值。

6.2　用道路试验校准距离

详见附录 B。

7　校准结果表达

经校准的速度计，出具校准证书或校准报告，内容详见附录 C。

8　复校时间间隔

根据速度计的使用状况由用户自定，建议复校时间间隔为 1 年。

附录 A

台架校准装置结构原理

A.1　同步齿形带式校准装置的结构原理

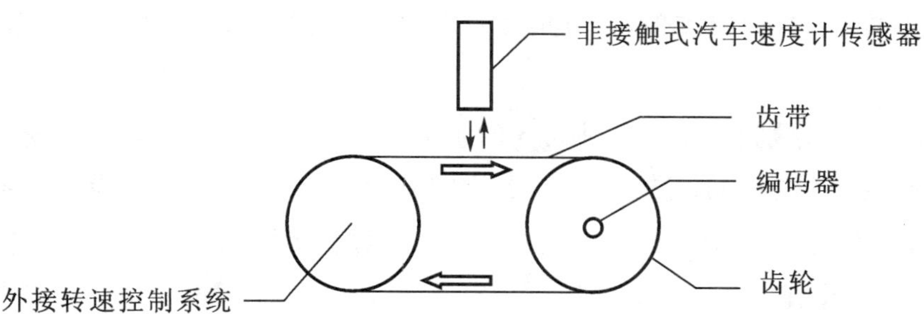

图 A.1　同步齿带式校准装置校准非接触式汽车速度计原理示意图

齿带表面模拟路面，其速度 v_A 按公式（A.1）计算：

$$v_A = 60 \times 10^{-6} \cdot \pi \cdot D \cdot n \tag{A.1}$$

式中：v_A——校准装置的速度示值，km/h；

π——圆周率 3.14；

D——齿轮加齿带的直径，mm；

n——齿轮的转速，r/min。

n 按公式（A.2）计算：

$$n = 60f/\eta \tag{A.2}$$

式中：f——编码器输出的脉冲频率，Hz；

η——编码器每圈输出的脉冲数。

其距离 S_A 按公式（A.3）计算：

$$S_A = 1 \times 10^{-3} \cdot \pi \cdot D \cdot \mu/\eta \tag{A.3}$$

式中：S_A——校准装置的距离示值，m；

μ——在计量距离的时间内编码器累计输出的总脉冲数。

A.2　转鼓式校准装置的结构原理

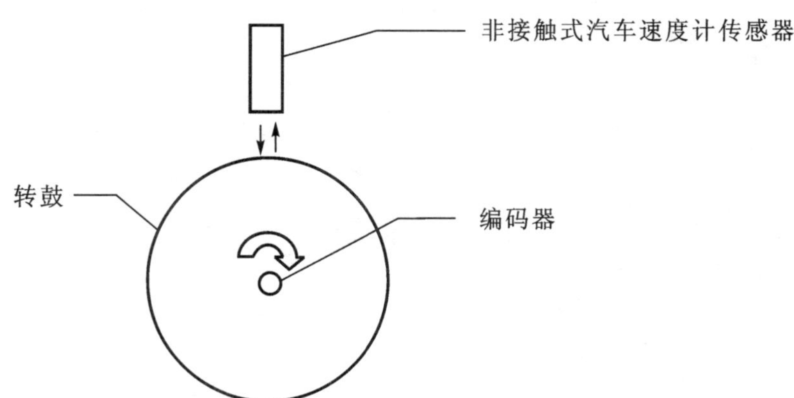

图 A.2　转鼓式校准装置校准非接触式汽车速度计原理示意图

转鼓表面模拟路面，其速度 v_A 按公式(A.1)计算，其距离 S_A 按公式(A.3)计算。

附录 B

道路试验校准距离

B.1　试验道路要求

试验道路应符合 GB/T12534—1990《汽车道路试验方法通则》中的第 3.6 条要求。

B.2　校准方法

在平直路面上，分别在 25 m、100 m 的两端作标志。将速度计按使用说明书要求安装。保证车辆沿直线方向前进，速度计分别在 25 m、100 m 两端计量距离，各测量距离重复测量 3 次。按公式（B.1）、（B.3）计算速度计示值误差，按公式（B.2）、（B.4）计算速度计示值重复性。

a）距离不大于 30 m 时：

$$\Delta_S = \overline{S} - S_A \tag{B.1}$$

式中：Δ_S——距离不大于 30 m 时，速度计示值误差，m；

$\overline{S}$——速度计 3 次示值的平均值，m；

S_A——标准距离值，m。

$$r_{\Delta_S} = S_{max} - S_{min} \tag{B.2}$$

式中：r_{Δ_S}——距离不大于 30 m 时，速度计的示值重复性，m；

S_{max}——速度计 3 次示值中的最大值，m；

S_{min}——速度计 3 次示值中的最小值，m。

b）距离大于 30 m 时：

$$\delta_S = \frac{\overline{S} - S_A}{S_A} \times 100\% \tag{B.3}$$

式中：δ_S——距离大于 30 m 时，速度计示值误差，%。

$$r_{\delta_S} = \frac{S_{max} - S_{min}}{\overline{S}} \times 100\% \tag{B.4}$$

式中：r_{δ_S}——距离大于 30 m 时，速度计的示值重复性，%。

附录 C

校准证书内容

校准证书的内容应排列有序，格式清晰，至少应包括以下内容：

1. 标题：校准证书；
2. 实验室名称和地址；
3. 进行校准的地点（如果不在实验室内进行校准）；
4. 证书或报告编号、页码及总页数；
5. 送校单位的名称和地址；
6. 被校准仪器名称：非接触式汽车速度计；
7. 被校非接触式汽车速度计的制造商、型号规格及编号；
8. 校准所使用的计量标准名称、溯源性及有效性说明；
9. 本规范的名称及编号和对本规范的任何偏离、增加或减少的说明；
10. 校准时的环境情况；
11. 校准项目的校准结果；
12. 校准结果的测量不确定度；
13. 校准人签名，核验人签名，批准人签名；
14. 校准证书签发日期；
15. 复校时间间隔的建议；
16. 未经校准实验室书面批准，不得部分复制校准证书。

附录 D

校准非接触式汽车速度计速度最大允许误差测量结果的不确定度评定

D.1　测量方法

速度计的校准是以速度计光电位移传感器照明校准装置移动的同步齿形带并接受反射光斑。被校速度计速度示值与校准装置显示的同步齿形带平移速度标准值相比较，以确定速度计速度示值的正确性。

D.2　数学模型

速度大于 50 km/h 时（测量点为 60 km/h）的示值误差

$$\delta=\frac{\bar{v}}{v_{\mathrm{A}}}-1$$

式中：δ——速度示值误差；

$\bar{v}$——速度计的 3 次速度示值的平均值，km/h；

v_{A}——校准装置速度示值，km/h。

D.3　方差和灵敏系数

$$c_1=\frac{\partial\delta}{\partial\bar{v}}=\frac{1}{v_{\mathrm{A}}}=\frac{1}{60}\ \mathrm{h/km};$$

$$c_2=\frac{\partial\delta}{\partial v_{\mathrm{A}}}=-\frac{\bar{v}}{v_{\mathrm{A}}^2}=-\frac{1}{60}\ \mathrm{h/km};$$

$$u_{\mathrm{c}}^2(\delta)=\left(\frac{1}{v_{\mathrm{A}}}\right)^2\times u^2(\bar{v})+\left(-\frac{\bar{v}}{v_{\mathrm{A}}^2}\right)^2\times u^2(v_{\mathrm{A}})=\left(\frac{1}{60}\right)^2\times u^2(\bar{v})+\left(-\frac{1}{60}\right)^2\times u^2(v_{\mathrm{A}})$$

D.4　输入量的不确定度来源

（1）被校速度计速度示值（测量结果重复性）

$$\left(\frac{1}{v_{\mathrm{A}}}\right)\times u_1(\bar{v})=\left(\frac{1}{60}\right)\times u_1(\bar{v})=u_{\mathrm{A}}$$

（2）被校速度计速度示值（数显量化误差）

$$\left(\frac{1}{v_{\mathrm{A}}}\right)\times u_2(\bar{v})=\left(\frac{1}{60}\right)\times u_2(\bar{v})=u_1$$

（3）校准装置速度准确度引入误差

$$\left(-\frac{\bar{v}}{v_{\mathrm{A}}^2}\right)\times u(v_{\mathrm{A}})=\left(-\frac{1}{60}\right)\times u(v_{\mathrm{A}})=u_2$$

D.5　输入量的标准不确定度的评定

（1）被校速度计速度示值（测量结果重复性）的标准不确定度的评定

被校速度计速度示值 v 估计值的不确定度主要来源于速度计的测量结果重复性及数显仪器的示值量化误差。测量结果重复性可以通过连续测量得到的测量列，采用 A 类方法进行评定。

在被校速度计及校准装置正常工况条件下，校准装置显示 59.96 km/h 时，被校速度计等精度重复测量 10 次，单次实验标准差 $s(v_i)$

$$s(v_i)=\sqrt{\frac{\sum(v_i-\bar{v})^2}{n-1}}=0.052\ \text{km/h}$$

实际测量时，在重复条件下连续测量 3 次，以 3 次测量的算术平均值作为测量结果，则可得标准不确定度为

$$u_1(\bar{v})=s(v_i)/\sqrt{3}=0.030\ \text{km/h}$$

自由度 $\nu_A=10-1=9$。

（2）被校速度计速度示值估计值（数显量化误差）的标准不确定度评定

被校速度计数显式的分辨力为 0.1 km/h，其量化误差以等概率分布（矩形分布）落在半宽度为（0.1 km/h）/2=0.05 km/h 的区间内。考虑其引入的标准不确定度为

$$u_2(\bar{v})=0.05\ \text{km/h}/\sqrt{3}=0.029\ \text{km/h}$$

自由度 $\nu_1\to\infty$。

（3）校准装置速度准确度估计值的标准不确定度的评定

根据规范规定，校准装置在检测速度大于 10 km/h 时的速度示值误差为±0.2%，在速度 59.96 km/h 时的误差为 0.2%×59.96 km/h=0.12 km/h。按均匀分布计，引入的标准不确定度为

$$u(v_A)=0.12\ \text{km/h}/\sqrt{3}=0.069\ \text{km/h}$$

估计该标准不确定度 75%可靠，故自由度

$$\nu_2=\frac{1}{2}\cdot\left[\frac{\Delta u(v_A)}{u(v_A)}\right]^{-2}=\frac{1}{2}\cdot\left[\frac{0.25}{1}\right]^{-2}=8$$

D.6 输出量的标准不确定度分量一览表

序号	输入量估计值的标准不确定度评定			自由度		输出量估计值的标准不确定度分量		
	来　源	符号	数值	符号	数值	符号	灵敏系数 c_i	$\lvert c_i\rvert\times u(x)$
1	测量结果重复性	$u_1(\bar{v})$	0.030 km/h	ν_A	9	u_A	1/60 h/km	0.05%
2	数显量化误差	$u_2(\bar{v})$	0.029 km/h	ν_1	∞	u_1	1/60 h/km	0.05%
3	校准装置准确度	$u(v_A)$	0.069 km/h	ν_2	8	u_2	−1/60 h/km	0.12%

注：上述计算按速度测量点 v 为 59.96 km/h 计算输出量的标准不确定度。

D.7 合成标准不确定度的评定

由于各标准不确定度分量相互无关，故合成标准不确定度为

$$u_c(\delta)=\sqrt{u_A^2+u_1^2+u_2^2}=0.14\%$$

有效自由度

$$\nu_{\text{eff}}=\frac{u_c^4(\delta)}{\sum\frac{u_i^4}{\nu_i}}=\frac{(0.14\%)^4}{\frac{(0.05\%)^4}{9}+\frac{(0.05\%)^4}{\infty}+\frac{(0.12\%)^4}{8}}=14$$

D.8 扩展不确定度的评定

按置信概率 $p=0.95$，有效自由度 $\nu_{eff}=14$，查 t 分布表，得 $k=2.14$，故扩展不确定度为

$$U_{95}=k\times u_c(\delta)=2.14\times 0.14\%=0.30\%$$

D.9 测量不确定度的报告

校准速度计速度最大允许误差测量结果的不确定度为 $U_{95}=0.30\%$（$k=2.14$）。

中华人民共和国国家计量技术规范

JJF 1194—2008

轮胎强度及脱圈试验机校准规范

Calibration Specification of Tester for

Tyre Strength and Bead Unseating Resistance

2008－03－24 发布　　　　2008－06－24 实施

国家质量监督检验检疫总局 发布

轮胎强度及脱圈试验机校准规范

Calibration Specification of Tester for Tyre Strength and Bead Unseating Resistance

JJF 1194—2008

本规范经国家质量监督检验检疫总局 2008 年 3 月 24 日批准，并自 2008 年 6 月 24 日起施行。

归口单位： 全国法制计量管理计量技术委员会

起草单位： 北京橡胶工业研究设计院

汕头市浩大轮胎测试装备有限公司

本规范由全国法制计量管理计量技术委员会负责解释

本规范主要起草人：

王克先（北京橡胶工业研究设计院）

周勇力（北京橡胶工业研究设计院）

李抱清（北京橡胶工业研究设计院）

陈　迅（汕头市浩大轮胎测试装备有限公司）

参加起草人：

高　健（北京橡胶工业研究设计院）

刘心慧（北京橡胶工业研究设计院）

闫抒昀（北京橡胶工业研究设计院）

轮胎强度及脱圈试验机校准规范

1 范围

本规范适用于轮胎强度试验机及无内胎轮胎脱圈试验机（以下简称试验机）的校准。

2 引用文献

本规范引用了下列文献：

JJF 1001—1998 通用计量术语及定义

JJF 1059—1999 测量不确定度评定与表示

GB/T 6326—2005 轮胎术语及其定义

GB/T 4503—2006 轿车轮胎强度试验方法

GB/T 6327—1996 载重汽车轮胎强度试验方法

GB/T 4504—1998 轿车无内胎轮胎脱圈阻力试验方法

使用本规范时，应注意使用上述引用文献的现行有效版本。

3 概述

试验机用于测试轮胎的强度及测试无内胎轮胎的脱圈阻力。测试轮胎强度时需配备GB/T 4503—2006 或 GB/T 6327—1996 标准规定的压头。测试无内胎轮胎脱圈阻力时需配备 GB/T 4504—1998 标准规定的脱圈装置。

试验机由主机、液压系统、控制系统等组成。

4 计量特性

4.1 负荷

4.1.1 测量范围：(0.5～100)kN。

4.1.2 分度值：0.001 kN。

4.1.3 示值最大允许误差：±1.0%。

4.2 压头位移

4.2.1 范围：(0～400)mm。

4.2.2 测量最大允许误差：±1.0%FS。

4.3 压头和压块压入轮胎速度

(50±2.5)mm/min。

注：校准不判定合格与否，上述要求仅供参考。

5 校准条件

5.1 环境条件

a) 温度：(18～36)℃。

b）相对湿度：≤85%。

c）电源：工作电源电压的波动范围应不超出额定电压的±10%。

5.2 校准用器具

a）标准测力仪，测量范围：(0.5～100)kN，准确度等级：0.3级；

b）游标卡尺，测量范围：(0～150)mm，分度值：0.02 mm；

c）钢直尺，500 mm，分度值：1 mm；

d）秒表，分度值：0.1 s。

6 校准项目和校准方法

6.1 负荷示值误差

将标准测力仪安装在轮胎支承轴的校准平台和试验机力值传感器之间。测力仪与试验机的力作用线应处在同一轴线上。分别调整零点。缓缓地进行加载，在测量范围内取大致均匀分布的5点进行测试，当标准测力仪达到所取测量值时，读取试验机相应示值，重复测量3次，取算术平均值。按公式(1)计算示值误差，作为校准结果。

$$q_i=\frac{\overline{F}_i-F_{0i}}{F_{0i}}\times 100\% \qquad i=1,2,3,4,5 \tag{1}$$

式中：q_i——第i测量点，试验机负荷示值误差；

$\overline{F}_i$——第i测量点，试验机3次示值的平均值，kN；

F_{0i}——第i测量点，标准测力仪示值，kN。

6.2 压头位移误差

用钢直尺测量压头位移量。使油缸驱动压头缓慢移动，在压头移动测量范围内取大致均匀分布的5点进行测试，当钢直尺上的位移量达到测量值时，读取试验机相应示值。按公式(2)计算位移误差，作为校准结果。

$$\delta_i=\frac{L_i'-L_i}{L_N}\times 100\% \qquad i=1,2,3,4,5 \tag{2}$$

式中：δ_i——位移测量误差；

L_i'——试验机位移示值，mm；

L_i——钢直尺读数，mm；

L_N——测量范围满量程，mm。

6.3 压入轮胎速度

将轮胎安装在轮胎支承轴的试验位置。启动液压系统，调整压头移动速度为50 mm/min。使试验压头压向轮胎并压入轮胎，压头刚接触轮胎瞬间，秒表开始计时，压头压入轮胎一定深度后，读出秒表的对应数值，记录秒表及对应压入深度值，重复3次。按公式(3)计算压入速度。

$$v=\frac{1}{3}\sum_{i=1}^{3}\frac{60h_i}{t_i} \tag{3}$$

式中：v——压入速度 mm/min；

h_i——第i测量点，压入深度值，mm；

t_i——第i测量点，压头接触轮胎到压入h_i距离对应时间，s。

7 校准结果表述

校准结果应在校准证书或校准报告上反映，校准证书或报告应至少包括以下信息：

a）名称，“校准证书”或“校准报告”；

b）证书或报告的编号，每页页次及总页数；

c）送校单位、地址；

d）试验机名称、规格型号及编号；

e）进行校准的地点；

f）校准日期；

g）校准环境条件；

h）校准所依据的技术规范；

i）校准所用标准器的溯源性及其有效性说明；

j）校准机构；

k）校准结果及其测量不确定度说明；

l）校准证书或报告的报告人，审核签发人的签名；

m）证书或报告的有效期；

n）未经校准机构书面批准，不得部分复制证书或报告的声明等其他说明。

8 复校时间间隔

复校时间间隔由用户自定，建议为1年。

附录 A

校准证书格式

A.1 校准证书或校准报告应包括第 7 条所列信息。

A.2 校准证书（报告）背面格式如表 A.1。

表 A.1 校准证书背面格式

<table>
<tr><td colspan="4">校准结果
室温________℃</td></tr>
<tr><td rowspan="6">负荷
（kN）</td><td>校准点 F</td><td>示值</td><td>相对误差，%</td></tr>
<tr><td></td><td></td><td></td></tr>
<tr><td></td><td></td><td></td></tr>
<tr><td></td><td></td><td></td></tr>
<tr><td></td><td></td><td></td></tr>
<tr><td></td><td></td><td></td></tr>
<tr><td rowspan="6">压
头
位
移
（mm）</td><td>校准点</td><td>示值</td><td>相对误差，%</td></tr>
<tr><td></td><td></td><td></td></tr>
<tr><td></td><td></td><td></td></tr>
<tr><td></td><td></td><td></td></tr>
<tr><td></td><td></td><td></td></tr>
<tr><td></td><td></td><td></td></tr>
<tr><td rowspan="2">压入速度
（mm/min）</td><td>校准速度</td><td>压入速度</td><td>误差</td></tr>
<tr><td>50</td><td></td><td></td></tr>
<tr><td>备注</td><td colspan="3"></td></tr>
</table>

附录 B

负荷测量不确定度的评定

B.1 建立数学模型，列不确定度式

以标准测力仪为基础，用试验机显示对应的示值，计算其相对误差，建立校准结果的数学模型。

$$\delta=\frac{F_1-F}{F}\times 100\%$$

式中：δ——试验机示值相对误差；

F_1——试验机示值，kN；

F——标准测力仪示值，kN。

因为各分量互不相关，由不确定度传播律：

$$u^2(\delta)=c_1^2\times u^2(F_1)+c_2^2\times u^2(F)$$

其中：$c_1=\frac{\partial\delta}{\partial F_1}=\frac{1}{F}$，$c_2=\frac{\partial\delta}{\partial F}=-\frac{F_1}{F^2}$

不确定度式为：

$$u^2(\delta)=\left(\frac{1}{F}\right)^2\times u^2(F_1)+\left(-\frac{F_1}{F^2}\right)^2\times u^2(F)$$

B.2 不确定度来源

a）试验机示值的误差产生的不确定度 u_1

b）试验机测量重复性产生的不确定度 u_2

c）标准测力仪产生的不确定度 u_3

B.3 不确定度分量的评估

a）试验机示值分辨力产生的标准不确定度 u_1

试验机的负荷示值分辨力为 0.001 kN，以等概率分布（矩形分布）落在宽度为 0.001 kN/2=0.000 5 kN 的区间内。

其标准不确定度为 $u_1(F_1)=0.000\,5\ \text{kN}/\sqrt{3}=0.000\,3\ \text{kN}$，自由度 $\nu_1\to+\infty$。

b）试验机测量重复性产生的标准不确定度 u_2

加载负荷为 60 kN，重复测量 9 次，其值为：60.121，60.120，60.051，60.032，60.055，60.070，60.111，60.089，60.081kN，$\bar{F}_1=60.081$ kN，测量实验标准差

$$s(F_1)=\sqrt{\frac{\sum_{i=1}^{9}(F_{1i}-\bar{F}_1)^2}{9-1}}=0.032\ \text{kN}$$

测量结果重复性标准不确定度为

$$u_2(F_1)=s(F_1)/\sqrt{3}=0.032\ \text{kN}/\sqrt{3}=0.018\ \text{kN}$$

自由度 $$\nu_2=8$$

c）标准测力仪的标准不确定度 u_3

标准测力仪准确度等级为 0.3 级，其极限误差为±0.3%，对 60 kN 可能有±0.18 kN误差。按均匀分布，其标准不确定度为：

$$u_3(F)=0.18\ \text{kN}/\sqrt{3}=0.104\ \text{kN}$$

估计其标准不确定度 80%可靠，故自由度为：

$$\nu_3=\frac{1}{2}\times\left[\frac{\Delta u(F)}{u(F)}\right]^{-2}=\frac{1}{2}\times\left[\frac{0.20}{1}\right]^{-2}=12$$

表 B.1 输出量的标准不确定度分量一览表

序号	输入量的标准不确定度评定			自由度		输出量的标准不确定度分量		
	来源	符号	数值	符号	数值	符号	灵敏系数 c_i	$\mid c_i\mid\times u(x)$
1	试验机示值误差	$u_1(F_1)$	0.000 3 kN	ν_1	∞	u_1	$1/\text{F}=0.017\ \text{kN}^{-1}$	0
2	试验机测量重复性	$u_2(F_1)$	0.018 kN	ν_2	8	u_2	$1/\text{F}=0.017\ \text{kN}^{-1}$	0.03%
3	标准测力仪误差	$u_3(F)$	0.104 kN	ν_3	12	u_3	$\text{F}_1/\text{F}^2=0.017\ \text{kN}^{-1}$	0.17%

B.4 合成标准不确定度的评定

由于标准不确定度分量互不相关，故

$$u_c(\delta)=\sqrt{u_1^2+u_2^2+u_3^2}=\sqrt{0^2+0.03^2+0.17^2}=0.17\%$$

有效自由度

$$\nu_{\text{eff}}=\frac{u_c^4(\delta)}{\sum\frac{u_i^4}{\nu_i}}=\frac{(0.17\%)^4}{\frac{0^4}{\infty}+\frac{(0.03\%)^4}{8}+\frac{(0.17\%)^4}{12}}=12$$

B.5 扩展不确定度评定

按置信概率 $p=0.95$，有效自由度 $\nu_{\text{eff}}=12$，查 t 分布表，得 $k=2.18$。试验机负荷示值校准结果的扩展不确定度为 $U_{95}=k\times u_c(\delta)=2.18\times0.17\%=0.37\%$ 。

B.6 测量不确定度报告

上述的分析及计算按 JJF 1059—1999《测量不确定度评定与表示》进行，试验机负荷示值误差校准结果的扩展不确定度 $U_{95}=0.37\%$，$\nu_{\text{eff}}=12$。

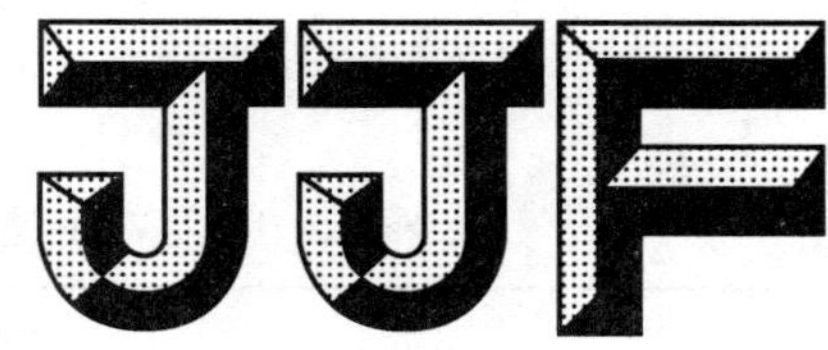

中华人民共和国国家计量技术规范

JJF 1195—2008

轮胎耐久性及轮胎高速性能转鼓试验机校准规范

Calibration Specification of Drum Tester for Tyre Endurance and High Speed Test

2008－03－24 发布　　2008－06－24 实施

国家质量监督检验检疫总局 发布

轮胎耐久性及轮胎高速性能转鼓试验机校准规范

Calibration Specification of Drum Tester for Tyre Endurance and High Speed Test

JJF 1195—2008

本规范经国家质量监督检验检疫总局于 2008 年 3 月 24 日批准，并自 2008 年 6 月 24 日起施行。

归口单位： 全国法制计量管理计量技术委员会

起草单位： 北京橡胶工业研究设计院

汕头市浩大轮胎测试装备有限公司

本规范由全国法制计量管理计量技术委员会负责解释

本规范主要起草人：

王克先（北京橡胶工业研究设计院）

高　健（北京橡胶工业研究设计院）

李抱清（北京橡胶工业研究设计院）

陈　迅（汕头市浩大轮胎测试装备有限公司）

参加起草人：

周勇力（北京橡胶工业研究设计院）

闫抒昀（北京橡胶工业研究设计院）

刘心慧（北京橡胶工业研究设计院）

轮胎耐久性及轮胎高速性能转鼓试验机校准规范

1 范围

本规范适用于轿车轮胎、载重汽车轮胎和摩托车轮胎的耐久性转鼓试验机和高速性能转鼓试验机（以下简称试验机）的校准。

2 引用文献

本规范引用了下列文献

GB/T 6326—2005 轮胎术语及其定义

JJF 1001—1998 通用计量术语及定义

JJF 1059—1999 测量不确定度评定与表示

使用本规范时应注意使用上述引用文献的现行有效版本。

3 概述

试验机是专用于进行轮胎耐久性或高速性能试验的设备。

试验机由主机（机架、转鼓）、加载和负荷控制系统、驱动和速度控制系统等组成。转鼓的钢制表面作为模拟路面，转鼓由电动机驱动，其转速可以调整。

耐久性试验和高速性能试验所不同的是高速试验机要求速度更高，所以当试验机的参数能满足轮胎进行耐久性和高速性能试验的规定条件时，耐久和高速试验可使用同一试验机。

4 计量特性

4.1 转鼓

4.1.1 转鼓直径：(1 700±17)mm。

4.1.2 转鼓径向跳动不大于 0.25mm。

4.2 试验负荷

4.2.1 测量范围：(0.5～60)kN。

4.2.2 分度值：0.001kN。

4.2.3 示值最大允许误差：±1.5%。

4.3 试验速度

4.3.1 测量范围：(30～320)km/h。

4.3.2 分度值：0.1 km/h。

4.3.3 示值最大允许误差：±1.0%。

4.3.4 波动度在 15min 内不超过 1.0%。

4.4 加速时间

a）耐久性试验机。转鼓以匀加速启动至达到 80 km/h 的时间不大于 5 min。

b）高速性能试验机。转鼓启动加速至 80 km/h 的时间不大于 5 min。其他试验阶段速度每增加 40 km/h，其稳定的时间应小于 1 min。

注：由于校准不判定合格与否，故上述各项要求仅供参考。

5 校准条件

5.1 环境条件

a）温度：(20～40)℃；

b）相对湿度：≤85%；

c）工作电源：电压的波动范围应不超出额定电压的±10%。

5.2 标准器及辅助件

5.2.1 标准器

a）标准测力仪两台。测量范围分别为：(0.5～10)kN 和(2～60)kN；准确度等级：0.3 级；

b）转速表。测量范围：(1～1 000)r/min；准确度等级：0.2 级；

c）钢直尺一支。测量范围：500 mm；分度值：1 mm；

d）钢卷尺一个。测量范围：10 m；准确度等级：Ⅱ级；

e）百分表一个。测量范围：(0～10)mm；准确度等级：1 级；

f）秒表一个。分度值：0.1s。

5.2.2 辅助件

a）测力仪支架及力传感器支座；

b）用于进行加速时间测试的新轮胎一套。

6 校准项目和校准方法

6.1 转鼓

6.1.1 转鼓直径

转鼓直径用钢卷尺分别测量转鼓鼓面的中部及两边距边缘 50 mm 处的周长，取平均值。按公式(1)计算其直径。

$$D=\frac{L}{\pi} \tag{1}$$

式中：D——转鼓直径(D 的计算值取整数)，mm；

L——三次测得转鼓周长的平均值，mm；

π——圆周率，取 $\pi=3.14$。

6.1.2 转鼓径向跳动

用百分表测量转鼓鼓面中间及距两边边缘 50 mm 三处的径向跳动，取最大值为校准结果。

6.2 试验负荷示值误差

将标准测力仪装于轮胎支承轴和校准用支座之间，调整其位置，使其中心线在转鼓轴与轮胎支承轴中心的连线重合。

缓慢加载，在测量范围内取大致均匀分布的 5 点进行测试。当标准测力仪达到所取测量值时，读取试验机相应示值。重复测量 3 次。按公式(2)计算负荷示值误差。

$$q_i = \frac{\overline{F}_i - F_{0i}}{F_{0i}} \times 100\% \qquad i=1,2,3,4,5 \tag{2}$$

式中：q_i——第 i 测量点，负荷相对误差；

$\overline{F}_i$——第 i 测量点，试验机 3 次示值的算术平均值，kN；

F_{0i}——第 i 测量点，标准测力仪示值，kN。

6.3 试验速度

6.3.1 速度

用转速表测量转鼓速度。

耐久性试验机取 30 km/h，60 km/h，100 km/h 3 个测量点。高速性能试验机取 80 km/h，160 km/h，240 km/h，320 km/h 4 个测量点。当试验机转速示值为规定值时，记录转速表测量的转速值。每测量点重复测量 3 次，按公式(3)计算速度示值误差。

$$\delta_{v_i} = \left(\frac{v_i}{0.06\pi \cdot D \cdot \overline{n}_i} - 1\right) \times 100\% \tag{3}$$

式中：δ_{v_i}——第 i 测量点，速度示值误差%，对耐久性试验机 $i=1$，2，3，对高速性能试验机 $i=1$，2，3，4；

v_i——第 i 测量点，试验机速度示值，km/h；

π——圆周率，取 $\pi=3.14$。

D——转鼓直径，m；

$\overline{n}_i$——第 i 测量点转速表测得 3 次转速值的平均值，r/min。

6.3.2 速度波动度

启动转鼓加速至 80 km/h，速度稳定后，观察速度示值变化，每 5 min 记录一次，记录 3 次，按公式(4)计算其速度波动度。

$$b = \frac{v_{\max} - v_{\min}}{v_0} \times 100\% \tag{4}$$

式中：b——速度波动度；

$v_{\max}$——试验机 3 次记录示值中的最大值，km/h；

$v_{\min}$——试验机 3 次记录示值中的最小值，km/h；

v_0——试验机设定速度，km/h。

6.3.3 加速时间

a）将轮胎安装在轮胎支承轴上，按试验要求加载；

b）耐久性试验机。用秒表测量转鼓从启动至达到 80 km/h 的时间，重复测量 3 次，取算术平均值作为测量结果；

c）高速性能试验机。用秒表测量转鼓从启动至达到 80 km/h 的时间，重复测量 3 次，取算术平均值作为测量结果；

转速从 100 km/h 始，按 40 km/h 为一挡逐步增速至 220 km/h，记录每挡达到速度稳定时间作为阶段加速时间测量结果。

7 校准结果表述

校准结果在校准证书或校准报告上反映。校准证书或报告应包括以下内容：

a）名称，“校准证书”或“校准报告”；

b）证书或报告的编号，每页及总页数；

c）送校单位，地址；

d）试验机名称，规格型号及编号；

e）校准地点；

f）校准日期；

g）校准环境条件；

h）校准所依据的技术规范；

i）校准所用测量标准器的溯源性及其有效性说明；

j）校准机构；

k）校准结果数据及其测量不确定度说明；

l）校准证书或报告的报告人，审核签发人的签名；

m）证书或报告的有效期；

n）未经校准机构书面批准，不得部分复制证书或报告的声明等其他说明。

8 复校时间间隔

复校时间间隔由用户自定，建议为1年。

附录 A

校准证书格式

A.1 校准证书应包括第 7 条所列要求的信息。

A.2 校准证书背面格式如表 A.1。

表 A.1 校准证书背面格式

<table>
<tr><td colspan="7">校 准 结 果

室温______℃</td></tr>
<tr><td>转鼓</td><td>直径（mm）</td><td colspan="2"></td><td colspan="2">径向跳动（mm）</td><td></td></tr>
<tr><td rowspan="7">负荷
(kN)</td><td colspan="3">1#工位</td><td colspan="3">2#工位</td></tr>
<tr><td>校准点</td><td>示值</td><td>示值相对误差 %</td><td>校准点</td><td>示值</td><td>示值相对误差 %</td></tr>
<tr><td></td><td></td><td></td><td></td><td></td><td></td></tr>
<tr><td></td><td></td><td></td><td></td><td></td><td></td></tr>
<tr><td></td><td></td><td></td><td></td><td></td><td></td></tr>
<tr><td></td><td></td><td></td><td></td><td></td><td></td></tr>
<tr><td></td><td></td><td></td><td></td><td></td><td></td></tr>
<tr><td rowspan="5">速度
(km/h)</td><td>校准点</td><td>示值</td><td>速度相对误差 %</td><td colspan="3">速度波动度 %</td></tr>
<tr><td></td><td></td><td></td><td colspan="3" rowspan="4"></td></tr>
<tr><td></td><td></td><td></td></tr>
<tr><td></td><td></td><td></td></tr>
<tr><td></td><td></td><td></td></tr>
<tr><td rowspan="5">加
速
时
间</td><td colspan="3">加速范围（km/h）</td><td colspan="3">时间（min）</td></tr>
<tr><td colspan="3"></td><td colspan="3"></td></tr>
<tr><td colspan="3"></td><td colspan="3"></td></tr>
<tr><td colspan="3"></td><td colspan="3"></td></tr>
<tr><td colspan="3"></td><td colspan="3"></td></tr>
<tr><td>备注</td><td colspan="6"></td></tr>
</table>

附录 B

测量不确定度的评定

B.1　负荷校准测量不确定度评定

B.1.1　建立数学模型，列不确定度式

以标准测力仪为基础，试验机显示对应的示值，计算其相对误差，校准结果的数学模型为：

$$\delta=\frac{F_1-F}{F}\times 100\%$$

式中：δ——试验机示值相对误差，%；

F_1——试验机示值，kN；

F——标准测力仪示值，kN。

由不确定度传播律：

$$u^2(\delta)=c_1^2\times u^2(F_1)+c_2^2\times u^2(F)$$

其中：$c_1=\frac{\partial\delta}{\partial F_1}=\frac{1}{F}$，$c_2=\frac{\partial\delta}{\partial F}=-\frac{F_1}{F^2}$

不确定度式为：

$$u^2(\delta)=\left(\frac{1}{F}\right)^2\times u^2(F_1)+\left(-\frac{F_1}{F^2}\right)^2\times u^2(F)$$

B.1.2　不确定度来源

a）试验机示值的误差产生的不确定度 u_1

b）试验机测量重复性产生的不确定度 u_2

c）标准测力仪产生的不确定度 u_3

B.1.3　不确定度分量的评估

a）试验机示值误差产生的标准不确定度 u_1

试验机的负荷示值分辨力为 0.001 kN，以等概率分布（矩形分布）落在宽度为 0.001 kN/2=0.000 5 kN 的区间内。

其标准不确定度为 $u_1(F_1)=0.000\ 5\ \text{kN}/\sqrt{3}=0.000\ 3\ \text{kN}$，自由度 $\nu_1\rightarrow+\infty$

b）试验机测量重复性产生的标准不确定度 u_2

加载负荷为 50 kN，重复测量 9 次，其值为：50.051，50.082，50.075，50.043，50.060，50.091，50.070，50.078，50.092 kN，$\overline{F}_1=50.071$ kN，测量实验标准差

$$s(F_1)=\sqrt{\frac{\sum_{i=1}^{9}(F_{1i}-\overline{F}_1)^2}{9-1}}=\sqrt{\frac{0.002\ 333}{8}}\text{kN}=0.017\ 1\ \text{kN}$$

三次平均测量结果重复性标准不确定度为 $u_2(F_1)=s(F_1)/\sqrt{3}=0.017\ 1/\sqrt{3}\ \text{kN}=0.01\ \text{kN}$，自由度 $\nu_2=8$。

c）标准测力仪的标准不确定度 u_3

标准测力仪准确度等级为 0.3 级，其极限误差为 ±0.3%，对 50 kN 可能有 ±0.15 kN误差。按均匀分布，其标准不确定度为：

$$u(F)=0.15/\sqrt{3}\,\mathrm{kN}=0.087\ \mathrm{kN}$$

估计其标准不确定度 80%可靠，故自由度为：

$$\nu_3=\frac{1}{2}\times\left[\frac{\Delta u(F)}{u(F)}\right]^{-2}=\frac{1}{2}\times\left[\frac{0.20}{1}\right]^{-2}=12$$

表 B.1　输出量的标准不确定度分量一览表

序号	输入量的标准不确定度评定			自由度		输出量的标准不确定度分量		
	来源	符号	数值	符号	数值	符号	灵敏系数 c_i	$\lvert c_i \rvert \times u(x)$
1	试验机示值误差	$u_1(F_1)$	0.000 3 kN	ν_1	$+\infty$	u_1	$1/F=0.02\ \mathrm{kN}^{-1}$	0.01%
2	试验机测量重复性	$u_2(F_1)$	0.01 kN	ν_2	8	u_2	$1/F=0.02\ \mathrm{kN}^{-1}$	0.02%
3	标准测力仪误差	$u_3(F)$	0.087 kN	ν_3	12	u_3	$F_1/F^2=0.02\ \mathrm{kN}^{-1}$	0.17%

B.1.4　合成标准不确定度的评定

由于标准不确定度分量互不相关，故

$$u_c(\delta)=\sqrt{u_1^2+u_2^2+u_3^2}=0.17\%$$

有效自由度

$$\nu_{\mathrm{eff}}=\frac{u_c^4(\delta)}{\sum\frac{u_i^4}{\nu_i}}=\frac{(0.17\%)^4}{\frac{(0.01\%)^4}{+\infty}+\frac{(0.02\%)^4}{8}+\frac{(0.17\%)^4}{12}}=12$$

B.1.5　扩展不确定度评定

按置信概率 $p=0.95$，有效自由度 $\nu_{\mathrm{eff}}=12$，查 t 分布表，得 $k=2.18$。试验机负荷示值校准结果的扩展不确定度为 $U_{95}=k\times u_c(\delta)=2.18\times 0.17\%=0.37\%$ 。

B.1.6　测量不确定度报告

上述的分析及计算按 JJF 1059—1999《测量不确定度评定与表示》进行，试验机负荷示值误差校准结果的扩展不确定度 $U_{95}=0.37\%$，$\nu_{\mathrm{eff}}=12$。

B.2　速度校准测量不确定度评定

B.2.1　建立数学模型，列不确定度式

以标准转速表计数速度为基准，试验机显示对应的示值，计算其最大允许相对误差。校准结果的数学模型

$$\delta_v=\frac{v_1-v}{v}\times 100\%$$

式中：δ_v——试验机示值相对误差，%；

v_1——试验机速度示值，km/h；

v——标准转速表测量的速度，km/h。

因为各分量 v，v_1 互不相关，由不确定度传播律

$$u^2(\delta)=c_1^2\times u^2(v_1)+c_2^2\times u^2(v)$$

其中：$c_1=\dfrac{\partial\delta}{\partial v_1}=\dfrac{1}{v}$，$c_2=\dfrac{\partial\delta}{\partial v}=-\dfrac{v_1}{v^2}$ 。

B.2.2 不确定度来源

a）试验机示值误差产生的不确定度 u_1；

b）试验机测量重复性产生的不确定度 u_2；

c）标准转速表产生的不确定度 u_3。

B.2.3 不确定度分量的评估

a）试验机示值误差的不确定度 u_1。

试验机速度示值分辨力为 0.1 km/h，以等概率分布（矩阵分布）落在宽度为 0.05 km/h的区间内。其标准不确定度为 $u_1(v_1)=\dfrac{0.05\ \text{km/h}}{\sqrt{3}}=0.03\ \text{km/h}$。自由度$\nu_1=\infty$。

b）试验机测量重复性产生的标准不确定度 u_2。

取速度为 160 km/h，重复测量 9 次，其值为：160.15，160.07，160.15，159.90，159.95，159.97，160.12，160.20，160.15 km/h，$\bar{v}_{1i}=160.08$ km/h，测量试验标准差

$$s(v_1)=\sqrt{\frac{\sum_{i=1}^{9}(v_{1i}-\bar{v}_{1i})^2}{9-1}}=0.11\ \text{km/h}$$

三次平均测量结果重复性产生的标准不确定度

$$u_2(v_1)=\frac{0.11\ \text{km/h}}{\sqrt{3}}=0.06\ \text{km/h}$$

自由度 $\nu_2=8$。

c）标准转速表产生的标准不确定度 u_3。

标准转速表准确度等级为 0.2 级，其极限误差为±0.2%，对 160 km/h 的速度，其最大误差为±0.32 km/h。按均匀分布考虑，$u_3(v)=0.32\ \text{km/h}/\sqrt{3}=0.18\ \text{km/h}$，估计其标准不确定度 80%可靠，故其自由度为

$$\nu_3=\frac{1}{2}\times\left[\frac{\Delta u(v)}{u(v)}\right]^{-2}=\frac{1}{2}\times\left[\frac{0.20}{1}\right]^{-2}=12$$

表 B.2 输出量的标准不确定度分量一览表

序号	输入量的标准不确定度评定			自由度		输出量的标准不确定度分量		
	来源	符号	数值	符号	数值	符号	灵敏系数 c_i	$\lvert c_i\rvert\times u(x)$
1	试验机示值误差	$u_1(v_1)$	0.03 km/h	ν_1	$+\infty$	u_1	$1/v=0.00625(\text{km/h})^{-1}$	0.02%
2	试验机测量重复性	$u_2(v_1)$	0.06 km/h	ν_2	8	u_2	$1/v=0.00625\ (\text{km/h})^{-1}$	0.04%
3	标准转速表误差	$u_3(v)$	0.18 km/h	ν_3	12	u_3	$v_1/v^2=0.00625\ (\text{km/h})^{-1}$	0.11%

B.2.4 合成标准不确定度的评定

由于标准不确定度分量互不相关，故

$$u_c(\delta)=\sqrt{u_1^2+u_2^2+u_3^2}=0.12\%$$

有效自由度

$$\nu_{\mathrm{eff}}=\frac{u_{\mathrm{c}}^{4}(\delta)}{\sum\frac{u_{i}^{4}}{\nu_{i}}}=\frac{(0.05\%)^{4}}{\frac{(0.02\%)^{4}}{+\infty}+\frac{(0.04\%)^{4}}{8}+\frac{(0.11\%)^{4}}{12}}=17$$

B.2.5　扩展不确定度评定

按置信概率 $p=0.95$，有效自由度 $\nu_{\mathrm{eff}}=17$，查 t 分布表，得 $k=2.11$。试验机速度校准结果的扩展不确定度为 $U_{95}=k\times u_{\mathrm{c}}(\delta)=2.11\times 0.12\%=0.25\%$ 。

B.2.6　测量不确定度报告

上述的分析及计算按 JJF 1059—1999《测量不确定度评定与表示》进行，试验机速度示值误差校准结果的扩展不确定度 $U_{95}=0.25\%$，$\nu_{\mathrm{eff}}=17$ 。

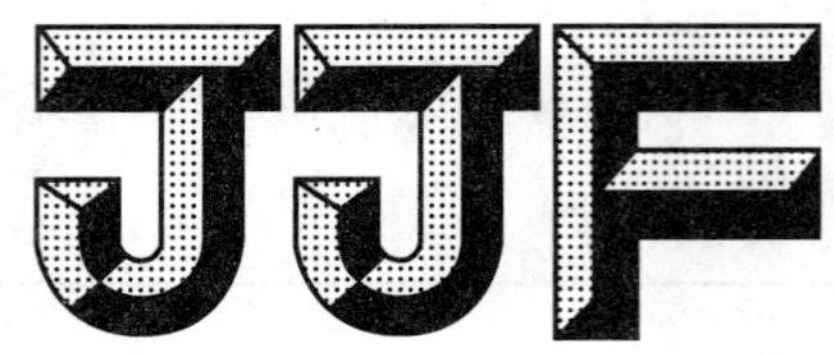

中华人民共和国国家计量技术规范

JJF 1196—2008

机动车方向盘转向力-转向角检测仪校准规范

Calibration Specification of Motor Vehicle Testers for Steering Force and Steering Angle

2008-03-24 发布 2008-06-24 实施

国家质量监督检验检疫总局 发布

机动车方向盘转向力-转向角检测仪校准规范

JJF 1196—2008

Calibration Specification of Motor Vehicle Testers for Steering Force and Steering Angle

本规范经国家质量监督检验检疫总局于2008年3月24日批准，并自2008年6月24日起施行。

归 口 单 位： 全国法制计量管理计量技术委员会

主要起草单位： 江西省计量测试研究院

石家庄华燕交通科技有限公司

中国计量协会机动车计量检测技术工作委员会

参加起草单位： 中交（北京）交通产品认证中心有限公司

上海计量测试技术研究院

湖北汽车检测设备交通计量站

上海通运汽车科技有限公司

本规范由全国法制计量管理计量技术委员会负责解释

本规范主要起草人：

戴映云（江西省计量测试研究院）

陈南峰（石家庄华燕交通科技有限公司）

杨　欣（江西省计量测试研究院）

鲍国华（中国计量协会机动车计量检测技术工作委员会）

参加起草人：

赵文辉（中交（北京）交通产品认证中心有限公司）

卞汝锦（上海计量测试技术研究院）

苏风华（湖北汽车检测设备交通计量站）

许　基（上海通运汽车科技有限公司）

常　强（江西省计量测试研究院）

马　明（上海计量测试技术研究院）

机动车方向盘转向力-转向角检测仪校准规范

1 范围

本规范适用于机动车方向盘转向力-转向角检测仪（以下简称方向盘力角仪）的校准。

本规范规定了方向盘力角仪的计量特性及校准方法。

2 引用文献

JJF 1001—1998《通用计量术语及定义》

JJF 1059—1999《测量不确定度评定与表示》

使用本规范时，应注意使用上述引用文献的现行有效版本。

3 术语和计量单位

3.1 方向盘转向力 steering force

操纵方向盘转向时，作用在方向盘外缘的切向力。

3.2 方向盘转向力矩 steering torque

操纵方向盘转向时，方向盘转向力相对转轴的力矩。

3.3 方向盘转向角 steering angle

操纵方向盘转向时，方向盘绕其转轴的转动角度。

3.4 计量单位

方向盘力角仪使用的计量单位是：转向力单位为牛[顿](N)，转向力矩单位为牛[顿]米(Nm)，转向角单位为度（°）。

4 概述

方向盘力角仪是用来测量汽车、拖拉机和其他轮式车辆方向盘（转向盘）的操纵力及转动角度的仪器。适用于方向盘的转角、转向力（或力矩）等静态或动态计量参数的检测。

方向盘力角仪通常由机械构件、传感器、显示器等部分组成。转向力（或力矩）是通过测力机构经传感器转换为电信号由仪表显示器显示的方法实现测量；转向角可通过测角传感器转换成电信号经仪表显示器显示或通过指针与角度盘显示。

5 计量特性

5.1 转向力（或力矩）

5.1.1 测量范围：

转向力：(100～500)N；

转向力矩：(20～100)Nm。

5.1.2　最大允许误差：±3%。

5.1.3　重复性：3%。

5.1.4　分度值 d：

转向力：不大于 1 N；

转向力矩：不大于 0.2 Nm。

5.1.5　鉴别力：不大于 1.5 d（分度值）。

5.1.6　漂移：数字显示式仪表的变化量 10 min 不大于 2 d。

5.2　转向角

5.2.1　测量范围：顺、逆时针旋转均不小于 50°；对用于汽车试验、并带有信号输出端口的方向盘力角仪应不小于 1 080°。

5.2.2　最大允许误差：±3°。

5.2.3　重复性：3°。

5.2.4　分度值 d_α：不大于 1°。

5.2.5　漂移：数字显示式仪表的变化量 10 min 不大于 2 d_α。

注：由于校准不判定合格与否，故上述计量特性的要求仅供参考。

6　校准条件

6.1　环境条件

环境温度：(0～40)℃；

相对湿度：≤85%。

6.2　校准用器具

6.2.1　转向力校准

6.2.1.1　砝码校准

a）砝码校准专用装置（见附录 A）

b）M_2 级千克组砝码（砝码大小、数量根据实际测力范围选择）。

c）M_2 级克组砝码（砝码大小、数量根据实际需要选择）。

6.2.1.2　测力仪校准

a）测力仪校准专用装置（见附录 B）。

b）测力仪：测量范围(100～500)N，0.5 级。

6.2.2　转向力矩校准

6.2.2.1　组合校准

a）转向力校准：同 6.2.1.1 或 6.2.1.2。

b）长度量具：测量范围(0～500)mm，最大允许误差±0.5 mm。

6.2.2.2　扭矩仪校准

a）扭矩仪校准专用装置(见附录 C)。

b）扭矩仪：测量范围(20～100)Nm，0.5 级。

6.2.3　转向角校准

角度计量器具：测量范围(0°～180°)，最大允许误差±30′。

6.2.4 数字多用表

对校准用于汽车试验、并带有信号输出端口的方向盘力角仪选用数字多用表，其准确度等级：0.1级。

7 校准项目和校准方法

检查外观及功能，确认没有影响计量特性的因素后进行校准。

7.1 转向力（或力矩）的校准

7.1.1 转向力（或力矩）测量点的确定

分别按顺时针和逆时针旋转方向，取约为满量程（或实际使用最大量程）的20%、40%、60%、80%、100%的5个点作为转向力（或力矩）测量点。

7.1.2 最大允许误差

7.1.2.1 转向力

用砝码校准时，将方向盘力角仪安装在校准装置上，方向盘力角仪的旋转平面应处于铅垂位置。

用测力仪校准时，将方向盘力角仪安装在校准装置上，应保证在校准时测力仪的力作用线处于被校方向盘力角仪的盘缘切线方向。

按7.1.1规定的转向力测量点，逐点对方向盘力角仪加载（在校准的连续加载过程中不得卸载），重复测量3次。按公式（1）分别计算顺时针和逆时针旋转方向相应各点的示值误差。

$$\delta_{F_i}=\frac{\overline{X}_i-A_i}{A_i}\times 100\% \tag{1}$$

式中：δ_{F_i}——第i测量点转向力示值误差（i=1，2，3，4，5）；

$\overline{X}_i$——第i测量点方向盘力角仪的3次测量示值（对用于汽车试验、并带有信号输出端口的方向盘力角仪，应将端口输出信号量按产品说明书给出的转换系数转换为相应的力值）的平均值，N；

A_i——第i测量点加载的标准力值，N。

7.1.2.2 转向力矩

a）组合校准

用长度量具测量方向盘力角仪盘缘两个相互垂直的直径D_1和D_2（或通过方向盘力角仪中心轴线的实际作用的力臂长度L_1和L_2）。按7.1.1规定的转向力矩测量点逐点对方向盘力角仪加载，重复测量3次。按公式（2）或（3）分别计算顺时针和逆时针旋转方向相应各点的示值误差。

$$\delta_{M_i}=\frac{\overline{M}_i-B_i\cdot(D_1+D_2)/4}{B_i\cdot(D_1+D_2)/4}\times 100\% \tag{2}$$

$$\delta_{M_i}=\frac{\overline{M}_i-B_i\cdot(L_1+L_2)/2}{B_i\cdot(L_1+L_2)/2}\times 100\% \tag{3}$$

式中：δ_{M_i}——第i测量点转向力矩示值误差（i=1，2，3，4，5）；

$\overline{M}_i$——第i测量点方向盘力角仪的3次测量示值（对用于汽车试验、并带有信号输出端口的方向盘力角仪，应将端口输出信号量按产品说明书给出的转换系数转换为相应的力矩值）的平均值，Nm；

B_i——第 i 测量点加载的标准值，N；

D_1，D_2——方向盘力角仪盘缘两个相互垂直的直径，m；

L_1，L_2——通过方向盘力角仪中心轴线的实际作用力的力臂长度，m。

b）扭矩仪校准

用扭矩仪校准时，被校方向盘力角仪转轴应与扭矩仪的传感器刚性同轴联接。

按 7.1.1 规定的转向力矩测量点逐点对方向盘力角仪加载力矩（在校准的连续加载过程中不得卸载），重复测量 3 次。按公式（4）分别计算顺时针和逆时针旋转方向相应各点的示值误差。

$$\delta_{M_i} = \frac{\overline{M}_i - M_{si}}{M_{si}} \times 100\% \tag{4}$$

式中：M_{si}——第 i 测量点加载的标准力矩值，Nm。

7.1.3 重复性

7.1.3.1 转向力

在 7.1.2.1 转向力最大允许误差校准的基础上，按公式（5）分别计算顺时针和逆时针旋转方向相应各点的重复性。

$$r_{F_i} = \frac{X_{i\max} - X_{i\min}}{\overline{X}_i} \times 100\% \tag{5}$$

式中：r_{F_i}——第 i 测量点转向力示值重复性误差；

$X_{i\max}$——第 i 测量点转向力 3 次测量示值中的最大值，N；

$X_{i\min}$——第 i 测量点转向力 3 次测量示值中的最小值，N；

$\overline{X}_i$——第 i 测量点转向力 3 次测量示值的平均值，N。

7.1.3.2 转向力矩

在 7.1.2.2 转向力矩最大允许误差校准的基础上，按公式（6）分别计算顺时针和逆时针旋转方向相应各点的重复性。

$$r_{M_i} = \frac{M_{i\max} - M_{i\min}}{\overline{M}_i} \times 100\% \tag{6}$$

式中：r_{M_i}——第 i 测量点转向力矩重复性误差；

$M_{i\max}$——第 i 测量点转向力矩 3 次测量示值中的最大值，Nm；

$M_{i\min}$——第 i 测量点转向力矩 3 次测量示值中的最小值，Nm；

$\overline{M}_i$——第 i 测量点转向力矩 3 次测量示值的平均值，Nm。

7.1.4 鉴别力

在 7.1.2 最大允许误差的校准时，对约为 40％满量程（或实际使用的最大量程）的测量点，逐渐加载 1.0 d，1.5 d，2.0 d…，示值变化时的加载值作为鉴别力测量结果。

7.1.5 漂移

在 7.1.2 最大允许误差校准时，对约为 40％满量程（或实际使用的最大量程）的测量点（作为起始值）观测约 10 min，每隔 5 min 记录一次读数。各次读数与起始值的最大差值作为测量结果。

7.2 转向角的校准

7.2.1 转向角测量点的确定

分别取顺时针和逆时针旋转方向 10°，30°，50°作为测量点；对用于汽车试验、并带有信号输出端口的方向盘力角仪测量点应为 0°，50°，180°，720°，1 080°。

7.2.2 最大允许误差

按 7.2.1 规定的转向角测量点逐点旋转方向盘力角仪，读取角度计量器具的相应示值，重复测量 3 次。按公式（7）分别计算顺时针和逆时针旋转方向相应各点的示值误差。

$$\Delta_{\alpha i}=\alpha_i-\overline{\beta}_i \tag{7}$$

式中：$\Delta_{\alpha i}$——第 i 测量点示值误差，(°)；

α_i——第 i 测量点被校方向盘力角仪的示值（对用于汽车试验、并带有信号输出端口的方向盘力角仪，应将端口输出信号量按产品说明书给出的转换系数转换为相应的角度值），(°)。

$\overline{\beta}_i$——第 i 测量点角度计量器具 3 次示值的平均值，(°)。

7.2.3 重复性

在 7.2.2 最大允许误差校准的基础上，按公式（8）分别计算顺时针和逆时针旋转方向相应各点的重复性。

$$r_{\alpha_i}=\alpha_{i\max}-\alpha_{i\min} \tag{8}$$

式中：r_{α_i}——第 i 测量点重复性，(°)；

$\alpha_{i\max}$——第 i 测量点 3 次测量示值中的最大值，(°)；

$\alpha_{i\min}$——第 i 测量点 3 次测量示值中的最小值，(°)。

7.2.4 漂移

在 7.2.2 最大允许误差校准时，对约 30°的测量点(作为起始值)固定观测约10 min。每隔 5 min 记录一次读数，各次读数与起始值的最大差值作为测量结果。

8 校准结果的表达

经校准的方向盘力角仪，出具校准证书。校准证书的内容见附录 E。

9 复校时间间隔

根据方向盘力角仪的使用状况由用户自定，建议复校时间间隔为 1 年。

附录 A

砝码校准专用装置

砝码校准专用装置如图 A.1 所示。

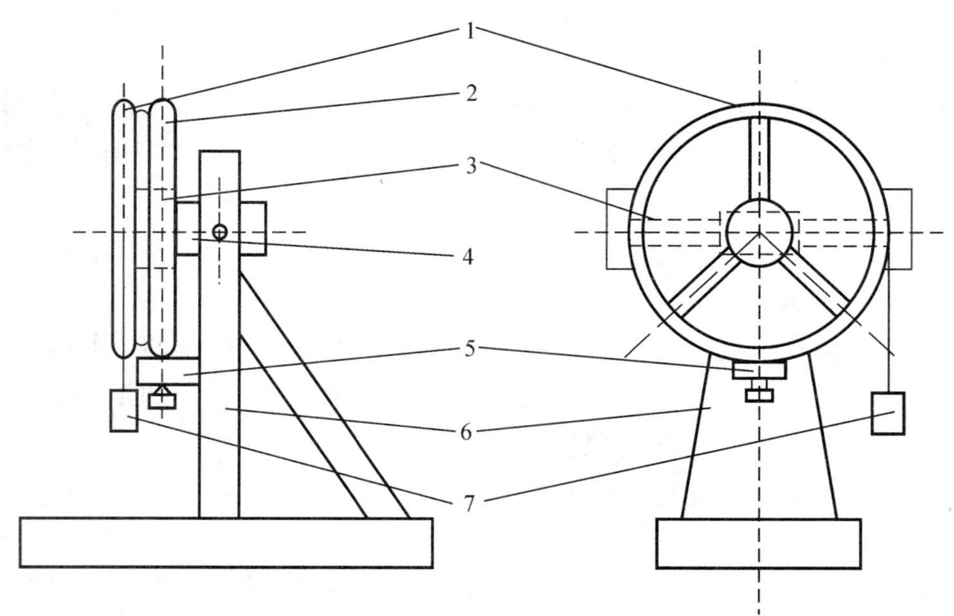

图 A.1 砝码校准（及转向角校准）专用装置示意图

1—被校方向盘力角仪（圆形）；2—方向盘式联结器；3—被校方向盘力角仪（拉式）
4—角位移传感器；5—方向盘式联结器定位机构；6—专用底座；7—砝码

砝码校准专用装置结构应满足：

a）被校方向盘力角仪安置在专用装置上，加载最大值砝码时应稳定可靠；其旋转平面应处于铅垂位置；

b）加载砝码时，力作用线应处于方向盘力角仪旋转平面中，且与方向盘力角仪盘缘切线方向保持一致。

附录 B

测力仪校准专用装置

测力仪校准专用装置如图 B.1 所示。

图 B.1 测力仪校准（及转向角校准）专用装置示意图

1—被校方向盘力角仪（圆形）；2—被校方向盘力角仪（拉式）；3—角位移传感器；
4—方向盘式联结器；5—方向盘式联结器定位机构；6—拉力传感器；7—加力机构；8—专用底座

测力仪校准专用装置结构应满足：

a）被校方向盘力角仪安置在专用装置上，加载最大作用力时应稳定可靠，且其旋转平面不发生偏斜；

b）加力作用线应与测力仪一致，并处于方向盘力角仪旋转平面中，且处于方向盘力角仪盘缘切线方向。

附录 C

扭矩仪校准专用装置

扭矩仪校准专用装置如图 C.1 所示。

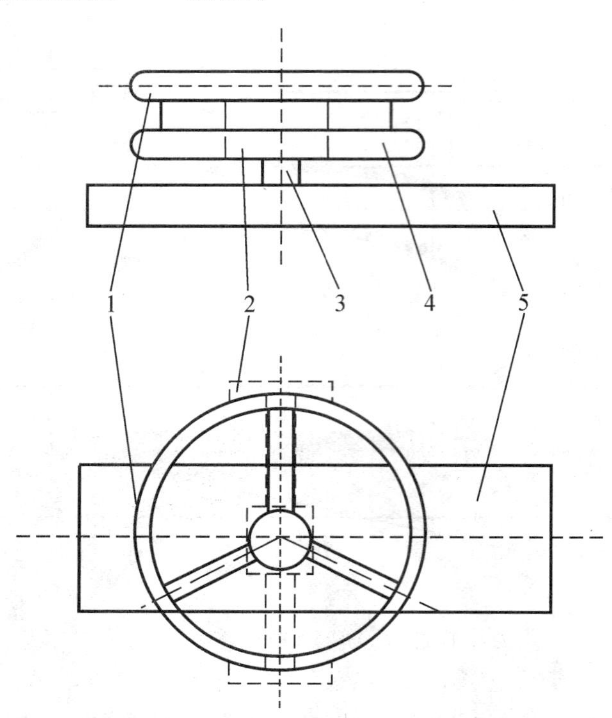

图 C.1 扭矩仪校准（及转向角校准）专用装置示意图

1—被校方向盘力角仪（圆形）；2—被校方向盘力角仪（拉式）；3—扭矩传感器（角位移传感器）；4—方向盘式联结器；5—专用底座

扭矩仪校准专用装置结构应满足：

a）被校方向盘力角仪安置在专用装置上，加载最大作用扭矩时也应可靠稳定；且加载最大作用扭矩时其旋转平面不发生偏斜；

b）专用装置应保证被校方向盘力角仪转轴与扭矩仪的传感器刚性同轴联接，并与方向盘力角仪旋转平面垂直。

附录 D

机动车方向盘转向力-转向角检测仪
转向力示值误差测量结果的不确定度评定

D.1　数学模型

采用砝码校准方向盘力角仪转向力，在专用校准装置上安置被校方向盘力角仪，通过方向盘外缘切线方向上加载不同量的砝码进行测量。按下列公式计算被检方向盘力角仪转向力示值误差（被检方向盘力角仪示值 X、加载砝码值 m 为输入量，被检方向盘转向力角仪示值误差 δ 为输出量）的数学模型为

$$\delta=\frac{X-A}{A}=\frac{X}{mg}-1$$

式中：δ——方向盘力角仪转向力示值误差；

X——被检方向盘力角仪转向力示值，N；

A——加载点标准力值；

m——加载砝码值，kg（按 10.20 kg 测量点计）；

g——重力加速度，近似取 9.8 m/s^2。

因为各分量 X、m 互不相关，由不确定度传播律得：

$$u^2(\delta)=c_1^2\times u^2(X)+c_2^2\times u^2(m)$$

其中灵敏系数：$c_1=\dfrac{1}{mg}=0.01\ \mathrm{N}^{-1}$

$$c_2=-\frac{X}{m^2g}=-0.10\ \mathrm{kg}^{-1}$$

即合成方差表达式为：

$$u^2(\delta)=\left(\frac{1}{mg}\right)^2\times u^2(X)+\left(-\frac{X}{m^2g}\right)^2\times u^2(m)$$
$$=(0.01\ \mathrm{N}^{-1})^2\times u^2(X)+(-0.10\ \mathrm{kg}^{-1})^2\times u^2(m)$$

D.2　输入量的不确定度来源

D.2.1　被校方向盘力角仪转向力示值的测量结果重复性

$$\left(\frac{1}{mg}\right)\times u_1(X)=(0.01\ \mathrm{N}^{-1})\times u_1(X)=u_A$$

D.2.2　被校方向盘力角仪转向力示值的数显量化误差

$$\left(\frac{1}{mg}\right)\times u_2(X)=(0.01\ \mathrm{N}^{-1})\times u_2(X)=u_1$$

D.2.3　加载砝码误差

$$\left(-\frac{X}{m^2g}\right)\times u(m)=(-0.10\ \mathrm{kg}^{-1})\times u(m)=u_2$$

D.3　输入量的标准不确定度的评定

D.3.1　被校方向盘力角仪转向力示值 X 估计值的标准不确定度的评定

a）测量结果重复性引入的不确定度

被校方向盘力角仪转向力示值 X 估计值的不确定度主要来源于方向盘力角仪示值的测量结果重复性。测量结果重复性可以通过连续测量得到的测量列，采用 A 类方法进行评定。在校准装置及被校方向盘力角仪正常工况条件下，在加载 10.20 kg 测量点（对应 99.96 N 力值）时等精度重复测量 10 次，由统计得单次测量实验标准差 $s(X)$

$$s(X)=\sqrt{\frac{\sum(X_i-\overline{X})^2}{n-1}}=0.42\ \text{N}$$

实际测量时，在每个测量点读取三次示值，取其平均值作为测量结果。故测量结果重复性引入的标准不确定度为

$$u_1(X)=s(X)/\sqrt{3}=0.24\ \text{N}$$

自由度　$\nu_A=9$

b）数显量化误差引入的不确定度

通常数显方向盘力角仪的分度值为 1 N，其数显量化误差以等概率分布（矩形分布）落在宽度为 1 N÷2=0.5 N 的区间内。考虑其引入的标准不确定度为

$$u_2(X)=0.5\ \text{N}/\sqrt{3}=0.29\ \text{N}$$

自由度　$\nu_1\rightarrow\infty$

D.3.2　加载砝码值 m 误差引入的标准不确定度的评定

加载砝码根据 M_2 级的要求，对 10.20 kg 加载砝码（对应99.96 N 力值）就有 ±0.001 63 kg 的误差。按均匀分布考虑

$$u(m)=0.001\ 63\ \text{kg}/\sqrt{3}=0.94\times10^{-3}\ \text{kg}$$

估计该标准不确定度 90%可靠，故自由度为

$$\nu_2=\frac{1}{2}\times\left[\frac{\Delta u(m)}{u(m)}\right]^{-2}=\frac{1}{2}\times\left[\frac{0.10}{1}\right]^{-2}=50$$

D.4　输出量的标准不确定度分量一览表

输出量的标准不确定度分量见表 D.1。

表 D.1　输出量的标准不确定度分量一览表

序号	输入量估计值的标准不确定度评定			自由度		输出量估计值的标准不确定度分量		
	来　源	符号	数值	符号	数值	符号	灵敏系数 c_i	$\|c_i\|\times u(x)$
1	测量结果重复性	$u_1(X)$	0.24 N	ν_A	9	u_A	0.01 N^{-1}	0.24%
2	数显量化误差	$u_2(X)$	0.29 N	ν_1	∞	u_1	0.01 N^{-1}	0.29%
3	加载砝码误差	$u(m)$	0.000 94 kg	ν_2	50	u_2	−0.10 kg^{-1}	0.01%

注：上述计算按 X=99.96 N、m=10.20 kg、g=9.8 m/s² 计。

D.5　合成标准不确定度的评定

由于各标准不确定度分量相互无关，故

$$u_c(\delta)=\sqrt{u_A^2+u_1^2+u_2^2}=0.38\%$$

有效自由度

$$\nu_{\text{eff}}=\frac{u_{\text{c}}^{4}(\delta)}{\sum \frac{u_{i}^{4}}{\nu_{i}}}=\frac{0.38^{4}}{\frac{0.24^{4}}{9}+\frac{0.29^{4}}{\infty}+\frac{0.01^{4}}{50}}=56$$

D.6 扩展不确定度的评定

按置信概率 $p=0.95$，有效自由度 $\nu_{\text{eff}}=56$，查 t 分布表，得 $k_p=2.01$。

故转向力示值误差的扩展不确定度应当为

$$U_{95}=k_p\times u_{\text{c}}(\delta)=2.01\times 0.38\%=0.76\%$$

附录 E

校准证书内容

校准证书的内容应排列有序，格式清晰，至少应包括以下内容：

1. 标题：校准证书；
2. 实验室名称和地址；
3. 进行校准的地点（如果不在实验室内进行校准）；
4. 证书或报告编号、页码及总页数；
5. 送校单位的名称和地址；
6. 被校准仪器名称；方向盘力角检测仪；
7. 被校方向盘力角检测仪的制造商、型号规格及编号；
8. 校准所使用的计量标准名称、溯源性及有效性说明；
9. 本规范的名称及编号和对本规范的任何偏离、增加或减少的说明；
10. 校准时的环境情况；
11. 校准项目的校准结果；
12. 示值误差的测量不确定度；
13. 校准人签名，核验人签名，批准人签名及职务；
14. 校准日期及校准证书签发日期；
15. 复校时间间隔的建议；
16. 未经校准实验室书面批准，不得部分复制校准证书。

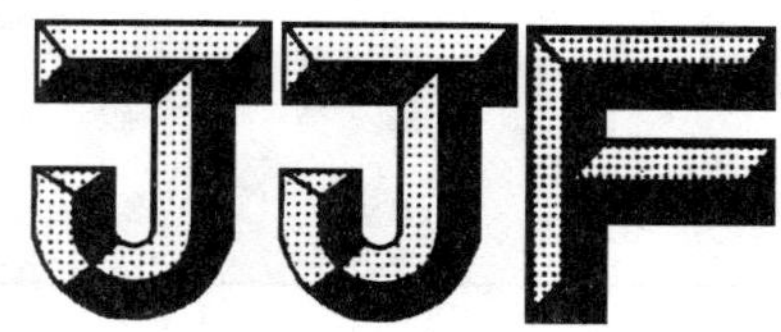

中华人民共和国国家计量技术规范

JJF 1221—2009

汽车排气污染物检测用底盘测功机校准规范

Calibration Specification for Chassis Dynamometers for Automobile Emissions Testing

2009－07－10 发布　　2009－10－10 实施

国家质量监督检验检疫总局 发布

汽车排气污染物检测用底盘测功机校准规范

JJF 1221—2009

Calibration Specification for Chassis Dynamometers for Automobile Emissions Testing

本规范经国家质量监督检验检疫总局于2009年7月10日批准，并自2009年10月10日起施行。

归 口 单 位： 全国法制计量管理计量技术委员会

主要起草单位： 河南省计量科学研究院

参加起草单位： 浙江江兴汽车检测设备厂

浙江省计量科学研究院

北京市计量检测科学研究院

石家庄华燕交通科技有限公司

佛山市南华仪器有限公司

本规范由全国法制计量管理计量技术委员会负责解释

本规范主要起草人：

刘　伟（河南省计量科学研究院）

朱卫民（河南省计量科学研究院）

郑　黎（河南省计量科学研究院）

参加起草人：

周申生（浙江江兴汽车检测设备厂）

严　瑾（浙江省计量科学研究院）

陈　曦（北京市计量检测科学研究院）

陈南峰（石家庄华燕交通科技有限公司）

杨耀光（佛山市南华仪器有限公司）

汽车排气污染物检测用底盘测功机校准规范

1 范围

本规范规定了汽车排气污染物检测用底盘测功机（以下简称底盘测功机）的计量特性、校准条件、校准项目和校准方法。

本规范适用于点燃式发动机汽车稳态工况法、简易瞬态工况法及压燃式发动机汽车加载减速工况法排气污染物检测用底盘测功机的校准。

2 引用文献

GB 18285—2005 点燃式发动机汽车排气污染物排放限值及测量方法（双怠速法及简易工况法）

GB 3847—2005 车用压燃式发动机和压燃式发动机汽车排气烟度排放限值及测量方法

使用本规范时，应注意使用上述引用文献的现行有效版本。

3 术语

3.1 底盘测功机基本惯量 DIW（dynamometer inertia weight）

惯量模拟装置模拟汽车行驶中平动惯量所相当的汽车质量，称为当量惯量；而底盘测功机上所有旋转部件等效的当量惯量称为底盘测功机基本惯量。

3.2 主滚筒 main roller

与功率吸收装置同轴连接的滚筒。

4 概述

底盘测功机是在汽车排气污染物排放工况法检测时用于模拟车辆在道路实际行驶时的惯量和阻力的专用计量设备。

底盘测功机主要由以下部分组成：功率吸收装置（PAU）及其控制器、滚筒装置、机械惯量装置、驱动电机、同步装置、测力装置、测速装置、举升装置、侧向限位装置、显示装置等。

5 计量特性

5.1 滚筒装置

5.1.1 主滚筒直径允许误差：±0.5%。

5.1.2 主滚筒表面径向圆跳动量不大于0.2%。

5.1.3 前后滚筒母线平行度不大于1mm/m。

5.2 速度

主滚筒线速度允许误差：±0.2km/h 或±0.5%。

5.3　扭力

5.3.1　零值漂移：±5N。

5.3.2　示值误差：±1.0%。

5.3.3　重复性：不大于1.0%。

5.3.4　回程误差：不大于1.0%。

5.4　基本惯量

基本惯量允许误差为铭牌标称值的±2.0%。

5.5　恒载荷加载滑行时间

恒载荷加载滑行时间允许误差：±4.0%。

5.6　变载荷加载滑行时间

变载荷加载滑行时间允许误差：±4.0%。

5.7　内部损耗功率

不大于1.5kW（适用于简易瞬态工况法在50km/h时）。

5.8　加载响应时间

加载响应时间不大于300ms，平均稳定时间不大于600ms。

注：以上所有指标不是用于合格性判别，仅提供参考。

6　校准条件

6.1　环境条件

温度：0℃～40℃

相对湿度：≤85%

无影响校准结果的振动、电磁干扰等。

6.2　校准用计量标准器及设备

计量标准器和设备见表1。

表1　校准设备一览表

设备名称	测量范围	准确度等级
长量爪游标卡尺或π尺	500mm（分度值0.02mm）	MPE：±0.05mm
百分表	（0～10）mm	1级
速度测量装置	（0～100）km/h	MPE：±0.1%
扭力校准装置（砝码）	/	M_2级
存储式数字示波器	频宽：100MHz	幅度MPE：±2%
计时装置	（0～150）s	MPE：±3ms

7　校准项目和校准方法

7.1　校准项目

校准项目见表2。

表 2 校准项目

序 号	校 准 项 目
1	滚筒装置
2	速度
3	扭力
4	基本惯量允许误差
5	恒加载滑行时间
6	变加载滑行时间
7	内部损耗功率
8	加载响应时间

7.2 校准方法

7.2.1 滚筒装置

在进行滚筒装置的参数校准之前应关断底盘测功机驱动电机的电源。

7.2.1.1 滚筒直径误差

在主滚筒中段占全长 80%的表面上均匀选取 3 处，用长量爪游标卡尺或 π 尺测量每处的直径 3 次，记录结果。按公式（1）分别计算左右主滚筒各处直径误差，取各处最大直径误差作为校准结果。

$$\delta_{D_i}=\frac{\overline{D_i}-D}{D}\times 100\% \quad i=1,2,3 \tag{1}$$

式中：δ_{D_i}——第 i 处主滚筒直径误差；

$\overline{D_i}$——第 i 处 3 次测量滚筒直径的平均值，mm；

D——主滚筒标称直径，mm。

7.2.1.2 径向圆跳动量

在主滚筒占全长 80%的表面上均匀选取 3 个断面，用固定在基座上的百分表测量滚筒表面径向圆跳动量（必要时可在百分表测量触头与滚筒表面之间加装增加接触面积装置），选取最大跳动量，代入公式（2）计算左、右主滚筒径向圆跳动量误差。

$$\delta_J=\frac{|\Delta_J|_{max}}{\overline{D}}\times 100\% \tag{2}$$

式中：δ_J——径向圆跳动量误差，%；

$\overline{D}$——所在滚筒 3 处测量滚筒直径的平均值，mm；

$|\Delta_J|_{max}$——径向圆跳动量的最大绝对值，mm。

7.2.1.3 前后滚筒内侧母线平行度

对左右侧的前后两对滚筒分别测量。用长爪游标卡尺在滚筒两端处，测量前、后滚筒两端点内侧母线的距离。记为 $\overline{L_1}$ 和 $\overline{L_2}$，按公式（3）计算：

$$L_H=(\overline{L_1}-\overline{L_2})/L \tag{3}$$

式中：L_H——前后滚筒内侧母线平行度，mm/m；

L——校准点之间的距离，m；

$\overline{L}_1$，$\overline{L}_2$——前、后滚筒两端点内侧母线的距离，mm。

7.2.2 速度

7.2.2.1 选取约 25km/h，40km/h，48km/h，70km/h 作为校准点，重复 7.2.2.2 测量过程，计算各校准点示值误差。其中 70km/h 校准点只适用于压燃式发动机汽车加载减速工况法。

7.2.2.2 驱动滚筒加速至校准点，待速度稳定后，连续记录三次底盘测功机速度示值和速度测量装置的示值，按公式（4）、公式（5）分别计算绝对示值误差和相对示值误差。

$$\Delta_r=\overline{V}_m-\overline{V}_s \tag{4}$$

$$\delta_r=\left(\frac{\overline{V}_m-\overline{V}_s}{\overline{V}_s}\right)\times 100\% \tag{5}$$

式中：Δ_r——速度示值绝对误差；

$\overline{V}_m$——三次测量的示值平均值，km/h；

$\overline{V}_s$——三次标准速度计的示值平均值，km/h；

δ_r——速度示值相对误差。

7.2.2.3 各校准点中示值误差最大者，作为主滚筒线速度误差的校准结果。

7.2.3 扭力

安装好扭力校准装置，使其处于平衡状态，然后将底盘测功机指示装置调零。施加扭力至上限后卸除扭力，检查指示装置的回零情况，并重新调零。

7.2.3.1 零值漂移

每隔 5min 观察 1 次零位变化，并记录。取 15min 内最大变化量作为零值漂移的校准结果。

7.2.3.2 示值误差、重复性、回程误差

将底盘测功机指示装置调零，在规定的测量范围内，按满量程的约 20%、40%、60%、80%依次逐级加载，再逐级减载，分别记录进程和回程过程中的扭力示值。此过程重复进行 3 次，每次校准后指示装置应清零。

按公式（6）计算各量程点的扭力示值误差，取各量程点的最大示值误差作为示值误差校准结果。

$$W=\left(\frac{\overline{F}_J-F}{F}\right)\times 100\% \tag{6}$$

式中：W——扭力示值误差；

$\overline{F}_J$——3 次进程扭力示值的平均值，N；

F——扭力标准值，N。

按公式（7）分别计算各量程点的重复性，取各量程点重复性最大值作为重复性校准结果。

$$R=\frac{F_{max}-F_{min}}{\overline{F}_J}\times 100\% \tag{7}$$

式中：R——扭力重复性；

F_{max}——3 次进程扭力示值的最大值，N；

F_{min}——3 次进程扭力示值的最小值，N；

$\overline{F}_J$——3 次进程扭力示值的平均值，N。

按公式（8）计算回程误差，取各量程点最大回程误差作为校准结果。

$$H=\frac{|\overline{F}_H-\overline{F}_J|}{F}\times 100\% \tag{8}$$

式中：H——扭力回程误差；

$\overline{F}_J$——进程中 3 次扭力示值的算术平均值，N；

$\overline{F}_H$——回程中 3 次扭力示值的算术平均值，N；

F——扭力标准值，N。

7.2.4 基本惯量允许误差

按照设备说明书的要求，将底盘测功机充分预热。

7.2.4.1 驱动滚筒速度至 56km/h，在（48～16）km/h 速度区间段进行空载滑行测试。记录计时装置记录的滑行时间 t_1。

7.2.4.2 驱动滚筒转速至 56km/h 后，加载恒扭力 $F_2=1170$N，进行（48～16）km/h 的滑行测试。记录计时装置记录的滑行时间 t_2。

7.2.4.3 按照步骤 7.2.4.1 和 7.2.4.2 重复测量三次。

计算 3 次平均值 $\overline{f}_1$，$\overline{t}_1$；$\overline{f}_2$，$\overline{t}_2$。按公式（9）计算基本惯量 DIW：

$$DIW_A=0.1125\times\frac{(\overline{f}_2-\overline{f}_1)\times\overline{t}_1\times\overline{t}_2}{\overline{t}_1-\overline{t}_2} \tag{9}$$

式中：DIW_A——底盘测功机转动惯量等效汽车质量，kg；

$\overline{f}_1$——三次加载恒力 $F_1=0$N 时，F_1 实测值的平均值，N；

$\overline{f}_2$——三次加载恒力 $F_2=1170$N 时，F_2 实测值的平均值，N；

$\overline{t}_1$——三次加载恒力 $F_1=0$N，（48～16）km/h 滑行时间的平均值，s；

$\overline{t}_2$——三次加载恒力 $F_2=1170$N，（48～16）km/h 滑行时间的平均值，s。

如果测量值满足 5.4 要求，基本惯量使用铭牌标称值 DIW。如果不符合 5.4 要求，允许重新进行 7.2.4.3 试验一次。

7.2.5 恒载荷加载滑行时间

7.2.5.1 分别选择 6.0kW、12.0kW 作为总载荷 THP 对底盘测功机功率吸收装置进行设定，进行（48～32）km/h 的加载滑行测试。记录底盘测功机校准装置显示的实际滑行时间 $ACDT$。

按照公式（10）计算速度区间段（48～32）km/h 的计算滑行时间 $CCDT$；按照公式（11）计算相应的滑行时间相对误差。

$$CCDT_{40}=\frac{0.04938\times DIW}{THP} \tag{10}$$

$$\delta_{40}=\frac{ACDT_{40}-CCDT_{40}}{CCDT_{40}}\times 100\% \tag{11}$$

式中：δ_{40}——进行（48～32）km/h 恒载荷加载滑行试验时，实际滑行时间的相对误差，%；

$ACDT_{40}$——进行（48～32）km/h 恒载荷加载滑行试验时的实际滑行时间，s；

$CCDT_{40}$——进行（48～32）km/h 恒载荷加载滑行试验时的理论计算滑行时间，s；

THP——总载荷，（$THP=PHLP+IHP$，$PHLP$ 是内部损耗功率，IHP 是指示功率）；

DIW——底盘测功机基本惯量铭牌标称值。

7.2.5.2 对于压燃式发动机汽车加载减速工况法底盘测功机，增加（64～48）km/h 的加载滑行试验，并按照公式（12）计算速度区间段（64～48）km/h 的计算滑行时间 $CCDT$；按照公式（13）计算相应的滑行时间相对误差。

$$CCDT_{56}=\frac{0.06914\times DIW}{THP} \tag{12}$$

$$\delta_{56}=\frac{ACDT_{56}-CCDT_{56}}{CCDT_{56}}\times 100\% \tag{13}$$

式中：δ_{56}——进行（64～48）km/h 恒载荷加载滑行试验时的实际滑行时间的相对误差，%；

$CCDT_{56}$——进行（64～48）km/h 恒载荷加载滑行试验时的理论计算滑行时间，s；

$ACDT_{56}$——进行（64～48）km/h 恒载荷加载滑行试验时的实际滑行时间，s。

7.2.5.3 选择 12.0kW 作为总载荷 THP 对底盘测功机功率吸收装置进行设定，进行（48～32）km/h 速度段的加载滑行测试。滚筒转动后，把相当于滚筒表面切向力 200N～600N 的砝码加载在扭力校准装置上，记录该速度段下的实际滑行时间 $ACDT$。按照公式（14）来计算在有预加载情况下的理论时间 $CCDT_F$。

$$CCDT_F=DIW\left(\frac{1}{70THP-0.9F}+\frac{1}{77THP-0.9F}+\frac{1}{85THP-0.9F}+\frac{1}{95THP-0.9F}\right) \tag{14}$$

式中：F——砝码转换到滚筒表面切向力，N；

THP——设定加载的总载荷，kW；

$CCDT_F$——有预加载情况下的理论时间，s。

按照公式（15）计算有预加载情况下恒载荷加载滑行时间误差 δ_F。

$$\delta_F=\frac{ACDT-CCDT_F}{CCDT_F}\times 100\% \tag{15}$$

7.2.5.4 选以上各滑行时间相对误差中的最大值作为恒载荷加载滑行时间误差。

7.2.6 变载荷加载滑行时间

7.2.6.1 对用于点燃式发动机汽车简易瞬态工况法和稳态工况法排放检测底盘测功机，启动底盘测功机进入变加载滑行测试功能软件模块，把底盘测功机滚筒线速度提升到

56km/h 后，向底盘测功机施加 16.2kW 的总载荷 *THP*，当底盘测功机滚筒线速度下降到 48.3km/h 时，按表 3 要求向底盘测功机阶跃加载。记录（48.3～16.1）km/h 速度段的实际滑行时间 $ACDT_{\Delta}$，并根据表 3 或表 4 所示计算（48.3～16.1）km/h 速度段的计算滑行时间 $CCDT_{\Delta}$。

表 3　底盘测功机变载荷加载滑行测试载荷设置和计算时间

速度（km/h）	总载荷（kW）	计算时间（s）	速度（km/h）	总载荷（kW）	计算时间（s）
72.4	7.4	0.00000 *DIW*	43.4	13.2	0.00039 *DIW*
70.8	5.9	0.00119 *DIW*	41.8	11.8	0.00040 *DIW*
69.2	7.4	0.00146 *DIW*	40.2	10.3	0.00043 *DIW*
67.6	8.8	0.00114 *DIW*	38.6	11	0.00047 *DIW*
66.0	10.3	0.00094 *DIW*	37	11.8	0.00042 *DIW*
64.4	11.8	0.00078 *DIW*	35.4	12.5	0.00038 *DIW*
62.8	13.2	0.00067 *DIW*	33.8	13.2	0.00034 *DIW*
61.1	14.7	0.00062 *DIW*	32.2	12.5	0.00031 *DIW*
59.5	15.4	0.00051 *DIW*	30.6	11.8	0.00031 *DIW*
57.9	16.2	0.00047 *DIW*	29	11	0.00031 *DIW*
56.3	16.9	0.00044 *DIW*	27.4	10.3	0.00032 *DIW*
54.7	17.6	0.00041 *DIW*	25.7	8.8	0.00034 *DIW*
53.1	18.4	0.00038 *DIW*	24.1	7.4	0.00035 *DIW*
51.5	17.6	0.00035 *DIW*	22.5	8.1	0.00039 *DIW*
49.9	16.9	0.00036 *DIW*	20.9	8.8	0.00033 *DIW*
48.3	16.2	0.00036 *DIW*	19.3	8.1	0.00028 *DIW*
46.7	15.4	0.00036 *DIW*	17.7	7.4	0.00028 *DIW*
45.1	14.7	0.00037 *DIW*	16.1	0	0.00028 *DIW*

表 4　底盘测功机变载荷加载滑行测试计算时间

初速度（km/h）	末速度（km/h）	计算滑行时间（s）
72.4	16.1	0.01713 *DIW*
48.3	16.1	0.00707 *DIW*

按公式（16）计算变载荷加载滑行时间相对误差：

$$\delta_{\Delta}=\frac{ACDT_{\Delta}-CCDT_{\Delta}}{CCDT_{\Delta}}\times 100\% \tag{16}$$

7.2.6.2　对用于压燃式发动机汽车加载减速工况法的底盘测功机，进行（72.4～

16.1）km/h 段的变载荷加载滑行试验。把底盘测功机滚筒线速度提升到 80.5km/h 后，向底盘测功机施加 7.4kW 的总载荷 THP，当底盘测功机滚筒线速度下降到 72.4km/h 时，按表 3 要求向底盘测功机阶跃加载。记录（72.4～16.1）km/h 段的实际滑行时间 $ACDT_{\Delta}$，并根据表 3 或表 4 所示计算（72.4～16.1）km/h 速度段的计算时间 $CCDT_{\Delta}$，按公式（16）计算变载荷加载滑行时间相对误差。

7.2.7　内部损耗功率

驱动滚筒转速至 56km/h 以上，开始自由滑行，用记录速度测量装置和计时装置测量（54～46）km/h 滑行时间 Δt_x，按公式（17）计算内部损耗功率作为速度为 50km/h 时的内部损耗功率校准结果。

$$PHLP_{50}=0.030864\times DIW/\Delta t_x \tag{17}$$

式中：$PHLP_{50}$——速度为 50km/h 时的内部损耗功率，kW。

7.2.8　加载响应时间

按照表 5 的要求分别进行试验项目编号 1 和 2 的加载响应时间校准，具体校准方法如下：

将存储式数字示波器的探针接入扭力传感器经放大后的信号输出端（被校准设备应配备独立的输出端子），将力值信号的波形记录下来，按照图 1 和下面的要求进行分析，记录相应的值作为校准结果。

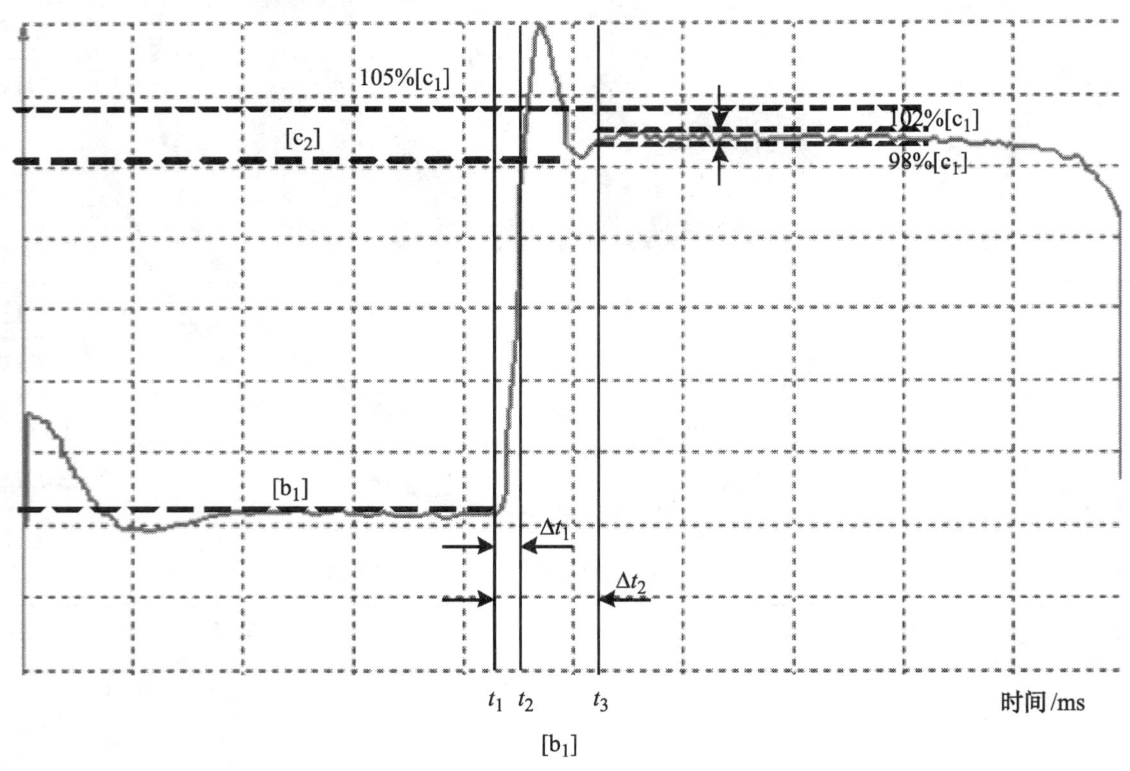

图 1　加载响应时间示意图（Δt_1：响应时间；Δt_2：平均稳定时间）

（1）在 PAU 没有制动力时，底盘测功机滚筒以 64.4km/h 以上的初始线速度减速转动。

（2）当滚筒线速度达到 56.3km/h 时，向滚筒施加如［b_1］所示的制动力。

(3) 当滚筒线速度达到 40km/h 时，向滚筒施加如［c_1］所示的制动力。

(4) 从制动力阶跃变化时刻起，时间记录开始。

(5) 监测并记录 PAU 的载荷传感器件的实际输出信号。

(6) 当达到［c_2］所示的制动力时，此刻时间记为响应时间。

(7) 当下述两个条件同时满足时，记录平均稳定时间。

a) 当 300ms 的平均制动力稳定在［c_1］所示的制动力的±2%误差范围内；

b) 用于计算制动力均值的 300ms 时间段，任意时刻制动力在［c_1］所示的制动力±5%范围内。

表 5　底盘测功机加载响应时间校准设置

代　号		[b_1]	[c_1]	[c_2]
变量名称		制动力/N	制动力/N	90%([c_1]−[b_1])+[b_1]/N
项目编号	1	1323	1719	1679
	2	1719	1323	1363

8　校准结果表达

8.1　校准证书

底盘测功机经校准后发给校准证书。校准证书应包括的信息及推荐的校准证书的内页格式见附录 A。

8.2　校准结果的测量不确定度

底盘测功机校准结果的不确定度按 JJF 1059—1999 的要求评定，不确定度评定的实例见附录 B。

9　复校时间间隔

根据底盘测功机的使用的实际情况而定，建议校准时间间隔为 1 年。

附录 A

校准证书的内容

A. 1 校准证书应至少包括以下信息：

a）标题，如“校准证书”或“校准报告”；

b）实验室名称和地址；

c）进行校准的地点（如果不在实验室内进行校准）；

d）证书或报告的唯一性标识（如编号），每页及总页数标识；

e）送校单位的名称和地址；

f）被校对象的描述和明确标识；

g）进行校准的日期；

h）对校准所用依据的技术规范的标识，包括名称及代号；

i）本次校准所用测量标准的溯源性及有效性说明；

j）校准环境的描述；

k）校准结果及其测量不确定度的说明；

l）校准证书或校准报告签发人的签名、职务或等效标识，以及签发日期；

m）校准结果仅对被校对象有效的说明；

n）未经校准实验室书面批准，不得部分复制校准证书的声明。

A.2　推荐的底盘测功机校准证书的内页格式

校 准 结 果

共1页　第1页

一、滚筒装置

1. 滚筒直径误差____________________

2. 滚筒表面径向圆跳动量____________________

3. 前后滚筒母线平行度____________________

二、速度

主滚筒线速度误差____________________

三、扭力

1. 零值漂移：____________________

2. 示值误差：____________________

3. 重复性：____________________

4. 回程误差：____________________

四、基本惯量误差：____________________

五、恒载荷加载滑行时间误差：____________________

六、变载荷加载滑行时间误差：____________________

七、内部损耗功率（适用于简易瞬态工况法在50km/h时）：____________________

八、加载响应时间____________________

加载响应时间：____________________

平均稳定时间：____________________

校准结果测量不确定度：

校准技术依据：

校准的环境条件：

温度：__________℃；　相对湿度：__________%；　气压：__________ kPa

附录 B

校准结果的不确定度分析

B.1　底盘测功机扭力示值误差的不确定度分析

B.1.1　校准方法

经测力杠杆传递的标准砝码重力由测功机功率吸收单元的载荷测量系统测量以滚筒表面切向力的形式显示。

B.1.2　数学模型

$$F=\frac{2NL\cos\alpha}{D} \tag{B1}$$

式中：F——测功机静载荷示值，N；

D——滚筒直径，mm；

N——标准砝码重力，N；

L——测力杠杆臂长，mm；

α——测力杠杆等效平面与水平面间偏角，rad。

B.1.3　方差及灵敏系数

式（B1）中 D、N、L 和 α 各变量相互独立，得到

$$u_r^2(F)=u_r^2(D)+u_r^2(N)+u_r^2(L)+u_r^2(\delta) \tag{B2}$$

式中：$u_r(F)$——被校测功机引入的相对标准不确定度分量；

$u_r(D)$——滚筒直径引入的相对标准不确定度分量；

$u_r(N)$——标准砝码引入的相对标准不确定度分量；

$u_r(L)$——测力杠杆引入的相对标准不确定度分量；

$u_r(\delta)$——测量重复性引入的标准不确定度分量。

B.1.4　A 类标准不确定度分量和自由度

以 1800N 测量点为例，在相同条件下，对被校测功机静载荷测量独立测量 10 次，计算重复性引入的标准不确定度分量 δ。

测量次数	1	2	3	4	5	6	7	8	9	10
测量值	1801.4	1798.3	1802.4	1803.5	1804.3	1799.3	1803.5	1801.5	1800.6	1798.8
平均值	1801.36									
相对标准不确定度	0.21%									

三次测量平均值的不确定度 $u_r(\delta)=0.21\%/\sqrt{3}=0.12\%$

自由度：$\nu(\delta)=9$

B.1.5　B类标准不确定度分量和自由度

a）滚筒直径引入的相对标准不确定度分量 $u_r(D)$，符合矩形分布

$$u_r(D)=0.5\%/\sqrt{3}=0.29\%$$

自由度：$\nu(D)=\infty$

b）M1级标准砝码引入的相对标准不确定度分量 $u_r(F)$，符合矩形分布

$$u_r(F)=0.005\%/\sqrt{3}=0.003\%$$

自由度：$\nu(F)=\infty$

c）测力杠杆臂长引入的相对标准不确定度分量 $u_r(L)$，符合矩形分布

$$u_r(L)=0.5\%/\sqrt{3}=0.29\%$$

自由度：$\nu(L)=50$

B.1.6　合成标准不确定度和有效自由度

合成标准不确定度

$$u_{cr}(F)=\sqrt{u_r^2(f)+u_r^2(D)+u_r^2(F)+u_r^2(L)+u_r(\delta)^2}$$
$$=\sqrt{0.21\%^2+0.29\%^2+0.003\%^2+0.12\%^2}=0.38\% \qquad \text{(B3)}$$

B.1.7　扩展不确定度

取 $k=2$，$U_r=0.76\%$。

B.2　底盘测功机速度示值误差的不确定度分析

B.2.1　校准方法

用标准测速仪直接测量在底盘测功机恒速控制模式下由电机驱动滚筒得到的稳定速度。

B.2.2　数学模型

$$\delta=v-v_0 \qquad \text{(B4)}$$

式中：δ——速度示值误差，km/h；

v——测功机速度示值，km/h；

v_0——标准测速仪速度示值，km/h。

B.2.3　方差

式（B4）中 v 和 v_0 相互独立，得到

$$u_c^2(\delta)=u^2(v)+u^2(v_0) \qquad \text{(B5)}$$

式中：$u_c(\delta)$——合成标准不确定度，km/h；

$u(v)$——被校测功机引入的标准不确定度分量，km/h；

$u(v_0)$——标准测速仪引入的标准不确定度分量，km/h。

B.2.4　标准不确定度分量和自由度

a）被校测功机速度测量重复性引入的标准不确定度分量 $u(v)$

$$u(v)=0.1/3=0.034(\text{km/h})$$

自由度：$\nu(v)=8$

b）标准测速仪引入的标准不确定度分量 $u(v_0)$

$$u(v_0)=0.1/3=0.034(\text{km/h})$$

自由度：$\nu(v_0)=50$

B.2.5 合成标准不确定度和有效自由度

合成标准不确定度

$$u_c(\delta)=\sqrt{u^2(v)+u^2(v_0)}=\sqrt{0.034^2+0.034^2}=0.048(\text{km/h}) \tag{B6}$$

有效自由度

$$\nu_{\text{eff}}=\frac{0.048^4}{\frac{0.034^4}{8}+\frac{0.034^4}{50}}=27$$

B.2.6 扩展不确定度

$\nu_{\text{eff}}=27$，取 $p=0.95$，查 t 分布表得 $k_p=t_{95}(27)=2.01$，所以：

$$U_p=k_p\times u_c(\delta)=2.01\times 0.048=0.10(\text{km/h})$$

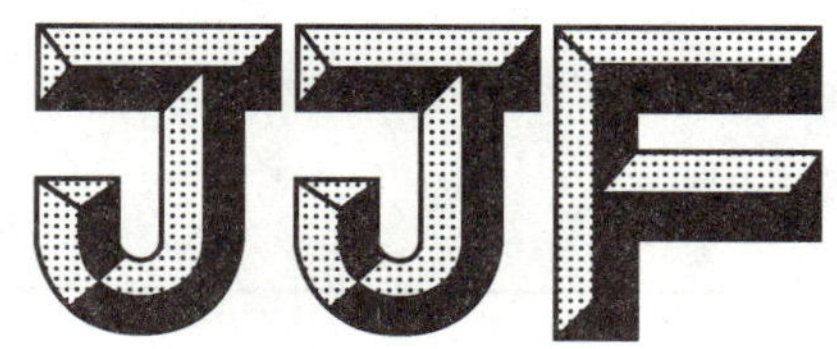

中华人民共和国国家计量技术规范

JJF 1225—2009

汽车用透光率计校准规范

Calibration Specification for Transmittance Meter of Automobile

2009－07－10 发布　　2009－10－10 实施

国家质量监督检验检疫总局 发布

汽车用透光率计校准规范

Calibration Specification for Transmittance Meter of Automobile

JJF 1225—2009

本规范经国家质量监督检验检疫总局于2009年7月10日批准，并自2009年10月10日起实施。

归 口 单 位： 全国法制计量管理计量技术委员会

主要起草单位： 吉林省计量科学研究院

中国计量协会机动车计量检测技术工作委员会

参加起草单位： 浙江江兴汽车检测设备有限公司

佛山分析仪有限公司

甘肃省计量研究院

上海通运汽车科技有限公司

本规范由全国法制计量管理计量技术委员会负责解释

本规范主要起草人：

闫有余（吉林省计量科学研究院）

房法成（吉林省计量科学研究院）

鲍国华（中国计量协会机动车计量检测技术工作委员会）

参加起草人：

周申生（浙江江兴汽车检测设备有限公司）

何桂华（佛山分析仪有限公司）

高德成（甘肃省计量研究院）

许　基（上海通运汽车科技有限公司）

汽车用透光率计校准规范

1 范围

本规范适用于汽车用透光率计（以下简称透光率计）的校准。

本规范规定了透光率计的计量性能及校准方法。

2 引用文献

GB 7258—2004《机动车运行安全技术条件》

JJF 1059—1999《测量不确定度评定与表示》

使用本规范时应注意使用上述引用文献的现行有效版本。

3 术语

3.1 可见光透射比 transmittance of visible light

在入射辐射在可见光谱区间时，透射的辐射通量或光通量与入射通量之比。它的符号是 τ。

3.2 明视觉函数 function of photopic vision

人类的视觉系统对不同波长的光敏感程度不同，即人眼对光的响应程度是波长的函数。但每个人的视觉函数有个体差异，为了有一个统一的标准，国际照明委员会(CIE）于1971年在实验数据基础上公布了明视觉函数 $V(\lambda)$ 标准值，并于1972年由国际计量委员会批准。

4 概述

透光率计用于测量驾驶员视区部位玻璃的可见光透射比。

透光率计的测量原理是使一定光通量的入射光透过被测玻璃，在被测玻璃另一侧，用光接收传感器测量透射光的光通量，计算透射光光通量与入射光光通量的比值，从而确定被测玻璃的透射比。

透光率计一般由光源组件、光接收传感器和显示仪表组成。

5 计量特性

5.1 基本参数

5.1.1 测量范围：0～100.0%。

5.1.2 分辨力：0.1%。

5.2 技术要求

5.2.1　漂移：不超过1%[①]。

5.2.2　示值误差：不超过±2%[①]。

5.2.3　重复性：不超过1%[①]。

注：以上所有指标不是用于合格性判别，仅提供参考。

6　校准条件

6.1　校准环境条件

环境温度：(0～40)℃；

相对湿度：≤85%。

6.2　校准用标准器及配套设备

6.2.1　标准中性滤光片三片

a) 透射比分别约为50%，70%，80%；

b) 透射比值按可见光（400～760）nm范围中实测透射比值加权计算（见附录A）；

c) 透射比的扩展不确定度应不大于0.6%[①]（$k=2$）。

6.2.2　隔圈：厚度为8mm，其他尺寸与标准中性滤光片相适应。

7　校准项目和校准方法

7.1　漂移

在透光率计的光源组件与光接收传感器之间插入透射比约为70%的标准中性滤光片，记录此时示值，每过5min观察示值，连续观察2次，3次示值间（包括首次）的最大值与最小值之差即为漂移量。

7.2　示值误差

7.2.1　校准点选择

校准点一般选取透射比约为50%，70%，80%3个点。

7.2.2　示值误差的校准

将透光率计的光源组件直接对准光接收传感器，观察透光率计示值应为100.0%（允许调整）。

a) 在光源组件与光接收传感器之间依次逐片插入标准中性滤光片，读取透光率计示值，各校准点重复测量3次。

按公式（1）计算各校准点示值误差。

$$\Delta_i=\bar{\tau}_i-\tau_{0i} \tag{1}$$

式中：Δ_i——第i校准点示值误差（i=1，2，3）；

$\bar{\tau}_i$——第i校准点3次示值的平均值；

τ_{0i}——第i校准点标准中性滤光片的透射比。

b) 将标准中性滤光片加隔圈插入光源组件与光接收传感器之间（如图1所示），重复上述测量并计算示值误差。

① 均为绝对量。

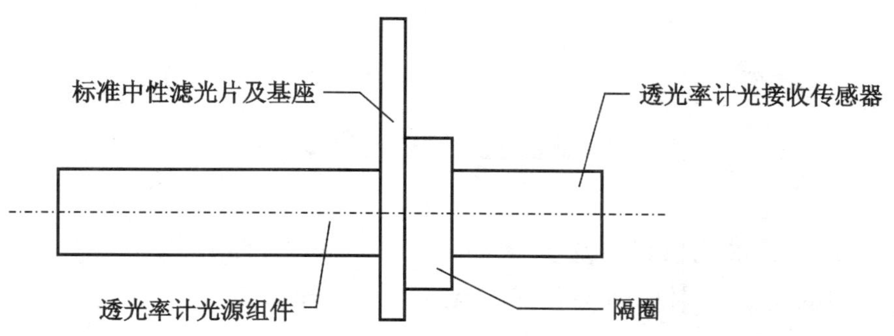

图 1　示值误差校准示意图

7.3　重复性

用透射比约为 70％的标准中性滤光片插入光源组件与光接收传感器之间，读取透光率计示值，重复测量 6 次。按公式（2）计算重复性。

$$r=\sqrt{\frac{\sum_{i=1}^{6}(\bar{\tau}-\tau_i)^2}{5}} \tag{2}$$

式中：r——重复性；

$\bar{\tau}$——重复测量 6 次示值的平均值；

τ_i——第 i 次测量示值（$i=1$，2，3，4，5，6）。

校准数值应记录并保存（格式见附录 B)。

8　校准结果表达

8.1　校准证书

经校准的透光率计填发校准证书。校准证书内容见附录 C。

8.2　校准结果的测量不确定度

汽车用透光率计校准结果的不确定度按 JJF 1059—1999 的要求评定，不确定度评定的实例见附录 D。

9　复校时间间隔

根据透光率计的使用由用户自定，建议复校时间间隔为 1 年。

附录 A

标准中性滤光片透射比值

标准中性滤光片透射比值按可见光区间（400～760）nm 范围中，（470～650）nm① 每 10nm 间隔区间的实测透射比值按公式（A.1）加权计算而得：

$$\tau_i=\frac{\sum[\tau_{ij}\cdot V_j(\lambda)]}{\sum V_j(\lambda)} \tag{A.1}$$

式中：τ_i——第 i 片标准中性滤光片（$i=1$，2，3）的透射比值；

τ_{ij}——第 i 片标准中性滤光片、第 j 波长间隔的透射比（$j=1$，2，…，18）；

$V_j(\lambda)$——第 j 波长间隔人眼明视觉函数，见表 A.1。

表 A.1　不同波长间隔人眼明视觉函数

j	波长间隔 (nm)	中间波长 (nm)	V_j (λ)	j	波长间隔 (nm)	中间波长 (nm)	$V_j(\lambda)$
1	470～480	475	0.11260	10	560～570	565	0.97860
2	480～490	485	0.16930	11	570～580	575	0.91540
3	490～500	495	0.25860	12	580～590	585	0.81630
4	500～510	505	0.40730	13	590～600	595	0.69490
5	510～520	515	0.60820	14	600～610	605	0.56680
6	520～530	525	0.79320	15	610～620	615	0.44120
7	530～540	535	0.91485	16	620～630	625	0.32100
8	540～550	545	0.98030	17	630～640	635	0.21700
9	550～560	555	1.00000	18	640～650	645	0.13820

① 因为（400～470）nm 及（650～760）nm 区间中的人眼明视觉函数 V_j（λ）小于 0.1，故忽略不计。

附录 B

校准记录格式

<table>
<tr><td rowspan="2">送校单位信息</td><td>送校单位</td><td colspan="2"></td><td>联系地址</td><td colspan="3"></td></tr>
<tr><td>联系人</td><td colspan="2"></td><td>联系电话</td><td></td><td>邮编</td><td></td></tr>
<tr><td rowspan="2">被校仪器信息</td><td>仪器名称</td><td colspan="2"></td><td>型号规格</td><td colspan="3"></td></tr>
<tr><td>制造厂商</td><td colspan="2"></td><td>生产日期</td><td></td><td>出厂编号</td><td></td></tr>
<tr><td rowspan="5">标准器信息</td><td>标准器名称</td><td>编号</td><td colspan="2">准确度（或示值误差）</td><td colspan="2">合格证书号</td><td>证书有效期</td></tr>
<tr><td></td><td></td><td colspan="2"></td><td colspan="2"></td><td></td></tr>
<tr><td></td><td></td><td colspan="2"></td><td colspan="2"></td><td></td></tr>
<tr><td></td><td></td><td colspan="2"></td><td colspan="2"></td><td></td></tr>
<tr><td></td><td></td><td colspan="2"></td><td colspan="2"></td><td></td></tr>
<tr><td rowspan="2">校准信息</td><td>校准地点</td><td></td><td>校准员</td><td></td><td>核验员</td><td colspan="2"></td></tr>
<tr><td>校准日期</td><td></td><td>环境温度</td><td></td><td>相对湿度</td><td colspan="2"></td></tr>
<tr><td colspan="8">校 准 记 录</td></tr>
<tr><td rowspan="2">漂移</td><td colspan="2">初始示值</td><td colspan="2">5min 后示值</td><td colspan="2">10min 后示值</td><td>漂移值</td></tr>
<tr><td colspan="2"></td><td colspan="2"></td><td colspan="2"></td><td></td></tr>
<tr><td rowspan="8">示值误差</td><td colspan="2" rowspan="2">标称透射比</td><td colspan="4">透光率计示值</td><td rowspan="2">示值误差</td></tr>
<tr><td>1</td><td>2</td><td>3</td><td>平均值</td></tr>
<tr><td rowspan="3">标准中性滤光片直接插入</td><td></td><td></td><td></td><td></td><td></td><td></td></tr>
<tr><td></td><td></td><td></td><td></td><td></td><td></td></tr>
<tr><td></td><td></td><td></td><td></td><td></td><td></td></tr>
<tr><td rowspan="3">标准中性滤光片加隔圈插入</td><td></td><td></td><td></td><td></td><td></td><td></td></tr>
<tr><td></td><td></td><td></td><td></td><td></td><td></td></tr>
<tr><td></td><td></td><td></td><td></td><td></td><td></td></tr>
<tr><td rowspan="2">重复性</td><td>1</td><td>2</td><td>3</td><td>4</td><td>5</td><td>6</td><td>重复性</td></tr>
<tr><td></td><td></td><td></td><td></td><td></td><td></td><td></td></tr>
</table>

注：本校准记录允许根据校准单位技术管理要求，作适当修改。

附录 C

校准证书内容

校准证书的内容应排列有序，格式清晰，至少应包括以下内容：

1. 标题：校准证书；
2. 实验室名称和地址；
3. 进行校准的地点（如果不在实验室内进行校准）；
4. 证书或报告编号、页码及总页数；
5. 送校单位的名称和地址；
6. 被校准仪器名称：汽车用透光率计；
7. 被校准汽车用透光率计的制造商、型号规格及编号；
8. 校准所使用的计量标准名称及有效期；
9. 本规范的名称及编号和对本规范的任何偏离、增加或减少的说明；
10. 校准时的环境情况：
11. 校准项目的校准结果；
12. 示值误差校准结果的测量不确定度；
13. 校准人签名，核验人签名，批准人签名；
14. 校准证书签发日期；
15. 复校时间间隔的建议；
16. 未经校准实验室书面批准，不得部分复制校准证书的声明。

附录 D

透光率计示值误差的不确定度评定

透光率计示值误差的校准是以标准中性滤光片的标称透射比为标准，将被校透光率计相应示值与其进行比较，从而确定透光率计示值是否准确。

D.1 数学模型

示值误差 $\Delta=\tau-\tau_0$

式中：Δ——被校透光率计示值误差；

τ——被校透光率计示值；

τ_0——标准中性滤光片的标称透射比。

D.2 方差和灵敏系数

$$c_1=\frac{\partial\Delta}{\partial\tau}=1 \qquad c_2=\frac{\partial\Delta}{\partial\tau_0}=-1$$

$$u^2(\Delta)=u^2(\tau)+u^2(\tau_0)$$

D.3 输出量的标准不确定度分量一览表

序号	输入量估计值的标准不确定度评定				自由度		输出量估计值的标准不确定度分量		
	来源		符号	数值	符号	数值	符号	灵敏系数 c_i	$\lvert c_i\rvert\times u(x)$
1	被校仪器示值	重复性	$u_1(\tau)$	0.11%	ν_1	9	u_1	1	0.11%
2		分辨力	$u_2(\tau)$	0.03%	ν_2	∞	u_2	1	0.03%
3	标准中性滤光片	透射比准确度	$u(\tau_0)$	0.30%	ν_0	8	u_0	−1	0.30%

D.4 输入量的标准不确定度评定

D.4.1 被校透光率计示值引入的标准不确定度评定

被校透光率计示值 τ 估计值的不确定度主要来源于透光率计的测量结果重复性及数显仪器的示值量化误差。

(1) 测量结果重复性可以通过连续测量得到的测量列，采用 A 类方法进行评定。

在被校透光率计正常工作条件下，用 49.7% 透射比的标准中性滤光片对被校透光率计测量，读取被校透光率计相应示值。等精度重复测量 10 次，单次实验标准差 $s(\tau)$ 为：

$$s(\tau)=\sqrt{\frac{\sum_{i=1}^{10}(\tau_i-\bar{\tau})^2}{10-1}}=0.2\%$$

实际测量时，在重复条件下连续测量 3 次，以 3 次测量的算术平均值作为测量结果，则可得标准不确定度为：

$$u_1(\tau)=s(\tau)/\sqrt{3}=0.11\%$$

自由度　　　　　　　　　$\nu_1=10-1=9$

（2）被校透光率计分辨力引入的标准不确定度评定

透光率计的分辨力为0.1%，其量化误差以等概率分布（矩形分布）落在宽度为0.05%的区间内。考虑其引入的标准不确定度为：

$$u_2(\tau)=(0.05\%)/\sqrt{3}=0.03\%$$

自由度　　　　　　　　　$\nu_2\to\infty$

D.4.2　标准中性滤光片的标称透射比准确度引入的标准不确定度评定

根据规范要求，标准中性滤光片的标称透射比的扩展不确定度应不大于0.6%（$k=2$），标准中性滤光片的标称透射比准确度引入的标准不确定度为：

$$u(\tau_0)=(0.6\%)/2=0.30\%$$

估计该标准不确定度的可靠程度75%，则

自由度　　　　$$\nu_0=\frac{1}{2}\times\left[\frac{\Delta u(\tau_0)}{u(\tau_0)}\right]^{-2}=8$$

D.5　合成标准不确定度

由于各标准不确定度分量相互无关，故合成标准不确定度为：

$$u_c(\Delta)=\sqrt{u_1^2+u_2^2+u_0^2}=0.32\%$$

有效自由度　$$\nu_{eff}=\frac{u_c^4(\Delta)}{\sum\frac{u_i^4}{\nu_i}}=\frac{0.32^4}{\frac{0.11^4}{9}+\frac{0.03^4}{\infty}+\frac{0.30^4}{8}}=10$$

D.6　扩展不确定度

按置信概率$p=0.95$，有效自由度$\nu_{eff}=10$，查t分布表，得到$k_{95}=2.23$，故扩展不确定度为

$$U_{95}=k_{95}\times u_c(\Delta)=2.23\times0.32\%=0.71\%$$

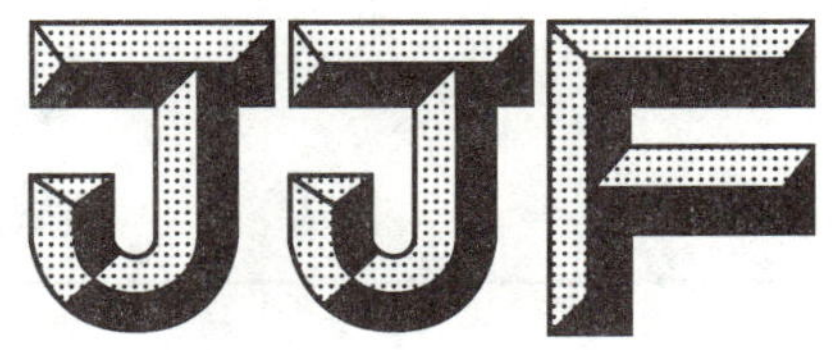

中华人民共和国国家计量技术规范

JJF 1227—2009

汽油车稳态加载污染物排放检测系统校准规范

Calibration Specification for Exhaust Pollutants from Gasoline Vehicle under Steady-state Loaded Mode Measurement System

2009－08－18 发布　　　　2009－11－18 实施

国家质量监督检验检疫总局 发布

汽油车稳态加载污染物排放检测系统校准规范

JJF 1227—2009

Calibration Specification for Exhaust Pollutants from Gasoline Vehicle under Steady-state Loaded Mode Measurement System

本规范经国家质量监督检验检疫总局 2009 年 8 月 18 日批准，并自 2009 年 11 月 18 日起施行。

归 口 单 位： 全国法制计量管理计量技术委员会

主要起草单位： 北京市计量检测科学研究院

参加起草单位： 佛山市南华仪器有限公司

北京欧润特科技发展有限公司

成都弥荣科技发展有限公司

本规范由全国法制计量管理计量技术委员会负责解释

本规范主要起草人：

陈　曦（北京市计量检测科学研究院）

刘　育（北京市计量检测科学研究院）

李晓东（北京市计量检测科学研究院）

参加起草人：

杨耀光（佛山市南华仪器有限公司）

王　巍（北京欧润特科技发展有限公司）

张　健（成都弥荣科技发展有限公司）

汽油车稳态加载污染物排放检测系统校准规范

1 范围

本规范适用于各种类型的汽油车稳态加载污染物排放检测系统（以下简称检测系统）的校准。其他点燃式发动机汽车稳态加载污染物排放检测系统的校准可参照执行。

2 引用文献

GB 18285—2005 点燃式发动机汽车排气污染物排放限值及测量方法（双怠速法及简易工况法）

JJG 688—2007 汽车排放气体测试仪检定规程

JJG 455—2000 工作测力仪检定规程

使用本规范时，应注意使用上述引用文献的现行有效版本。

3 概述

检测系统是用于测量汽油车稳态加载污染物排放的专用计量设备。主要用于汽油车稳态加载排放气体中CO、HC、CO_2、NO、O_2五种气体含量的测定。

检测系统主要由以下各部分组成：汽车排气污染物检测用底盘测功机（以下简称底盘测功机）、污染物气体排放气体测试仪（以下简称气体排放测试仪）、环境状态测试单元、计算机控制与数据处理单元。

4 计量特性

4.1 气体排放测试仪

检测系统应采用0级气体排放测试仪。依据JJG 688—2007要求如下。

4.1.1 示值误差

0级气体排放测试仪的示值误差的要求见表1。

表1 0级气体排放测试仪计量特性

气 体	量 程	绝对误差 Δ_{qt}	相对误差 δ_{qt}
HC	(0～5000) $\times10^{-6}$	$\pm10\times10^{-6}$	±5%
	(5001～9999) $\times10^{-6}$	——	±10%
CO	(0～10.00) $\times10^{-2}$	$\pm0.03\times10^{-2}$	±5%
	(10.01～14.00) $\times10^{-2}$	——	±10%
CO_2	(0～18.0) $\times10^{-2}$	$\pm0.5\times10^{-2}$	±5%
NO	(0～4000) $\times10^{-6}$	$\pm25\times10^{-6}$	±4%
	(4001～5000) $\times10^{-6}$	——	±8%
O_2	(0～25.0) $\times10^{-2}$	$\pm0.1\times10^{-2}$	±5%

4.1.2 重复性

气体排放测试仪重复性：CO、CO_2、HC 取其示值误差的模的 1/3；NO、O_2取其示值误差的模的 1/2。

4.1.3 稳定性

气体排放测试仪 1h 的零位漂移和示值漂移应不超过气体排放测试仪示值误差。

4.1.4 响应时间

CO、CO_2和 HC 通道：不大于 8s；O_2通道：不大于 12s；NO 通道：不大于 15s。

4.2 底盘测功机计量特性

检测系统采用的底盘测功机计量特性的要求见表 2。

表 2 底盘测功机计量特性

项 目	指 标	误 差
滚筒装置	主滚筒直径允许误差	±0.5%
	主滚筒表面径向圆跳动量	0.2%
	前后滚筒内侧母线的平行度	1mm/m
扭力	零值漂移	±5.0N
	示值误差	±1.0%
	回程误差	±1.0%
	重复性	1.0%
速度	主滚筒线速度示值误差	±0.2km/h 或±0.5%
时间	恒载荷加载滑行时间示值误差	±4.0%
	变载荷加载滑行时间示值误差	±4.0%
	加载响应时间	不大于 300ms
	平均稳定时间	不大于 600ms
惯量	基本惯量允许误差	±2.0%
内部损耗功率	功率	不大于 1.5kW

4.3 底盘测功机安装水平度

底盘测功机滚筒机构安装的水平度允许误差：±3°。

4.4 机动车发动机转速示值误差

机动车发动机转速测量装置的示值误差：±1.0%。

4.5 环境状态测试单元示值误差

环境状态测试单元示值误差的要求见表 3。

表 3　环境状态测试单元计量特性

项　目	误　差
温度测量装置的示值误差	±1.5℃
湿度测量装置的示值误差	±3.0%FS
大气压力测量装置的示值误差	±5.0%FS

注：由于校准不判定合格与否，故上述表 1、表 2、表 3 内的要求及其他各项要求仅供参考。

5　校准条件

5.1　环境条件

5.1.1　环境温度（5～40）℃。

5.1.2　相对湿度：不大于 85%。

5.1.3　环境大气压：（86～106）kPa。

5.1.4　校准应在周围的污染、振动、电磁干扰对校准结果无影响的环境下进行。

5.2　校准用仪器设备

5.2.1　几何尺寸校准用仪器设备见表 4。

表 4　几何尺寸校准用仪器设备表

校准用仪器设备	主要技术指标
游标卡尺（π 尺）	不小于 500mm 长量爪；0.02mm
塞尺	（0.1～2）mm；2 级
百分表	（0～10）mm；1 级
钢卷尺	（0～5）m；1 级
象限仪	0°～120°；30″
刀口尺	200mm；2 级

5.2.2　扭矩（或力值）、速度（或转速）、计时、发动机转速测量装置、温湿度和大气压力校准用仪器设备见表 5。

表 5　扭矩、速度、计时、转速、温湿度和大气压力校准用仪器设备表

校准用仪器设备	主要技术指标
标准测力仪	0.3 级
专用标准砝码	M_2 级
存储式数字示波器	频宽：100MHz；幅度：MPE：±2%
专用标准速度计*	（0～60）km/h；±0.05km/h
专用标准转速仪**	（0～3000）r/min；0.3 级
专用标准计时器	（0～200）s；±0.003s

表（续）

校准用仪器设备	主要技术指标
发动机转速测量装置的校准装置	(0～4000) r/min；0.3 级
温度测量装置的校准装置	(0～60)℃；±0.1℃
湿度测量装置的校准装置	(0～100)%；±1%FS
大气压力测量装置的校准装置	(0～120) kPa；±1kPa

注：*和**可任选其一。

5.2.3　气体排放测试仪校准用仪器设备见表 6。

表 6　气体排放测试仪校准用仪器设备见表

校准用仪器设备	主要技术指标
秒表	分度值 0.01s
温度计	(0～60)℃；分度值 0.1℃
湿度计	5%～95%；±3%
气体转子流量计	10L/min；4 级
大气压力计	分度值 100Pa；3%
标准采样管	ϕ8mm× (7.5±0.15) m

5.3　校准用标准气体

应符合 JJG 688—2007《汽车排放气体测试仪》检定规程中的附录 A 的规定。

6　校准项目和校准方法

6.1　校准项目

6.1.1　气体排放测试仪校准

应符合 JJG 688—2007《汽车排放气体测试仪》检定规程中表 6 的规定。

6.1.2　汽车排气污染物检测用底盘测功机校准

校准项目和建议校准间隔见表 7 的规定。

表 7　校准项目和建议校准间隔

序　号	校准项目	建议校准间隔
1	滚筒装置	1 年
2	速度	1 年
3	扭力	1 年
4	基本惯量允许误差	首次
5	恒载荷加载滑行时间	1 年
6	变载荷加载滑行时间	首次
7	内部损耗功率	1 年
8	加载响应时间	首次

6.1.3　发动机转速测量装置的校准

6.1.4　环境状态测试单元校准

6.1.4.1　温度测量装置的校准

6.1.4.2　湿度测量装置的校准

6.1.4.3　大气压力测量装置的校准

6.2　校准方法

6.2.1　气体排放测试仪校准

应按照JJG 688—2007《汽车排放气体测试仪》检定规程中7.2条款的相关方法执行。

6.2.2　测功机校准

6.2.2.1　滚筒装置

在进行滚筒装置的参数校准之前应关断底盘测功机驱动电机的电源。

(1) 滚筒直径误差

在主滚筒中段占全长80%的表面上均匀选取3处，用长量爪游标卡尺或π尺测量每处的直径3次，记录结果。按公式（1）分别计算左右主滚筒各处直径误差，取各处最大直径误差作为校准结果。

$$\delta_{D_i}=\frac{\overline{D}_i-D}{D}\times 100\% \quad i=1,2,3 \tag{1}$$

式中：δ_{D_i}——第i处主滚筒直径误差；

$\overline{D}_i$——第i处3次测量滚筒直径的平均值，mm；

D——主滚筒标称直径，mm。

(2) 表面径向圆跳动量

在主滚筒占全长80%的表面上均匀选取3个断面，用固定在基座上的百分表测量滚筒表面径向圆跳动量（必要时可在百分表测量触头与滚筒表面之间加装增加接触面积装置），选取最大跳动量，代入公式（2）计算左、右主滚筒径向圆跳动量误差。

$$\delta_J=\frac{|\Delta_J|_{\max}}{\overline{D}}\times 100\% \tag{2}$$

式中：δ_J——径向圆跳动量误差，%；

$\overline{D}$——所在滚筒3处测量滚筒直径的平均值，mm；

$|\Delta_J|_{\max}$——径向圆跳动量的最大绝对值，mm。

(3) 前后滚筒内侧母线平行度

对左右侧的前后两对滚筒分别测量。用长爪游标卡尺在滚筒两端处测量前、后滚筒两端点内侧母线的距离，记为$\overline{L}_1$和$\overline{L}_2$，按公式（3）计算：

$$L_H=(\overline{L}_1-\overline{L}_2)/L \tag{3}$$

式中：L_H——前后滚筒内侧母线平行度，mm/m；

L——校准点之间的距离，m；

$\overline{L}_1$，$\overline{L}_2$——分别为前、后滚筒两端点内侧母线的距离，mm。

6.2.2.2　速度

选取25km/h，40km/h，48km/h作为校准点，驱动滚筒加速至校准点，待速度稳定后，连续记录三次底盘测功机速度示值和速度测量装置的示值，按公式（4）、公式（5）分别计算绝对示值误差和相对示值误差。

$$\Delta_r = \overline{V}_m - \overline{V}_s \tag{4}$$

$$\delta_r = \left(\frac{\overline{V}_m - \overline{V}_s}{\overline{V}_s}\right) \times 100\% \tag{5}$$

式中：Δ_r——速度示值绝对误差；

$\overline{V}_m$——三次测量的示值平均值，km/h；

$\overline{V}_s$——三次标准速度计的示值平均值，km/h；

δ_r——速度示值相对误差。

各校准点中示值误差（绝对误差或相对误差）最大者，作为主滚筒线速度误差的校准结果。

6.2.2.3 扭力

安装好扭力校准装置，使其处于平衡状态，然后将底盘测功机指示装置调零。施加扭力至上限后卸除扭力，检查指示装置的回零情况，并重新调零。

（1）零值漂移

每隔 5min 观察 1 次零位变化，并记录，取 15min 内最大变化量作为零值漂移的校准结果。

（2）示值误差、重复性、回程误差

将底盘测功机指示装置调零，在规定的测量范围内，按满量程的约 20%、40%、60%、80%依次逐级加载，再逐级减载，分别记录进程和回程过程中的扭力示值。此过程重复进行 3 次，每次校准后指示装置应清零。

按公式（6）计算各量程点的扭力示值误差，取各量程点的最大示值误差作为示值误差校准结果。

$$W = \left(\frac{\overline{F}_J - F}{F}\right) \times 100\% \tag{6}$$

式中：W——扭力示值误差；

$\overline{F}_J$——3 次进程扭力示值的平均值，N；

F——扭力标准值，N。

按公式（7）分别计算各量程点的重复性，取各量程点重复性最大值作为重复性校准结果。

$$R = \frac{F_{max} - F_{min}}{\overline{F}_J} \times 100\% \tag{7}$$

式中：R——扭力重复性；

F_{max}——3 次进程扭力示值的最大值，N；

F_{min}——3 次进程扭力示值的最小值，N；

$\overline{F}_J$——进程中 3 次扭力示值的算术平均值，N。

按公式（8）计算回程误差，取各量程点最大回程误差作为校准结果。

$$H=\frac{|\overline{F}_H-\overline{F}_J|}{F}\times 100\% \tag{8}$$

式中：H——扭力回程误差；

$\overline{F}_J$——进程中 3 次扭力示值的算术平均值，N；

$\overline{F}_H$——回程中 3 次扭力示值的算术平均值，N；

F——扭力标准值，N。

6.2.2.4　基本惯量允许误差

按照设备说明书的要求，将底盘测功机充分预热。

(1) 驱动滚筒速度至 56km/h，在（48～16）km/h 速度区间段进行空载滑行测试。记录空载力值 F_1，记录计时装置记录的滑行时间 t_1。

(2) 驱动滚筒转速至 56km/h 后，加载恒力 F_2＝1170N，进行（48～16）km/h 的滑行测试。记录计时装置记录的滑行时间 t_2。

(3) 按照步骤（1）和（2）重复测量三次。

计算 3 次平均值 $\overline{f}_1$、$\overline{t}_1$；$\overline{f}_2$、$\overline{t}_2$。按公式（9）计算基本惯量 DIW_A：

$$DIW_A=0.1125\times\frac{(\overline{f}_2-\overline{f}_1)\times\overline{t}_1\times\overline{t}_2}{\overline{t}_1-\overline{t}_2} \tag{9}$$

式中：DIW_A——底盘测功机转动惯量等效汽车质量，kg；

$\overline{f}_1$——三次加载恒力空载滑行时，F_1实测值的平均值，N；

$\overline{f}_2$——三次加载恒力 F_2＝1170N 时，F_2实测值的平均值，N；

$\overline{t}_1$——三次加载恒力空载滑行时，（48～16）km/h 滑行时间的平均值，s；

$\overline{t}_2$——三次加载恒力 F_2＝1170N，（48～16）km/h 滑行时间的平均值，s。

如果测量值满足表 2 要求，基本惯量使用铭牌标称值 DIW。如果不符合表 2 要求，允许重新进行一次步骤（3）。

6.2.2.5　恒载荷加载滑行时间误差

(1) 分别选择 6.0kW、12.0kW 作为总载荷 THP 对底盘测功机功率吸收装置进行设定，进行（48～32）km/h 的加载滑行测试。记录底盘测功机校准装置显示的实际滑行时间 $ACDT_{40}$。

按照公式（10）计算速度区间段（48～32）km/h 的理论滑行时间 $CCDT_{40}$；按照公式（11）计算相应的滑行时间相对误差。

$$CCDT_{40}=\frac{0.04938\times DIW}{THP} \tag{10}$$

$$\delta_{40}=\frac{ACDT_{40}-CCDT_{40}}{CCDT_{40}}\times 100\% \tag{11}$$

式（10）（11）中：δ_{40}——进行（48～32）km/h 恒载荷加载滑行试验时，实际滑行时间的相对误差，%；

$ACDT_{40}$——进行（48～32）km/h 恒载荷加载滑行试验时的实际滑行时间，s；

$CCDT_{40}$——进行（48～32）km/h 恒载荷加载滑行试验时的理论滑行时

间，s；

THP——总载荷，（$THP=PHLP+IHP$，$PHLP$ 是内部损耗功率，IHP 是指示功率），kW；

DIW——底盘测功机基本惯量铭牌标称值，kg。

（2）选择 12.0kW 作为总载荷 THP 对底盘测功机功率吸收装置进行设定，进行（48～32）km/h 速度段的加载滑行测试。滚筒转动后，把相当于滚筒表面切向力 200N～600N 的砝码加载在扭力校准装置上，记录该速度段下的实际滑行时间 $ACDT_F$。按照公式（12）来计算在有预加载情况下的理论时间 $CCTD_F$。

$$CCDT_F=DIW\left(\frac{1}{70THP-0.9F}+\frac{1}{77THP-0.9F}+\frac{1}{85THP-0.9F}+\frac{1}{95THP-0.9F}\right) \tag{12}$$

式中：F——砝码转换到滚筒表面切向力，N；

THP——设定加载的总载荷，kW；

$CCDT_F$——有预加载情况下的理论时间。

按照公式（13）计算有预加载情况下恒加载滑行时间误差 δ_F。

$$\delta_F=\frac{ACDT_F-CCDT_F}{CCDT_F}\times 100\% \tag{13}$$

式中：$ACDT_F$——有预加载情况下的实际滑行时间。

（3）选以上各滑行时间相对误差中的最大值作为恒载荷加载滑行时间误差。

6.2.2.6　变载荷加载滑行时间误差

启动底盘测功机进入变载荷加载滑行测试功能软件模块，把底盘测功机滚筒线速度提升到 56km/h 后，向底盘测功机施加 16.2kW 的总载荷 THP，当底盘测功机滚筒线速度下降到 48.3km/h 时，按表 3 要求向底盘测功机阶跃加载。记录（48.3～16.1）km/h 速度段的实际滑行时间 $ACDT_\Delta$，并根据表 8 或表 9 所示计算（48.3～16.1）km/h 速度段的理论滑行时间 $CCDT_\Delta$。

表 8　底盘测功机变载荷加载滑行测试计算时间

初速度（km/h）	末速度（km/h）	理论滑行时间（s）
48.3	16.1	0.00707DIW

表 9　底盘测功机变载荷加载滑行测试载荷设置和计算时间

速度（km/h）	总载荷（kW）	计算时间（s）	速度（km/h）	总载荷（kW）	计算时间（s）
48.3	16.2	0.00036DIW	41.8	11.8	0.00040DIW
46.7	15.4	0.00036DIW	40.2	10.3	0.00043DIW
45.1	14.7	0.00037DIW	38.6	11	0.00047DIW
43.4	13.2	0.00039DIW	37.0	11.8	0.00042DIW

表（续）

速度 (km/h)	总载荷 (kW)	计算时间 (s)	速度 (km/h)	总载荷 (kW)	计算时间 (s)
35.4	12.5	0.00038*DIW*	24.1	7.4	0.00035*DIW*
33.8	13.2	0.00034*DIW*	22.5	8.1	0.00039*DIW*
32.2	12.5	0.00031*DIW*	20.9	8.8	0.00033*DIW*
30.6	11.8	0.00031*DIW*	19.3	8.1	0.00028*DIW*
29.0	11	0.00031*DIW*	17.7	7.4	0.00028*DIW*
27.4	10.3	0.00032*DIW*	16.1	0	0.00028*DIW*
25.7	8.8	0.00034*DIW*			

按公式（14）计算变载荷加载滑行时间相对误差：

$$\delta_{\Delta}=\frac{ACDT_{\Delta}-CCDT_{\Delta}}{CCDT_{\Delta}}\times 100\% \tag{14}$$

6.2.2.7　内部损耗功率

驱动滚筒转速至56km/h以上，开始自由滑行，用记录速度测量装置和计时装置测量（54～46）km/h滑行时间Δt_x，按公式（15）计算内部损耗功率作为速度为50km/h时的内部损耗功率校准结果。

$$PHLP_{50}=0.030864\times DIW/\Delta t_x \tag{15}$$

式中：$PHLP_{50}$——速度为50km/h时的内部损耗功率，kW。

6.2.2.8　加载响应时间

按照表10的要求分别进行试验项目编号1和2的加载响应时间校准，具体校准方法如下：

将存储式数字示波器的探针接入扭力传感器经放大后的信号输出端（被校准设备应配备独立的输出端子），将力值信号的波形记录，按照图1和下面的要求进行分析，记录相应的值作为校准结果。

(1) 在PAU没有制动力时，底盘测功机滚筒以64.4km/h以上的初始线速度减速转动。

(2) 当滚筒线速度达到56.3km/h时，向滚筒施加如［b_1］所示的制动力。

(3) 当滚筒线速度达到40km/h时，向滚筒施加如［c_1］所示的制动力。

(4) 从制动力阶跃变化时刻起，时间记录开始。

(5) 监测并记录PAU的载荷传感器件的实际输出信号。

(6) 当达到［c_2］所示的制动力时，此刻时间记为响应时间。

(7) 当下述两个条件同时满足时，记录平均稳定时间。

a) 当300ms的平均制动力稳定在［c_1］所示的制动力的±2%误差范围内。

b) 用于计算制动力均值的300ms时间段，任意时刻制动力在［c_1］所示的制动力±5%范围内。

表 10　底盘测功机加载响应时间校准设置

代　号		[b₁]	[c₁]	[c₂]
变量名称		制动力/N	制动力/N	90%（[c₁]－[b₁]）＋[b₁]/N
项目编号	1	1323	1719	1679
	2	1719	1323	1363

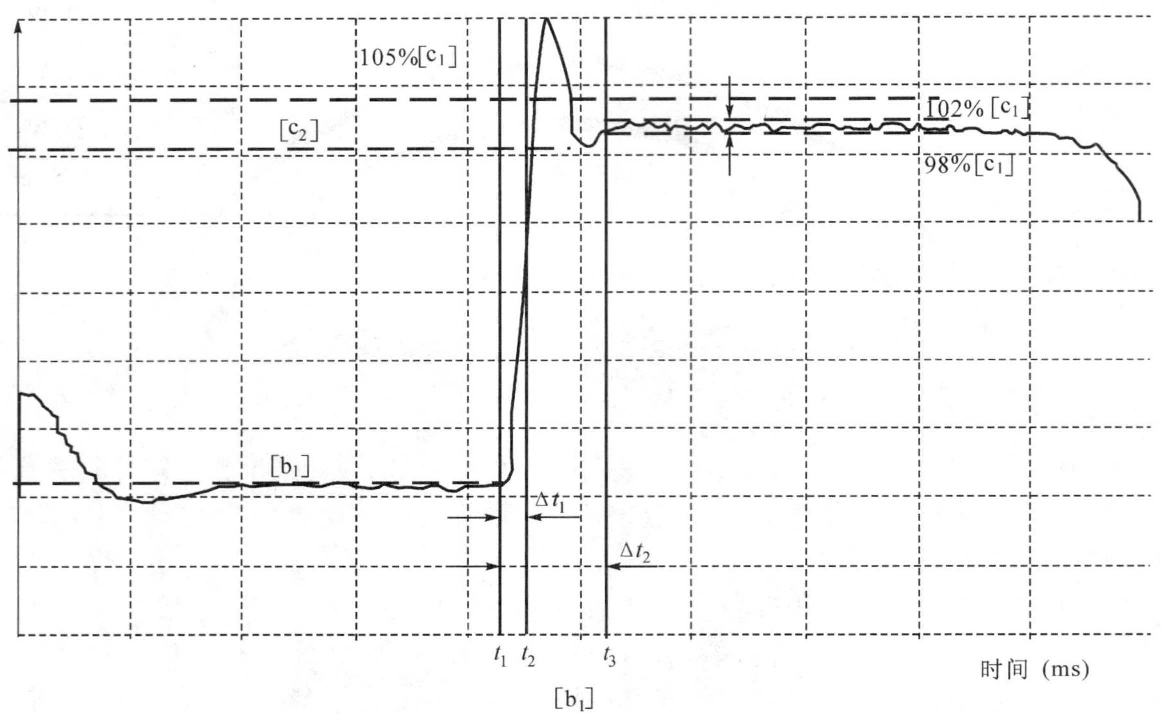

图 1　加载响应时间示意图（Δt_1：响应时间；Δt_2：平均稳定时间）

6.2.3　测功机安装水平度校准

应用象限仪放置在主滚筒表面（沿轴向选择三个位置）或工作基准面进行校准，记取象限仪指示的最大示值。

6.2.4　发动机转速测量装置的校准

将发动机转速测量校准装置和发动机转速测量装置同时安装在转速发生器上，分别读取 1000r/min、2500r/min 示值。此步骤重复 3 次，按公式（16）计算误差 δ_ω。

$$\delta_\omega=\frac{\bar{\omega}_i-\bar{\omega}}{\bar{\omega}}\times 100\% \qquad (16)$$

式中：$\bar{\omega}$——三次发动机转速测量装置示值的平均值，r/min；

$\bar{\omega}$——三次发动机转速测量校准装置示值的平均值，r/min。

6.2.5　环境状态测试单元校准

6.2.5.1　温度测量装置的校准

将温度测量校准装置放置在距温度测量装置最近的位置处，温度测量校准装置衡定 30min 后，读取 3 次示值，读取时间间隔不少于 1min。按公式（17）计算误差 δ_{WD}。

$$\delta_{WD}=\overline{W}_{Di}-\overline{W}_{D} \tag{17}$$

式中：$\overline{W}_{Di}$——三次温度测量装置示值的平均值,℃；

$\overline{W}_{D}$——三次温度测量校准装置示值的平均值,℃。

6.2.5.2　湿度测量装置的校准

将湿度测量校准装置放置在距湿度测量装置最近的位置处，湿度测量校准装置衡定30min后，读取3次示值，读取时间间隔不少于1min。按公式（18）计算误差δ_{SD}。

$$\delta_{SD}=\frac{\overline{S}_{Di}-\overline{S}_{D}}{\overline{S}_{D}}\times 100\% \tag{18}$$

式中：$\overline{S}_{Di}$——三次湿度测量装置示值的平均值,%；

$\overline{S}_{D}$——三次湿度测量校准装置示值的平均值,%。

6.2.5.3　大气压力测量装置的校准

将大气压力测量校准装置放置在距大气压力测量装置最近的位置处，大气压力测量校准装置衡定30min后，读取3次示值，读取时间间隔不少于1min。按公式（19）计算误差δ_{QY}。

$$\delta_{QY}=\frac{\overline{Q}_{Yi}-\overline{Q}_{Y}}{\overline{Q}_{Y}}\times 100\% \tag{19}$$

式中：$\overline{Q}_{Yi}$——三次大气压力测量装置示值的平均值,%；

$\overline{Q}_{Y}$——三次大气压力测量校准装置示值的平均值,%。

7　校准结果

7.1　校准证书

汽油车稳态加载污染物排放检测系统经校准后发给校准证书。校准证书应包括的信息及推荐的校准证书的内页格式和校准原始记录推荐格式见附录A。

7.2　校准结果的测量不确定度

汽油车稳态加载污染物排放检测系统校准结果的不确定度按JJF 1059—1999的要求评定，不确定度评定的实例见附录B。

8　复校时间间隔

8.1　检测系统由被校单位自行决定校准时间。建议校准时间间隔为1年。

8.2　被校单位在检测系统维修后，建议重新进行校准。

附录 A

校准证书及记录

A.1 校准证书应至少包括以下信息：

a）标题，如“校准证书”或“校准报告”；

b）实验室名称和地址；

c）进行校准的地点（如果不在实验室内进行校准）；

d）证书或报告的唯一性标识（如编号），每页及总页数标识；

e）送校单位的名称和地址；

f）被校对象的描述和明确标识；

g）进行校准的日期；

h）对校准所用依据的技术规范的标识，包括名称及代号；

i）本次校准所用测量标准的溯源性及有效性说明；

j）校准环境的描述；

k）校准结果及其测量不确定度的说明；

l）校准证书或校准报告签发人的签名、职务或等效标识，以及签发日期；

m）校准结果仅对被校对象有效的说明；

n）未经校准实验室书面批准，不得部分复制校准证书的声明。

A.2 推荐的汽油车稳态加载污染物排放检测系统校准证书的内页格式

校 准 结 果

共 2 页 第 1 页

一、气体排放测试仪

1 示值误差：________________________

2 重复性：________________________

3 零位漂移：________________________

4 示值漂移：________________________

5 响应时间：________________________

二、底盘测功机

1 滚筒装置________________________

1.1 滚筒直径误差：________________________

1.2 滚筒表面径向圆跳动量：________________________

1.3 前后滚筒内侧母线平行度：________________________

2 速度

主滚筒线速度误差：________________________

3 扭力

3.1 零值漂移：________________________

3.2 示值误差：________________________

3.3 重复性：________________________

3.4 回程误差：________________________

4 基本惯量允许误差：________________________

5 恒载荷加载滑行时间示值误差：________________________

6 变载荷加载滑行时间示值误差：________________________

校 准 结 果

7 内部损耗功率（适用于简易瞬态工况法在 50km/h 时）：____________

8 加载响应时间

加载响应时间：____________________________________

平均稳定时间：____________________________________

三、底盘测功机安装水平度

安装水平度最大值：________________________________

四、发动机转速测量装置

1 速度误差（1000r/min）：__________%

2 速度误差（2500r/min）：__________%

五、环境状态测试单元

1 温度测量误差：__________℃

2 相对湿度测量误差：________%

3 大气压力测量误差：________%

校准结果测量不确定度：

校准技术依据：

标准所使用的主要计量器具：

溯源性说明：

校准地点：

校准的环境条件：

温度：__________℃；　相对湿度：__________%；　气压：__________ kPa

————以下空白————

注：本证书校准结果仅对所校准样品有效；未加盖校准专用章无效。

A.3 校准记录推荐格式

汽油车稳态加载污染物排放检测系统校准记录

送检单位__________型号__________ PEF __________

制造厂__________出厂编号__________生产日期__________

校准环境温度__________湿度__________气压__________

一、校准所使用的主要计量器具：

____

____

二、气体排放测试仪

1. 示值误差

标准值		测量值			平均值	示值误差	
		1	2	3		绝对误差	相对误差
HC (×10^{-6})							
CO (×10^{-2})							
CO_2 (×10^{-2})							
O_2 (×10^{-2})							
NO (×10^{-6})							

2. 稳定性

时　间		0min	15min	30min	45min	60min	最大绝对漂移	最大相对漂移
HC（$\times10^{-6}$）	Z_i						$\Delta Z_{max}=$	——
	M_i						$\Delta S_{max}=$	$\delta S_{max}=$　%
CO（$\times10^{-2}$）	Z_i						$\Delta Z_{max}=$	——
	M_i						$\Delta S_{max}=$	$\delta S_{max}=$　%
CO_2（$\times10^{-2}$）	Z_i						$\Delta Z_{max}=$	——
	M_i						$\Delta S_{max}=$	$\delta S_{max}=$　%
O_2（$\times10^{-2}$）	Z_i						$\Delta Z_{max}=$	$\delta Z_{max}=$　%
	M_i						$\Delta S_{max}=$	$\delta S_{max}=$　%
NO（$\times10^{-6}$）	Z_i						$\Delta Z_{max}=$	——
	M_i						$\Delta S_{max}=$	$\delta S_{max}=$　%

3. 重复性

	测量值						平均值	标准偏差	相对标准偏差
	1	2	3	4	5	6			
HC（$\times10^{-6}$）									
CO（$\times10^{-2}$）									
CO_2（$\times10^{-2}$）									
O_2（$\times10^{-2}$）									
NO（$\times10^{-6}$）									

4. 响应时间

气体种类	测量值（s）			平均值（s）
	1	2	3	
HC（$\times10^{-6}$）				
CO（$\times10^{-2}$）				
CO_2（$\times10^{-2}$）				
O_2（$\times10^{-2}$）				
NO（$\times10^{-6}$）				

三、底盘测功机

1. 几何尺寸及安装

校准项目	示　值						误　差
	1	2	3	4	5	6	
主滚筒直径允许误差							
主滚筒表面径向圆跳动量							
内侧母线的平行度							
滚筒安装水平度							

2. 扭矩（力值）

校准项目	标称值	实测值	误差（N）
零值漂移			

标称值	进程示值			平均值	回程示值			平均值	进程误差（%）	回程误差（%）	重复性（%）
	1	2	3		1	2	3				

3. 速度示值误差

校准项目（km/h）	示值（km/h）	实测值（km/h）	绝对误差（km/h）	相对误差（%）
速度值：48				
速度值：40				
速度值：25				

4. 基本惯量

力值（N）	滑行速度（km/h）	滑行时间（s）	平均时间（s）
$F_1=0$	$V_1=48$ $V_2=16$		
$F_2=1170$	$V_1=48$ $V_2=16$		
总基础惯量允许误差： %			

5. 恒载荷加载滑行时间〔速度（48～32）km/h〕

校准项目	理论值（s）	实测值（s）	误差（%）
加载 6kW			
加载 12kW			
加载 12kW，附加 N			
空载			

6. 变载荷加载滑行时间

校准项目	理论值（s）	实测值（s）	误差（%）
（48.3～16.1）km/h			

7. 内部损耗功率（kW）：

四、发动机转速示值误差

校准项目（r/min）	示值（r/min）	实测值（r/min）	误差（%）
转速值：1000			
转速值：2500			

五、环境状态测试单元

项　目	示　值	实测值	误　差（%）
温度测量误差（℃）			
相对湿度测量误差（%）			
大气压力测量误差（%）			

发给____________________号校准证书

校准日期______年______月______日　　校准员________　________核验员________

附录 B

校准结果不确定度评定

B.1　底盘测功机扭力示值误差的不确定度分析

B.1.1　测量方法

经测力杠杆传递的标准砝码重力由测功机功率吸收单元的载荷测量系统测量以滚筒表面切向力的形式显示。

B.1.2　数学模型

$$F=\frac{2NL\cos\alpha}{D} \tag{B1}$$

式中：F——测功机静载荷示值，N；

D——滚筒直径，mm；

N——标准砝码重力，N；

L——测力杠杆臂长，mm；

α——测力杠杆等效平面与水平面间偏角，rad。

B.1.3　方差及灵敏系数

式（1）中 D，N，L 和 α 各变量相互独立，得到

$$u_{cr}^2(F)=c_1^2u_r^2(D)+c_2{}^2u_r^2(N)+c_3{}^2u_r^2(L)+u_r^2(s) \tag{B2}$$

式中：$u_{cr}(F)$——被校测功机的相对合成标准不确定度；

$u_r(D)$——滚筒直径引入的相对标准不确定度分量；

$u_r(N)$——标准砝码引入的相对标准不确定度分量；

$u_r(L)$——测力杠杆引入的相对标准不确定度分量；

$u_r^2(s)$——测量重复性引入的标准不确定度分量。

式中灵敏系数为：$c_1=-1$；$c_2=1$；$c_3=1$

则

$$u_{cr}^2(F)=u_r^2(D)+u_r^2(N)+u_r^2(L)+u_r^2(s) \tag{B3}$$

B.1.4　A 类标准不确定度分量和自由度

以 1800N 测量点为例，在相同条件下，对被校测功机静载荷测量独立测量 10 次，计算重复性引入的标准不确定度分量 $u_r(s)$。

测量次数	1	2	3	4	5	6	7	8	9	10
测量值	1801.4	1798.3	1802.4	1803.5	1804.3	1799.3	1803.5	1801.5	1800.6	1798.8
平均值	1801.36									
相对标准不确定度	0.21%									

三次测量平均值的相对标准不确定度 $u_r(s)=0.21\%/\sqrt{3}=0.12\%$

自由度：　　　　　　　　　　$\nu(\delta)=9$

B.1.5　B 类标准不确定度分量和自由度

a）滚筒直径引入的相对标准不确定度分量 $u_r(D)$，符合矩形分布

$$u_r(D)=0.5\%/\sqrt{3}=0.29\%$$

自由度：　　　　　　　　　　$\nu(D)=\infty$

b）M_2 级标准砝码引入的相对标准不确定度分量 $u_r(N)$，符合矩形分布

$$u_r(N)=0.005\%/\sqrt{3}=0.003\%$$

自由度：　　　　　　　　　　$\nu(N)=\infty$

c）测力杠杆臂长引入的相对标准不确定度分量 $u_r(L)$，符合矩形分布

$$u_r(L)=0.5\%/\sqrt{3}=0.29\%$$

自由度：　　　　　　　　　　$\nu(L)=50$

B.1.6　合成相对标准不确定度和有效自由度

合成相对标准不确定度

$$u_{cr}(F)=\sqrt{u_r^2(D)+u_r^2(N)+u_r^2(L)+u_r^2(s)}$$

$$=\sqrt{(0.21\%)^2+(0.29\%)^2+(0.003\%)^2+(0.12\%)^2}=0.38\%$$

B.1.7　相对扩展不确定度

取 $k=2$，$U_r=0.76\%$

B.2　气体排放测试仪示值误差的不确定度评定

B.2.1　测量方法

按照校准规范要求，在校准过程中利用与被检仪器测量气体相同种类的一系列标准气体对仪器的计量性能进行校准，其中示值误差是仪器的一个重要指标，按校准规范规定计算示值误差有两种方法，一种是绝对误差，另一种是相对误差。我们根据规范的要求分别对绝对误差或相对误差的扩展不确定度进行分析。

B.2.2　数学模型

B.2.2.1　绝对示值误差计算公式

$$\Delta=\bar{c}-c_s$$

式中：Δ——示值误差；

$\bar{c}$——仪器三次读数的平均值；

c_s——标准气体的浓度值。

B.2.2.2　相对示值误差计算公式

$$\Delta_{rel}=\frac{\bar{c}-c_s}{c_s}$$

式中：Δ_{rel}——相对示值误差；

$\bar{c}$——仪器三次读数的平均值；

c_s——标准气体的浓度值。

B.2.3　示值误差的方差公式及灵敏系数

$$u_c^2(\Delta)=c^2(\bar{c})\cdot u^2(\bar{c})+c^2(c_s)\cdot u^2(c_s)$$

$$c(\bar{c})=1 \quad c(c_s)=-1$$

$$u_c^2(\Delta)=u^2(\bar{c})+u^2(c)$$

B.2.4 计算示值误差的扩展不确定度

B.2.4.1 $u(\bar{c})$仪器测量值的标准不确定度分量的分析及计算

用CO、C_3H_8、CO_2、O_2和NO标准气体校准汽车排放气体测试仪的示值误差，按规范要求需要计算绝对误差和相对误差，为计算方便我们以其中一瓶有代表性的氮气中CO、C_3H_8、CO_2、O_2和NO标准气体校准仪器为例。由于上述五种气体不确定度的分析方法相同，用CO的方法为例。仪器测量值的不确定度分量包括测量重复性的标准偏差和读数分辨力的量化误差。

B.2.4.1.1 $u_1(\bar{c})$测量重复性引入的标准不确定度

用汽车排放气体测试仪测量氮气中CO标准气体，测得数据见表B1。

表B1 测量结果

标准值	测量值（$\times10^{-2}$）					
CO：0.50（$\times10^{-2}$）	0.52	0.52	0.51	0.52	0.52	0.51

$$s_{n-1(CO)}=5.2\times10^{-5}$$

校准规范规定实际校准中重复测量的平均值三次，所以

$$u_{1(CO)}(\bar{c})=s_{n-1(CO)}/\sqrt{3}=5.2\times10^{-5}/\sqrt{3}=3.0\times10^{-5}$$

B.2.4.1.2 $u_2(\bar{c})$仪器读数分辨力引入的标准不确定度

仪器测量CO时读数的最小值分别为CO：0.01×10^{-2}，则其引入的标准不确定度为：

$$u_{2(CO)}(\bar{c})=0.29\times0.01\times10^{-2}=2.9\times10^{-5}$$

B.2.4.1.3 $u(\bar{c})$仪器测量值的标准不确定度

$$u_{(CO)}^2(\bar{c})=(3.0\times10^{-5})^2+(2.9\times10^{-5})^2=1.74\times10^{-9}$$

$$u_{(CO)}(\bar{c})=4.2\times10^{-5}$$

B.2.4.2 $u(c_s)$标准气体浓度值引入的标准不确定度：

标准气体是由国家标准物质研究中心定值，其相对扩展不确定度为1%（$k=3$），正态分布。

$$u_{(CO)}(c_s)=0.50\times10^{-2}\times1\%/3=1.7\times10^{-5}$$

B.2.5 标准不确定度分量一览表，见表B2

表B2 标准不确定度分量一览表

标准不确定度分量	不确定度来源	标准不确定度值 $u(x_i)$	$c_i=\partial f/\partial x_i$	$u_i=\lvert c_i\rvert\cdot u(x_i)$
$u_{1(CO)}(\bar{c})$	CO测量重复性标准偏差	3.0×10^{-5}	1	3.0×10^{-5}

表（续）

标准不确定度分量	不确定度来源	标准不确定度值 $u(x_i)$	$c_i=\partial f/\partial x_i$	$u_i=\|c_i\|\cdot u(x_i)$
$u_{2(CO)}(\bar{c})$	仪器CO读数分辨率的量化误差	2.9×10^{-5}	1	2.9×10^{-5}
$u_{(CO)}(\bar{c})$	三次CO测量结果平均值的不确定度	4.2×10^{-5}	1	4.2×10^{-5}
$u_{(CO)}(c_s)$	CO标准物质的不确定度	1.7×10^{-5}	-1	1.7×10^{-5}

B.2.6　合成标准不确定度及有效自由度

$$u_{c(CO)}(\Delta)=\sqrt{(4.2\times10^{-5})^2+(1.7\times10^{-5})^2}=4.5\times10^{-5}$$

B.2.7　气体排放测试仪的绝对示值误差的扩展不确定度

$$U=k\cdot u_c(\Delta)\qquad k=2$$

$$U_{(CO)}=2\times(4.5\times10^{-5})=0.9\times10^{-4}$$

B.2.8　气体排放测试仪的示值相对误差的扩展不确定度

$$U_{(CO)rel}=(0.9\times10^{-4})\div(0.50\times10^{-2})\times100\%=1.8\%,\ k=2$$

附录 C

污染物气体排放测试仪校准系统示意图

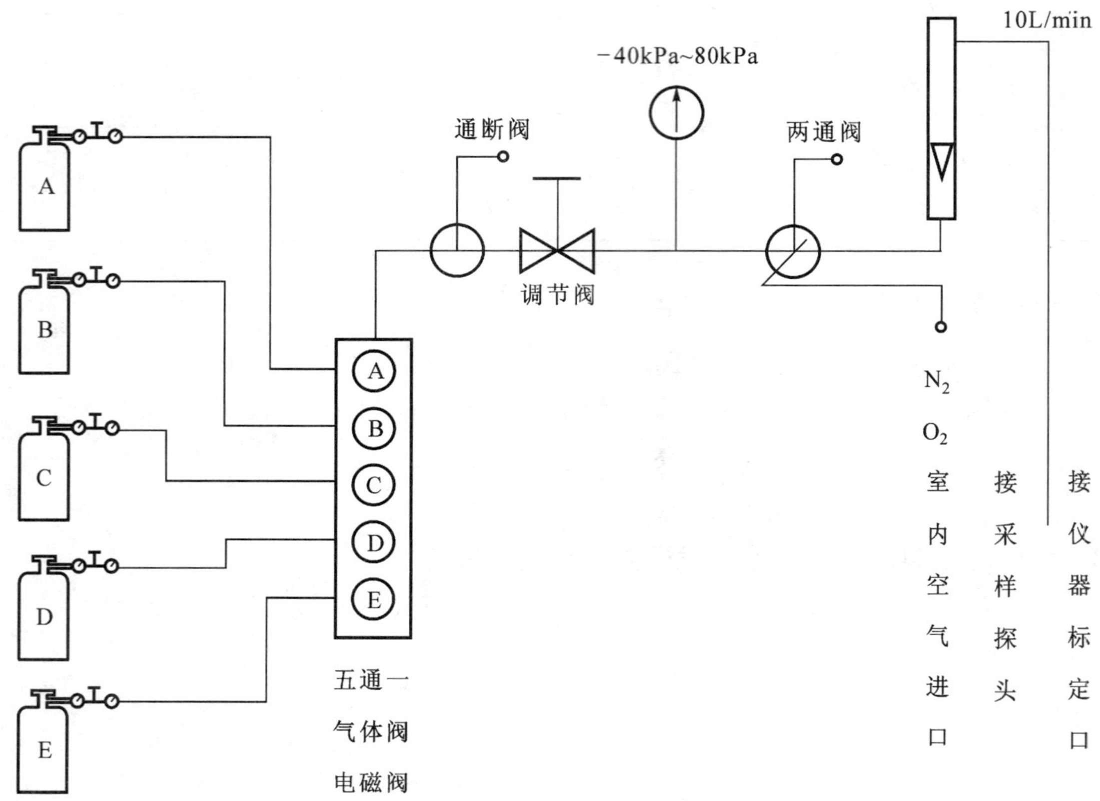

图 C1 污染物气体排放测试仪校准系统示意图

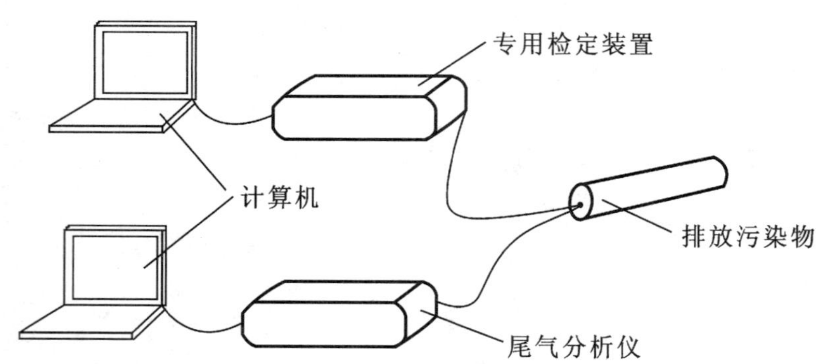

图 C2 污染物气体排放测试仪比对示意图

附录 D

车载反拖及功率校准装置示意图

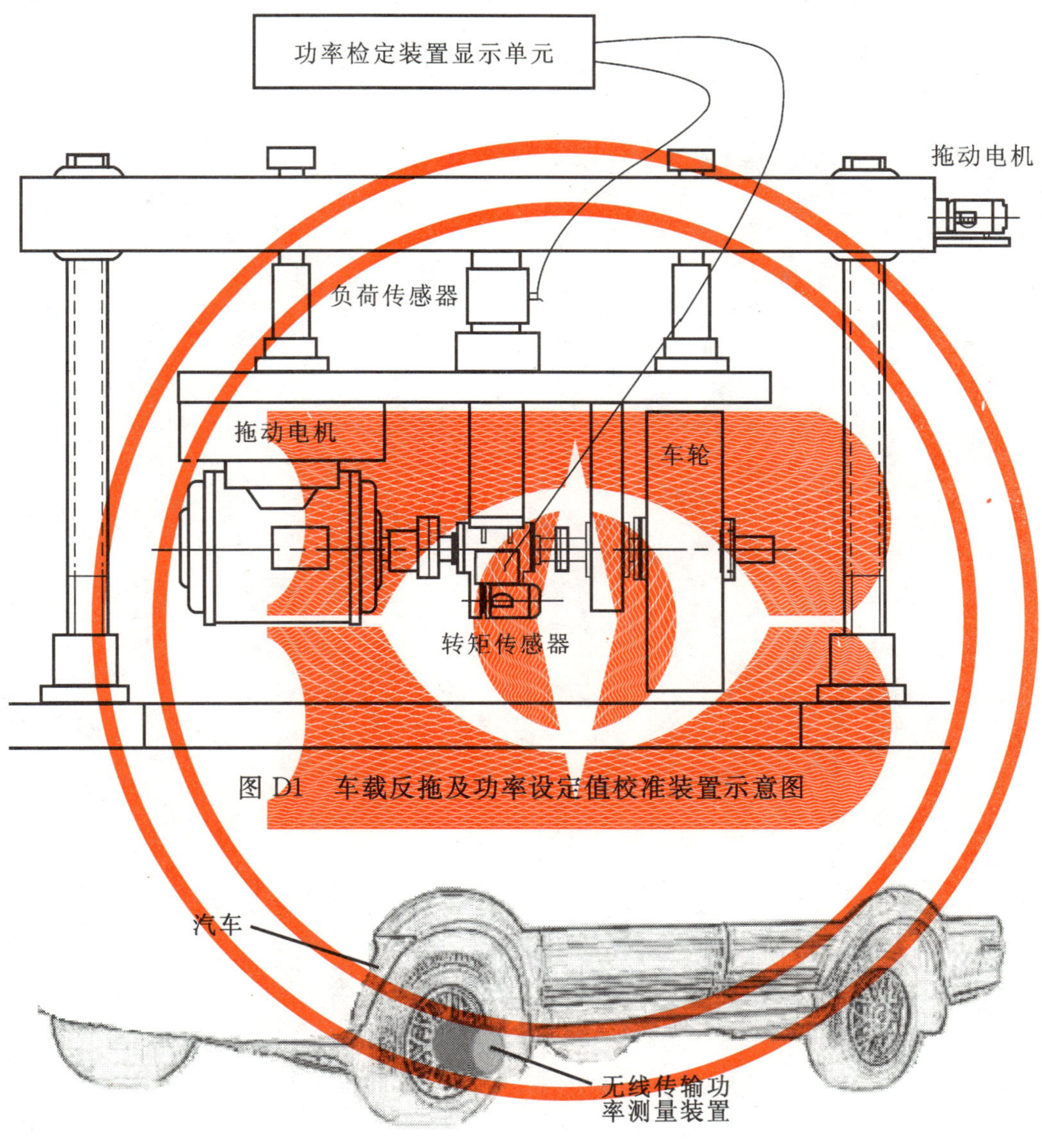

图 D1　车载反拖及功率设定值校准装置示意图

图 D2　无线传输车载反拖及功率设定值校准装置示意图

中华人民共和国国家计量技术规范

JJF 1375—2012

机动车发动机转速测量仪校准规范

Calibration Specification for Motor Vehicle Engine Speed Measuring Instruments

2012-12-12 发布　　2013-03-12 实施

国家质量监督检验检疫总局 发布

机动车发动机转速测量仪
校准规范

JJF 1375—2012

Calibration Specification for Motor Vehicle
Engine Speed Measuring Instruments

归 口 单 位： 全国法制计量管理计量技术委员会

主要起草单位： 安徽省计量科学研究院
甘肃省计量研究院
大雷科技有限公司

参加起草单位： 上海机动车检测中心
合肥华西科技开发有限公司
厦门市计量检定测试院

本规范委托全国法制计量管理计量技术委员会负责解释

本规范主要起草人：

李伟克（安徽省计量科学研究院）

高德成（甘肃省计量研究院）

陈　莉（大雷科技有限公司）

参加起草人：

陈建萍（上海机动车检测中心）

金佩玉（安徽省计量科学研究院）

李红军（合肥华西科技开发有限公司）

江　涛（厦门市计量检定测试院）

引　言

本规范以JJF 1071—2010《国家计量校准规范编写规则》、JJF 1001—2011《通用计量术语及定义》、JJF 1059—1999《测量不确定度评定与表示》为基础性系列规范进行制定。

本规范主要参考了JJG（汽车）04—1995《汽油机专用转速表》和JJG（汽车）05—1995《柴油机专用转速表》的技术要求，并部分参考了GB 3847—2005《车用压燃式发动机和压燃式发动机汽车排气烟度排放限值及测量方法》和GB 18285—2005《点燃式发动机汽车排气污染物排放限值及测量方法（双怠速法及简易工况法）》要求编制而成。

本规范为首次发布。

机动车发动机转速测量仪校准规范

1 范围

本规范适用于点燃式发动机高压点火脉冲感应式、汽车电瓶充放电电压脉动式、压燃式发动机高压喷油及发动机振动感应式发动机转速测量仪（以下简称转速测量仪）的校准。

2 引用文件

本规范引用了下列文件：

JJG 124—2005 电流表、电压表、功率表及电阻表

GB 3847—2005 车用压燃式发动机和压燃式发动机汽车排气烟度排放限值及测量方法

GB 18285—2005 点燃式发动机汽车排气污染物排放限值及测量方法（双怠速法及简易工况法）

凡是注日期的引用文件，仅注日期的版本适用于本规范；凡是不注日期的引用文件，其最新版本（包括所有的修改单）适用于本规范。

3 术语和计量单位

3.1 脉冲转速比 pulse speed ratio

点燃式发动机在不同冲程和缸数时，每一缸线产生的高压脉冲数与发动机转速之比值，一般用符号 P/R 表示。具体参考附录 A。

3.2 指针摆动量 pointer swing amount

当转速测量仪校准装置输出稳定转速时，指针式转速测量仪的指针没有稳定在某一转速值上，而是在一定范围内摆动。指针摆动的最大值、最小值之差与标准转速值的比值。

4 概述

转速测量仪按测量原理分可分为高压点火脉冲感应、汽车电瓶充放电电压脉动、高压喷油及发动机振动感应式等几种形式。

高压点火脉冲感应式转速测量仪是通过传感器感应点燃式发动机点火线圈的高压点火脉冲频率测量发动机转速。它由感应线圈、信号处理系统、显示装置等组成，用于测量点燃式发动机转速。

汽车电瓶充放电电压脉动式转速测量仪是通过检测车辆发动机转动时对电瓶充电电压的脉动频率测量发动机转速。它由电压脉动感应传感器、信号处理系统、显示装置等组成，用于测量点燃式发动机或压燃式发动机转速。

高压喷油及发动机振动感应式转速测量仪是通过固定在压燃式发动机高压喷油管上

或贴附在机动车发动机机壳上传感器感应发动机振动频率测量发动机转速。它由振动感应传感器、信号处理系统、显示装置等组成，用于测量压燃式发动机或点燃式发动机转速。

转速测量仪按显示方式可分为指针式转速测量仪和数字显示转速测量仪两类。

5 计量特性

5.1 测量范围

测量范围：(500～6 000) r/min。

注：对高压点火脉冲感应式转速测量仪，指的是 $P/R=1$ 时的转速范围。

5.2 示值误差

指针式：±1.5%。

数字显示式：±1.0%。

5.3 示值重复性

指针式：1.0%。

数字显示式：0.5%。

5.4 指针式转速测量仪的指针摆动量

指针摆动量应不大于1.0%。

5.5 转速测量仪的示值稳定时间

示值稳定时间一般不大于5 s。

5.6 输出电压的线性误差

对有电压输出功能的转速测量仪，其输出电压线性误差一般不大于5%。

注：以上指标不是用于合格性判别，仅供参考。

6 校准条件

6.1 环境条件

6.1.1 环境温度：(0～40)℃。

6.1.2 环境相对湿度：不大于85%。

6.1.3 校准应在周围的污染、振动、电磁干扰对校准结果无影响的环境下进行。

6.2 测量标准及其他设备

测量标准及其他设备见表1。

表1 测量标准及其他设备

设备名称	主要技术指标
转速测量仪校准装置	测量范围：(500～6 000) r/min， 最大允许误差：±0.2%
直流数字电压表	(10～1 000) mV，准确度等级：1.0级
秒表	分辨力不大于0.1 s

7 校准项目和校准方法

7.1 测量范围与示值误差

7.1.1 测量范围

如图 1 所示，根据转速测量仪测量原理选择对应转速测量仪校准装置，对转速测量仪进行校准。当转速测量仪校准装置的标准转速从 500 r/min 逐步调至 6 000 r/min，观察转速测量仪显示值的测量范围。

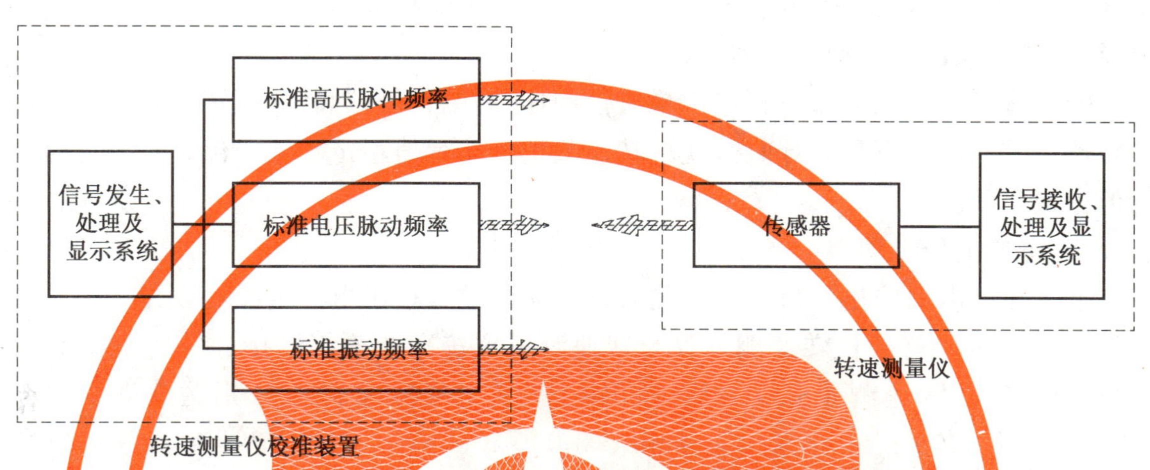

图 1 转速测量仪校准方法示意图

7.1.2 示值误差

在 7.1.1 的基础上，对转速测量仪进行示值误差校准。校准点一般选取 500 r/min～6 000 r/min 整个测量范围均匀分布的五个点。

每一校准点重复测量 3 次，按公式（1）计算各校准点示值误差。

$$\delta_{ni}=\frac{\eta\times\bar{n}_i-n_{0i}}{n_{0i}}\times 100\% \tag{1}$$

式中：

δ_{ni}——第 i 校准点（$i=1$，2，3，4，5）转速表示值误差，%；

η——脉冲转速比，高压点火脉冲感应式转速测量仪为 P/R，其他转速测量仪为 1；

$\bar{n}_i$——第 i 校准点转速测量仪 3 次测量示值的平均值，r/min；

n_{0i}——第 i 校准点转速测量仪校准装置的标准转速，r/min 。

7.2 示值重复性

在转速测量仪示值误差校准的基础上，按公式（2）计算示值重复性。

$$R_i=\frac{\eta\cdot(n_{i\max}-n_{i\min})}{n_{0i}}\times 100\% \tag{2}$$

式中：

R_i——第 i 校准点转速测量仪的示值重复性，%；

$n_{i\max}$——第 i 校准点转速测量仪 3 次测量示值中的最大值，r/min；

$n_{i\min}$——第 i 校准点转速测量仪 3 次测量示值中的最小值，r/min。

7.3 指针式测量仪的指针摆动量

选择转速测量仪校准装置输出标准转速值 1 000 r/min，3 000 r/min，5 000 r/min，

观察指针式测量仪的指针摆动量。按公式（3）计算指针摆动量。

$$\xi_j = \frac{n_{j\max} - n_{j\min}}{n_{0j}} \times 100\% \tag{3}$$

式中：

ξ_j——第 j 校准点（$j=1$，2，3）指针式测量仪的指针摆动量，%；

$n_{j\max}$——第 j 校准点指针式测量仪指针摆动至最大值，r/min；

$n_{j\min}$——第 j 校准点指针式测量仪指针摆动至最小值，r/min；

n_{0j}——第 j 校准点转速测量仪校准装置输出标准转速值，r/min。

7.4 转速测量仪的示值稳定时间

在转速测量仪校准装置与转速测量仪正确连接好后，启动转速测量仪校准装置输出标准转速、并同时按下秒表计时。观察转速测量仪的示值稳定瞬间，停止秒表计时，记录示值稳定时间。

7.5 输出电压的线性误差

对带有相应电压输出端口的转速测量仪，应校准其输出电压的线性误差。

按图 1 所示，将被校转速测量仪与转速测量仪校准装置相连接、并将直流数字电压表输入端接在转速测量仪的电压输出端口上。在标准转速分别为 1 000 r/min，2 000 r/min，3 000 r/min，4 000 r/min，5 000 r/min，6 000 r/min 时读取相应的输出电压值。运用最小二乘法估计一元线性方程 $y=ax+b$ 的参数 a 和 b。a 为样本回归直线的斜率，又称回归系数；b 为样本回归直线 y 的截距。

根据计算所得参数 a 和 b，计算各测量点输出电压线性值 $Y_k=ax_k+b$。按公式（4）计算各测量点的输出电压线性误差 δy_k。

$$\delta y_k = \frac{|y_k - Y_k|}{Y_k} \times 100\% \tag{4}$$

式中

δy_k——第 k 转速测量点（$k=1$，2，3，4，5，6）输出电压线性误差，%；

y_k——第 k 转速测量点实际测得输出电压值，mV；

Y_k——根据最小二乘法确定回归直线方程，计算得到第 k 转速测量点的输出电压线性值，mV。

转速测量仪输出电压线性误差计算方法举例见附录 B。

8 校准结果的表达

转速测量仪经校准后出具校准证书，校准证书应包括的信息及推荐的校准证书内页格式见附录 C。

9 复校时间间隔

转速测量仪复校时间间隔建议为 1 年。由于复校时间间隔的长短是由仪器的使用情况、使用者、仪器本身质量等诸因素所决定的，因此送校单位可根据实际使用情况自主决定复校时间间隔。

附录 A

点燃式发动机对应不同冲程和缸数时的脉冲转速比

表 A.1 点燃式发动机对应不同冲程和缸数时的脉冲转速比

每转脉冲数（P/R）	4 冲程发动机	2 冲程发动机
1/2	一缸	——
1	二缸	一缸
3/2	三缸	——
2	四缸	二缸
5/2	五缸	——
3	六缸	三缸
4	八缸	——

附录 B

转速测量仪输出电压线性误差计算方法举例

【例】当标准转速分别为 1 000 r/min，2 000 r/min，3 000 r/min，4 000 r/min，5 000 r/min，6 000 r/min 时，分别测量得到相应的输出电压为 81 mV，165 mV，238 mV，313 mV，390 mV，508 mV，见表 B.1。计算该转速测量仪输出电压线性误差。

表 B.1　转速测量仪各测量点转速和相应的输出电压

i	1	2	3	4	5	6
$x_i/(10^3\ \mathrm{r/min})$	1	2	3	4	5	6
y_i/mV	81	165	238	313	390	508

$$\bar{x}=\frac{1}{n}\sum_{i=1}^{n}x_i=3.5(10^3\ \mathrm{r/min}) \tag{B.1}$$

$$\bar{y}=\frac{1}{n}\sum_{i=1}^{n}y_i=282.5(\mathrm{mV}) \tag{B.2}$$

$$s_{xy}=\sum_{i=1}^{n}(x_i-\bar{x})(y_i-\bar{y})=1\ 442.5 \tag{B.3}$$

$$s_{xx}=\sum_{i=1}^{n}(x_i-\bar{x})^2=17.5 \tag{B.4}$$

$$b=s_{xy}/s_{xx}=82.428\ 571\ 43 \tag{B.5}$$

$$a=\bar{y}-b\bar{x}=-6.000\ 000\ 005 \tag{B.6}$$

$$Y=a+bx=-6.0+82.43\ x \tag{B.7}$$

根据直线方程（B.7）计算相应各测量点的线性输出电压，并计算各点线性误差，见表 B.2。

表 B.2　各点输出电压线性误差一览表

$x_i/(10^3\ \mathrm{r/min})$	1	2	3	4	5	6
y_i/mV	81	165	238	313	390	508
$Y_i=-6.0+82.43x_i$	76.4	158.9	241.3	323.7	406.2	488.6
y_i-Y_i/mV	4.6	6.1	−3.3	−10.7	−16.2	19.4
$\frac{\lvert y_i-Y_i\rvert}{Y_i}$	6.0%	3.8%	1.4%	3.3%	4.0%	4.0%

附录 C

校准证书内页内容

校　准　点	示 值 误 差	重　复　性
指针式转速测量仪的指针摆动量		
示值稳定时间		
输出电压的线性误差		

附录 D

机动车发动机转速测量仪校准记录

<table>
<tr><td rowspan="2">送校单位信息</td><td>送校单位</td><td colspan="3"></td><td>联系地址</td><td colspan="3"></td></tr>
<tr><td>联系人</td><td colspan="3"></td><td>联系电话</td><td></td><td>邮编</td><td></td></tr>
<tr><td rowspan="2">被校仪器信息</td><td>仪器名称</td><td colspan="3"></td><td>型号规格</td><td colspan="3"></td></tr>
<tr><td>制造厂商</td><td colspan="3"></td><td>生产日期</td><td></td><td>出厂编号</td><td></td></tr>
<tr><td rowspan="3">标准器信息</td><td>标准器名称</td><td>编号</td><td colspan="2">准确度（或示值误差）</td><td colspan="2">合格证书号</td><td colspan="2">合格有效期</td></tr>
<tr><td></td><td></td><td colspan="2"></td><td colspan="2"></td><td colspan="2"></td></tr>
<tr><td></td><td></td><td colspan="2"></td><td colspan="2"></td><td colspan="2"></td></tr>
<tr><td rowspan="2">校准信息</td><td>校准地点</td><td colspan="2"></td><td>校准员</td><td></td><td>核验员</td><td colspan="2"></td></tr>
<tr><td>校准日期</td><td colspan="2"></td><td>温度</td><td></td><td>相对湿度</td><td colspan="2"></td></tr>
<tr><td colspan="9">校 准 记 录</td></tr>
<tr><td colspan="2">测量范围/(r/min)</td><td colspan="7"></td></tr>
<tr><td colspan="2">示值稳定时间</td><td colspan="7"></td></tr>
<tr><td rowspan="8">示值误差及重复性</td><td rowspan="2">转速测量仪校准装置标准转速
r/min</td><td colspan="4">转速测量仪转速示值/(r/min)</td><td rowspan="2">示值误差</td><td rowspan="2" colspan="2">示值重复性</td></tr>
<tr><td>1</td><td>2</td><td>3</td><td>平均值</td></tr>
<tr><td></td><td></td><td></td><td></td><td></td><td></td><td colspan="2"></td></tr>
<tr><td></td><td></td><td></td><td></td><td></td><td></td><td colspan="2"></td></tr>
<tr><td></td><td></td><td></td><td></td><td></td><td></td><td colspan="2"></td></tr>
<tr><td></td><td></td><td></td><td></td><td></td><td></td><td colspan="2"></td></tr>
<tr><td></td><td></td><td></td><td></td><td></td><td></td><td colspan="2"></td></tr>
<tr><td colspan="8">对高压点火脉冲感应式转速测量仪应注明脉冲转速比（P/R）：</td></tr>
<tr><td colspan="4">指针式测量仪的指针摆动量</td><td colspan="5"></td></tr>
<tr><td colspan="4">转速测量仪的示值稳定时间</td><td colspan="5"></td></tr>
<tr><td colspan="4">输出电压的线性误差</td><td colspan="5"></td></tr>
</table>

注：本校准记录允许根据校准单位技术管理要求，作适当修改。

附录 E

机动车发动机转速测量仪校准示值误差测量结果的不确定度评定

E.1　建立数学模型

以点燃式发动机高压点火脉冲感应式转速测量仪（$P/R=1$）为例。校准转速测量仪时，转速测量仪校准装置为标准器。当转速测量仪校准装置输出某一标准转速时，读取转速测量仪相应示值，按公式（E.1）计算转速测量仪示值误差（转速测量仪示值 n、转速测量仪校准装置输出标准转速值 n_0 为输入量，转速测量仪示值误差 δ 为输出量的数学模型）。

$$\delta=\frac{n}{n_0}-1 \tag{E.1}$$

式中：

δ——转速测量仪示值误差；

n——转速测量仪示值，r/min；

n_0——转速测量仪校准装置输出标准转速值，r/min。

因为各分量 n、n_0 互不相关，由不确定度传播律：

$$u^2(\delta)=c_1^2\,u^2(n)+c_2^2\,u^2(n_0)$$

其中：$c_1=\dfrac{\partial \delta}{\partial n}=\dfrac{1}{n_0}$，单位：r/min；

$c_2=\dfrac{\partial \delta}{\partial n_0}=-\dfrac{n}{n_0^2}$，单位：r/min。

故不确定度式为

$$u^2(\delta)=\left(\frac{1}{n_0}\right)^2u^2(n)+\left(-\frac{n}{n_0^2}\right)^2u^2(n_0)$$

E.2　输入量的标准不确定度评定

（1）被校转速测量仪示值（测量结果重复性）的标准不确定度评定

被校转速测量仪 n 估计值的不确定度主要来源于转速测量仪的测量结果重复性及数显仪器的示值量化误差。测量结果重复性可以通过连续测量得到的测量列，采用 A 类方法进行评定。

在转速测量仪校准装置及被校转速测量仪正常工况条件下，在转速测量仪校准装置输出标准转速为 2 986 r/min 时，读取被校转速测量仪相应示值。等精度重复测量 10 次，测量数据：2 970 r/min，2 970 r/min，2 970 r/min，2 960 r/min，2 970 r/min，2 960 r/min，2 960 r/min，2 960 r/min，2 970 r/min，2 970 r/min。

单次实验标准差 $s(n_i)$

$$s(n_i)=\sqrt{\frac{\sum\limits_{i=1}^{10}(n_i-\bar{n})^2}{10-1}}=5.2\ \text{r/min}$$

实际测量时，在重复条件下连续测量 3 次，以 3 次测量的算术平均值作为测量结果，则可得标准不确定度为

$$u_A(n)=s(n_i)/\sqrt{3}=3.0\ \text{r/min}$$

（2）被校转速测量仪 n 估计值（数显量化误差）的标准不确定度评定

数显式转速测量仪的分辨力为 1 r/min，其量化误差以等概率分布（矩形分布）落在宽度为 1 r/min/2=0.5 r/min 的区间内。考虑其引入的标准不确定度为

$$u_1(n)=0.5\ \text{r/min}/\sqrt{3}=0.29\ \text{r/min}$$

由于重复性分量包含被校转速测量仪 n 估计值（数显量化误差）的标准不确定度分量，为避免重复计算，只计最大影响量 $u_A(n)$，舍弃 $u_1(n)$。

（3）转速测量仪校准装置指示值 n_0 估计值的标准不确定度评定

转速测量仪校准装置示值允许误差为±0.2%，在标准转速值为 2 986 r/min 时，可能引起的误差值为 2 986 r/min×0.2%=6.0 r/min。按正态分布计，则引入的标准不确定度

$$u(n_0)=6.0\ \text{r/min}/\sqrt{3}=3.5\ \text{r/min}$$

E.3　输出量的标准不确定度分量一览表

表 E.1　输出量的标准不确定度分量

序号	输入量估计值的标准不确定度评定			输出量估计值的标准不确定度分量		
	来源	符号	数值	符号	灵敏系数 c_i	$\lvert c_i \rvert \times u(x)$
1	测量结果重复性	$u_A(n)$	3.0 r/min	u_1	$1/n_0$	0.10%
2	校准装置准确性	$u(n_0)$	3.5 r/min	u_2	$-n/n_0^2$	0.12%

注：计算中 n_0 为 2 986 r/min，n 为 10 次测量值之平均值 2 966 r/min。

E.4　合成标准不确定度的计算

由于各标准不确定度分量相互无关，故合成标准不确定度为

$$u_c(\delta)=\sqrt{u_1^2+u_2^2}=\sqrt{(0.10\%)^2+(0.12\%)^2}$$
$$=0.16\%$$

E.5　扩展不确定度的计算

取包含因子 $k=2$，则

$$U_{rel}=k\times u_c(\delta)=2\times 0.16\%=0.32\%$$

E.6　测量不确定度的报告

由上述分析得到：

转速测量仪示值误差的相对扩展不确定度为：

$$U_{rel}=0.32\%,\ k=2$$

中华人民共和国国家计量技术规范

JJF 1377—2012

水准式车轮定位测量仪校准规范

Calibration Specification for

Wheel Alignment Testers of Level Type

2012-12-12 发布　　　　2013-03-12 实施

国家质量监督检验检疫总局 发布

水准式车轮定位测量仪
校准规范

Calibration Specification for

Wheel Alignment Testers of Level Type

JJF 1377—2012

归 口 单 位： 全国法制计量管理计量技术委员会

主要起草单位： 内蒙古自治区计量测试研究院

甘肃省计量科学研究院

参加起草单位： 上海汽车运输科学研究所

大雷集团呼和浩特市大雷科技有限公司

内蒙古亿丰机动车安全技术检测有限责任公司

本规范委托全国法制计量管理计量技术委员会负责解释

本规范主要起草人：

闫　军（内蒙古自治区计量测试研究院）

吕金华（内蒙古自治区计量测试研究院）

高德成（甘肃省计量科学研究院）

参加起草人：

郭晓冬（内蒙古自治区计量测试研究院）

许　基（上海汽车运输科学研究所）

白明耀（大雷集团呼和浩特市大雷科技有限公司）

葛　彪（内蒙古亿丰机动车安全技术检测有限责任公司）

引　　言

本规范以 JJF 1071—2010《国家计量校准规范编写规则》、JJF 1001—2011《通用计量术语及定义》、JJF 1059—1999《测量不确定度评定与表示》为基础性系列规范进行制定。

本规范主要参考 GB/T 3730.3—1992《汽车和挂车的术语及其定义　车辆尺寸》，JJG（汽车）03—1995《水准车轮定位仪（暂行）》、《汽车综合性能检测》（上海科学技术文献出版社）编制而成。

本规范为首次制定。

水准式车轮定位测量仪校准规范

1 范围

本规范适用于水准式车轮定位测量仪（以下简称车轮定位仪）的校准。

2 引用文件

GB/T 3730.3—1992 汽车和挂车的术语及其定义 车辆尺寸

凡是注日期的引用文件，仅注日期的版本适用于本规范；凡是不注日期的引用文件，其最新版本（包括修改单）适用于本规范。

3 术语和计量单位

GB/T 3730.3—1992 界定的及以下术语和定义适用于本规范。

3.1 车辆支承平面 supporting plane of vehicle [GB/T 3730.3—1992，2.1]

用于测量车辆尺寸参数时，支承车轮的平坦、坚实的水平面。简称 X 平面。

3.2 车辆纵向对称平面 longitudinal plane of symmetry of vehicle [GB/T 3730.3—1992，2.4]

线段 AB 的垂直平分平面。A 和 B 两点为通过同一轴上两端车轮轴线的 X 平面的垂面与通过车轮中心平面的交线 Δ 与 X 平面的交点（见图 1）。简称 Y 平面。

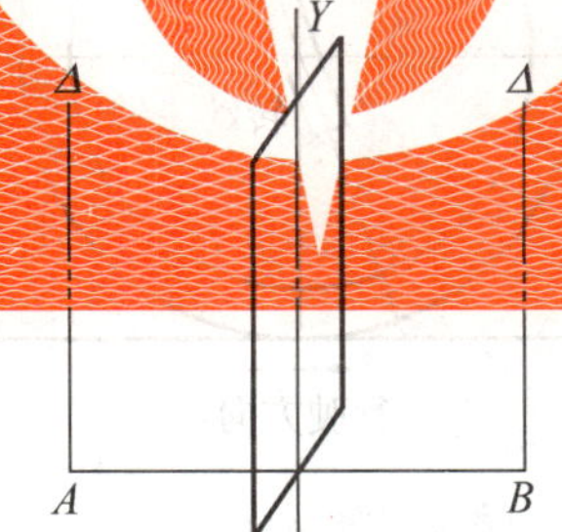

图 1 车辆纵向对称平面

3.3 车轮外倾角 camber angle [GB/T 3730.3—1992，3.25]

在过车轮轴线且垂直于 X 平面的平面内，车轮轴线与水平线之间所夹锐角。如图 2 所示，用符号 α 表示，单位为度（°）。

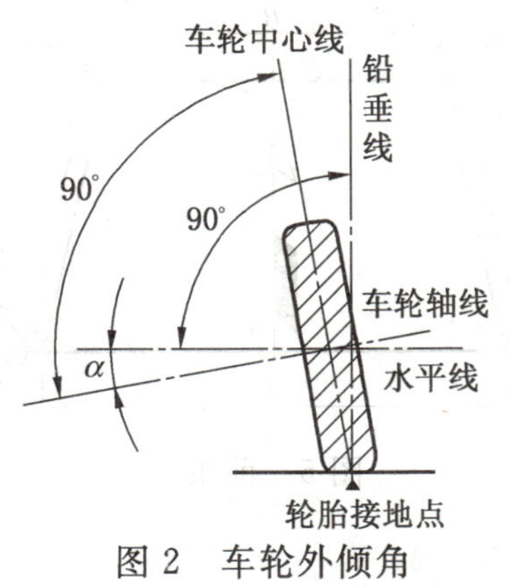

图 2 车轮外倾角

3.4　主销内倾角　kingpin inclination [GB/T 3730.3—1992，3.26]

在同时垂直于 X 和 Y 平面的平面内，由真实（或假想）的转动主销轴线在该平面上的投影线与 X 平面的垂线所夹的锐角。如图 3 所示，用符号 β 表示，单位为度（°）。

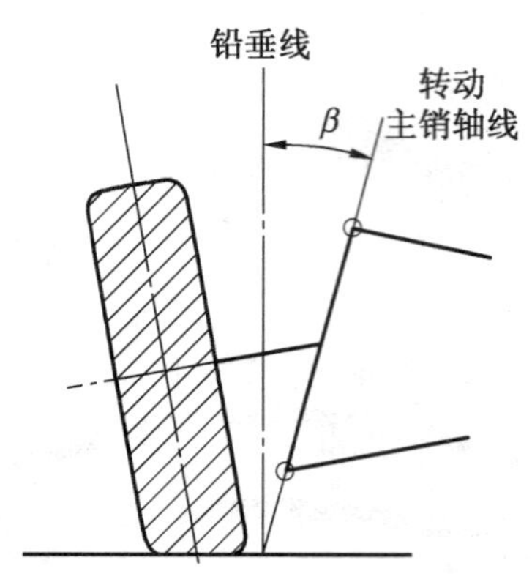

图 3　主销内倾角

3.5　主销后倾角　kingpin castor angle

过车轮中心的铅垂线和真实（或假想）的转动主销轴线在 Y 平面的投影线所夹的锐角。如图 4 所示，用符号 γ 表示，单位为度（°）。

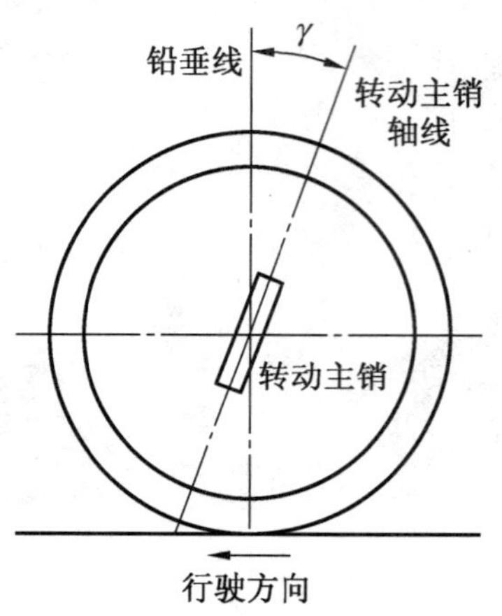

图 4　主销后倾角

3.6　前束　toe-in

同轴上两轮轮辋内侧轮廓线的水平直径的端点为等腰梯形的顶点，等腰梯形的前后底边长度之差（$A-B$）。如图 5 所示，单位为毫米（mm）。

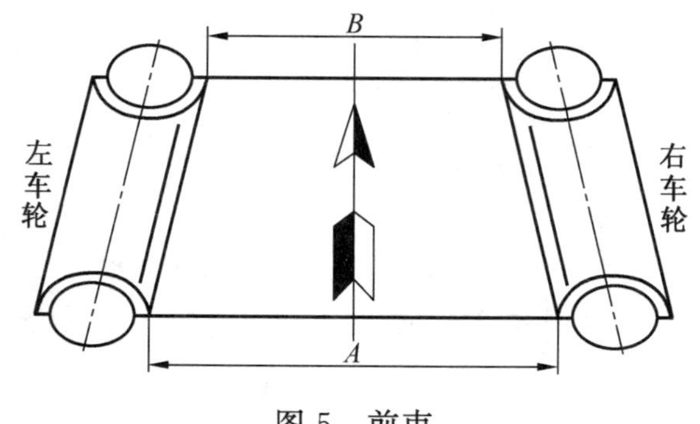

图 5　前束

4 概述

车轮定位仪是用于测量汽车车轮定位参数的专用仪器，它可用于测量转向轮的外倾角、主销内倾角、主销后倾角、车轮前束等参数。

车轮定位仪由水准测量器、转盘及前束尺组成。

水准测量器如图 6 所示，它由四组水准泡组成。水准泡 A 用于车轮外倾角（以下简称外倾角）的测量；水准泡 B 用于主销后倾角测量；水准泡 C 用于主销内倾角测量；水准泡 D 用于整个水准测量器的水平校准。外倾角水泡角度示值与该水准泡轴线的水平倾斜角度相等。测量时车轮左、右转某个角度 θ（一般为 20°，也有转 10°或 14°），主销后倾角与主销内倾角水泡角度示值与该水准泡轴线的水平倾斜角度有比例系数为 η_θ 的比例关系（见附录 A）。

转盘由活动盘和固定盘构成，两个转盘为一组。被检车辆的左右前轮分别处于转盘中心。在进行主销后倾角与主销内倾角测量时，一般先要将车轮先向左（或先向右）旋转 θ 角，然后再将车轮向右（或向左）旋转 θ 角。

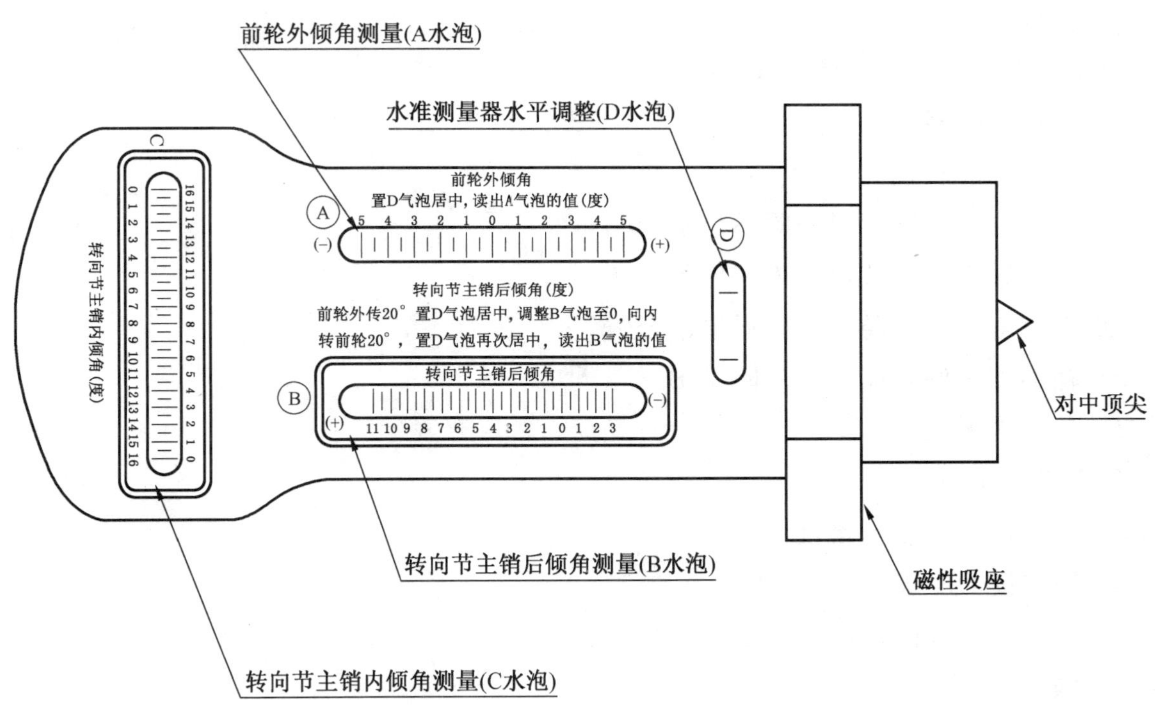

图 6 水准测量器外形

前束尺由三节管子组成，其中两节可拉伸，另外一节的测头可以小范围弹性伸缩（内有弹簧），其中有指标线和刻度线。

5 计量特性

计量性能要求见表 1。

表 1 计量性能要求

部 件	范 围	分度值	示值误差
水准测量器	外倾角 A（α）：−5°～0～+5°	0.5°	± 0.5° 或 ± 5%
	主销后倾角 B（γ）：−3°～0～+10°		
	主销内倾角 C（β）：0 ～ 16°		
转 盘	刻度：−50°～0～+50°	0.5°	± 1.0°
前束尺	刻度：−35 mm～0～+35 mm	1 mm	± 2 mm

注：以上指标不是用于合格性判别，仅供参考。

6 校准条件

6.1 环境条件

环境温度：0 ℃ ～ 40 ℃；

环境湿度：不大于 85% RH。

6.2 校准用标准器

6.2.1 角度标准装置

a）旋转角度测量范围一般不小于 30°；

b）旋转轴水平调节灵敏度一般不大于 3′；

c）旋转角度示值误差一般不超过 ± 3′；

d）辅助直角座具体要求见附录 B。

6.2.2 条式水平仪

分度值 0.10 mm/m。

6.2.3 经纬仪或角度测量仪

a）经纬仪 DJ_6 级；

b）角度测量仪示值误差一般不超过 ± 3′。

6.2.4 钢直尺

150 mm。

7 校准项目和校准方法

7.1 水准测量器校准

7.1.1 主销内倾角

如图 7 所示，用水平仪将角度标准装置旋转轴调至水平（水平度不大于 0.20 mm/m），水准测量器的磁性吸铁座吸附在角度标准装置旋转轴的铅垂端面上，使水准测量器的 A（α）水泡及 B（γ）水泡轴线基本上与角度标准装置旋转轴平行。

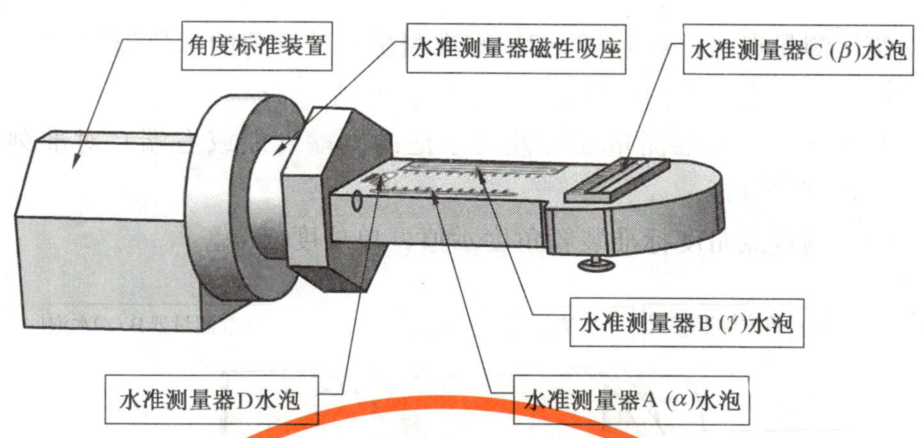

图 7　主销内倾角校准时水准测量器安置示意图

调整好 D 水泡的水平。旋转主销内倾角调节螺丝，使 C（β）以水泡的一端（左或右端）对准 0°刻线、角度标准装置角度示值取“0”。主销内倾角调节螺丝固定不动。旋转角度标准装置使水泡的一端（左或右端）逐次对准 5°、10°和 15°刻线，分别读取角度标准装置角度示值 θ_1，θ_2，θ_3，按公式（1）、公式（2）计算主销内倾角示值误差及相对误差。

$$\Delta\beta_i = \frac{\beta_i}{\eta_\theta} - \theta_i \tag{1}$$

$$\delta\beta_i = \frac{\Delta\beta_i}{\theta_i} \times 100\% \tag{2}$$

式中：

$\Delta\beta_i$——第 i 测量点（$i=1$，2，3）水准测量器主销内倾角的示值误差，单位度（°）；

$\delta\beta_i$——第 i 测量点水准测量器主销内倾角的相对误差，%；

β_i——第 i 测量点水准测量器主销内倾角水泡的一端（左或右端）对准刻线的示值，单位度（°）；

θ_i——第 i 测量点角度标准装置角度示值，单位度（°）；

η_θ——比例系数（与转盘左、右转动角度 θ 有关），见附录 A。

7.1.2　外倾角及主销后倾角

如图 8 所示，水准测量器的磁性吸座吸附在角度标准装置辅助直角座平面上，使水准测量器的 C（β）水泡轴线基本上与角度标准装置旋转轴平行。调整好 D 水泡的水平。

a）外倾角

将 A（α）水泡的一端（左或右端）对准 0°刻线，角度标准装置角度示值取“0”；旋转角度标准装置使水泡的一端（左或右端）逐次对准＋1°、＋3°和＋5°刻线，分别读取角度标准装置角度示值 φ_1，φ_2，φ_3，按公式（3）、公式（4）计算车轮外倾角示值误差及相对误差。

$$\Delta\alpha_j = \alpha_j - \varphi_j \tag{3}$$

$$\delta\alpha_j = \frac{\Delta\alpha_j}{|\varphi_j|} \times 100\% \tag{4}$$

式中：

$\Delta\alpha_j$——第 j 测量点（$j=1$，2，3）水准测量器外倾角的示值误差，单位度（°）；

$\delta\alpha_j$——第 j 测量点水准测量器外倾角的相对误差，%；

α_j——第 j 测量点水准测量器外倾角水泡的一端（左或右端）对准刻线的示值，单位度（°）；

φ_j——第 j 测量点角度标准装置角度示值，单位度（°）。

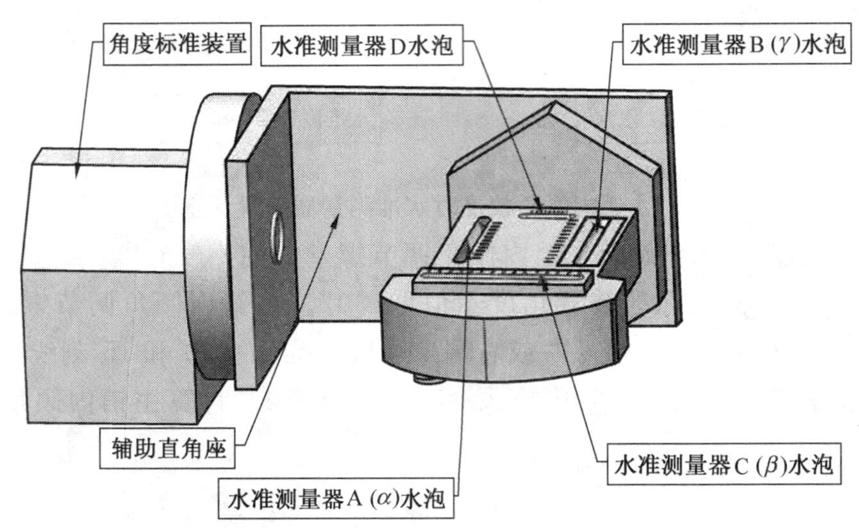

图 8　外倾角及主销后倾角校准时水准测量器安置示意图

然后角度标准装置反向旋转，使水泡的一端（左或右端）逐次对准－1°、－3°和－5°刻线，分别读取角度标准装置角度示值，同样按公式（3）、公式（4）计算车轮外倾角示值误差及相对误差。

b）主销后倾角

旋转主销后倾角调节螺丝，使 B（γ）水泡的一端（左或右端）对准 0°刻线、角度标准装置角度示值取“0”。主销后倾角调节螺丝固定不动。旋转角度标准装置使水泡的一端（左或右端）逐次对准－3°、＋3°、＋6°和＋9°刻线，分别读取角度标准装置角度示值 ψ_1，ψ_2，ψ_3，ψ_4，按公式（5）、公式（6）计算主销后倾角示值误差及相对误差。

$$\Delta\gamma_k=\frac{\gamma_k}{\eta_\theta}-\psi_k \tag{5}$$

$$\delta\gamma_k=\frac{\Delta\gamma_k}{|\psi_k|}\times 100\% \tag{6}$$

式中：

$\Delta\gamma_k$——第 k 测量点（$k=1$，2，3，4）水准测量器主销后倾角的示值误差，单位度（°）；

$\delta\gamma_k$——第 k 测量点水准测量器主销后倾角的相对误差，%；

γ_k——第 k 测量点水准测量器主销后倾角水泡的一端（左或右端）对准刻线的示值，单位度（°）；

ψ_i——第 k 测量点角度标准装置角度示值，单位度（°）；

η_θ——比例系数（与转盘左、右转动角度 θ 有关），见附录 A。

7.2　转盘校准

7.2.1　用经纬仪校准

将经纬仪安置在被校转盘上，调整好经纬仪的水平、并使经纬仪竖轴中心基本落在被校转盘中心上。将经纬仪垂直度盘处于 90°（或 270°）位置上垂直锁紧望远镜，使其在垂直方向上无法转动。

在被校转盘的指标线对准 0°刻度线时，用望远镜瞄准远处（> 15 m）目标线 A（自定），读取经纬仪水平度盘示值 ω_0，逆时针（或顺时针）转动被校转盘（经纬仪同步随转盘转动）对准 10°刻度线，此时，固定转盘不动、经纬仪水平度盘反向旋转，望远镜再次瞄准目标线 A，读取经纬仪水平度盘示值 ω_1；按同样方法转盘分别对准 20°、30°刻度线，读取经纬仪水平度盘示值 ω_2 和 ω_3；按公式（7）计算转盘示值误差。

$$\Delta\xi_n = \xi_n - |\omega_n - \omega_0| \tag{7}$$

式中：

$n = 1，2，3$；

$|\omega_n - \omega_0|$ 应取锐角值；

$\Delta\xi_n$——转盘示值误差，单位度（°）；

ξ_n——第 n 测量点转盘示值，单位度（°）；

ω_n——第 n 测量点经纬仪水平度盘示值，单位度（°）；

ω_0——转盘对准 0°刻度线时，经纬仪水平度盘示值，单位度（°）。

按同样方法，转盘顺时针（或逆时针）转动，校准相应的 10°，20°，30°刻线。

7.2.2　用角度测量仪校准

使被校转盘中心与角度测量仪度盘中心对正重合，在转盘的指标线对准 0°刻度线时使角度测量仪零点刻度线与之对齐，逆时针（或顺时针）转动被校转盘（角度测量仪同步随转盘转动）对准 10°刻度线，读取角度测量仪相应的读数值 τ_1，按同样方法转盘分别对准 20°、30°刻度线，读取角度测量仪相应的读数值 τ_2 和 τ_3，按公式（8）计算转盘示值误差。

$$\Delta\rho_n = \rho_n - \tau_n \tag{8}$$

式中：

$n = 1，2，3$；

$\Delta\rho_n$——转盘示值误差，单位度（°）；

ρ_n——第 n 测量点转盘示值，单位度（°）；

τ_n——第 n 测量点角度测量仪示值，单位度（°）。

7.3　前束尺校准

用钢直尺测量前束尺示值部分 0 ～ + 10 mm、0 ～ + 20 mm、0 ～ + 30 mm、0 ～ −10 mm、0 ～ −20 mm、0 ～ −30 mm 刻线间的实际值，按公式（8）计算前束尺示值误差。

$$\Delta L_t = L_t - L_{0t} \tag{9}$$

式中：

ΔL_t——第 t 测量点前束尺示值误差，mm；

L_t——第 t 测量点前束尺示值，mm；

L_{0t}——第 t 测量点钢直尺示值，mm。

8 校准结果表达

8.1 经校准的水准式车轮定位测量仪，填发校准证书，校准证书内页的内容见附录 C。

8.2 水准式车轮定位测量仪校准结果的不确定度按 JJF 1059 的要求评定，不确定度评定的实例见附录 E。

9 复校时间间隔

水准式车轮定位测量仪的复校时间间隔建议为 1 年。由于复校时间间隔的长短是由仪器的使用情况、使用者、仪器本身质量等诸因素所决定的，因此送校单位可根据实际使用情况自主决定复校时间间隔。

附录 A

比例系数 η_θ 推导

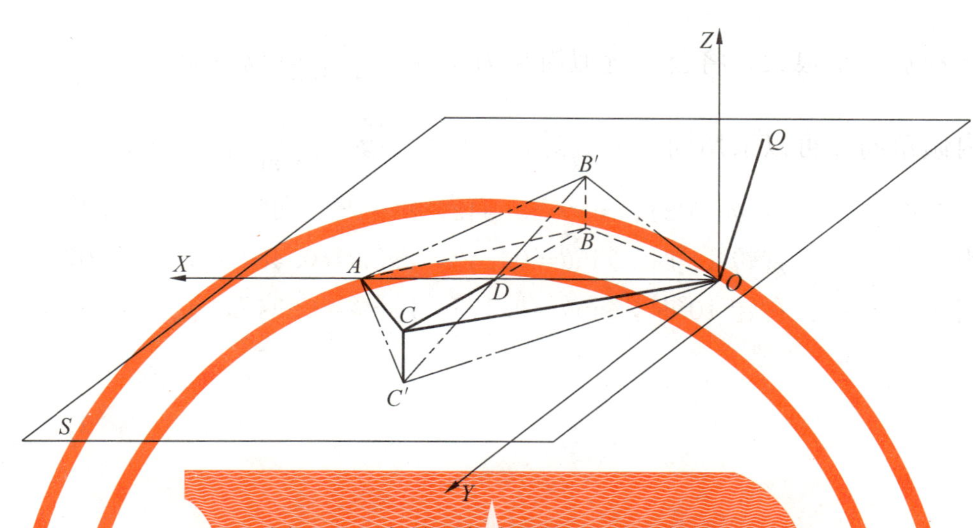

图 A.1　主销后倾角测量原理示意图

假设只存在转动主销后倾角 γ。

QO 为转动主销轴，处于铅垂面 YOZ 内，$\angle QOZ$ 即为转动主销后倾角 γ；

AO 为车轴，处于 OX 轴上，$\therefore AO \perp QO$。

BO 为车轮右转 θ 角的车轴（B 不在水平面 S 内，低于水平面；B' 为 B 在水平面上的投影点，$\therefore BB' \perp S$ 平面、$BB' \perp OB'$、$BB' \perp AB'$；$\angle BOB' = \psi_1$；$\angle AOB' = \theta$）；

CO 为车轮左转 θ 角时的车轴（C 不在水平面 S 内，高于水平面；C' 为 C 在水平面上的投影点，$\therefore CC' \perp S$ 平面、$CC' \perp OC'$、$CC' \perp AC'$；$\angle COC' = \psi_2$；$\angle AOC' = \theta$）。

$\because QO \perp AO$、$QO \perp BO$；$\therefore QO \perp$ 平面 AOB

$\because OZ \perp AO$、$OZ \perp OB'$；$\therefore OZ \perp$ 平面 AOB'

$\therefore \angle$（平面 AOB 与平面 AOB' 夹角）$= \angle BDB' = \angle QOZ = \gamma$

$\because QO \perp AO$、$QO \perp CO$；$\therefore QO \perp$ 平面 AOC

$\because OZ \perp AO$、$OZ \perp OC'$；$\therefore OZ \perp$ 平面 AOC'

$\because \angle$（平面 AOC 与平面 AOC' 夹角）$= \angle CDC' = \angle QOZ = \gamma$

AO 为车轴（R）$= BO = CO$

$OB' = BO \times \cos\psi_1 = R \times \cos\psi_1$（$\psi_1$ 为车轮右转 θ 时的车轴水平倾斜角）

$DB' = OB' \times \sin\theta = R \times \cos\psi_1 \times \sin\theta$

$BB' = BO \times \sin\psi_1 = R \times \sin\psi_1$

$$\tan\gamma = \tan\angle BDB' = \frac{BB'}{DB'} = \frac{R \cdot \sin\psi_1}{R \cdot \cos\psi_1 \cdot \sin\theta} = \frac{\tan\psi_1}{\sin\theta}$$

同理
$$\tan\gamma = \frac{\tan\psi_2}{\sin\theta}$$

为减小实际存在的主销内倾角影响

$$\tan\gamma=\frac{\tan\psi_1+\tan\psi_2}{2\cdot\sin\theta}$$

实际校准时，车轮右转 θ 时将倾斜角调整为零，即 $\psi_1=0$，则上公式就变成

$$\tan\gamma=\frac{\tan\psi}{2\cdot\sin\theta}$$

由于 γ 和 ψ 不是很大，将公式近似简化为：$\gamma=\frac{\psi}{2\cdot\sin\theta}=\eta_\theta\cdot\psi$

主销内倾角同样可以采用同样方法进行简化为：$\beta=\frac{\varphi}{2\cdot\sin\theta}=\eta_\theta\cdot\varphi$

(1) 当车轮向左、右转 20°时，$\sin\theta=0.342$，$2\sin\theta=0.684$，$\eta_{20}=1.46$；

(2) 当车轮向左、右转 14°时，$\sin\theta=0.242$，$2\sin\theta=0.484$，$\eta_{14}=2.07$；

(3) 当车轮向左、右转 10°时，$\sin\theta=0.174$，$2\sin\theta=0.348$，$\eta_{10}=2.87$。

附录 B

辅助直角座具体要求

B.1 材料 20# 钢厚度 3 mm。

B.2 角度及尺寸要求见示意图 B.1。

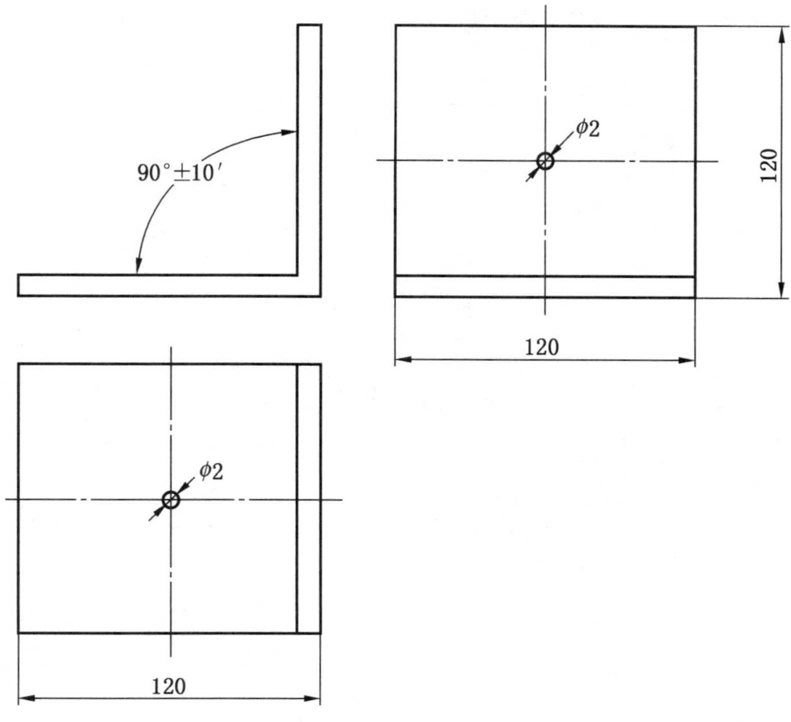

图 B.1 辅助直角座示意图

附录C

校准证书（内页）内容

<table>
<tr><th>校准对象</th><th colspan="2">校准项目</th><th>校准点</th><th>校准结果</th></tr>
<tr><td rowspan="13">水准测量器</td><td colspan="2" rowspan="3">主销内倾角</td><td>5°</td><td></td></tr>
<tr><td>10°</td><td></td></tr>
<tr><td>15°</td><td></td></tr>
<tr><td colspan="2" rowspan="6">外倾角</td><td>+1°</td><td></td></tr>
<tr><td>+3°</td><td></td></tr>
<tr><td>+5°</td><td></td></tr>
<tr><td>−1°</td><td></td></tr>
<tr><td>−3°</td><td></td></tr>
<tr><td>−5°</td><td></td></tr>
<tr><td colspan="2" rowspan="4">主销后倾角</td><td>−3°</td><td></td></tr>
<tr><td>+3°</td><td></td></tr>
<tr><td>+6°</td><td></td></tr>
<tr><td>+9°</td><td></td></tr>
<tr><td rowspan="6">转盘</td><td rowspan="6">刻度</td><td rowspan="3">顺时针</td><td>10°</td><td></td></tr>
<tr><td>20°</td><td></td></tr>
<tr><td>30°</td><td></td></tr>
<tr><td rowspan="3">逆时针</td><td>10°</td><td></td></tr>
<tr><td>20°</td><td></td></tr>
<tr><td>30°</td><td></td></tr>
<tr><td rowspan="6">前束尺</td><td colspan="2" rowspan="6">刻度</td><td>+ 10 mm</td><td></td></tr>
<tr><td>+ 20 mm</td><td></td></tr>
<tr><td>+ 30 mm</td><td></td></tr>
<tr><td>− 10 mm</td><td></td></tr>
<tr><td>− 20 mm</td><td></td></tr>
<tr><td>− 30 mm</td><td></td></tr>
</table>

附录 D

水准式车轮定位测量仪校准记录

送校单位信息	送校单位		地址			
	联系人		联系电话		邮编	
被校仪器信息	仪器名称		型号规格			
	制造厂商		生产日期		出厂编号	

标准器信息	标准器名称	编号	不确定度或准确度等级或最大允许误差	合格证书号	合格有效期至

校准信息	校准地点		校准员		核验员	
	校准日期		温度		相对湿度	

校准记录

			校准点	1	2	3	4	5	6
示值误差	水准测量器	主销内倾角	示值（°）	5	10	15			
			标准值（°）						
			误差（°）						
			相对误差（%）						
		车轮外倾角	示值（°）	+1	+3	+5	−1	−3	−5
			标准值（°）						
			误差（°）						
			相对误差（%）						
		主销后倾角	示值（°）	−3	+3	+6	+9		
			标准值（°）						
			误差（°）						
			相对误差（%）						
	转盘刻度		示值（°）	顺 10	顺 20	顺 30	逆 10	逆 20	逆 30
			标准值（°）						
			误差（°）						
	前束尺刻度		示值（mm）	+10	+20	+30	−10	−20	−30
			标准值（mm）						
			误差（mm）						

注：本校准记录允许根据校准单位技术管理要求，作适当修改。

附录 E

水准式车轮定位测量仪水准测量器示值误差的不确定度评定

E. 1 测量模型

E. 1. 1 建立测量模型如下：

根据车轮转动主销内倾角的测量原理，被测车轮左转 θ 角（一般为 20°）、再右转 θ 角时，水准式车轮定位测量仪上主销内倾角测量水准泡的变化值之间的关系，建立测量模型：

$$\Delta\beta_i = \frac{\beta_i}{\eta_\theta} - \theta_i \tag{E. 1}$$

式中：

$\Delta\beta_i$——水准测量器主销内倾角的示值误差，单位度（°）；

β_i——水准测量器主销内倾角水泡的一端（左或右端）对准刻线的示值，单位度（°）；

θ_i——角度标准装置角度示值，单位度（°）；

η_θ——比例系数为 1.46（见附录 A）。

E. 1. 2 方差

依方程：

$$u_c^2(y) = \sum(\partial f/\partial x_i)^2 u^2(x_i) \tag{E. 2}$$

由公式（E. 1）得方差：

$$u_c^2(\Delta\beta_i) = c^2(\beta_i)u^2(\beta_i) + c^2(\theta_i)u^2(\theta_i) \tag{E. 3}$$

式中：

$u(\beta_i)$ ——被检水准测量器引入的标准不确定度分量；

$u(\theta_i)$ ——角度标准装置引入的标准不确定度分量。

E. 1. 3 灵敏系数

$$c(\beta_i) = \partial f/\partial \beta_i = 1/1.46 \tag{E. 4}$$

$$c(\theta_i) = \partial f/\partial \theta_i = -1 \tag{E. 5}$$

根据公式（E. 4）、公式（E. 5）得标准不确定度：

$$u_c^2(\Delta\beta_i) = (1/1.46)^2 u^2(\beta_i) + (-1)^2 u^2(\theta_i) \tag{E. 6}$$

E. 2 不确定度来源

E. 2. 1 被检水准测量器引入的标准不确定度分量 $u(\beta_i)$

E. 2. 1. 1 由测量重复性引入的标准不确定度分量 $u_1(\beta_i)$

E. 2. 1. 2 由水准泡瞄准估读引入的标准不确定度分量 $u_2(\beta_i)$

E. 2. 2 由角度标准装置引入的标准不确定度分量 $u(\theta_i)$

E. 3 标准不确定度分量

E. 3. 1 被检水准测量器引入的标准不确定度分量 $u(\beta_i)$

E. 3. 1. 1 由测量重复性引入的标准不确定度分量 $u_1(\beta_i)$

被校水准测量器示值 β 估计值的不确定度主要来源于水准测量器的测量重复性。测量重复性可以通过连续测量得到的测量列，采用A类方法进行评定。

在标准角度装置及被校水准测量器正常工况条件下，在水准测量器示值15°时等精度重复测量十次，测得数据见表E.1。

表E.1 测得数据

测量次数	1	2	3	4	5	6	7	8	9	10
β_i (°)	10.2	10.1	10.1	10.2	10.2	10.1	10.2	10.2	10.2	10.2
$\sum\beta_i$	101.7									
$\bar{\beta}_i$ (°)	10.17									

由统计得单次实验标准差 $s(\beta_i)=\sqrt{\dfrac{\sum(\beta_i-\bar{\beta}_i)^2}{n-1}}=0.048°$

实际测量时，在每个测量点读取1次，故测量重复性引入的标准不确定度为

$$u_1(\beta_i)=s(\beta_i)=0.048°$$

自由度 $\nu_1(\beta_i)=10-1=9$

E.3.1.2 由水准泡瞄准估读引入的标准不确定度分量 $u_2(\beta_i)$

被校水准测量器主销内倾角示值 β 的分度值为0.5°，一般能估读至五分之一分度值，按均匀分布计

$$u_2(\beta_i)=\frac{0.5°}{5}/\sqrt{3}=0.058°$$

估计该标准不确定度75%可靠，故自由度为

$$\nu_2(\beta_i)=\frac{1}{2}\times\left(\frac{\Delta u(\beta_i)}{u(\beta_i)}\right)^{-2}=\frac{1}{2}\times\left(\frac{25\%}{100\%}\right)^{-2}=8$$

E.3.2 由角度标准装置引入的标准不确定度分量 $u(\theta_i)$

根据规范规定，角度标准装置的旋转角度误差不超过±3′，按均匀分布计

$$u(\theta_i)=3'/\sqrt{3}=0.029°$$

估计该标准不确定度90%可靠，故自由度为

$$\nu(\theta_i)=\frac{1}{2}\times\left(\frac{\Delta u(\theta_i)}{u(\theta_i)}\right)^{-2}=\frac{1}{2}\times\left(\frac{10\%}{100\%}\right)^{-2}=50$$

E.4 标准不确定度分量一览表

不确定度分量	不确定度来源	标准不确定度值 $u(x_i)$	灵敏系数 $c_i=\partial f/\partial x_i$	$\lvert c_i\rvert\cdot u(x_i)$	自由度
$u(\beta_i)$	被检仪器	0.075°	1/1.46	0.051°	4
$u_1(\beta_i)$	测量重复性	0.048°			9
$u_2(\beta_i)$	估读误差	0.058°			8
$u(\theta_i)$	角度标准装置	0.029°	−1	0.029°	50

E.5 合成标准不确定度

由于各标准不确定度分量相互无关，故

$$u_c(\Delta\beta_i)=\sqrt{c^2(\beta_i)u^2(\beta_i)+c^2(\theta_i)u^2(\theta_i)}=\sqrt{0.051^2+0.029^2}=0.06(°)$$

有效自由度

$$\nu_{eff}=\frac{0.06^4}{\frac{0.051^4}{4}+\frac{0.029^4}{50}}=7$$

E.6　扩展不确定度

按置信概率 $p=0.95$，有效自由度 $\nu_{eff}=7$，查 t 分布表，得 $k=2.36$，故扩展不确定度为

$$U=k\cdot u_c=0.14(°)$$

E.7　测量不确定度的报告

扩展不确定度为 $U=0.14°$（$k=2.36$）。

中华人民共和国国家计量技术规范

JJF 1385—2012

汽油车简易瞬态工况法用流量分析仪校准规范

Calibration Specification for Flow Analyzer for Short Transient Loaded Mode of Gasoline Vehicles

2012-12-21 发布　　2013-03-21 实施

国家质量监督检验检疫总局 发布

汽油车简易瞬态工况法用流量分析仪校准规范

JJF 1385—2012

Calibration Specification for Flow Analyzer for Short Transient Loaded Mode of Gasoline Vehicles

归 口 单 位：全国法制计量管理计量技术委员会

主要起草单位：浙江省计量科学研究院

辽宁省计量科学研究院

参加起草单位：甘肃省计量研究院

浙江浙大鸣泉科技有限公司

本规范委托全国法制计量管理计量技术委员会负责解释

本规范主要起草人：

严　瑾（浙江省计量科学研究院）

刘　广（辽宁省计量科学研究院）

林　峰（浙江省计量科学研究院）

参加起草人：

叶振洲（浙江省计量科学研究院）

张保国（辽宁省计量科学研究院）

高德成（甘肃省计量研究院）

吴　勇（浙江浙大鸣泉科技有限公司）

引　言

本规范以 JJF 1071—2010《国家计量校准规范编写规则》、JJF 1001—2011《通用计量术语及定义》、JJF 1059—1999《测量不确定度评定与表示》为基础性系列规范进行制定。

本规范主要参考 JJG 535—2004《氧化锆氧分析器》、JJG 688—2007《汽车排放气体测试仪》、JJG 1029—2007《涡街流量计》、GB 18285—2005《点燃式发动机汽车排气污染物排放限值及测量方法（双怠速法及简易工况法）》和 HJ/T 290—2006《汽油车简易瞬态工况排气污染物测量设备技术要求》编制而成。

本规范为首次发布。

汽油车简易瞬态工况法用
流量分析仪校准规范

1 范围

本规范适用于汽油车简易瞬态工况法用流量分析仪（以下简称流量分析仪）的校准。

2 引用文件

本规范引用了下列文件：

JJG 535—2004 氧化锆氧分析器

JJG 688—2007 汽车排放气体测试仪

JJG 1029—2007 涡街流量计

GB 18285—2005 点燃式发动机汽车排气污染物排放限值及测量方法（双怠速法及简易工况法）

HJ/T 290—2006 汽油车简易瞬态工况排气污染物测量设备技术要求

凡是注日期的引用文件，仅注日期的版本适用于本规范；凡是不注日期的引用文件，其最新版本（包括所有的修改单）适用于本规范。

3 术语和计量单位

HJ/T 290—2006 界定的及以下术语和定义适用于本规范。

3.1 稀释氧浓度 dilute mixture oxygen concentration

被测车辆排出的全部尾气与环境空气混合稀释后的氧浓度。

3.2 标准状态 standard temperature and pressure

温度 0 ℃、大气压力 101.325 kPa 或温度 20 ℃、大气压力 101.325 kPa 的状态。

4 概述

流量分析仪采用涡街原理进行流量测量，采用氧化锆传感器进行稀释氧浓度测量。

流量分析仪主要由集气软管、集气锥管、抽气机、流量传感器、稀释氧传感器、稀释流量气体压力传感器、温度传感器和微处理器等组成，用来测量汽油车排放气体与环境空气混合气体标准状态下的流量（以下简称标准流量）和稀释氧浓度。

5 计量特性

5.1 流量及漂移

在测量状态下流量分析仪的风机提供的标准状态下的流量在（95～180）L/s 范围内，6 min 内流量示值漂移一般不超过±4 L/s。

5.2 流量示值误差

在流量（95～180）L/s测量范围内，流量示值相对误差一般不超过±10%。

5.3 流量示值重复性

流量示值重复性一般不大于3.3%。

5.4 稀释氧浓度分度值

稀释氧浓度（体积百分比）分度值一般不大于0.1%。

5.5 稀释氧浓度示值误差

稀释氧浓度体积百分比示值绝对误差一般不超过±0.1%；稀释氧浓度示值相对误差一般不超过±5 %。

5.6 稀释氧浓度重复性

稀释氧浓度重复性一般不大于1.5%。

5.7 稀释氧浓度响应时间

稀释氧浓度响应时间一般不大于6 s。

注：以上指标不是用于合格性判别，仅供参考。

6 校准条件

6.1 环境条件

6.1.1 环境温度：(0～40)℃。

6.1.2 环境相对湿度：不大于85%。

6.1.3 环境大气压：(86～106) kPa。

6.1.4 电源：额定电压（220±22）V。

6.1.5 校准应在周围的污染、振动、电磁干扰对校准结果无影响的环境下进行。

6.2 测量标准及其他设备

流量分析仪测量标准及其他设备见表1。

表1 流量分析仪测量标准及其他设备

设备名称	主要技术指标
标准流量计	测量范围：（95～180）L/s 准确度等级：1.5级（建议选用涡轮流量计）
O_2标准气体	见附录A
标准计时装置	分辨力不大于0.1 s
浮子流量计	准确度等级：4级
风机	在校准状态下，用标准流量计监测，最大风量不小于180 L/s

7 校准项目和校准方法

7.1 流量及漂移

仪器预热完成后，打开流量分析仪抽气机，把集气管摆直，确保集气管处于基本圆截面形状。进入测量模式，确认流量示值不小于95 L/s。连续观测流量示值6 min，每隔2 min记录1次读数，各次读数与起始值的最大差值作为校准结果。

7.2 流量示值误差

如图 1 所示，把标准流量计与被校流量分析仪相连，打开校准用风机，调节流量值，选择 95 L/s，120 L/s，135 L/s，150 L/s，165 L/s，180 L/s 作为校准点，在各校准点上待流量稳定后，同时读取标准流量计和被校准流量分析仪流量示值，并作好记录，重复 3 次。按公式（1）、公式（2）计算出各校准点流量示值误差。

$$E_{ij}=\frac{q_{ij}-(q_{s})_{ij}}{(q_{s})_{ij}}\times 100\% \tag{1}$$

式中：

E_{ij}——第 i（i=1，2，3，4，5，6）校准点第 j（j=1，2，3）次校准时流量示值误差，%；

$(q_{s})_{ij}$——第 i 校准点第 j 次校准时标准流量计的瞬时标准流量值，L/s；

q_{ij}——第 i 校准点第 j 次校准时被校流量分析仪的瞬时标准流量值，L/s。

$$E_{i}=\frac{1}{3}\sum_{j=1}^{3}E_{ij} \tag{2}$$

式中：

E_{i}——第 i 校准点被校流量分析仪流量示值误差，%。

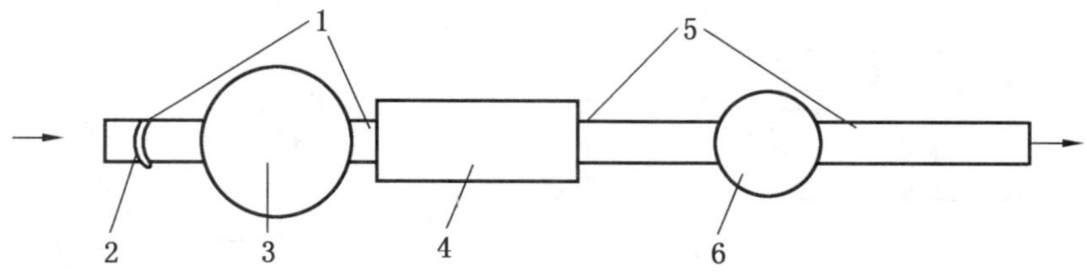

图 1 流量校准示意图

1—软管；2—流量调节器；3—风机；4—流量分析仪；5—直管段；6—标准流量计

7.3 流量示值重复性

如图 1 所示，调节流量值，将标准流量计的读数调至 120 L/s 左右，待流量稳定后，读取被校流量分析仪流量示值，重复 6 次，记录 6 次的数据，按公式（3）、公式（4）计算重复性。

$$s_{Q}=\sqrt{\frac{\sum_{i=1}^{n}(q_{i}-\overline{q})^{2}}{n-1}} \tag{3}$$

式中：

s_{Q}——流量示值重复性（以实验标准偏差表示），L/s；

q_{i}——第 i（i=1，2，3，4，5，6）次流量分析仪的流量示值，L/s；

$\overline{q}$——6 次示值的算术平均值，L/s；

n——校准的次数，n=6。

$$s_{q}=\frac{s_{Q}}{\overline{q}}\times 100\% \tag{4}$$

式中：

s_q——流量示值重复性（以相对标准偏差表示），%。

7.4 稀释氧浓度示值误差

如图 2 所示，标准气体通过浮子流量计和软管引入到稀释氧传感器中，气体流量应该控制在 0.3 L/min 左右，分别通入符合附录 A 表 A.1 中规定的 1 号、2 号、3 号、4 号标准气体，待示值稳定后，读取示值，按公式（5）、公式（6）计算稀释氧浓度示值误差。

$$\Delta_i = \overline{a_i} - a_{si} \tag{5}$$

式中：

Δ_i——稀释氧浓度绝对示值误差（体积百分比），%；

$\overline{a_i}$——第 i 测量点（$i=1$，2，3，4）稀释氧传感器 3 次示值的平均值（体积百分比），%；

a_{si}——标准气体标称值（体积百分比），%。

$$\delta_i = \frac{\overline{a_i} - a_{si}}{a_{si}} \times 100\% \tag{6}$$

式中：

δ_i——稀释氧浓度相对示值误差，%。

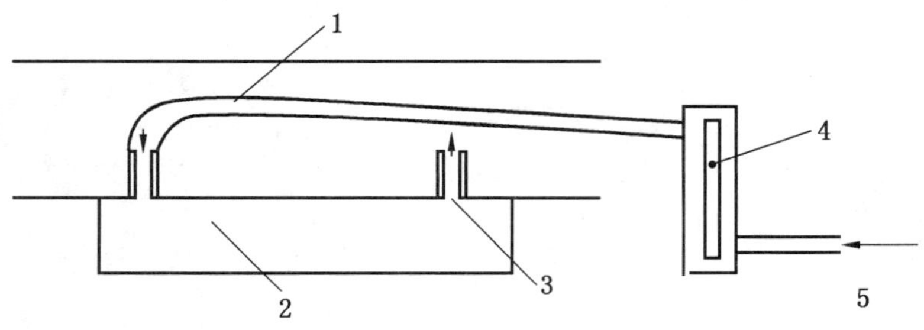

图 2 稀释氧传感器校准示意图

1—软管；2—稀释氧传感器；3—排气口；4—浮子流量计；5—O_2 标准气体

7.5 稀释氧浓度重复性

如图 2 所示，以 0.3 L/min 的流量，通入符合附录 A 表 A.1 中规定的 3 号标准气体，待示值稳定后，读取示值，按公式（7）、公式（8）计算重复性。

$$s_A = \sqrt{\frac{\sum_{i=1}^{n}(a_i - \overline{a})^2}{n-1}} \tag{7}$$

式中：

s_A——稀释氧浓度重复性（体积百分比），%；

a_i——流量分析仪稀释氧浓度第 i（$i=1$，2，3，4，5，6）次的示值（体积百分比），%；

$\overline{a}$——6 次示值的算术平均值（体积百分比），%；

n——校准的次数，$n=6$。

$$s_a = \frac{s_A}{\overline{a}} \times 100\% \tag{8}$$

式中：

s_a——稀释氧浓度重复性（以相对标准偏差表示），%。

7.6 稀释氧浓度响应时间

通入符合附录A表A.1中规定的3号标准气体，待数值稳定后，撤去标准气，通入空气，仪器显示稳定后，再通入上述浓度的标准气体，同时用标准计时装置记录仪器显示稳定值10%到仪器显示稳定值90%的时间，重复上述步骤3次，取算术平均值为稀释氧浓度响应时间。

8 校准结果的表达

流量分析仪经校准后出具校准证书，校准证书信息应符合JJF 1071—2010中5.12的要求，校准证书内页格式可参考附录B。

9 复校时间间隔

流量分析仪复校时间间隔建议一般不超过1年。由于复校时间间隔的长短是由仪器的使用情况、使用者、仪器本身质量等诸因素所决定的，因此送校单位可根据实际使用情况自主决定复校时间间隔。

附录 A

标准气体及其标称值要求

A.1 标准气体应具有国家质量监督检验检疫总局批准的标准物质证书，并应在有效期内使用。

A.2 标准气体含量用摩尔分数表示。标准气体中某一组分气体的物质的量与标准气体中各组分物质的量的总和之比即为标准气体中该组分气体的摩尔分数。其量纲为 1，通常用“%”或“$\times 10^{-2}$”表示。

标准气体配置的标称值的变化范围不应超过表 A.1 所规定标准值的±15%。

A.3 按照检定规程对测试仪的计量性能规定，要求氮中氧气气体标准物质的标称值的扩展不确定度应不大于 1%。

表 A.1 稀释氧浓度示值误差、重复性、响应时间校准用标准气体标准值

气体名称	1号	2号	3号	4号
氮中氧气气体标准物质的摩尔分数	5%	10%	18%	20.9%

附录 B

校准证书（内页）格式

<table>
<tr><td>校准项目</td><td>校准点</td><td colspan="2">校准结果</td></tr>
<tr><td>流量及漂移</td><td>L/s</td><td colspan="2">L/s</td></tr>
<tr><td rowspan="6">流量示值误差</td><td>95 L/s</td><td colspan="2">%</td></tr>
<tr><td>120 L/s</td><td colspan="2">%</td></tr>
<tr><td>135 L/s</td><td colspan="2">%</td></tr>
<tr><td>150 L/s</td><td colspan="2">%</td></tr>
<tr><td>165 L/s</td><td colspan="2">%</td></tr>
<tr><td>180 L/s</td><td colspan="2">%</td></tr>
<tr><td>流量示值重复性</td><td>120 L/s</td><td colspan="2">%</td></tr>
<tr><td rowspan="5">稀释氧浓度示值误差</td><td>标准气体浓度</td><td>绝对误差</td><td>相对误差</td></tr>
<tr><td>5%</td><td>%</td><td>%</td></tr>
<tr><td>10%</td><td>%</td><td>%</td></tr>
<tr><td>18%</td><td>%</td><td>%</td></tr>
<tr><td>20.9%</td><td>%</td><td>%</td></tr>
<tr><td rowspan="2">稀释氧浓度重复性</td><td>标准气体浓度</td><td>绝对标准偏差</td><td>相对标准偏差</td></tr>
<tr><td>18%</td><td>%</td><td>%</td></tr>
<tr><td>稀释氧浓度响应时间</td><td>10%</td><td colspan="2">s</td></tr>
</table>

附录 C

简易瞬态工况法用流量分析仪流量示值误差测量不确定度

C.1　测量模型

C.1.1　建立测量模型如下：

$$E_{ij}=\frac{q_{ij}-(q_s)_{ij}}{(q_s)_{ij}}\times 100\% \tag{C.1}$$

式中：

E_{ij}——流量示值误差，%；

q_{ij}——气体流量分析仪流量示值，L/s；

$(q_s)_{ij}$——标准流量计示值测量值，L/s。

C.1.2　方差

由公式（C.1）得方差：

$$u_c^2(E_{ij})=c^2(q_{ij})u^2(q_{ij})+c^2(q_s)_{ij}u^2(q_s)_{ij} \tag{C.2}$$

式中：

$u(q_{ij})$——被检仪器引入的标准不确定度；

$u(q_s)_{ij}$——标准装置引入的标准不确定度。

C.1.3　灵敏系数

$$c(q_{ij})=\partial f/\partial q_{ij}=1/(q_s)_{ij} \tag{C.3}$$

$$c(q_s)_{ij}=\partial f/\partial(q_s)_{ij}=-q_{ij}/(q_s)_{ij}^2 \tag{C.4}$$

根据公式（4）、公式（5）得标准不确定度：

$$u^2(E_{ij})=[1/(q_s)_{ij}]^2u^2(q_{ij})+[-q_{ij}/(q_s)_{ij}^2]^2u^2(q_s)_{ij} \tag{C.5}$$

C.2　不确定度来源

C.2.1　由被校仪器引入的不确定度分量 $u(q_{ij})$

C.2.1.1　由测量重复性引入的不确定度分量 $u_1(q_{ij})$

C.2.1.2　由数显量化误差引起的不确定度分量 $u_2(q_{ij})$

C.2.2　由标准装置引入的标准不确定度分量 $u(q_s)_{ij}$

C.3　标准不确定度分量

C.3.1　由被校仪器引入的不确定度分量 $u(q_{ij})$

C.3.1.1　气体流量分析仪流量示值的测量重复性引入的不确定度分量 $u_1(q_{ij})$，可以通过连续测量得到测量列，采用 A 类方法评定。通过等精度重复测量 10 次（测量点 $(q_s)_{ij}$：135 L/s）。

表 C.1 测量重复性观测列

测量次数	1	2	3	4	5	6	7	8	9	10
测量值 (L/s)	136.5	135.5	135.2	136.3	136.5	135.7	136.6	135.7	135.2	135.6
平均值	135.88 L/s			单次测量标准差		$s=0.6$ L/s				

实际测量时，在重复条件下连续测量 3 次，以 3 次测量的算术平均值作为测量结果，可得标准不确定度为：

$$u_1(q_{ij})=0.6\ \text{L/s}/\sqrt{3}=0.4\ \text{L/s}$$

C.3.1.2 示值的数显量化误差引入的标准不确定度 $u_2(q_{ij})$

气体流量分析仪数显量化分辨力为 0.1 L/s，其量化误差以等概率分布（矩形分布）落在半宽度为 0.05 L/s 的区间内，其引入的标准不确定度为：

$$u_2(q_{ij})=0.05\ \text{L/s}/\sqrt{3}=0.03\ \text{L/s}$$

按照 JJF 1033—2008《计量标准考核规范》的要求，$u_1(q_{ij})$ 分量大于 $u_2(q_{ij})$ 分量，取 $u_1(q_{ij})$ 作为被校仪器引入的不确定度分量，所以：

$$u(q_{ij})=0.4\ \text{L/s}$$

C.3.2 标准流量计引入的标准不确定度 $u(q_s)_{ij}$

测量所使用计量标准器为智能旋进流量计，根据其使用说明书和出厂检定证书以及国家法定机构检定证书给出，计量标准准确度等级 1.5 级，即其最大允许误差为 ±1.5%，服从均匀分布。则标准不确定度：

$$u(q_s)_{ij}=(1.5\%\times 135\ \text{L/s})/\sqrt{3}=1.2\ \text{L/s}$$

C.4 标准不确定度分量一览表

表 C.2 标准不确定度分量

标准不确定度分量	不确定度来源	标准不确定值 $u(x_i)$	灵敏系数 $c_i=\partial f/\partial x_i$	$\lvert c_i\rvert\times u(x)$
$u(q_{ij})$	被校仪器	0.4 L/s	$1/(q_s)_{ij}$	0.3%
$u_1(q_{ij})$	测量重复性	0.4 L/s		
$u(q_s)_{ij}$	标准流量计	1.2 L/s	$-q_{ij}/(q_s)_{ij}^2$	0.9%

注：$(q_s)_{ij}$ 为 135 L/s。

C.5 合成标准不确定度

由于各标准不确定度分量不相关，所以：

$$u_c(E_{ij})=\sqrt{(0.3\%)^2+(0.9\%)^2}=0.95\%$$

C.6 扩展不确定度评定

取包含因子 $k=2$，则

$$U_{rel}=u_c(E)\times k=0.95\%\times 2\approx 2\%$$

C.7 测量不确定度报告

由上述分析得到：

流量分析仪流量示值误差的相对扩展不确定度为：

$$U_{\mathrm{rel}}=2\%,\ k=2$$

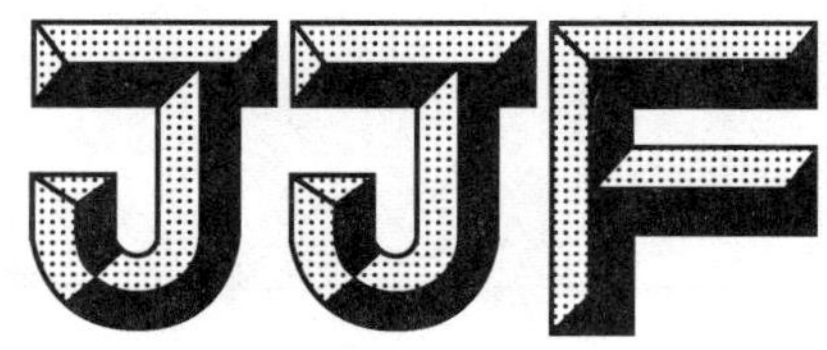

中华人民共和国国家计量技术规范

JJF 1477—2014

轮胎花纹深度尺校准规范

Calibration Specification for Tire Tread Depth Gauges

2014-08-25 发布　　　　2014-11-25 实施

国家质量监督检验检疫总局　发布

轮胎花纹深度尺校准规范

Calibration Specification for

Tire Tread Depth Gauges

JJF 1477—2014

归 口 单 位：全国法制计量管理计量技术委员会

主要起草单位：福建省计量科学研究院

江西省计量测试研究院

参加起草单位：河南省计量科学研究院

桂林广陆数字测控股份有限公司

淄博奥科电子有限公司

本规范委托全国法制计量管理计量技术委员会负责解释

本规范主要起草人：

林景星（福建省计量科学研究院）

戴映云（江西省计量测试研究院）

许　航（福建省计量科学研究院）

参加起草人：

王朝阳（福建省计量科学研究院）

张奇峰（河南省计量科学研究院）

闫列雪（桂林广陆数字测控股份有限公司）

李明星（淄博奥科电子有限公司）

引　言

本规范依据 JJF 1001—2011《通用计量名词术语与定义》、JJF 1059.1—2012《测量不确定度评定与表示》、JJF 1071—2010《国家计量校准规范编写规则》为基础性系列规范进行制定。

本规范主要参考 JJG 30—2012《通用卡尺》、GB 7258—2012《机动车运行安全技术条件》、GB /T 17163—2008《几何量测量器具术语　基本术语》、GB/T 21388—2008《游标、带表和数显深度卡尺》编制而成。

本规范为首次发布。

轮胎花纹深度尺校准规范

1 范围

本规范适用于分度值不大于 0.05 mm 游标式轮胎花纹深度尺与分辨力不大于 0.01 mm 数显式轮胎花纹深度尺的校准。

2 引用文件

本规范引用了下列文件：

JJG 30—2012 通用卡尺

GB 7258—2012 机动车运行安全技术条件

GB/T 17163—2008 几何量测量器具术语 基本术语

GB/T 21388—2008 游标、带表和数显深度卡尺

凡是注日期的引用文件，仅注日期的版本适用于本规范；凡是不注日期的引用文件，其最新版本（包括所有的修改单），适用于本规范。

3 概述

轮胎花纹深度尺（以下简称“深度尺”）是使用深度测量杆测量沟槽深度的测量仪器，用于测量机动车轮胎胎冠花纹深度，深度尺按读数形式分为游标式深度尺（见图 1）与数显式深度尺（见图 2）两类。

游标式深度尺是利用游标原理对尺框测量面和尺身测量面相对移动分隔的距离进行读数的测量仪器；数显式深度尺是利用光栅测量或者磁栅测量、数字显示原理，对尺框测量面和尺身测量面相对移动分隔的距离进行读数的测量仪器。

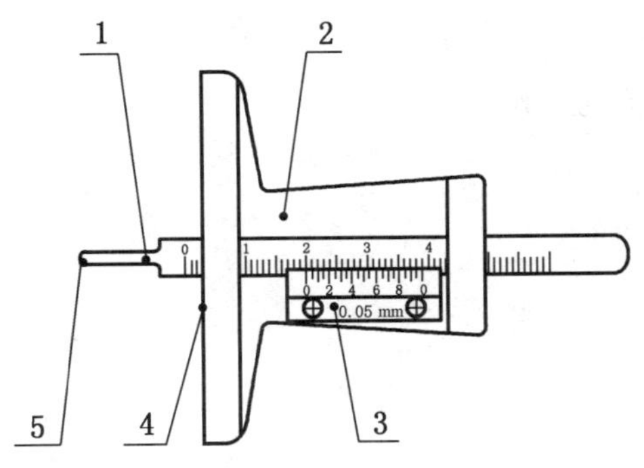

图 1 游标式深度尺

1—主标尺；2—尺框；3—游标尺；4—基准面；5—测量面

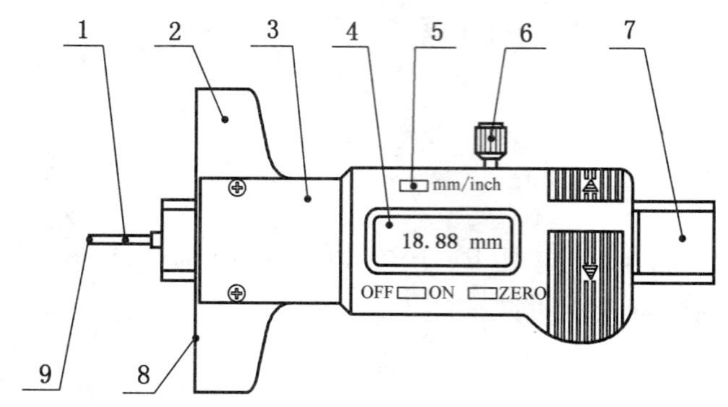

图 2　数显式深度尺

1—深度测量杆；2—尺框；3—盖板；4—数字显示器；5—功能按键；
6—紧固螺钉；7—尺身；8—基准面；9—测量面

4　计量特性

4.1　分度值与分辨力

游标式深度尺分度值一般不超过 0.05 mm；

数显式深度尺分辨力一般为 0.01 mm。

4.2　零值误差

游标式深度尺基准面和主标尺测量面在同一平面时，“零”刻线和“尾”刻线与主标尺相应标记应相互重合。其“零”标记重合性一般不超过分度值，“尾”标记重合性一般不超过分度值的二分之一。

4.3　漂移

数显式深度尺示值漂移在 10 min 内一般不超过 1 个分辨力。

4.4　测量面平面度

基准面和测量面在同一平面时的平面度一般不超过 0.02 mm。

4.5　示值误差

示值误差一般不超过±0.05 mm。

4.6　重复性

数显式深度尺重复性一般不大于 0.02 mm。

注：以上指标不是用于合格性判别，仅供参考。

5　校准条件

5.1　环境条件

校准时环境温度：(0～40) ℃；

相对湿度：≤80%。

5.2　测量标准及其他设备

测量标准及其他设备见表 1。

6 校准项目和校准方法

6.1 校准项目

深度尺校准项目见表1。

表1 校准项目与测量标准及其他设备

序号	校准项目	校准用测量仪器
1	零值误差	1级平板、读数显微镜（MPE：10 μm）
2	漂移	——
3	测量面平面度	1级平板、0.02 mm塞尺
4	示值误差	1级平板、3级或5等量块
5	重复性	1级平板、3级或5等量块

6.2 校准方法

6.2.1 零值误差

对于游标式深度尺，移动深度尺尺框，使深度尺的基准面与尺身测量面同时与平板接触。分别在尺框紧固和松开的情况下，观察其重合性。必要时，用读数显微镜测量。

6.2.2 漂移

将数显式深度尺置于测量范围内的任一示值，每隔3 min观察1次示值，记录实测值，观察3次；示值间最大值与最小值之差即为深度尺的漂移。

6.2.3 测量面平面度

将深度尺的基准面置于平板上，移动尺身使测量面与平板接触，拧紧紧固螺钉使测量面与基准面处在同一平面（测量面和基准面的公共面）。

测量时，测量面和基准面的公共面与平板接触，并使尺身相对平板垂直，分别在上次测量面和基准面的公共面的长边和短边的位置上用0.02 mm的塞尺测量平面度。

6.2.4 示值误差

用两块相同尺寸的一组量块测量。测量值可选取在深度尺测量范围内大致均匀分布的（3～5）点，其中包括1.5 mm、3.5 mm校准点。

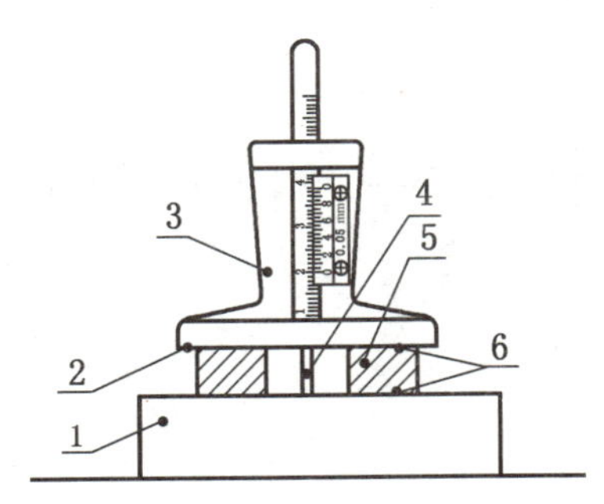

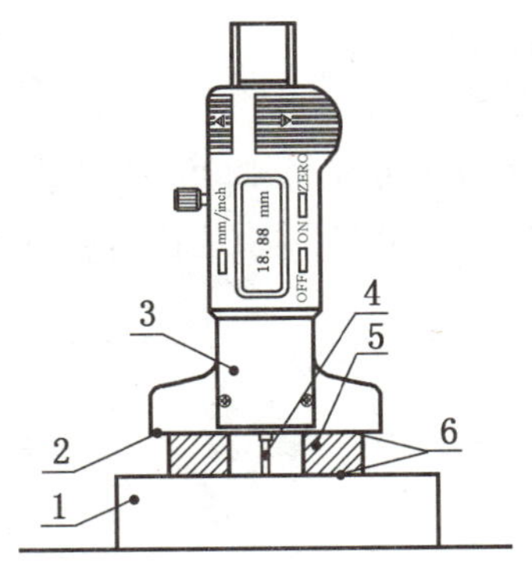

图3 示值误差校准

1—平板；2—深度尺测量面；3—深度尺；4—深度测量杆；5—量块；6—量块工作面

将相同尺寸的两块量块、一个工作面放置在平板上，并将深度尺的基准面置于量块的另一工作面上。移动测量杆，使深度尺的测量面与平板接触，读取深度尺的示值（见图3)。在相同条件下，重复测量3次，分别读取深度尺的示值。3次读数的平均值与量块标称尺寸差即为深度尺的示值误差，示值误差按公式（1）计算：

$$\Delta_i = \overline{L}_i - L_s \tag{1}$$

式中：

Δ_i——深度尺第 i 校准点的示值误差，mm；

$\overline{L}_i$——深度尺第 i 校准点的平均值，mm；

L_s——量块标称尺寸，mm。

6.2.5 重复性

与示值误差测量同时进行。在示值误差测量中，3次深度尺的示值间的最大值与最小值之差即为重复性。重复性按公式（2）计算：

$$s_i = L_{i,\max} - L_{i,\min} \tag{2}$$

式中：

s_i——深度尺第 i 校准点的重复性，mm；

$L_{i,\max}$——深度尺第 i 校准点最大示值，mm；

$L_{i,\min}$——深度尺第 i 校准点最小示值，mm。

7 校准结果表达

7.1 校准数据处理

深度尺校准记录（式样）见附录A。所有数据应先计算后修约，出具的校准数据均保留小数点后2位。

7.2 校准证书

深度尺校准结果出具校准证书，校准证书应包括的信息及校准证书校准结果内页（式样）见附录B。

7.3 校准结果不确定度评定

校准结果的不确定度评定按照JJF 1059.1—2012进行，不确定度评定实例见附录C。

8 复校时间间隔

复校时间间隔的长短取决于其使用情况，使用单位可根据实际使用情况自主决定复校的时间，建议复校时间间隔为1年。

附录 A

深度尺校准记录（式样）

深度尺校准记录（式样）见表 A.1。

表 A.1 轮胎花纹深度尺校准记录（式样）

<table>
<tr><td colspan="7">一、基本信息</td></tr>
<tr><td colspan="2">委托单位</td><td colspan="3"></td><td>记录编号</td><td></td></tr>
<tr><td rowspan="2">样品信息</td><td>名称</td><td></td><td>型号/规格</td><td></td><td>分度值/分辨力</td><td></td></tr>
<tr><td>制造厂</td><td colspan="3"></td><td>出厂编号</td><td></td></tr>
<tr><td rowspan="5">校准用测量仪器</td><td>名 称</td><td>编 号</td><td>型号/规格</td><td colspan="2">不确定度/准确度等级/最大允许误差</td><td>证书编号</td></tr>
<tr><td></td><td></td><td></td><td colspan="2"></td><td></td></tr>
<tr><td></td><td></td><td></td><td colspan="2"></td><td></td></tr>
<tr><td></td><td></td><td></td><td colspan="2"></td><td></td></tr>
<tr><td></td><td></td><td></td><td colspan="2"></td><td></td></tr>
<tr><td colspan="2">环境条件</td><td colspan="2">温度 ℃；相对湿度 %</td><td>校准地点</td><td colspan="2"></td></tr>
<tr><td colspan="2">校准技术依据</td><td colspan="5">JJF 1477—2014《轮胎花纹深度尺校准规范》</td></tr>
</table>

<table>
<tr><td colspan="17">二、校准项目及校准结果</td></tr>
<tr><td colspan="2">测量面平面度</td><td colspan="15"></td></tr>
<tr><td colspan="2">零值误差/mm</td><td colspan="15"></td></tr>
<tr><td colspan="2" rowspan="2">漂移/mm</td><td colspan="5"></td><td colspan="5"></td><td colspan="5"></td></tr>
<tr><td colspan="15"></td></tr>
<tr><td rowspan="5">示值误差 mm</td><td>量块标称尺寸</td><td colspan="3"></td><td colspan="3"></td><td colspan="3"></td><td colspan="3"></td><td colspan="3"></td></tr>
<tr><td rowspan="2">深度尺示值</td><td></td><td></td><td></td><td></td><td></td><td></td><td></td><td></td><td></td><td></td><td></td><td></td><td></td><td></td><td></td></tr>
<tr><td colspan="3"></td><td colspan="3"></td><td colspan="3"></td><td colspan="3"></td><td colspan="3"></td></tr>
<tr><td>示值误差</td><td colspan="3"></td><td colspan="3"></td><td colspan="3"></td><td colspan="3"></td><td colspan="3"></td></tr>
<tr><td>测量结果不确定度（$k=2$）</td><td colspan="3"></td><td colspan="3"></td><td colspan="3"></td><td colspan="3"></td><td colspan="3"></td></tr>
<tr><td colspan="2">重复性/mm</td><td colspan="3"></td><td colspan="3"></td><td colspan="3"></td><td colspan="3"></td><td colspan="3"></td></tr>
<tr><td colspan="17">备注：</td></tr>
</table>

校准员：________ 核验员：________ 校准日期：________年____月____日

附录 B

校准证书校准结果内容

B.1 校准证书信息

校准证书应至少包括以下信息：

a）标题，如“校准证书”；

b）证书编号、页码及总页数；

c）校准实验室的名称和地址；

d）进行校准的日期；

e）进行校准的地点（如果与实验室的地址不同）；

f）委托单位的名称和地址；

g）被校准轮胎花纹深度尺的信息；

h）校准所依据的技术规范名称和代号；

i）测量标准及其他设备的名称、技术参数及证书编号与有效期；

j）校准时的环境条件；

k）校准结果；

l）校准结果的测量不确定度；

m）必要时，给出复校时间间隔的建议；

n）校准人签名、核验人签名、批准人签名；

o）校准结果仅对校准对象有效的声明；

p）未经校准实验室书面批准，不得部分复制校准证书的声明。

B.2 深度尺校准证书内页（式样）

深度尺校准证书内页（式样）见表 B.1。

表 B.1 校准证书校准结果内页（式样）

序号	校准项目	技术要求	校准结果
1	测量面平面度		
2	重复性/mm		
3	零值误差/mm		
4	漂移/mm		
5	示值误差/mm		
示值误差测量结果不确定度 $U=$ mm，$k=2$。			

附录 C

深度尺示值误差测量结果不确定度评定（示例）

C.1 概述

用 3 级量块在 1 级平板上校准深度尺的示值误差，环境条件为（0～40）℃。3 级标准量块其中心长度极限偏差±1.2 μm。

对分辨力为 0.01 mm 的数显式深度尺，以 20 mm 校准点示值误差进行测量不确定度评定。

C.2 测量模型

$$\Delta_i = L_i - L_s + L_i \cdot \alpha_{L_i} \cdot \Delta t_{L_i} - L_s \cdot \alpha_{L_s} \cdot \Delta t_{L_s} \tag{C.1}$$

式中：

Δ_i——深度尺示值误差，mm；

L_i——深度尺示值，mm；

L_s——量块标称尺寸，mm；

α_{L_i}，α_{L_s}——分别为深度尺、量块的线膨胀系数，$(11.5\pm1)\times10^{-6}$，℃$^{-1}$；

Δt_{L_i}，Δt_{L_s}——分别为深度尺、量块偏离标准温度 20 ℃的值，℃。

令，$\delta\alpha = \alpha_{L_i} - \alpha_{L_s}$，则式（C.1）得

$$\Delta_i = L_i - L_s + L_i \cdot \delta\alpha \cdot \Delta t_s + L_i \cdot \alpha_s \cdot \Delta t_i - L_s \cdot \alpha_{L_s} \cdot \Delta t_s \tag{C.2}$$

在 $L_i \cdot \delta\alpha \cdot \Delta t_s + L_i \cdot \alpha_s \cdot \Delta t_i$ 中，取 $L \approx L_i \approx L_s$、$\alpha \approx \alpha_{L_i} \approx \alpha_{L_s}$，令 $\delta t = \Delta t_{L_i} - \Delta t_{L_s}$，则式（C.2）整理得

$$\Delta_i = L_i - L_s + L \cdot \delta\alpha \cdot \Delta t + L \cdot \alpha \cdot \delta t \tag{C.3}$$

由式（C.3）得灵敏系数为

$$c_1 = \frac{\partial \Delta_i}{\partial L_i} = 1,\quad c_2 = \frac{\partial \Delta_i}{\partial L_s} = -1,\quad c_3 = \frac{\partial \Delta_i}{\partial \delta\alpha} = L \cdot \Delta t,\quad c_4 = \frac{\partial \Delta_i}{\partial \delta t} = L \cdot \alpha$$

$$u^2(\Delta) = u^2(L_i) + u^2(L_s) + u^2(\delta\alpha) + u^2(\delta t) \tag{C.4}$$

C.3 标准不确定度分量的来源与评定

C.3.1 深度尺示值测量引入的不确定度 $u(L_i)$

C.3.1.1 深度尺示值测量重复性引入的不确定度 $u_1(L_i)$

对深度尺 20 mm 示值等精度重复测量 10 次，测量结果见表 C.1。

表 C.1 测量结果 mm

校准次数	1	2	3	4	5
测得值	20.01	20.02	20.01	20.01	20.02
校准次数	6	7	8	9	10
测得值	20.02	20.02	20.01	20.01	20.02

测量数据经处理得单次测量实验标准偏差（s）为：

$$s = \sqrt{\frac{1}{n-1}\sum_{i=1}^{n}(x_i - \bar{x})^2} = 0.005\ 3\ \text{mm}$$

实际测量时，在重复条件下连续测量 3 次，以 3 次测量的算术平均值作为测量结果，则可得标准不确定度为：

$$u_1(L_i)=\frac{s}{\sqrt{3}}=0.003\ 1\ \text{mm}$$

由于深度尺的分辨力为 0.01 mm，其量化误差以等概率分布（均匀分布）落在宽度为 0.005 mm 的区间内。其引入的标准不确定度为：

$$u(\tau)=\frac{0.005\ \text{mm}}{\sqrt{3}}=0.002\ 9\ \text{mm}$$

$u(\tau)$小于$u_1(L_i)$，因此量化误差引入的标准不确定度可忽略不计。

C.3.1.2 数显式深度尺漂移引入的不确定度 $u_2(L_i)$

数显式深度尺漂移为 0.01 mm，以等概率分布（矩形分布）落在宽度为 0.005 mm 的区间内，其引入的标准不确定度为：

$$u_2(L_i)=\frac{0.01\ \text{mm}/2}{\sqrt{3}}=0.002\ 9\ \text{mm}$$

C.3.1.3 测量面平面度引入的不确定度 $u_3(L_i)$

测量面的平面度一般不超过 0.02 mm，以等概率分布（矩形分布）落在宽度为 0.01 mm 的区间内，其引入的标准不确定度为：

$$u_3(L_i)=\frac{0.02\ \text{mm}/2}{\sqrt{3}}=0.005\ 8\ \text{mm}$$

综合 C.3.1.1、C.3.1.2、C.3.1.3 分析，深度尺示值测量引入的标准不确定度分量为：

$$u(L_i)=\sqrt{u_1^2(L_i)+u_2^2(L_i)+u_3^2(L_i)}=$$
$$\sqrt{0.003\ 1^2+0.002\ 9^2+0.005\ 8^2}\ \text{mm}=0.007\ 2\ \text{mm}$$

C.3.2 量块标称尺寸引入的标准不确定度 $u(L_s)$

根据 JJG 146—2011《量块》，3 级标准量块其中心长度（10 mm<L_s≤25 mm）极限偏差为±1.2 μm。按正态分布考虑，对应包含概率 99%的包含区间的包含因子 $k=2.6$，则标准器本身误差产生的标准不确定度分量为：

$$u(L_s)=\frac{1.2\times10^{-3}\text{mm}}{2.6}=0.000\ 46\ \text{mm}$$

C.3.3 深度尺与量块的线膨胀系数差估算产生的标准不确定度分量 $u(\delta\alpha)$

由于材料性质差异，量块与深度尺材料为钢质，其线膨胀系数界限在（11.5±1）×10^{-6}℃$^{-1}$范围内假定服从均匀分布，则 $\delta\alpha$ 区间半宽为 2×10^{-6}℃$^{-1}$，服从三角分布，线膨胀系数差估算产生的标准不确定度分量为：

$$u(\delta\alpha)=\frac{2\times1\times10^{-6}\ ℃^{-1}}{\sqrt{6}}=8.2\times10^{-7}℃^{-1}$$

C.3.4 深度尺与量块的温度差估算产生的标准不确定度分量 $u(\delta t)$

量块与深度尺温度不平衡产生温度差，经验表明温差以等概率落在−1 ℃至 1 ℃之间，则温度差估算产生的标准不确定度分量为：

$$u(\delta t)=\frac{1\ ℃}{\sqrt{3}}=0.58\ ℃$$

C.4　合成标准不确定度的计算

C.4.1　灵敏系数的计算

由于深度尺、量块材料为钢质，其线膨胀系数应为（11.5±1）$\times10^{-6}℃^{-1}$。若被测量块温度与标准温度 20 ℃的偏差不超过 20 ℃。当 $L=20$ mm 时，其灵敏系数分别计算为：

$$c_1=\frac{\partial\Delta_i}{\partial L_i}=1,\ c_2=\frac{\partial\Delta_i}{\partial L_s}=-1$$

$$c_3=\frac{\partial\Delta_i}{\partial\delta\alpha}=L\cdot\Delta t=20\ \text{mm}\times20\ ℃=400\ \text{mm}\cdot℃$$

$$c_4=\frac{\partial\Delta_i}{\partial\delta t}=L\cdot\alpha=20\ \text{mm}\times11.5\times10^{-6}℃^{-1}=2.3\times10^{-4}\ \text{mm}/℃^{-1}$$

C.4.2　标准不确定度分量一览表

按 C.3 评定的标准不确定度分量汇总见表 C.2。

表 C.2　标准不确定度分量汇总

标准不确定度分量 $u(x_i)$	不确定度来源	标准不确定度	灵敏系数 c_i	$\lvert c_i\rvert\cdot u(x_i)$ mm
$u(L_i)$	深度尺示值测量	0.007 2 mm	1	0.007 2
$u(L_s)$	量块标称尺寸	0.000 46 mm	1	0.000 46
$u(\delta\alpha)$	深度尺与量块的线膨胀系数差估算	$8.2\times10^{-7}℃^{-1}$	400 mm·℃	0.000 33
$u(\delta t)$	深度尺与量块的温度差估算	0.58 ℃	2.3×10^{-4}mm$℃^{-1}$	0.000 13

C.4.3　合成标准不确定度计算

由于 L_i、L_s、$\delta\alpha$、δt 之间彼此独立不相关，因此合成标准不确定度为：

$$u_c=\sqrt{c_1^2u^2(L_s)+c_2^2u^2(L_i)+c_3^2u^2(\delta\alpha)+c_4^2u^2(\delta t)}\qquad(C.5)$$

按式（C.5）计算合成标准不确定度为：

$$u_c=0.007\ 2\ \text{mm}$$

C.5　扩展不确定度的确定

$$U=k\cdot u_c\qquad(C.6)$$

取包含因子 $k=2$，则扩展不确定度按式（C.6）计算为：

$$U=2\times0.007\ 2\ \text{mm}=0.015\ \text{mm}$$

取 $U=0.02$ mm。

C.6　结论

分辨力为 0.01 mm 的数显式深度尺在 20 mm 时，其示值误差为 0.02 mm，校准结果测量不确定度 $U=0.02$ mm，$k=2$。

中华人民共和国国家计量技术规范

JJF 1481—2014

汽车排放气体测试仪型式评价大纲

Program of Pattern Evaluation of

Vehicle Exhaust Emissions Measuring Instrument

2014-08-25 发布　　　　2014-11-25 实施

国家质量监督检验检疫总局 发布

汽车排放气体测试仪型式评价大纲

Program of Pattern Evaluation of

Vehicle Exhaust Emissions Measuring Instrument

JJF 1481—2014

归 口 单 位：全国法制计量管理计量技术委员会

主要起草单位：内蒙古自治区计量测试研究院

广东省计量科学研究院

中国计量协会

参加起草单位：北京市计量检测科学研究院

安徽省计量科学研究院

佛山分析仪有限公司

本规范委托由全国法制计量管理计量技术委员会负责解释

本规范主要起草人：

闫　军（内蒙古自治区计量测试研究院）

权小菁（广东省计量科学研究院）

罗新元（中国计量协会）

参加起草人：

郭晓冬（内蒙古自治区计量测试研究院）

刘　育（北京市计量检测科学研究院）

李伟克（安徽省计量科学研究院）

何桂华（佛山分析仪有限公司）

引　言

本大纲适用于对汽车排放气体测试仪进行的型式评价工作，给出的是评价汽车排放气体测试仪性能是否满足标准要求的基本试验条件和试验方法。

本大纲依据JJF 1015—2014《计量器具型式评价通用规范》和JJF 1016—2014《计量器具型式评价大纲编写导则》的要求编写。本大纲的技术内容主要参照了JJG 688—2007《汽车排放气体测试仪》，部分参照了ISO/PAS 3930：2009（E）《测量车辆废气排放的仪器—计量和技术要求；计量控制和性能测试》。

本大纲为首次制定。

汽车排放气体测试仪型式评价大纲

1 范围

本型式评价大纲适用于分类编码为46460000的汽车排放气体测试仪的型式评价。

2 引用文件

JJG 688—2007 汽车排放气体测试仪

GB/T 11606 分析仪器环境试验方法

GB 18285—2005 点燃式发动机汽车排气污染物排放限值及测量方法（双怠速法及简易工况法）

ISO/PAS 3930：2009（E）测量车辆废气排放的仪器—计量和技术要求；计量管理和性能测试（Instruments for measuring vehicle exhaust emissions-metrological and technical requirements；metrological control and performance tests）

凡是注日期的引用文件，仅注日期的版本适用于本大纲；凡是不注日期的引用文件，其最新版本（包括所有的修改单）适用于本大纲。

3 术语

3.1 不分光红外分析法 infrared spectroscopic analysis

基于不同的气体分子（CO、CO_2、HC等）对光吸收的特征波长不同的原理。将不分光的红外光线通过某种气体，根据其对不同波长光的吸收程度确定气体中某类气体的浓度的分析方法。

3.2 电化学分析法 electrochemical analysis

基于气体对电化学原理工作的敏感电极表面进行氧化（或还原）反应，随着气体的浓度变化反应电流也变化的原理。根据反应电流的大小确定气体浓度的分析方法。

3.3 丙烷/正己烷当量系数（P.E.F） propane/hexane equivalency factor

汽车排放气体测试仪测量的碳氢化合物（HC）的含量用正己烷（C_6H_{14}）的当量来表示。当用丙烷（C_3H_8）气体检定时，P.E.F为正己烷当量示值与丙烷校准气体标准值之比。

注：此系数应在每台汽车排放气体测试仪的明显位置以三位有效数字永久性标明，该系数的值通常在0.490～0.540之间。

3.4 低流量 low flow

样气在流量逐渐降低至使测试仪的示值误差超过最大允许误差模的1/2或使测试仪的响应时间超过第6.5条规定的时间时的流量。

注：样气即为取样气体，以下同。

3.5 过量空气系数（λ） excess air ratio（GB 18285—2005 3.15）

燃烧1 kg燃料的实际空气量与理论上所需空气量之质量比。

4 概述

汽车排放气体测试仪（以下简称测试仪）是用来测量点燃式发动机汽车排放气体污染物浓度的仪器。

测试仪结构（见图1）一般由取样探头、水分离器、过滤器、测量单元、数据处理系统、显示器件和控制、调节、辅助装置等部分组成。

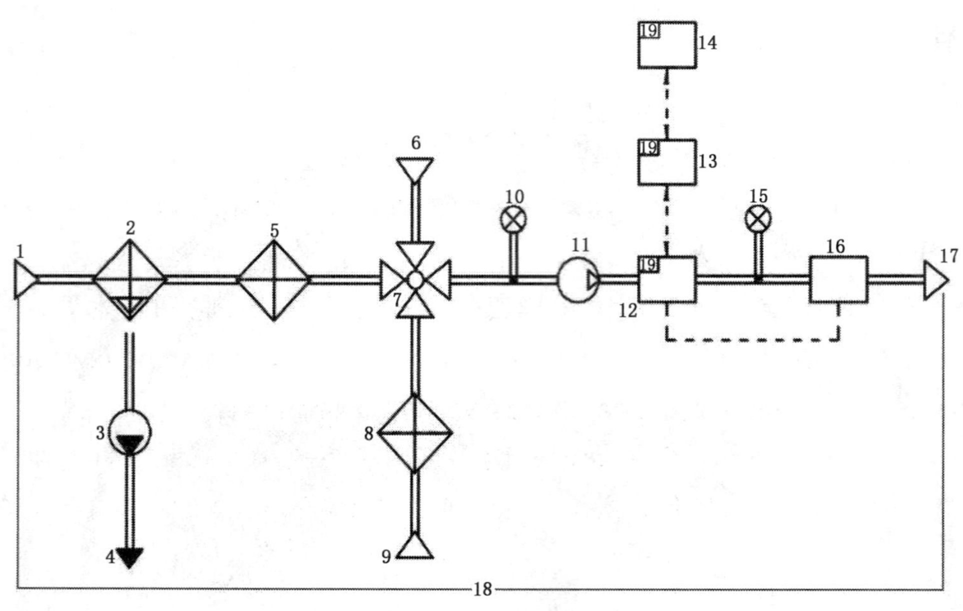

图1 测试仪结构组成示意图

1—取样探头；2—水分离器；3—水泵；4—出水口；5—气体过滤器；6—标准气体入口；7—电磁阀；8—颗粒过滤器；9—零气入口；10—压差传感器；11—气泵；12—CO、CO_2、HC和NO测量单元；13—指示装置；14—接口；15—大气压力传感器；16—O_2传感器；17—气体出口；18—气体处理系统；19—软件

测试仪对HC、CO和CO_2的测量采用不分光红外分析方法，对O_2和NO的测量采用电化学分析法或其他等效方法进行。

测试仪的关键零部件主要是测量单元，俗称“光学平台”，又称“NDIR光学平台”。在平台上进行多种组分（HC、CO、CO_2）成份的精确分析；有的还配置O_2、NO传感器，测量O_2、NO成份；有的还配置有压力传感器、温度传感器，可以对进入光学平台不同的压力、温度的被测气体进行修正。对它的要求是响应速度快、测量准确、重复性好、预热时间短等。

测试仪的关键材料是所有的连通气管都应采用PU（Polyurethane的缩写）管等，中文名为聚氨基甲酸酯（简称聚氨酯）。采用这种材料的目的是对HC的吸附最小。测试仪的关键零部件和材料见表1。

表1 关键零部件和材料表

序号	名称	主要性能指标	备注
1	NDIR光学平台		
2	PU（聚氨酯）管等		

5 法制管理要求

5.1 计量单位

测试仪应采用法定计量单位，各组分气体含量的测量结果用体积分数表示，其中：

CO、CO_2、O_2 体积分数以“%”或“$\times10^{-2}$”计；

HC、NO 体积分数以“$\times10^{-6}$”计。

5.2 标志

必须在测试仪的明显部位标注计量法制标志和计量器具铭牌，且清晰可辨、牢固可靠。

5.2.1 标志包括以下内容

——制造计量器具许可证的标志和编号（留出相应位置）；

——计量器具型式批准标志和编号（留出相应位置）；

——产品合格印、证（此项可与计量器具本体分开设置）。

5.2.2 铭牌包括以下内容

——产品名称；

——规格、型号；

——丙烷/正己烷当量系数（P. E. F）（或当量系数的取值范围）；

——出厂日期、编号；

——制造者名称；

——其他主要技术指标。

6 计量要求

6.1 最小测量范围、准确度等级及最大允许误差

各等级测试仪最小测量范围及最大允许误差见表 2、表 3、表 4。

表 2 00 级测试仪最小测量范围及最大允许误差

气体种类	最小测量范围	最大允许误差	
		绝对误差	相对误差
HC	(0～2 000) $\times10^{-6}$	$\pm4\times10^{-6}$	±3%
CO	(0.00～5.00) $\times10^{-2}$	$\pm0.02\times10^{-2}$	±3%
CO_2	(0.0～16.0) $\times10^{-2}$	$\pm0.3\times10^{-2}$	±3%
NO	(0～4 000) $\times10^{-6}$	$\pm25\times10^{-6}$	±4%
O_2	(0.0～21.0) $\times10^{-2}$	$\pm0.1\times10^{-2}$	±5%
注：表中所列绝对误差和相对误差，满足其中一项要求即可。			

表 3　0 级测试仪最小测量范围及最大允许误差

气体种类	最小测量范围	最大允许误差	
		绝对误差	相对误差
HC	(0～2 000) $\times10^{-6}$	$\pm10\times10^{-6}$	±5%
CO	(0.00～5.00) $\times10^{-2}$	$\pm0.03\times10^{-2}$	±5%
CO_2	(0.0～16.0) $\times10^{-2}$	$\pm0.5\times10^{-2}$	±5%
NO	(0～4 000) $\times10^{-6}$	$\pm25\times10^{-6}$	±4%
O_2	(0.0～21.0) $\times10^{-2}$	$\pm0.1\times10^{-2}$	±5%
注：表中所列绝对误差和相对误差，满足其中一项要求即可。			

表 4　Ⅰ级测试仪最小测量范围及最大允许误差

气体种类	最小测量范围	最大允许误差	
		绝对误差	相对误差
HC	(0～2 000) $\times10^{-6}$	$\pm12\times10^{-6}$	±5%
CO	(0.00～5.00) $\times10^{-2}$	$\pm0.06\times10^{-2}$	±5%
CO_2	(0.0～16.0) $\times10^{-2}$	$\pm0.5\times10^{-2}$	±5%
NO	(0～4 000) $\times10^{-6}$	$\pm25\times10^{-6}$	±4%
O_2	(0.0～21.0) $\times10^{-2}$	$\pm0.1\times10^{-2}$	±5%
注：表中所列绝对误差和相对误差，满足其中一项要求即可。			

6.2　分辨力

测试仪分辨力见表 5。

表 5　测试仪分辨力

CO	CO_2	O_2		HC	NO
		≤4%	>4%		
0.01×10^{-2}	0.1×10^{-2}	0.01×10^{-2}	0.1×10^{-2}	1×10^{-6}	1×10^{-6}

6.3　稳定性

4 h 内，测试仪的示值误差不超过最大允许误差。

6.4　重复性

示值重复性不大于其最大允许误差模的 1/3。

6.5　响应时间

测试仪各通道的响应时间见表 6。

表 6　各通道响应时间要求

项目	准确度等级	HC、CO、CO_2 通道	NO 通道	O_2 通道
T_{90}	00 级和 0 级	不大于 8 s	不大于 15 s	不大于 12 s
	Ⅰ级	不大于 12 s		

注：(1) T_{90}是指对于 CO、CO_2、HC 和 NO，从清洁空气切换至标准气体起，达到最终示值（由标准气体确定）的 90%所需的时间。

(2) 对于 O_2，是指从清洁空气切换至标准气体后，12 s 内通道示值与最终示值（由标准气体确定）之差小于 0.1%。

6.6　丙烷/正己烷当量系数

测试仪通入丙烷校准气时的绝对示值误差与通入相应的正己烷校准气时的绝对示值误差之差不大于其最大允许误差。

6.7　λ 值

λ 值最大允许误差不超过±0.3%。

7　通用技术要求

7.1　外观与结构

7.1.1　测试仪应有下列标志：名称、型号、编号、制造厂名（或商标）、出厂日期和电源电压、制造计量器具许可证号和丙烷/正己烷当量系数（P. E. F）。

7.1.2　各种调节旋钮、按键和开关均能正常工作，无松动现象，电缆线的接插件应接触良好。

7.1.3　通电后测试仪显示屏应显示清晰，应显示 HC、CO、CO_2、O_2 和 NO 值，各显示值应符合 6.2 的要求。

7.1.4　测试仪的预热时间按制造商说明书的规定执行，在预热期间应锁定其测量功能，不得显示示值。

7.2　功能性要求

7.2.1　样气低流量警告指示

当样气的流量降低到低流量时，测试仪应有低流量警告指示。对 00 级和 0 级测试仪，出现该指示时测试仪应自动锁定，终止检测。

7.2.2　取样系统的气密性

因环境空气渗入排气取样系统，样气被稀释而造成的误差，应不大于最大允许误差模的 1/2。对 00 级和 0 级测试仪，进行泄漏检查时如出现气密性超差，测试仪应自动锁定，终止检测，同时测试仪应有警告提示功能。

7.2.3　HC 气体的残留

检测开始前，测试仪通过取样探头对环境空气取样时，HC 示值应不大于 20×10^{-6}。如果 HC 示值大于 20×10^{-6}，测试仪应自动锁定，终止检测，同时测试仪应有警告提示功能，并启动自动清洗功能，HC 示值低于 20×10^{-6}，可重新检测。通入标准气体，测试仪示值误差不大于最大允许误差。

7.2.4 预热后仪器的性能

测试仪预热时间结束后，立即进行性能试验，试验中，4 次测量值的最大间差不超过最大允许误差的模。

7.2.5 其他气体组分对被测量的影响

被测组分外的其他气体影响被测组分示值的变化量不大于最大允许误差模的 1/2。

7.2.6 电气安全性能

7.2.6.1 绝缘电阻

绝缘电阻在试验电压为 500 V 时应大于 20 MΩ。

7.2.6.2 绝缘强度

应能承受电压为 1.5 kV、频率为 50 Hz 交流电压，在 1 min 内无击穿及飞弧现象。

7.3 环境适应性

7.3.1 气候环境适应性

7.3.1.1 高温适应性

测试仪置于高温状态及经受高温试验后，能正常工作，且符合 6.1 中最大允许误差的要求。

7.3.1.2 低温适应性

测试仪置于低温状态及经受低温试验后，能正常工作，且符合 6.1 中最大允许误差的要求。

7.3.1.3 恒定湿热适应性

测试仪置于恒定湿热状态及经受恒定湿热试验后，能正常工作，且符合 6.1 中最大允许误差的要求。

7.3.1.4 高温贮存适应性

完整包装的测试仪置于高温状态及经受高温试验后，能正常工作，且符合 6.1 中最大允许误差的要求。

7.3.1.5 低温贮存适应性

完整包装的测试仪置于低温状态及经受低温试验后，能正常工作，且符合 6.1 中最大允许误差的要求。

7.3.2 机械环境适应性

7.3.2.1 跌落适应性

完整包装的测试仪按自由跌落方式试验后，能正常工作，且符合 6.1 中最大允许误差的要求。

7.3.2.2 碰撞适应性

完整包装的测试仪在规定条件下进行碰撞试验后，能正常工作，且符合 6.1 中最大允许误差的要求。

7.3.3 电磁环境（抗扰度）适应性

测试仪置于外磁场干扰及经受外磁场干扰试验后，能正常工作，且符合 6.1 中最大允许误差的要求。

7.3.4　电源环境适应性

7.3.4.1　电源电压变动适应性

在电源频率不变、电压变化时，测试仪各通道的示值变化不大于其最大允许误差模的1/2。

7.3.4.2　电源频率变动适应性

在电源电压不变、频率变化时，测试仪各通道的示值变化不大于其最大允许误差模的1/2。

8　型式评价项目一览表

型式评价项目包括所有的观察项目和试验项目，见表7。

表7　型式评价项目表

序号	评价方式	型式评价项目			技术要求	评价方法
1	观察	计量单位			5.1	
2		标志	制造计量器具许可证的标志和编号		5.2.1	
3			计量器具型式批准标志和编号			
4			产品合格印、证			
5		铭牌	产品名称		5.2.2	
6			规格、型号			
7			丙烷/正己烷当量系数（P.E.F）			
8			出厂日期、编号			
9			制造厂商名称			
10			其他主要技术指标			
11		通用技术要求	外观与结构	标志	7.1.1	
12				各种调节旋钮、按键和开关等	7.1.2	
13				显示及分辨力	7.1.3	
14				预热时间及功能	7.1.4	
15	试验	计量要求	最小测量范围、准确度等级及最大允许误差		6.1	10.1.1
16			稳定性		6.3	10.1.2
17			重复性		6.4	10.1.3
18			响应时间		6.5	10.1.4
19			丙烷/正己烷当量系数		6.6	10.1.5
20			λ计算		6.7	10.1.6

表 7（续）

<table>
<tr><th>序号</th><th>评价方式</th><th colspan="4">型式评价项目</th><th>技术要求</th><th>评价方法</th></tr>
<tr><td>21</td><td rowspan="17">试验</td><td rowspan="17">计量要求</td><td rowspan="7">功能性要求</td><td colspan="2">样气低流量警告指示</td><td>7.2.1</td><td>10.2.1.1</td></tr>
<tr><td>22</td><td colspan="2">取样系统的气密性</td><td>7.2.2</td><td>10.2.1.2</td></tr>
<tr><td>23</td><td colspan="2">HC 气体的残留</td><td>7.2.3</td><td>10.2.1.3</td></tr>
<tr><td>24</td><td colspan="2">预热后仪器性能</td><td>7.2.4</td><td>10.2.1.4</td></tr>
<tr><td>25</td><td colspan="2">其他气体组分对被测量的影响</td><td>7.2.5</td><td>10.2.1.5</td></tr>
<tr><td>26</td><td rowspan="2">电气安全性能</td><td>绝缘电阻</td><td>7.2.6.1</td><td rowspan="2">10.2.1.6</td></tr>
<tr><td>27</td><td>绝缘强度</td><td>7.2.6.2</td></tr>
<tr><td>28</td><td rowspan="10">环境适应性</td><td rowspan="5">气候环境</td><td>高温</td><td>7.3.1.1</td><td>10.2.2.1</td></tr>
<tr><td>29</td><td>低温</td><td>7.3.1.2</td><td>10.2.2.2</td></tr>
<tr><td>30</td><td>恒定湿热</td><td>7.3.1.3</td><td>10.2.2.3</td></tr>
<tr><td>31</td><td>高温贮存</td><td>7.3.1.4</td><td>10.2.2.4</td></tr>
<tr><td>32</td><td>低温贮存</td><td>7.3.1.5</td><td>10.2.2.5</td></tr>
<tr><td>33</td><td rowspan="2">机械环境</td><td>跌落</td><td>7.3.2.1</td><td>10.2.2.6</td></tr>
<tr><td>34</td><td>碰撞</td><td>7.3.2.2</td><td>10.2.2.7</td></tr>
<tr><td>35</td><td colspan="2">电磁环境</td><td>7.3.3</td><td>10.2.2.8</td></tr>
<tr><td>36</td><td rowspan="2">电源环境</td><td>电源电压变动</td><td>7.3.4.1</td><td>10.2.2.9</td></tr>
<tr><td>37</td><td>电源频率变动</td><td>7.3.4.2</td><td>10.2.2.10</td></tr>
</table>

9 提供样机的数量和样机的使用方式

9.1 提供审查的技术文件

a）被政府计量行政部门受理，并委托进行型式评价的《计量器具型式批准申请书》；

b）产品企业标准（含检验方法）；

c）总装图、电路图、关键零部件和材料表清单（见表 1）；

d）使用说明书或技术说明书；

e）制造单位或技术机构所做的试验报告。

9.2 试验样机

申请单位应按下列原则提供试验样机：

a）按单一产品申请的，样机数量为 2 台；

b）按系列产品申请的，每个系列产品中抽取三分之一具有代表性的规格产品；每种规格的样机数量，按单一产品的原则执行。

9.3 样机的使用方式

所有试验项目应在同一台测试仪上进行，且不得在试验期间或试验中对样机进行调整。

10 试验项目的试验方法和条件以及数据处理和合格判据

10.1 计量要求

10.1.1 示值误差

10.1.1.1 试验目的

检验测试仪示值误差是否满足6.1相应准确度等级最大允许误差要求。

10.1.1.2 试验条件

环境温度：(5～40)℃。

相对湿度：≤85%。

电源：额定电压（187～242）V；频率50 Hz±1 Hz。

大气压力：(86～106) kPa 。

10.1.1.3 试验设备

标准气体：附录A中表A.1规定的1号、2号、3号、4号气体。

10.1.1.4 试验程序

a）接通电源，按测试仪说明书规定的时间预热。

b）预热完成后启动气泵，调好测试仪的零位后将气泵关闭。

c）向测试仪通入4号标准气体，调整测试仪的示值，使其与标准气体的标称值相符；启动气泵，排除测试仪中标准气体至测试仪回复零位，气泵关闭。

d）向测试仪通入1号标准气体，待示值稳定后，记录测试仪相应示值。启动气泵，排除测试仪中标准气体至测试仪回复零位，气泵关闭。测量3次。

e）分别向测试仪通入2号、3号和4号标准气体，按d）进行试验。

10.1.1.5 数据处理

按公式（1）和（2）计算示值误差。

$$\Delta_i=\overline{C}_{di}-C_s \tag{1}$$

$$\delta_i=\frac{\overline{C}_{di}-C_s}{C_s}\times 100\% \tag{2}$$

式中：

Δ_i——第i号标准气体通入时，测试仪示值绝对误差，$i=1，2，3，4$；

$\overline{C}_{di}$——第i号标准气体通入时，3次测试仪示值的平均值；

C_s——第i号标准气体的标称值；

δ_i——第i号标准气体通入时，测试仪示值相对误差。

10.1.1.6 合格判据

根据测试仪技术文件所记载的准确度等级，确定测试仪的最大允许误差；示值误差满足 6.1 条最大允许误差的要求，判定为合格，否则判定为不合格。

10.1.2　稳定性

10.1.2.1　试验目的

检验测试仪的稳定性是否满足 6.3 要求。

10.1.2.2　试验条件

试验条件同 10.1.1.2。

10.1.2.3　试验设备

试验设备同 10.1.1.3。

10.1.2.4　试验程序

a）接通电源，按测试仪说明书规定的时间预热。

b）预热完成后启动气泵，通入清洁的空气，调好测试仪的零位后将气泵关闭。

c）向测试仪通入 4 号标准气体，调整测试仪的示值，使其与标准气体的标称值一致；开启气泵，排除测试仪中标准气体至测试仪回复零位。

d）关闭气泵，向测试仪通入 3 号标准气体，待示值稳定后，记录测试仪相应示值。开启气泵。

e）测试仪继续运行，每隔 30 min，重复 d）步骤。4 h 共记录 9 次示值。

10.1.2.5　数据处理

按 10.1.1.5 计算每次示值误差。

10.1.2.6　合格判据

稳定性满足 6.3 规定的，判定为合格，否则判定为不合格。

10.1.3　重复性

10.1.3.1　试验目的

检验测试仪的示值重复性是否满足 6.4 要求。

10.1.3.2　试验条件

试验条件同 10.1.1.2。

10.1.3.3　试验设备

试验设备同 10.1.1.3。

10.1.3.4　试验程序

a）开启气泵，通入清洁的空气，调整好测试仪零位。

b）关闭气泵。通入 1 号标准气体，待示值稳定后，记录测试仪相应示值。开启气泵，排除测试仪中标准气体至测试仪回复零位。

c）重复上述 b）步骤 6 次。

10.1.3.5　数据处理

按公式（3）和（4）计算重复性：

$$s_A = \sqrt{\frac{1}{n-1}\sum_{i=1}^{n}(C_i - \overline{C})^2} \tag{3}$$

式中：

s_A——重复性（以实验标准偏差表示）；

C_i——第 i 次通入标准气体时的示值；

$\overline{C}$——6 次测量值的算术平均值；

n——试验的次数，$n=6$ 。

$$s_a = \frac{s_A}{\overline{C}} \times 100\% \tag{4}$$

式中：

s_a——重复性（以相对标准偏差表示）；

s_A——重复性（以实验标准偏差表示）；

$\overline{C}$——6 次测量值的算术平均值。

10.1.3.6 合格判据

示值重复性满足 6.4 规定的，判定为合格，否则判定为不合格。

10.1.4 响应时间

10.1.4.1 试验目的

检验测试仪的响应时间是否满足 6.5 要求。

10.1.4.2 试验条件

试验条件同 10.1.1.2。

10.1.4.3 试验设备

a）标准气体：附录 A 中表 A.2 规定的气体；

b）如图 2 所示标准气体钢瓶、减压阀、节流阀、浮子流量计、气囊、三通接头、二位三通电磁阀和 5 m 采样管；

c）秒表：分辨力不大于 0.1 s。

10.1.4.4 试验程序

a）接通电源，按测试仪说明书规定的时间预热，对测试仪进行调零和示值调整。

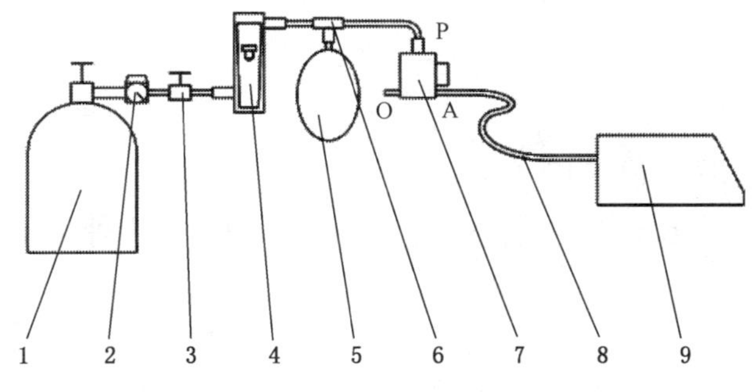

图 2 响应时间试验示意图

1—标准气体钢瓶；2—减压阀；3—节流阀；4—浮子流量计；5—气囊；
6—三通接头；7—二位三通电磁阀；8—5 m 采样管；9—测试仪

b）如图 2 所示，连接标准气体钢瓶、减压阀、节流阀、浮子流量计、三通接头、气囊及 5 m 采样管等。开启标准气体钢瓶的阀门，二位三通电磁阀通电（P、A 通），再启动测试仪气泵。调节节流阀，使通入测试仪的标准气体的流量能够维持图 2 中的气囊不要处于真空，也不要充盈。待测试仪示值稳定后，记下各通道的示值。断开二位三通电磁阀电源（O、A 通），使清洁空气通入测试仪，调零。重新打开钢瓶阀门，然后给二位三通电磁阀通电（P、A 通），使标准气体进入测试仪。同时，用秒表分别测量从二位三通电磁阀接通瞬间至测试仪各通道的示值达到其稳定值的 90%时的时间间隔。记录秒表的读数。

c）重复 b）的操作 2 次，计算 3 次测量结果的算术平均值。

10.1.4.5　数据处理

按公式（5）计算响应时间。

$$\overline{T}=\frac{T_1+T_2+T_3}{3} \tag{5}$$

式中：

$\overline{T}$——3 次响应时间测量值的算术平均值，s；

T_1、T_2、T_3——3 次响应时间测量值，s。

10.1.4.6　合格判据

响应时间满足第 6.5 条规定相应等级要求的，判定为合格，否则判定为不合格。

10.1.5　丙烷/正己烷当量系数（P.E.F）试验

10.1.5.1　试验目的

检验测试仪的丙烷/正己烷当量系数是否满足 6.6 要求。

10.1.5.2　试验条件

试验条件同 10.1.1.2。

10.1.5.3　试验设备

标准气体：附录 A 中表 A.3 规定的标准气体。

10.1.5.4　试验程序

a）用两种丙烷标准气体分别进行测量，读取每一种丙烷通入时测试仪的示值。

HC 标准值：

$$I_{3i}=C_{3i}\times \text{P.E.F} \tag{6}$$

式中：

C_{3i}——丙烷校准气标准值，$i=1$，2；

P.E.F——制造厂商给出的转换因子。

b）用两种正己烷标准气体分别进行测量，读取每一种正己烷通入时测试仪的示值。

10.1.5.5　数据处理

按公式（7）计算测试仪通入第 i 种丙烷标准气体时的绝对误差

$$\Delta C_{3i}=D_{3i}-I_{3i} \tag{7}$$

式中：

ΔC_{3i}——测试仪通入第 i 种丙烷标准气体时的绝对误差；

D_{3i}——通入丙烷标准气体时，测试仪 HC 通道的示值；

I_{3i}——根据转换因子得丙烷标准气体相应的正己烷值。

按公式（8）计算测试仪通入第 i 种正己烷标准气体时的绝对误差

$$\Delta C_{6i}=D_{6i}-C_{6i} \tag{8}$$

式中：

ΔC_{6i}——测试仪通入第 i 种正己烷标准气体时的绝对误差；

D_{6i}——通入正己烷标准气体时，测试仪 HC 通道的示值；

C_{6i}——第 i 种正己烷标称值。

按公式（9）计算测试仪由丙烷得到的绝对误差与由正己烷得到的绝对误差之差

$$\Delta Y_i = \Delta C_{3i} - \Delta C_{6i} \tag{9}$$

式中：

ΔY_i——丙烷得到的绝对误差与由正己烷得到的绝对误差之差；

ΔC_{3i}——测试仪通入第 i 种丙烷标准气体时的绝对误差；

ΔC_{6i}——测试仪通入第 i 种正己烷标准气体时的绝对误差。

10.1.5.6 合格判据

计算得测试仪 ΔY_i（i=1，2）均满足 6.6 的规定，判定为合格，否则判定为不合格。

10.1.6 λ 值

10.1.6.1 试验目的

检验配置了 λ 指示的测试仪是否满足 6.7 要求。

10.1.6.2 试验条件

试验条件同 10.1.1.2。

10.1.6.3 试验设备

汽油发动机汽车。

10.1.6.4 试验程序

a）汽油发动机汽车处于怠速状态。

b）用配置了 λ 指示的测试仪测量汽车排放废气中的 CO、CO_2、HC、O_2 值和 λ 值。

c）连续测量 3 次，分别测得 3 组 CO、CO_2、HC、O_2 值和 λ 值。

10.1.6.5 数据处理

a）基于测量 CO、CO_2、HC、O_2 的 λ 计算，可按照 GB 18285—2005 中 A.3.16.3 标准计算公式（10）计算每次的 λ_0：

$$\lambda_0 = \frac{[CO_2] + \frac{CO}{2} + [O_2] + \left\{\left[\frac{H_{CV}}{4} \times \frac{3.5}{3.5 + \frac{[CO]}{[CO_2]}} - \frac{O_{CV}}{2}\right] \times ([CO_2] + [CO])\right\}}{\left(1 + \frac{H_{CV}}{4} - \frac{O_{CV}}{2}\right) \times \{([CO_2] + [CO]) + (K_1 \times [HC])\}} \tag{10}$$

式中：

[ ] ——浓度，以“%”为单位，仅对 HC 以“$\times 10^{-6}$”表示；

K_1——HC 转换因子，若以“$\times 10^{-6}$”正己烷（C_6H_{14}）当量表示，此值=6×10^{-4}；

H_{CV}——燃料中氢和碳原子比，对汽油：1.726 1；

O_{CV}——燃料中氧和碳原子比，对汽油：0.017 5；

b）按公式（11）计算每次测试仪 λ 的相对误差：

$$\delta_{\lambda}=\frac{|\lambda-\lambda_{0}|}{\lambda_{0}}\times 100\% \tag{11}$$

式中：

λ——测量汽车排放时读取值；

λ_0——通过公式计算得到的值。

c）3 次计算得的相对误差的平均值即为测试结果。

10.1.6.6　合格判据

3 次计算得的相对误差的平均值满足 6.7 的规定，判定为合格，否则判定为不合格。

10.2　通用技术要求

10.2.1　功能性要求

10.2.1.1　样气低流量警告指示

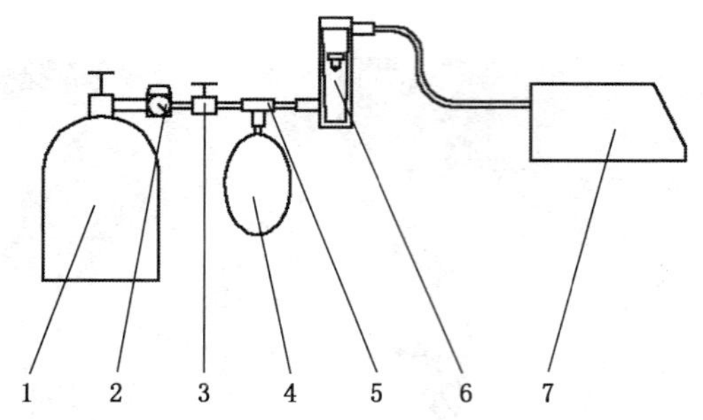

图 3　样气低流量警告指示试验示意图

1—标准气体钢瓶；2—减压阀；3—节流阀；4—气囊；
5—三通接头；6—浮子流量计；7—被测测试仪

a）试验目的

当样气流量降低至“低流量”时，是否满足 7.2.1 要求。

b）试验条件

同 10.1.1.2。

c）试验设备

1）标准气体：任选附录 A 表 A.1 中的一种标准气体；

2）浮子流量计：测量范围（0～10）L/min；准确度等级 4.0 级；

3）秒表：分辨力不大于 0.1 s。

d）试验程序

1）接通电源，按测试仪说明书规定的时间预热。

2）图 3 中节流阀开到最大，并注意使气囊始终保持有标准气体，但不充满的状态，测试仪处于开泵状态。待测试仪示值稳定后，记录测试仪示值。

3）调节节流阀，逐渐减小标准气体进入测试仪的流量，直到测试仪各通道的示值与步骤 2）相应示值之差等于该通道的最大允许误差模的 1/2 瞬间停止调节。检查样气低流量警告指示是否出现。

4）使标准气体的流量恢复到步骤 2）时的大小，然后再调节节流阀，逐渐减小标准气体的流量，同时进行响应时间试验，直到测试仪各通道的响应时间大于测试仪产品标准的规定值时停止调节。检查样气低流量警告指示是否出现。

e）合格判据

d）中 3）、4）结果符合 7.2.1 的要求，判定为合格，否则判定为不合格。

10.2.1.2 取样系统的气密性

a）试验目的

检验测试仪取样系统的气密性是否符合 7.2.2 的要求。

b）试验条件

试验条件同 10.1.1.2。

c）试验设备

1）标准气体：附录 A 表 A.1 中的 4 号标准气体；

2）浮子流量计 1：（0～10）L/min，准确度等级 4.0 级；

3）浮子流量计 2：（0～1.2）L/min，准确度等级 4.0 级。

d）试验程序

按图 4 所示连接好测量系统，关闭气流调节针阀，把 4 号标准气体通入气袋，启动测试仪气泵，并使气流调节电磁阀处于导通状态，测试仪示值稳定后，记录测试仪示值。气流调节电磁阀开度不变，缓慢打开气流调节针阀，使浮子流量计 2 逐步产生环境空气渗入，测试仪示值缓慢减少，直到测试仪示值与没有渗入前记录的测试仪示值之差等于测试仪最大允许误差模的 1/2 时，保持气流调节针阀的开度不变（即保持渗入量不变）。在此状态下，卸下标准气体，按照测试仪使用说明书记载的试验方法对测试仪进行泄漏检查，测试仪应能自动给出“泄漏”提示，或锁止测试仪。

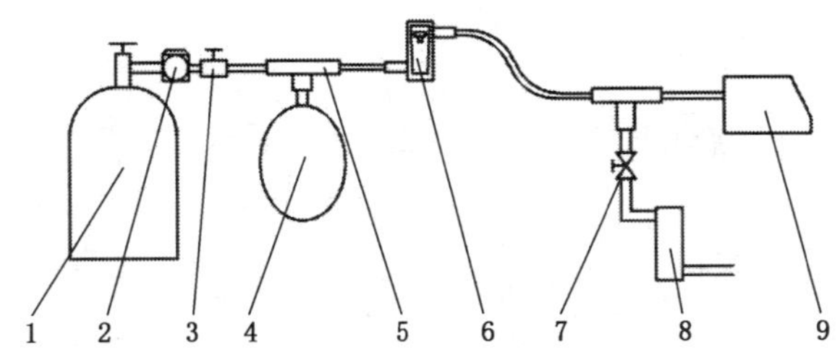

图 4 排气取样系统的气密性试验示意图

1—标准气体钢瓶；2—减压阀；3—气流调节阀；4—减压气囊；5—三通；6—浮子流量计 1；7—气流调节针阀；8—浮子流量计 2；9—测试仪

e）合格判据

其结果满足 7.2.2 的要求，判定为合格，否则判定为不合格。

10.2.1.3 HC 气体的残留

a）试验目的

检验测试仪 HC 气体的残留是否符合 7.2.3 的要求。

b）试验条件

试验条件同 10.1.1.2。

c）试验设备

标准气体：附录A表A.1中的3号标准气体。

d）试验程序

1）接通电源，按测试仪说明书规定的时间预热，调节测试仪零位。

2）使测试仪对车辆的排气取样，取样时间不少于5 min，车辆的排气应含有约$1\times10^{-2}\sim5\times10^{-2}$的CO和$600\times10^{-6}\sim700\times10^{-6}$的HC。

3）取样后，立即将取样探头放置在清洁的空气中，按照制造厂家操作说明进行HC残留检查，HC示值尚未回落到20×10^{-6}时，检查测试仪是否能自动锁定，终止测量，并观察测试仪的HC示值最终是否能回落到20×10^{-6}以下。

4）HC的示值回落到20×10^{-6}以下后，向测试仪通入符合附录A表A.1中规定的3号标准气体，记录测试仪示值。试验进行3次。

5）按公式（12）和公式（13）计算测试仪示值误差

$$\Delta_i=\overline{C}_{di}-C_s \tag{12}$$

$$\delta_i=\frac{\overline{C}_{di}-C_s}{C_s}\times100\% \tag{13}$$

式中：

Δ_i——第i试验点的示值绝对误差；

δ_i——第i试验点的示值相对误差；

$\overline{C}_{di}$——第i试验点三次测量结果的平均值；

C_s——HC标准气体的标称值。

e）合格判据

其结果满足7.2.3的要求，判定为合格，否则判定为不合格。

10.2.1.4 预热后仪器性能

a）试验目的

检验测试仪预热后仪器的性能是否符合7.2.4的要求。

b）试验条件

环境温度：20 ℃和5 ℃，其他试验条件同10.1.1.2。

c）试验设备

1）标准气体：附录A表A.1中的1号标准气体；

2）秒表：分辨力不大于0.1 s。

d）试验程序

1）测试仪保持不通电的状态，分别在20 ℃和5 ℃试验条件下放置2 h以上，直到测试仪达到温度平衡为止。

2）按测试仪说明书的规定，对测试仪进行预热、调零和示值调整。

3）预热完成后，立即向测试仪通入符合附录A表A.1中的1号标准气体，记录测试仪各通道的相应示值。

4）预热完成后2 min、5 min、15 min时重复上述操作各一次。

5）记录上述4次试验中通入标准气体时的测试仪示值。

e）合格判据

其结果满足 7.2.4 的要求，判定为合格，否则判定为不合格。

10.2.1.5 其他气体组份对被测量的影响

a）试验目的

检验测试仪其他气体组份对被测量的影响是否符合 7.2.5 的要求。

b）试验条件

试验条件同 10.1.1.2。

c）试验设备

标准气体：附录 A 表 A.4 规定的标准气体。

d）试验程序

1）接通电源，按测试仪说明书规定的时间预热。启动气泵，通入清洁的空气进行调零。

2）关闭气泵，从测试仪标准气体入口通入干扰标准气体（见附录 A 表 A.4），时间不少于 1 min，记录测试仪各通道的示值。

3）用导管将饱和水蒸汽（相对湿度大于 95%）与测试仪进气口连接起来，然后开泵，抽入饱和水蒸汽，时间不少于 1 min，记录测试仪各通道的示值。

e）合格判据

其结果满足 7.2.5 的要求，判定为合格，否则判定为不合格。

10.2.1.6 电气安全性能

a）试验目的

检验测试仪的绝缘电阻是否满足 7.2.6.1 的要求和绝缘强度是否满足 7.2.6.2 的要求。

b）试验条件

试验条件同 10.1.1.2。

c）试验设备

1）绝缘电阻表：输出电压 500 V，准确度 10 级；

2）耐压测试仪：输出电压不低于 1.5 kV，频率 50 Hz，准确度优于 5 级。

d）试验程序

1）使测试仪处于非工作状态，电源开关置于接通位置。

2）用绝缘电阻表在测试仪电源插头的相、中线端与机壳或保护接地端之间施加 500 V 直流电压，稳定 5 s 后测量测试仪的绝缘电阻值。

3）用绝缘强度测试仪在测试仪电源插头的相、中线端与机壳或保护接地端之间施加电压 1.5 kV、频率 50 Hz 交流电，历时 1 min，观察是否有击穿及飞弧现象。

e）合格判据

同时满足 7.2.6.1 和 7.2.6.2 要求的，判定为合格，否则判定为不合格。

10.2.2 环境适应性

10.2.2.1 高温适应性

a）试验目的

检验测试仪在高温工作条件下是否符合 7.3.1.1 的要求。

b）试验条件

1）高温试验箱（室）工作空间内，应保持 40 ℃±2 ℃；

2）绝对湿度不应超过 20 g/m^3 水气（相当于 35 ℃时 50%的相对湿度）；

3）试验持续时间 2 h。

c）试验设备

1）高温试验箱（室）：应能调节、保持温度至 40 ℃±2 ℃；

2）标准气体：附录 A 表 A.1 规定的 1 号、2 号、3 号、4 号气体。

d）试验程序

1）预处理，将测试仪放置在正常环境条件下，使之达到温度平衡。

2）在不通电状态，试验测试仪按正常位置放入高温试验箱（室）。将高温试验箱（室）的温度以不大于 1 ℃/min 的变化速率（不超过 5 min 的平均值）升温至规定值。此时，测试仪接通电源，并保持到规定的试验持续时间。

3）中间检测：在试验持续时间到达后，立即对测试仪进行检测。按 10.1.1.4 方法检验测试仪示值误差。

4）恢复：停止工作，测试仪断开电源。高温试验箱（室）以不大于 1 ℃/min 的变化速率降温至预处理时测试仪环境条件，达到温度后，恢复（1～2）h 。

5）最后检测：按 10.1. 1.4 方法检验测试仪示值误差。

e）数据处理

按 10.1.1.5 进行测试仪示值误差的数据处理。

f）合格判据

在中间检测和最后检测，测试仪示值误差均满足 6.1 最大允许误差的要求，判定为合格，否则判定为不合格。

10.2.2.2 低温适应性

a）试验目的

检验测试仪在低温工作条件下是否符合 7.3.1.2 的要求。

b）试验条件

1）低温试验箱（室）工作空间内，应保持 5 ℃±2 ℃；

2）试验持续时间 2 h 。

c）试验设备

1）低温试验箱（室）：应能调节、保持温度 5 ℃±2℃；

2）标准气体：附录 A 表 A.1 规定的 1 号、2 号、3 号、4 号气体。

d）试验程序

1）预处理：将测试仪放置在正常环境条件下，使之达到温度平衡。

2）在不通电状态，测试仪按正常位置放入低温试验箱（室）。将低温试验箱

（室）的温度以不大于 1 ℃/min 的变化速率（不超过 5 min 的平均值）降温至规定值。此时，测试仪接通电源，并保持到规定的试验持续时间。

3）中间检测：在试验持续时间到达后，立即对测试仪进行检测。按 10.1.1.4 方法检验测试仪示值误差。

4）恢复：停止工作，测试仪断开电源。低温试验箱（室）以不大于 1 ℃/min 的变化速率升温至预处理时测试仪环境条件，达到温度后，恢复（1～2）h 。

5）最后检测：按 10.1.1.4 方法检验测试仪示值误差。

e）数据处理

按 10.1.1. 5 进行测试仪示值误差的数据处理。

f）合格判据

在中间检测和最后检测，测试仪示值误差均满足 6.1 最大允许误差的要求，判定为合格，否则判定为不合格。

10.2.2.3 恒定湿热适应性

a）试验目的

检验测试仪在恒定湿热工作条件下是否符合 7.3.1.3 的要求。

b）试验条件

1）湿热试验箱（室）工作空间内，应保持温度 30 ℃±2 ℃、相对湿度 85% ±3%；

2）湿热试验箱（室）内壁和顶部的凝结水不能滴落在使用仪器上；

3）箱内湿度用水的电导率不大于 20 $\mu S \cdot cm^{-1}$（相当于电阻率不小于 500 $\Omega \cdot m$）；

4）仪器不应受到来自湿热试验箱（室）内加热元件的直接辐射；

5）试验持续时间 48 h。

c）试验设备

1）湿热试验箱（室）：应能调节、保持温度至 30 ℃±2 ℃；相对湿度能调节、保持至 85%±3%；

2）标准气体：附录 A 中表 A.1 规定的 1 号、2 号、3 号、4 号气体。

d）试验程序

1）预处理：将测试仪放置在正常环境条件下，使之达到温度、湿度平衡。

2）在不通电状态，测试仪按正常位置放入湿热试验箱（室）。将湿热试验箱（室）的温度以不大于 1 ℃/min 的变化速率（不超过 5 min 的平均值）升温至规定值，对测试仪进行预热。待温度稳定后，再加湿，在 2 h 内至规定值，以免测试仪产生凝露。待温度、湿度稳定后，测试仪接通电源，并保持到规定的试验持续时间。

3）中间检测：在试验持续时间到达后，立即对测试仪进行检测。按 10.1.1.4 方法检验测试仪示值误差。

4）恢复：停止工作，测试仪断开电源。湿热试验箱（室）的湿度在 2 h 内降至初始值。再按不大于 1 ℃/min 的变化速率降温至预处理时测试仪环境条件。达到温度后，恢复 1～2 h 。

5）最后检测：按 10.1.1.4 方法检验测试仪示值误差。

e）数据处理

按 10.1.1.5 进行测试仪示值误差的数据处理。

f）合格判据

在中间检测和最后检测，测试仪示值误差均满足 6.1 最大允许误差的要求，判定为合格，否则判定为不合格。

10.2.2.4 高温贮存试验

a）试验目的

检验完整包装的测试仪经过高温贮存试验后是否符合 7.3.1.4 的要求。

b）试验条件

1）高温试验箱（室）工作空间内，应保持温度 55 ℃±2 ℃；

2）绝对湿度不应超过 20 g/m^3 水气（相当于 35 ℃时 50%的相对湿度）；

3）仪器不应受到来自高温试验箱（室）内加热元件的直接辐射；

4）试验持续时间 8 h 。

c）试验设备

1）高温试验箱（室）：应能调节、保持温度至 55 ℃±2 ℃；

2）标准气体：附录 A 中表 A.1 规定的 1 号、2 号、3 号、4 号气体。

d）试验程序

1）预处理：将测试仪按包装设计要求包装后，放置在正常环境条件下，使之达到温度、湿度平衡。

2）将带包装测试仪，按正常位置放入高温试验箱（室）内。该高温试验箱（室）温度以不大于 1 ℃/min 的变化速率（不超过 5 min 的平均值）升温至规定值，并保持到规定的试验持续时间。

3）恢复：试验结束后，高温试验箱（室）的温度以不大于 1 ℃/min 的变化速率降温至预处理时测试仪环境条件。待稳定后将包装件取出，在正常环境条件下恢复 24 h 。

4）检测：按 10.1.1.4 方法检验测试仪示值误差。

e）数据处理

按 10.1.1.5 进行测试仪示值误差的数据处理。

f）合格判据

检测测试仪示值误差满足 6.1 最大允许误差的要求，判定为合格，否则判定为不合格。

10.2.2.5 低温贮存试验

a）试验目的

检验完整包装的测试仪经过低温贮存试验后是否符合 7.3.1.5 的要求。

b）试验条件

1）低温试验箱（室）工作空间内，应保持温度－20 ℃±2 ℃；

2）试验持续时间 8 h。

c）试验设备

1）低温试验箱（室）：应能调节、保持温度至−20 ℃±2 ℃；

2）标准气体：附录A中表A.1规定的1号、2号、3号、4号气体。

d）试验程序

1）预处理：将测试仪按包装设计要求包装后，放置在正常环境条件下，使之达到温度、湿度平衡。

2）将带包装测试仪，按正常位置放入低温试验箱（室）内。该低温试验箱（室）温度以不大于1 ℃/min的变化速率（不超过5 min的平均值）降温至规定值，并保持到规定的试验持续时间。

3）恢复：试验结束后，低温试验箱（室）的温度以不大于1 ℃/min的变化速率升温至预处理时的温度。待稳定后将包装件取出，在正常环境条件下恢复24 h 。

4）检测：按10.1.1.4方法检验测试仪示值误差。

e）数据处理

按10.1.1.5进行测试仪示值误差的数据处理。

f）合格判据

检测测试仪示值误差满足6.1条最大允许误差的要求，判定为合格，否则判定为不合格。

10.2.2.6　跌落试验

a）试验目的

检验完整包装的测试仪经跌落试验后是否符合7.3.2.1的要求。

b）试验条件

1）离地高250 mm自由跌落；

2）其他试验条件同10.1.1.2。

c）试验设备

1）平整坚硬的水泥地面或钢板台面；

2）跌落试验机；

3）标准气体：附录A中表A.1规定的1号、2号、3号、4号气体。

d）试验程序

1）将完整包装的测试仪放置在跌落试验机上，离地250 mm。

2）进行自由跌落试验4次。

3）检测：试验完毕后将包装箱拆开，取出测试仪，检查测试仪状况。按10.1.1.4方法检验测试仪示值误差。

e）数据处理

按10.1.1.5进行测试仪示值误差的数据处理。

f）合格判据

测试仪示值误差均满足6.1条最大允许误差的要求，判定为合格，否则判定为不合格。

10.2.2.7　碰撞试验

a）试验目的

检验完整包装的测试仪经过碰撞试验后是否符合7.3.2.1的要求。

b）试验条件

1）碰撞试验工作条件：

加速度（100±10）m/s^2，脉冲持续时间（16±2）ms，碰撞次数（1 000±10）次，脉冲重复频率 60 次/min～100 次/min。台面应有足够的刚性，基本脉冲波形为近似半正弦波；

2）试验条件同 10.1.1.2。

c）试验设备

1）标准气体：附录 A 中表 A.1 规定的 1 号、2 号、3 号、4 号气体；

2）碰撞试验台。

d）试验程序

1）安装：测试仪经包装后构成包装件，直接固定在碰撞台上，不能直接安装时，可采用过渡结构的安装方式，过渡结构应具有足够的刚性。

2）碰撞的施加：按要求设置碰撞试验台参数，在垂直方向上进行试验。

3）检测：试验完毕后将包装箱拆开，取出测试仪，检查测试仪状况。按 10.1.1.4 方法检验测试仪示值误差。

e）数据处理

按 10.1.1.5 进行测试仪示值误差的数据处理。

f）合格判据

测试仪示值误差均满足 6.1 最大允许误差的要求，判定为合格，否则判定为不合格。

10.2.2.8　电磁环境（抗扰度）试验

a）试验目的

检验测试仪经过电磁环境（抗扰度）试验后是否符合 7.3.3 的要求。

b）试验条件

1）同 10.1.1.2；

2）外磁场强度 400 A/m。

c）试验设备

1）试验设备至少能产生 400 A/m 的外磁场；

2）设备的支架及固定线圈的材料均为非磁性材料；

3）标准气体：附录 A 中表 A.1 规定的 1 号、2 号、3 号、4 号气体。

d）试验程序

1）将测试仪放在匀强磁场中，开启测试仪工作。

2）改变线圈的位置，使外磁场对测试仪影响最大；稳定在这种条件下，按 10.1.1.4 方法检验测试仪示值误差。

3）外磁场去除后，再按 10.1.1.4 方法检验测试仪示值误差。

e）数据处理

按 10.1.1.5 进行测试仪示值误差的数据处理。

f）合格判据

测试仪示值误差均满足 6.1 最大允许误差的要求，判定为合格，否则判定为不合格。

10.2.2.9　电源电压变动适应性试验

a）试验目的

检验测试仪在经过电源电压变动试验后是否符合7.3.4.1的要求。

b）试验条件

1）电源频率为50 Hz时，电源电压分别为187 V、220 V、242 V；

2）其他试验条件同10.1.1.2。

c）试验设备

1）标准气体：附录A中表A.1规定的3号气体；

2）可变电源。

d）试验程序

1）将测试仪置于50 Hz，220 V±2 V的电源下，按测试仪说明书规定的时间预热，对测试仪进行调零和示值调整。

2）向测试仪通入符合附录A中表A.1规定的3号标准气体，记录测试仪的相应示值。

3）在继续通入标准气体的情况下将电源电压调节到187 V±2 V，记录测试仪的相应示值。

4）在继续通入标准气体的情况下将电源电压调节到242 V±2 V，记录测试仪的相应示值。

5）按公式（14）和公式（15）计算测试仪示值变化量。

$$\Delta = C' - C_{220\ \mathrm{V}} \tag{14}$$

$$\delta = \frac{C' - C_{220\ \mathrm{V}}}{C_{220\ \mathrm{V}}} \times 100\% \tag{15}$$

式中：

Δ——电源电压变动后示值变化的绝对变化量；

C'——电源电压变动后测试仪示值；

$C_{220\ \mathrm{V}}$——电源电压为220 V时测试仪示值；

δ——电源电压变动后示值变化的相对变化量。

e）合格判据

测试仪示值变化满足7.3.4.1要求，判定为合格，否则判定为不合格。

10.2.2.10　电源频率变动适应性试验

a）试验目的

检验测试仪在经过电源频率变动试验后是否符合7.3.4.2的要求。

b）试验条件

1）电源电压为220 V时，电源频率分别改变为49 Hz、50 Hz、51 Hz；

2）其他试验条件同10.1.1.2。

c）试验设备

1）标准气体：附录A中表A.1规定的3号气体；

2）可变电源。

d）试验程序

1）将测试仪置于220 V，50 Hz ±1 Hz 的电源下，按测试仪说明书规定的时间预热，对测试仪进行调零和示值调整。

2）向测试仪通入符合附录A中表A.1规定的3号标准气体，记录测试仪的相应示值。

3）在继续通入标准气体的情况下将电源频率调节到49 Hz±1 Hz，记录测试仪的相应示值。

4）在继续通入标准气体的情况下将电源频率调节到51 Hz ±1Hz，记录测试仪的相应示值。

5）按公式（16）和公式（17）计算测试仪示值变化量。

$$\Delta = C' - C_{50\ \mathrm{Hz}} \tag{16}$$

$$\delta = \frac{C' - C_{50\ \mathrm{Hz}}}{C_{50\ \mathrm{Hz}}} \times 100\% \tag{17}$$

式中：

Δ——电源频率变动后示值变化的绝对变化量；

C'——电源频率变动后测试仪示值；

$C_{50\ \mathrm{Hz}}$——电源频率为50 Hz时测试仪示值；

δ——电源频率变动后示值变化的相对变化量。

e）合格判据

测试仪示值变化满足7.3.4.2要求，判定为合格，否则判定为不合格。

11 试验项目所用计量器具和设备表

试验项目所用计量器具和设备见表8。

表8 试验项目所用计量器具和设备表

序号	名称	测量范围	主要性能指标	备注
1	标准气体	见附录A		
2	秒表		分辨力不大于0.1 s	
3	浮子流量计	（0～1.2）L/min	4.0级	
4	浮子流量计	（0～10）L/min	4.0级	
5	绝缘电阻表	不小于10 MΩ（500 V）	准确度10级	
6	耐压试验仪	1.5 kV、50 Hz	5级	
7	高温试验箱（室）	40 ℃～55 ℃	温度偏差：±2 ℃	
8	低温试验箱（室）	（−20～5）℃	温度偏差：±2 ℃	
9	湿热试验箱（室）	温度30 ℃、 相对湿度85%	温度偏差：±2 ℃ 相对湿度偏差：±3%	

表 8（续）

序号	名称	测量范围	主要性能指标	备注
10	碰撞试验台	脉冲波形为近似半正弦波	加速度： （100±10）m/s^2 脉冲持续时间： 15 ms±2 ms 脉冲重复频率： 60 次/min～100 次/min	
11	可变电源	电压： （187～242）V 频率： （49～51）Hz		
12	外磁场线圈	至少能产生400 A/m的外磁场		磁场强度按公式 $H=\frac{1.44In}{D}$ 计算， 式中：H—磁场强度，A/m；I—经过圆环线圈的电流，A；n—圆环线圈的匝数；D—圆环线圈的平均直径，m

12 型式评价结果的判定

1）所有样机的所有评价项目均符合型式评价大纲要求的为合格；

2）对于单一产品的，有一项及一项以上项目不合格，综合判定为不合格；

3）系列产品中，按照 2）有一种及一种以上型号不合格的，判定该系列不合格。

附录 A

标准气体及其浓度要求

A.1 标准气体应具有标准物质证书，在有效期内使用。

A.2 标准气体配制的标称值应不超过表 A.1 所规定标准值的±15%。

A.3 标准气体的标称值的扩展不确定度应不大于 1%。对于 NO 标准气体，其扩展不确定度应不大于 2% 。

A.4 示值误差、重复性和示值漂移检定用标准气体的标准值见表 A.1，按照实际需要可以配制成单组分标准气体或多组分标准气体，但不允许气体之间发生反应。

表 A.1 示值误差、重复性和稳定性试验用标准气体的标准值

气体名称 \ 序号	1号	2号	3号	4号
氮中丙烷气体标准物质	200×10^{-6}	960×10^{-6}	$1\,920\times10^{-6}$	$3\,200\times10^{-6}$
氮中一氧化碳气体标准物质	0.5×10^{-2}	2.4×10^{-2}	4.8×10^{-2}	8.0×10^{-2}
氮中二氧化碳气体标准物质	3.6×10^{-2}	6.0×10^{-2}	7.2×10^{-2}	12.0×10^{-2}
氮中氧气气体标准物质	0.5×10^{-2}	5×10^{-2}	10×10^{-2}	20.9×10^{-2}
氮中一氧化氮气体标准物质	300×10^{-6}	900×10^{-6}	$1\,800\times10^{-6}$	$3\,000\times10^{-6}$

A.5 仪器响应时间检定用标准气体见表 A.2。

表 A.2 响应时间试验用标准气体的标准值

气体名称	气体的体积分数
氮中丙烷气体标准物质	$1\,920\times10^{-6}$
氮中一氧化碳气体标准物质	4.8×10^{-2}
氮中二氧化碳气体标准物质	12.0×10^{-2}
氮中氧气气体标准物质	0.5×10^{-2}
氮中一氧化氮气体标准物质	900×10^{-6}

A.6 进行丙烷/正己烷当量系数（P.E.F）试验时采用的标准气体见表 A.3。

表 A.3 丙烷/正己烷当量系数（P.E.F）试验用标准气体的标准值

气体名称 \ 序号	1	2
氮中丙烷气体标准物质	200×10^{-6}	$2\,000\times10^{-6}$
氮中正己烷气体标准物质	100×10^{-6}	$1\,000\times10^{-6}$

A.7 检定过程中对测试仪调零应按照实际需要采用纯度不低于 99.99%的高纯氮气、含氧量为 20.9%±0.1%的配制空气或清洁的空气。

A.8 非被测气体的干扰试验用校准气的成分应符合表 A.4 的规定。

表 A.4 非被测气体的干扰试验用标准气体的标准值

被测气体	标准气体				
	CO %	C_3H_8 $\times10^{-6}$	CO_2 %	O_2 %	NO $\times10^{-6}$
CO	——	4 000	16	10	3 000
C_3H_8	6	——	16	10	3 000
CO_2	6	4 000	——	10	3 000
O_2	6	4 000	16	——	3 000
NO	6	4 000	16	10	——

附录 B

型式评价记录格式

一、样机的基本信息

申请单位：______________________________

计量器具名称：__________________________

规格型号：______________________________

样机编号：______________________________

二、观察项目记录

<table>
<tr><th>章节号</th><th colspan="3">要　　求</th><th>+</th><th>−</th><th>备注</th></tr>
<tr><td>5.1</td><td colspan="3">计量单位</td><td></td><td></td><td></td></tr>
<tr><td rowspan="3">5.2.1</td><td rowspan="3">计量法制标志</td><td colspan="2">制造计量器具许可证的标志和编号</td><td></td><td></td><td></td></tr>
<tr><td colspan="2">计量器具型式批准的标志和编号</td><td></td><td></td><td></td></tr>
<tr><td colspan="2">产品合格印、证</td><td></td><td></td><td></td></tr>
<tr><td rowspan="6">5.2.2</td><td rowspan="6">计量器具标识</td><td colspan="2">产品名称</td><td></td><td></td><td></td></tr>
<tr><td colspan="2">规格、型号</td><td></td><td></td><td></td></tr>
<tr><td colspan="2">丙烷/正己烷当量系数（P. E. F）</td><td></td><td></td><td></td></tr>
<tr><td colspan="2">出厂日期、编号</td><td></td><td></td><td></td></tr>
<tr><td colspan="2">制造者名称</td><td></td><td></td><td></td></tr>
<tr><td colspan="2">其他主要技术指标</td><td></td><td></td><td></td></tr>
<tr><td>7.1.1</td><td rowspan="4">通用技术要求</td><td rowspan="4">外观及结构</td><td>测试仪标志</td><td></td><td></td><td></td></tr>
<tr><td>7.1.2</td><td>外观、显示及旋钮、开关等</td><td></td><td></td><td></td></tr>
<tr><td>7.1.3</td><td>取样探头长度及固定装置</td><td></td><td></td><td></td></tr>
<tr><td>7.1.4</td><td>预热期间应有的功能</td><td></td><td></td><td></td></tr>
</table>

注：

+	−	
×		通过
	×	不通过

三、试验项目记录

第　　页 共　　页

1	测量范围、分辨力及示值误差						
开始时间	年　月　日　时　分			结束时间	年　月　日　时　分		
检　测　数　据　记　录							
气体种类		测量范围			分辨力		
HC（$\times 10^{-6}$）							
CO（$\times 10^{-2}$）							
CO_2（$\times 10^{-2}$）							
O_2（$\times 10^{-2}$）							
NO（$\times 10^{-6}$）							
气体种类	标准值	测　量　值				绝对误差	相对误差
		1	2	3	平均值		
HC（$\times 10^{-6}$）							
CO（$\times 10^{-2}$）							
CO_2（$\times 10^{-2}$）							
O_2（$\times 10^{-2}$）							
NO（$\times 10^{-6}$）							
合格判定要求		表2、表3、表4		本试验的结论			
检测过程中的异常情况记录							
所用计量器具	名称	型号	编号	测量范围	测量不确定度/准确度等级 最大允许误差/		
环境条件	温度		相对湿度		气压		
检验人员				复核人员			

2	稳定性											
开始时间	年　月　日　时　分					结束时间		年　月　日　时　分				
检　测　数　据　记　录												
气体种类	标准值	测　量　值									绝对误差	相对误差
		0	0.5	1.0	1.5	2.0	2.5	3.0	3.5	4.0		
HC (×10^{-6})												
CO (×10^{-2})												
CO_2 (×10^{-2})												
O_2 (×10^{-2})												
NO (×10^{-6})												
合格判定要求		4 h内，不超过最大允许误差				本试验的结论						
检测过程中的异常情况记录												
所用计量器具	名称	型号		编号		测量范围		测量不确定度/准确度等级最大允许误差/				
环境条件	温度			相对湿度				气压				
检验人员						复核人员						

<table>
<tr><td>3</td><td colspan="10">重复性</td></tr>
<tr><td>开始时间</td><td colspan="4">年　月　日　时　分</td><td colspan="2">结束时间</td><td colspan="4">年　月　日　时　分</td></tr>
<tr><td colspan="11">检　测　数　据　记　录</td></tr>
<tr><td rowspan="2">气体种类</td><td rowspan="2">标准值</td><td colspan="7">测　量　值</td><td rowspan="2">标准偏差</td><td rowspan="2">相对标准偏差</td></tr>
<tr><td>1</td><td>2</td><td>3</td><td>4</td><td>5</td><td>6</td><td>平均值</td></tr>
<tr><td>HC
($\times10^{-6}$)</td><td></td><td></td><td></td><td></td><td></td><td></td><td></td><td></td><td></td><td></td></tr>
<tr><td>CO
($\times10^{-2}$)</td><td></td><td></td><td></td><td></td><td></td><td></td><td></td><td></td><td></td><td></td></tr>
<tr><td>CO_2
($\times10^{-2}$)</td><td></td><td></td><td></td><td></td><td></td><td></td><td></td><td></td><td></td><td></td></tr>
<tr><td>O_2
($\times10^{-2}$)</td><td></td><td></td><td></td><td></td><td></td><td></td><td></td><td></td><td></td><td></td></tr>
<tr><td>NO
($\times10^{-6}$)</td><td></td><td></td><td></td><td></td><td></td><td></td><td></td><td></td><td></td><td></td></tr>
<tr><td colspan="2">合格判定要求</td><td colspan="3">不大于其最大允许误差的模的1/3</td><td colspan="3">本试验的结论</td><td colspan="3"></td></tr>
<tr><td colspan="2">检测过程中的异常情况记录</td><td colspan="9"></td></tr>
</table>

<table>
<tr><td rowspan="8">所用计量器具</td><td>名称</td><td>型号</td><td>编号</td><td>测量范围</td><td colspan="2">测量不确定度/准确度等级
最大允许误差/</td></tr>
<tr><td></td><td></td><td></td><td></td><td colspan="2"></td></tr>
<tr><td></td><td></td><td></td><td></td><td colspan="2"></td></tr>
<tr><td></td><td></td><td></td><td></td><td colspan="2"></td></tr>
<tr><td></td><td></td><td></td><td></td><td colspan="2"></td></tr>
<tr><td></td><td></td><td></td><td></td><td colspan="2"></td></tr>
<tr><td></td><td></td><td></td><td></td><td colspan="2"></td></tr>
<tr><td></td><td></td><td></td><td></td><td colspan="2"></td></tr>
<tr><td>环境条件</td><td>温度</td><td></td><td>相对湿度</td><td></td><td>气压</td><td></td></tr>
<tr><td>检验人员</td><td colspan="3"></td><td>复核人员</td><td colspan="2"></td></tr>
</table>

<table>
<tr><td>4</td><td colspan="6">响应时间</td></tr>
<tr><td>开始时间</td><td colspan="2">年 月 日 时 分</td><td>结束时间</td><td colspan="3">年 月 日 时 分</td></tr>
<tr><td colspan="7">检 测 数 据 记 录</td></tr>
<tr><td>气体种类</td><td>标准值</td><td>1</td><td>2</td><td colspan="2">3</td><td>平均值</td></tr>
<tr><td>HC
(×10^{-6})</td><td></td><td></td><td></td><td colspan="2"></td><td></td></tr>
<tr><td>CO
(×10^{-2})</td><td></td><td></td><td></td><td colspan="2"></td><td></td></tr>
<tr><td>CO_2
(×10^{-2})</td><td></td><td></td><td></td><td colspan="2"></td><td></td></tr>
<tr><td>O_2
(×10^{-2})</td><td></td><td></td><td></td><td colspan="2"></td><td></td></tr>
<tr><td>NO
(×10^{-6})</td><td></td><td></td><td></td><td colspan="2"></td><td></td></tr>
<tr><td colspan="2">合格判定要求</td><td colspan="2">表 6 规定</td><td colspan="2">本试验的结论</td><td></td></tr>
<tr><td colspan="2">检测过程中的
异常情况记录</td><td colspan="5"></td></tr>
<tr><td rowspan="8">所用
计量器具</td><td>名称</td><td>型号</td><td>编号</td><td>测量范围</td><td colspan="2">测量不确定度/准确度等级
最大允许误差/</td></tr>
<tr><td></td><td></td><td></td><td></td><td colspan="2"></td></tr>
<tr><td></td><td></td><td></td><td></td><td colspan="2"></td></tr>
<tr><td></td><td></td><td></td><td></td><td colspan="2"></td></tr>
<tr><td></td><td></td><td></td><td></td><td colspan="2"></td></tr>
<tr><td></td><td></td><td></td><td></td><td colspan="2"></td></tr>
<tr><td></td><td></td><td></td><td></td><td colspan="2"></td></tr>
<tr><td></td><td></td><td></td><td></td><td colspan="2"></td></tr>
<tr><td>环境条件</td><td>温度</td><td></td><td>相对湿度</td><td></td><td>气压</td><td></td></tr>
<tr><td>检验人员</td><td colspan="3"></td><td>复核人员</td><td colspan="2"></td></tr>
</table>

<table>
<tr><td>5</td><td colspan="6">丙烷/正己烷当量系数（P. E. F）</td></tr>
<tr><td>开始时间</td><td colspan="3">年　月　日　时　分</td><td>结束时间</td><td colspan="2">年　月　日　时　分</td></tr>
<tr><td colspan="7">检　测　数　据　记　录</td></tr>
<tr><td>气体种类</td><td>标准值</td><td>PEF</td><td>测试仪示值</td><td>绝对误差</td><td colspan="2">绝对误差之差</td></tr>
<tr><td rowspan="2">丙烷
(C_3H_8)</td><td>200×10^{-6}</td><td></td><td></td><td>$\Delta C_{31}=$</td><td colspan="2">$\Delta Y_1=\Delta C_{31}-\Delta C_{61}$</td></tr>
<tr><td>$2\ 000\times10^{-6}$</td><td></td><td></td><td>$\Delta C_{32}=$</td><td colspan="2"></td></tr>
<tr><td rowspan="2">正己烷
(C_6H_{14})</td><td colspan="2">100×10^{-6}</td><td></td><td>$\Delta C_{61}=$</td><td colspan="2">$\Delta Y_2=\Delta C_{32}-\Delta C_{62}$</td></tr>
<tr><td colspan="2">$1\ 000\times10^{-6}$</td><td></td><td>$\Delta C_{62}=$</td><td colspan="2"></td></tr>
<tr><td colspan="2">合格判定要求</td><td colspan="2">ΔY_1 和 ΔY_2
不大于其最大允许误差</td><td>本试验的结论</td><td colspan="2"></td></tr>
<tr><td colspan="2">检测过程中的
异常情况记录</td><td colspan="5"></td></tr>
<tr><td rowspan="8">所用
计量器具</td><td>名称</td><td>型号</td><td>编号</td><td>测量范围</td><td colspan="2">测量不确定度/准确度等级
最大允许误差/</td></tr>
<tr><td></td><td></td><td></td><td></td><td colspan="2"></td></tr>
<tr><td></td><td></td><td></td><td></td><td colspan="2"></td></tr>
<tr><td></td><td></td><td></td><td></td><td colspan="2"></td></tr>
<tr><td></td><td></td><td></td><td></td><td colspan="2"></td></tr>
<tr><td></td><td></td><td></td><td></td><td colspan="2"></td></tr>
<tr><td></td><td></td><td></td><td></td><td colspan="2"></td></tr>
<tr><td></td><td></td><td></td><td></td><td colspan="2"></td></tr>
<tr><td>环境条件</td><td>温度</td><td></td><td>相对湿度</td><td></td><td>气压</td><td></td></tr>
<tr><td>检验人员</td><td colspan="3"></td><td>复核人员</td><td colspan="2"></td></tr>
</table>

<table>
<tr><td>6</td><td colspan="7">λ 值</td></tr>
<tr><td>开始时间</td><td colspan="3">年　月　日　时　分</td><td>结束时间</td><td colspan="3">年　月　日　时　分</td></tr>
<tr><td colspan="8">检　测　数　据　记　录　计　算</td></tr>
<tr><td>次序</td><td>CO</td><td>CO_2</td><td>HC</td><td>O_2</td><td>计算 λ_0 值</td><td>δ_λ</td></tr>
<tr><td rowspan="2">1</td><td></td><td></td><td></td><td></td><td></td><td rowspan="2"></td></tr>
<tr><td colspan="4">测试仪 λ 示值</td><td></td></tr>
<tr><td rowspan="2">2</td><td></td><td></td><td></td><td></td><td></td><td rowspan="2"></td></tr>
<tr><td colspan="4">测试仪 λ 示值</td><td></td></tr>
<tr><td rowspan="2">3</td><td></td><td></td><td></td><td></td><td></td><td rowspan="2"></td></tr>
<tr><td colspan="4">测试仪 λ 示值</td><td></td></tr>
<tr><td colspan="6">3 次测量计算得 δ_λ 平均值</td><td></td></tr>
<tr><td>合格判定要求</td><td colspan="2">不超过±0.3％</td><td colspan="2">本试验的结论</td><td colspan="2"></td></tr>
<tr><td>检测过程中的
异常情况记录</td><td colspan="6"></td></tr>
<tr><td>环境条件</td><td>温度</td><td></td><td>相对湿度</td><td></td><td>气压</td><td></td></tr>
<tr><td>检验人员</td><td colspan="2"></td><td>复核人员</td><td colspan="3"></td></tr>
</table>

<table>
<tr><td>7</td><td colspan="6">样气低流量警告</td></tr>
<tr><td>开始时间</td><td colspan="2">年　月　日　时　分</td><td>结束时间</td><td colspan="3">年　月　日　时　分</td></tr>
<tr><td colspan="7">检　测　数　据　记　录</td></tr>
<tr><td>气体种类</td><td colspan="2">正常流量时示值</td><td colspan="2">低流量时示值</td><td colspan="2">｜示值之差｜</td></tr>
<tr><td>HC（$\times10^{-6}$）</td><td colspan="2"></td><td colspan="2"></td><td colspan="2"></td></tr>
<tr><td>CO（$\times10^{-2}$）</td><td colspan="2"></td><td colspan="2"></td><td colspan="2"></td></tr>
<tr><td>CO_2（$\times10^{-2}$）</td><td colspan="2"></td><td colspan="2"></td><td colspan="2"></td></tr>
<tr><td>O_2（$\times10^{-2}$）</td><td colspan="2"></td><td colspan="2"></td><td colspan="2"></td></tr>
<tr><td>NO（$\times10^{-6}$）</td><td colspan="2"></td><td colspan="2"></td><td colspan="2"></td></tr>
<tr><td>合格判定要求</td><td colspan="4">当｜示值之差｜超过最大允许误差模的 1/2 时，
测试仪是否出现低流量警告指示</td><td>本试验的
结论</td><td></td></tr>
<tr><td>气体种类</td><td colspan="2">要求的测试仪响应时间 T_0</td><td colspan="3">低流量时测试仪响应时间 T</td><td></td></tr>
<tr><td>HC（$\times10^{-6}$）</td><td colspan="2"></td><td colspan="3"></td><td></td></tr>
<tr><td>CO（$\times10^{-2}$）</td><td colspan="2"></td><td colspan="3"></td><td></td></tr>
<tr><td>CO_2（$\times10^{-2}$）</td><td colspan="2"></td><td colspan="3"></td><td></td></tr>
<tr><td>O_2（$\times10^{-2}$）</td><td colspan="2"></td><td colspan="3"></td><td></td></tr>
<tr><td>NO（$\times10^{-6}$）</td><td colspan="2"></td><td colspan="3"></td><td></td></tr>
<tr><td>合格判定要求</td><td colspan="4">当 T 超过 T_0 时，
测试仪是否出现低流量警告指示</td><td>本试验的
结论</td><td></td></tr>
<tr><td>检测过程中的
异常情况记录</td><td colspan="6"></td></tr>
</table>

<table>
<tr><td rowspan="6">所用
计量器具</td><td>名称</td><td>型号</td><td>编号</td><td>测量范围</td><td colspan="2">测量不确定度/准确度等级
最大允许误差/</td></tr>
<tr><td></td><td></td><td></td><td></td><td colspan="2"></td></tr>
<tr><td></td><td></td><td></td><td></td><td colspan="2"></td></tr>
<tr><td></td><td></td><td></td><td></td><td colspan="2"></td></tr>
<tr><td></td><td></td><td></td><td></td><td colspan="2"></td></tr>
<tr><td></td><td></td><td></td><td></td><td colspan="2"></td></tr>
<tr><td>环境条件</td><td>温度</td><td></td><td>相对湿度</td><td></td><td>气压</td><td></td></tr>
<tr><td>检验人员</td><td colspan="3"></td><td>复核人员</td><td colspan="2"></td></tr>
</table>

<table>
<tr><td>8</td><td colspan="7">取样系统气密性</td></tr>
<tr><td>开始时间</td><td colspan="3">年　月　日　时　分</td><td>结束时间</td><td colspan="3">年　月　日　时　分</td></tr>
<tr><td colspan="8">检　测　数　据　记　录</td></tr>
<tr><td colspan="2">气体种类</td><td colspan="2">正常时测试仪示值</td><td colspan="2">泄漏后测试仪示值</td><td colspan="2">|示值之差|</td></tr>
<tr><td colspan="2">HC（$\times10^{-6}$）</td><td colspan="2"></td><td colspan="2"></td><td colspan="2"></td></tr>
<tr><td colspan="2">CO（$\times10^{-2}$）</td><td colspan="2"></td><td colspan="2"></td><td colspan="2"></td></tr>
<tr><td colspan="2">CO_2（$\times10^{-2}$）</td><td colspan="2"></td><td colspan="2"></td><td colspan="2"></td></tr>
<tr><td colspan="2">O_2（$\times10^{-2}$）</td><td colspan="2"></td><td colspan="2"></td><td colspan="2"></td></tr>
<tr><td colspan="2">NO（$\times10^{-6}$）</td><td colspan="2"></td><td colspan="2"></td><td colspan="2"></td></tr>
<tr><td colspan="2">合格判定要求</td><td colspan="4">当|示值之差|超过最大允许误差模的1/2时，测试仪是否出现泄漏警告或锁止</td><td>本试验的结论</td><td></td></tr>
<tr><td colspan="2">检测过程中的异常情况记录</td><td colspan="6"></td></tr>
<tr><td rowspan="6">所用计量器具</td><td>名称</td><td>型号</td><td>编号</td><td>测量范围</td><td colspan="3">测量不确定度/准确度等级最大允许误差/</td></tr>
<tr><td></td><td></td><td></td><td></td><td colspan="3"></td></tr>
<tr><td></td><td></td><td></td><td></td><td colspan="3"></td></tr>
<tr><td></td><td></td><td></td><td></td><td colspan="3"></td></tr>
<tr><td></td><td></td><td></td><td></td><td colspan="3"></td></tr>
<tr><td></td><td></td><td></td><td></td><td colspan="3"></td></tr>
<tr><td>环境条件</td><td>温度</td><td></td><td>相对湿度</td><td></td><td>气压</td><td colspan="2"></td></tr>
<tr><td>检验人员</td><td colspan="3"></td><td>复核人员</td><td colspan="3"></td></tr>
</table>

<table>
<tr><td>9</td><td colspan="7">HC气体的残留</td></tr>
<tr><td>开始时间</td><td colspan="3">年 月 日 时 分</td><td>结束时间</td><td colspan="3">年 月 日 时 分</td></tr>
<tr><td colspan="8">检 测 数 据 记 录</td></tr>
<tr><td colspan="3">测试仪残留 HC 示值读数</td><td colspan="3">是否大于 20×10^{-6} 正已烷当量</td><td colspan="2">测试仪启动测量时的状态提示</td></tr>
<tr><td colspan="3"></td><td colspan="3"></td><td colspan="2"></td></tr>
<tr><td colspan="3"></td><td colspan="3"></td><td colspan="2"></td></tr>
<tr><td colspan="8">当测试仪残留 HC 示值读数落到 20×10^{-6} 正已烷当量以下后，测试仪的示值误差</td></tr>
<tr><td rowspan="2">气体种类</td><td rowspan="2">标准值</td><td colspan="4">测 量 值</td><td rowspan="2">绝对误差</td><td rowspan="2">相对误差</td></tr>
<tr><td>1</td><td>2</td><td>3</td><td>平均值</td></tr>
<tr><td>HC
($\times10^{-6}$)</td><td></td><td></td><td></td><td></td><td></td><td></td><td></td></tr>
<tr><td>CO
($\times10^{-2}$)</td><td></td><td></td><td></td><td></td><td></td><td></td><td></td></tr>
<tr><td>CO_2
($\times10^{-2}$)</td><td></td><td></td><td></td><td></td><td></td><td></td><td></td></tr>
<tr><td>O_2
($\times10^{-2}$)</td><td></td><td></td><td></td><td></td><td></td><td></td><td></td></tr>
<tr><td>NO
($\times10^{-6}$)</td><td></td><td></td><td></td><td></td><td></td><td></td><td></td></tr>
<tr><td colspan="2">合格判定要求</td><td colspan="3">HC 示值大于 20×10^{-6}，测试仪应自动锁定，终止检测</td><td colspan="2">本试验的结论</td><td></td></tr>
<tr><td colspan="2">检测过程中的
异常情况记录</td><td colspan="6"></td></tr>
<tr><td rowspan="7">所用
计量器具</td><td>名称</td><td>型号</td><td>编号</td><td>测量范围</td><td colspan="3">测量不确定度/准确度等级
最大允许误差/</td></tr>
<tr><td></td><td></td><td></td><td></td><td colspan="3"></td></tr>
<tr><td></td><td></td><td></td><td></td><td colspan="3"></td></tr>
<tr><td></td><td></td><td></td><td></td><td colspan="3"></td></tr>
<tr><td></td><td></td><td></td><td></td><td colspan="3"></td></tr>
<tr><td></td><td></td><td></td><td></td><td colspan="3"></td></tr>
<tr><td></td><td></td><td></td><td></td><td colspan="3"></td></tr>
<tr><td>环境条件</td><td>温度</td><td></td><td>相对湿度</td><td></td><td>气压</td><td colspan="2"></td></tr>
<tr><td>检验人员</td><td colspan="3"></td><td>复核人员</td><td colspan="3"></td></tr>
</table>

<table>
<tr><td>10</td><td colspan="10">预热后仪器性能</td></tr>
<tr><td>开始时间</td><td colspan="4">年　月　日　时　分</td><td>结束时间</td><td colspan="5">年　月　日　时　分</td></tr>
<tr><td colspan="11">检　测　数　据　记　录</td></tr>
<tr><td>气体种类</td><td colspan="2">HC（$\times10^{-6}$）</td><td colspan="2">CO（$\times10^{-2}$）</td><td colspan="2">CO_2（$\times10^{-2}$）</td><td colspan="2">O_2（$\times10^{-2}$）</td><td colspan="2">NO（$\times10^{-6}$）</td></tr>
<tr><td>标准值</td><td colspan="2"></td><td colspan="2"></td><td colspan="2"></td><td colspan="2"></td><td colspan="2"></td></tr>
<tr><td colspan="11">当测试仪预热完成以后，测试仪的示值</td></tr>
<tr><td>测试仪示值</td><td colspan="2"></td><td colspan="2"></td><td colspan="2"></td><td colspan="2"></td><td colspan="2"></td></tr>
<tr><td colspan="11">当测试仪预热完成 2 min 以后，测试仪的示值</td></tr>
<tr><td>测试仪示值</td><td colspan="2"></td><td colspan="2"></td><td colspan="2"></td><td colspan="2"></td><td colspan="2"></td></tr>
<tr><td colspan="11">当测试仪预热完成 5 min 以后，测试仪的示值</td></tr>
<tr><td>测试仪示值</td><td colspan="2"></td><td colspan="2"></td><td colspan="2"></td><td colspan="2"></td><td colspan="2"></td></tr>
<tr><td colspan="11">当测试仪预热完成 15 min 以后，测试仪的示值</td></tr>
<tr><td>测试仪示值</td><td colspan="2"></td><td colspan="2"></td><td colspan="2"></td><td colspan="2"></td><td colspan="2"></td></tr>
<tr><td colspan="2">合格判定要求</td><td colspan="3">4 个测量值的间差不大于最大允许误差</td><td colspan="3">本试验的结论</td><td colspan="3"></td></tr>
<tr><td colspan="2">检测过程中的
异常情况记录</td><td colspan="9"></td></tr>
<tr><td rowspan="8">所用
计量器具</td><td>名称</td><td colspan="2">型号</td><td colspan="2">编号</td><td colspan="2">测量范围</td><td colspan="3">测量不确定度/准确度等级/
最大允许误差</td></tr>
<tr><td></td><td colspan="2"></td><td colspan="2"></td><td colspan="2"></td><td colspan="3"></td></tr>
<tr><td></td><td colspan="2"></td><td colspan="2"></td><td colspan="2"></td><td colspan="3"></td></tr>
<tr><td></td><td colspan="2"></td><td colspan="2"></td><td colspan="2"></td><td colspan="3"></td></tr>
<tr><td></td><td colspan="2"></td><td colspan="2"></td><td colspan="2"></td><td colspan="3"></td></tr>
<tr><td></td><td colspan="2"></td><td colspan="2"></td><td colspan="2"></td><td colspan="3"></td></tr>
<tr><td></td><td colspan="2"></td><td colspan="2"></td><td colspan="2"></td><td colspan="3"></td></tr>
<tr><td></td><td colspan="2"></td><td colspan="2"></td><td colspan="2"></td><td colspan="3"></td></tr>
<tr><td>环境条件</td><td>温度</td><td colspan="2"></td><td colspan="2">相对湿度</td><td colspan="2"></td><td>气压</td><td colspan="2"></td></tr>
<tr><td>检验人员</td><td colspan="3"></td><td colspan="3">复核人员</td><td colspan="4"></td></tr>
</table>

<table>
<tr><td>11</td><td colspan="6">其他气体组份对被测量的影响</td></tr>
<tr><td>开始时间</td><td colspan="2">年 月 日 时 分</td><td>结束时间</td><td colspan="3">年 月 日 时 分</td></tr>
<tr><td colspan="7">检 测 数 据 记 录</td></tr>
<tr><td colspan="2">被测气体测试仪通道</td><td>HC
$(\times10^{-6})$</td><td>CO
$(\times10^{-2})$</td><td>CO_2
$(\times10^{-2})$</td><td>O_2
$(\times10^{-2})$</td><td>NO
$(\times10^{-6})$</td></tr>
<tr><td colspan="2">未通入试验干扰气体前
测试仪各通道示值</td><td></td><td></td><td></td><td></td><td></td></tr>
<tr><td colspan="2">通入干扰试验用校准
气体后被测气体示值</td><td></td><td></td><td></td><td></td><td></td></tr>
<tr><td colspan="2">通入含饱和水蒸汽的
热空气后被测气体示值</td><td></td><td></td><td></td><td></td><td></td></tr>
<tr><td colspan="2">合格判定要求</td><td colspan="2">示值变化量不大于最大允许误差模的1/2</td><td colspan="2">本试验的结论</td><td></td></tr>
<tr><td colspan="2">检测过程中的
异常情况记录</td><td colspan="5"></td></tr>
<tr><td rowspan="5">所用
计量器具</td><td>名称</td><td>型号</td><td>编号</td><td>测量范围</td><td colspan="2">测量不确定度/准确度等级
最大允许误差/</td></tr>
<tr><td></td><td></td><td></td><td></td><td colspan="2"></td></tr>
<tr><td></td><td></td><td></td><td></td><td colspan="2"></td></tr>
<tr><td></td><td></td><td></td><td></td><td colspan="2"></td></tr>
<tr><td></td><td></td><td></td><td></td><td colspan="2"></td></tr>
<tr><td>环境条件</td><td>温度</td><td></td><td>相对湿度</td><td></td><td>气压</td><td></td></tr>
<tr><td>检验人员</td><td colspan="3"></td><td>复核人员</td><td colspan="2"></td></tr>
</table>

<table>
<tr><td>12</td><td colspan="6">电气安全性能</td></tr>
<tr><td>开始时间</td><td colspan="3">年　月　日　时　分</td><td>结束时间</td><td colspan="2">年　月　日　时　分</td></tr>
<tr><td colspan="7">检　测　数　据　记　录</td></tr>
<tr><td colspan="5">绝缘电阻（500 V）</td><td colspan="2"></td></tr>
<tr><td colspan="5">绝缘强度测试（1 500 ACV、50 Hz）</td><td colspan="2"></td></tr>
<tr><td colspan="2">合格判定要求</td><td colspan="3">（1）绝缘电阻不小于 20 MΩ
（1）1 500 V、50 Hz 交流电压，在 1 min 内无击穿及闪烁现象</td><td>本试验的结论</td><td></td></tr>
<tr><td colspan="2">检测过程中的异常情况记录</td><td colspan="5"></td></tr>
<tr><td rowspan="4">所用计量器具</td><td>名称</td><td>型号</td><td>编号</td><td>测量范围</td><td colspan="2">测量不确定度/准确度等级最大允许误差/</td></tr>
<tr><td></td><td></td><td></td><td></td><td colspan="2"></td></tr>
<tr><td></td><td></td><td></td><td></td><td colspan="2"></td></tr>
<tr><td></td><td></td><td></td><td></td><td colspan="2"></td></tr>
<tr><td>环境条件</td><td>温度</td><td></td><td>相对湿度</td><td></td><td>气压</td><td></td></tr>
<tr><td>检验人员</td><td colspan="3"></td><td>复核人员</td><td colspan="2"></td></tr>
</table>

13	高温												
开始时间	年 月 日 时 分						结束时间	年 月 日 时 分					
检 测 数 据 记 录													
气体种类	标准值	中间检测						最后检测					
		1	2	3	平均值	绝对误差	相对误差	1	2	3	平均值	绝对误差	相对误差
HC (×10^{-6})													
CO (×10^{-2})													
CO_2 (×10^{-2})													
O_2 (×10^{-2})													
NO (×10^{-6})													

合格判定要求	表 2、表 3、表 4	本试验的结论	
检测过程中的异常情况记录			

所用计量器具	名称	型号	编号	测量范围	测量不确定度/准确度等级最大允许误差/

环境条件	温度		相对湿度		气压	
检验人员			复核人员			

14	低温												
开始时间	年 月 日 时 分					结束时间		年 月 日 时 分					
检 测 数 据 记 录													
气体种类	标准值	中间检测						最后检测					
		1	2	3	平均值	绝对误差	相对误差	1	2	3	平均值	绝对误差	相对误差
HC (×10^{-6})													
CO (×10^{-2})													
CO_2 (×10^{-2})													
O_2 (×10^{-2})													
NO (×10^{-6})													
合格判定要求		表 2、表 3、表 4				本试验的结论							
检测过程中的异常情况记录													
所用计量器具	名称	型号	编号	测量范围	测量不确定度/准确度等级最大允许误差/								
环境条件	温度		相对湿度		气压								
检验人员			复核人员										

15	恒定湿热												
开始时间	年 月 日 时 分					结束时间		年 月 日 时 分					
检 测 数 据 记 录													
气体种类	标准值	中间检测						最后检测					
		1	2	3	平均值	绝对误差	相对误差	1	2	3	平均值	绝对误差	相对误差
HC ($\times 10^{-6}$)													
CO ($\times 10^{-2}$)													
CO_2 ($\times 10^{-2}$)													
O_2 ($\times 10^{-2}$)													
NO ($\times 10^{-6}$)													
合格判定要求		表 2、表 3、表 4					本试验的结论						
检测过程中的异常情况记录													
所用计量器具	名称	型号		编号		测量范围		测量不确定度/准确度等级最大允许误差/					
环境条件	温度			相对湿度				气压					
检验人员						复核人员							

16	高温贮存						
开始时间	年　月　日　时　分			结束时间	年　月　日　时　分		
检　测　数　据　记　录							
气体种类	标准值	测　量　值				绝对误差	相对误差
		1	2	3	平均值		
HC ($\times 10^{-6}$)							
CO ($\times 10^{-2}$)							
CO_2 ($\times 10^{-2}$)							
O_2 ($\times 10^{-2}$)							
NO ($\times 10^{-6}$)							
合格判定要求		表 2、表 3、表 4		本试验的结论			
检测过程中的 异常情况记录							
所用 计量器具	名称	型号	编号	测量范围	测量不确定度/准确度等级 最大允许误差/		
环境条件	温度		相对湿度		气压		
检验人员				复核人员			

17	低温贮存						
开始时间	年　月　日　时　分			结束时间	年　月　日　时　分		
检　测　数　据　记　录							
气体种类	标准值	测　量　值				绝对误差	相对误差
		1	2	3	平均值		
HC $(\times 10^{-6})$							
CO $(\times 10^{-2})$							
CO_2 $(\times 10^{-2})$							
O_2 $(\times 10^{-2})$							
NO $(\times 10^{-6})$							
合格判定要求		表2、表3、表4		本试验的结论			
检测过程中的 异常情况记录							
所用 计量器具	名称	型号	编号	测量范围	测量不确定度/准确度等级 最大允许误差/		
环境条件	温度		相对湿度		气压		
检验人员				复核人员			

18	跌落						
开始时间	年　月　日　时　分			结束时间	年　月　日　时　分		
检　测　数　据　记　录							
气体种类	标准值	测　量　值				绝对误差	相对误差
		1	2	3	平均值		
HC (×10^{-6})							
CO (×10^{-2})							
CO_2 (×10^{-2})							
O_2 (×10^{-2})							
NO (×10^{-6})							
合格判定要求		表 2、表 3、表 4		本试验的结论			
检测过程中的 异常情况记录							
所用 计量器具	名称	型号	编号	测量范围	测量不确定度/准确度等级 最大允许误差/		
环境条件	温度		相对湿度		气压		
检验人员				复核人员			

<table>
<tr><td>19</td><td colspan="7">碰撞</td></tr>
<tr><td>开始时间</td><td colspan="3">年　月　日　时　分</td><td>结束时间</td><td colspan="3">年　月　日　时　分</td></tr>
<tr><td colspan="8">检　测　数　据　记　录</td></tr>
<tr><td rowspan="2">气体种类</td><td rowspan="2">标准值</td><td colspan="4">测　量　值</td><td rowspan="2">绝对误差</td><td rowspan="2">相对误差</td></tr>
<tr><td>1</td><td>2</td><td>3</td><td>平均值</td></tr>
<tr><td rowspan="4">HC
($\times 10^{-6}$)</td><td></td><td></td><td></td><td></td><td></td><td></td><td></td></tr>
<tr><td></td><td></td><td></td><td></td><td></td><td></td><td></td></tr>
<tr><td></td><td></td><td></td><td></td><td></td><td></td><td></td></tr>
<tr><td></td><td></td><td></td><td></td><td></td><td></td><td></td></tr>
<tr><td rowspan="4">CO
($\times 10^{-2}$)</td><td></td><td></td><td></td><td></td><td></td><td></td><td></td></tr>
<tr><td></td><td></td><td></td><td></td><td></td><td></td><td></td></tr>
<tr><td></td><td></td><td></td><td></td><td></td><td></td><td></td></tr>
<tr><td></td><td></td><td></td><td></td><td></td><td></td><td></td></tr>
<tr><td rowspan="4">CO_2
($\times 10^{-2}$)</td><td></td><td></td><td></td><td></td><td></td><td></td><td></td></tr>
<tr><td></td><td></td><td></td><td></td><td></td><td></td><td></td></tr>
<tr><td></td><td></td><td></td><td></td><td></td><td></td><td></td></tr>
<tr><td></td><td></td><td></td><td></td><td></td><td></td><td></td></tr>
<tr><td rowspan="4">O_2
($\times 10^{-2}$)</td><td></td><td></td><td></td><td></td><td></td><td></td><td></td></tr>
<tr><td></td><td></td><td></td><td></td><td></td><td></td><td></td></tr>
<tr><td></td><td></td><td></td><td></td><td></td><td></td><td></td></tr>
<tr><td></td><td></td><td></td><td></td><td></td><td></td><td></td></tr>
<tr><td rowspan="4">NO
($\times 10^{-6}$)</td><td></td><td></td><td></td><td></td><td></td><td></td><td></td></tr>
<tr><td></td><td></td><td></td><td></td><td></td><td></td><td></td></tr>
<tr><td></td><td></td><td></td><td></td><td></td><td></td><td></td></tr>
<tr><td></td><td></td><td></td><td></td><td></td><td></td><td></td></tr>
<tr><td colspan="2">合格判定要求</td><td colspan="2">表 2、表 3、表 4</td><td colspan="2">本试验的结论</td><td colspan="2"></td></tr>
<tr><td colspan="2">检测过程中的
异常情况记录</td><td colspan="6"></td></tr>
</table>

<table>
<tr><td rowspan="8">所用
计量器具</td><td>名称</td><td>型号</td><td>编号</td><td>测量范围</td><td colspan="2">测量不确定度/准确度等级
最大允许误差/</td></tr>
<tr><td></td><td></td><td></td><td></td><td colspan="2"></td></tr>
<tr><td></td><td></td><td></td><td></td><td colspan="2"></td></tr>
<tr><td></td><td></td><td></td><td></td><td colspan="2"></td></tr>
<tr><td></td><td></td><td></td><td></td><td colspan="2"></td></tr>
<tr><td></td><td></td><td></td><td></td><td colspan="2"></td></tr>
<tr><td></td><td></td><td></td><td></td><td colspan="2"></td></tr>
<tr><td></td><td></td><td></td><td></td><td colspan="2"></td></tr>
<tr><td>环境条件</td><td>温度</td><td></td><td>相对湿度</td><td></td><td>气压</td><td></td></tr>
<tr><td>检验人员</td><td colspan="3"></td><td>复核人员</td><td colspan="2"></td></tr>
</table>

20	电磁环境（抗扰度）												
开始时间	年 月 日 时 分					结束时间		年 月 日 时 分					
检 测 数 据 记 录													
气体种类	标准值	外磁场存在						外磁场去除					
		1	2	3	平均值	绝对误差	相对误差	1	2	3	平均值	绝对误差	相对误差
HC (×10^{-6})													
CO (×10^{-2})													
CO_2 (×10^{-2})													
O_2 (×10^{-2})													
NO (×10^{-6})													
合格判定要求		表 2、表 3、表 4				本试验的结论							
检测过程中的异常情况记录													
所用计量器具	名称	型号		编号		测量范围		测量不确定度/准确度等级 最大允许误差/					
环境条件	温度			相对湿度				气压					
检验人员						复核人员							

<table>
<tr><td colspan="2">21</td><td colspan="5">电源电压变化及频率变化</td></tr>
<tr><td colspan="2">开始时间</td><td colspan="2">年 月 日 时 分</td><td>结束时间</td><td colspan="2">年 月 日 时 分</td></tr>
<tr><td colspan="7">检 测 数 据 记 录</td></tr>
<tr><td colspan="2">气体种类</td><td>HC
(×10^{-6})</td><td>CO
(×10^{-2})</td><td>CO_2
(×10^{-2})</td><td>O_2
(×10^{-2})</td><td>NO
(×10^{-6})</td></tr>
<tr><td rowspan="5">电源
频率
50 Hz</td><td>电压 220 V</td><td></td><td></td><td></td><td></td><td></td></tr>
<tr><td>电压 187 V</td><td></td><td></td><td></td><td></td><td></td></tr>
<tr><td>示值变化量</td><td></td><td></td><td></td><td></td><td></td></tr>
<tr><td>电压 242 V</td><td></td><td></td><td></td><td></td><td></td></tr>
<tr><td>示值变化量</td><td></td><td></td><td></td><td></td><td></td></tr>
<tr><td rowspan="5">电源
电压
220 V</td><td>频率 50 Hz</td><td></td><td></td><td></td><td></td><td></td></tr>
<tr><td>频率 49 Hz</td><td></td><td></td><td></td><td></td><td></td></tr>
<tr><td>示值变化量</td><td></td><td></td><td></td><td></td><td></td></tr>
<tr><td>频率 51 Hz</td><td></td><td></td><td></td><td></td><td></td></tr>
<tr><td>示值变化量</td><td></td><td></td><td></td><td></td><td></td></tr>
<tr><td colspan="2">合格判定要求</td><td colspan="2">示值变化量不超过
最大允许误差模的 1/2</td><td colspan="2">本试验的结论</td><td></td></tr>
<tr><td colspan="2">检测过程中的
异常情况记录</td><td colspan="5"></td></tr>
<tr><td rowspan="6">所用
计量器具</td><td>名称</td><td>型号</td><td>编号</td><td>测量范围</td><td colspan="2">测量不确定度/准确度等级
最大允许误差/</td></tr>
<tr><td></td><td></td><td></td><td></td><td colspan="2"></td></tr>
<tr><td></td><td></td><td></td><td></td><td colspan="2"></td></tr>
<tr><td></td><td></td><td></td><td></td><td colspan="2"></td></tr>
<tr><td></td><td></td><td></td><td></td><td colspan="2"></td></tr>
<tr><td></td><td></td><td></td><td></td><td colspan="2"></td></tr>
<tr><td>环境条件</td><td>温度</td><td></td><td>相对湿度</td><td></td><td>气压</td><td></td></tr>
<tr><td>检验人员</td><td colspan="3"></td><td>复核人员</td><td colspan="2"></td></tr>
</table>

中华人民共和国国家计量技术规范

JJF 1486—2014

非接触式汽车速度计校准装置校准规范

Calibration Specification for

Calibration Devices of Non-contact Automotive Speedmeters

2014-08-25 发布　　　　2014-11-25 实施

国家质量监督检验检疫总局 发布

非接触式汽车速度计校准装置校准规范

Calibration Specification for Calibration Devices of Non-contact Automotive Speedmeters

JJF 1486—2014

归　口　单　位：全国法制计量管理计量技术委员会

主要起草单位：广西壮族自治区计量检测研究院

上海市汽车运输科学技术研究所

参加起草单位：上海机动车检测中心

淄博赛格电子有限公司

淄博创宇电子有限公司

本规范委托全国法制计量管理计量技术委员会负责解释

本规范主要起草人：

陆　俊（广西壮族自治区计量检测研究院）

许　基（上海市汽车运输科学技术研究所）

全付付（广西壮族自治区计量检测研究院）

参加起草人：

陈建萍（上海机动车检测中心）

余　挺（广西壮族自治区计量检测研究院）

邱　峰（淄博赛格电子有限公司）

王茂林（淄博创宇电子有限公司）

引　言

本规范以 JJF 1001—2011《通用计量术语及定义》、JJF 1059.1—2012《测量不确定度评定与表示》为基础性系列规范，以 JJF 1071—2010《国家计量校准规范编写规则》规定的规则进行编写。

本规范的技术要求和方法参考了 JJG 326—2006《转速标准装置》、JJG 738—2005《出租汽车计价器标准装置》、JJF 1193—2008《非接触式汽车速度计校准规范》。

本规范为首次制定。

非接触式汽车速度计校准装置校准规范

1 范围

本规范适用于同步齿形带式和滚筒式非接触式汽车速度计校准装置（以下简称校准装置）的校准。

2 引用文件

本规范引用了下列文件：

JJF 1193—2008 非接触式汽车速度计校准规范

凡是注日期的引用文件，仅注日期的版本适用于本规范；凡是不注日期的引用文件，其最新版本（包括所有的修改单）适用于本规范。

3 术语和计量单位

3.1 校准装置工作面 working surface for calibrating device

用于校准非接触式汽车速度计的工作区域。

3.2 线速度 linear speed

校准装置工作面移动的速度。

3.3 线距离 linear distance

校准装置工作面移动的距离。

4 概述

校准装置用于校准非接触式汽车速度计。

根据其结构原理可分为同步齿形带式和滚筒式两种形式（见图 1、图 2）。

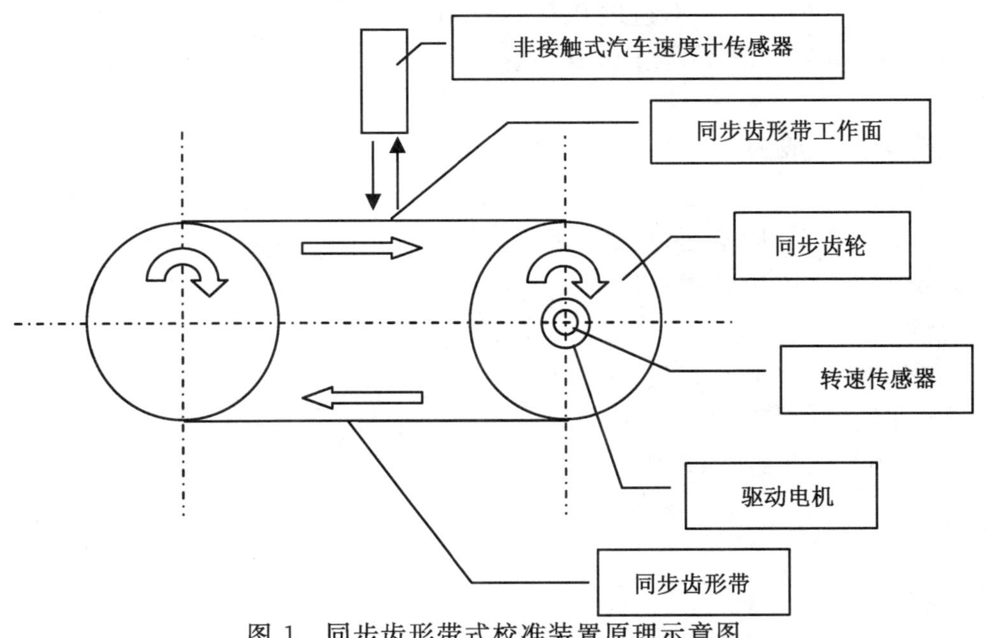

图 1 同步齿形带式校准装置原理示意图

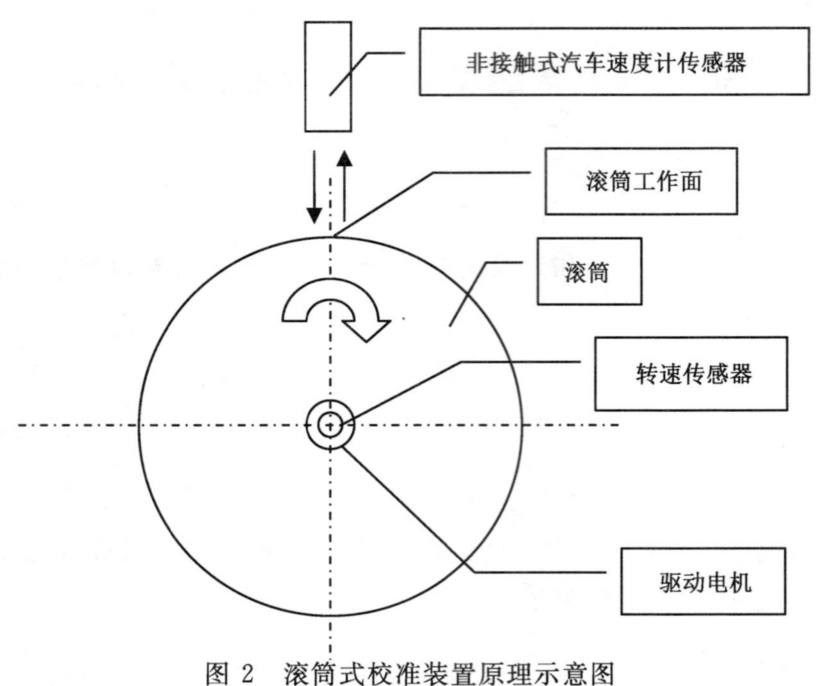

图 2　滚筒式校准装置原理示意图

其工作原理是通过同步齿形带工作面或滚筒工作面模拟移动路面，转速传感器将机械旋转量转变为电脉冲信号，经计算机处理，显示标准线速度和线距离。

5　计量特性

5.1　线速度

5.1.1　测量范围：一般为（5.00～180.00）km/h。

5.1.2　示值误差

不大于 50 km/h 时：一般不超过±0.10 km/h；

大于 50 km/h 时：一般不超过±0.20%。

5.1.3　重复性

不大于 50 km/h 时：一般不超过 0.05 km/h；

大于 50 km/h 时：一般不超过 0.10%。

5.2　线距离

5.2.1　测量范围：一般为（1.00～ 999.99）m。

5.2.2　示值误差

不大于 30 m 时：一般不超过±0.06 m；

大于 30 m 时：一般不超过±0.20%。

5.2.3　重复性

不大于 30 m 时：一般不超过 0.03 m；

大于 30 m 时：一般不超过 0.10%。

注：以上指标不是用于合格性判别，仅供参考。

6　校准条件

6.1　环境条件

6.1.1　环境温度：(0～40)℃ ；

6.1.2　相对湿度：≤85%；

6.1.3　校准应在周围的污染、振动、电磁干扰对校准结果无影响的环境下进行。

6.2　测量标准及其他设备

测量标准及其他设备见表1。

表1　测量标准及其他设备

名　称	测量范围	最大允许误差/准确度等级/测量不确定度
长量爪游标卡尺或其他长度量具	(0～300)mm 分度值 0.02 mm	MPE:±0.04 mm
	(0～1 500)mm 分度值 0.05 mm	MPE:±0.14 mm
转速频率仪	转速： (10～30 000) r/min 转数： (1～99 999)r	转速： U_{rel}≤5×10^{-4} 转数： MPE:±(读数×1×10^{-4})
数字式电秒表	(0.000 1～9 999.9)s	时基准确度 A≤1×10^{-4} MPE:±(读数×A+测量时选用的时基)

7　校准项目和校准方法

7.1　校准项目

校准项目见表2。

表2　校准项目一览表

序　号	校准项目
1	基本要求
2	线速度
3	线距离

7.2　基本要求

7.2.1　同步齿形带式校准装置

7.2.1.1　观察校准装置的反射面（如图1所示的同步齿形带工作面）应大于非接触式汽车速度计传感器要求的成像面积；

7.2.1.2　用长量爪游标卡尺或其他长度量具测量同步齿轮加同步齿形带的直径3次，每次测量要使同步齿轮旋转约120°，取3次测量的平均值 $\overline{D}$ 作为直径实测值。

7.2.2　滚筒式校准装置

7.2.2.1　观察校准装置的反射面应大于非接触式汽车速度计传感器要求的成像面积；

7.2.2.2　用长量爪游标卡尺或其他长度量具测量滚筒的直径3次，每次测量要使滚筒旋转约120°，取3次测量的平均值 $\overline{D}$ 作为直径实测值。

7.3　线速度

7.3.1　测量范围的检查

校准装置调至线速度检测状态。调节校准装置线速度至 5 km/h，逐步调大线速度至 180 km/h，检查校准装置的线速度测量范围。

7.3.2 建议校准点：10 km/h、30 km/h、60 km/h、90 km/h、120 km/h、180 km/h。

7.3.3 示值误差

在安装有转速传感器的同步齿轮（同步齿形带式校准装置）或滚筒（滚筒式校准装置）端面的适当位置粘贴反光标记，校准装置处于线速度检测状态，将校准装置的线速度示值分别调节到建议校准点，待线速度稳定后，将转速频率仪调至转速挡并将其光电头对准反光标记处，读取转速频率仪的转速示值 n，重复测量 3 次，取 3 次测量的平均值 $\bar{n}$ 作为转速实测值，将 $\bar{n}$ 代入公式（1）计算线速度标准值的平均值 $\bar{V}_0$，按公式（2）、公式（3）计算校准装置的线速度示值误差。

$$\bar{V}_0 = \pi \bar{D} \bar{n} \tag{1}$$

式中：

$\bar{V}_0$——线速度标准值的平均值，km/h；

π——圆周率，取 3.141 6；

$\bar{D}$——校准装置的直径实测值，mm；

$\bar{n}$——转速实测值，r/min。

a）线速度不大于 50 km/h 时：

$$\Delta_{V_i} = V_i - \bar{V}_{0i} \tag{2}$$

式中：

Δ_{V_i}——在第 i 校准点时，校准装置的线速度示值误差，km/h（$i=1$，2）；

V_i——在第 i 校准点时，校准装置的线速度示值，km/h；

$\bar{V}_{0i}$——在第 i 校准点时，线速度标准值的平均值，km/h。

b）线速度大于 50 km/h 时：

$$\delta_{V_j} = \frac{V_j - \bar{V}_{0j}}{\bar{V}_{0j}} \times 100\% \tag{3}$$

式中：

δ_{V_j}——在第 j 校准点时，校准装置的线速度示值误差，%（$j=1$，2，3，4）；

V_j——在第 j 校准点时，校准装置的线速度示值，km/h；

$\bar{V}_{0j}$——在第 j 校准点时，线速度标准值的平均值，km/h。

7.3.4 示值重复性

线速度在不大于 50 km/h 和大于 50 km/h 区间各选一个测量点，按 7.3.3 重复测量线速度标准值 6 次，代入公式（4）、公式（5），计算示值重复性。

$$s(V) = \sqrt{\frac{\sum_{i=1}^{6} (V_{0i} - \bar{V}_0)^2}{5}} \tag{4}$$

式中：

$s(V)$——校准装置的线速度示值单次测量实验标准差，km/h；

V_{0i}——6 次测量中第 i 次测量时的线速度标准值，km/h；

$\overline{V}_0$——6 次线速度标准值的平均值，km/h；

$$RSD(V)=\frac{s(V)}{\overline{V}_0}\times 100\% \tag{5}$$

式中：

RSD(V) ——校准装置的线速度示值相对标准差,%；

$s(V)$ ——校准装置的线速度示值单次测量实验标准差，km/h；

$\overline{V}_0$——6 次线速度标准值的平均值，km/h。

线速度不大于 50 km/h 时示值重复性以 $s(V)$ 表示；线速度大于 50 km/h 时示值重复性以 RSD(V) 表示。

7.4 线距离

7.4.1 测量范围的检查

校准装置置于距离检测状态。校准装置线速度调节至 10 km/h，进行距离检测，观察校准装置显示是否正常，检查校准装置的线距离测量范围。

7.4.2 建议校准点：25 m、100 m。

7.4.3 转数标准值

按公式（6）计算转数标准值。

$$N_i=\mathrm{INT}\left(\frac{L_i}{\pi\overline{D}}\right) \tag{6}$$

式中：

N_i——转数标准值（i=1，2），r；

L_i——建议距离校准点，m；

π——圆周率，取 3.141 6；

$\overline{D}$——校准装置的直径实测值，mm。

INT 为取整函数，取整方式为截去小数向下取整。

7.4.4 示值误差

在安装有转速传感器的同步齿轮（同步齿形带式校准装置）或滚筒（滚筒式校准装置）端面的适当位置设置 1 个反光标记，校准装置调至线距离检测状态，将转速频率仪置计数挡并将其光电头对准反光标记处，将校准装置线距离示值和转速频率仪计数值均复零后，低速转动校准装置，测量过程中校准装置应只往一个方向转动，在计数值到达 N_i 前适当距离时用手动转到计数值跳变为 N_i 时停止转动，读取校准装置的距离示值 S，重复测量 3 次。按公式（7）计算线距离标准值，按公式（8）、公式（9）计算校准装置的线距离示值误差。

$$S_0=\pi\overline{D}N \tag{7}$$

式中：

S_0——距离标准值，m；

π——圆周率，取 3.141 6；

$\overline{D}$——校准装置的直径实测值，mm；

N——转数标准值，r。

a）距离不大于 30 m 时：

$$\Delta_{S_i}=\overline{S}_i-S_{0i} \tag{8}$$

式中：

Δ_{S_i}——在第 i 校准点时，校准装置的距离示值误差，m（$i=1$）；

$\overline{S}_i$——在第 i 校准点时，校准装置 3 次距离示值的平均值，m；

S_{0i}——在第 i 校准点时，距离标准值，m。

b）距离大于 30 m 时：

$$\delta_{S_j}=\frac{\overline{S}_i-S_{0j}}{S_{0j}}\times 100\% \tag{9}$$

式中：

δ_{S_j}——在第 j 校准点时，校准装置的线距离示值误差，%（$j=1$）；

$\overline{S}_i$——在第 j 校准点时，校准装置 3 次线距离示值的平均值，m；

S_{0j}——在第 j 校准点时，线距离标准值，m。

7.4.5 示值重复性

在线距离不大于 30 m 和大于 30 m 区间各选一个测量点，按 7.4.4 重复测量线距离 6 次，代入公式（10）、公式（11）计算示值重复性。

$$s(S)=\sqrt{\frac{\sum_{j=1}^{6}(S_{ij}-\overline{S}_i)^2}{5}} \tag{10}$$

式中：

$s(S)$——校准装置的线距离示值单次测量实验标准差，m；

S_{ij}——6 次测量中第 j 次测量时的线距离示值，m；

$\overline{S}_i$——6 次线距离示值的平均值，m。

$$\mathrm{RSD}(S)=\frac{s(S)}{\overline{S}_i}\times 100\% \tag{11}$$

式中：

$\mathrm{RSD}(S)$——校准装置的线距离示值相对标准差，%；

$s(S)$——校准装置的线距离示值单次测量实验标准差，m；

$\overline{S}_i$——6 次线距离示值的平均值，m。

线距离不大于 30 m 时示值重复性以 $s(S)$ 表示；线距离大于 30 m 时示值重复性以 $\mathrm{RSD}(S)$ 表示。

7.4.6 对于线速度重复性不大于线速度示值误差模的 1/3 的校准装置，还可采用速度-时间法校准线距离示值误差，详见附录 A。

8 校准结果的表达

经校准的校准装置，出具校准证书或校准报告，内页详见附录 C。

9 复校时间间隔

根据校准装置的实际使用情况自主决定，建议校准时间间隔为 1 年。

附录 A

速度-时间法校准线距离示值误差

选择距离校准点为 25 m 时，校准装置线速度设置为 30 km/h；选择距离校准点为 100 m 时，校准装置速度设置为 100 km/h。待线速度稳定后，按正文 7.3.3 重复测量线速度标准值 6 次，以 6 次测量平均值作为线速度标准值；按校准装置距离测量开关开始测量距离，同时启动数字式电秒表（时基选为 0.1 ms）计时，校准装置线距离示值达到校准点附近时，按距离测量开关停止测量距离，同时停止计时。读取校准装置线距离示值和电秒表时间示值。重复测量 3 次。线距离不大于 30 m 时按公式（A.1）、线距离大于 30 m 时按公式（A.4）计算校准装置的线距离示值误差。

a）线距离不大于 30 m 时：

$$\Delta_{Si}=\frac{\sum_{k=1}^{3}\Delta_{Sik}}{3} \tag{A.1}$$

式中：

Δ_{Si}——第 i 校准点时，校准装置的线距离示值误差，m（$i=1$）；

Δ_{Sik}——第 i 校准点、第 k 次测量时，校准装置的线距离示值误差，m。

Δ_{Sik} 按公式（A.2）计算：

$$\Delta_{Sik}=S_{ik}-S_{0ik} \tag{A.2}$$

式中：

Δ_{Sik}——第 i 校准点、第 k 次测量时，校准装置的线距离示值误差，m；

S_{ik}——第 i 校准点、第 k 次测量时，校准装置的线距离示值，m；

S_{0ik}——第 i 校准点、第 k 次测量时，线距离标准值，m。

S_{0ik} 按公式（A.3）计算：

$$S_{0ik}=V_{0i}\cdot t_{ik} \tag{A.3}$$

式中：

S_{0ik}——第 i 校准点、第 k 次测量时，线距离标准值，m；

V_{0i}——第 i 校准点时，线速度标准值，km/h；

t_{ik}——第 i 校准点、第 k 次测量时，时间示值，s。

b）线距离大于 30 m 时：

$$\delta_{Sj}=\frac{\sum_{k=1}^{3}\delta_{Sjk}}{3} \tag{A.4}$$

式中：

δ_{Sj}——第 j 校准点时，校准装置的线距离示值误差，%（$j=1$）；

δ_{Sjk}——第 j 校准点、第 k 次测量时，校准装置的线距离示值误差，%。

δ_{Sik} 按公式（A.5）计算：

$$\delta_{Sjk}=\frac{S_{jk}-S_{0jk}}{S_{0jk}}\times 100\% \tag{A.5}$$

式中：

δ_{Sjk}——第 j 校准点、第 k 次测量时，校准装置的线距离示值误差，%；

S_{jk}——第 j 校准点、第 k 次测量时，校准装置的线距离示值，m；

S_{0jk}——第 j 校准点、第 k 次测量时，线距离标准值，m。

S_{0jk}按公式（A.6）计算：

$$S_{0jk}=V_{0j}\cdot t_{jk} \tag{A.6}$$

式中：

S_{0jk}——第 j 校准点、第 k 次测量时，线距离标准值，m；

V_{0j}——第 j 校准点时，线速度标准值，km/h；

t_{jk}——第 j 校准点、第 k 次测量时，时间示值，s。

附录 B

非接触式汽车速度计校准装置校准记录

非接触式汽车速度计校准装置校准记录样式见表 B.1。

表 B.1　非接触式汽车速度计校准装置校准记录样式

<table>
<tr><td>委托单位</td><td colspan="6"></td></tr>
<tr><td rowspan="2">被校仪器信息</td><td>仪器名称</td><td></td><td>型号规格</td><td></td><td colspan="2"></td></tr>
<tr><td>制造厂商</td><td></td><td>生产日期</td><td></td><td>出厂编号</td><td></td></tr>
<tr><td rowspan="2">校准信息</td><td>校准地点</td><td></td><td>校准员</td><td></td><td>核验员</td><td></td></tr>
<tr><td>校准日期</td><td></td><td>环境温度</td><td></td><td>相对湿度</td><td></td></tr>
<tr><td rowspan="3">标准器信息</td><td>标准器名称</td><td>编号</td><td colspan="2">准确度（或示值误差）</td><td>证书号</td><td>证书有效期</td></tr>
<tr><td></td><td></td><td colspan="2"></td><td></td><td></td></tr>
<tr><td></td><td></td><td colspan="2"></td><td></td><td></td></tr>
<tr><td>基本要求</td><td colspan="6"></td></tr>
</table>

<table>
<tr><td rowspan="2">直径
mm</td><td>1</td><td>2</td><td>3</td><td>平均值</td></tr>
<tr><td></td><td></td><td></td><td></td></tr>
</table>

<table>
<tr><td rowspan="10">线速度</td><td rowspan="2">校准点</td><td rowspan="2">校准装置示值</td><td colspan="4">转速实测值/(r/min)</td><td rowspan="2">标准值
km/h</td><td rowspan="2">示值误差</td><td rowspan="2">相对误差</td></tr>
<tr><td>1</td><td>2</td><td>3</td><td>平均</td></tr>
<tr><td></td><td></td><td></td><td></td><td></td><td></td><td></td><td></td><td></td></tr>
<tr><td></td><td></td><td></td><td></td><td></td><td></td><td></td><td></td><td></td></tr>
<tr><td></td><td></td><td></td><td></td><td></td><td></td><td></td><td></td><td></td></tr>
<tr><td></td><td></td><td></td><td></td><td></td><td></td><td></td><td></td><td></td></tr>
<tr><td>重复性</td><td>1</td><td>2</td><td>3</td><td>4</td><td>5</td><td>6</td><td>$s(V)$</td><td>RSD(V)</td></tr>
<tr><td></td><td></td><td></td><td></td><td></td><td></td><td></td><td></td><td></td></tr>
<tr><td></td><td></td><td></td><td></td><td></td><td></td><td></td><td></td><td></td></tr>
</table>

<table>
<tr><td rowspan="6">线距离</td><td>校准点</td><td>示值</td><td>1</td><td>2</td><td>3</td><td>平均值</td><td>示值误差</td><td colspan="2">相对误差</td></tr>
<tr><td>$N=$
$S_0=$</td><td>装置示值</td><td></td><td></td><td></td><td></td><td></td><td colspan="2"></td></tr>
<tr><td>$N=$
$S_0=$</td><td>装置示值</td><td></td><td></td><td></td><td></td><td></td><td colspan="2"></td></tr>
<tr><td>重复性</td><td>1</td><td>2</td><td>3</td><td>4</td><td>5</td><td>6</td><td>$s(S)$</td><td>RSD(S)</td></tr>
<tr><td></td><td></td><td></td><td></td><td></td><td></td><td></td><td></td><td></td></tr>
<tr><td></td><td></td><td></td><td></td><td></td><td></td><td></td><td></td><td></td></tr>
</table>

附录C

校准证书内页内容

校准结果应在校准证书上反映。至少包括以下信息：

a）标题："校准证书"；

b）实验室名称和地址；

c）进行校准的地点（如果与实验室的地址不同）；

d）证书的唯一性标识（如编号），每页及总页数的标识；

e）客户的名称和地址；

f）被校非接触式汽车速度计校准装置的描述和明确标识；

g）进行校准的日期，如果与校准结果的有效性和应用有关时，应说明被校非接触式汽车速度计校准装置的接收日期；

h）当与校准结果的有效性应用有关时，应对被校非接触式汽车速度计校准装置的抽样程序进行说明；

i）校准所依据的技术规范的标识，包括名称及代号；

j）本次校准所用测量标准的溯源性及有效性说明；

k）校准环境的描述；

l）校准结果及其测量不确定度的说明；

m）对校准规范的偏离的说明；

n）校准证书或校准报告签发人的签名、职务或等效标识；

o）校准结果仅对被校对象有效的声明；

p）未经实验室书面批准，不得部分复制证书或报告的声明。

附录 D

非接触式汽车速度计校准装置线速度示值误差测量结果的不确定度评定

D.1 测量方法

非接触式汽车速度计校准装置（以下简称校准装置）的速度校准是通过在滚筒（滚筒式校准装置）或同步齿轮（同步齿形带式校准装置）的端面粘贴反光标记，用转速频率仪测量校准装置转动的转速乘以周长，计算出校准装置工作面移动的线速度，作为线速度标准值，校准装置的线速度示值与上述线速度标准值之差即为线速度示值误差。

D.2 测量模型

以 90 km/h 校准点为例分析不确定度：

$$\delta_V=\frac{V-\bar{V}_0}{\bar{V}_0}\times 100\%=\left(\frac{V}{\pi\times\bar{D}\times\bar{n}}-1\right)\times 100\% \tag{D.1}$$

式中：

δ_V——线速度示值误差，%；

V——校准装置的线速度示值，km/h；

$\bar{V}_0$——线速度标准值的 3 次平均值，km/h；

π——圆周率，取 3.141 6；

$\bar{D}$——直径实测值，mm；

$\bar{n}$——3 次转速实测值的平均值，r/min。

D.3 方差和灵敏系数

取 V 和 $\bar{V}_0$ 为 90.40 km/h，$\bar{D}=218.10$ mm，$\bar{n}=2\ 198.3$ r/min，则：

$$c_1=\frac{\partial\delta}{\partial V}=\frac{1}{\pi\times\bar{D}\times\bar{n}}=\frac{1}{90.40}$$

$$c_2=\frac{\partial\delta}{\partial\bar{D}}=-\frac{V}{(\pi\times\bar{n})\times\bar{D}^2}=-\frac{1}{218.10}$$

$$c_3=\frac{\partial\delta}{\partial\bar{n}}=-\frac{V}{(\pi\times\bar{D})\times\bar{n}^2}=-\frac{1}{2\ 198.3}$$

$$u^2(\delta_V)=c_1^2\times u^2(V)+c_2^2\times u^2(\bar{D})+c_3^2\times u^2(\bar{n})$$

D.4 输入量的标准不确定度的评定

D.4.1 输入量 V 的标准不确定度的评定

a）校准装置速度示值估计值（测量结果重复性）的标准不确定度的评定

校准装置距离示值 V 估计值的不确定度主要来源于校准装置的测量结果重复性及数显仪器的示值量化误差。测量结果重复性可以通过连续测量得到的测量列，采用 A 类方法进行评定。

在校准装置正常工况条件下，直径为 218.10 mm 的校准装置转速为 2 200 r/min 时，校准装置等精度重复测量 10 次，得如下数据：90.44 km/h、90.44 km/h、90.44 km/h、90.44 km/h、90.44 km/h、90.44 km/h、90.44 km/h、90.44 km/h、90.44 km/h、

90.44 km/h。

单次实验标准差：$$s(V)=\sqrt{\frac{\sum_{i=1}^{10}(V_i-\overline{V})^2}{10-1}}=0.000\ \text{km/h}$$

实际测量时，在重复性条件下连续测量3次，以3次测量的算术平均值作为测量结果，则可得标准不确定度为：

$$u_1(V)=s(V)/\sqrt{3}=0.000\ \text{km/h}$$

b）校准装置速度示值估计值（数显量化误差）的标准不确定度评定

校准装置距离示值的分辨力为0.01 km/h，其量化误差以等概率分布（矩形分布）落在宽度为（0.01 km/h）/2=0.005 km/h的区间内。考虑其引入的标准不确定度为：

$$u_2(V)=0.005\ \text{km/h}/\sqrt{3}=0.003\ \text{km/h}$$

$u_1(V)$和$u_2(V)$取其大者作为校准装置速度示值估计值的标准不确定度$u(V)$，即

$$u(V)=u_2(V)=0.003\ \text{km/h}$$

D.4.2　输入量$\overline{D}$的标准不确定度评定

a）游标卡尺示值估计值的标准不确定度评定

游标卡尺的最大允许误差：±0.04 mm，取其半宽，按均匀分布，则：

$$u(\overline{D})_1=\frac{0.04\ \text{mm}}{\sqrt{3}}=0.023\ \text{mm}$$

b）游标卡尺位置估计值引起游标卡尺示值估计值的标准不确定度评定

以游标卡尺测量，测量面不处于轴截面上时，会引入误差。估计测量面与轴截面之夹角不会超过2°，按正态分布，则：

$$u(\overline{D})_2=\frac{(1-\cos 2^\circ)\times\overline{D}}{3}=0.044\ \text{mm}$$

c）合成标准不确定度

两个分量互不相关，则直径$\overline{D}$测量估计值的合成标准不确定度为：

$$u(\overline{D})=\sqrt{0.023^2+0.044^2}\ \text{mm}=0.049\ \text{mm}$$

D.4.3　输入量$\overline{n}$的标准不确定度的评定

a）转速频率仪转速示值估计值（测量结果重复性）的标准不确定度的评定

转速频率仪转速示值n估计值的不确定度主要来源于转速频率仪的测量结果重复性及数显仪器的示值量化误差。测量结果重复性可以通过连续测量得到的测量列，采用A类方法进行评定。

在校准装置正常工况条件下，直径为218.10 mm的校准装置转速为2 200 r/min时，转速频率仪等精度重复测量10次，得如下数据：2 198.3 r/min、2 198.3 r/min、2 198.3 r/min、2 198.2 r/min、2 198.3 r/min、2 198.4 r/min、2 198.3 r/min、2 198.3 r/min、2 198.2 r/min、2 198.3 r/min。

单次实验标准差：$$s(n)=\sqrt{\frac{\sum_{i=1}^{10}(n_i-\overline{n})^2}{10-1}}=0.057\ \text{r/min}$$

实际测量时，在重复性条件下连续测量 3 次，以 3 次测量的算术平均值作为测量结果，则可得标准不确定度为：

$$u_1(\bar{n})=s(n)/\sqrt{3}=0.033\ \text{r/min}$$

b）转速频率仪转速示值估计值（数显量化误差）的标准不确定度评定

转速频率仪转速示值的分辨力为 0.1 r/min，其量化误差以等概率分布（矩形分布）落在宽度为（0.1 r/min)/2=0.05 r/min 的区间内。考虑其引入的标准不确定度为：

$$u_2(\bar{n})=0.05/\sqrt{3}=0.029\ \text{r/min}$$

$u_1(n)$和 $u_2(n)$取其大者作为校准装置线距离示值估计值的标准不确定度 $u(\bar{n})$，即

$$u(\bar{n})=u_1(\bar{n})=0.033\ \text{r/min}$$

D.5　输出量的标准不确定度分量

输出量的标准不确定度分量见表 D.1。

表 D.1　输出量的标准不确定度分量一览表

序号	输入量估计值的标准不确定度评定			输出量估计值的相对标准不确定度分量	
	来源	符号	数值	灵敏系数 c_i	$\lvert c_i \rvert \times u(x)$
1	速度示值不准确	$u(V)$	0.003 km/h	1/90.40	0.003 3%
2	直径测量误差	$u(\bar{D})$	0.049 mm	−1/218.10	0.022 5%
3	转速测量误差	$u(\bar{n})$	0.033 r/min	−1/2 198.3	0.001 5%

注：上述计算按线速度测量点 V 与 V_0 为 90.40 km/h 计算输出量的标准不确定度。

D.6　合成标准不确定度的计算

由于各标准不确定度分量相互无关，故合成标准不确定度为：

$$u(\delta_V)=\sqrt{0.003\ 3\%^2+0.022\ 5\%^2+0.001\ 5\%^2}=0.023\%$$

D.7　扩展不确定度的计算

取 $k=2$

$$U_{\text{rel}}=k\times u(\delta_V)=2\times 0.023\%=0.05\%$$

D.8　测量不确定度的报告

由上述分析得校准装置线速度 90 km/h 校准时示值误差测量结果的不确定度：

$$U_{\text{rel}}=0.05\%\quad (k=2)。$$

中华人民共和国国家计量技术规范

JJF 1489—2014

四轮定位仪校准装置校准规范

Calibration Specification
for Calibration Devices of Four-wheel Aligner

2014-08-25 发布　　　　2014-11-25 实施

国家质量监督检验检疫总局 发布

四轮定位仪校准装置校准规范

Calibration Specification for

Calibration Devices of Four-wheel Aligner

JJF 1489—2014

归 口 单 位： 全国法制计量管理计量技术委员会

主要起草单位： 吉林省计量科学研究院

贵州省计量测试院

上海市汽车运输科学技术研究所

参加起草单位： 吉林大学

本规范委托全国法制计量管理计量技术委员会负责解释

本规范主要起草人：

房法成（吉林省计量科学研究院）

王　勇（贵州省计量测试院）

郑文清（上海市汽车运输科学技术研究所）

参加起草人：

闫有余（吉林省计量科学研究院）

黄　雷（吉林省计量科学研究院）

邵承会（吉林大学）

引　　言

本规范以JJF 1001—2011《通用计量术语及定义》、JJF 1059.1—2012《测量不确定度评定与表示》和JJF 1071—2010《国家计量校准规范编写规则》为基础性系列规范进行制定。

本规范主要参考JT/T 505《四轮定位仪》等编制而成。

本规范为首次制定。

四轮定位仪校准装置校准规范

1 范围

本规范适用于四轮定位仪校准装置（不适用四轮定位仪专用校准架）的校准。本规范规定了四轮定位仪校准装置的计量特性、校准条件和校准方法。

2 引用文件

本规范引用下列文件：

JJG 202—2007 自准直仪

JJF 1154 四轮定位仪校准规范

GB/T 3730.3 汽车和挂车的术语及其定义 车辆尺寸

JT/T 505 四轮定位仪

凡是注日期的引用文件，仅注日期的版本适用于本规范；凡是不注日期的引用文件，其最新版本（包括所有的修改单）适用于本规范。

3 术语和计量单位

JJF 1001—2011、GB/T 3730.3 中界定的及以下术语和定义适用于本规范。

3.1 车辆支承平面（简称 X 平面） support plane of vehicle

测量车辆尺寸参数时，用于支承车轮的平坦、坚实的水平面。［GB/T 3730.3，2.1］

3.2 车辆纵向对称平面（简称 Y 平面） longitudinal plane of symmetry of vehicle

线段 AB 的垂直平分平面。A 和 B 两点为通过同一轴上两端车轮轴线的 X 平面的垂面同车轮中心平面的交线 Δ 与 X 平面的交点（见图 1）。［GB/T 3730.3，2.4］

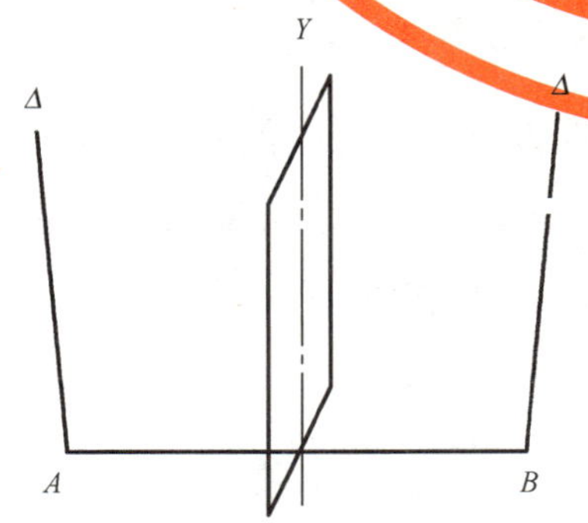

图 1 车辆纵向对称平面

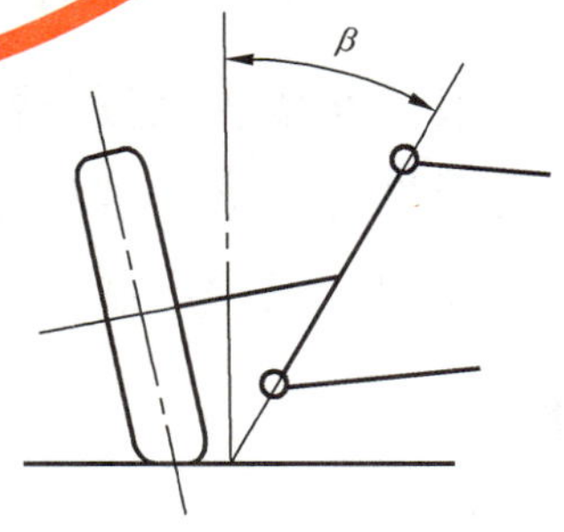

图 2 主销内倾

3.3 单轮前束（角） individual wheel toe-in（angle）

每一车轮的旋转平面相对汽车纵向轴线（几何中心线）在水平面内的夹角。车轮前端偏向纵向轴线方向为正，反之为负。

注：

单轮前束通过公式（1）计算。

$$l = D \times \sin\theta \tag{1}$$

式中：

l ——单轮前束值，mm；

D——车轮前束测量点所处的直径，mm；

θ ——单轮前束角，(°)。

3.4 主销内倾 kingpin inclination

如图 2 所示，在同时垂直于 Y 和 X 平面的平面内，由真实的或假想的转向主销的轴线在该平面上的投影与 X 平面的垂线所构成的锐角，一般用符号 β 表示。[GB/T 3730.3，3.26]

3.5 主销后倾 caster

如图 3 所示，过车轮中心的铅垂线和真实（或假想）的转向主销轴线在 Y 平面的投影线所夹锐角，一般用符号 γ 表示。[GB/T 3730.3，3.29]

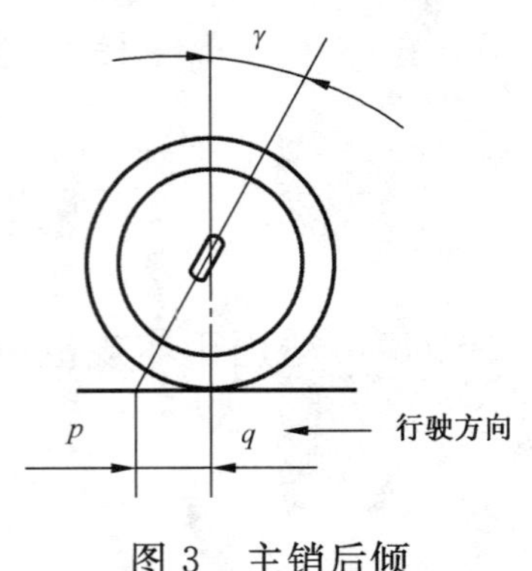

图 3 主销后倾

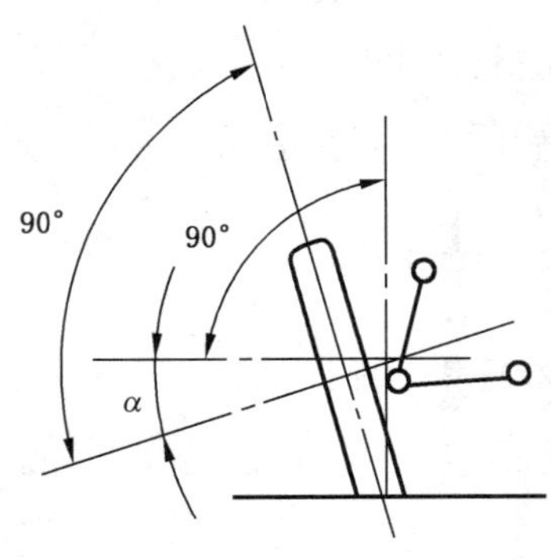

图 4 车轮外倾

3.6 车轮外倾 camber angle

在过车轮轴线且垂直于 X 平面的平面内，车轮轴线与水平线之间所夹锐角，一般用符号 α 表示。如图 4 所示。[GB/T 3730.3，3.25]

4 概述

四轮定位仪校准装置（以下简称校准装置）用于四轮定位仪的校准，一般由角度调节装置、角度测量传感器、数据处理单元和显示单元等部件组成，可实现对四轮定位仪的前束、车轮外倾、主销内倾、主销后倾等参数的零位校准和示值校准。

5 计量特性

5.1 零位

5.1.1 校准装置前后定位轴线平行度（如图 5 所示）：一般不超过 2′。

5.1.2 校准装置左右定位轴线水平方向和铅垂方向平行度（如图 6、图 7 所示）：一般不超过 2′。

5.1.3 主销倾角零位：主销倾角零位误差一般不超过 2′。

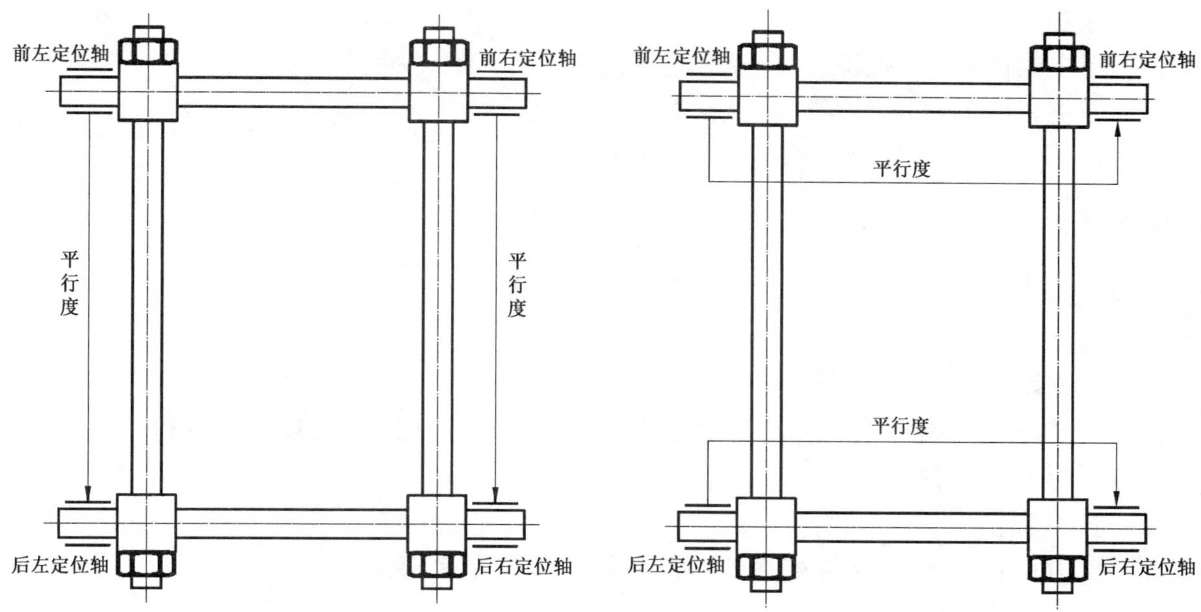

图5　校准装置前后定位轴线平行度示意图　　图6　校准装置左右定位轴线水平方向平行度示意图

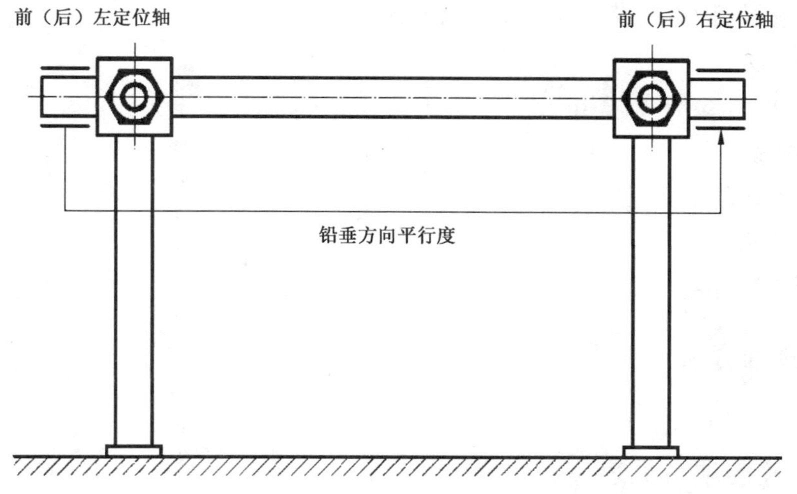

图7　校准装置左右定位轴线铅垂方向平行度示意图

5.2　示值

5.2.1　测量范围

a）外倾角：一般为$-10°\sim10°$；

b）前束角：一般为$-3°\sim3°$；

c）主销内倾角：一般为$-5°\sim23°$；

d）主销后倾角：一般为$-15°\sim15°$。

5.2.2　示值误差

a）外倾角：一般不超过$\pm1'$；

b）前束角：一般不超过$\pm1'$；

c）主销内倾角：

当主销后倾角为零时，一般不超过$\pm3'$；

当主销后倾角不为零时，一般不超过$\pm4'$；

d）主销后倾角：

当主销内倾角为零时，一般不超过±3′；

当主销内倾角不为零时，一般不超过±4′。

注：以上所有指标不是用于合格性判别，仅提供参考。

6 校准条件

6.1 环境条件

a）温度：（0～40）℃；

b）相对湿度：不大于85％；

c）校准应在周围污染、振动、电磁干扰对校准结果无影响的环境下进行。

6.2 测量标准及其他设备

6.2.1 自准直仪

满足JJG 202—2007《自准直仪》规定的3级技术要求。

6.2.2 角度测量仪

a）电子角度仪：测量范围不少于±25°；最大允许误差：±15″。

b）或DJ6级经纬仪，或其他角度传感器。

6.2.3 条式水平仪

分度值：0.05 mm/1 000 mm。

6.2.4 专用反射镜

a）平行反射镜；

b）垂直反射镜。

具体要求见附录A。

7 校准项目和校准方法

7.1 校准项目

校准装置的校准项目见表1。

表1 校准装置校准项目一览表

序号	校准项目		
1	零位	前后定位轴线平行度	
2		左右定位轴线水平（铅垂）方向平行度	
3		主销倾角零位	
4	示值	主销内倾角	测量范围
5			示值误差
6		主销后倾角	测量范围
7			示值误差
8		外倾角	测量范围
9			示值误差
10		前束角	测量范围
11			示值误差

7.2 校准方法

校准应在校准装置各定位轴上分别加载约 5 kg 配重，并调至水平后进行。

7.2.1 零位

前束零位的校准可通过对前后定位轴线平行度和左右定位轴线水平方向平行度的校准来实现；车轮外倾零位的校准可通过左右定位轴线铅垂方向平行度的校准来实现。

7.2.1.1 前后定位轴线平行度

a) 如图 8 所示，将平行反射镜定位孔安装到左边前（或后）定位轴上，用自准直仪垂直对准平行反射镜的镜面（可微动自准直仪或平行反射镜），使反射十字线像处于视窗正中。用固定螺钉将平行反射镜镜座固定，通过自准直仪测微目镜的调节使反射像处于“零点”，读取自准直仪测微鼓轮水平方向示值“A_0”。此时保持自准直仪固定不动，将平行反射镜定位孔安装到左边后（或前）定位轴上，微转平行反射镜，使反射像处于视窗中（尽量处于中间位置）。再旋转自准直仪测微鼓轮使反射像再次处于“零点”，读取自准直仪测微鼓轮水平方向示值“A_1”，则左边前后定位轴的轴线平行度按公式（2）计算。

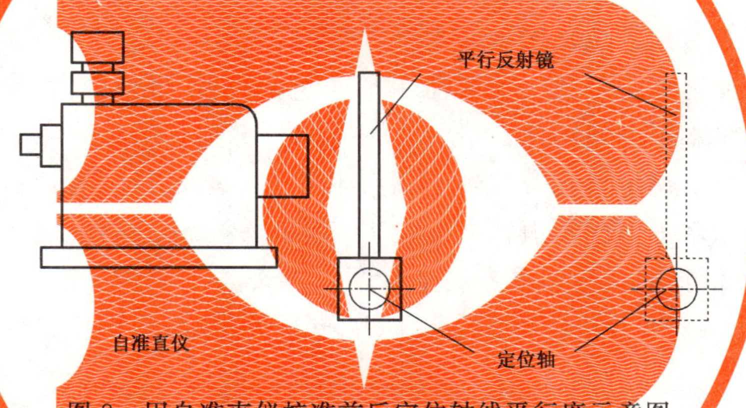

图 8 用自准直仪校准前后定位轴线平行度示意图

$$\Delta_{PZ}=|A_1-A_0| \tag{2}$$

式中：

Δ_{PZ}——左边前后定位轴的轴线平行度，(″)；

A_0——平行反射镜定位孔安装到左边前（或后）定位轴时，自准直仪对零后测微鼓轮水平方向示值，(″)；

A_1——平行反射镜定位孔安装到左边后（或前）定位轴时，自准直仪对零后测微鼓轮水平方向示值，(″)。

b) 按 a) 校准右边前后定位轴的轴线平行度。

7.2.1.2 左右轴线平行度

a) 如图 9 所示，将垂直反射镜的镜座定位孔安装到前端左（或右）定位轴上，用自准直仪垂直对准垂直反射镜的镜面（可微动自准直仪或垂直反射镜），使反射十字线像处于视窗正中。用固定螺钉将垂直反射镜镜座固定，通过自准直仪测微目镜的调节使反射像处于“零点”，读取自准直仪测微鼓轮水平方向示值“B_0”和铅垂方向示值“C_0”。此时保持自准直仪固定不动，将垂直反射镜的镜座定位孔安装到前端右（或左）定位轴上，微转垂直反射镜，使反射像处于视窗中（尽量处于中间位置）。再旋转自准直仪测微鼓轮使反射像再次处于“零点”，读取自准直仪测微鼓轮水平方向示值“B_1”和铅垂方向示值“C_1”。

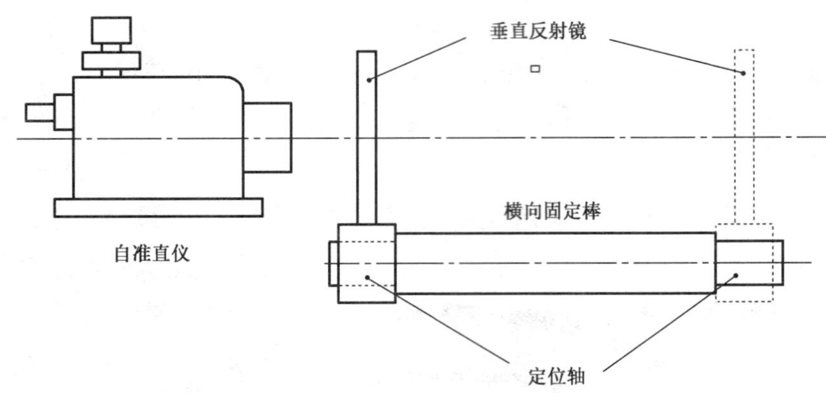

图9 用自准直仪校准左右定位轴轴线平行度示意图

前端左右边定位轴的轴线水平方向平行度按公式（3）计算。

$$\Delta_{PQ} = |B_1 - B_0| \tag{3}$$

式中：

Δ_{PQ}——前端左右边定位轴的轴线水平方向平行度，(″)；

B_0——平行反射镜定位孔安装到前端左（或右）边定位轴时，自准直仪对零后测微鼓轮水平方向示值，(″)；

B_1——平行反射镜定位孔安装到前端右（或左）边定位轴时，自准直仪对零后测微鼓轮水平方向示值，(″)。

前端左右边定位轴的轴线铅垂方向平行度按公式（4）计算。

$$\Delta_{PW} = |C_1 - C_0| \tag{4}$$

式中：

Δ_{PW}——前端左右边定位轴的轴线铅垂方向平行度，(″)；

C_0——平行反射镜定位孔安装到前端左边定位轴时，自准直仪对零后测微鼓轮铅垂方向示值，(″)；

C_1——平行反射镜定位孔安装到前端右（或左）边定位轴时，自准直仪对零后测微鼓轮铅垂方向示值，(″)。

b）按a）校准后端左右定位轴的轴线水平方向和铅垂方向平行度。

7.2.1.3 主销倾角零位

将角度测量仪安置于模拟转向节轴（或者转动主销端面）上，旋转90°，记录角度测量仪读数变化，取绝对值最大者作为主销倾角零位误差。

7.2.2 示值

7.2.2.1 测量范围

调整校准装置在正常工作状态，分别对左右轮的主销后倾角、主销内倾角及车轮外倾角与前束的测量范围进行检查。

7.2.2.2 主销内倾角示值误差

a）调节“主销后倾角调节装置”使主销后倾角为零。将角度测量仪垂直于纵向平面安置。调节“主销内倾角调节装置”使主销内倾角校准平台水平（即角度测量仪的角度示值为“0”），同时将校准装置主销内倾角显示部分置零。

调节“主销内倾角调节装置”至主销内倾角校准点（在其测量范围－5°～23°内均匀选取 5 个校准点），读取角度测量仪示值，按公式（5）计算主销内倾角示值误差。

$$\Delta_{\beta i} = \beta_i - \beta_{0i} \tag{5}$$

式中：

$\Delta_{\beta i}$——第 i 测量点（i=1，2，3，4，5），校准装置主销内倾角示值误差，（″）；

β_i——第 i 测量点，校准装置主销内倾角示值，（″）；

β_{0i}——第 i 测量点，角度测量仪的角度示值，（″）。

b）调节“主销后倾角调节装置”至主销后倾角校准点（在主销后倾角量程的二分之一以上任选 2 个角度值）。将角度测量仪垂直于纵向平面安置，调节“主销内倾角调节装置”使主销内倾角校准平台在垂直于纵向平面的方向上处于水平（即角度测量仪的角度示值为“0”），同时将校准装置主销内倾角显示部分置零。调节“主销内倾角调节装置”，至校准装置主销内倾角的角度示值分别为 5°、10°时，读取角度测量仪示值，按公式（6）计算固定主销后倾时主销内倾角的示值误差。

$$\Delta_{\beta\gamma i} = \beta_{\gamma i} - \beta_{\gamma 0i} \tag{6}$$

式中：

$\Delta_{\beta\gamma i}$——固定主销后倾时，第 i 测量点（i＝1，2），校准装置主销内倾角示值误差，（″）；

$\beta_{\gamma i}$——固定主销后倾时，第 i 测量点，校准装置主销内倾角示值，（″）；

$\beta_{\gamma 0i}$——固定主销后倾时，第 i 测量点，角度测量仪的角度示值，（″）。

7.2.2.3 主销后倾角示值误差

a）调节“主销内倾角调节装置”使主销内倾角为零。将角度测量仪平行于纵向平面放置。调节“主销后倾角调节装置”使主销后倾角校准平台水平（即角度测量仪的角度示值为“0”），同时将校准装置主销后倾角显示部分置零。

调节“主销后倾角调节装置”至主销后倾角校准点（在其测量范围－15°～15°内均匀选取 5 个校准点），读取角度测量仪示值，按公式（7）计算主销后倾角示值误差。

$$\Delta_{\gamma i} = \gamma_i - \gamma_{0i} \tag{7}$$

式中：

$\Delta_{\gamma i}$——第 i 测量点（i=1，2，3，4，5），校准装置主销后倾角示值误差，（″）；

γ_i——第 i 测量点，校准装置主销后倾角示值，（″）；

γ_{0i}——第 i 测量点，角度测量仪的角度示值，（″）。

b）调节“主销内倾角调节装置”至主销内倾角校准点（在主销内倾角量程的二分之一以上任选 2 个角度值）。将角度测量仪平行于纵向平面放置，调节“主销后倾角调节装置”使主销后倾角校准平台在平行于纵向平面的方向上处于水平（即角度测量仪的角度示值为“0”），同时将校准装置主销后倾角显示部分置零。调节“主销后倾角调节装置”，至校准装置主销后倾角的角度示值分别为 5°、10°时，读取角度测量仪示值，按公式（8）计算固定主销内倾时主销后倾角的示值误差。

$$\Delta_{\gamma\beta i} = \gamma_{\beta i} - \gamma_{\beta 0i} \tag{8}$$

式中：

$\Delta_{\gamma\beta i}$——固定主销内倾时，第 i 测量点（$i=1$，2），校准装置主销后倾角示值误差，（″）；

$\gamma_{\beta i}$——固定主销内倾时，第 i 测量点，校准装置主销后倾角示值，（″）；

$\gamma_{\beta 0i}$——固定主销内倾时，第 i 测量点，角度测量仪的角度示值，（″）。

7.2.2.4　车轮外倾角示值误差

角度测量仪安置在校准装置外倾角的轴（套）上。调节“外倾角调节装置”使校准外倾角的轴（套）至水平（即角度测量仪的角度示值为“0”），同时将校准装置外倾角显示部分置零。

调节“外倾角调节装置”至外倾角校准点（在其测量范围$-10°\sim10°$内均匀选取5个校准点），读取角度测量仪示值，按公式（9）计算主销外倾角示值误差。

$$\Delta_{\alpha i} = \alpha_i - \alpha_{0i} \tag{9}$$

式中：

$\Delta_{\alpha i}$——第 i 测量点（$i=1$，2，3，4，5），校准装置外倾角示值误差，（″）；

α_i——第 i 测量点，校准装置外倾角示值，（″）；

α_{0i}——第 i 测量点，角度测量仪的角度示值，（″）。

7.2.2.5　前束角示值误差

a）使用角度测量仪进行校准

将校准装置前束角校准部分调整至校准状态，角度测量仪安置在校准前束角的轴（套）上。调节“前束角调节装置”使校准前束角的轴（套）至水平（即角度测量仪的角度示值为“0”），同时将校准装置前束角显示部分置零。

调节“前束角调节装置”至前束角校准点（在其测量范围$-3°\sim3°$内均匀选取5个校准点），读取角度测量仪示值，按公式（10）计算前束角示值误差。

$$\Delta_{\theta i} = \theta_i - \theta_{0i} \tag{10}$$

式中：

$\Delta_{\theta i}$——第 i 测量点（$i=1$，2，3，4，5），校准装置前束角示值误差，（″）；

θ_i——第 i 测量点，校准装置前束角示值，（″）；

θ_{0i}——第 i 测量点，角度测量仪的角度示值（或者经纬仪水平转角值），（″）。

b）使用经纬仪进行校准

经纬仪用专用连接座安置在前束角旋转轴上，调平经纬仪，并使经纬仪竖轴处在单轮前束角的旋转中心上。用经纬仪瞄准10 m以上距离的参考目标，并将校准装置的单轮前束角置零，读取经纬仪水平角度值。

调节“前束角调节装置”，使单轮前束角驱动轴带动经纬仪转过某一设定角度后（在其测量范围$-3°\sim3°$内均匀选取5个校准点），逆向转动经纬仪重新瞄准参考目标，读取经纬仪水平角度值，记录经纬仪两次水平角度差。按公式（10）计算单轮前束角示值误差。

8 校准结果表达

8.1 校准数据处理

所有的数据应先计算、后修约，出具的校准数据均保留到（″）。

8.2 校准证书

校准装置经校准后出具校准证书，校准证书应包括的信息见附录 B，推荐的校准记录格式见附录 C。

8.3 校准结果的不确定度评定

校准装置角度示值误差校准结果的不确定度按 JJF 1059.1 评定，其不确定度评定实例见附录 D。

9 复校时间间隔

校准装置复校时间间隔建议为 1 年。由于复校时间间隔的长短是由仪器的使用情况、使用者、仪器本身质量等诸因素所决定的，因此送校单位可根据实际使用情况自主决定复校时间间隔。

附录 A

专用反射镜

A.1 平行反射镜

平行反射镜指“平面反射镜”镜面与“固定镜座定位 V 形槽”轴线相互平行。如图 A.1 所示。

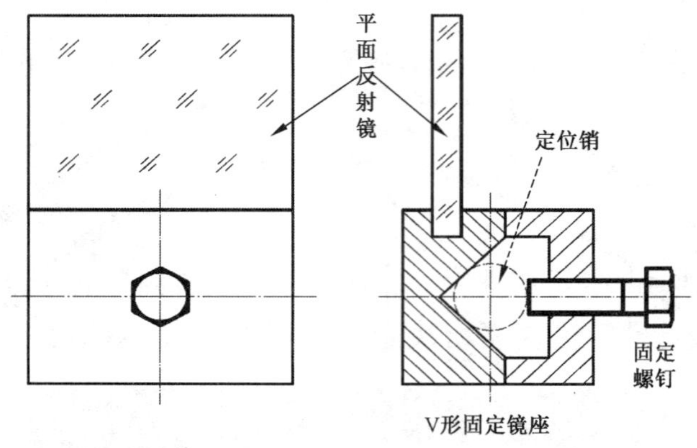

图 A.1 平行反射镜

A.2 垂直反射镜

垂直反射镜指“平面反射镜”镜面与“固定镜座定位 V 形槽”轴线相互垂直。如图 A.2 所示。

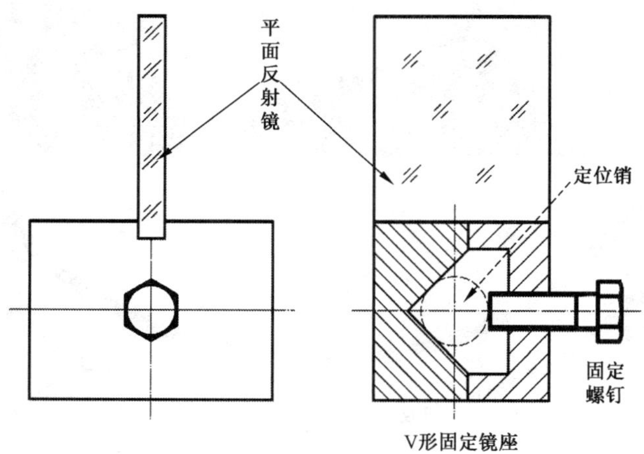

图 A.2 垂直反射镜

附录 B

推荐的校准证书内容

B.1 校准证书至少应包括以下信息：

1. 标题：校准证书；
2. 实验室名称和地址；
3. 进行校准的地点（如果不在实验室内进行校准）；
4. 证书或报告编号、页码及总页数；
5. 送校单位的名称和地址；
6. 被校准仪器名称：四轮定位仪校准装置；
7. 被校准四轮定位仪校准装置的制造商、型号规格及编号；
8. 校准所使用的计量标准名称及有效期；
9. 本规范的名称及编号和对本规范的任何偏离、增加或减少的说明；
10. 校准时的环境情况；
11. 校准项目的校准结果；
12. 示值误差校准结果的测量不确定度；
13. 校准人签名，核验人签名，批准人签名；
14. 校准证书签发日期；
15. 复校时间间隔的建议；
16. 未经校准实验室书面批准，不得部分复制校准证书的声明。

附录 C

原始记录格式

原始记录格式见表 C.1。

表 C.1 原始记录格式

<table>
<tr><td>委托单位</td><td colspan="3"></td><td>地 址</td><td colspan="3"></td></tr>
<tr><td rowspan="2">被校仪器信息</td><td>样品名称</td><td colspan="2"></td><td>型号规格</td><td></td><td>出厂编号</td><td></td></tr>
<tr><td>制 造 厂</td><td colspan="4"></td><td>状况</td><td colspan="2"></td></tr>
<tr><td rowspan="4">测量标准设备</td><td>名称/型号规格</td><td>测量范围</td><td colspan="2">准确度等级/编号</td><td>检定单位/检定证书号</td><td colspan="2">有效期至</td></tr>
<tr><td></td><td></td><td colspan="2"></td><td></td><td colspan="2"></td></tr>
<tr><td></td><td></td><td colspan="2"></td><td></td><td colspan="2"></td></tr>
<tr><td></td><td></td><td colspan="2"></td><td></td><td colspan="2"></td></tr>
<tr><td rowspan="3">校准信息</td><td rowspan="2">校准依据</td><td rowspan="2" colspan="2"></td><td>结果不确定度</td><td colspan="3"></td></tr>
<tr><td rowspan="2">环境条件</td><td rowspan="2" colspan="3">温 度： ℃
相对湿度： %</td></tr>
<tr><td>校准地点</td><td colspan="2"></td></tr>
<tr><td>委托日期</td><td colspan="3"></td><td>校准日期</td><td colspan="3"></td></tr>
<tr><td>校准人员</td><td colspan="3"></td><td>核验人员</td><td colspan="3"></td></tr>
<tr><td colspan="2">校准项目</td><td colspan="6">平行度（″）</td></tr>
<tr><td rowspan="12">零位</td><td rowspan="6">前后轴线平行度 Δ_{PZ}</td><td rowspan="3">左</td><td>前</td><td colspan="4"></td></tr>
<tr><td>后</td><td colspan="4"></td></tr>
<tr><td>差值</td><td colspan="4"></td></tr>
<tr><td rowspan="3">右</td><td>前</td><td colspan="4"></td></tr>
<tr><td>后</td><td colspan="4"></td></tr>
<tr><td>差值</td><td colspan="4"></td></tr>
<tr><td rowspan="6">左右轴线水平方向平行度 Δ_{PQ}</td><td rowspan="3">前</td><td>左</td><td colspan="4"></td></tr>
<tr><td>右</td><td colspan="4"></td></tr>
<tr><td>差值</td><td colspan="4"></td></tr>
<tr><td rowspan="3">后</td><td>左</td><td colspan="4"></td></tr>
<tr><td>右</td><td colspan="4"></td></tr>
<tr><td>差值</td><td colspan="4"></td></tr>
</table>

表 C.1（续）

零位	左右轴线铅垂方向平行度 Δ_{PW}	前	左								
			右								
			差值								
		后	左								
			右								
			差值								
	主销倾角零位										
示值	测量范围	前左	外倾角		前束角		主销内倾角		主销后倾角		
		前右	外倾角		前束角		主销内倾角		主销后倾角		
		后左	外倾角				前束角				
		后右	外倾角				前束角				
示值误差	前左	主销内倾角	标准值								
			校准装置示值								
			差值								
			标准值	固定后倾			固定后倾				
			校准装置示值								
			差值	——			——				
		主销后倾角	标准值								
			校准装置示值								
			差值								
			标准值	固定内倾			固定内倾				
			校准装置示值								
			差值	——			——				
		外倾角	标准值								
			校准装置示值								
			差值								
		前束角	标准值								
			校准装置示值								
			差值								
	前右	主销内倾角	标准值								
			校准装置示值								
			差值								

表 C.1（续）

示值误差	前右	主销内倾角	标准值	固定后倾			固定后倾		
			校准装置示值						
			差值	——			——		
		主销后倾角	标准值						
			校准装置示值						
			差值						
			标准值	固定内倾			固定内倾		
			校准装置示值						
			差值	——			——		
		外倾角	标准值						
			校准装置示值						
			差值						
		前束角	标准值						
			校准装置示值						
			差值						
	后左	外倾角	标准值						
			校准装置示值						
			差值						
		前束角	标准值						
			校准装置示值						
			差值						
	后右	外倾角	标准值						
			校准装置示值						
			差值						
		前束角	标准值						
			校准装置示值						
			差值						

附录 D

校准装置角度示值误差校准结果的不确定度评定实例

D.1　概述

D.1.1　测量对象：分辨力为 1″的四轮定位仪校准装置。

D.1.2　校准用标准器具：最大允许误差为±15″的电子角度仪。

D.1.3　测量过程

校准装置一般由角度调节装置、角度测量传感器、数据处理单元和显示单元等部件组成，通过角度测量传感器经计算机处理并显示各测量角度值。在此以前束角为例，外倾角、主销内倾角和主销后倾角方法与之相同。角度测量仪安置在校准前束角的轴套上。调节“前束角调节装置”使校准前束角的轴套至水平（即角度测量仪的角度示值为“0”），同时将校准装置前束角显示部分置零。

调节“前束角调节装置”，使校准装置前束角为某一角度时，读取角度测量仪示值，计算示值误差。

D.2　测量模型

$$\Delta = a - b \tag{D.1}$$

式中：

Δ——被校校准装置的角度示值误差，(″)；

a——校准装置前束角示值，(″)；

b——角度测量仪示值，(″)。

D.3　不确定度传播率

$$u^2(\Delta) = c_1^2 \times u^2(a) + c_2^2 \times u^2(b)$$

灵敏系数

$$c_1 = \frac{\partial \Delta}{\partial a} = 1,\ c_2 = \frac{\partial \Delta}{\partial b} = -1$$

D.4　各输入量的标准不确定度评定

D.4.1　校准装置前束角示值引入的标准不确定度

(1) 测量结果重复性引入的标准不确定度

测量结果重复性可以采用 A 类评定方法进行评定。在相同的条件下，选取前束角任一角度值，对其测量 10 次，测得的前束角示值误差为 34″、9″、22″、24″、28″、14″、29″、31″、39″、11″，得单次试验标准差 $s(a)$。

$$s(a) = 10.1''$$

所以测量结果重复性引入的标准不确定度为：

$$u_1(a) = s(a) = 10.1''$$

(2) 校准装置分辨力引入的标准不确定度

计算机显示单元的分辨力为 1″，分布区间半宽为 0.5″。按均匀分布处理，其引入的标准不确定度为：

$$u_2(a)=0.5''/\sqrt{3}=0.3''$$

两者取大者作为校准装置前束角示值引入的标准不确定度为：

$$u(a)=10.1''$$

D.4.2 角度测量仪测量值引入的标准不确定度

(1) 角度测量仪示值误差引入的标准不确定度分量

角度测量仪最大允许误差为：±15″，按均匀分布处理，其引入的标准不确定度为：

$$u_1(b)=15''/\sqrt{3}=8.7''$$

(2) 角度测量仪放置位置引入的标准不确定度分量

根据理想状态，每次角度测量仪的放置都必须一致，才能正确反应被测量，实际上难以绝对一致。根据实验，估计其每次安置的最大偏差为5″，按均匀分布处理，其引入的标准不确定度为：

$$u_2(b)=5''/\sqrt{3}=2.9''$$

(3) 角度测量仪分辨力引入的标准不确定度分量

角度测量仪分辨力为5″，分布区间半宽为2.5″。按均匀分布处理，由此引入的标准不确定度为：

$$u_3(b)=2.5''/\sqrt{3}=1.5''$$

以上几项分量互不相关，合成标准不确定度为：

$$u(b)=\sqrt{8.7^2+2.9^2+1.5^2}=9.3''$$

D.5 标准不确定度分量

标准不确定度分量见表D.1。

表D.1 标准不确定度分量一览表

序号	来 源	符号	标准不确定度	灵敏系数 c_i	$\lvert c_i \rvert \times u(x)$
1	校准装置前束角示值引入的标准不确定度	$u(a)$	10.1″	1	10.1″
2	角度测量仪测量值引入的标准不确定度	$u(b)$	9.3″	−1	9.3″

D.6 合成标准不确定度

以上各输入量互不相关，所以合成标准不确定度为：

$$u_c=\sqrt{u^2(a)+u^2(b)}=13.8''$$

D.7 扩展不确定度

取包含因子 $k=2$，则：

$$U=u_c\times k=14''\times 2=28''$$

角度示值误差校准结果的扩展不确定度为：

$$U=28'',\ k=2。$$

中华人民共和国国家计量技术规范

JJF 1670—2017

质量法油耗仪校准规范

Calibration Specification for Oil Consumption Meters of Mass Method

2017-11-20 发布　　2018-02-20 实施

国家质量监督检验检疫总局　发布

质量法油耗仪校准规范

Calibration Specification for Oil Consumption Meters of Mass Method

JJF 1670—2017

归 口 单 位： 全国法制计量管理计量技术委员会

主要起草单位： 中国测试技术研究院

海南省计量测试所

参加起草单位： 石家庄华燕交通科技有限公司

济南新凌志检测技术有限公司

山东科大微机应用研究所有限公司

广州市福立分析仪器有限公司

本规范委托全国法制计量管理计量技术委员会负责解释

本规范主要起草人：

罗发贵（中国测试技术研究院）

段继伟（中国测试技术研究院）

符传伟（海南省计量测试所）

参加起草人：

陈南峰（石家庄华燕交通科技有限公司）

唐向臣（济南新凌志检测技术有限公司）

曲　明（山东科大微机应用研究所有限公司）

章彦辉（广州市福立分析仪器有限公司）

引　言

本规范以 JJF 1001—2011《通用计量术语与定义》、JJF 1059.1—2012《测量不确定度评定与表示》、JJF 1071—2010《国家计量校准规范编写规则》为基础性系列规范进行制定。

本规范主要参考 JB/T 9515—1999《质量法油耗测量装置　技术条件》编制。

本规范为首次发布。

质量法油耗仪校准规范

1 范围

本规范适用于测量范围为（0～2 000）g 的质量法油耗仪（以下简称油耗仪）的校准。

2 引用文件

本规范引用了下列文件：

JB/T 9515—1999 质量法油耗测量装置 技术条件

凡是注日期的引用文件，仅注日期的版本适用于本规范；凡是不注日期的引用文件，其最新版本（包括所有的修改单）适用于本规范。

3 概述

油耗仪是测量并显示在一定时间所消耗燃油量的仪器，其结构一般由称重传感器、信号处理系统和显示仪表组成。

4 计量特性

4.1 分辨力

0.1 g。

4.2 示值误差

不超过±0.5%。

4.3 重复性

不超过 0.5%。

5 校准条件

5.1 环境条件

5.1.1 环境温度：0 ℃～40 ℃；

5.1.2 相对湿度：≤85%；

5.1.3 电源：额定电压 220 V±22 V，50 Hz±1 Hz。

5.1.4 校准应在无污染、振动、电磁场干扰的环境下进行。

5.2 校准用仪器设备

砝码，测量范围：（0～2 000）g，F_2 等级。

6 校准项目和校准方法

6.1 分辨力

6.1.1 打开油耗仪电源，按照说明书的要求预热。

6.1.2　当油耗仪稳定时，选择砝码 20.1 g 平稳的放在称重传感器托盘上（如图 1 所示），用目测观看油耗仪显示仪表示值。

6.2　示值误差

6.2.1　选择满量程的 20%、60%、100%为校准点，将标准砝码居中放在被校准称重传感器托盘上（如图 1 所示）。记录标准砝码示值 M_i 和油耗仪显示仪表示值 m_i。

6.2.2　重复 6.2.1 校准过程，每个校准点重复 3 次，各校准点的示值误差按式（1）计算。

$$\delta_i=\frac{\overline{m}_i-M_i}{M_i}\times 100\% \tag{1}$$

式中：

δ_i——被校准油耗仪第 i（$i=1$，2，3）点示值误差，%；

$\overline{m}_i$——被校准油耗仪的第 i 点 3 次测量平均值，g；

M_i——被校准油耗仪的第 i 点标准砝码值，g。

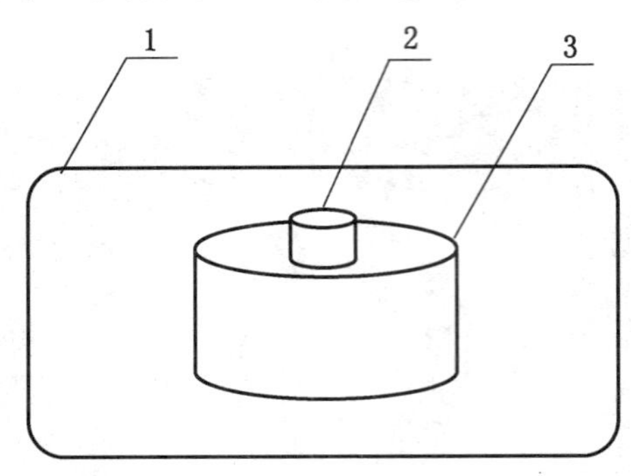

图 1　质量法油耗仪校准原理示意图

1—被校油耗仪；2—标准砝码；3—油耗仪称重传感器

6.3　重复性

重复性校准与示值误差校准同时进行，依据 JJF 1059.1—2012 中定义，采用极差系数法按式（2）计算各校准点的重复性。

$$\Delta_i=\frac{m_{i\max}-m_{i\min}}{\overline{m}_i\times C}\times 100\% \tag{2}$$

式中：

Δ_i——油耗仪第 i 点重复性，%；

$m_{i\max}$——油耗仪第 i 点测量最大值，g；

$m_{i\min}$——油耗仪第 i 点测量最小值，g；

$\overline{m}_i$——油耗仪第 i 点测量平均值，g；

C——极差系数（$n=3$，C 取 1.69）。

7　校准结果处理

7.1　校准证书

质量法油耗仪经校准后发给校准证书。校准证书至少包括以下信息：

a）标题，如“校准证书”；

b）实验室名称和地址；

c）进行校准的地点（如果与实验室的地址不同）；

d）证书的唯一性标识（如编号），每页及总页数的标识；

e）客户的名称和地址；

f）被校对象的描述和明确标识；

g）进行校准的日期，如果与校准结果的有效性和应用有关时，应说明被校对象的接收日期；

h）如果与校准结果的有效性和应用有关时，应对被校样品的抽样程序进行说明；

i）校准所依据的技术规范的标识，包括名称及代号；

j）本次校准所用测量标准的溯源性及有效性说明；

k）校准环境的描述；

l）校准结果及其测量不确定度的说明；

m）对校准规范的偏离的说明；

n）校准证书或校准报告签发人的签名、职务或等效标识；

o）校准结果仅对被校对象有效的声明；

p）未经实验室书面批准，不得部分复制证书的声明。

推荐的校准证书的内页格式见附录 B。

7.2 校准结果测量不确定度

质量法油耗仪的校准结果测量不确定度按 JJF 1059.1—2012 的要求评定，不确定度评定的示例见附录 C。

8 复校时间间隔

油耗仪复校时间间隔建议一般不超过 1 年。由于复校时间间隔的长短是由仪器的使用情况、使用者、仪器本身质量等诸多因素所决定的，因此，送校单位可根据实际使用情况自主决定复校时间间隔。

附录 A

质量法油耗仪校准记录

送检单位： 标准器名称：
样品名称： 标准器型号规格：
样品制造厂： 标准器等级（不确定度）：
样品出厂编号： 标准器编号：
样品等级（不确定度）： 标准器证书号：
样品型号规格： 依据的技术文件：
样品出厂日： 标准器证书有效期至 年 月 日
环境条件：温度 ℃ 湿度 %

校准数据及处理结果

测量范围/g							
分辨力/g							
示值误差及重复性							
标准值/g		被校油耗仪显示值/g			平均值 g	示值误差 %	重复性 %
		1	2	3			
20%							
60%							
100%							
示值误差测量结果不确定度：							

校准： 审核： 校准日期：

附录 B

校准证书（内页）内容

<table>
<tr><td>测量范围/g</td><td colspan="4"></td></tr>
<tr><td>分度值/g</td><td colspan="4"></td></tr>
<tr><td rowspan="4">示值误差及重复性</td><td>校准点/g</td><td>油耗仪示值/g</td><td>示值误差/%</td><td>重复性
%</td></tr>
<tr><td></td><td></td><td></td><td></td></tr>
<tr><td></td><td></td><td></td><td></td></tr>
<tr><td></td><td></td><td></td><td></td></tr>
<tr><td colspan="5">示值误差测量结果不确定度：</td></tr>
</table>

附录 C

油耗仪示值误差校准不确定度评定示例

C.1　测量方法

将标准砝码放在被校准称重传感器上，记录标准砝码示值 M_i 和被校准油耗仪显示仪表示值 m_i，用比较法测量被校油耗仪同质量的指示值。

C.2　测量模型

C.2.1　建立测量模型如下：

$$\delta_i=\frac{\overline{m}_i-M_i}{M_i}\times 100\% \tag{C.1}$$

式中：

δ_i——被校准油耗仪第 i 点测量的示值误差，%；

$\overline{m}_i$——被校准油耗仪第 i 点 3 次测量的平均值，g；

M_i——被校准油耗仪第 i 点标准砝码值，g。

C.2.2　不确定度传播公式

由于 δ_i 中的 $\overline{m}_i$、M_i 互不相关，故其合成不确定度：

$$u_c^2(\delta_i)=c^2(\overline{m}_i)u^2(\overline{m}_i)+c^2(M_i)u^2(M_i) \tag{C.2}$$

式中：

$u(M_i)$——标准砝码引入的不确定度分量；

$u(\overline{m}_i)$——被校准油耗仪引入的不确定度分量。

C.2.3　灵敏系数

$$c(\overline{m}_i)=\frac{\partial\delta_i}{\partial\overline{m}_i}=\frac{1}{M_i} \tag{C.3}$$

$$c(M_i)=\partial\delta_i/\partial M_i=-\frac{\overline{m}_i}{M_i^2} \tag{C.4}$$

由公式（C.2）、（C.3）、（C.4）得合成标准不确定度：

$$u_c(\delta_i)=\left(\frac{1}{M_i}\right)^2u^2(\overline{m}_i)+\left(-\frac{\overline{m}_i}{{M_i}^2}\right)^2u^2(M_i) \tag{C.5}$$

C.3　输入量的标准不确定度评定

C.3.1　由被校准油耗仪引入的不确定度分量 $u(\overline{m}_i)$

C.3.1.1　由被校准油耗仪测量重复性引入的不确定度分量 $u_1(\overline{m}_i)$

被校油耗仪可以经过连续测量得到测量列，采用 A 类方法评定。用 1 000 g 砝码等精度重复测量 10 次方法进行。

在重复性条件下，使用 1 000 g 砝码测量 10 次。其测量结果见表 C.1。

表 C.1　10 次重复测量的结果

测量次数	油耗仪示值 m_i/g	$m_i-\overline{m}_i$	$(m_i-\overline{m}_i)^2$
1	999.7	−0.16	0.025 6
2	999.7	0.16	0.025 6
3	999.8	−0.06	0.003 6
4	999.8	−0.06	0.003 6
5	999.9	0.04	0.001 6
6	999.9	0.04	0.001 6
7	1 000.1	0.24	0.057 6
8	1 000.1	0.24	0.057 6
9	999.8	0.06	0.003 6
10	999.8	0.06	0.003 6
$\overline{m}_i$	999.86		
$\sum(m_i-\overline{m}_i)^2$			0.184

根据上表数据，用贝塞尔公式计算的实验标准差为：

$$s=\sqrt{\frac{\sum_{i=1}^{n}(m_i-\overline{m}_i)^2}{n-1}}=0.143\ \text{g}$$

在实际测量时，按照本规范要求在相同条件下重复进行三次测量，并以三次测量的算术平均值作为测量结果，因此，其不确定度分量为：

$$u_1(\overline{m}_i)=s/\sqrt{3}=0.083\ \text{g}$$

C.3.1.2　测量数显读数量化误差引入的标准不确定度 $u_2(\overline{m}_i)$

被校准油耗仪的分辨力为 0.1g，即数显读数量化误差为：$s(m)=0.1$ g，半宽度为 $s(m)/2=0.05$ g，其量化误差的分布为均匀分布，取包含因子 $k=\sqrt{3}$，所以，引入的标准不确定度分量为：

$$u_2(\overline{m}_i)=0.05\ \text{g}/\sqrt{3}=0.029\ \text{g}$$

C.3.1.3　被校准油耗仪引入的不确定度分量 $u(\overline{m}_i)$ 中的重复性与仪表数显量化引入的不确定度分量是相互关联的，为避免重复计算，在这两个分量中只取其中最大的一个分量，即：

$$u(\overline{m}_i)=u_1(\overline{m}_i)=0.083\ \text{g}$$

C.3.2　标准砝码引入的不确定度分量为 $u(M_i)$

标准砝码由上一级标准检定，标准砝码（0～2 000）g 的极限误差为：±30 mg，分布为均匀分布，取包含因子 $k=\sqrt{3}$，因此：

$$u(M_i)=0.03/\sqrt{3}=0.017\ \text{g}$$

C.4　标准不确定度分量一览表

序号	输入量的标准不确定度			灵敏系数	输出量的标准不确定度分量
	来源	符号	数值		
1	被校油耗仪	$u(\overline{m}_i)$	0.083 g	$\frac{1}{M_i}$	0.008 3%
2	标准器	$u(M_i)$	0.017 g	$-\frac{\overline{m}_i}{M_i^2}$	0.001 7%
注：上述计算按测量点$\overline{m}_i$为1 000 g、相应标准砝码值M_i=1 000 g，计算输出量标准不确定度。					

C.5　合成标准不确定度

由于各标准不确定度分量不相关，所以：

$$u_c(\delta_i)=\sqrt{(0.008\ 3\%)^2+(0.001\ 7\%)^2}=0.008\ 5\%$$

C.6　扩展不确定度

取包含因子$k=2$。所以：

$$U=u_c(\delta_i)\times k=0.008\ 5\%\times 2=0.017\%\approx 0.02\%$$

C.7　测量不确定度的报告

由上述分析及计算可得，被校准油耗仪在1 000 g测量点示值误差的扩展不确定度为：

$$U=0.02\%\quad k=2$$

中华人民共和国国家计量技术规范

JJF 1671—2017

机动车驻车制动性能测试装置校准规范

Calibration Specification for Parking Brake Performance Testers for Vehicles

2017-11-20 发布　　　　2018-02-20 实施

国家质量监督检验检疫总局 发布

机动车驻车制动性能测试装置校准规范

JJF 1671—2017

Calibration Specification for Parking Brake Performance Testers for Vehicles

归 口 单 位：全国法制计量管理计量技术委员会

主要起草单位：浙江省计量科学研究院

参加起草单位：绍兴市上虞区车辆检测中心有限公司

浙江江兴汽车检测设备有限公司

上海西派埃自动化仪表工程有限责任公司

杭州博测检测科技有限公司

本规范委托全国法制计量管理计量技术委员会负责解释

本规范主要起草人：

严　瑾（浙江省计量科学研究院）

林　峰（浙江省计量科学研究院）

邵建文（浙江省计量科学研究院）

参加起草人：

严瑜琳（绍兴市上虞区车辆检测中心有限公司）

周申生（浙江江兴汽车检测设备有限公司）

蒋宇晨（上海西派埃自动化仪表工程有限责任公司）

王　晖（杭州博测检测科技有限公司）

引　言

本规范以 JJF 1071—2010《国家计量校准规范编写规则》、JJF 1001—2011《通用计量术语及定义》、JJF 1059.1—2012《测量不确定度评定与表示》为基础性系列规范进行制定。

根据国家标准 GB 7258—2012《机动车运行安全技术条件》和 GB 21861—2014《机动车安全技术检验项目和方法》对机动车驻车制动性能测试的要求，在不具备试验坡道的情况下，在用车可参照相关标准使用符合规定的仪器测试驻车制动性能。目前国内主要有牵引式和滑板式两种结构的驻车制动性能测试装置。

本规范为首次发布。

机动车驻车制动性能测试装置校准规范

1 范围

本规范适用于牵引式和滑板式机动车驻车制动性能测试装置（以下简称驻车测试装置）的校准。

2 引用文件

本规范引用了下列文件：

GB 7258—2012 机动车运行安全技术条件

GB 21861—2014 机动车安全技术检验项目和方法

凡是注日期的引用文件，仅注日期的版本适用于本规范；凡是不注日期的引用文件，其最新版本（包括所有的修改单）适用于本规范。

3 概述

驻车测试装置是在平坦路面上测量机动车在驻车制动状态下的制动力，并可结合整车质量评价驻车制动性能的仪器或测量装置。牵引式驻车测试装置检测驻车时整车的驻车制动力，滑板式驻车测试装置检测各轮（轴）的驻车制动力。

牵引式驻车测试装置主要由牵引装置、力传感器和仪表等组成。滑板式驻车测试装置主要由牵引滑板、力传感器和仪表等组成。

4 计量特性

4.1 测量范围

牵引力式驻车测试装置测量范围不小于（0～7 000）daN；

滑板式驻车测试装置单板测量范围不小于（0～2 300）daN。

4.2 分辨力

分辨力不大于 2 daN。

4.3 仪器漂移

仪器漂移不超过±5 daN。

4.4 示值误差

示值误差不超过±3%。

4.5 示值重复性

示值重复性不大于 3%。

注：以上指标不是用于合格性判别，仅供参考。

5 校准条件

5.1 环境条件

5.1.1　温度：(－5～40)℃。

5.1.2　相对湿度：不大于85％。

5.1.3　校准应在周围的污染、振动、电磁干扰对校准结果无影响的环境下进行。

5.2　测量标准及其他设备

驻车测试装置测量标准及其他设备见表1。

表1　驻车测试装置测量标准及其他设备

被校对象	测量标准	主要技术指标
牵引式驻车测试装置	标准测力仪（拉力）	测量范围：(0～7 000) daN， 准确度等级：0.3级
滑板式驻车测试装置	标准测力仪（压力）	测量范围：(0～2 300) daN， 准确度等级：0.3级

6　校准项目和校准方法

6.1　测量范围及分辨力

将被校驻车测试装置按使用说明书要求，开机预热规定时间后，调整零位。通过加力装置对被校驻车测试装置加载至满量程（或保证安全的最大加载点），观察其测量范围及分辨力。

6.2　仪器漂移

将被校驻车测试装置调整零位后，每隔5 min观察一次示值并记录，共取3次示值，偏离零点的最大变化量作为仪器漂移。

6.3　示值误差

6.3.1　示值误差的校准点

校准点应从被校驻车测试装置满量程的10％至100％（或保证安全的最大加载点）内均匀选取，一般不少于5个校准点。

6.3.2　示值误差的校准

如图1和图2所示，把标准测力仪与被校驻车测试装置的力传感器处于同一水平线，打开仪表进入检测界面，清零后通过加载装置对被校驻车测试装置按上述校准点逐步加载，当标准测力仪的标准力值基本稳定在上述校准点附近时，同时读取标准测力仪和被校驻车测试装置的制动力示值，并作好记录，重复测量3次。按公式（1）计算出各校准点驻车制动力示值误差。对于滑板式驻车测试装置应当分别校准左（右）板往前和往后作用力。

$$E_{ij}=\frac{f_{ij}-(f_s)_{ij}}{(f_s)_{ij}}\times 100\% \tag{1}$$

式中：

E_{ij} ——第i（i=1，2，3，4，5）校准点第j（j=1，2，3）次校准时驻车制动力示值误差，％；

$(f_s)_{ij}$ ——第i校准点第j次校准时标准测力仪的示值，daN；

f_{ij} ——第 i 校准点第 j 次校准时被校驻车测试装置的示值，daN。

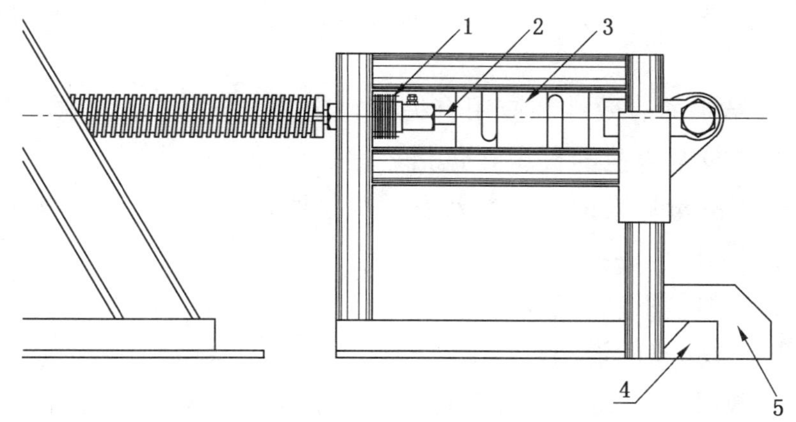

图 1 牵引式驻车制动力校准示意图

1—被测力传感器；2—力学串联连接器；3—标准测力仪；4—地基；5—锚定钩

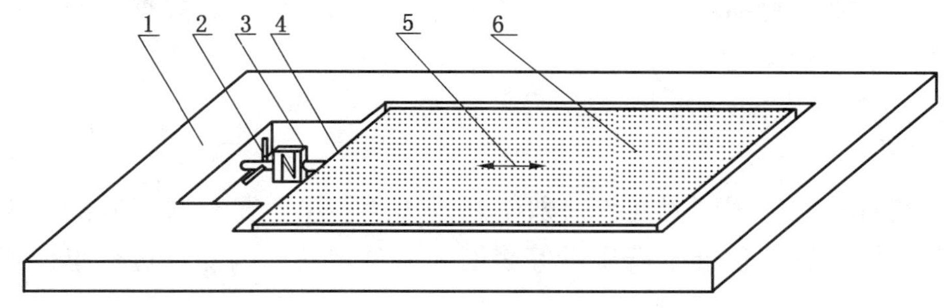

图 2 滑板式驻车制动力校准示意图

1—地基；2—加载装置；3—标准测力仪；4—标准测力仪与滑板的连接处和外力作用点；
5—施加外力的方向；6—牵引滑板

6.4 示值重复性

根据 6.3 测量得到的各校准点示值误差 E_i，按公式（2）计算各校准点的测量重复性 R_i。

$$R_i = E_{i\max} - E_{i\min} \tag{2}$$

式中：

R_i——驻车测试装置示值误差的测量重复性，i=1，2，3，4，5；

$E_{i\max}$——第 i 校准点 3 次测量中驻车制动力示值误差的最大值；

$E_{i\min}$——第 i 校准点 3 次测量中驻车制动力示值误差的最小值。

7 校准结果的表达

驻车测试装置经校准后出具校准证书，校准证书至少包括以下信息：

a）标题，如“校准证书”；

b）实验室名称和地址；

c）进行校准的地点（如果与实验室的地址不同）；

d）证书的唯一性标识（如编号），每页及总页数的标识；

e）客户的名称和地址；

f）被校对象的描述和明确标识；

g）进行校准的日期，如果与校准结果的有效性和应用有关时，应说明被校对象的接收日期；

h）如果与校准结果的有效性和应用有关时，应对被校样品的抽样程序进行说明；

i）校准所依据的技术规范的标识，包括名称及代号；

j）本次校准所用测量标准的溯源性及有效性说明；

k）校准环境的描述；

l）校准结果及其测量不确定度的说明；

m）对校准规范的偏离的说明；

n）校准证书或校准报告签发人的签名、职务或等效标识；

o）校准结果仅对被校对象有效的声明；

p）未经实验室书面批准，不得部分复制证书的声明。

校准证书内页格式可参考附录A。机动车驻车制动性能测试装置制动力示值误差测量不确定度评定的实例见附录B。

8 复校时间间隔

驻车测试装置复校时间间隔建议一般不超过1年。由于复校时间间隔的长短是由仪器的使用情况、使用者、仪器本身质量等诸因素所决定的，因此，送校单位可根据实际使用情况自主决定复校时间间隔。

附录 A

校准证书（内页）格式

校准项目		校准结果			
1 测量范围					
2 分辨力					
3 仪器漂移					
4 示值误差和示值重复性					
校准点	标准值 daN	实测值 daN	示值误差 %	重复性 %	测量不确定度
满量程的 10%					
满量程的 30%					
满量程的 50%					
满量程的 70%					
满量程的 100%					

附录 B

制动力示值误差校准不确定度评定示例

B.1　校准方法

滑板式驻车测试装置的校准是对被校驻车测试装置示值与标准测力仪示值进行比较，以确定驻车测试装置制动力示值误差大小。

B.2　测量模型

B.2.1　建立测量模型如下：

$$E_{ij}=\frac{f_{ij}-(f_s)_{ij}}{(f_s)_{ij}}\times 100\% \tag{B.1}$$

式中：

E_{ij} ——驻车测试装置制动力示值误差，%；

$(f_s)_{ij}$ ——标准测力仪的示值，daN；

f_{ij} ——被校驻车测试装置的示值，daN。

B.2.2　不确定度传播公式

由公式（B.1）得不确定度传播公式：

$$u_c^2(E_{ij})=c^2(f_{ij})u^2(f_{ij})+c^2(f_s)_{ij}u^2(f_s)_{ij} \tag{B.2}$$

式中：

$u(f_{ij})$ ——被校驻车测试装置引入的标准不确定度；

$u(f_s)_{ij}$ ——标准测力仪引入的标准不确定度。

B.2.3　灵敏系数

$$c(f_{ij})=\partial E_{ij}/\partial f_{ij}=1/(f_s)_{ij} \tag{B.3}$$

$$c[(f_s)_{ij}]=\partial E_{ij}/\partial(f_s)_{ij}=-f_{ij}/(f_s)_{ij}^2 \tag{B.4}$$

根据公式（B.2）、公式（B.3）和公式（B.4）得合成标准不确定度：

$$u_c^2(E_{ij})=[1/(f_s)_{ij}]^2u^2(f_{ij})+[-f_{ij}/(f_s)_{ij}^2]^2u^2(f_s)_{ij} \tag{B.5}$$

B.3　不确定度来源

B.3.1　被校仪器引入的不确定度分量 $u(f_{ij})$

B.3.1.1　由测量重复性引入的不确定度分量 $u_1(f_{ij})$

B.3.1.2　由数显量化误差引入的不确定度分量 $u_2(f_{ij})$

B.3.2 由标准测力仪引入的不确定度分量 $u(f_s)_{ij}$

B.4　标准不确定度分量

B.4.1　被校仪器引入的不确定度分量 $u(f_{ij})$

B.4.1.1　驻车测试装置的测量重复性引入的不确定度分量 $u_1(f_{ij})$，可以通过连续测量得到测量列，采用 A 类方法评定。重复测量 10 次［测量点 $u(f_s)_{ij}$：2 000 daN］的数据列于表 B.1。

表 B.1　测量重复性观测列

测量次数	1	2	3	4	5	6	7	8	9	10
测量值 daN	1 996	1 997	1 996	1 995	1 995	1 996	1 996	1 997	1 995	1 996
平均值	1 995.9 daN				单次测量标准差			$s=0.7$ daN		

实际测量时以单次测量作为测量结果，可得标准不确定度为：

$$u_1(f_{ij})=0.7\ \text{daN}$$

B.4.1.2　示值的数显量化误差引入的标准不确定度 $u_2(f_{ij})$

被测驻车测试装置数显量化分辨力为 1 daN，其量化误差以等概率分布（矩形分布）落在半宽度为 1 daN/2=0.5 daN 的区间内，其引入的标准不确定度为：

$$u_2(f_{ij})=0.5\ \text{daN}/\sqrt{3}=0.3\ \text{daN}$$

$u_1(f_{ij})$分量大于 $u_2(f_{ij})$分量，取 $u_1(f_{ij})$作为被校仪器引入的不确定度分量，所以：

$$u(f_{ij})=0.7\ \text{daN}$$

B.4.2　标准测力仪引入的不确定度分量 $u(f_s)_{ij}$

测量所使用计量标准器为标准测力仪，根据其使用说明书和出厂检定证书以及国家法定机构检定证书给出，计量标准准确度等级 0.3 级，即最大允许误差为±0.3%，服从均匀分布。则标准不确定度：

$$u(f_s)_{ij}=(2\ 000\ \text{daN}\times 0.3\%)/\sqrt{3}=3.5\ \text{daN}$$

B.5　标准不确定度分量一览表

各标准不确定度分量见表 B.2。

表 B.2　标准不确定度分量一览表

输入量的标准不确定度分量			灵敏系数 $c_i=\partial f/\partial x_i$	输出量的标准不确定度分量
来源	符号	数值		$\lvert c_i\rvert\times u(x)$
被校仪器重复性	$u(f_{ij})$	0.7 daN	$1/(f_s)_{ij}$	0.04%
标准测力仪	$u(f_s)_{ij}$	3.5 daN	$-f_{ij}/(f_s)_{ij}^2$	0.18%

B.6　合成标准不确定度

由于各标准不确定度分量不相关，所以：

$$u_c(E_{ij})=\sqrt{(0.04\%)^2+(0.18\%)^2}=0.18\%$$

B.7　扩展不确定度评定

取包含因子 $k=2$，则

$$U=u_c(E_{ij})\times k=0.18\%\times 2\approx 0.4\%$$

B.8　测量不确定度报告

驻车测试装置制动力示值误差的扩展不确定度为：

$$U=0.4\%,\ k=2$$

中华人民共和国国家计量技术规范

JJF 1747—2019

车身反光标识用逆反射系数测量仪校准规范

Calibration Specification of Retroreflection Coefficient Meters for Motor Vehicle's Reflecting Marking

2019-09-27 发布　　　　2019-12-27 实施

国家市场监督管理总局 发布

车身反光标识用逆反射系数测量仪校准规范

Calibration Specification of Retroreflection Coefficient Meters for Motor Vehicle's Reflecting Marking

JJF 1747—2019

归 口 单 位： 全国法制计量管理计量技术委员会

主要起草单位： 安徽省计量科学研究院

3M 中国有限公司

中国计量科学研究院

参加起草单位： 浙江浙大鸣泉科技有限公司

甘肃省计量研究院

广西壮族自治区计量检测研究院

本规范委托全国法制计量管理计量技术委员会负责解释

本规范主要起草人：

魏元东（安徽省计量科学研究院）

王振华（3M中国有限公司）

郑春弟（中国计量科学研究院）

参加起草人：

吴　勇（浙江浙大鸣泉科技有限公司）

高德成（甘肃省计量研究院）

曹　磊（安徽省计量科学研究院）

张玉恒（广西壮族自治区计量检测研究院）

引　　言

本规范依据 JJF 1001—2011《通用计量术语及定义》、JJF 1059.1—2012《测量不确定度评定与表示》、JJF 1071—2010《国家计量校准规范编写规则》基础性系列规范进行制定。

本规范主要参考 GB/T 26377—2010《逆反射测量仪》编制而成。

本规范为首次发布。

车身反光标识用逆反射系数测量仪校准规范

1 范围

本规范适用于车身反光标识用逆反射系数测量仪的校准。

2 引用文件

本规范引用了下列文件：

JJF 1546—2015 逆反射标准板校准规范

GB/T 26377—2010 逆反射测量仪

凡是注日期的引用文件，仅注日期的版本适用于本规范；凡是不注日期的引用文件，其最新版本（包括所有的修改单）适用于本规范。

3 术语和计量单位

JJF 1546—2015《逆反射标准板校准规范》、GB/T 26377—2010《逆反射测量仪》中界定的及以下术语和定义适用于本规范。

3.1 逆反射 retroreflection

反射光线从靠近入射光线的反方向，向光源返回的反射（见图 1）。

[GB/T 26377—2010，定义 3.1]

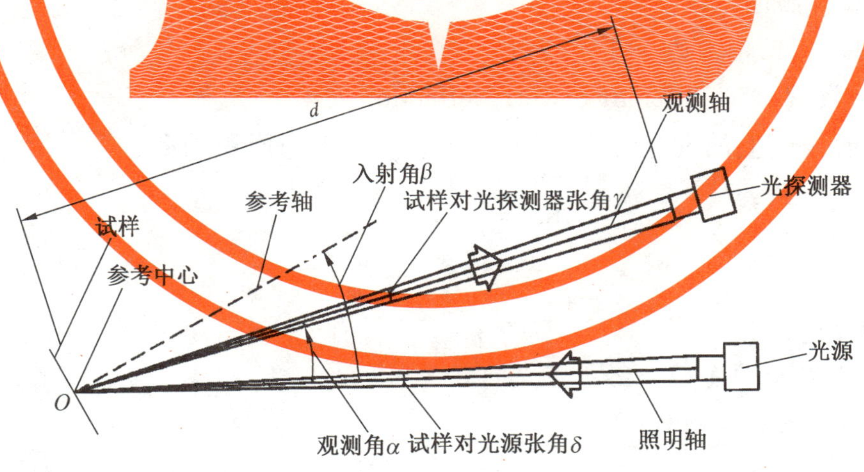

图 1 逆反射系统术语及光学测试原理

3.2 参考中心 reference centre

在确定逆反射材料特性时，在试样的中心或接近中心所给定的一个点。

[GB/T 26377—2010，定义 3.2]

3.3 参考轴 reference axis

起始于参考中心，垂直于被测试样反射面的直线。

[GB/T 26377—2010，定义 3.3]

3.4 照明轴 illumination axis

连接参考中心和光源中心的直线。

[GB/T 26377—2010，定义 3.4]

3.5 观测轴 observation axis

连接参考中心和光探测器中心的直线。

[GB/T 26377—2010，定义 3.5]

3.6 入射角 β entrance angle

照明轴与参考轴之间的夹角。

[GB/T 26377—2010，定义 3.6]

3.7 观测角 α observation angle

照明轴与观测轴之间的夹角。

[GB/T 26377—2010，定义 3.7]

3.8 发光强度系数 R coefficient of luminous intensity

逆反射在观测方向的发光强度 I 除以投向逆反射体且落在垂直于入射光方向的平面内的光照度 $E_{\perp}$ 的商。

$$R=\frac{I}{E_{\perp}} \tag{1}$$

式中：

R ——发光强度系数，cd·lx^{-1}；

I ——发光强度，cd；

$E_{\perp}$ ——垂直照度，lx。

[JJF 1546—2015，术语 3.1]

3.9 逆反射系数 R' coefficient of retroreflection

平面逆反射表面上的发光强度系数 R 除以它的表面面积的商：

$$R'=\frac{R}{A}=\frac{I}{E_{\perp}\cdot A} \tag{2}$$

式中：

R'——逆反射系数，cd·lx^{-1}·m^{-2}；

A ——试样表面的面积，m^{2}。

[JJF 1546—2015，术语 3.2]

4 概述

车身反光标识用逆反射系数测量仪（以下简称逆反射仪）是用来测量车身反光标识反光性能的一种光学测量设备。一般由光源、接收器、光学系统、数据处理和显示单元、电源等部分组成。

5 计量特性

5.1 示值误差

逆反射系数 R' 示值误差：

当逆反射系数＞30 $cd \cdot lx^{-1} \cdot m^{-2}$ 时，最大允许误差：±10%；

当逆反射系数≤30 $cd \cdot lx^{-1} \cdot m^{-2}$ 时，最大允许误差：±3 $cd \cdot lx^{-1} \cdot m^{-2}$。

注：以上指标不是用于合格性判别，仅供参考。

6 校准条件

6.1 环境条件

6.1.1 环境温度：(23±5)℃。

6.1.2 相对湿度：≤80%。

6.2 测量标准及其他设备

逆反射标准板：

a) 逆反射标准板外表面应平滑、洁净，不应有明显划痕、条纹、气泡；

b) 同一颜色必须具备高、中、低三个级别的逆反射标准板，具有一定的量值梯度（见表1）。逆反射标准板的计量性能应符合 JJF 1546—2015《逆反射标准板校准规范》中的相关要求。

表1 逆反射标准板逆反射系数量值限值表

逆反射标准板颜色	高逆反射系数梯度限值 $cd \cdot lx^{-1} \cdot m^{-2}$	中逆反射系数梯度限值 $cd \cdot lx^{-1} \cdot m^{-2}$	低逆反射系数梯度限值 $cd \cdot lx^{-1} \cdot m^{-2}$
白色	最高：350	最高：200	最高：40
	最低：250	最低：100	最低：20
黄色	最高：300	最高：150	最高：25
	最低：200	最低：90	最低：15
红色	最高：60	最高：40	最高：20
	最低：40	最低：30	最低：10
绿色	最高：80	最高：30	最高：15
	最低：60	最低：15	最低：5
蓝色	最高：40	最高：20	最高：7
	最低：20	最低：10	最低：2
棕色	最高：40	——	——
	最低：20	——	——

7 校准项目和校准方法

7.1 校准项目

示值误差。

7.2 示值误差校准方法

首先检查外观，确定没有影响校准计量特性的因素后再进行校准。

7.2.1　按使用说明书要求对逆反射仪通电、预热。

7.2.2　对于需要零位校准的逆反射仪，按照使用说明书对逆反射仪进行零位校准。

7.2.3　将逆反射仪的入射角、观测角调整至所需校准的角度，对于固定检测角度的逆反射仪不需进行此步骤。

7.2.4　将不同颜色的逆反射标准板置于仪器测量窗口处，按照逆反射标准板所对应角度的逆反射系数值对仪器进行定标，一般情况下应采用高量值逆反射标准板或采用与仪器自身配带的定标板逆反射系数相当的逆反射标准板对仪器进行定标。

7.2.5　逆反射仪定标后分别对不同颜色的高、中、低三个级别的逆反射标准板进行测量，应注意仪器测量的样品颜色与仪器定标所采用的逆反射标准板颜色一致，同时逆反射仪的观测角、入射角参数应与所用的逆反射标准板一致，在每个逆反射标准板上重复测量 3 次，取平均值为逆反射仪的测量值。按公式（3）或公式（4）计算逆反射仪的示值误差。

a）当逆反射系数≤30 $\mathrm{cd \cdot lx^{-1} \cdot m^{-2}}$时，逆反射仪的示值误差为：

$$\Delta = R' - R'_0 \tag{3}$$

式中：

Δ ——逆反射仪示值误差，$\mathrm{cd \cdot lx^{-1} \cdot m^{-2}}$；

R' ——逆反射仪 3 次测量值的平均值，$\mathrm{cd \cdot lx^{-1} \cdot m^{-2}}$；

R'_0——逆反射标准板的逆反射系数值，$\mathrm{cd \cdot lx^{-1} \cdot m^{-2}}$。

b）当逆反射系数＞30 $\mathrm{cd \cdot lx^{-1} \cdot m^{-2}}$时，逆反射仪的示值误差为：

$$\delta = \frac{R' - R'_0}{R'_0} \times 100\% \tag{4}$$

式中：

δ——逆反射仪的相对示值误差，%。

注：对于在逆反射系数高于 30 $\mathrm{cd \cdot lx^{-1} \cdot m^{-2}}$梯度范围内示值误差超过±10%和逆反射系数低于 30 $\mathrm{cd \cdot lx^{-1} \cdot m^{-2}}$梯度范围内示值误差超过±3 $\mathrm{cd \cdot lx^{-1} \cdot m^{-2}}$的被校准仪器，其应随机配备不同梯度的逆反射标准板。

8　校准结果表达

8.1　校准数据处理

校准记录推荐格式见附录 A 。

8.2　校准证书

校准结果应出具校准证书，校准证书应符合 JJF 1071—2010 中 5.12 的要求，包括的信息及校准证书校准结果内页推荐格式见附录 B。

8.3　校准结果不确定度评定示例

校准结果的不确定度评定按照 JJF 1059.1—2012 进行，不确定度评定示例见附录 C。

9 复校时间间隔

逆反射仪复校时间间隔建议为1年。由于复校时间间隔的长短是由仪器的使用情况、使用者、仪器本身质量等诸因素所决定的，因此，送校单位可根据实际使用情况自主决定复校时间间隔。

附录 A

车身反光标识用逆反射系数测量仪校准记录（推荐格式）

委托单位：　　　　　　委托单位地址：　　　　　　原始记录编号：

委托仪器名称：　　　　规格型号：　　　　　　　　出厂编号：

生产单位：　　　　　　仪器外观描述：是否完好（　　）校准依据：

被校仪器状态（完好“√”）：校准前：______　校准后：______　校准时温度：______℃相对湿度：______%

仪器测量角度条件：入射角（　　）、观测角（　　）

<table>
<tr><td colspan="2">标准器名称</td><td>型号规格</td><td>出厂编号</td><td colspan="2">检定/校准证书编号</td><td>有效期</td><td>备注</td></tr>
<tr><td colspan="2"></td><td></td><td></td><td colspan="2"></td><td></td><td></td></tr>
<tr><td rowspan="2">颜色</td><td colspan="7">逆反射系数值/（cd·lx^{−1}·m^{−2}）</td></tr>
<tr><td>逆反射标准板标准值</td><td>测量值 1</td><td>测量值 2</td><td>测量值 3</td><td>实测均值</td><td>示值误差</td><td>测量不确定度</td></tr>
<tr><td rowspan="3"></td><td></td><td></td><td></td><td></td><td></td><td></td><td></td></tr>
<tr><td></td><td></td><td></td><td></td><td></td><td></td><td></td></tr>
<tr><td></td><td></td><td></td><td></td><td></td><td></td><td></td></tr>
<tr><td rowspan="3"></td><td></td><td></td><td></td><td></td><td></td><td></td><td></td></tr>
<tr><td></td><td></td><td></td><td></td><td></td><td></td><td></td></tr>
<tr><td></td><td></td><td></td><td></td><td></td><td></td><td></td></tr>
<tr><td rowspan="3"></td><td></td><td></td><td></td><td></td><td></td><td></td><td></td></tr>
<tr><td></td><td></td><td></td><td></td><td></td><td></td><td></td></tr>
<tr><td></td><td></td><td></td><td></td><td></td><td></td><td></td></tr>
<tr><td rowspan="3"></td><td></td><td></td><td></td><td></td><td></td><td></td><td></td></tr>
<tr><td></td><td></td><td></td><td></td><td></td><td></td><td></td></tr>
<tr><td></td><td></td><td></td><td></td><td></td><td></td><td></td></tr>
<tr><td rowspan="3"></td><td></td><td></td><td></td><td></td><td></td><td></td><td></td></tr>
<tr><td></td><td></td><td></td><td></td><td></td><td></td><td></td></tr>
<tr><td></td><td></td><td></td><td></td><td></td><td></td><td></td></tr>
<tr><td rowspan="3"></td><td></td><td></td><td></td><td></td><td></td><td></td><td></td></tr>
<tr><td></td><td></td><td></td><td></td><td></td><td></td><td></td></tr>
<tr><td></td><td></td><td></td><td></td><td></td><td></td><td></td></tr>
</table>

测量不确定度评定依据和数据来源：　　　　　　校准地点：

校准人员：　　　　核验人员：　　　　校准日期：　　年　　月　　日

附录 B

校准证书校准结果内容

B.1　校准证书信息

校准证书应至少包括以下信息：

a）标题，如“校准证书”；

b）证书编号、页码及总页数；

c）校准实验室的名称和地址；

d）进行校准的日期；

e）进行校准的地点（如果与实验室的地址不同）；

f）委托单位的名称和地址；

g）被校准逆反射仪的信息；

h）校准所依据的技术规范名称和代号；

i）测量标准及其他设备的名称、技术参数及证书编号与有效期；

j）校准时的环境条件；

k）校准结果；

l）校准结果的测量不确定度；

m）必要时，给出复校时间间隔的建议；

n）校准人签名、核验人签名、批准人签名；

o）校准结果仅对校准对象有效的声明；

p）未经校准实验室书面批准，不得部分复制校准证书的声明。

B.2　校准证书内页（推荐格式）

校准证书内页（推荐格式）见表 B.1。

表 B.1　校准证书校准结果内页（推荐格式）

示值误差校准结果

观测角：　　　　　　　　入射角：

颜色	逆反射系数值/（$cd \cdot lx^{-1} \cdot m^{-2}$）			
	标准值	实测均值	示值误差	测量不确定度

表 B.1（续）

颜色	逆反射系数值/（$cd \cdot lx^{-1} \cdot m^{-2}$）			
	标准值	实测均值	示值误差	测量不确定度

附录 C

车身反光标识用逆反射系数测量仪示值误差校准不确定度评定示例

C.1　校准方法

仪器定标后分别对不同颜色的高、中、低三个级别的逆反射标准板进行测量，每个标准板上测量 3 次，取平均值为逆反射仪的测量值。按公式（C.1）计算逆反射仪的示值误差。

C.2　测量模型

$$\delta=\frac{R'-R'_0}{R'_0}\times 100\% \tag{C.1}$$

式中：

δ ——逆反射仪的相对示值误差，%；

R' ——逆反射仪 3 次测量值的平均值，$cd\cdot lx^{-1}\cdot m^{-2}$；

R'_0——逆反射标准板的逆反射系数值，$cd\cdot lx^{-1}\cdot m^{-2}$。

因为各分量 R'、R'_0 互不相关，不确定度公式为：

$$u_c^2(\delta)=c_1^2u^2(R')+c_2^2u^2(R'_0)$$

式中，灵敏系数 $c_1=\frac{\partial\delta}{\partial R'}=\frac{1}{R'_0}$；$c_2=\frac{\partial\delta}{\partial R'_0}=-\frac{R'}{(R'_0)^2}$。

C.3　输入量的标准不确定度评定

C.3.1　逆反射仪测量重复性引入的测量不确定度分量 $u(R')$

在重复性测量条件下，用逆反射仪对逆反射标准板测量 6 次（以标准值为 158 $cd\cdot lx^{-1}\cdot m^{-2}$ 为例），测量值为 158 $cd\cdot lx^{-1}\cdot m^{-2}$、157 $cd\cdot lx^{-1}\cdot m^{-2}$、158 $cd\cdot lx^{-1}\cdot m^{-2}$、156 $cd\cdot lx^{-1}\cdot m^{-2}$、158 $cd\cdot lx^{-1}\cdot m^{-2}$、159 $cd\cdot lx^{-1}\cdot m^{-2}$，得到单次测量实验标准偏差：

$$s(R')=\sqrt{\frac{\sum_{i=1}^{6}(R'_i-\overline{R'})^2}{5}}=1.03\ (cd\cdot lx^{-1}\cdot m^{-2})$$

实际测量时，以 3 次测量值的平均值为测量结果，则

$$u(R')=\frac{s(R')}{\sqrt{3}}=0.59\ (cd\cdot lx^{-1}\cdot m^{-2})$$

$$u_r(R')=\frac{u(R')}{R'_0}\times 100\%=0.37\%$$

C.3.2　逆反射标准板不准和不均匀引入的不确定度分量 $u(R'_0)$

C.3.2.1　根据逆反射标准板的校准证书，其逆反射系数值测量不确定度为 $U_{rel}=3.0\%$，$k=2$，故标准板引入的不确定度分量为：

$$u_{1r}(R'_0)=\frac{3.0\%}{2}=1.5\%;$$

$u_1\ (R'_0)\ =\frac{3.0\%}{2}=158=2.37\ (\mathrm{cd}\cdot\mathrm{lx}^{-1}\cdot\mathrm{m}^{-2})$

C.3.2.2 逆反射标准板的均匀性引入的不确定度较大，常用的逆反射标准板易磨损，中心区域不均匀度可达到2%，因此不可忽略，按均匀分布，逆反射标准板不均匀度引入的不确定度分量为：

$u_{2r}\ (R'_0)\ =\frac{2\%}{\sqrt{3}}=1.15\%$；

$u_2\ (R'_0)\ =1.15\%\times158=1.82\ (\mathrm{cd}\cdot\mathrm{lx}^{-1}\cdot\mathrm{m}^{-2})$

C.4 标准不确定度分量一览表

按C.3评定的标准不确定度分量汇总见表C.1。

表C.1 标准不确定度分量汇总

标准不确定度分量 u_i	不确定度来源	不确定度数值	灵敏系数	标准不确定度
$u(R')$	测量重复性	0.59 $\mathrm{cd}\cdot\mathrm{lx}^{-1}\cdot\mathrm{m}^{-2}$	0.006 3	0.37%
$u_1(R'_0)$	标准板的标准值	2.37 $\mathrm{cd}\cdot\mathrm{lx}^{-1}\cdot\mathrm{m}^{-2}$	−0.006 3	1.50%
$u_2(R'_0)$	逆反射标准板不准和不均匀引入的不确定度	1.82 $\mathrm{cd}\cdot\mathrm{lx}^{-1}\cdot\mathrm{m}^{-2}$	−0.006 3	1.15%

注：计算中R'_0为158 $\mathrm{cd}\cdot\mathrm{lx}^{-1}\cdot\mathrm{m}^{-2}$，$R'$为6次测量值的平均值157.7 $\mathrm{cd}\cdot\mathrm{lx}^{-1}\cdot\mathrm{m}^{-2}$。

C.5 合成标准不确定度

不确定度来源有测量重复性引入的测量不确定度以及逆反射标准板引入的测量不确定度，各标准不确定度分量相互无关，故合成标准不确定度为：

$u_c\ (\delta)\ =\sqrt{u^2\ (R')\ +u_1^2\ (R'_0)\ +u_2^2\ (R'_0)}=1.93\%$

C.6 扩展不确定度

$U\ (\delta)\ =k\times u_c\ (\delta)\ =2\times1.93\%=3.9\%$，(包含因子$k=2$)

C.7 校准不确定度报告

仪器在该测量点的示值误差校准不确定度：$U(\delta)=3.9\%$，$k=2$。

中华人民共和国国家计量技术规范

JJF 1749—2019

汽车外廓尺寸检测仪校准规范

Calibration Specification for Vehicle Contour Dimensions Testers

2019-09-27 发布　　2019-12-27 实施

国家市场监督管理总局 发布

汽车外廓尺寸检测仪校准规范

Calibration Specification for Vehicle Contour Dimensions Testers

JJF 1749—2019

归 口 单 位：全国法制计量管理计量技术委员会

主要起草单位：中国测试技术研究院

贵州省计量测试院

河南省计量科学研究院

参加起草单位：成都佳诚弘毅科技股份有限公司

石家庄华燕交通科技有限公司

合肥市强科达科技开发有限公司

浙江江兴汽车检测设备有限公司

本规范委托全国法制计量管理计量技术委员会负责解释

本规范主要起草人：

罗文博（中国测试技术研究院）

王　勇（贵州省计量测试院）

张奇峰（河南省计量科学研究院）

参加起草人：

杨景云（成都佳诚弘毅科技股份有限公司）

康　杰（石家庄华燕交通科技有限公司）

杨华西（合肥市强科达科技开发有限公司）

周申生（浙江江兴汽车检测设备有限公司）

引　言

本规范依据 JJF 1059.1—2012《测量不确定度评定与表示》、JJF 1071—2010《国家计量校准规范编写规则》的要求编写。

本规范参考 GB 1589—2016《汽车、挂车及汽车列车外廓尺寸、轴荷及质量限值》、GB 18565—2016《道路运输车辆综合性能要求和检验方法》、GB 21861—2014《机动车安全技术检验项目和方法》、GB/T 3730.3《汽车和挂车的术语及其定义　车辆尺寸》和 GB/T 15089《机动车辆及挂车分类》制定。

本规范为首次发布。

汽车外廓尺寸检测仪校准规范

1 范围

本规范适用于汽车外廓尺寸检测仪的校准。

2 引用文件

本规范引用了下列文件：

GB 1589—2016 汽车、挂车及汽车列车外廓尺寸、轴荷及质量限值

GB/T 3730.3 汽车和挂车的术语及其定义 车辆尺寸

GB 18565—2016 道路运输车辆综合性能要求和检验方法

GB 21861—2014 机动车安全技术检验项目和方法

凡是注日期的引用文件，仅注日期的版本适用于本规范；凡是不注日期的引用文件，其最新版本（包括所有的修改单）适用于本规范。

3 概述

汽车外廓尺寸检测仪（以下简称检测仪）是用于自动测量汽车外廓尺寸（长、宽、高）的装置，一般采用光学成像、红外或激光等技术方法。检测仪主要包括前端采集系统和后端分析处理系统。

4 计量特性

4.1 示值误差

根据 GB 18565—2016 中 5.1.1.1 和 GB 21861—2014 中附录 A.1.2，长度最大允许误差：±0.8%或±50 mm；宽度和高度最大允许误差：±0.8%或±20 mm。

4.2 重复性

一般不大于 0.8%。

注：以上指标不适用于合格性判断，仅供参考。

5 校准条件

5.1 环境条件

5.1.1 环境温度：−10 ℃～45 ℃；

5.1.2 环境相对湿度：不大于 85%。

5.1.3 校准应在无污染、光线、振动、电磁等干扰的环境下进行。

5.2 测量标准及其他设备

测量标准及其他设备见表 1。

表 1　测量标准及其他设备

序号	测量标准及其他设备	主要技术指标	数量
1	激光测距仪	Ⅰ级	1
2	钢卷尺	测量范围：（0～30）m；分度值：1 mm，准确度等级：Ⅰ级	1
3	水平尺	长 600 mm，分度值：0.5 mm/m	1
4	水准仪	S3 级	1
5	辅助测量杆	长度不小于 1 000 mm； 端部截面不小于 50 mm×50 mm	5

注：校准时可使用激光测距仪或钢卷尺；可使用水平尺或水准仪。

5.3　场地设施

校准场地应符合检测仪使用要求。

6　校准项目和校准方法

6.1　校准项目

检测仪校准项目见表 2。

表 2　校准项目

序号	条款号	校准项目
1	4.1	示值误差
2	4.2	重复性

6.2　示值误差的校准

选取满足检测仪测量范围并符合 GB 1589—2016 和 GB/T 3730.3 要求的试验车或可移动载体，分别按以下方法校准。

长、宽、高的标准值采用激光测距仪（或钢卷尺）测量辅助测量杆顶端之间的距离，重复测量 3 次，取 3 次测量的算术平均值作为标准值。

6.2.1　长度

6.2.1.1　长度校准点

长度校准点选取约为 8 000 mm、12 000 mm 和 16 000 mm。将辅助测量杆分别用夹具固定在试验车或可移动载体前端和后端方向任意位置，并超出试验车或可移动载体最前端和最后端，用水平尺或水准仪调整，使辅助测量杆在同一水平面上且与地平面及试验车或可移动载体长度方向平面平行。用激光测距仪（或钢卷尺）测量辅助测量杆顶端之间的距离 l_a 作为长度标准值。

6.2.1.2　长度示值误差的校准

试验车或可移动载体按检测仪说明书中规定的使用要求驶过测量区域，读取检测仪长度示值 l，重复测量 3 次，取平均值作为测量结果。

6.2.1.3 长度示值误差的计算

按公式（1）、（2）计算检测仪的长度示值误差：

$$\Delta_l = \bar{l} - l_a \tag{1}$$

$$\delta_l = \frac{\Delta_l}{l_a} \times 100\% \tag{2}$$

式中：

Δ_l——检测仪长度绝对示值误差，mm；

δ_l——检测仪长度相对示值误差，%；

$\bar{l}$——检测仪长度示值的 3 次测量平均值，mm；

l_a——校准点长度示值，mm。

6.2.2 宽度

6.2.2.1 宽度校准点

宽度校准点为产品说明书宽度最大量程的 60%、70% 和 90%，将辅助测量杆用夹具固定在试验车或可移动载体左端和右端方向任意位置，并超出试验车或可移动载体最左端和右端两侧，用水平尺或水准仪调整辅助测量杆，使辅助测量杆与地面水平、与行车中心线方向垂直。用激光测距仪（或钢卷尺）测得的辅助测量杆顶端之间的距离 K_a 作为宽度标准值。

6.2.2.2 宽度示值误差的校准

试验车或可移动载体按检测仪说明书中规定的使用要求驶过测量区域，读取检测仪宽度示值 K，重复测量 3 次，取平均值作为测量结果。

6.2.2.3 宽度示值误差的计算

按公式（3）、（4）计算检测仪的宽度示值误差：

$$\Delta_k = \bar{K} - K_a \tag{3}$$

$$\delta_k = \frac{\Delta_k}{K_a} \times 100\% \tag{4}$$

式中：

Δ_k——检测仪宽度绝对示值误差，mm；

δ_k——检测仪宽度相对示值误差，%；

$\bar{K}$——检测仪宽度示值的 3 次测量平均值，mm；

K_a——校准点宽度示值，mm。

6.2.3 高度

6.2.3.1 高度校准点

高度校准点选取约为 2 000 mm、3 000 mm 和 4 000 mm，将辅助测量杆用夹具固定在车辆顶端方向任意位置，并超出试验车或可移动载体最顶端，用水平尺或水准仪调整辅助测量杆，确保辅助测量杆与地面垂直，用激光测距仪（或钢卷尺）测得的辅助测量杆顶端与地面之间的距离 G_a 作为高度标准值。

6.2.3.2 高度示值误差的校准

试验车或可移动载体按检测仪说明书中规定的使用要求驶过测量区域，读取检测仪

高度示值 G，重复测量 3 次，取平均值作为测量结果。

6.2.3.3　高度示值误差的计算

按公式（5）、（6）计算检测仪的高度示值误差：

$$\Delta_G = \overline{G} - G_a \tag{5}$$

$$\delta_G = \frac{\Delta_G}{G_a} \times 100\% \tag{6}$$

式中：

Δ_G ——检测仪高度绝对示值误差，mm；

δ_G ——检测仪高度相对示值误差，%；

$\overline{G}$ ——检测仪高度示值的 3 次测量平均值，mm；

G_a ——校准点高度示值，mm。

6.3　重复性

重复性校准与示值误差校准同时进行，长度选取 12 000 mm、宽度选取产品说明书宽度最大量程的 70%、高度选取 3 000 mm，按公式（7）分别计算长度、宽度、高度测量点的重复性。

$$R = \frac{C_{\max} - C_{\min}}{\overline{C}_a \times C} \times 100\% \tag{7}$$

式中：

R——检测仪长度、宽度、高度重复性，%；

$C_{\max}$——检测仪长度、宽度、高度 3 次测量中的最大值，mm；

$C_{\min}$——检测仪长度、宽度、高度 3 次测量中的最小值，mm；

$\overline{C}_a$——检测仪长度、宽度、高度测量点平均值，mm；

C——极差系数（$n=3$，C 取 1.69）。

7　校准结果表达

检测仪经校准后出具校准证书，校准证书应包括的信息及推荐的校准证书内页格式见附录 B。

8　复校时间间隔

检测仪复校时间间隔建议一般不超过 1 年。由于复校时间间隔的长短是由仪器的使用情况、使用者和仪器本身质量等诸因素所决定的，因此，送校单位可根据实际使用情况自主决定复校时间间隔。

附录 A

汽车外廓尺寸检测仪校准记录

送检单位： 标准器名称：

样品名称： 标准器型号规格：

样品制造厂： 标准器编号：

样品出厂编号： 标准器等级（不确定度）：

样品型号规格： 依据的技术文件：

样品等级（不确定度）： 标准器证书号：

样品生产日期： 年 月 日 标准器证书有效期至：

环境条件：温度 ℃ 相对湿度 %

<table>
<tr><td colspan="2">校准项目</td><td colspan="7">原始记录及数据处理结果</td></tr>
<tr><td colspan="2" rowspan="2">标准值
mm</td><td colspan="4">检测仪实测值
mm</td><td rowspan="2">绝对误差
mm</td><td rowspan="2">相对误差
%</td><td rowspan="2">测量不确定度</td></tr>
<tr><td>1</td><td>2</td><td>3</td><td>平均值</td></tr>
<tr><td rowspan="3">长度</td><td></td><td></td><td></td><td></td><td></td><td></td><td></td><td></td></tr>
<tr><td></td><td></td><td></td><td></td><td></td><td></td><td></td><td></td></tr>
<tr><td></td><td></td><td></td><td></td><td></td><td></td><td></td><td></td></tr>
<tr><td rowspan="3">宽度</td><td></td><td></td><td></td><td></td><td></td><td></td><td></td><td></td></tr>
<tr><td></td><td></td><td></td><td></td><td></td><td></td><td></td><td></td></tr>
<tr><td></td><td></td><td></td><td></td><td></td><td></td><td></td><td></td></tr>
<tr><td rowspan="3">高度</td><td></td><td></td><td></td><td></td><td></td><td></td><td></td><td></td></tr>
<tr><td></td><td></td><td></td><td></td><td></td><td></td><td></td><td></td></tr>
<tr><td></td><td></td><td></td><td></td><td></td><td></td><td></td><td></td></tr>
</table>

<table>
<tr><td>重复性
%</td><td>长度</td><td></td><td>宽度</td><td></td><td>高度</td><td></td></tr>
</table>

校准： 审核： 校准日期：

附录 B

校准证书（内页）内容

<table>
<tr><td rowspan="10">示值误差及重复性</td><td colspan="2">标准值
mm</td><td colspan="2">被校检测仪示值
mm</td><td>绝对误差
mm</td><td colspan="2">相对误差
%</td><td>测量不确定度</td></tr>
<tr><td rowspan="3">长度</td><td></td><td colspan="2"></td><td></td><td colspan="2"></td><td></td></tr>
<tr><td></td><td colspan="2"></td><td></td><td colspan="2"></td><td></td></tr>
<tr><td></td><td colspan="2"></td><td></td><td colspan="2"></td><td></td></tr>
<tr><td rowspan="3">宽度</td><td></td><td colspan="2"></td><td></td><td colspan="2"></td><td></td></tr>
<tr><td></td><td colspan="2"></td><td></td><td colspan="2"></td><td></td></tr>
<tr><td></td><td colspan="2"></td><td></td><td colspan="2"></td><td></td></tr>
<tr><td rowspan="3">高度</td><td></td><td colspan="2"></td><td></td><td colspan="2"></td><td></td></tr>
<tr><td></td><td colspan="2"></td><td></td><td colspan="2"></td><td></td></tr>
<tr><td></td><td colspan="2"></td><td></td><td colspan="2"></td><td></td></tr>
<tr><td>重复性
%</td><td colspan="2">长度</td><td></td><td>宽度</td><td></td><td>高度</td><td colspan="2"></td></tr>
</table>

附录 C

汽车外廓尺寸检测仪示值误差测量不确定度评定示例

C.1 测量方法

将辅助测量杆用夹具固定在试验车或可移动载体上，用激光测距仪（或钢卷尺）测得的辅助测量杆顶端之间的测量值作为标准尺寸。按照使用说明书移动通过外廓尺寸检测仪的检测区域，读取检测仪长度、宽度、高度的示值。将示值与标准尺寸比较，计算示值误差。

C.2 测量模型

C.2.1 以长度校准为例，按式（C.1）建立测量模型：

$$\delta_C = \frac{C - C_a}{C_a} \tag{C.1}$$

式中：

δ_C——被校检测仪长度示值误差，%；

C——被校检测仪长度示值，mm；

C_a——激光测距仪（或钢卷尺）测得的长度示值，mm。

C.2.2 标准不确定度及灵敏系数

C 的不确定度来自被校检测仪测量重复性引入的标准不确定度 u_1（C）、被校检测仪数显量化误差引入的标准不确定度 u_2（C）；C_a 的不确定度来自标准器（激光测距仪）引入的标准不确定度 u_1（C_a）、人工测量引入的标准不确定度 u_2（C_a）。C、C_a 的不确定度分量互不相关，故其合成标准不确定度见式（C.2）：

$$u_c(\delta_C) = \sqrt{c^2(C)u^2(C) + c^2(C_a)u^2(C_a)} \tag{C.2}$$

式中灵敏系数为：

$$c(C) = \frac{\partial(\delta_C)}{\partial C} = \frac{1}{C_a} \tag{C.3}$$

$$c(C_a) = \frac{\partial(\delta_C)}{\partial C_a} = -\frac{C}{C_a^2} \tag{C.4}$$

C.3 不确定度来源

C.3.1 由被校检测仪引入的标准不确定度 u（C）

C.3.1.1 由被校检测仪测量重复性引入的标准不确定度 u_1（C）

C.3.1.2 由被校检测仪数显量化误差引入的标准不确定度 u_2（C）

C.3.2 由标准器引入的标准不确定度 u（C_a）

C.3.2.1 由激光测距仪引入的标准不确定度 u_1（C_a）

C.3.3.2 由人工测量引入的标准不确定度 u_2（C_a）

C.4 标准不确定度分量

C.4.1　被校检测仪引入的不确定度 u（C）

C.4.1.1　被校检测仪测量重复性引入的不确定度 u_1（C）

被校检测仪可以经过连续测量得到测量列，采用 A 类方法评定。用等精度重复测量 10 次方法进行。

以长度为 8 000 mm 的车辆为例，选用两把辅助测量杆，用激光测距仪测得辅助测量杆顶端之间的距离为 8 000 mm。

计算得出实验标准差为：

$$s=18.60\ \mathrm{mm}$$

实际测量时，在重复条件下连续测量 3 次，以 3 次测量的算术平均值作为测量结果，可得标准不确定度为：

$$u_1(C)=\frac{18.60}{\sqrt{3}}=10.74(\mathrm{mm})$$

C.4.1.2　被校检测仪示值数显量化误差引入的标准不确定度 u_2（C）

检测仪数显分度值 1 mm，其量化误差以等概率分布（矩形分布）落在半宽度为 0.5 mm 的区间内，其引入的标准不确定度为：

$$u_2(C)=\frac{0.5}{\sqrt{3}}=0.3(\mathrm{mm})$$

按照 JJF 1033—2016《计量标准考核规范》的要求，u_1（C）远大于 u_2（C），忽略 u_2（C），所以：

$$u(C)=u_1(C)=10.74\ \mathrm{mm}$$

C.4.2　标准器引入的标准不确定度 u（C_a）

C.4.2.1　激光测距仪引入的标准不确定度分量 u_1（C_a）

根据 JJG 966—2010《手持式激光测距仪》规定，0 级手持式激光测距仪的误差为：±（1.5 mm+$5\times10^{-5}D$），D 以 500 mm 计，则误差为±1.5 mm，按均匀分布计，则标准不确定度：

$$u_1(C_a)=\frac{1.5}{\sqrt{3}}=0.87(\mathrm{mm})$$

C.4.2.2　人工测量引入的标准不确定度分量 u_2（C_a）

人工用手持式激光测距仪对辅助测量杆进行测量，以长度为 8 000 mm 的辅助测量杆为例，用等精度对辅助测量杆重复测量 10 次，测量结果如表 C.1 所示。

表 C.1　等精度对辅助测量杆重复测量 10 次的测量结果

测量次数	C_{ai}/mm	($C_{ai}-\overline{C}_a$) /mm	$(C_{ai}-\overline{C}_a)^2$/mm^2
1	8 005	2.0	4.0
2	8 005	2.0	4.0
3	8 003	4.0	16.0

表 C.1（续）

测量次数	C_{ai}/mm	$(C_{ai}-\overline{C}_a)$ /mm	$(C_{ai}-\overline{C}_a)^2$/mm^2
4	8 003	4.0	16.0
5	8 003	4.0	16.0
6	8 004	3.0	9.0
7	8 009	−2.0	4.0
8	8 013	−6.0	36.0
9	8 013	−6.0	36.0
10	8 012	−5.0	25.0
$\sum C_{ai}$	80 070		166
$\overline{C}_a$	8 007		

用贝塞尔公式计算出单次测量的实验标准差：

$$s=\sqrt{\sum_{i=1}^{n}\frac{(C_{ai}-\overline{C}_a)^2}{n-1}}=4.3\ \text{mm}$$

实际测量时，在重复条件下连续测量3次，以3次测量的算术平均值作为测量结果，可得标准不确定度为：

$$u_2(C_a)=\frac{4.3}{\sqrt{3}}=2.5(\text{mm})$$

则标准器引入的标准不确定度为：

$$u(C_a)=\sqrt{u_1(C_a)^2+u_2(C_a)^2}=\sqrt{0.87^2+2.5^2}=2.65(\text{mm})$$

C.5 标准不确定度分量一览表

标准不确定度分量一览表见表C.2。

表 C.2 标准不确定度分量一览表

序号	输入量的标准不确定度			灵敏系数	输出量的标准不确定度分量
	来 源	符 号	数 值		
1	被校检测仪	u (C)	10.74 mm	$1/C_a$	0.134%
1.1	测量重复性	u_1 (C)	10.74 mm	——	10.74 mm
1.2	数显量化误差	u_2 (C)	0.3 mm	——	0.3 mm
2	标准器	u (C_a)	2.65 mm	$-C/C_a^2$	0.033%
2.1	激光测距仪	u_1 (C_a)	0.87 mm	——	0.87 mm
2.2	人工测量	u_2 (C_a)	2.5 mm	——	2.5 mm

注：以长度为例，检测仪 C 为 8 000 mm、标准值 C_a 为 8 000 mm。

C.6　合成标准不确定度评定

$$u_c(\delta)=\sqrt{(0.134\%)^2+(0.033\%)^2}=0.14\%$$

C.7　扩展不确定度评定

取包含因子 $k=2$，所以：

$$U=0.14\%\times 2=0.28\%$$

C.8　测量不确定度报告

由上述分析得到检测仪长度示值误差的扩展不确定度 $U=0.28\%$。

C.9　主要标准不确定度汇总表

主要标准不确定度汇总表见表 C.3。

表 C.3　主要标准不确定度汇总表

序号	标准不确定度		
	符号	来源	数值
1	u (C)	被校检测仪引入的标准不确定度分量	10.74 mm
1.1	u_1 (C)	被校检测仪测量重复性引入的标准不确定度分量	10.74 mm
1.2	u_2 (C)	被校检测仪示值数显量化误差引入的标准不确定度分量	0.3 mm
2	u (C_a)	标准器引入的标准不确定度分量	2.65 mm
2.1	u_1 (C_a)	激光测距仪引入的标准不确定度分量	0.87 mm
2.2	u_2 (C_a)	人工测量引入的标准不确定度分量	2.5 mm
合成标准不确定度	u_c (δ)	0.14%	
扩展不确定度	U $k=2$	0.28%	

C.10　不确定度概算表

根据检测仪校准规范要求，即长度校准点选取约为 8 000 mm、12 000 mm 和 16 000 mm；宽度校准点选取产品说明书宽度最大量程的 60%、70%和 90%；高度校准点选取约为 2 000 mm、3 000 mm 和 4 000 mm，其长度、宽度、高度的测量不确定度分别见表 C.4、表 C.5 和表 C.6。

表 C.4 长度校准点不确定度概算表

校准点 mm	不确定度分量 mm						$u_c(\delta)$ %	$U(k=2)$ %
	$u(C)$	$u_1(C)$	$u_2(C)$	$u(C_a)$	$u_1(C_a)$	$u_2(C_a)$		
8 000	10.74	10.74	0.3	2.65	0.87	2.5	0.14	0.28
12 000	12.59	12.59	0.3	2.65	0.87	2.5	0.11	0.22
16 000	14.38	14.38	0.3	2.65	0.87	2.5	0.10	0.20

ICS 43.020
T 09

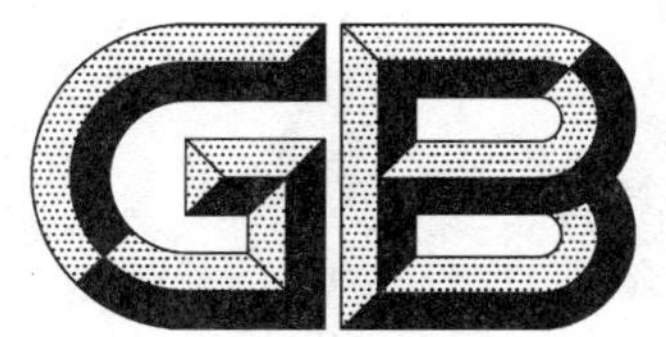

中华人民共和国国家标准

GB 7258—2017
代替 GB 7258—2012

机动车运行安全技术条件

Technical specifications for safety of power-driven vehicles operating on roads

2017-09-29 发布　　　　2018-01-01 实施

中华人民共和国国家质量监督检验检疫总局
中国国家标准化管理委员会　发布

前　言

本标准的全部技术内容为强制性。

本标准按照 GB/T 1.1—2009 给出的规则起草。

本标准代替 GB 7258—2012《机动车运行安全技术条件》。与 GB 7258—2012 相比，除编辑性修改外主要技术变化如下：

——修改了汽车的术语和定义（见 3.2，2012 年版的 3.2）；

——修改了乘用车、客车的术语和定义（见 3.2.1.1、3.2.1.3，2012 年版的 3.2.1.1、3.2.1.2），增加了旅居车、未设置乘客站立区的客车、未设置乘客站立区的公共汽车、专用客车、设有乘客站立区的客车的术语和定义（见 3.2.1.2、3.2.1.3.1、3.2.1.3.1.3、3.2.1.3.1.4、3.2.1.3.2）；

——修改了载货汽车的术语和定义（见 3.2.2，2012 年版的 3.2.2）；

——删除了危险货物运输车的术语和定义（见 2012 年版的 3.2.2.3）；

——修改了专项作业车的术语和定义（见 3.2.3，2012 年版的 3.2.3）；

——修改了两用燃料汽车、双燃料汽车的术语和定义（见 3.2.5、3.2.6，2012 年版的 3.2.5、3.2.6）；

——修改了纯电动汽车、插电式混合动力汽车、燃料电池汽车的术语和定义（见 3.2.7、3.2.8、3.2.9，2012 年版的 3.2.7、3.2.8、3.2.9）；

——修改了中置轴挂车的术语和定义（见 3.3.2，2012 年版的 3.3.2）；

——增加了旅居挂车的术语和定义（见 3.3.4）；

——修改了铰接列车的术语和定义（见 3.4.3，2012 年版的 3.4.3）；

——增加了危险货物运输车辆的术语和定义（见 3.5）；

——修改了摩托车、两轮普通摩托车、正三轮摩托车、两轮轻便摩托车的术语和定义（见 3.6、3.6.1.1、3.6.1.3、3.6.2.1，2012 年版的 3.5、3.5.1.1、3.5.1.3、3.5.2.1）；

——修改了车身前部外表面设置的商标或厂标的要求（见 4.1.1，2012 年版的 4.1.1）；

——修改了产品标牌的标示要求（见表 1，2012 年版的表 1）；

——修改了货车、货车底盘改装的专项作业车和挂车的车辆识别代号打刻位置要求及总质量小于或等于 3 500 kg 的封闭式货车的打刻深度要求（见 4.1.3，2012 年版的 4.1.3），增加了打刻车辆识别代号（或产品识别代码、整车型号和出厂编号）的部件不应采用凿改、重新涂漆的方式处理、汽车和挂车打刻的车辆识别代号应能拍照、打刻的车辆识别代号（或产品识别代码、整车型号和出厂编号）总长度应小于或等于 200 mm 且字母和数字的字体和大小应相同、起止标记（如有）与字母数字的间距应紧密均匀、打刻的车辆识别代号可按 GB 16735 的规定重新标示或变更的要求（见 4.1.3）；

——修改了轮边电机、轮毂电机的标识要求（见 4.1.4，2012 年版的 4.1.4）；

——修改了电子控制单元（ECU）应能记载车辆识别代号等特征信息的车型范围和读取等要求（见 4.1.5、2012 年版的 4.1.5）；

——增加了总质量大于或等于 12 000 kg 的部分货车和总质量大于或等于 10 000 kg 的部分挂车应在货箱（常压罐体）打刻至少两个车辆识别代号的要求（见 4.1.8）；

——增加了罐式危险货物运输车辆的罐体或与罐体焊接的支座的右侧应有金属的罐体铭牌，罐体铭牌应标注唯一性编码、罐体设计代码、罐体容积等信息的要求（见 4.1.9）；

——增加了对机动车进行修理或改装时不应破坏或未经授权修改电子控制单元（ECU）等记载的车辆识别代号的要求（见 4.1.10）；

——修改了警用摩托车、发动机排量大于或等于 800 mL 或电机额定功率总和大于或等于 40 kW 的两轮普通摩托车的外廓尺寸限值要求(见表 2 的注 a,2012 年版的表 2);
——删除了后悬要求(见 2012 年版的 4.3);
——删除了汽车或汽车列车驱动轴的轴荷应大于或等于汽车或汽车列车总质量的 25%的要求(见 2012 年版的 4.5.1.4);
——修改了乘客舱内部宽度、驾驶室(区)内部宽度的说明(见 4.4.2.1 的注、4.4.4.1 的注,2012 年版的 4.5.2.1、4.5.4.1);
——增加了座垫宽、座垫深的说明(见 4.4.2.2 的注 4、注 5),以及旅居车和部分乘用车设置有后向座椅、侧向座椅时的核载要求(见 4.4.2.3、4.4.2.4),修改了旅居车核定乘员数要求(见 4.4.2.5,2012 年版的 4.5.2.3);
——增加了未设置乘客站立区的客车的核定乘员数应小于或等于 56 人的要求(见 4.4.3.5);
——增加了专项作业车(消防车除外)核定乘坐人数应小于或等于 9 人、危险货物运输货车的核定乘坐人数应小于或等于 3 人的要求(见 4.4.4.5),修改了摩托车核定乘坐人数要求(见 4.4.5.1,2012 年版的 4.5.5.1);
——修改了设计和制造上具有行动不便乘客(如轮椅乘坐者)乘坐设施的载客汽车、装备有担架的救护车等用于载运特定乘客的汽车的核载要求(见 4.4.6.1,2012 年版的 4.5.6.1);
——修改了纯电动汽车的比功率要求(见 4.5,2012 年版的 4.6);
——修改了发动机中置且宽高比小于或等于 0.9 的乘用车、设有乘客站立区的客车、消防车和前轮距小于或等于 460 mm 的正三轮摩托车的侧倾稳定性要求(见 4.6.1、4.6.3、4.6.4,2012 年版的 4.7.1、4.7.3);
——修改了电动汽车操纵件、指示器及信号装置的图形标志要求,以及多用途货车、罐式危险货物运输车辆、冷藏车的喷涂要求(见 4.7.1、4.7.6,2012 年版的 4.8.1、4.8.6);
——修改了放大的号牌号码的喷涂/粘贴/放置要求及载客汽车的外观喷涂、行李舱可运载的最大行李总质量的标识要求(见 4.7.7、4.7.8,2012 年版的 4.8.7、4.8.8);
——增加了部分最大设计车速小于 70 km/h 的汽车应在车身后部喷涂/悬挂表示最大设计车速的标记的要求(见 4.7.11);
——删除了机动车外观应整洁的要求(见 2012 年版的 4.9.1);
——修改了机动车的漏水、漏油检查要求(见 4.9、4.10,2012 年版的 4.10、4.11);
——修改了行驶轨迹要求(见 4.12,2012 年版的 4.13);
——修改了驾驶人耳旁噪声要求(见 4.13,2012 年版的 4.14、附录 A);
——修改了产品使用说明书的要求(见 4.15,2012 年版的 4.16);
——增加了乘用车列车的特殊要求(见 4.16);
——增加了专项作业车及其他装备有专用仪器或设备的汽车,装备的专用仪器和设备应固定可靠的要求(见 4.17.1);
——增加了部分客车应装备车道保持辅助系统和自动紧急制动系统的要求(见 4.17.3);
——增加了车高大于或等于 3.7 m 的未设置乘客站立区的客车应装备电子稳定性控制系统的要求(见 4.17.4);
——增加了车辆运输车应符合 GB/T 26744 的要求(见 4.17.5);
——增加了插电式混合动力汽车的纯电动续驶里程要求(见 4.17.6);
——增加了新出厂的机动车的安全装置配备、质量和尺寸参数偏差及在用的货车、挂车的相关要求(见 4.17.7);
——增加了对采用了主被动安全新技术、新装置、新结构的机动车的特殊规定(见 4.17.8);
——删除了发动机应有良好的起动性能、汽车(三轮汽车和装用单缸柴油机的低速货车除外)发动

机应能由驾驶人在座位上起动的要求(见 2012 年版的 5.2);
——增加了纯电动汽车的电机系统应运转平稳的要求(见 5.4);
——修改了允许使用方向盘转向的摩托车类型(见 6.1,2012 年版的 6.1);
——删除了装有电动转向助力装置的汽车在产品使用说明书规定的正常使用状态下应保证转向助力装置的电能供应的要求(见 2012 年版的 6.9);
——删除了汽车和汽车列车的通过性要求(见 2012 年版的 6.10);
——增加了危险货物运输半挂车、三轴的栏板式和仓栅式半挂车的所有车轮应装备盘式制动器的要求(见 7.2.6);
——增加了所有客车、危险货物运输车辆及总质量大于 3 500 kg 的货车、专项作业车和半挂车(具有全轮驱动功能的货车和专项作业车除外)的所有行车制动器应装备制动间隙自动调整装置的要求(见 7.2.7);
——增加了采用气压制动的汽车、挂车的制动响应时间要求(见 7.2.10);
——删除了汽车列车行车制动系的设计和制造应保证挂车最后轴制动动作滞后于牵引车前轴制动动作的时间小于或等于 0.2 s 的要求(见 2012 年版的 7.2.10);
——增加了货车列车和铰接列车行车制动系的匹配要求(见 7.2.11);
——修改了应装备防抱制动装置的机动车范围(见 7.2.12、2012 年版的 7.2.11),增加了总质量大于或等于 12 000 kg 的危险货物运输货车应装备电控制动系统的要求(见 7.2.12);
——增加了防抱制动装置的特殊要求(见 7.2.13);
——增加了自学用车的行车制动应装备有副制动装置的要求(见 7.2.14);
——增加了采用气压制动的汽车、挂车在设计和制造上应具有可用于测试制动管路压力的连接器的要求(见 7.2.15);
——删除了应急制动可以是行车制动系统具有应急特性或是与行车制动分开的系统的要求(见 2012 年版的 7.3.3);
——增加了部分汽车的剩余制动性能要求(见 7.3.5);
——修改了辅助制动装置的配置要求和性能要求(见 7.5.1,2012 年版的 7.5),增加了装备电涡流缓速器的汽车其电涡流缓速器的安装部位应设置温度报警系统或自动灭火装置的要求(见 7.5.2);
——修改了气压制动管路的密封性要求(见 7.7.1,2012 年版的 7.7.1);
——增加了车长大于 9 m 的客车、总质量大于或等于 12 000 kg 的货车和货车底盘改装的专项作业车采用气压制动时储气筒的额定工作气压要求(见 7.8.1);
——增加了采用气压制动的汽车和具有储气筒的挂车应标示储气筒额定工作气压的要求(见 7.8.5);
——增加了安装制动间隙自动调整装置的部分汽车的报警装置要求(见 7.9.5);
——修改了乘用车列车的制动距离和制动稳定性要求,以及部分汽车和汽车列车的试验通道宽度要求(见表 3、表 4,2012 年版的表 3、表 4);
——删除了应急制动性能检验要求(见 2012 年版的 7.10.3);
——修改了驻车制动性能的检验时间要求(见 7.10.3,2012 年版的 7.10.4);
——增加了挂车的台试检验制动力要求(见表 5),修改了总质量小于或等于整备质量的 1.2 倍的专项作业车的空载制动力总和与整车重量的百分比要求(见表 5,2012 年版的表 6);
——修改了允许闪烁的外部灯具的范围(见 8.1.2,2012 年版的 8.1.2);
——修改了仪表灯的点亮要求(见 8.3.1,2012 年版的 8.3.1);
——修改了应装备车身反光标识的车辆类型(见 8.4.1、8.4.2,2012 年版的 8.4.1、8.4.2),增加了后部车身反光标识的面积要求(见 8.4.1);
——修改了应装备反射器型车身反光标识的车辆类型,修改了车型车身反光标识粘贴式样要求(见

8.4.5,2012 年版的 8.4.5);

——增加了安装有自适应前照明系统的应符合 GB/T 30036 的规定的要求(见 8.5.1.2);

——增加了部分汽车应具有前照灯光束高度调整装置/功能的要求(见 8.5.1.4);

——修改了前照灯光束照射位置要求(见 8.5.3.1、8.5.3.3,2012 年版的 8.5.3.1、8.5.3.3);

——增加了乘用车、专用校车喇叭在车钥匙取下及车门锁止时在车内仍能正常使用的要求(见 8.6.1);

——删除了发电机技术性能应良好及蓄电池应能保持常态电压的要求(见 2012 年版的 8.6.2),修改了电器导线的耐温要求(见 8.6.2,2012 年版的 8.6.2);

——修改了机动车装备的仪表内容显示的要求(见 8.6.3,2012 年版的 8.6.3);

——修改了行驶记录装置的技术要求及应装备行驶记录装置和车内外视频监控录像系统的车辆类型(见 8.6.5,2012 年版的 8.6.5),增加了车内外视频监控录像系统的摄像头配备等相关要求(见 8.6.5);

——增加了乘用车应配备事件数据记录系统(EDR)或车载视频行驶记录装置的要求(见 8.6.6);

——增加了总质量大于或等于 12 000 kg 的货车应装备车辆右转弯音响提示装置的要求(见 8.6.7);

——增加了危险货物运输车辆的电路系统应符合 GB 21668 的规定的要求(见 8.6.8);

——增加了车身外部设有广告屏(箱)的汽车和挂车应保证广告屏(箱)在车辆行驶状态下处于关闭状态的要求(见 8.6.9);

——增加了旅居车和旅居挂车电气系统的特殊要求(见 8.6.10);

——增加了总质量大于 3 500 kg 的货车、挂车(封闭式货车、旅居挂车等特殊用途的挂车除外)装用轮胎的总承载能力应小于或等于总质量的 1.4 倍的要求(见 9.1.1);

——增加了发动机中置且宽高比小于或等于 0.9 的乘用车不应使用轮胎名义宽度小于或等于 155 mm 规格的轮胎及设置了车内随行物品存放区的公路客车的后轮轮胎特殊要求(见 9.1.5);

——修改了摩托车轮胎胎冠花纹深度要求(见 9.1.6,2012 年版的 9.1.6);

——增加了客车、货车的车轮及车轮上的所有螺栓、螺母不应安装有碍于检查其技术状况的装饰罩或装饰帽,且车轮螺母、轮毂罩盖和保护装置不应有任何蝶形凸出物的要求(见 9.2.1);

——增加了部分客车和危险货物运输货车的转向轮应装备轮胎爆胎应急防护装置的要求(见 9.2.4);

——删除了部分乘用车的悬架特性要求(见 2012 年版的 9.3.5);

——增加了部分危险货物运输车辆和半挂车应装备空气悬架的要求(见 9.4);

——修改了自动变速器的换挡动作要求(见 10.2.1,2012 年版的 10.2.1),增加了变速器出现功能限制使用情形时对驾驶人应有警示信息提示的要求(见 10.2.1);

——修改了纯电动汽车和插电式混合动力汽车通过改变电机旋转方向实现前进和倒车两个行驶方向转换的操作安全要求(见 10.2.4,2012 年版的 10.2.4);

——修改了车长大于或等于 6 m 的客车的超速报警功能要求(见 10.5.1、2012 年版的 10.5.1);

——增加了三轴及三轴以上货车应具有超速报警功能的要求(见 10.5.2);

——修改了应具有限速功能或配备限速装置的载客汽车范围(见 10.5.3,2012 年版的 10.5.3);

——修改了客车上部结构强度的要求(见 11.2.1,2012 年版的 11.2.1);

——增加了客车车底行李舱净高的要求(见 11.2.5);

——增加了部分公路客车车内随行物品存放区的要求(见 11.2.8);

——增加了公路客车、旅游客车和未设置乘客站立区的公共汽车燃油箱数量和容积的要求(见 11.2.9);

——增加了在设计和制造上不应设置有货厢(货箱)加高、加长、加宽的结构、装置的要求(见 11.3.1);

——修改了中置轴车辆运输列车的主车载货部分的结构要求(见 11.3.4,2012 年版的 11.3.4);

——增加了罐体、货厢(箱)和侧帘式载货车辆、危险货物运输货车燃油箱数量和容积的相关要求(见 11.3.6～11.3.12);

——增加了前轮距小于或等于460 mm的正三轮摩托车的特殊要求(见11.4.4);
——增加了旅居车的乘客门要求(见11.5.2);
——修改了乘客门开启的要求和车长大于9 m的未设置乘客站立区的客车的乘客门数量要求(见11.5.4,2012年版的11.5.4);
——修改了汽车车窗采用安全玻璃类型的表述(见11.5.6,2012年版的11.5.6);
——修改了部分汽车车窗玻璃的可见光透射比要求(见11.5.7,2012年版的11.5.7);
——增加了客车、旅居车、专项作业车乘坐区的两侧应设置车窗的要求(见11.5.8);
——增加了电动天窗的相关要求(见11.5.9);
——增加了使用遥控钥匙的汽车的特殊要求(见11.5.10);
——增加了所有乘员座椅及其布置应能保证就坐乘客的乘坐空间的要求(见11.6.2);
——修改了车长小于6 m的乘用车、旅居车的座椅布置要求(见11.6.3,2012年版的11.6.3);
——删除了客车车组人员若为折叠座椅时的相关要求(见2012年版的11.6.5);
——增加了客车(乘坐人数小于20的专用客车除外)踏步区域不应设置座椅、乘客通道内不应设置供乘客使用的折叠座椅、应急门引道处座椅布置和测量及设有乘客站立区的客车应安装供站立乘客用的护栏、扶手等装置的要求(见11.6.5);
——增加了客车座椅在车辆横向上不应采用"2+3"布置(最后一排座椅除外)的要求(见11.6.6);
——增加了两轮普通摩托车、两轮轻便摩托车和边三轮摩托车主车驾乘人员的座垫长度要求,以及装有与后轮对称分布的两个前轮的正三轮摩托车的驾驶人座位和乘员座位(如有)的布置要求(见11.6.10);
——修改了发动机舱应使用的隔音、隔热材料的阻燃性能应达到GB 8410规定的A级的要求的客车的类型(见11.7.2,2012年版的11.7.2);
——增加了汽车(无驾驶室的汽车除外)应设置用于电子标识安装的微波窗口的要求(见11.9);
——增加了部分货车、货车底盘改装的专项作业车、挂车的防飞溅系统要求(见11.10.1);
——修改了应装备汽车安全带的座椅范围(见12.1.1,2012年版的12.1.1);
——修改了应装备三点式(或全背带式)汽车安全带的座椅范围(见12.1.2,2012年版的12.1.2);
——增加了能折叠进入车辆的后部或行李舱的整体座椅或座垫或靠背的相关要求(见12.1.4);
——修改了应装备驾驶人汽车安全带佩戴提醒装置的车辆类型和功能要求(见12.1.5,2012年版的12.1.5);
——增加了部分载客汽车应装备能有效固定轮椅、担架的安全带或其他约束装置的要求(见12.1.7);
——修改了间接视野要求(见12.2.1、12.2.2、12.2.3,2012年版的12.2.1、12.2.2、12.2.3);
——增加了自学用车应安装有符合规定的辅助后视镜的要求(见12.2.6);
——增加了客车应设置与其乘坐人数相匹配数量的乘客门、应急窗的要求(见12.4.1.1);
——修改了撤离舱口的设置要求(见12.4.1.2,2012年版的12.4.1.2);
——增加了客车不应安装有其他固定、锁止应急门的装置的要求(见12.4.2.5);
——修改了应急窗的面积要求(见12.4.3.1,2012年版的12.4.3.1);
——修改了应急窗的开启方式要求(见12.4.3.2,2012年版的12.4.3.2);
——修改了设有乘客站立区的客车的应急窗的型式要求(见12.4.3.3,2012年版的12.4.3.2);
——增加了未设置乘客站立区的客车的应急出口形式要求及自动破窗功能要求(见12.4.3.4);
——增加了应急出口字样的字体高度要求(见12.4.4.1);
——增加了不准许用户改动燃料种类的要求(见12.5.1);
——修改了车用气瓶出气(液)口端的过流保护功能要求(见12.6.1,2012年版的12.6.1);
——增加了液化天然气管路减压阀不应设置在密封空间或其上部有相对密封气穴的位置的要求(见12.6.4);

——增加了加气量大于或等于 375 L 的气体燃料车辆应安装导静电橡胶拖地带的要求(见 12.6.8);
——增加了安装在汽车后轴之后的钢瓶后方应采取有效防护措施的要求(见 12.6.12);
——增加了货车列车、铰接列车牵引杆孔、牵引座牵引销的规格应与其挂车总质量相匹配的要求(见 12.7.2);
——增加了牵引连接件、牵引杆孔、牵引座牵引销、连接钩及环形孔等机械连接件的规定(见 12.7.4);
——增加了货车、专项作业车的前下部防护要求(见 12.8);
——修改了应提供后下部防护的货车、专项作业车范围(见 12.9.3,2012 年版的 12.8.3);
——修改了客车灭火装置的配置要求(见 12.10.2,2012 年版的 12.9.2、12.9.3);
——增加了车长大于或等于 6 m 的纯电动客车和插电式混合动力客车电池箱安全防护的特殊要求(见 12.10.3);
——增加了公共汽车客舱固定灭火系统的性能要求(见 12.10.4);
——修改了封闭式货车的隔离装置的要求(见 12.11.3,2012 年版的 12.10.3);
——增加了安装有起重尾板的货车和挂车的特殊安全防护要求(见 12.11.4、12.11.5);
——修改了专门用于运送易燃和易爆物品的危险货物运输车辆的排气管布置和导静电橡胶拖地带要求(见 12.12.1,2012 年版的 12.11.1);
——修改了罐式危险货物运输车辆罐体顶部的倾覆保护装置要求(见 12.12.2,2012 年版的 12.11.2);
——增加了装有紧急切断装置的罐式危险货物运输车辆的紧急切断阀应能自动关闭或通过明显的信号装置提示驾驶人需要关闭紧急切断阀的要求(见 12.12.4);
——增加了纯电动汽车、插电式混合动力汽车的特殊安全防护要求(见 12.13);
——增加了汽车(无驾驶室的三轮汽车除外)应装备 1 件反光背心及车长大于或等于 6 m 的客车和总质量大于 3500kg 的货车应装备至少 2 个停车楔的要求(见 12.15.2);
——增加了旅居车应在前后部设置保险杠及在前风窗玻璃上装有除雾、除霜装置的要求(见 12.15.3、12.15.4);
——修改了机动车排气管口的朝向要求(见 12.15.7,2012 年版的 12.13.7);
——增加了旅居车应装备灭火器的要求(见 12.15.8);
——增加了两轮普通摩托车应配备 1 个乘员头盔的要求(见 12.15.9);
——删除了典型车身反光标识粘贴示例要求(见 2012 年版的附录 B)。

本标准由中华人民共和国公安部提出并归口。

本标准负责起草单位:公安部交通管理科学研究所、交通运输部公路科学研究院、中国汽车技术研究中心。

本标准参加起草单位:公安部道路交通安全研究中心、成都市公安局交通管理局车辆管理所、中国公路学会客车分会、天津摩托车技术中心、上海外高桥出入境检验检疫局。

本标准主要起草人:应朝阳、周炜、王学平、孙巍、何勇、孙枝鹏、裴志浩、罗跃、潘汉中、张国胜、朱彤、刘欣、黄卫东、舒强、吴云强、仝晓平、刘地、穆文浩、董金松、何云堂、王艺帆、龚标、李毅、贾国强。

本标准所代替标准的历次版本发布情况为:

——GB 7258—1987、GB 7258—1997、GB 7258—2004、GB 7258—2012。

引　言

GB 7258 是我国机动车国家安全技术标准的重要组成部分，是进行注册登记检验和在用机动车检验、机动车查验等机动车运行安全管理及事故车检验最基本的技术标准，同时也是我国机动车新车定型强制性检验、新车出厂检验和进口机动车检验的重要技术依据之一。

需要说明的是：

a) 有轨电车属于《中华人民共和国道路交通安全法》规定的机动车（即道路机动车辆），但其结构和技术特性与汽车、轮式专用机械车等其他道路机动车辆有明显的差异，故不适用 GB 7258；

b) 鉴于轮式专用机械车的种类繁多、功能各异，GB 7258 未对其外廓尺寸、轴荷及质量参数、转向性能、制动性能、外部照明和信号装置及电气设备、车身、安全防护装置等参数和要求作出具体规定；

c) 叉车不属于道路机动车辆，鉴于其外型和结构的特殊性，不适于在道路上行驶和使用。

机动车运行安全技术条件

1 范围

本标准规定了机动车的整车及主要总成、安全防护装置等有关运行安全的基本技术要求，以及消防车、救护车、工程救险车和警车及残疾人专用汽车的附加要求。

本标准适用于在我国道路上行驶的所有机动车，但不适用于有轨电车及并非为在道路上行驶和使用而设计和制造、主要用于封闭道路和场所作业施工的轮式专用机械车。

注：有轨电车是指以电机驱动，架线供电，有轨道承载的道路车辆。

2 规范性引用文件

下列文件对于本文件的应用是必不可少的。凡是注日期的引用文件，仅注日期的版本适用于本文件。凡是不注日期的引用文件，其最新版本(包括所有的修改单)适用于本文件。

GB 811 摩托车乘员头盔

GB 1589 汽车、挂车及汽车列车外廓尺寸、轴荷及质量限值

GB/T 2408—2008 塑料 燃烧性能的测定 水平法和垂直法

GB/T 3181 漆膜颜色标准

GB 4094 汽车操纵件、指示器及信号装置的标志

GB/T 4094.2 电动汽车操纵件、指示器及信号装置的标志

GB 4599 汽车用灯丝灯泡前照灯

GB 4785 汽车及挂车外部照明和光信号装置的安装规定

GB 5948 摩托车白炽丝光源前照灯配光性能

GB 7956.1 消防车 第1部分:通用技术条件

GB 8108 车用电子警报器

GB/T 8196 机械安全 防护装置 固定式和活动式防护装置设计与制造一般要求

GB 8410 汽车内饰材料的燃烧特性

GB 9656 汽车安全玻璃

GB 10396 农林拖拉机和机械、草坪和园艺动力机械 安全标志和危险图形 总则

GB 11567 汽车及挂车侧面和后下部防护要求

GB/T 12428 客车装载质量计算方法

GB 12676 商用车辆和挂车制动系统技术要求及试验方法

GB 13057 客车座椅及其车辆固定件的强度

GB 13365 机动车排气火花熄灭器

GB 13392 道路运输危险货物车辆标志

GB 13954 警车、消防车、救护车、工程救险车标志灯具

GB/T 14172 汽车静侧翻稳定性台架试验方法

GB 15084 机动车辆 间接视野装置 性能和安装要求

GB 15365 摩托车和轻便摩托车操纵件、指示器及信号装置的图形符号

GB 16735 道路车辆 车辆识别代号(VIN)

GB 17352 摩托车和轻便摩托车后视镜的性能和安装要求

GB 17578 客车上部结构强度要求及试验方法

GB/T 17676 天然气汽车和液化石油气汽车 标志

GB 18100.1 摩托车照明和光信号装置的安装规定 第1部分:两轮摩托车

GB 18100.2 摩托车照明和光信号装置的安装规定 第2部分:两轮轻便摩托车

GB 18100.3 摩托车照明和光信号装置的安装规定 第3部分:三轮摩托车

GB/T 18411 道路车辆 产品标牌

GB 18447.1 拖拉机 安全要求 第1部分:轮式拖拉机

GB 18564.1 道路运输液体危险货物罐式车辆 第1部分:金属常压罐体技术要求

GB 18564.2 道路运输液体危险货物罐式车辆 第2部分:非金属常压罐体技术要求

GB/T 18697 声学 汽车车内噪声测量方法

GB/T 19056 汽车行驶记录仪

GB 19151 机动车用三角警告牌

GB 19152 发射对称近光和/或远光的机动车前照灯

GB 20074 摩托车和轻便摩托车外部凸出物

GB 20075 摩托车乘员扶手

GB 20300 道路运输爆炸品和剧毒化学品车辆安全技术条件

GB 21259 汽车用气体放电光源前照灯

GB 21668 危险货物运输车辆结构要求

GB 23254 货车及挂车 车身反光标识

GB 24315 校车标识

GB 24406 专用校车学生座椅系统及其车辆固定件的强度

GB 24407 专用校车安全技术条件

GB/T 24545 车辆车速限制系统技术要求

GB/T 25978 道路车辆 标牌和标签

GB 25990 车辆尾部标志板

GB 25991 汽车用LED前照灯

GB 26511 商用车前下部防护要求

GB/T 26774 车辆运输车通用技术条件

GB/T 30036 汽车用自适应前照明系统

GB 30678 客车用安全标志和信息符号

GB/T 31883 道路车辆 牵引连接件、牵引杆孔、牵引座牵引销、连接钩及环形孔机械连接件使用磨损极限

GB 34655 客车灭火装备配置要求

GA 524 2004式警车汽车类外观制式涂装规范

GA 525 2004式警车摩托车类外观制式涂装规范

GA 923 公安特警专用车辆外观制式涂装规范

GA 1264 公共汽车客舱固定灭火系统

3 术语和定义

下列术语和定义适用于本文件。

3.1

机动车 power-driven vehicle

由动力装置驱动或牵引，上道路行驶的供人员乘用或用于运送物品以及进行工程专项作业的轮式车辆，包括汽车及汽车列车、摩托车、拖拉机运输机组、轮式专用机械车、挂车。

3.2

汽车 motor vehicle

由动力驱动、具有四个或四个以上车轮的非轨道承载的车辆，包括与电力线相联的车辆(如无轨电车)；主要用于：

——载运人员和/或货物(物品)；

——牵引载运货物(物品)的车辆或特殊用途的车辆；

——专项作业。

本术语还包括以下由动力驱动、非轨道承载的三轮车辆：

a) 整车整备质量超过 400 kg、不带驾驶室、用于载运货物的三轮车辆；

b) 整车整备质量超过 600 kg、不带驾驶室、不具有载运货物结构或功能且设计和制造上最多乘坐 2 人(包括驾驶人)的三轮车辆；

c) 整车整备质量超过 600 kg 的带驾驶室的三轮车辆。

3.2.1

载客汽车 passenger vehicle

设计和制造上主要用于载运人员的汽车，包括装置有专用设备或器具但以载运人员为主要目的的汽车。

3.2.1.1

乘用车 passenger car

设计和制造上主要用于载运乘客及其随身行李和/或临时物品的汽车，包括驾驶人座位在内最多不超过 9 个座位。它可以装置一定的专用设备或器具，也可以牵引一辆中置轴挂车。

3.2.1.2

旅居车 motor caravan

装备有睡具(可由桌椅转换而来)及其他必要的生活设施、用于旅行宿营的汽车。

3.2.1.3

客车 bus

设计和制造上主要用于载运乘客及其随身行李的汽车，包括驾驶人座位在内座位数超过 9 个。根据是否设置有站立乘客区，分为未设置乘客站立区的客车和设有乘客站立区的客车。

3.2.1.3.1

未设置乘客站立区的客车 bus without standing passenger area

设计和制造上无乘客站立区、不允许乘客站立、全体乘客均乘坐在座位上或卧睡的客车，包括公路客车、旅游客车、未设置乘客站立区的公共汽车、专用客车等。

3.2.1.3.1.1

公路客车 interurban bus

长途客车

为城间(城乡)运输乘客设计和制造、专门从事旅客运输的客车；包括卧铺客车，即设计和制造供全体乘客卧睡的客车。

3.2.1.3.1.2

旅游客车 touring bus

为旅游设计和制造、专门用于运载游客的客车。

3.2.1.3.1.3

未设置乘客站立区的公共汽车 public bus without standing passenger area

为城市内运输乘客设计和制造，有固定的公交营运线路和车站，主要在城市道路运营的客车。

3.2.1.3.1.4

专用客车 special bus

设计和制造上用于载运特定人员并完成特定功能的客车，如专用校车；也包括装置有专用设备或器具，座位数(包括驾驶人座位)超过 9 个的专用汽车。

3.2.1.3.2

设有乘客站立区的客车 bus with standing passenger area

最大设计车速小于 70 km/h、设有座椅及乘客站立区，并有足够的空间供频繁停站时乘客上下车走动，有固定的公交营运线路和车站，主要在城市建成区运营的客车；也包括无轨电车，即以电机驱动，与电力线相连的客车。

3.2.1.4

校车 school bus

用于有组织地接送 3 周岁以上学龄前幼儿或接受义务教育的学生上下学的 7 座以上的载客汽车。

3.2.1.4.1

幼儿校车 school bus for infants

接送 3 周岁以上学龄前幼儿上下学的校车。

3.2.1.4.2

小学生校车 school bus for primary student

接送小学生上下学的校车。

3.2.1.4.3

中小学生校车 school bus for primary and middle school student

接送九年制义务教育阶段学生(小学生和初中生)上下学的校车。

3.2.1.4.4

专用校车 special school bus

设计和制造上专门用于运送 3 周岁以上学龄前幼儿或义务教育阶段学生的专用客车。

3.2.2

载货汽车 goods vehicle

货车

设计和制造上主要用于载运货物或牵引挂车的汽车，也包括：

a) 装置有专用设备或器具但以载运货物为主要目的的汽车；

b) 由非封闭式货车改装的，虽装置有专用设备或器具，但不属于专项作业车的汽车。

注：封闭式货车是指载货部位的结构为封闭厢体且与驾驶室联成一体，车身结构为一厢式或两厢式的载货汽车。

3.2.2.1

半挂牵引车 semi-trailer towing vehicle

装备有特殊装置用于牵引半挂车的汽车。

3.2.2.2

低速汽车　low-speed vehicle

三轮汽车和低速货车的总称。

3.2.2.2.1

三轮汽车　tri-wheel vehicle

最大设计车速小于或等于 50 km/h 的，具有三个车轮的载货汽车。

[GB 1589—2016，定义 3.4]

3.2.2.2.2

低速货车　low-speed goods vehicle

低速载货汽车

最大设计车速小于 70 km/h 的，具有四个车轮的载货汽车。

[GB 1589—2016，定义 3.5]

3.2.3

专项作业车　special motor vehicle

专用作业车

装置有专用设备或器具，在设计和制造上用于工程专项(包括卫生医疗)作业的汽车，如汽车起重机、消防车、混凝土泵车、清障车、高空作业车、扫路车、吸污车、钻机车、仪器车、检测车、监测车、电源车、通信车、电视车、采血车、医疗车、体检医疗车等，但不包括装置有专用设备或器具而座位数(包括驾驶人座位)超过 9 个的汽车(消防车除外)。

3.2.4

气体燃料汽车　gaseous fuel vehicle

装备以石油气、天然气或煤气等气体为燃料的发动机的汽车。

3.2.5

两用燃料汽车　bi-fuel vehicle

具有两套相互独立的燃料供给系统，且两套燃料供给系统可分别但不可同时向燃烧室供给燃料的汽车，如汽油/压缩天然气两用燃料汽车、汽油/液化石油气两用燃料汽车等。

3.2.6

双燃料汽车　dual-fuel vehicle

具有两套燃料供给系统，且两套燃料供给系统按预定的配比向燃烧室供给燃料，在缸内混合燃烧的汽车，如柴油-压缩天然气双燃料汽车，柴油-液化石油气双燃料汽车等。

3.2.7

纯电动汽车　battery electric vehicle

由电机驱动，且驱动电能来源于车载可充电能量储存系统(REESS)的汽车。

3.2.8

插电式混合动力汽车　plug-in hybrid electric vehicle

具有可外接充电功能，且有一定纯电驱动模式续驶里程的混合动力汽车，包括增程式电动汽车。

3.2.9

燃料电池汽车　fuel cell electric vehicle

以燃料电池作为主要动力电源的汽车。

3.2.10

教练车　training vehicle

专门从事驾驶技能培训的汽车。

3.2.11

残疾人专用汽车　vehicle for handicapped driving

在采用自动变速器的乘用车上加装符合标准和规定的驾驶辅助装置，专门供特定类型的肢体残疾人驾驶的汽车。

3.3

挂车　trailer

设计和制造上需由汽车或拖拉机牵引，才能在道路上正常使用的无动力道路车辆，包括牵引杆挂车、中置轴挂车和半挂车，用于：

——载运货物；

——特殊用途。

3.3.1

牵引杆挂车　draw-bar trailer

全挂车

至少有两根轴的挂车，具有：

——一轴可转向；

——通过角向移动的牵引杆与牵引车联结；

——牵引杆可垂直移动，联结到底盘上，因此不能承受任何垂直力。

3.3.2

中置轴挂车　centre axle trailer

牵引装置不能垂直移动（相对于挂车），车轴位于紧靠挂车的重心（当均匀载荷时）的挂车，这种车辆只有较小的垂直静载荷作用于牵引车，不超过相当于挂车最大质量的10%或10 000 N的载荷（两者取较小者）。其中一轴或多轴可由牵引车来驱动。

[GB 1589—2016，定义3.13]

3.3.3

半挂车　semi-trailer

均匀受载时挂车质心位于车轴前面，装有可将垂直力和/或水平力传递到牵引车的联结装置的挂车。

3.3.4

旅居挂车　caravan

装备有睡具（可由桌椅转换而来）及其他必要的生活设施、用于旅行宿营的挂车，包括中置轴旅居挂车和旅居半挂车。

3.4

汽车列车　combination of vehicles

由汽车（低速汽车除外）牵引挂车组成，包括乘用车列车、货车列车和铰接列车。

3.4.1

乘用车列车　passenger/car trailer combination

乘用车和中置轴挂车的组合。

3.4.2

货车列车　goods road train

货车和牵引杆挂车或中置轴挂车的组合。

3.4.2.1

牵引杆挂车列车　draw-bar trailer combination

全挂拖斗车

全挂汽车列车

货车和牵引杆挂车的组合。

3.4.2.2

中置轴挂车列车　centre axle trailer combination

货车和中置轴挂车的组合。

3.4.3

铰接列车　articulated vehicle

半挂汽车列车

半挂牵引车和半挂车的组合，也包括带有连接板的货车和旅居半挂车的组合。

3.5

危险货物运输车辆　road transportation vehicle for dangerous goods

设计和制造上用于运输危险货物的货车、挂车、汽车列车。

3.6

摩托车　motorcycle and moped

由动力装置驱动的，具有两个或三个车轮的道路车辆，但不包括：

a) 整车整备质量超过 400 kg、不带驾驶室、用于载运货物的三轮车辆；

b) 整车整备质量超过 600 kg、不带驾驶室、不具有载运货物结构或功能且设计和制造上最多乘坐 2 人(包括驾驶人)的三轮车辆；

c) 整车整备质量超过 600 kg 的带驾驶室的三轮车辆；

d) 最大设计车速、整车整备质量、外廓尺寸等指标符合相关国家标准和规定的，专供残疾人驾驶的机动轮椅车；

e) 符合电动自行车国家标准规定的车辆。

3.6.1

普通摩托车　motorcycle

无论采用何种驱动方式，其最大设计车速大于 50 km/h，或如使用内燃机，其排量大于 50 mL，或如使用电驱动，其电机额定功率总和大于 4 kW 的摩托车，包括两轮普通摩托车、边三轮摩托车、正三轮摩托车。

3.6.1.1

两轮普通摩托车　motorcycle with two wheels

车辆纵向中心平面上装有两个车轮的普通摩托车。

3.6.1.2

边三轮摩托车　motorcycle with sidecar

在两轮普通摩托车的右侧装有边车的摩托车。

3.6.1.3

正三轮摩托车　right three-wheeled motorcycle

装有三个车轮，其中一个车轮在纵向中心平面上，另外两个车轮与纵向中心平面对称布置的普通摩托车，包括：

a) 装有与前轮对称分布的两个后轮的摩托车，且如设计和制造上允许载运货物或超过2名乘员(含驾驶人)，其最大设计车速小于70 km/h；

b) 装有与后轮对称分布的两个前轮、设计和制造上不具有载运货物结构且最多乘坐2人(包括驾驶人)的摩托车。

3.6.2

轻便摩托车 moped

无论采用何种驱动方式，其最大设计车速不大于50 km/h的摩托车，且：

——如使用内燃机，其排量不大于50 mL；

——如使用电驱动，其电机额定功率总和不大于4 kW。

3.6.2.1

两轮轻便摩托车 moped with two wheels

车辆纵向中心平面上装有两个车轮的轻便摩托车。

3.6.2.2

正三轮轻便摩托车 right three-wheeled moped

装有与前轮对称分布的两个后轮的轻便摩托车。

3.7

拖拉机运输机组 tractor towing trailer for transportation

由拖拉机牵引一辆挂车组成的用于载运货物的机动车，包括轮式拖拉机运输机组和手扶拖拉机运输机组。

注1：本标准所指的拖拉机是指最高设计车速不大于20 km/h、牵引挂车方可从事道路货物运输作业的手扶拖拉机，和最高设计车速不大于40 km/h、牵引挂车方可从事道路货物运输作业的轮式拖拉机。

注2：手扶拖拉机运输机组还包含手扶变型运输机，即发动机12 h标定功率不大于14.7 kW，采用手扶拖拉机底盘，将扶手把改成方向盘，与挂车连在一起组成的折腰转向式运输机组。

3.8

轮式专用机械车 wheeled mobile machinery for special purposes

轮式自行机械车

有特殊结构和专门功能，装有橡胶车轮可以自行行驶，最大设计车速大于20 km/h的轮式机械，如装载机、平地机、挖掘机、推土机等，但不包括叉车。

3.9

特型机动车 special-sized vehicle

质量参数和/或尺寸参数超出GB 1589规定的汽车、挂车、汽车列车。

4 整车

4.1 整车标志

4.1.1 机动车在车身前部外表面的易见部位上应至少装置一个能永久保持的、与车辆品牌相适应的商标或厂标。

4.1.2 机动车应至少装置一个能永久保持的产品标牌，该标牌的固定、位置及型式应符合GB/T 18411的规定；产品标牌如采用标签标示，则标签应符合GB/T 25978规定的标签一般性能、防篡改性能及防伪性能要求。改装车应同时具有改装后的整车产品标牌及改装前的整车(或底盘)产品标牌。

机动车均应在产品标牌上标明品牌、整车型号、制造年月、生产厂名及制造国，各类机动车产品标牌应标明的其他项目见表1。产品标牌上标明的内容应规范、清晰耐久且易于识别，项目名称均应有中文名称。

表 1　各类机动车产品标牌应补充标明的项目

机动车类型		应补充标明的项目
汽车[a]	载客汽车[b]	车辆识别代号、发动机(内燃机)型号、发动机最大净功率/转速、最大允许总质量(以下简称为“总质量”)、乘坐人数(乘员数)
	载货汽车[c]	车辆识别代号、发动机型号、发动机最大净功率/转速、总质量(半挂牵引车除外)、整车整备质量(以下简称为“整备质量”)、最大允许牵引质量(无牵引功能的货车除外)
	专项作业车[c]	车辆识别代号、发动机型号、发动机最大净功率/转速、总质量、专用功能关键技术参数
挂车		车辆识别代号、总质量、整备质量
摩托车[d]		车辆识别代号、发动机型号[e]、发动机实际排量或最大净功率[e]、整备质量
轮式专用机械车		产品识别代码(或车辆识别代号)、发动机型号、发动机标定功率、整备质量、最大设计车速
组成拖拉机运输机组的拖拉机		出厂编号、发动机标定功率、使用质量
特型机动车		车辆识别代号(或车架号)、发动机型号、发动机最大净功率、总质量、整备质量、外廓尺寸

[a] 纯电动汽车、插电式混合动力汽车、燃料电池汽车还应标明驱动电机型号和峰值功率,动力电池系统额定电压和额定容量(安时数),储氢容器型式、容积、工作压力(燃料电池汽车);纯电动汽车不标发动机相关信息;最大设计车速小于 70 km/h 的汽车(低速汽车、设有乘客站立区的客车除外)还应标明最大设计车速。

[b] 乘用车、旅居车可不标发动机最大净功率转速,但还应标明发动机排量,乘用车具备牵引功能时还应标明最大允许牵引质量。

[c] 总质量小于 12 000 kg 的货车和专项作业车可不标发动机最大净功率转速,半挂牵引车还应标明牵引座最大设计静载荷。

[d] 正三轮摩托车还应标明装载质量或乘坐人数,两轮普通摩托车及两轮轻便摩托车可不标车辆识别代号。

[e] 电动摩托车应标明电机型号、额定功率、额定电压。

4.1.3　汽车、摩托车、挂车应具有唯一的车辆识别代号,其内容和构成应符合 GB 16735 的规定;应至少有一个车辆识别代号打刻在车架(无车架的机动车为车身主要承载且不能拆卸的部件)能防止锈蚀、磨损的部位上。

乘用车的车辆识别代号应打刻在发动机舱内能防止替换的车辆结构件上,或打刻在车门立柱上,如受结构限制没有打刻空间时也可打刻在右侧除行李舱外的车辆其他结构件上;对总质量大于或等于 12 000 kg 的货车、货车底盘改装的专项作业车及所有牵引杆挂车,车辆识别代号应打刻在右前轮纵向中心线前端纵梁外侧,如受结构限制也可打刻在右前轮纵向中心线附近纵梁外侧;对半挂车和中置轴挂车,车辆识别代号应打刻在右前支腿前端纵梁外侧(无纵梁的除外);其他汽车和无纵梁挂车的车辆识别代号、轮式专用机械车的产品识别代码(或车辆识别代号)应打刻在右侧前部的车辆结构件上,如受结构限制也可打刻在右侧其他车辆结构件上。其他机动车(摩托车除外)应在相应的易见位置打刻整车型号和出厂编号,型号在前,出厂编号在后,在出厂编号的两端应打刻起止标记。

打刻车辆识别代号(或产品识别代码、整车型号和出厂编号)的部件不应采用打磨、挖补、垫片、凿改、重新涂漆(设计和制造上为保护打刻的车辆识别代号而采取涂漆工艺的情形除外)等方式处理,从上(前)方观察时打刻区域周边足够大面积的表面不应有任何覆盖物;如有覆盖物,该覆盖物的表面应明确标示“车辆识别代号”或“VIN”字样,且覆盖物在不使用任何专用工具的情况下能直接取下(或揭开)及复原,以方便地观察到足够大的包括打刻区域的表面。

打刻的车辆识别代号(或产品识别代码、整车型号和出厂编号)从上(前)方应易于观察、拓印;对于汽车和挂车还应能拍照。打刻的车辆识别代号的字母和数字的字高应大于或等于 7.0 mm、深度应大于或等于 0.3 mm(乘用车及总质量小于或等于 3 500 kg 的封闭式货车深度应大于或等于 0.2 mm),但摩托车字高应大于或等于 5.0 mm、深度应大于或等于 0.2 mm。打刻的整车型号和出厂编号字高应为 10.0 mm,深度应大于或等于 0.3 mm。打刻的车辆识别代号(或产品识别代码、整车型号和出厂编号)总长度应小于或等于 200 mm,字母和数字的字体和大小应相同(打刻在不同部位的车辆识别代号除外);打刻的车辆识别代号两端有起止标记的,起止标记与字母、数字的间距应紧密、均匀。

车辆识别代号(或产品识别代码、整车型号和出厂编号)一经打刻不应更改、变动,但按 GB 16735 的规定重新标示或变更的除外。同一辆机动车的车架(无车架的机动车为车身主要承载且不能拆卸的部件)上,不应既打刻车辆识别代号(或产品识别代码),又打刻整车型号和出厂编号。同一辆车上标识的所有车辆识别代号内容应相同。

注 1:打刻区域周边足够大面积的表面(足够大的包括打刻区域的表面)是指打刻车辆识别代号的部件的全部表面;但所暴露表面能满足查看打刻车辆识别代号的部件有无挖补、重新焊接、粘贴等痕迹的需要时,也应视为满足要求。

注 2:对摩托车,打刻的车辆识别代号在不举升车辆的情形下可观察、拓印的,视为满足要求。

4.1.4 发动机型号和出厂编号应打刻(或铸出)在气缸体上且应能永久保持,在出厂编号的两端应打刻起止标记(没有打刻起止标记的空间时不打刻);摩托车应在发动机的易见部位铸出商标或厂标,发动机出厂编号应打刻在曲轴箱易见部位,在出厂编号的两端应打刻起止标记(没有打刻起止标记的空间时不打刻);如打刻(或铸出)的发动机型号和出厂编号不易见,则应在发动机易见部位增加能永久保持的发动机型号和出厂编号的标识。

纯电动汽车、插电式混合动力汽车、燃料电池汽车和电动摩托车应在驱动电机壳体上打刻电机型号和编号。对除轮边电机、轮毂电机外的其他驱动电机,如打刻的电机型号和编号被覆盖,应留出观察口,或在覆盖件上增加能永久保持的电机型号和编号的标识;增加的标识应易见,且非经破坏性操作不能被完整取下。

4.1.5 对具有电子控制单元(ECU)的汽车,其至少有一个 ECU 应记载有车辆识别代号等特征信息,且记载的特征信息不应被篡改并能被市场上可获取的工具读取。

4.1.6 乘用车和总质量小于或等于 3 500 kg 的货车(低速汽车除外)应在靠近风窗立柱的位置设置能永久保持的车辆识别代号标识;该标识从车外应能清晰地识读,且非经破坏性操作不能被完整取下。

4.1.7 除按照 4.1.2、4.1.3、4.1.5、4.1.6 标示车辆识别代号之外,乘用车还应在行李舱从车外无法观察但打开后能直接观察的合适位置标示车辆识别代号,并至少在 5 个主要部件上标示车辆识别代号;但如制造厂家使用了能从零部件编号溯及车辆识别代号等车辆唯一性信息的生产管理系统,主要部件上可标示零部件编号。

车辆识别代号或零部件编号应直接打刻或采用能永久保持的标签粘贴在制造厂家规定主要部件的目标区域内,其字码高度应保证内容能清晰确认。

4.1.8 除按照 4.1.2、4.1.3、4.1.5 标示车辆识别代号之外,总质量大于或等于 12 000 kg 的栏板式、仓栅式、自卸式、罐式货车及总质量大于或等于 10 000 kg 的栏板式、仓栅式、自卸式、罐式挂车还应在其货箱或常压罐体(或设计和制造上固定在货箱或常压罐体上且用于与车架连接的结构件)上打刻至少两个车辆识别代号。打刻的车辆识别代号应位于货箱(常压罐体)左、右两侧或前端面且易于拍照,深度、高度和总长度应符合 4.1.3 的规定;且若打刻在货箱(常压罐体)左、右两侧时距货箱(常压罐体)前端面的距离应小于或等于 1 000 mm,若打刻在左、右两侧连接结构件时应尽量靠近货箱(常压罐体)前端面。

4.1.9 危险货物运输车辆的标志应符合 GB 13392 的规定;其中,道路运输爆炸品和剧毒化学品车辆还应符合 GB 20300 的规定。罐式危险货物运输车辆的罐体或与罐体焊接的支座的右侧应有金属的罐体铭牌，罐体铭牌应标注唯一性编码、罐体设计代码、罐体容积等信息。

4.1.10 对机动车进行改装或修理时，不应对车辆识别代号（或整车型号和出厂编号）、发动机型号和出厂编号、零部件编号、产品标牌、发动机标识等整车标志进行遮盖（遮挡）、打磨、挖补、垫片等处理及凿孔、钻孔等破坏性操作，也不应破坏或未经授权修改电子控制单元（ECU）等记载的车辆识别代号。

4.2 外廓尺寸

汽车、挂车及汽车列车的外廓尺寸应符合 GB 1589 的规定，摩托车、拖拉机运输机组的外廓尺寸限值见表 2。

表 2 摩托车、拖拉机运输机组外廓尺寸限值

单位为米

机动车类型		长	宽	高
摩托车	两轮普通摩托车[a]	≤2.50	≤1.00	≤1.40
	边三轮摩托车	≤2.70	≤1.75	≤1.40
	正三轮摩托车	≤3.50	≤1.50	≤2.00
	两轮轻便摩托车	≤2.00	≤0.80	≤1.10
	正三轮轻便摩托车	≤2.00	≤1.00	≤1.10
拖拉机运输机组	轮式拖拉机运输机组	≤10.00[b]	≤2.50	≤3.00[b]
	手扶拖拉机运输机组	≤5.00	≤1.70	≤2.20

[a] 对警用摩托车、发动机排量大于或等于 800 mL 或电机额定功率总和大于或等于 40 kW 的两轮普通摩托车，外廓尺寸限值为长小于或等于 2.80 m，宽小于或等于 1.30 m，高小于或等于 2.00 m。

[b] 对标定功率大于 58 kW 的轮式拖拉机运输机组，长度、高度限值为长小于或等于 12.00 m，高小于或等于 3.50 m。

4.3 轴荷和质量参数

4.3.1 汽车、挂车及汽车列车的轴荷及质量参数应符合 GB 1589 的规定。

4.3.2 机动车在空载和满载状态下，整备质量和总质量应在各轴之间合理分配，轴荷应在左右车轮之间均衡分配。

4.3.3 边三轮摩托车处于空载及满载状态时，边车车轮轮荷应分别为整备质量及总质量的 35%以下。

4.4 核载

4.4.1 质量参数核定

4.4.1.1 机动车最大允许总质量依据发动机功率、最大设计轴荷、轮胎的承载能力及正式批准的技术文件进行核算后，从中取最小值核定。

4.4.1.2 机动车在空载和满载状态下，转向轴轴荷（或转向轮轮荷）分别与该车整备质量和总质量的比值应大于或等于：

——乘用车：30%；

——三轮汽车、正三轮摩托车：18%；

——其他机动车：20%。

铰接列车应在空载和满载状态下对牵引车部分进行核算，铰接客车和铰接式无轨电车应在空载和满载状态下对前车进行核算。

4.4.1.3 清障车在托牵状态下，转向轴轴荷应大于或等于总质量的15%。

4.4.1.4 货车列车的挂车的最大允许装载质量应小于或等于货车的最大允许装载质量。

4.4.1.5 铰接列车的半挂车的总质量应小于或等于半挂牵引车的最大允许牵引质量。

4.4.1.6 轮式拖拉机运输机组的挂拖质量比（挂车最大允许总质量与拖拉机使用质量之比）应小于或等于3。

4.4.2 乘用车、旅居车乘坐人数核定

4.4.2.1 前排座位按乘客舱内部宽度大于或等于1 200 mm时核定2人，大于或等于1 650 mm时核定3人，但每名前排乘员的座垫宽和座垫深均应大于或等于400 mm，且不应作为学生座位核定乘坐人数。

注：前排座位乘客舱内部宽度，系指在两侧门窗下缘延伸至车门后支柱处，量取的车门内饰板间最小值；如车门设计和制造上有搁手区域，则量取搁手平面上方的车门内饰板间最小值。

4.4.2.2 除前排座位外的其他排座位，在能保证与前一排座位的间距大于或等于600 mm且座垫深度大于或等于400 mm（对第二排以后的可折叠座椅座间距大于或等于570 mm且座垫深度大于或等于350 mm）时，按座垫宽每400 mm核定1人；但作为学生座位使用时，对幼儿校车按每280 mm核定1人，对小学生校车按每350 mm核定1人，对中小学生校车按380 mm核定1人。单人座椅座垫宽大于或等于400 mm时核定1人。

注1：学生座位（椅）是指幼儿校车上专门供幼儿乘坐的座位（椅）、小学生校车上专门供小学生乘坐的座位（椅）及中小学生校车上专门供义务教育阶段学生使用的座位（椅）。

注2：可折叠座椅是指靠背、座垫铰接且折叠在一起后能完全收起的座椅。

注3：座间距是指座椅座垫和靠背均未被压陷、座椅处于滑轨中间位置、靠背角度可调式座椅的靠背角度及座椅其他调整量处于制造厂规定的正常使用位置时，在通过（单人）座椅中心线的垂直平面内，在座垫上表面最高点所处平面与地板上方620 mm高度范围内水平测量所得的座椅间距数值。

注4：座垫宽是指在座椅座垫未被压陷时，在座垫最前端以后200 mm（对第二排以后的可折叠座椅为150 mm）处座垫上表面测量所得的座垫宽度数值；对既可分离、又可组合的同排座椅，根据产品使用说明书的标注，选择一种座椅状态测量。

注5：座垫深是指在由制造厂设定的座椅前后位置和靠背角状态，座椅座垫和靠背均未被压陷时，在座垫宽度方向中间位置、沿座垫平面测量取得的座垫最前端至座垫靠背垂直投影面的距离。

4.4.2.3 旅居车、设计和制造上具有行动不便乘客（如轮椅乘坐者）乘坐设施的乘用车，设置有后向座椅时，在与相向座椅的座间距大于或等于1 150 mm且座垫深度大于或等于400 mm时，按座垫宽每400 mm核定1人。

4.4.2.4 旅居车设置的侧向座椅，及车长大于或等于6 m的乘用车设置的侧向座椅和不符合4.4.2.3规定的后向座椅，不核定乘坐人数。

4.4.2.5 旅居车的核定乘员数应小于或等于9人，但车长小于6 m时的核定乘员数应小于或等于6人。车长大于或等于6 m的货车底盘改装的旅居车，驾驶室与旅居车厢之间无法保证人员的走动时，旅居车厢不核定乘坐人数；车长小于6 m的货车底盘改装的旅居车，驾驶室与旅居车厢之间有面积大于或等于4.0×10^5 mm^2且能内接一个500 mm×700 mm矩形的贯通开口时，旅居车厢可核定乘坐人数。旅居车的铺位（包括由桌椅转换而来的铺位）不核定乘坐人数。

4.4.3 客车乘员数核定

4.4.3.1 按乘员质量核定：按GB/T 12428确定。

4.4.3.2 按座垫宽和站立乘客有效面积核定：长条座椅（指座垫靠背均为条形的供两人或多人乘坐的座椅）按座垫宽每400 mm核定1人，但作为学生座位使用时，对幼儿校车按每280 mm（对幼儿专用校车按每330 mm）核定1人，对小学生校车按每350 mm核定1人，对中小学生校车按380 mm核定1人；单人座椅座垫宽大于或等于400 mm（对学生座椅为380 mm）时核定1人。设有乘客站立区的客车，按

GB/T 12428 确定的站立乘客有效面积计算，每 0.125 m^2 核定站立乘客 1 人；双层客车的上层及其他客车不核定站立人数。

4.4.3.3 按卧铺铺位核定：卧铺客车的每个铺位核定 1 人，驾驶人座椅核定 1 人，乘客座椅（包括车组人员座椅）不核定乘坐人数。

4.4.3.4 可折叠的单人座椅及驾驶人座椅 R 点所处的横向垂直平面之前的座椅不应作为学生座位（椅）核定人数。

4.4.3.5 幼儿校车、小学生校车和中小学生校车按 4.4.3.2 和 4.4.3.4 核定乘员数，其他客车以 4.4.3.1、4.4.3.2 及 4.4.3.3 计算的乘员数取最小值核定乘员数。幼儿校车的核定乘员数应小于或等于 45 人，其他校车的核定乘员数应小于或等于 56 人。未设置乘客站立区的客车的核定乘员数应小于或等于 56 人，其中二轴卧铺客车的核定乘员数应小于或等于 36 人，三轴卧铺客车的核定乘员数应小于或等于 40 人。

4.4.4 其他机动车的乘坐人数核定（摩托车除外）

4.4.4.1 驾驶室（区）的前排座位，按驾驶室（区）内部宽度大于或等于 1 200 mm 时核定 2 人，大于或等于 1 650 mm 时核定 3 人，但每名前排乘员的座垫宽和座垫深均应大于或等于 400 mm。

注：驾驶室（区）内部宽度，系指在两侧门窗下缘延伸至车门后支柱处，量取的车门内饰板间最小值；如车门设计和制造上有搁手区域，则量取搁手平面上方的车门内饰板间最小值。

4.4.4.2 双排座位驾驶室的后排座位，按座垫中间位置测量的车身内部宽度，在能保证与前排座位的间距大于或等于 650 mm 且座垫深度大于或等于 400 mm 时，每 400 mm 核定 1 人。

4.4.4.3 带卧铺的货车，卧铺铺位不核定乘坐人数。

4.4.4.4 有驾驶室的拖拉机运输机组和使用方向盘转向的三轮汽车，除驾驶人外可再核定一名乘员，但其座垫宽应大于或等于 350 mm，座椅深应大于或等于 300 mm，且座椅不应增加拖拉机运输机组或三轮汽车的外廓尺寸；不具备上述条件时，只准许乘坐驾驶人 1 人。

4.4.4.5 货车核定乘坐人数应小于或等于 6 人，专项作业车（消防车除外）核定乘坐人数应小于或等于 9 人，危险货物运输货车的核定乘坐人数应小于或等于 3 人。

4.4.5 摩托车乘坐人数核定

4.4.5.1 两轮普通摩托车和前面两个车轮、后面一个车轮的正三轮摩托车，除驾驶人外，有固定座位的再核定乘坐 1 人。

4.4.5.2 边三轮摩托车除驾驶人外，主车和边车有固定座位的各核定乘坐 1 人。

4.4.5.3 正三轮摩托车驾驶室核定乘坐驾驶人 1 人；车厢在有纵向布置（与机动车前进方向相同）的固定座椅（该固定座椅的座垫深度大于或等于 400 mm 且与驾驶人座椅的间距大于或等于 650 mm）时，按座垫宽度每 400 mm 核定 1 人，但最多为 2 人；不具备上述条件时，车厢不核定乘坐人数。

4.4.5.4 轻便摩托车核定乘坐驾驶人 1 人。

4.4.6 特殊规定

4.4.6.1 设计和制造上具有行动不便乘客（如轮椅乘坐者）乘坐设施的载客汽车、装备有担架的救护车等用于载运特定乘客的汽车，设有轮椅（或担架）及其使用者的约束系统时，每一套约束系统核定 1 人，其他座位（座椅）参照 4.4.2.1、4.4.2.2、4.4.2.3、4.4.3 和 4.4.4 核定乘坐人数。

4.4.6.2 消防车、医疗车、体检医疗车等专项作业车的乘坐人数，参照 4.4.2.1、4.4.2.2、4.4.2.3、4.4.3 和 4.4.4 核定。

4.4.6.3 旅居挂车不核定乘坐人数。

4.4.6.4 货车驾驶室（区）以外部位设置的座椅和卧铺不核定乘坐人数。

4.5 比功率

低速汽车及拖拉机运输机组的比功率应大于或等于4.0 kW/t,除无轨电车、纯电动汽车外的其他机动车的比功率应大于或等于5.0 kW/t。

注:比功率为发动机最大净功率(或0.9倍的发动机额定功率或0.9倍的发动机标定功率)与机动车最大允许总质量之比。

4.6 侧倾稳定性及驻车稳定角

4.6.1 按GB/T 14172规定的方法,客车、发动机中置且宽高比小于或等于0.9的乘用车在乘客区满载、行李舱空载的情况下测试时,向左侧和右侧倾斜的侧倾稳定角均应大于或等于28°(对专用校车均应大于或等于32°);且除设有乘客站立区的客车外,在空载、静态条件下,向左侧和右侧倾斜的侧倾稳定角均应大于或等于35°。

注:铰接客车和铰接式无轨电车按前车考核。发动机中置是指发动机缸体整体位于汽车前后轴之间的布置形式。

4.6.2 罐式汽车和罐式挂车在满载、静态状态下,向左侧和右侧倾斜的侧倾稳定角应大于或等于23°。

4.6.3 除消防车外的其他机动车在空载、静态状态下,向左侧和右侧倾斜的侧倾稳定角应大于或等于:

——三轮机动车(包括三轮汽车和三轮摩托车,但不包括前轮距小于或等于460 mm的正三轮摩托车,下同):25°;

——总质量为整备质量的1.2倍以下的机动车:28°;

——总质量不小于整备质量的1.2倍的专项作业车和轮式专用机械车:32°;

——其他机动车(特型机动车、两轮普通摩托车及轻便摩托车除外):35°。

4.6.4 消防车的侧倾稳定性要求应符合GB 7956.1的规定。

4.6.5 两轮普通摩托车、两轮轻便摩托车和前轮距小于或等于460 mm的正三轮摩托车在用撑杆支撑时,向左、向右、向前的驻车稳定角分别应大于或等于9°、5°、6°;在用停车架支撑时,向左、向右、向前的驻车稳定角均应大于或等于8°。

4.7 图形和文字标志

4.7.1 汽车(三轮汽车和装用单缸柴油机的低速货车除外)、摩托车应分别按照GB 4094、GB/T 4094.2和GB 15365的规定设置操纵件、指示器及信号装置的图形标志。

4.7.2 三轮汽车和装用单缸柴油机的低速货车的变速杆、手柄和开关等操纵机构,除作用非常明确的外,应在操纵机构上或其附近用耐久性标志明确标明其功能、操作方向等。标志用操作符号应与背景有明显的色差。

4.7.3 机动车标注的警告性文字应有中文。

4.7.4 旅居车和旅居挂车旅居室内的专用装备设施应明示相应的安全使用规定。

4.7.5 低速汽车和拖拉机运输机组应对需要提醒人们注意的安全事项设置相应的安全标志。安全标志应符合GB 10396的规定。

4.7.6 所有货车(多用途货车除外)和专项作业车(消防车除外)均应在驾驶室(区)两侧喷涂总质量(半挂牵引车为最大允许牵引质量);其中,栏板货车和自卸车还应在驾驶室两侧喷涂栏板高度,罐式汽车和罐式挂车(罐式危险货物运输车辆除外)还应在罐体两侧喷涂罐体容积及允许装运货物的种类。栏板挂车应在车厢两侧喷涂栏板高度。冷藏车还应在外部两侧易见部位上喷涂或粘贴明显的“冷藏车”字样和冷藏车类别的英文字母。喷涂的中文及阿拉伯数字应清晰,高度应大于或等于80 mm。

注:多用途货车是指具有长头车身和驾驶室结构、核定乘坐人数小于或等于5人(含驾驶人)、驾驶室高度小于或等于2 100 mm、货箱栏板上端离地高度小于或等于1 500 mm、最大设计总质量小于或等于3 500 kg的货车。

4.7.7 总质量大于或等于4 500 kg的货车(半挂牵引车除外)和货车底盘改装的专项作业车(消防车除

外)、总质量大于 3 500 kg 的挂车,以及车长大于或等于 6 m 的客车均应在车厢后部喷涂或粘贴/放置放大的号牌号码,总质量大于或等于 12 000 kg 的自卸车还应在车厢左右两侧喷涂放大的号牌号码。受结构限制车厢后部无法粘贴/放置放大的号牌号码时,车厢左右两侧喷涂有放大的号牌号码的,视为满足要求。放大的号牌号码字样应清晰。

4.7.8 所有客车(专用校车和设有乘客站立区的客车除外)及发动机中置且宽高比小于或等于 0.9 的乘用车应在乘客门附近车身外部易见位置,用高度大于或等于 100 mm 的中文及阿拉伯数字标明该车提供给乘员(包括驾驶人)的座位数。具有车底行李舱的客车,应在行李舱打开后前部易见位置设置能永久保持的、标有所有行李舱可运载的最大行李总质量的标识。

4.7.9 专用校车车身外观标识应符合 GB 24315 规定。校车运送学生时,应在前风窗玻璃右下角和后风窗玻璃适当位置各放置一块可以从车外清楚识别的校车标牌;但专门用于接送学生上下学的非专用校车,车身外观标识还应符合专用校车相关规定。

注:非专用校车是指除专用校车外的其他校车。

4.7.10 气体燃料汽车、两用燃料汽车和双燃料汽车应按 GB/T 17676 的规定标注其使用的气体燃料类型。

4.7.11 最大设计车速小于 70 km/h 的汽车(低速汽车、设有乘客站立区的客车除外)应在车身后部喷涂/粘贴表示最大设计车速(单位:km/h)的阿拉伯数字;阿拉伯数字的高度应大于或等于 200 mm,外围应用尺寸相匹配的红色圆圈包围。

4.7.12 教练车应在车身两侧及后部喷涂高度大于或等于 100 mm 的"教练车"等字样。

4.7.13 警车、消防车、救护车和工程救险车以外的机动车,不应喷涂和安装与警车、消防车、救护车和工程救险车相同或相类似的标志图案和灯具。

4.8 外观

4.8.1 机动车各零部件应完好,联接牢固,无缺损。

4.8.2 车体应周正,车体外缘左右对称部位高度差应小于或等于 40 mm。

4.8.3 两轮普通摩托车和轻便摩托车的方向把和导流板等左右对称的零部件离地面高度差应小于或等于 10 mm;正三轮摩托车的驾驶室和车厢等左右对称的零部件离地面高度差应小于或等于 20 mm。

4.9 漏水检查

在发动机运转及停车时,散热器、水泵、缸体、缸盖、暖风装置及所有连接部位均不应有滴漏现象。

4.10 漏油检查

机动车连续行驶距离不小于 10 km,停车 5 min 后观察,不应有滴漏现象。

4.11 车速表指示误差(最大设计车速不大于 40 km/h 的机动车除外)

车速表指示车速 v_1(单位:km/h)与实际车速 v_2(单位:km/h)之间应符合下列关系式:

$$0 \leqslant v_1 - v_2 \leqslant (v_2/10) + 4$$

4.12 行驶轨迹

汽车列车和轮式拖拉机运输机组在平坦、干燥的路面上以 30 km/h 的速度直线行驶时,挂车后轴中心相对于牵引车前轴中心的最大摆动幅度,铰接列车、乘用车列车和中置轴挂车列车应小于或等于 110 mm,牵引杆挂车列车和轮式拖拉机运输机组应小于或等于 220 mm。

4.13 驾驶人耳旁噪声要求

4.13.1 汽车(纯电动汽车、燃料电池汽车和低速汽车除外)驾驶人耳旁噪声声级应小于或等于 90 dB(A)。

4.13.2 测量驾驶人耳旁噪声时：

a) 汽车空载，处于静止状态且置变速器于空挡，发动机应处于额定转速状态（当发动机正常工作状态下无法达到额定转速时，则采用可达到的最大转速进行测量，并对测量转速进行记录说明），门窗紧闭；
b) 测量位置应符合 GB/T 18697 的规定；
c) 环境噪声应低于被测噪声值至少 10 dB(A)；
d) 声级计置于“A”计权、“快”档。

4.14 环保要求

机动车的排气污染物排放及噪声应符合国家环保标准的规定。

4.15 产品使用说明书

4.15.1 机动车的产品使用说明书应用文字标明与车型（整车型号）相一致的以下结构参数和技术特征，必要时还应用图案辅助说明：

——整车产品标牌、按 4.1.3 和 4.1.8 规定打刻的车辆识别代号（或整车型号和出厂编号）、打刻（或铸出的）发动机型号和出厂编号（或电机型号和编号）、标有发动机型号和出厂编号（或电机型号和编号）的标识等标志的具体位置，同车型存在不同打刻位置时应全部予以说明；车辆识别代号（或整车型号和出厂编号）打刻的具体位置还应有图示说明，设计和制造上为保护打刻的车辆识别代号而采取了重新涂漆的工艺时也应予以说明；
——长、宽、高等整车外廓尺寸参数；
——轴荷、整备质量、最大允许总质量等质量参数；
——发动机主要技术参数（如发动机最大净功率/转速、额定功率/转速、最大扭矩/转速）；
——罐体容积及允许装运货物的种类；
——燃料种类及标号；
——机动车整车出厂时所达到的排放水平；
——指定试验条件下的整车燃料消耗量；
——最大设计车速、最大爬坡度等动力性能参数；
——（气压制动系统的）储气筒额定工作压力；
——起步气压的具体数值；
——驱动型式；
——可以使用的轮胎规格、备胎规格，以及轮胎气压等使用注意事项；
——钢板弹簧的形式和规格；
——空气悬挂（如装备）的正常使用状态；
——制造厂设定的（测量座垫深时）座椅前后位置和靠背角状态；
——座椅靠背的正常使用状态；
——侧面及后下部防护装置的材质、结构、尺寸、连接部位和形式、外形；
——封闭式货车隔离装置的承受能力及装载货物注意事项；
——最大设计车速大于 100 km/h 的机动车的车轮动平衡要求；
——车轮定位值；
——制动踏板自由行程的合理范围；
——制动摩擦副的合理使用范围；
——制动液技术要求及合理的更换周期；
——（采用气压制动的汽车）从踩下制动踏板到最不利的制动气室响应时间 A、到主挂间气压控制管路接头处响应时间 B；

——(采用气压制动的挂车)从主挂间气压控制管路接头处到最不利的制动气室响应时间 C；

——燃油(燃气)胶管的合理更换周期；

——变速器功能限制使用的特殊情形(如有)；

——(客车)座位数、站立乘客人数及车内座椅布置示意图；

——(罐式危险货物运输车辆)适装介质列表；

——(罐式危险货物运输车辆)紧急切断装置的类型、安装位置及使用说明；

——涉及安全使用车辆的其他事项；

——按 GB 1589 规定不计入车辆外廓尺寸的部件的名称、位置。

注：对发动机最大净功率、额定功率/转速等发动机主要技术参数，以及车轮动平衡要求、车轮定位值、制动踏板自由行程的合理范围、制动摩擦副的合理使用范围等主要用于车辆维修的技术参数，在其他随车正式文件上有说明的，也视为满足要求。

4.15.2　汽车的产品使用说明书应对其前风窗玻璃处微波窗口的具体位置，以及装备的安全气囊、防抱制动装置、辅助制动装置、限速功能或限速装置、电子稳定性控制系统等安全装置的功能、用法和注意事项等加以说明；装备有安全气囊的汽车，还应在产品使用说明书中明确安全气囊的位置、展开的条件和情形。

4.15.3　具有电子控制单元(ECU)或电子数据接口的汽车，应在产品使用说明书中说明从 ECU 中读取车辆识别代号信息的方法。

4.15.4　配备了事件数据记录系统(EDR)的汽车，其产品使用说明书应：

——包括“本车配备了事件数据记录系统(EDR)”等内容的声明；

——对 EDR 所记录数据项的含义及可能的用途加以说明；

——对 EDR 数据读取工具的获取途径加以说明。

4.15.5　乘用车、旅居车的产品使用说明书应对适合安装的儿童座椅的类型及固定方法加以说明。

4.15.6　具备牵引功能的乘用车，应在其产品使用说明书中对以下事项加以说明：

——最大允许牵引质量(按中置轴挂车有无制动两种情形分别描述)；

——配备的电连接接头对应的国家标准或国际标准号，及各接线的功能；

——配备的连接球头对应的国家标准或国际标准号；

——附加后视镜及支架的安装位置；

——允许牵引的中置轴挂车的尺寸限值；

——乘用车与中置轴挂车的制动系统连接要求及安装和操作说明；

——乘用车列车的驾驶人员要求；

——乘用车列车在行驶中的注意事项。

4.15.7　旅居挂车的产品使用说明书应注明连接装置对应的国家标准或国际标准号，并明示车辆行驶过程中旅居室内不得载人。

4.15.8　纯电动汽车、燃料电池汽车、混合动力汽车的产品说明书中，应注明操作安全和故障防护特殊要求。

4.15.9　专项作业车的产品使用说明书应注明其装备的专用设备或器具的类型、规格、专用功能关键技术参数和专项作业的特殊说明；其他装备有专用仪器或设备的汽车的产品使用说明书，应对其装备的专用设备或器具的类型、规格予以说明。

4.15.10　三轮汽车的产品使用说明书应明示所有操纵机构的操作说明。

4.15.11　轮式专用机械车、特型机动车的产品使用说明书应明示其制造时所执行的相关国家标准和/或行业标准的标准顺序号和年号。

4.15.12　机动车的产品使用说明书的所有文字性内容均应有中文。

4.16 乘用车列车的特殊要求

4.16.1 组成乘用车列车的乘用车应符合以下要求：

a) 乘用车车宽应大于或等于 1 650 mm；

b) 乘用车应装备防抱制动装置；

c) 乘用车应装备符合标准规定的电连接接头，乘用车到挂车输出端的电路容量应大于或等于 20 A；

d) 乘用车应装备符合标准规定的 A50 连接球头，连接球头应位于车辆纵向中心线上（偏差应小于或等于 10 mm）。

4.16.2 组成乘用车列车的中置轴挂车应符合以下要求：

a) 中置轴挂车的总质量应小于或等于 2 500 kg；

b) 中置轴挂车应装备符合标准规定的连接装置；

c) 总质量大于 750 kg 的中置轴挂车应装备制动系统。

4.16.3 乘用车列车应符合以下要求：

a) 乘用车和中置轴挂车的电连接器、电缆线的型号和尺寸相互匹配；

b) 对于全轮和后轮驱动的乘用车，中置轴挂车总质量与乘用车整备质量的比小于或等于 1.5；对于前轮驱动的乘用车，中置轴挂车总质量与乘用车整备质量的比小于或等于 1.0；

c) 对于无制动的中置轴挂车，挂车总质量与乘用车整备质量的比值小于或等于 0.6；

d) 所有车辆牵引支架配备安全链，以保证在列车制动前挂车和牵引车不能分离且挂车具备一定的转向能力；

e) 作用在连接装置上的垂直载荷同时满足：

——大于或等于乘用车最大允许牵引质量的 4%且大于或等于 25 kg；

——小于或等于乘用车最大允许牵引质量的 10%且乘用车后轴轴荷小于或等于允许轴荷。

f) 乘用车列车的比功率大于或等于 20 kW/t；

g) 不使用任何工具即可安全地连接或者断开乘用车和中置轴挂车；

h) 中置轴挂车的转向、制动等信号与乘用车的信号一致。

4.17 其他要求

4.17.1 专项作业车和轮式专用机械车的特殊结构和专用装置不应影响机动车的安全运行；专项作业车及其他装备有专用仪器或设备的汽车，装备的专用仪器和设备应固定可靠。

4.17.2 轮式专用机械车的外廓尺寸、轴荷及质量参数、转向系、制动系、外部照明和信号装置及电气设备、车身、安全防护装置等要求按土方机械相关强制性标准实施。

4.17.3 车长大于 11 m 的公路客车和旅游客车应装备符合标准规定的车道保持辅助系统和自动紧急制动系统。

4.17.4 车高大于或等于 3.7 m 的未设置乘客站立区的客车应装备电子稳定性控制系统，以保证对车辆的防侧翻控制。

4.17.5 车辆运输车应符合 GB/T 26774 的规定。

4.17.6 插电式混合动力汽车的纯电动续驶里程应大于或等于 50 km。

4.17.7 新出厂的机动车，其安全装置的配备应与批准的状态一致，质量和尺寸参数与批准数值的偏差应符合规定。在用的货车、货车底盘改装的专项作业车、挂车，其货厢（罐体）结构及尺寸、钢板弹簧片数及形式、轮胎规格等技术参数和结构特征应与注册登记时一致，整车整备质量、货厢内部尺寸、外廓尺寸（长、宽、高）等主要技术参数应与注册登记时记载的技术参数保持在合理的偏差范围。

4.17.8 采用了主被动安全新技术、新装置、新结构的机动车，新技术、新装置、新结构的性能不应低于本标准及其他机动车强制性国家标准对应的运行安全技术要求。

5 发动机和驱动电机

5.1 发动机应能起动，怠速稳定，机油压力和温度正常。发动机功率应大于或等于标牌（或产品使用说明书）标明的发动机功率的75%。

5.2 柴油机停机装置应有效。

5.3 发动机起动、燃料供给、润滑、冷却和进排气等系统的机件应齐全。

5.4 纯电动汽车的电机系统应运转平稳。

6 转向系

6.1 汽车（三轮汽车除外）的方向盘应设置于左侧，其他机动车的方向盘不应设置于右侧；专项作业车、教练车按需要可设置左右两个方向盘。装有两个后轮、有驾驶室的正三轮摩托车如使用方向盘转向，则方向盘中心立柱距车辆纵向中心平面的水平距离应小于或等于200 mm；其他摩托车不应使用方向盘转向。

6.2 机动车的方向盘（或方向把）应转动灵活，无卡滞现象。机动车应设置转向限位装置。转向系统在任何操作位置上，不应与其他部件有干涉现象。

6.3 机动车（摩托车、三轮汽车、手扶拖拉机运输机组除外）正常行驶时，转向轮转向后应有一定的回正能力（允许有残余角），以使机动车具有稳定的直线行驶能力。

6.4 机动车方向盘的最大自由转动量应小于或等于：

a） 最大设计车速大于或等于100 km/h的机动车：15°；

b） 三轮汽车：35°；

c） 其他机动车：25°。

6.5 汽车（三轮汽车除外）应具有适度的不足转向特性。

6.6 三轮汽车、摩托车的转向轮向左或向右转角应小于或等于：

a） 三轮汽车、三轮摩托车、正三轮轻便摩托车：45°；

b） 两轮普通摩托车、两轮轻便摩托车：48°。

6.7 机动车在平坦、硬实、干燥和清洁的道路上行驶不应跑偏，其方向盘（或方向把）不应有摆振等异常现象。

6.8 机动车在平坦、硬实、干燥和清洁的水泥或沥青道路上行驶，以10 km/h的速度在5 s之内沿螺旋线从直线行驶过渡到外圆直径为25m的车辆通道圆行驶，施加于方向盘外缘的最大切向力应小于或等于245 N。

6.9 专用校车应采用转向助力装置；其他机动车转向轴最大设计轴荷大于4 000 kg时，也应采用转向助力装置。装有转向助力装置的机动车，转向时其转向助力功能不应出现时有时无的现象，且转向助力装置失效时仍应具有用方向盘控制机动车的能力。

6.10 汽车（三轮汽车除外）的车轮定位应与该车型的技术要求一致。对前轴采用非独立悬架的汽车（前轴采用双转向轴时除外），其转向轮的横向侧滑量，用侧滑台检验时侧滑量值应小于或等于5 m/km。

6.11 转向节及臂，转向横、直拉杆及球销应连接可靠，且不应有裂纹和损伤，并且转向球销不应松旷。对机动车进行改装或修理时横、直拉杆不应拼焊。

6.12 三轮汽车、摩托车的前减振器、上下联板和方向把不应有变形和裂损。

7 制动系

7.1 基本要求

7.1.1 机动车应设置足以使其减速、停车和驻车的制动系统或装置，且行车制动的控制装置与驻车制动的控制装置应相互独立。

7.1.2 制动系统的机构和装置应经久耐用，不会因振动或冲击而损坏。

7.1.3 制动踏板（包括教练车的副制动踏板）及其支架、制动主缸及其活塞、制动总阀、制动气室、轮缸及其活塞、制动臂及凸轮轴总成之间的连接杆件等零部件应易于维修。

7.1.4 制动系统的各种杆件不应与其他部件在相对位移中发生干涉、摩擦，以防杆件变形、损坏。

7.1.5 制动管路应为专用的耐腐蚀的高压管路，安装应保证具有良好的连续功能、足够的长度和柔性，以适应与之相连接的零件所需要的正常运动，而不致造成损坏；制动管路应有适当的安全防护，以避免擦伤、缠绕或其他机械损伤，同时应避免安装在可能与机动车排气管或任何高温源接触的地方。制动软管不应与其他部件干涉且不应有老化、开裂、被压扁、鼓包等现象。其他气动装置在出现故障时不应影响制动系统的正常工作。

7.1.6 汽车制动完全释放时间（从松开制动踏板到制动消除所需要的时间）对两轴汽车应小于或等于0.80 s，对三轴及三轴以上汽车应小于或等于1.2 s。

7.1.7 机动车在运行过程中不应有自行制动现象，但属于设计和制造上为保证车辆安全运行的除外。当挂车（由轮式拖拉机牵引的装载质量3 000 kg以下的挂车除外）与牵引车意外脱离后，挂车应能自行制动，牵引车的制动仍应有效。

7.2 行车制动

7.2.1 机动车（总质量小于或等于750 kg的挂车除外）应具有完好的行车制动系，其中汽车（三轮汽车除外）的行车制动应采用双回路或多回路。

7.2.2 行车制动应保证驾驶人在行车过程中能控制机动车安全、有效地减速和停车。行车制动应是可控制的，且除残疾人专用汽车外，应保证驾驶人在其座位上双手无须离开方向盘（或方向把）就能实现制动。

7.2.3 行车制动应作用在机动车（三轮汽车、拖拉机运输机组及总质量不大于750 kg的挂车除外）的所有车轮上。

7.2.4 行车制动的制动力应在各轴之间合理分配。

7.2.5 机动车（边三轮摩托车除外）行车制动的制动力应在同一车轴左右轮之间相对机动车纵向中心平面合理分配。

7.2.6 汽车（三轮汽车除外）、摩托车（边三轮摩托车除外）、挂车（总质量不大于750 kg的挂车除外）的所有车轮应装备制动器。其中，所有专用校车和危险货物运输货车的前轮和车长大于9 m的其他客车的前轮，以及危险货物运输半挂车、三轴的栏板式和仓栅式半挂车的所有车轮，应装备盘式制动器。

7.2.7 制动器应有磨损补偿装置。制动器磨损后，制动间隙应易于通过手动或自动调节装置来补偿。制动控制装置及其部件以及制动器总成应具备一定的储备行程，当制动器发热或制动衬片的磨损达到一定程度时，在不必立即做调整的情况下，仍应保持有效的制动。客车、总质量大于3 500 kg的货车和专项作业车（具有全轮驱动功能的货车和专项作业车除外）、总质量大于3 500 kg的半挂车，以及所有危险货物运输车辆的所有行车制动器应装备制动间隙自动调整装置。

7.2.8 制动踏板的自由行程应与该车型的技术要求一致。

7.2.9 行车制动在产生最大制动效能时的踏板力或手握力应小于或等于：

——乘用车和正三轮摩托车：500 N；

——摩托车（正三轮摩托车除外）：350 N（踏板力）或 250N（手握力）；

——其他机动车：700 N。

7.2.10 采用气压制动的汽车，按照 GB 12676 规定的方法进行测试时，从踩下制动踏板到最不利的制动气室响应时间（A）应小于或等于 0.6 s，且对具有牵引功能的汽车从踩下制动踏板到主挂间气压控制管路接头延长管路末端的响应时间（B）还应小于或等于 0.4 s；采用气压制动的挂车，按照 GB 12676 规定的方法进行测试时，从主挂间气压控制管路接头处到最不利的制动气室响应时间（C）应小于或等于 0.4 s。A、B、C 的数值（取值到 0.01 s，精确到 0.05 s）应在产品标牌（或车辆易见部位上设置的其他能永久保持的标识）上清晰标示。

7.2.11 货车列车和铰接列车（带有连接板的货车和旅居半挂车的组合除外）行车制动系的匹配，应保证满载状态下牵引车（或挂车）制动力与列车制动力的比值大于或等于牵引车（或挂车）质量与汽车列车质量的比值的 90%。

7.2.12 所有汽车（三轮汽车、五轴及五轴以上专项作业车除外）及总质量大于 3 500 kg 的挂车应装备符合规定的防抱制动装置。总质量大于或等于 12 000 kg 的危险货物运输货车还应装备电控制动系统（EBS）。

注：本条中挂车的总质量对半挂车是指半挂车在满载并且和牵引车相连的情况下，通过半挂车的所有车轴垂直作用于地面的静载荷，不包括转移到牵引车牵引座的静载荷。

7.2.13 防抱制动装置中的任何电器故障不应使行车制动器的制动促动时间和制动释放时间延长。在需要电源进行操纵防抱制动装置的挂车上，电源应由专用电源线路供给。

7.2.14 教练车（三轮汽车除外）及自学用车的行车制动应装备有副制动装置。副制动装置应安装牢固、动作可靠，保证教练员在行车过程中能有效地控制机动车减速和停车。

注：自学用车，是指用于自学人员在道路上学习驾驶技能的小型汽车、小型自动挡汽车。

7.2.15 采用气压制动的汽车、挂车，在设计和制造上每个储气筒（有压力表等压力显示装置的除外）和制动气室都应具有可用于测试制动管路压力的连接器。

7.3 应急制动和剩余制动性能

7.3.1 汽车（三轮汽车除外）应具有应急制动功能。

7.3.2 应急制动应保证在行车制动只有一处失效的情况下，在规定的距离内将汽车停住。

7.3.3 应急制动应是可控制的，其布置应使驾驶人容易操作，驾驶人在座位上至少用一只手握住方向盘的情况下（对乘用车为双手不离开方向盘的情况下），就可以实现制动。它的控制装置可以与行车制动的控制装置结合，也可以与驻车制动的控制装置结合。

7.3.4 采用助力制动系的行车制动系，当助力装置失效后，仍应能保持规定的应急制动性能。

7.3.5 客车、货车和货车底盘改装的专项作业车，当行车制动传输装置部分失效时，仍应具有符合 GB 12676 规定的剩余制动性能。

7.4 驻车制动

7.4.1 机动车（两轮普通摩托车、边三轮摩托车、前轮距小于或等于 460 mm 的正三轮摩托车和两轮轻便摩托车除外）应具有驻车制动装置。

7.4.2 驻车制动应能使机动车即使在没有驾驶人的情况下，也能停在上、下坡道上。驾驶人应在座位上就可以实现驻车制动。对于汽车列车和轮式拖拉机运输机组，如挂车与牵引车脱离，挂车（由轮式拖拉机牵引的装载质量 3 000 kg 以下的挂车除外)应能产生驻车制动。挂车的驻车制动装置应能由在地面上的人实施操纵。

7.4.3　驻车制动应通过纯机械装置把工作部件锁止,并且驾驶人施加于操纵装置上的力:

——手操纵时,乘用车应小于或等于 400 N,其他机动车应小于或等于 600 N;

——脚操纵时,乘用车应小于或等于 500 N,其他机动车应小于或等于 700 N。

7.4.4　驻车制动操纵装置的安装位置应适当,操纵装置应有足够的储备行程(开关类操作装置除外),一般应在操纵装置全行程的三分之二以内产生规定的制动效能;驻车制动机构装有自动调节装置时允许在全行程的四分之三以内达到规定的制动效能。驻车制动使用电子控制装置时,锁止装置应为纯机械装置,发生断电情况锁止装置仍应保持持续有效。棘轮式制动操纵装置应保证在达到规定的驻车制动效能时,操纵杆往复拉动的次数不应超过三次。

7.4.5　采用弹簧储能制动装置做驻车制动时,应保证在失效状态下能方便地解除驻车状态;如需使用专用工具,应随车配备。

7.5　辅助制动

7.5.1　车长大于 9 m 的客车(对专用校车为车长大于 8 m)、总质量大于或等于 12 000 kg 的货车和专项作业车、总质量大于 3 500 kg 的危险货物运输货车,应装备缓速器或其他辅助制动装置。车长大于 9 m 的未设置乘客站立区的客车、总质量大于 3 500 kg 的危险货物运输货车、半挂牵引车装备的辅助制动装置的性能要求应使汽车能通过 GB 12676 规定的ⅡA 型试验。

7.5.2　装备电涡流缓速器的汽车,电涡流缓速器的安装部位应设置温度报警系统或自动灭火装置。

7.6　液压制动的特殊要求

7.6.1　采用液压制动的机动车,制动管路不应存在渗漏(包括外泄和内泄)现象,在保持踏板力为 700 N(摩托车为 350 N)达到 1 min 时,踏板不应有缓慢向前移动的现象。

7.6.2　液压行车制动在达到规定的制动效能时,踏板行程应小于或等于踏板全行程的四分之三,制动器装有自动调整间隙装置的机动车踏板行程应小于或等于踏板全行程的五分之四,且乘用车应小于或等于 120 mm,其他机动车应小于或等于 150 mm。

注:踏板全行程是指在无制动液状态下制动踏板从完全释放状态到不能踩动的行程。

7.6.3　液压行车制动系不应由于制动液对制动管路的腐蚀或由于发动机及其他热源的作用形成气阻而影响行车制动系的功能。

7.7　气压制动的特殊要求

7.7.1　采用气压制动的机动车,在气压升至 750 kPa(或能达到的最大行车制动管路压力,两者取小的值)且不使用制动的情况下,停止空气压缩机工作 3 min 后,其气压的降低值应小于或等于 10 kPa。在气压为 750 kPa(或能达到的最大行车制动管路压力,两者取小的值)的情况下,停止空气压缩机工作,将制动踏板踩到底,待气压稳定后观察 3 min,气压降低值对汽车应小于或等于 20 kPa,对汽车列车、铰接客车及铰接式无轨电车、轮式拖拉机运输机组应小于或等于 30 kPa。

7.7.2　采用气压制动的机动车,发动机在 75%的额定转速下,4 min(汽车列车为 6 min,铰接客车和铰接式无轨电车为 8 min)内气压表的指示气压应从零开始升至起步气压。

注:起步气压是指车辆制造厂家标明的车辆(起步后)能够满足正常(制动)工作要求的贮气筒最小压力。

7.7.3　气压制动系统应装有限压装置,以确保贮气筒内气压不超过允许的最高气压。

7.7.4　气压制动系应安装保持压缩空气干燥、油水分离的装置。

7.8 储气筒

7.8.1 车长大于 9 m 的客车、总质量大于或等于 12 000 kg 的货车和货车底盘改装的专项作业车，采用气压制动时，储气筒的额定工作气压应大于或等于 850 kPa，且装备有空气悬架或盘式制动器时还应大于或等于 1 000 kPa。

7.8.2 装备储气筒或真空罐的机动车应采用单向阀或相应的保护装置，以保证在筒(罐)与压缩空气(真空源)连接失效或漏损的情况下，筒(罐)内的压缩空气(真空度)不致全部丧失。

7.8.3 储气筒的容量应保证在额定工作气压且不继续充气的情况下，机动车在连续五次踩到底的全行程制动后，气压不低于起步气压。

7.8.4 储气筒应有排污阀。

7.8.5 采用气压制动的汽车和具有储气筒的挂车，应在产品标牌(或车辆易见部位上设置的其他能永久保持的标识)上清晰标示储气筒额定工作气压的数值。

7.9 制动报警装置

7.9.1 采用液压制动的机动车，其储液器的加注口应易于接近，从结构设计上应保证在不打开容器的条件下就能很容易地检查液面。如不能满足此条件，则应安装制动液面过低报警装置。

7.9.2 采用液压制动的汽车(三轮汽车和装用单缸柴油机的低速货车除外)，如液压传能装置任一部件失效，应通过红色报警信号灯警示驾驶人。只要失效继续存在且点火开关处在开(运行)的位置，该信号灯应保持发亮。报警信号灯即使在白天也应很醒目，驾驶人在其座位上应能很容易地观察报警信号灯工作是否正常。报警装置的失效不应导致制动系统完全丧失制动效能。

7.9.3 采用气压制动的机动车，当制动系统的气压低于起步气压时，报警装置应能连续向驾驶人发出容易听到或看到的报警信号。

7.9.4 安装具有防抱制动装置的汽车，当防抱制动装置失效时，报警装置应能连续向驾驶人发出容易听到或看到的报警信号。

7.9.5 安装制动间隙自动调整装置的客车、货车和总质量大于 3 500 kg 的专项作业车，当行车制动器制动衬片需要更换时，应采用光学或声学的报警装置向在驾驶座上的驾驶人报警。

7.10 路试检验制动性能

7.10.1 基本要求

7.10.1.1 机动车行车制动性能和应急制动性能检验应在平坦、硬实、清洁、干燥且轮胎与地面间的附着系数大于或等于 0.7 的混凝土或沥青路面上进行。

7.10.1.2 检验时发动机应与传动系统脱开，但对于采用自动变速器的机动车，其变速器换挡装置应位于驱动挡(“D”挡)。

7.10.2 行车制动性能

7.10.2.1 用制动距离检验行车制动性能

机动车在规定的初速度下的制动距离和制动稳定性要求应符合表 3 的规定。对空载检验的制动距离有质疑时，可用表 3 规定的满载检验制动距离要求进行。

制动距离：是指机动车在规定的初速度下急踩制动时，从脚接触制动踏板(或手触动制动手柄)时起至机动车停住时止机动车驶过的距离。

制动稳定性要求:是指制动过程中机动车的任何部位(不计入车宽的部位除外)不超出规定宽度的试验通道的边缘线。

表 3 制动距离和制动稳定性要求

机动车类型	制动初速度 km/h	空载检验制动距离要求 m	满载检验制动距离要求 m	试验通道宽度 m
三轮汽车	20	≤5.0		2.5
乘用车	50	≤19.0	≤20.0	2.5
总质量小于或等于 3 500 kg 的低速货车	30	≤8.0	≤9.0	2.5
其他总质量小于或等于 3 500 kg 的汽车	50	≤21.0	≤22.0	2.5
铰接客车、铰接式无轨电车、汽车列车(乘用车列车除外)	30	≤9.5	≤10.5	3.0[a]
其他汽车、乘用车列车	30	≤9.0	≤10.0	3.0[a]
两轮普通摩托车	30	≤7.0		—
边三轮摩托车	30	≤8.0		2.5
正三轮摩托车	30	≤7.5		2.3
轻便摩托车	20	≤4.0		—
轮式拖拉机运输机组	20	≤6.0	≤6.5	3.0
手扶变型运输机	20	≤6.5		2.3
[a] 对车宽大于 2.55 m 的汽车和汽车列车,其试验通道宽度(单位:m)为“车宽(m)+0.5”。				

7.10.2.2 用充分发出的平均减速度检验行车制动性能

汽车、汽车列车在规定的初速度下急踩制动时充分发出的平均减速度及制动稳定性要求应符合表 4 的规定,且制动协调时间对液压制动的汽车应小于或等于 0.35 s,对气压制动的汽车应小于或等于 0.60 s,对汽车列车、铰接客车和铰接式无轨电车应小于或等于 0.80 s。对空载检验的充分发出的平均减速度有质疑时,可用表 4 规定的满载检验充分发出的平均减速度进行。

充分发出的平均减速度 $MFDD$:

$$MFDD=\frac{v_b^2-v_e^2}{25.92(S_e-S_b)}$$

式中:

$MFDD$ ——充分发出的平均减速度,单位为米每二次方秒(m/s^2);

v_0 ——试验车制动初速度,单位为千米每小时(km/h);

v_b ——$0.8v_0$,试验车速,单位为千米每小时(km/h);

v_e ——$0.1v_0$,试验车速,单位为千米每小时(km/h);

S_b ——试验车速从 v_0 到 v_b 之间车辆行驶的距离,单位为米(m);

S_e ——试验车速从 v_0 到 v_e 之间车辆行驶的距离,单位为米(m)。

制动协调时间:是指在急踩制动时,从脚接触制动踏板(或手触动制动手柄)时起至机动车减速度(或制动力)达到表 4 规定的机动车充分发出的平均减速度(或表 5 所规定的制动力)的 75%时所需的时间。

表 4 制动减速度和制动稳定性要求

机动车类型	制动初速度 km/h	空载检验充分发出的平均减速度 m/s^2	满载检验充分发出的平均减速度 m/s^2	试验通道宽度 m
三轮汽车	20	≥3.8		2.5
乘用车	50	≥6.2	≥5.9	2.5
总质量小于或等于 3 500 kg 的低速货车	30	≥5.6	≥5.2	2.5
其他总质量小于或等于 3 500 kg 的汽车	50	≥5.8	≥5.4	2.5
铰接客车、铰接式无轨电车、汽车列车(乘用车列车除外)	30	≥5.0	≥4.5	3.0[a]
其他汽车、乘用车列车	30	≥5.4	≥5.0	3.0[a]

[a] 对车宽大于 2.55 m 的汽车和汽车列车,其试验通道宽度(单位:m)为“车宽(m)+0.5”。

7.10.2.3 制动踏板力或制动气压要求

进行制动性能检验时的制动踏板力或制动气压应符合以下要求:

a) 满载检验时
气压制动系:气压表的指示气压 ≤额定工作气压;
液压制动系:踏板力, 乘用车 ≤500 N;
其他机动车 ≤700 N。

b) 空载检验时
气压制动系:气压表的指示气压 ≤750 kPa;
液压制动系:踏板力, 乘用车 ≤400 N;
其他机动车 ≤450 N。

摩托车(正三轮摩托车除外)检验时,踏板力应小于或等于 350 N,手握力应小于或等于 250 N。

正三轮摩托车检验时,踏板力应小于或等于 500 N。

三轮汽车和拖拉机运输机组检验时,踏板力应小于或等于 600 N。

7.10.2.4 合格判定要求

汽车、汽车列车在符合 7.10.2.3 规定的制动踏板力或制动气压下的路试行车制动性能如符合 7.10.2.1 或 7.10.2.2,即为合格。

7.10.3 驻车制动性能

在空载状态下,驻车制动装置应能保证机动车在坡度为 20%(对总质量为整备质量的 1.2 倍以下的机动车为15%)、轮胎与路面间的附着系数大于或等于0.7的坡道上正、反两个方向保持固定不动,时间应大于或等于2 min。检验汽车列车时,应使牵引车和挂车的驻车制动装置均起作用。检验时操纵力按7.4.3规定。

注1:在规定的测试状态下,机动车使用驻车制动装置能停在坡度值更大且附着系数符合要求的试验坡道上时,应视为达到了驻车制动性能检验规定的要求。

注2:在不具备试验坡道的情况下,可参照相关标准使用符合规定的仪器测试驻车制动性能。

7.11 台试检验制动性能

7.11.1 行车制动性能

7.11.1.1 制动力百分比要求

汽车、汽车列车在制动检验台上测出的制动力应符合表5的要求。对空载检验制动力有质疑时,可用表5规定的满载检验制动力要求进行检验。使用转鼓试验台检测时,可通过测得制动减速度值计算得到最大制动力。

摩托车的前、后轴制动力应符合表5的要求,测试时只准许乘坐一名驾驶人。

检验时制动踏板力或制动气压按7.10.2.3的规定。

表5 台试检验制动力要求

机动车类型	制动力总和与整车重量的百分比		轴制动力与轴荷[a]的百分比	
	空载	满载	前轴[b]	后轴[b]
三轮汽车	—		—	≥60[c]
乘用车、其他总质量小于或等于3 500 kg的汽车	≥60	≥50	≥60[c]	≥20[c]
铰接客车、铰接式无轨电车、汽车列车	≥55	≥45	—	—
其他汽车	≥60[d]	≥50	≥60[c]	≥50[e]
挂车	—	—	—	≥55[f]
普通摩托车	—	—	≥60	≥55
轻便摩托车	—	—	≥60	≥50

[a] 用平板制动检验台检验乘用车、其他总质量小于或等于3 500 kg的汽车时应按左右轮制动力最大时刻所分别对应的左右轮动态轮荷之和计算。

[b] 机动车(单车)纵向中心线中心位置以前的轴为前轴,其他轴为后轴;挂车的所有车轴均按后轴计算;用平板制动试验台测试并装轴制动力时,并装轴可视为一轴。

[c] 空载和满载状态下测试均应满足此要求。

[d] 对总质量小于或等于整备质量的1.2倍的专项作业车应大于或等于50%。

[e] 满载测试时后轴制动力百分比不做要求;空载用平板制动检验台检验时应大于或等于35%;总质量大于3 500 kg的客车,空载用反力滚筒式制动试验台测试时应大于或等于40%,用平板制动检验台检验时应大于或等于30%。

[f] 满载状态下测试时应大于或等于45%。

7.11.1.2 制动力平衡要求(两轮、边三轮摩托车、前轮距小于或等于460 mm的正三轮摩托车和轻便摩托车除外)

在制动力增长全过程中同时测得的左右轮制动力差的最大值,与全过程中测得的该轴左右轮最大制动力中大者(当后轴制动力小于该轴轴荷的60%时为与该轴轴荷)之比,对新注册车和在用车应分别符合表6的要求。

表6　台试检验制动力平衡要求

	前轴	后轴	
		轴制动力大于或等于该轴轴荷60%时	制动力小于该轴轴荷60%时
新注册车	≤20%	≤24%	≤8%
在用车	≤24%	≤30%	≤10%

7.11.1.3　制动协调时间要求

汽车的制动协调时间,对液压制动的汽车应小于或等于0.35 s,对气压制动的汽车应小于或等于0.60 s;铰接客车、铰接式无轨电车的制动协调时间应小于或等于0.80 s。

7.11.1.4　车轮阻滞率要求

进行制动力检验时,汽车、汽车列车各车轮的阻滞力均应小于或等于轮荷的10%。

7.11.1.5　合格判定要求

台试检验汽车、汽车列车行车制动性能时,检验结果同时满足7.11.1.1～7.11.1.4的,方为合格。

7.11.2　驻车制动性能

当采用制动检验台检验汽车和正三轮摩托车驻车制动装置的制动力时,机动车空载,使用驻车制动装置,驻车制动力的总和应大于或等于该车在测试状态下整车重量的20%,但总质量为整备质量1.2倍以下的机动车应大于或等于15%。

7.11.3　检验结果的复核

对机动车台架检验制动性能结果有异议的,在空载状态下按7.10复检。对空载状态复检结果有异议的,以满载路试复检结果为准。

8　照明、信号装置和其他电气设备

8.1　基本要求

8.1.1　机动车的灯具应安装牢靠、完好有效,不应由于机动车振动而松脱、损坏、失去作用或改变光照方向;所有灯光的开关应安装牢固、开关自如,不应由于机动车振动而自行开关。开关的位置应便于驾驶人操纵。

8.1.2　机动车不应安装或粘贴遮挡外部照明和信号装置透光面的护网、防护罩等装置(设计和制造上带有护网、防护罩且配光性能符合要求的灯具除外)。除转向信号灯、危险警告信号、紧急制动信号、校车标志灯,扫路车、护栏清洗车、洗扫车、吸尘车等专项作业车在作业状态下的指示灯具,以及消防车、救护车、工程救险车和警车安装使用的标志灯具外,其他外部灯具不应闪烁。

8.1.3　用户不应对外部照明和信号装置进行改装,也不应加装强制性标准以外的外部照明和信号装置,如货车和挂车向前行驶时向后方照射的灯具。

8.2 照明和信号装置的数量、位置、光色和最小几何可见度

8.2.1 汽车(三轮汽车和装用单缸柴油机的低速货车除外)及挂车的外部照明和信号装置的数量、位置、光色、最小几何可见度应符合 GB 4785 的规定。总质量大于或等于 4 500 kg 的货车、专项作业车和挂车的每一个后位灯、后转向信号灯和制动灯,透光面面积应大于或等于一个 80 mm 直径圆的面积;如属非圆形的,透光面的形状还应能将一个 40 mm 直径的圆包含在内。

8.2.2 摩托车的照明和信号装置及其安装应分别符合 GB 18100.1、GB 18100.2 和 GB 18100.3 的规定。

8.2.3 三轮汽车、装用单缸柴油机的低速货车及拖拉机运输机组应设置前照灯、前位灯(手扶拖拉机运输机组除外)、后位灯、制动灯、后牌照灯、后反射器和前、后转向信号灯,其光色应符合 GB 4785 相关规定。

8.2.4 机动车应装置后反射器。挂车及车长大于或等于 6 m 的机动车应安装侧反射器和侧标志灯。反射器应与机动车牢固连接,且后反射器应能保证夜间在机动车正后方 150 m 处,用符合本标准规定的汽车前照灯照射时,在照射位置就能确认其反射光。

8.2.5 宽度大于 2 100 mm 的机动车均应安装示廓灯。

8.2.6 牵引杆挂车应在挂车前部的左右各装一只前白后红的牵引杆挂车标志灯,其高度应比牵引杆挂车的前栏板高出 300 mm～400 mm,距车厢外侧应小于 150 mm。

8.2.7 校车应配备统一的校车标志灯和停车指示标志。

8.3 照明和信号装置的一般要求

8.3.1 机动车(手扶拖拉机运输机组除外)的前位灯、后位灯、示廓灯、侧标志灯、牵引杆挂车标志灯、牌照灯应能同时启闭,仪表灯(仪表板的背景灯)和上述灯具当前照灯关闭和发动机熄火时仍应能点亮。汽车和挂车的电路连接应保证前位灯、后位灯、示廓灯、侧标志灯和牌照灯只能同时打开或关闭,但前位灯、后位灯、侧标志灯作为驻车灯使用(复合或混合)的除外。

8.3.2 机动车的前、后转向信号灯、危险警告信号及制动灯白天在距其 100 m 处应能观察到其工作状况,侧转向信号灯白天在距 30 m 处应能观察到其工作状况;前、后位置灯、示廓灯、挂车标志灯夜间能见度良好时在距其 300 m 处应能观察到其工作状况;后牌照灯夜间能见度良好时在距其 20 m 处应能看清号牌号码。制动灯的发光强度应明显大于后位灯。

8.3.3 对称设置、功能相同的灯具的光色和亮度不应有明显差异。

8.3.4 机动车照明和信号装置的任一条线路出现故障,不应干扰其他线路的正常工作。

8.3.5 驾驶区的仪表板应采用不反光的面板或护板,车内照明装置及其在风窗玻璃、视镜、仪表盘等处的反射光线不应使驾驶人眩目。

8.3.6 仪表板上应设置仪表灯。仪表灯点亮时,应能照清仪表板上所有的仪表且不应眩目。

8.3.7 汽车(三轮汽车和装用单缸柴油机的低速货车除外)仪表板上应设置蓝色远光指示信号和与行驶方向相适应的转向指示信号。

8.3.8 汽车(三轮汽车除外)和轮式拖拉机运输机组均应具有危险警告信号装置,其操纵装置不应受灯光总开关的控制。对于牵引挂车的汽车,危险警告信号控制开关也应能打开挂车上的所有转向信号灯,即使在发动机不工作的情况下,仍应能发出危险警告信号。危险警告信号和转向信号灯的闪光频率应为 1.5 Hz±0.5 Hz,起动时间应小于或等于 1.5 s。如某一转向灯发生故障(短路除外)时,其他转向灯应继续工作,但闪光频率可以不同于上述规定的频率。

8.3.9 客车应设置车厢灯和门灯。车长大于 6 m 的客车应至少有两条车厢照明电路,仅用于进出口处的照明电路可作为其中之一。当一条电路失效时,另一条仍应能正常工作,以保证车内照明。车厢灯和门灯不应影响本车驾驶人的视线和其他机动车的正常行驶。

8.4 车身反光标识和车辆尾部标志板

8.4.1 总质量大于或等于 12 000 kg 的货车(半挂牵引车除外)和货车底盘改装的专项作业车、车长大于 8.0 m 的挂车及所有最大设计车速小于或等于 40 km/h 的汽车和挂车，应按 GB 25990 规定设置车辆尾部标志板；半挂牵引车应在驾驶室后部上方设置能体现驾驶室的宽度和高度的车身反光标识，其他货车(多用途货车除外)、货车底盘改装的专项作业车和挂车(设置有符合规定的车辆尾部标志板的专项作业车和挂车，以及旅居挂车除外)应在后部设置车身反光标识。后部的车身反光标识应能体现机动车后部的高度和宽度，对厢式货车和挂车应能体现货厢轮廓，且采用一级车身反光标识材料时与后反射器的面积之和应大于或等于 0.1 m^2，采用二级车身反光标识材料时与后反射器的面积之和应大于或等于 0.2 m^2。

8.4.2 所有货车(半挂牵引车、多用途货车除外)、货车底盘改装的专项作业车和挂车(旅居挂车除外)应在侧面设置车身反光标识。侧面的车身反光标识长度应大于或等于车长的 50%，对三轮汽车应大于或等于 1.2 m，对侧面车身结构无连续平面的货车底盘改装的专项作业车应大于或等于车长的 30%，对货厢长度不足车长 50%的货车应为货厢长度。

8.4.3 道路运输爆炸品和剧毒化学品车辆，除应按 8.4.1、8.4.2 设置车身反光标识外，还应在后部和两侧粘贴能标示出车辆轮廓、宽度为 150 mm±20 mm 的橙色反光带。

8.4.4 拖拉机运输机组应按照相关标准的规定在车身上粘贴反光标识。

8.4.5 货车、货车底盘改装的专项作业车和挂车(组成拖拉机运输机组的挂车除外)的车身反光标识材料应符合 GB 23254 的规定，其中总质量大于 3 500 kg 的厢式货车(不含封闭式货车、侧帘式货车)、厢式挂车(不含侧帘式半挂车)和厢式专项作业车应装备反射器型车身反光标识。车身反光标识的粘贴/设置应符合 GB 23254 的规定。

8.4.6 货车(半挂牵引车除外)和挂车(组成拖拉机运输机组的挂车除外)设置的车身反光标识或车辆尾部标志板被遮挡的，应在被遮挡的车身后部和侧面至少水平固定一块 2 000 mm×150 mm 的柔性反光标识。

8.5 前照灯

8.5.1 基本要求

8.5.1.1 机动车装备的前照灯应有远、近光变换功能；当远光变为近光时，所有远光应能同时熄灭。同一辆机动车上的前照灯不应左、右的远、近光灯交叉开亮。

8.5.1.2 所有前照灯的近光均不应眩目，汽车(三轮汽车和装用单缸柴油机的低速货车除外)、摩托车装用的前照灯应分别符合 GB 4599、GB 21259、GB 25991、GB 5948 及 GB 19152 的规定。安装有自适应前照明系统的，应符合 GB/T 30036 的规定。

8.5.1.3 机动车前照灯光束照射位置在正常使用条件下应保持稳定。

8.5.1.4 汽车(三轮汽车，及设计和制造上能保证前照灯光束高度照射位置在规定的各种装载情况下均符合 GB 4785 要求的汽车除外)应具有前照灯光束高度调整装置/功能，以方便地根据装载情况对光束照射位置进行调整；该调整装置如为手动的，应坐在驾驶座上就能被操作。

8.5.2 远光光束发光强度要求

机动车每只前照灯的远光光束发光强度应达到表 7 的要求；并且，同时打开所有前照灯(远光)时，其总的远光光束发光强度应符合 GB 4785 的规定。测试时，电源系统应处于充电状态。

表 7 前照灯远光光束发光强度最小值要求

单位为坎德拉

机动车类型		检查项目					
		新注册车			在用车		
		一灯制	二灯制	四灯制[a]	一灯制	二灯制	四灯制[a]
三轮汽车		8 000	6 000	—	6 000	5 000	—
最大设计车速小于 70 km/h 的汽车		—	10 000	8 000	—	8 000	6 000
其他汽车		—	18 000	15 000	—	15 000	12 000
普通摩托车		10 000	8 000	—	8 000	6 000	—
轻便摩托车		4 000	3 000	—	3 000	2 500	—
拖拉机运输机组	标定功率＞18 kW	—	8 000	—	—	6 000	—
	标定功率≤18 kW	6 000[b]	6 000	—	5 000[b]	5 000	—

[a] 四灯制是指前照灯具有四个远光光束；采用四灯制的机动车其中两只对称的灯达到两灯制的要求时视为合格。

[b] 允许手扶拖拉机运输机组只装用一只前照灯。

8.5.3 光束照射位置要求

8.5.3.1 在空载车状态下，汽车、摩托车前照灯近光光束照射在距离 10 m 的屏幕上，近光光束明暗截止线转角或中点的垂直方向位置，对近光光束透光面中心（基准中心，下同）高度小于或等于 1 000 mm 的机动车，应不高于近光光束透光面中心所在水平面以下 50 mm 的直线且不低于近光光束透光面中心所在水平面以下 300 mm 的直线；对近光光束透光面中心高度大于 1 000 mm 的机动车，应不高于近光光束透光面中心所在水平面以下 100 mm 的直线且不低于近光光束透光面中心所在水平面以下 350 mm 的直线。除装用一只前照灯的三轮汽车和摩托车外，前照灯近光光束明暗截止线转角或中点的水平方向位置，与近光光束透光面中心所在垂直面相比，向左偏移应小于或等于 170 mm，向右偏移应小于或等于 350 mm。

8.5.3.2 在空载车状态下，轮式拖拉机运输机组前照灯近光光束照射在距离 10 m 的屏幕上，近光光束中点的垂直位置应小于或等于 $0.7H$（H 为前照灯近光光束透光面中心的高度），水平位置向右偏移应小于或等于 350 mm 且不应向左偏移。

8.5.3.3 在空载车状态下，对于能单独调整远光光束的汽车、摩托车前照灯，前照灯远光光束照射在距离 10 m 的屏幕上，其发光强度最大点的垂直方向位置，应不高于远光光束透光面中心所在水平面（高度值为 H）以上 100 mm 的直线且不低于远光光束透光面中心所在水平面以下 $0.2H$ 的直线。除装用一只前照灯的三轮汽车和摩托车外，前照灯远光发光强度最大点的水平位置，与远光光束透光面中心所在垂直面相比，左灯向左偏移应小于或等于 170 mm 且向右偏移应小于或等于 350 mm，右灯向左和向右偏移均应小于或等于 350 mm。

8.6 其他电气设备和仪表

8.6.1 机动车（手扶拖拉机运输机组除外）应设置具有连续发声功能的喇叭，喇叭声级在距车前 2 m、离地高 1.2 m 处测量时，发动机最大净功率（或电机额定功率总和）为 7 kW 以下的摩托车为 80 dB(A)～112 dB(A)，其他机动车为 90 dB(A)～115 dB(A)。乘用车、专用校车喇叭在车钥匙取下及车门锁止时在车内应仍能正常使用；但对任何情况下所有供乘员上下车的车门均能从车内打开（乘用车车门安装的儿童锁锁止时除外），或安装有自动探测报警装置、在车钥匙取下及车门锁止时能自动探测车内是否有移动物体且在发现移动物体时能发出明显警示信号的乘用车、专用校车，应视为满足要求。教练车(三轮汽车除外)还应设置辅助喇叭开关，其工作应可靠。

8.6.2 电器导线应具有阻燃性能；客车发动机舱内和其他热源附近的线束应采用耐温不低于125 ℃的阻燃电线，其他部位的线束应采用耐温不低于100 ℃的阻燃电线，波纹管应达到GB/T 2408—2008的表1规定的V-0级。所有电器导线均应捆扎成束、布置整齐、固定卡紧、接头牢固并在接头处装设绝缘套，在导线穿越孔洞时应装设阻燃耐磨绝缘套管。电子元件应连接可靠，乘员舱外部的接插件应有防水要求。

8.6.3 摩托车应装有车速里程表。三轮汽车、装用单缸柴油机的低速货车和轮式拖拉机运输机组应装有水温表(蒸发式水冷却系统除外)、机油压力表或机油压力指示器、电流表或充电指示器；其他汽车应装有燃料表(气体燃料汽车为气量显示装置，纯电动汽车、插电式混合动力汽车为可充电储能系统[REESS]电量显示装置，燃料电池汽车为氢气量显示装置)，并能显示水温或水温报警信息、机油压力或油压报警信息、电流或电压或充电指示信息、车速、里程等信息；采用气压制动的机动车，还应能显示气压。机动车装备的仪表应完好，规定信息的显示功能应有效。

8.6.4 专用校车应设置电源总开关，车长大于或等于6 m的客车应设置电磁式电源总开关；但如在蓄电池端对所有供电线路均设置了保险装置，或车辆用电设备由电子控制单元直接驱动且具有负载监控功能、电子控制单元供电线路和个别直接供电的线路均设置有保险装置时，可不设电磁式电源总开关。车长大于或等于6 m的客车，还应设置能切断蓄电池和所有电路连接的手动机械断电开关。

8.6.5 所有客车、危险货物运输货车、半挂牵引车和总质量大于或等于12 000 kg的其他货车应装备具备记录、存储、显示、打印或输出车辆行驶速度、时间、里程等车辆行驶状态信息的行驶记录仪；行驶记录仪应接入车辆速度、制动等信号，规范设置车辆参数并配置驾驶人身份识别卡，显示部分应易于观察，数据接口应便于移动存储介质的插拔，技术要求应符合GB/T 19056的规定。校车、公路客车、旅游客车、危险货物运输货车装备具有行驶记录功能的卫星定位装置，且行驶记录功能的技术要求符合本标准及GB/T 19056相关规定，或车长小于6 m的其他客车装备符合标准规定的事件数据记录系统(EDR)，应视为满足要求。专用校车和卧铺客车、设有乘客站立区的客车，还应装备车内外视频监控录像系统；车内外视频监控录像系统摄像头的配备数量及拍摄方向应符合相关标准和管理规定，无遮挡。

8.6.6 乘用车应配备能记录碰撞等特定事件发生时的车辆行驶速度、制动状态等数据信息的事件数据记录系统(EDR)；若配备了符合标准规定的车载视频行驶记录装置，应视为满足要求。

8.6.7 总质量大于或等于12 000 kg的货车，应装备符合标准要求的车辆右转弯音响提示装置，并在设计和制造上保证驾驶人不能关闭车辆右转弯音响提示装置。

8.6.8 危险货物运输车辆的电路系统应符合GB 21668的规定。

8.6.9 汽车装备以及加装的所有电气设备不应影响本标准规定的制动、转向、照明和信号装置等运行安全要求。车身外部设有广告屏(箱)的汽车和挂车，应保证广告屏(箱)在车辆行驶状态下处于关闭状态。

8.6.10 旅居车和旅居挂车的特殊要求如下：

a) 由中性点绝缘关系供电的旅居车和旅居挂车应配备良好的接地系统，其接地电阻应小于或等于50Ω，旅居车厢及用电设备均应进行接地保护。
b) 旅居车应设电源总开关，并设置漏电保护设施。
c) 旅居车内除起动机、点火电路、蓄电池及其充电电路外，其他电路均应设置电路断电器，低耗电器可设置公用电路断电器。
d) 旅居车应能采用外接电源供电，并具有电源转换装置与漏电保护功能。

8.6.11 无轨电车的特殊要求如下：

a) 周围空气相对湿度在75%～90%时，无轨电车的总绝缘电阻值应大于或等于3MΩ；相对湿度在90%以上时应大于或等于1 MΩ。

b) 集电头自由升起的最大高度，距地面应小于或等于 7 m，且在最高点应有弹性限位。当集电头距地面高度在 4.2 m～6.0 m 范围内时，集电器应能正常工作。

c) 线网在标准高度时，集电头对触线网的压力应能在 80 N～130 N 范围内调节，行驶中集电头在触线上滑行不应产生火花；经分、并线器及交叉器等时，不应产生严重火花。

d) 车门踏步和车门扶手以及人站在地面上能接触到的车门口周边的扶手，应和车体金属结构绝缘或用绝缘材料制成，使用 1 000 V 兆欧表测量时绝缘电阻应大于或等于 0.6 MΩ，或在车门打开操作时实现整车高压电路系统与供电线网的断路互锁。

e) 各车门均应设有与车身导电良好的接地链。车门处于开启状态时，接地链应与地面可靠接触。

f) 高压电气总成应具备过流保护、短路保护、过压保护、欠压保护等功能。

g) 集电头应具备防挂线网防护或挂线后的防护装置。

h) 集电杆与集电头之间的电气绝缘应具备面耐水性。自集电头沿集电杆向下至 2.5 m 处的集电杆表面，应具有绝缘防护层。集电杆与集电头之间应有带绝缘结构的安全绳，安全绳的牵引断裂负荷不低于 10 kN。

i) 无轨电车在允许的偏线距离内行驶时，当集电杆拉紧弹簧断裂后，集电杆在车辆左右偏线位置自由下降，在其最低高度距地面 2.5 m 的位置应有限位装置。

j) 无轨电车上的电源接通程序，至少应经过两次有意识的不同的连续动作，才能完成从“电源切断”状态到“可行驶”状态。

k) 无轨电车应装备漏电检测报警器，车辆一旦到达漏电临界值，报警器能发出明显的光或声的报警信号。

9 行驶系

9.1 轮胎

9.1.1 机动车所装用轮胎的速度级别不应低于该车最大设计车速的要求，但装用雪地轮胎时除外。总质量大于 3 500 kg 的货车和挂车(封闭式货车、旅居挂车等特殊用途的挂车除外)装用轮胎的总承载能力，应小于或等于总质量的 1.4 倍。

9.1.2 公路客车、旅游客车和校车的所有车轮及其他机动车的转向轮不应装用翻新的轮胎；其他车轮若使用翻新的轮胎，应符合相关标准的规定。

9.1.3 同一轴上的轮胎规格和花纹应相同，轮胎规格应符合整车制造厂的规定。

9.1.4 乘用车用轮胎应有胎面磨耗标志。乘用车备胎规格与该车其他轮胎不同时，应在备胎附近明显位置(或其他适当位置)装置能永久保持的标识，以提醒驾驶人正确使用备胎。

9.1.5 专用校车和卧铺客车应装用无内胎子午线轮胎，危险货物运输车辆及车长大于 9 m 的其他客车应装用子午线轮胎。发动机中置且宽高比小于或等于 0.9 的乘用车不应使用轮胎名义宽度小于或等于 155 mm 规格的轮胎。设置了符合 11.2.8 规定的车内随行物品存放区的公路客车的后轮若采用单胎，则后轮的轮胎名义宽度应大于或等于 195 mm。

9.1.6 乘用车、挂车轮胎胎冠花纹上的花纹深度应大于或等于 1.6 mm，摩托车轮胎胎冠花纹上的花纹深度应大于或等于 0.8 mm；其他机动车转向轮的胎冠花纹深度应大于或等于 3.2 mm，其余轮胎胎冠花纹深度应大于或等于 1.6 mm。

9.1.7 轮胎胎面不应由于局部磨损而暴露出轮胎帘布层。轮胎不应有影响使用的缺损、异常磨损和变形。

9.1.8 轮胎的胎面和胎壁上不应有长度超过 25 mm 或深度足以暴露出轮胎帘布层的破裂和割伤。

9.1.9 轮胎负荷不应大于该轮胎的额定负荷，轮胎气压应符合该轮胎承受负荷时规定的压力。具有轮胎气压自动充气装置的汽车，其自动充气装置应能确保轮胎气压符合出厂规定。

9.1.10 双式车轮的轮胎的安装应便于轮胎充气,双式车轮的轮胎之间应无夹杂的异物。

9.2 车轮总成

9.2.1 轮胎螺母和半轴螺母应完整齐全,并应按规定力矩紧固。客车、货车的车轮及车轮上的所有螺栓、螺母不应安装有碍于检查其技术状况的装饰罩或装饰帽(设计和制造上为防止生锈等情形发生而配备的、易于拆卸及安装的装饰罩和装饰帽除外),且车轮螺母、轮毂罩盖和保护装置不应有任何蝶型凸出物。

9.2.2 车轮总成的横向摆动量和径向跳动量,总质量小于或等于 3 500 kg 的汽车应小于或等于 5 mm,摩托车应小于或等于 3 mm,其他机动车应小于或等于 8 mm。

9.2.3 最大设计车速大于 100 km/h 的机动车,车轮的动平衡要求应与该车型的技术要求一致。

9.2.4 专用校车、车长大于 9 m 的未设置乘客站立区的客车及总质量大于 3 500 kg 的危险货物运输货车的转向轮应装备轮胎爆胎应急防护装置。

9.3 悬架系统

9.3.1 悬架系统各球关节的密封件不应有切口或裂纹,稳定杆应连接可靠,结构件不应有残损或变形。

9.3.2 钢板弹簧不应有裂纹和断片现象,同一轴上的弹簧形式和规格应相同,其弹簧形式和规格应符合产品使用说明书中的规定。中心螺栓和 U 形螺栓应紧固、无裂纹且不应拼焊。钢板弹簧卡箍不应拼焊或残损。

9.3.3 空气弹簧应无裂损、漏气及变形,控制系统应齐全有效。

9.3.4 减振器应齐全有效,减振器不应有滴漏油现象。

9.4 空气悬架

总质量大于或等于 12 000 kg 的危险货物运输货车的后轴,所有危险货物运输半挂车,以及三轴栏板式、仓栅式半挂车应装备空气悬架。

9.5 其他要求

9.5.1 车架不应有裂纹及变形、锈蚀,螺栓和铆钉不应缺少或松动。

9.5.2 前、后桥不应有裂纹及变形。

9.5.3 车桥与悬架之间的各种拉杆和导杆不应有变形,各接头和衬套不应松旷或移位。

9.5.4 三轴公路客车的随动轴应具有随动转向或主动转向的功能。

10 传动系

10.1 离合器

10.1.1 机动车的离合器应接合平稳,分离彻底,工作时不应有异响、抖动或不正常打滑等现象。

10.1.2 踏板自由行程应与该车型的技术要求一致。

10.1.3 离合器彻底分离时,踏板力应小于或等于 300 N(拖拉机运输机组应小于或等于 350 N),手握力应小于或等于 200 N。

10.2 变速器和分动器

10.2.1 换挡时齿轮应啮合灵便,互锁、自锁和倒挡锁装置应有效,不应有乱挡和自行跳挡现象;运行中应无异响；换挡杆及其传动杆件不应与其他部件干涉。采用自动变速器的机动车，应通过设计保证只有当变速器换挡装置处于驻车挡（“P”挡）或空挡（“N”挡）时方可起动发动机（具有自动起停功能时在驱动挡［“D”挡］也可起动发动机）；变速器换挡装置换入或经过倒车挡（“R”挡），以及由驻车挡（“P”挡）位置换入其他挡位时，应通过驾驶人的不同方向的两个动作（驾驶人踩下制动踏板应视为一个动作）完成，但车速低于 10 km/h 时通过汽车电子控制技术能有效避免驾驶人误操作的除外。变速器出现功能限制使用情形时，对驾驶人应有警示信息提示。

10.2.2 在换挡装置上应有驾驶人在驾驶座位上即可容易识别变速器和分动器挡位位置的标志。如换挡装置上难以布置，则应布置在换挡杆附近易见部位或仪表板上。

10.2.3 有分动器的机动车，应在挡位位置标牌或产品使用说明书上说明连通分动器的操作步骤。

10.2.4 如果纯电动汽车和插电式混合动力汽车是通过改变电机旋转方向来实现前进和倒车两个行驶方向转换的，应满足以下要求，以防止当车辆行驶时意外转换到反向行驶：

a) 前进和倒车两个行驶方向的转换，应通过驾驶人不同方向的两个动作来完成，或者；

b) 仅通过驾驶人的一个操作动作来完成，应使用一个安全设备使模式转换只有在车辆静止或低速时才能够完成。

10.3 传动轴

传动轴在运转时不应发生振抖和异响，中间轴承和万向节不应有裂纹和/或松旷现象。发动机前置后驱动的客车的传动轴在车厢地板的下面沿纵向布置时，应有防止传动轴滑动连接（花键或其他类似装置）脱落或断裂等故障而引起危险的防护装置。

10.4 驱动桥

驱动桥壳、桥管不应有裂纹和变形，驱动桥工作应正常且无异响。

10.5 超速报警和限速功能

10.5.1 车长大于或等于 6 m 的客车应具有超速报警功能，当行驶速度超过允许的最大行驶速度（允许的最大行驶速度不应大于 100 km/h）时能通过视觉和声觉信号报警，但具有符合规定的限速功能或限速装置的除外。

10.5.2 三轴及三轴以上货车（具有限速功能或配备有限速装置，且限速功能或装置符合规定的除外）应具有超速报警功能，当行驶速度对混凝土搅拌运输车大于或等于 60 km/h、对其他货车大于或等于 100 km/h 时，能通过视觉和声觉信号报警。

10.5.3 公路客车、旅游客车和危险货物运输货车及车长大于 9 m 的其他客车、车长大于或等于 6 m 的旅居车应具有限速功能，否则应配备限速装置。限速功能或限速装置应符合 GB/T 24545 的要求，且限速功能或限速装置调定的最大车速对设置了符合 11.2.8 规定的车内随行物品存放区的公路客车应小于 70 km/h、对其他公路客车、旅游客车和车长大于 9 m 的其他客车、车长大于或等于 6 m 的旅居车不应大于 100 km/h，对危险货物运输货车不应大于 80 km/h。专用校车应安装符合 GB/T 24545 要求的限速装置，且调定的最大车速不应大于 80 km/h。

10.6 车速受限车辆的特殊要求

低速汽车、轻便摩托车、正三轮摩托车、拖拉机运输机组等车速受限车辆应在设计及制造上确保其实际最大行驶速度在满载状态下不会超过其最大设计车速，在空载状态下不会超过其最大设计车速的 110％。

注：实际最大行驶速度是指车辆在平坦良好路面行驶时能达到的最大速度。

11 车身

11.1 基本要求

11.1.1 车身的技术状况应能保证驾驶人有正常的工作条件和客货安全，其外部不应产生明显的镜面反光(局部区域使用镀铬、不锈钢装饰件的除外)。

11.1.2 机动车驾驶室应保证驾驶人的前方视野和侧方视野。

11.1.3 车身和驾驶室应坚固耐用，覆盖件无开裂。车身和驾驶室在车架上的安装应牢固，不会因机动车振动而引起松动。

11.1.4 车身外部和内部乘员可能触及的任何部件、构件都不应有任何可能使人致伤的尖锐凸起物(如尖角、锐边等)。

11.2 客车的特殊要求

11.2.1 专用校车的上部结构强度应符合 GB 24407 的规定，其他未设置乘客站立区的客车的上部结构强度应符合 GB 17578 的规定。车长大于 6 m 的专用校车应为车身骨架结构，同一横截面上的顶梁、立柱和底架主横梁应形成封闭环(轮罩与顶风窗处除外)，从侧窗上纵梁到底横梁之间的车身立柱应采用整体结构，中间不应通过拼焊连接；车长小于或等于 6 m 的专用校车未采用上述结构的，应采用覆盖件与加强梁共同承载。车长大于 11 m 的公路客车和旅游客车及所有卧铺客车，车身应为全承载整体式框架结构。

11.2.2 客车车身及地板应密合并有足够强度。

11.2.3 客车应设置乘客通道或无障碍通路，并保证在不拆卸或手动翻转任何部件的情况下，符合规定的通道测量装置能顺利通过。幼儿专用校车乘客区应采用平地板结构(轮罩处的局部凸起除外)。

11.2.4 空载状态下，车长大于或等于 6 m 的设有乘客站立区的客车的乘客门的一级踏步高应小于或等于 400 mm；如采用钢板悬架，则后乘客门的一级踏步高应小于或等于 430 mm；车长大于或等于 6 m 的其他客车乘客门的一级踏步高应小于或等于 430 mm。对专用校车，在空载状态下，第一级踏步离地高应小于或等于 350 mm(允许使用伸缩踏步达到要求)，其他各级踏步的高度应小于或等于 250 mm。

11.2.5 车长大于 7.5 m 的客车和所有校车不应设置车外顶行李架。其他客车需设置车外顶行李架时，行李架高度应小于或等于 300 mm、长度不应超过车长的三分之一。客车如有车底行李舱，则车底行李舱净高应小于或等于 1 200 mm；专用校车如有行李舱体，则行李舱体顶部离地面高度应小于 1 000 mm。

11.2.6 专用校车前部应设置碰撞安全结构。若为前横置发动机，则发动机曲轴中心线应位于前风窗玻璃最前点以前；若为前纵置发动机，则发动机第一缸和第二缸的中心线应位于前风窗玻璃最前点以前；对车长大于 6 m 的专用校车，若其前部碰撞性能不低于前两种结构，可以不限定发动机布置形式。

11.2.7 幼儿校车、小学生校车的侧窗下边缘距其下方座椅上表面的高度应大于或等于 250 mm，否则应加装防护装置。

11.2.8 车长小于或等于 7.5 m 的公路客车，若在车内设有随行物品存放区，则存放区面积应大于或等于乘客区面积的 20%并小于或等于乘客区面积的 25%，且存放区与乘客区之间应有安装牢固可靠的隔板或格栅有效隔离，隔板或格栅的安装高度应至车内顶部，格栅的网眼尺寸应小于或等于 100 mm×100 mm。

11.2.9 公路客车、旅游客车和未设置乘客站立区的公共汽车应装备单燃油箱，且单燃油箱的容积应小于或等于 400 L。

11.3 货运机动车的特殊要求

11.3.1 货厢(货箱)应安装牢固可靠,且在设计和制造上不应设置有货厢(货箱)加高、加长、加宽的结构、装置。

11.3.2 货箱或其他载货装置,其构造应保证安全、稳妥地装载货物,栏板和底板应规整且具有足够的强度。集装箱运输车和集装箱运输半挂车的构造应保证集装箱运输过程中始终安全、稳妥地固定在车辆上。

11.3.3 货车和挂车的载货部分不应设置乘客座椅。

11.3.4 货车和挂车的载货部分不应设计成可伸缩的结构,但中置轴车辆运输列车的主车后部的延伸结构除外。

11.3.5 货车驾驶室(区)最后一排座位靠背最上端(前后位置可调座椅应处于滑轨中间位置,靠背角度可调式座椅的靠背角度及座椅其他调整量应处于制造厂规定的正常使用位置)与驾驶室后壁(驾驶区隔板)平面的间距对带卧铺的货车应小于或等于 950 mm,对其他货车应小于或等于 450 mm。

11.3.6 仓栅式载货车辆的载货部位应采用仓笼式或栅栏式结构。载货部位的顶部应安装有与侧面栅栏固定的、不能拆卸和调整的顶棚杆;顶棚杆间的纵向距离应小于或等于 500 mm。

11.3.7 自卸式载货车辆的车箱栏板应开闭灵活,锁紧可靠;根据需要应安装手动锁紧机构,确保在行驶中不自行打开,或自动开启装置失效时卸货安全。侧开式车箱栏板与立柱、底板之间以及后开式车箱后栏板与车箱后断面之间应贴合。

11.3.8 厢式载货车辆的货厢的顶部应封闭、不可开启(翼开式车辆除外),其与侧面的连接应采用焊接等永久固定的方式;货厢的后面或侧面应设有固定位置的车门。

11.3.9 侧帘式载货车辆应设置有竖向滑动立柱、横向挡货杆、托盘、固货绳钩等防护装置;且车厢内应设置有用于对货物进行必要固定和捆扎的固定装置,帘布锁紧装置应锁紧可靠。

11.3.10 所有集装箱车、集装箱运输半挂车的载货部位应采用骨架式结构。

11.3.11 液体危险货物运输罐式车辆的常压罐体应符合 GB 18564.1 和 GB 18564.2 的规定,且在设计和制造上其进料口、卸料口的型式、位置应考虑受到意外撞击时的安全防护要求。

11.3.12 危险货物运输货车应装备单燃油箱,且单燃油箱的容积应小于或等于 400 L。

11.4 摩托车的特殊要求

11.4.1 两轮普通摩托车、两轮轻便摩托车的前后轮和边三轮摩托车的主车前后轮中心平面允许偏差应小于或等于 10 mm。

11.4.2 摩托车外部不应有朝外的尖锐零件,车身上其他道路使用者有可能接触到的外部零部件布置应符合 GB 20074 的规定。

11.4.3 两轮普通摩托车和边三轮摩托车主车的客座应设座垫、扶手(或拉带)和脚蹬。两轮普通摩托车扶手应符合 GB 20075 的规定。

11.4.4 前轮距小于或等于 460 mm 的正三轮摩托车,在设计和制造上应保证转弯时前部的两个车轮同时与地面接触并与车身整体倾斜。

11.5 车门和车窗

11.5.1 车门和车窗应启闭轻便,不应有自行开启现象,门锁应牢固可靠。门窗应密封良好,无漏水现象。

11.5.2 除设计上专门用于运送特定类型的人员且使用上有特殊需求的乘用车外,乘用车应保证每个乘员至少能从两个不同的车门上下车;并且,当乘用车静止时,所有供乘员上下车的车门(安装的儿童锁锁止时除外)均应能从车内开启。旅居车至少应有两个车门;其中,应有一个乘客门位于车厢后部或右侧，且该乘客门的净高度应大于或等于 1 650 mm、净宽度应大于或等于 500 mm，但乘客门净宽度大于或等于 750 mm 时，净高度大于或等于 1 400 mm 即视为满足要求。

11.5.3 客车除驾驶人门和应急门外，不应在车身左侧开设车门。但对只在沿道路中央车道设置的公共汽车专用道上运营使用的公共汽车，由于公交站台位置的原因须在车身左侧上下乘客时，允许在车身左侧开设乘客门；此类公共汽车不应在车身右侧开设乘客门。对既在沿道路中央车道设置的公共汽车专用道上运营，同时又在普通道路上运营使用的公共汽车，允许在车身左右两侧均开设乘客门，但在设计和制造上应保证车身的强度和刚度达到使用要求，且两侧的乘客门在正常状态下应不能同时开启。

11.5.4 当客车静止时，乘客门应易于从车内开启。在正常使用情况下，乘客门向车内开启时，其结构应保证开启运动不致伤害乘客，必要时应装有适当的防护装置；对车长大于或等于 6 m 的客车，紧急情况下，乘客门还应能从车外开启。车外开门装置离地高度应小于或等于 1 800 mm。车长大于 9 m 的未设置乘客站立区的客车(专用校车及乘坐人数小于 20 的其他专用客车除外)应设置两个乘客门。

11.5.5 客车采用动力开启的乘客门，在有故障或意外的情况下，仍应能通过车门应急控制器简便地从车内打开；车门应急控制器应能让临近车门的乘客容易看见并清楚识别，并应有醒目的标志和使用方法；对公共汽车及车长大于或等于 6 m 的其他客车，还应在驾驶人座位附近驾驶人易于操作部位设置乘客门应急开关。

11.5.6 机动车的门窗应使用符合 GB 9656 规定的安全玻璃。但作为击碎玻璃式应急窗的车窗，应使用厚度小于或等于 5 mm 的钢化玻璃或每层厚度不超过 5 mm 的中空钢化玻璃。

11.5.7 前风窗玻璃驾驶人视区部位及驾驶人驾驶时用于观察外后视镜的部位的可见光透射比应大于或等于 70%。所有车窗玻璃不应张贴镜面反光遮阳膜。公路客车、旅游客车、设有乘客站立区的客车、校车和发动机中置且宽高比小于或等于 0.9 的乘用车所有车窗玻璃的可见光透射比均应大于或等于 50%，且除符合 GB 30678 规定的客车用安全标志和信息符号外，不应张贴有不透明和带任何镜面反光材料的色纸或隔热纸。

11.5.8 客车、旅居车、专项作业车乘坐区的两侧应设置车窗。对于厢式货车和封闭式货车，驾驶室(区)两旁应设置车窗，货厢部位不应设置车窗(但驾驶室[区]内用于观察货物状态的观察窗除外)。

11.5.9 装有电动窗(包括电动天窗)的乘用车，其控制装置应确保车窗玻璃在运动过程中能在任意位置可靠停住或遇障碍可自动下降(缩回)。

11.5.10 汽车(专项作业车除外)在发动机运行状态下，在车外使用遥控钥匙能锁止车门的，应明确警示驾驶人；但对在车外使用遥控钥匙锁止车门后发动机在规定时间内(最长不大于 30 min)能自动熄火的，视为满足要求。若汽车装备有取消上述功能的装置，则每次汽车点火系统重新启动时上述功能均应处于激活状态(即取消上述功能的装置应处于非激活状态)。

11.6 座椅(卧铺)

11.6.1 驾驶人座椅应具有足够的强度和刚度，固定可靠，汽车(三轮汽车除外)驾驶人座椅的前后位置应可以调整。驾驶区各操作机件应布置合理，操作方便。

11.6.2 所有乘员座椅及其布置应能保证就坐乘客的乘坐空间。载客汽车的乘员座椅应符合相关规定，布置合理，无特殊要求时应尽量均匀分布，不应由于座椅的集中布置而形成与车辆设计功能不相适应的、明显过大的行李区(但行李区与乘客区用隔板或隔栅有效隔离的除外)。客车(设有乘客站立区的客车和专用校车除外)乘客座椅及其车辆固定件的强度应符合 GB 13057 的规定。

11.6.3 车长小于 6 m 的乘用车(救护车、囚车除外)不应设置侧向座椅和后向座椅，但设计和制造上具有行动不便乘客(如轮椅乘坐者)乘坐设施的乘用车设置的后向座椅除外。乘用车、旅居车同方向座椅的座间距应大于或等于 600 mm(乘用车第二排以后的可折叠座椅应大于或等于 570 mm)，对发动机中置且宽高比小于或等于 0.9 的乘用车还应小于或等于 1 000 mm，旅居车、设计和制造上具有行动不便乘客(如轮椅乘坐者)乘坐设施的乘用车相向座椅的座间距应大于或等于 1 150 mm。

11.6.4　除设有乘客站立区的客车及设计和制造上有特殊使用需求的专用客车(如专用校车的照管人员座椅等)外，其他客车的座椅均应纵向布置(与车辆前进的方向相同)。

11.6.5　客车(乘坐人数小于 20 的专用客车除外)踏步区域不应设置座椅(专用校车在踏步区域设置的照管人员折叠座椅除外)，乘客通道内不应设置供乘客使用的折叠座椅。应急门引道处前排座椅靠背即使调整到最后位置也不能侵入应急门引道空间；沿应急门引道侧面设有不能自动折叠的座椅时，量规通过的自由空间应在该座椅打开位置处测量，若设有自动折叠座椅则可在其折叠位置测量。设有乘客站立区的客车，应安装供站立乘客用的护栏、扶手等装置，且护栏、扶手等装置的数量应与核定站立人数相适应。

11.6.6　幼儿专用校车和小学生专用校车学生座椅的座间距应分别大于或等于 500 mm 和 550 mm；其他客车同方向座椅的座间距应大于或等于 650 mm，相向座椅的座间距应大于或等于 1 200 mm。专用校车的学生座椅在车辆横向上最多采用“2＋3”布置；其他客车座椅在车辆横向上不应采用“2＋3”布置(最后一排座椅除外)。

11.6.7　卧铺客车的卧铺应纵向布置(与机动车前进方向相同)，卧铺宽度应大于或等于 450 mm，卧铺纵向间距应大于或等于 1 600 mm，相邻卧铺的横向间距应大于或等于 350 mm；卧铺不应布置为三层或三层以上，双层布置时上铺高应大于或等于 780 mm、铺间高应大于或等于 750 mm。

11.6.8　校车应至少设置一个照管人员座位。对小学生校车和中小学生校车，当学生座位数大于或等于 40 个时，应设置两个或三个照管人员座位。对幼儿校车，当学生座位数大于或等于 20 且小于 40 个时，应设置两个或三个照管人员座位；当学生座位数大于或等于 40 个时，应设置三个或四个照管人员座位。对专用校车及专门用于接送学生上下学的非专用校车，照管人员座位应有永久性标识。专用校车学生座椅及其车辆固定件的强度应符合 GB 24406 的要求。

11.6.9　专用校车靠近通道的学生座椅应在通道一侧设置座椅扶手；扶手和把手应有足够的强度，其扶手应使乘客易于抓紧，每个扶手的表面应防滑。

11.6.10　两轮普通摩托车、两轮轻便摩托车和边三轮摩托车主车的每个驾乘人员的固定座垫，长度应大于或等于 220 mm。正三轮摩托车的乘客座椅应纵向布置(与车辆前进的方向相同)，且与前方驾驶人座椅后表面(或客厢前表面)的间距应小于或等于 1 000 mm；装有与后轮对称分布的两个前轮的正三轮摩托车，其驾驶人座位和乘员座位(如有)还应布置在车辆纵向中心平面上。

11.7　内饰材料和隔音、隔热材料

11.7.1　汽车驾驶室和乘员舱所用的内饰材料应采用阻燃性符合 GB 8410 规定的阻燃材料，其中客车内饰材料的燃烧速度应小于或等于 70 mm/min。

11.7.2　发动机舱或其他热源(如缓速器或车内采暖装置，但不包括热水循环装置)与车辆其他部分之间应安装隔热材料，用于联接隔热材料的固定夹、垫圈等也应防火。对设有乘客站立区的客车和发动机后置的其他客车，其发动机舱使用的隔音、隔热材料应达到 GB 8410 规定的 A 级的要求。

11.8　号牌板(架)

11.8.1　机动车应设置能满足号牌安装要求的号牌板(架)。前号牌板(架)(摩托车除外)应设于前面的中部或右侧(按机动车前进方向)，后号牌板(架)应设于后面的中部或左侧。

11.8.2　每面号牌板(架)上应设有 4 个号牌安装孔(三轮汽车前号牌板[架]、摩托车后号牌板[架]应设有 2 个号牌安装孔)，以保证能用 M6 规格的螺栓将号牌直接牢固可靠地安装在车辆上。

11.9　汽车电子标识安装

汽车(无驾驶室的汽车除外)应在前风窗玻璃不影响驾驶视野的位置设置微波窗口，以保证汽车电子标识的规范安装和数据的有效读取。

11.10 其他要求

11.10.1 乘用车应装有护轮板，总质量大于 7 500 kg 的货车、货车底盘改装的专项作业车及总质量大于 3 500 kg 的挂车应装有防飞溅系统，其他机动车的所有车轮均应有挡泥板。

11.10.2 乘用车(三厢车除外)行李区的纵向长度应小于或等于车长的 30%。

11.10.3 客车车内行李架应能防止物件跌落，其静态承载能力应大于或等于 40 kg/m²。

11.10.4 客车台阶踏板(包括伸缩踏板)应有防滑功能，前缘应清晰可辨，有效深度(从该台阶前缘到下一个台阶前缘的水平距离)应大于或等于 200 mm。

11.10.5 对于可翻转驾驶室，应有驾驶室锁止附加安全装置(如安全钩)，并且在翻转操纵机构附近易见部位应有提醒驾驶人如何正确使用该操纵机构的文字。

11.10.6 自卸车等装有液压举升装置的机动车，应装备有车厢举升的声响报警装置和(车厢举升状态下)防止车厢自降保险装置；并且，在设计和制造上应保证机动车在行驶过程中不会出现车厢自动举升现象。

12 安全防护装置

12.1 汽车安全带

12.1.1 乘用车、旅居车、未设置乘客站立区的客车、货车(三轮汽车除外)、专项作业车的所有座椅，设有乘客站立区的客车的驾驶人座椅和前排乘员座椅均应装备汽车安全带。

注：前排乘员座椅指“最前 H 点”位于驾驶人“R”点的横截面上或在此横截面前方的座椅。

12.1.2 除三轮汽车外，所有驾驶人座椅、乘用车的所有乘员座椅(设计和制造上具有行动不便乘客乘坐设施的乘用车设置的后向座椅除外)、总质量小于或等于 3 500 kg 的其他汽车的所有外侧座椅、其他汽车(设有乘客站立区的客车除外)的前排外侧乘员座椅，装备的汽车安全带均应为三点式(或全背带式)汽车安全带。

12.1.3 专用校车和专门用于接送学生上下学的非专用校车的每个学生座位(椅)及卧铺客车的每个铺位均应装备两点式汽车安全带。

12.1.4 汽车安全带应可靠有效，安装位置应合理，固定点应有足够的强度。对于能够折叠以方便进入车辆的后部或行李舱的整体座椅或座垫或靠背，在折叠并恢复座椅到乘坐位置后，依据车辆产品使用说明书，单人就能方便的使用这些座椅配套的安全带，或很容易从这些座椅的下面或后面方便地进行恢复。

12.1.5 汽车(三轮汽车除外)应装备驾驶人汽车安全带佩戴提醒装置。当驾驶人未按规定佩戴汽车安全带时，应能通过视觉和声觉信号报警。

12.1.6 乘用车(单排座的乘用车除外)应至少有一个座椅配置符合规定的 ISOFIX 儿童座椅固定装置，或至少有一个后排座椅能使用汽车安全带有效固定儿童座椅。

12.1.7 设计和制造上具有行动不便乘客(如轮椅乘坐者)乘坐设施的载客汽车、装备有担架的救护车，应装备能有效固定轮椅、担架的安全带或其他约束装置。

12.2 间接视野装置

12.2.1 机动车(挂车除外)应在左右至少各设置一面主后视镜；乘用车、总质量小于或等于 3 500 kg 的货车和货车底盘改装的专项作业车还应设置一面内视镜，但为满足专用功能的要求安装了遮挡内视镜视野范围的非玻璃材料的装置时，可不设置内视镜；总质量大于 3 500 kg 的货车和货车底盘改装的专项作业车还应在右侧至少设置一面补盲后视镜，但驾驶室/区高度无法满足镜面或其托架的任何部分离地高度大于或等于 1 800 mm 时，不应设置补盲后视镜；总质量大于 7 500 kg 的货车和货车底盘改装的专项作业车，以及在车辆右侧设置了补盲后视镜的总质量大于 3 500 kg 且小于或等于 7 500 kg 的货车和货车底盘改装的专项作业车，还应在左右两侧至少各设置一面广角后视镜。汽车及车身部分或全部封闭驾驶人的摩托车，设置有符合 GB 15084 规定的其他间接视野装置（如摄影/监视装置）时，应视为满足要求。

12.2.2 汽车、车身部分或全部封闭驾驶人的摩托车内视镜和外视镜（或其他间接视野装置）的安装位置和角度，应保证驾驶人能借助内视镜和外视镜（或其他间接视野装置）在水平路面上看见符合 GB 15084 规定区域的交通情况；专用校车应保证驾驶人能看清乘客门关闭后乘客门车外附近的情况及后窗玻璃后下方地面上长 3.6 m、宽 2.5 m 范围内的情况，并且在正常驾驶状态下能通过内视镜观察到车内所有乘客区。对于汽车列车，当所牵引挂车的宽度超过牵引车宽度时，牵引车应加装后视镜加长架（延长支架）以保证其后视镜的视野仍满足要求。

12.2.3 车长大于或等于 6 m 的平头载客汽车及总质量大于 7 500 kg 的平头货车和平头货车底盘改装的专项作业车，应在车前至少设置一面前视镜或相应的监视装置，以保证驾驶人能看清风窗玻璃前下方长 1.5 m、左侧驾驶室最外点平行于车辆纵向中心线，右侧为车辆纵向中心线向右 1.5 m 宽范围内的情况；但驾驶室/区高度无法满足前视镜的镜面或其托架的任何部分离地高度大于或等于 1 800 mm 时，不应设置前视镜。

12.2.4 车外后视镜和前视镜应易于调节，并能有效保持其位置。

12.2.5 安装在外侧距地面 1.8 m 以下的后视镜，当行人等接触该镜时，应具有能缓和冲击的功能。

12.2.6 教练车（三轮汽车除外）及自学用车应安装有符合规定的辅助后视镜，以使教练员能有效观察到车辆两侧及后方的交通状态。

12.2.7 摩托车（车身部分或全部封闭驾驶人的摩托车除外）后视镜的性能和安装要求应符合 GB 17352 的规定，轮式拖拉机运输机组后视镜的性能和安装要求应符合 GB 18447.1 的规定。

12.3 前风窗玻璃刮水器

12.3.1 机动车的前风窗玻璃应装备刮水器，其刮刷面积应确保驾驶人具有良好的前方视野。

12.3.2 刮水器应能正常工作。

12.3.3 刮水器关闭时，刮片应能自动返回至初始位置。

12.4 应急出口

12.4.1 基本要求

12.4.1.1 客车应设置与其乘坐人数相匹配数量的乘客门、应急窗。

12.4.1.2 车长大于或等于 6 m 的客车（乘坐人数小于 20 的专用客车除外），如车身右侧仅有一个乘客门且在车身左侧未设置驾驶人门，应在车身左侧或后部设置应急门。车长大于 7 m 的客车（乘坐人数小于 20 的专用客车除外）应设置撤离舱口。卧铺客车的卧铺布置为上、下双层时，侧窗洞口应为上下两层。

12.4.2 应急门

12.4.2.1 应急门的净高应大于或等于 1 250 mm，净宽应大于或等于 550 mm；但车长小于或等于 7 m 的客车，应急门的净高应大于或等于 1 100 mm，若自门洞最低处向上 400 mm 以内有轮罩凸出，则在轮罩凸出处应急门净宽可减至 300 mm。

12.4.2.2 车辆侧面的铰接式应急门铰链应位于前端，向外开启角度应大于或等于 100°，并能在此角度下保持开启。如在应急门打开时能提供大于或等于 550 mm 的自由通道，则开度大于或等于 100°的要求可不满足。

12.4.2.3 通向应急门的引道宽度应大于或等于 300 mm,不足 300 mm 时允许采用迅速翻转座椅的方法加宽引道。专用校车沿引道侧面设有折叠座椅时,在折叠座椅打开的情况下(对在不使用时能自动折叠的座椅,在座椅处于折叠位置时),引道宽度仍应大于或等于 300 mm。

12.4.2.4 应急门应有锁止机构且锁止可靠。应急门关闭时应能锁止,且在车辆正常行驶情况下不会因车辆振动、颠簸、冲撞而自行开启。

12.4.2.5 当车辆停止时,应急门不用工具应能从车内外很方便打开,并设有车门开启声响报警装置。允许从车外将门锁住,但应保证始终能用正常开启装置从车内将其打开;门外手柄应设保护套或其他能手动拆除的保护装置,且离地面高度(空载时)应小于或等于 1 800 mm。客车不应安装有其他固定、锁止应急门的装置。

12.4.3 应急窗和撤离舱口

12.4.3.1 应急窗和撤离舱口的面积应大于或等于$(4\times10^5)mm^2$,且能内接一个 500 mm×700 mm(对车长小于或等于 7 m 的客车为 450 mm×700 mm)的矩形;如应急窗位于客车后端面,则能内接一个 350 mm×1 550 mm、四角曲率半径小于或等于 250 mm 的矩形时也视为满足要求。

12.4.3.2 应急窗应采用易于迅速从车内、外开启的装置;或采用自动破窗装置;或在车窗玻璃上方中部或右角标记有直径不小于 50 mm 的圆心击破点标志,并在每个应急窗的邻近处提供一个应急锤以方便地击碎车窗玻璃,且应急锤取下时应能通过声响信号实现报警。

12.4.3.3 设有乘客站立区的客车车身两侧的车窗,若洞口可内接一个面积大于或等于 800 mm×900 mm 的矩形时,应设置为推拉式或外推式应急窗;若洞口可内接一个面积大于或等于 500 mm×700 mm 的矩形时,应设置为击碎玻璃式的应急窗,并在附近配置应急锤或具有自动破窗功能。

注:侧窗洞口尺寸在车辆制造完成后从侧窗立柱内侧测量。

12.4.3.4 公路客车、旅游客车和未设置乘客站立区的公共汽车,车长大于 9 m 时车身左右两侧应至少各配置 2 个外推式应急窗并应在车身左侧设置 1 个应急门,车长大于 7 m 且小于或等于 9 m 时车身左右两侧应至少各配置 1 个外推式应急窗;外推式应急窗玻璃的上方中部或右角应标记有击破点标记,邻近处应配置应急锤。其他车长大于 9 m 的未设置乘客站立区的客车,车身左右两侧至少各有 2 个击碎玻璃式的应急窗(车身两侧击碎玻璃式的应急窗总数小于或等于 4 个时为所有击碎玻璃式的应急窗)具有自动破窗功能的,应视为满足要求。

12.4.3.5 安全顶窗应易于从车内、外开启或移开或用应急锤击碎。安全顶窗开启后,应保证从车内外进出的畅通。弹射式安全顶窗应能防止误操作。

12.4.4 标志

12.4.4.1 每个应急出口应在其附近设有“应急出口”字样,字体高度应大于或等于 40 mm。

12.4.4.2 乘客门和应急出口的应急控制器(包括用于击碎应急窗车窗玻璃的工具)应在其附近标有清晰的符号或字样,并注明其操作方法,字体高度应大于或等于 10 mm。

12.5 燃料系统的安全保护

12.5.1 燃料箱及燃料管路应坚固并固定牢靠,不会因振动和冲击而发生损坏和泄漏现象。不准许用户改动或加装燃料箱,不准许用户改动燃料管路和燃料种类。

12.5.2 燃料箱的加注口及通气口应保证在机动车晃动时不泄漏。

12.5.3 机动车(摩托车及装用单缸柴油机的汽车除外)的燃料系统不应用重力或虹吸方法直接向化油器或喷油器(燃油轨)供油。

12.5.4 燃料箱的加注口和通气口不应对着排气管的开口方向,且应距排气管的出气口端 300 mm 以上,否则应设置有效的隔热装置。燃料箱的加注口和通气口应距裸露的电气接头及外部可能产生火花的电气开关 200 mm 以上。车长大于 6 m 的客车的燃料箱的加注口和通气口应距排气管的任一部位 300 mm 以上。

12.5.5 汽车燃料箱各部分不应前伸至前置汽油发动机的前端面。车长大于 6 m 的客车燃料箱距客车前端面应大于或等于 600 mm,距客车后端面应大于或等于 300 mm。发动机后置的公路客车和旅游客车,其燃料箱的前端面应位于前轴之后。

12.5.6 机动车燃料箱的通气口和加注口不应设置在有乘员的车厢内。

12.6 气体燃料专用装置的安全防护

12.6.1 气体燃料的供给系统应有有效的安全保护结构措施,以防止气体泄漏;每个车用气瓶出气(液)口端应具有燃料流量限制功能,以保证在其后部的燃料供给管路发生泄漏、破裂、断裂等情况下能自动关闭。

12.6.2 对于两用燃料汽车,应设置燃料转换系统并安装燃料转换开关。在燃料控制上,应具有当发动机突然停止运转时,即使点火开关打开也能自动切断气体燃料供给的功能。燃料转换开关的安装位置应便于驾驶人操作,其挡位标记应明显,能分别控制供油、供气两种状态。气体燃料和汽油电磁阀的操作均应由燃料转换开关统一控制;当电流被切断时,电磁阀应处于"关闭"位置。

12.6.3 压缩天然气管路应采用不锈钢管或其他车用高压天然气专用管路,高压液化石油气管路应采用专用管路。不准许用户改动或加装气瓶。

12.6.4 通气接口排气方向应指向车尾方向并与地面成 45°圆锥的范围内,能将泄漏气体排出车外,通气接口至排气管和其他热源距离应大于或等于 250 mm,通气总面积应大于或等于 450 mm^2。液化天然气管路减压阀不应设置在密封空间或其上部有相对密封气穴的位置。

12.6.5 高压管路的特殊部位(如相对移动的部件之间)应采用柔性管路,其余部位应采用刚性管路。

12.6.6 刚性高压管路应排列整齐、布置合理、固定有效,不应与相邻部件碰撞和摩擦,所有高压管路和高压管接头应得到有效的保护,高压管接头应安装在操作者易于接近的位置。

12.6.7 气体燃料车辆应安装泄漏报警装置,所有管路接头处均不应出现漏气现象。

12.6.8 加气量大于或等于 375 L 的气体燃料汽车应安装导静电橡胶拖地带,拖地带导体截面积应大于或等于 100 mm^2,且拖地带接地端无论空、满载应始终接地。

12.6.9 钢瓶应被可靠地固定在车上,安装钢瓶的固定座应具有阻止钢瓶旋转、移动的能力,固定座应便于拆装工作。钢瓶安装在车上后,钢瓶编号应易见,钢瓶的强度和刚度不应下降,车架(车身)结构强度也不应受影响。

12.6.10 钢瓶安装位置应远离热源,必要时应采取隔热措施。在任何情况下,钢瓶及其所有高压管路和高压接头与发动机排气管和传动轴的任何部位之间的距离应大于或等于 100 mm;当钢瓶及其所有高压管路和高压接头与发动机排气管的距离在 100 mm～200 mm 之间时,应设置固定可靠的隔热装置。

12.6.11 钢瓶应安装在通风位置或采取有效的通风措施,阀门渗漏的气体不应进入驾驶室或载人车厢。

12.6.12 钢瓶与汽车后轮廓边缘的距离应大于或等于 200 mm,且钢瓶及其附件不应布置在汽车前轴之前。钢瓶安装在汽车车架下时,钢瓶下方和后方应采取有效防护措施。钢瓶安装在汽车后轴之后时,钢瓶后方应采取有效防护措施。

12.6.13 钢瓶不应直接安装在驾驶室、载人车厢和货箱内。当不得不安装在上述位置时,应用密封盒、波纹管及通气接口将瓶口阀及连接的高压接头与驾驶室、载人车厢或货箱安全隔离。密封盒等隔离装置应有很强的防护功能,当车辆受到冲撞时应能有效地防止钢瓶冲入驾驶室、载人车厢或货箱内。

12.6.14 钢瓶的安装和保护罩的设置,应能保证钢瓶集成阀的正常操作和检查。

12.6.15 手动截止阀应安装在钢瓶到调压器之间易于操作的位置,手动截止阀不应直接安装在驾驶室或载人车厢内。

12.6.16 钢瓶至调压器之间应安装滤清装置，并易于检查、清洗和更换。

12.7 牵引车与被牵引车的连接装置

12.7.1 连接装置应坚固耐用。

12.7.2 牵引车和被牵引车连接装置的结构应能确保相互牢固的连接，货车列车、铰接列车牵引杆孔、牵引座牵引销的规格应与其挂车总质量相匹配。

12.7.3 牵引车和被牵引车的连接装置上应装有防止机动车在行驶中因振动和撞击而使连接脱开的安全装置。

12.7.4 牵引连接件、牵引杆孔、牵引座牵引销、连接钩及环形孔等机械连接件不应有可视裂痕，其磨损极限尺寸应符合 GB/T 31883 的规定。

12.8 货车、专项作业车前下部防护要求

总质量大于 7 500 kg 的货车、货车底盘改装的专项作业车，应按 GB 26511 的规定提供对平行车辆纵轴方向的作用力具有足够阻挡力的前下部防护，以防止正面碰撞时发生钻入碰撞。

12.9 货车、专项作业车和挂车侧面及后下部防护要求

12.9.1 总质量大于 3 500 kg 的货车(半挂牵引车除外)、货车底盘改装的专项作业车和挂车，应按 GB 11567 的规定提供防止人员卷入的侧面防护。

12.9.2 货车列车的货车和挂车之间应提供防止人员卷入的侧面防护。

12.9.3 总质量大于 3 500 kg 的货车、货车底盘改装的专项作业车(半挂牵引车及由于客观原因而无法安装后下部防护装置的专用货车和专项作业车除外)和挂车(长货挂车除外)的后下部，应提供符合 GB 11567 规定的后下部防护，以防止追尾碰撞时发生钻入碰撞。

注：长货挂车是指为搬运无法分段的长货物而专门设计和制造的特殊用途车，如运输木材、钢材棒料等货物的车辆。

12.10 客车的特殊要求

12.10.1 客车在设计和制造上应保证发动机排气不会进入客厢。

12.10.2 客车的灭火装置配置应符合 GB 34655 的规定。

12.10.3 车长大于或等于 6 m 的纯电动客车、插电式混合动力客车，应能监测动力电池工作状态并在发现异常情形时报警，且报警后 5 min 内电池箱外部不能起火爆炸。

12.10.4 安装有客舱固定灭火系统的公共汽车，其客舱固定灭火系统的性能应符合 GA 1264 的规定。

12.11 货车的特殊要求

12.11.1 货车货箱(自卸车、装载质量 1 000 kg 以下的货车除外)前部应安装比驾驶室高至少 70 mm 的安全架。

12.11.2 无驾驶室的三轮汽车货箱前部应安装具有足够强度的安全架，其高度应高出驾驶人座垫平面至少 800 mm。

12.11.3 封闭式货车在最后排座位的后方应安装具有足够强度的板式隔离装置。隔离板若设置有用于观察货厢货物状态的观察窗，则观察窗的尺寸和设置位置应合理，且应采用安全玻璃。

12.11.4 安装有起重尾板的货车和挂车，应安装防止其中尾板承载平台自动下落或自动打开的机械锁紧装置。

12.11.5 安装有悬臂式、垂直升降式起重尾板的货车和挂车，起重尾板背部应设置有警示旗，且警示旗应能摆动，警示旗上的反光标识应朝向车辆外侧。

12.12 危险货物运输车辆的特殊要求

12.12.1 专门用于运送易燃和易爆物品的危险货物运输车辆，车上应备有消防器材并具有相应的安全措施；排气管的布置应能避免加热和点燃货物，距燃油箱、燃油管净距离应大于或等于 200 mm，排气管出口应装在罐体/箱体前端面之前、不高于车辆纵梁上平面的区域，并安装符合 GB 13365 规定的机动车排气火花熄灭器，机动车尾部应安装接地端导体截面积大于或等于 100 mm^2 的导静电橡胶拖地带，且拖地带接地端无论空、满载应始终接地。

12.12.2 罐式危险货物运输车辆的罐体顶部如有安全阀、通气阀组件以及检查孔、装卸料阀门、管道等附件设备设施，应设置能承受 2 倍车辆总质量乘以重力加速度的惯性力的倾覆保护装置，且该装置应具有能将积聚在其内部的液体排出的结构或功能；若罐体顶部无任何附属设备设施或附属设备设施未露出罐体，不应设置倾覆保护装置。罐体顶部的管接头、阀门及其他附件的最高点应低于倾覆保护装置的最高点至少 20 mm。

12.12.3 罐式危险货物运输车辆罐体上的管路和管路附件不应超出车辆的侧面及后下部防护装置，且罐体后封头及罐体后封头上的管路和管路附件外端面与后下部防护装置内侧在车辆长度方向垂直投影的距离应大于或等于 150 mm。

12.12.4 装有紧急切断装置的罐式危险货物运输车辆，在设计和制造上应保证运输液体危险货物的车辆行驶速度大于 5 km/h 时紧急切断阀能自动关闭，或在发动机起动时能通过一个明显的信号装置(例如：声或光信号)提示驾驶人需要关闭紧急切断阀。

12.13 纯电动汽车、插电式混合动力汽车的特殊要求

12.13.1 车辆驱动系统的车载可充电储能系统(REESS)可以通过车辆外电源充电的纯电动汽车、插电式混合动力汽车，当车辆被物理连接到外部电源时，应不能通过自身的驱动系统移动。

12.13.2 纯电动汽车、插电式混合动力汽车在车辆起步且车速低于 20 km/h 时，应能给车外人员发出适当的提示性声响。

12.13.3 纯电动汽车、插电式混合动力汽车 B 级电压电路中的可充电储能系统(REESS)应用符合规定的警告标记予以标识；当人员能接近 REESS 的高压部分时，还应清晰可见地注明 REESS 的种类(例如，超级电容器、铅酸电池、镍氢电池、锂离子电池等)。当移开遮栏或外壳可以露出 B 级电压带电部分时，遮栏和外壳上也应有同样的警告标记清晰可见。

12.13.4 纯电动汽车、插电式混合动力汽车 B 级电压电气设备的外露可导电部分，包括外露可导电的遮栏和外壳，应当按照要求连接到电平台以保持电位均衡。

12.13.5 当驾驶人离开纯电动汽车、插电式混合动力汽车时，若车辆驱动系统仍处于"可行驶模式"，则应通过一个明显的信号装置(例如：声或光信号)提示驾驶人。切断电源后，纯电动汽车应不能产生由自身电驱动系统造成的不期望的行驶。

12.13.6 对没有嵌入在一个完整的电路里的 REESS，其绝缘电阻 R_i 除以最大工作电压的 REESS 阻值：

a) 若在整个寿命期内没有交流电路，或交流电路有附加防护，应大于或等于 100 Ω/V；

b) 若包括交流电路且没有附加防护，应大于或等于 500 Ω/V。

若 REESS 集成在了一个完整电路里，则 REESS 阻值应大于或等于 500 Ω/V 或制造厂家规定的更高阻值。

12.13.7 若 REESS 自身没有防短路功能，则应有一个 REESS 过电流断开装置能在车辆制造厂商规定的条件下断开 REESS 电路，以防止对人员、车辆和环境造成危害。

12.13.8 当纯电动汽车、插电式混合动力汽车的绝缘电阻值低于 12.13.6 规定的数值(或车辆制造厂家规定的更高阻值)时，应通过一个明显的信号装置(例如：声或光信号)提示驾驶人。

12.13.9 纯电动汽车、插电式混合动力汽车应具有能切断动力电路的功能。

12.14 三轮汽车和拖拉机运输机组的特殊要求

12.14.1 三轮汽车正常起动和运行过程中可能触及的，且在环境温度为(23±3)℃下测定温度大于80 ℃ 的热表面应有永久性联结或固定(不使用工具无法拆卸)的防护装置或挡板。

12.14.2 三轮汽车和拖拉机运输机组的传动皮带、风扇、起动爪和动力输出轴等外露旋转件应加防护罩，并应符合 GB/T 8196 的规定。

12.14.3 三轮汽车的踏板、脚踏板必要时应采取防滑措施。

12.15 其他要求

12.15.1 汽车驾驶室内应设置防止阳光直射而使驾驶人产生眩目的装置，且该装置在汽车碰撞时，不应对驾驶人造成伤害。

12.15.2 汽车(无驾驶室的三轮汽车除外)应配备 1 件反光背心和 1 个符合 GB 19151 规定的三角警告牌，三角警告牌在车上应妥善放置；车长大于或等于 6 m 的客车和总质量大于 3 500 kg 的货车，还应装备至少 2 个停车楔(如三角垫木)。

12.15.3 乘用车、旅居车、专用校车和车长小于 6 m 的其他客车前后部应设置保险杠，货车(三轮汽车除外)和货车底盘改装的专项作业车应设置前保险杠。

12.15.4 乘用车、旅居车、专用校车的前风窗玻璃应装有除雾、除霜装置。

12.15.5 校车应配备急救箱，急救箱应放置在便于取用的位置并确保有效适用。

12.15.6 对装备有辅助正面和/或侧面防撞安全气囊系统的汽车，驾乘人员如已按照制造厂家规定正确使用了安全带等安全装置，在发生正面或侧面碰撞时不应由于安全气囊系统未正常展开而遭受不合理伤害。

12.15.7 机动车发动机的排气管口不应指向车身右侧(如受结构限制排气管口必须偏向右侧时，排气管口气流方向与机动车纵向中心面的夹角应小于或等于 15°)，且若排气管口朝下则其气流方向与水平面的夹角应小于或等于 45°；客车的排气尾管如为直式的，排气管口应伸出车身外蒙皮。

12.15.8 旅居车应装备灭火器，灭火器在车上应安装牢靠并便于取用。

12.15.9 两轮普通摩托车应配备 1 个符合 GB 811 的乘员头盔。

13 消防车、救护车、工程救险车和警车的附加要求

13.1 消防车的车身颜色应符合相关标准的规定。

13.2 救护车的车身颜色应为白色，左、右侧及车后正中应喷符合规定的图案。

13.3 工程救险车的车身颜色应为符合 GB/T 3181 规定的 Y07 中黄色，其车身两侧应喷“工程救险”字样。

13.4 警车的外观制式应分别符合 GA 524、GA 923 和 GA 525 的规定。

13.5 消防车、救护车、工程救险车和警车应装备与其功能相适应的装置，各装置应布局合理、固定可靠、便于使用。

13.6 消防车、救护车、工程救险车和警车安装使用的警报器应符合 GB 8108 的规定，安装使用的标志灯具应符合 GB 13954 的规定，警报器和标志灯具应固定可靠。

14 残疾人专用汽车的附加要求

14.1 应根据驾驶人的残疾类型，在采用自动变速器的乘用车上，加装相应类型的、符合相关规定的驾

驶辅助装置。加装的驾驶辅助装置安装应牢固可靠，位置应适宜操纵，且不应与车辆的其他操纵指示系统冲突或妨碍车辆其他操纵指示系统的操作。

14.2 驾驶辅助装置加装后，不应改变原车结构的完整性和安全性及影响原车操纵件的电器功能、机械性能，且不应使驾驶人驾驶时受到视野内产品部件的反光眩目。

14.3 加装的方向盘控制辅助手柄应间隙适当，操纵灵活、方便，无阻滞现象。

14.4 加装的制动和加速辅助装置应具有制动、加速互锁功能并保证制动灵活、方便，不会发生失效现象。制动和加速迁延控制手柄传动到制动踏板表面的正压力达到 500 N 时，控制手柄表面的正压力应小于或等于 300 N。

14.5 加装的转向信号迁延开关及驻车制动辅助手柄应刚性固定。转向信号迁延开关应开关自如，功能可靠，不会因振动和其他外力条件而自行开关；驻车制动辅助手柄应操纵轻便、锁止可靠，操纵力应小于或等于 200 N。

14.6 加装的驾驶辅助装置的各部件应完好有效，表面不应有影响使用的凹凸、划伤、返锈等，在接触人体的表面部位不应有毛刺、刃口、棱角或其他有害使用者的缺陷。

14.7 残疾人专用汽车应设置符合规定的残疾人机动车专用标志。

15 标准实施的过渡期要求

15.1 以下要求自本标准实施之日起第 13 个月开始对新生产车实施：

——4.1.2 产品标牌应标示发动机最大净功率转速的要求；

——4.1.3 关于总质量大于或等于 12 000 kg 的货车、货车底盘改装的专项作业车及所有挂车车辆识别代号打刻位置的要求；

——4.1.5 关于具有电子控制单元(ECU)的汽车至少有一个 ECU 应记载有车辆识别代号等特征信息的要求对于除乘用车以外的其他汽车；

——4.4.2.2 中注 4 座垫宽、注 5 座垫深的规定对第二排以后的可折叠座椅；

——7.2.6 关于危险货物运输半挂车的所有车轮应装备盘式制动器的要求；

——7.2.12 汽车应装备防抱制动装置的要求，对总质量小于或等于 3 500 kg 的货车和专项作业车；

——7.2.15 关于采用气压制动的汽车、挂车在设计和制造上每个贮气筒和制动气室都应具有可用于测试制动管路压力的接口的要求；

——7.5.2 关于装备电涡流缓速器的汽车电涡流缓速器的安装部位应设置温度报警系统或自动灭火装置的要求；

——8.6.1 关于乘用车、专用校车喇叭在车钥匙取下及车门锁止时在车内仍能正常使用的要求；

——8.6.5 安装行驶记录仪的要求对公路客车、旅游客车、未设置乘客站立区的公共汽车、校车、设有乘客站立区的客车以外的其他客车；

——8.6.7 总质量大于或等于 12 000 kg 的货车应装备车辆右转弯音响提示装置的要求；

——10.2.1 关于变速器出现功能限制使用情形时对驾驶人应有警示信息提示的要求；

——10.5.1 关于车长大于 6 m 的客车行驶速度超过允许的最大行驶速度时能通过视觉和声觉信号报警的要求；

——10.5.2 关于三轴及三轴以上货车应具有超速报警功能的要求；

——10.5.3 车长大于或等于 6 m 的旅居车应具有限速功能或配备限速装置的要求；

——11.2.5 客车车底行李舱净高的要求；

——11.2.9 部分客车燃油箱数量及容积的要求；

——11.3.12 危险货物运输货车燃油箱数量及容积的要求；

——11.9 汽车(无驾驶室的汽车除外)应设置微波窗口的要求；

——12.1.5 乘用车汽车安全带佩戴提醒装置应能通过视觉和声觉信号报警的要求；

——12.4.3.4 关于应急出口型式和自动破窗功能的要求；

——12.10.3 车长大于或等于 6 m 的纯电动客车、插电式混合动力客车电池箱安全防护的特殊要求；

——12.12.4 紧急切断阀应能自动关闭或通过明显的信号装置提示需要关闭紧急切断阀的要求；

——12.13.8 绝缘电阻值低于规定数值时提示驾驶人的要求。

15.2 以下要求自本标准实施之日起第 25 个月开始对新生产车实施：

——4.17.4 关于车高大于或等于 3.7m 的未设置乘客站立区的客车应装备电子稳定性控制系统的要求；

——7.2.6 关于三轴栏板式、仓栅式半挂车的所有车轮应装备盘式制动器的要求；

——7.9.5 关于行车制动器衬片需要更换时应报警的要求，对采用鼓式制动器的汽车；

——9.2.4 部分汽车的转向轮应装备轮胎爆胎应急防护装置的要求；

——9.4 空气悬架的要求；

——11.5.10 使用遥控钥匙的汽车的特殊要求；

——12.1.5 汽车(三轮汽车除外)应装备驾驶人汽车安全带佩戴提醒装置的要求对除乘用车外的其他汽车；

——12.4.3.1 关于应急窗面积的要求对车长小于或等于 7 m 的客车；

——12.15.7 排气管口朝下时气流方向与水平面的夹角应小于或等于 45°的要求。

15.3 7.8.1 储气筒额定工作气压的要求，自本标准实施之日起第 25 个月开始对新定型车实施。

15.4 8.6.6 乘用车应配备事件数据记录系统或车载视频行驶记录装置的要求，自本标准实施之日起第 37 个月开始对新生产车实施。

15.5 4.17.3 关于车长大于 11 m 的公路客车和旅游客车应装备符合标准规定的自动紧急制动系统的要求，以及 7.2.12 总质量大于或等于 12 000 kg 的危险货物运输货车应装备电控制动系统的要求，自本标准实施之日起第 37 个月开始对所有新定型车实施。

15.6 4.17.3 关于车长大于 11 m 的公路客车和旅游客车应装备符合标准规定的车道保持辅助系统的要求，自本标准实施之日起第 49 个月开始对所有新定型车实施。

15.7 本标准较 GB 7258—2012 新增的涉及车辆结构及安全装置的技术要求，以及 4.4.3.5 中未设置乘客站立区的客车的核定乘员数应小于或等于 56 人的要求，不适用于本标准实施之日前出厂的机动车。

15.8 本标准涉及实施过渡期的要求，机动车生产厂家提前实施的应视为满足要求。

参 考 文 献

[1] GB 14166—2013 机动车乘员用安全带、约束系统、儿童约束系统和 ISOFIX 儿童约束系统
[2] GB/T 18384.1—2015 电动汽车 安全要求 第1部分:车载可充电储能系统(REESS)
[3] GB/T 18384.2—2015 电动汽车 安全要求 第2部分:操作安全和故障防护
[4] GB/T 18384.3—2015 电动汽车 安全要求 第3部分:人员触电防护
[5] GA 802—2014 机动车类型 术语和定义
[6] QC/T 757—2006 乘用车列车通用技术条件
[7] QC/T 776 旅居车
[8] 中华人民共和国道路交通安全法
[9] 中华人民共和国道路交通安全法实施条例
[10] 国务院关于加强道路交通安全工作的意见(国发〔2012〕30号)
[11] 道路交通(车辆构造及保养)规例(香港)
[12] 欧洲议会和理事会条例(EC) No 661/2009 关于汽车、其挂车以及所用系统、部件和独立技术装置的一般安全的型式认证要求
[13] 欧洲议会和欧洲理事会指令 2014/45/EU 机动车及其挂车的定期车辆性能检测和指令 2009/40/EC 的废止
[14] ECE 第55号法规 关于汽车列车机械连接元件认证的统一规定
[15] 美国联邦机动车安全法规 49CFR Part 563 EDR
[16] 日本机动车检查独立行政法人审查事物规程

GB 7258—2017《机动车运行安全技术条件》国家标准第1号修改单

本修改单经国家市场监督管理总局(国家标准化管理委员会)于2019年7月29日批准发布。其中,第一条、第二条自批准之日起实施。第三条,自2019年11月1日起,对新生产的车长大于或等于6 m的设有乘客站立区的客车和未设置乘客站立区的公共汽车实施;自2020年8月1日起,对新生产的车长大于9 m的公路客车和旅游客车实施。第四条和第五条自2019年8月1日起对新生产车实施。

一、将4.4.1.4条修改为:

4.4.1.4 牵引杆挂车列车的牵引杆挂车的最大允许装载质量应小于或等于货车的最大允许装载质量。中置轴挂车列车的中置轴挂车的总质量应小于或等于货车的总质量。

二、将4.6.3条修改为:

4.6.3 除消防车、特型机动车、两轮普通摩托车和轻便摩托车外的其他机动车,在空载、静态状态下,向左侧和右侧倾斜的侧倾稳定角应大于或等于:

——三轮机动车(包括三轮汽车和三轮摩托车,但不包括前轮距小于或等于460 mm的正三轮摩托车,下同):25°;

——混凝土泵车、汽车起重机、总质量为整备质量的1.2倍以下的油田专项作业车:15°;

——其他总质量为整备质量的1.2倍以下的机动车:28°;

——总质量大于或等于整备质量的1.2倍的专项作业车和轮式专用机械车:32°;

——其他机动车(前轮距小于或等于460 mm的正三轮摩托车除外):35°。

注:油田专项作业车即GB 1589—2016的3.19规定的油田专用作业车。

三、增加11.2.10条:

11.2.10 车长大于或等于6 m的设有乘客站立区的客车和未设置乘客站立区的公共汽车,以及车长大于9 m的公路客车和旅游客车,其驾驶区应有隔离设施,防止他人侵入驾驶区。隔离设施不应影响驾驶人的安全驾驶和乘员的应急撤离。

四、增加11.3.13条:

11.3.13 平板式载货车辆的平板不应有插桩结构、凹槽、集装箱锁具等装置,且平板式载货车辆、仓栅式载货车辆的载货部位不应具有举升功能或采用自卸结构。

五、增加11.3.14条:

11.3.14 车厢可卸式汽车装载的货厢应为封闭式专用货厢,且车辆应装备有装卸或举升机构,能将专用货厢拖吊到车上,或能升降专用货厢/车架以实现专用货厢的交换。

注:11.3中的载货车辆包括货车和挂车。

ICS 43.180
R 80

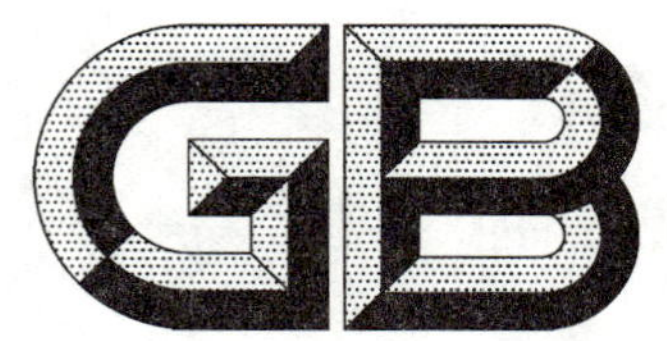

中华人民共和国国家标准

GB 21861—2014
代替 GB 21861—2008

机动车安全技术检验项目和方法

Items and methods of motor vehicles safety technology inspection

2014-12-22 发布　　2015-03-01 实施

中华人民共和国国家质量监督检验检疫总局
中国国家标准化管理委员会　发布

前　言

本标准中第4章、第6章、第7章为强制性的，其余为推荐性的。

本标准按照GB/T 1.1—2009给出的规则起草。

本标准代替GB 21861—2008《机动车安全技术检验项目和方法》。与GB 21861—2008相比，除编辑性修改外，主要技术变化如下：

——修改了范围(见第1章，2008年版的第1章)；
——修改了注册登记检验的术语和定义(见3.1，2008年版的3.1)；
——修改了车辆唯一性检查的术语和定义(见3.3，2008年版的3.3)；
——增加了车辆特征参数检查的术语和定义(见3.4)；
——修改了检验项目要求(见4.1、表1，2008年版的4.1、表1、表2)；
——删除了“检验项目按属性分为否决项和建议维护项。仪器设备检验项目中，排放、制动、前照灯远光光束发光强度、轮偏和底盘输出功率为否决项，其余为建议维护项。人工检查项目的项目属性见附录B的表B.1、表B.2、表B.3和附录C的表C.1的‘项目属性’栏”的要求(2008年版的4.3)；
——删除了“拖拉机运输机组等上道路行驶的拖拉机的安全技术检验项目另行制定”的要求(2008年版的4.5)；
——修改了机动车安全技术检验流程图(见图1，2008年版的图1)；
——修改了对送检机动车的基本要求(见5.1.2.1，2008年版的5.2.1)；
——增加了机动车安全技术检验各工位的最少检验时间表(见表2)；
——增加了机动车安全技术检验方法表(见表3)；
——增加了“检验要求”(见第6章)；
——删除了“(车辆唯一性认定)检验项目和要求”(2008年版的6.1.1、6.2.1)；
——删除了“线外检验”(2008年版的第8章)；
——删除了“线内检验”(2008年版的第9章)；
——删除了“路试检验”(2008年版的第10章)；
——删除了“二、三轮机动车检验的补充说明”(2008年版的第11章)；
——修改了检验结果的评判要求(见7.1，2008年版的12.2)；
——修改了检验合格处置要求(见7.2，2008年版的12.4)；
——增加了检验不合格处置要求(见7.3)；
——修改了异常情形处置要求(见7.4，2008年版的6.1.2、6.2.2)；
——增加了标准实施的过渡期要求(见第8章)；
——删除了附录A　主要特征和技术参数(2008年版的附录A)；
——删除了附录B　车辆外观检查、底盘动态检验和车辆底盘检查　检验项目(2008年版的附录B)；
——删除了附录C　二、三轮机动车人工检验项目(2008年版的附录C)；
——删除了附录D　制动性能参数计算方法(2008年版的附录D)；
——增加了附录A　外廓尺寸测量(见附录A)；
——增加了附录B　整备质量测量(见附录B)；
——增加了附录C　制动性能检验(见附录C)；

——增加了附录D　前照灯检验(见附录D)；

——增加了附录E　车速表指示误差检验(见附录E)；

——增加了附录F　转向轮横向侧滑量检验(见附录F)；

——修改了附录G　机动车安全技术检验报告(见附录G,2008年版的附录F、附录H)。

——修改了附录H　机动车安全技术检验表(人工检验部分)(见附录H,2008年版的附录E、附录G)；

——增加了附录I　机动车安全技术检验表(仪器设备检验部分)(见附录I)。

本标准由中华人民共和国公安部提出。

本标准由公安部道路交通管理标准化技术委员会归口。

本标准负责起草单位:公安部交通管理科学研究所。

本标准参加起草单位:公安部交通安全产品质量监督检测中心、北京市公安局公安交通管理局车辆管理所、成都市公安局交通管理局车辆管理所、石家庄华燕交通科技有限公司、浙江江兴汽车检测设备有限公司、中国机动车辆安全鉴定检测中心。

本标准主要起草人:孙巍、应朝阳、吴云强、赵卫兴、张军、潘汉中、秦东炜、张昊、陈南峰、包威、罗跃、周申生、田五虎。

本标准所代替标准的历次版本发布情况为:

——GB 21861—2008。

引　言

本标准是检验机动车安全技术性能的重要技术标准，标准号为 GB 21861，于 2008 年 5 月 26 日首次发布。GB 21861—2008 自 2009 年 6 月 1 日起实施以来，在规范机动车安全技术检验、保障车辆安全性能、预防和减少道路交通事故、保证人民生命财产安全等方面发挥了重要作用。

近年来，公安部、国家质量技术监督检验检疫总局等有关部委充分考虑到我国汽车工业的发展，特别是私家小汽车迅猛增长的特点，不断调整机动车管理的理念和做法，积极响应人民群众对于改革机动车安全技术检验的新期待、新要求，出台了一系列加强和改进机动车安全技术检验工作的新举措。同时，2012 年 9 月 1 日起实施的国家标准《机动车运行安全技术条件》(GB 7258—2012)进一步规范和加强了机动车(特别是大中型客货车辆，包括校车)的运行安全技术要求；为贯彻落实《校车安全管理条例》，2012 年 5 月 1 日起实施的国家标准《专用校车安全技术条件》(GB 24407—2012)进一步提高了专用校车的安全技术要求。鉴于此，有必要对 GB 21861 进行整体修订，以更好地落实国家关于机动车安全技术检验的有关要求，推动新的机动车国家安全技术标准的实施。

本次 GB 21861 修订工作的主要原则有：

a) 保证协调性。标准修订坚持依法依规，修订内容符合《校车安全管理条例》及近年来公安部、国家质量技术监督检验检疫总局等部委的有关管理规定，与 GB 7258—2012、GB 24407—2012 等机动车国家安全技术标准相协调。

b) 提高针对性。标准修订突出重点车辆，强化了校车、大中型客车、重中型货车、挂车的安全技术检验要求，优化了非营运轿车等小型、微型载客汽车的检验项目。

c) 提升可操作性。标准修订细化了检验方法，增加了检验要求，既便于安检机构的检验，也便于政府部门的监管。

d) 倡导先进性。标准修订明确了外廓尺寸等重点项目自动化检验的要求，确保机动车安全技术检验工作科学、准确、高效、先进。

机动车安全技术检验项目和方法

1 范围

本标准规定了机动车安全技术检验的检验项目、检验方法、检验要求和检验结果处置。

本标准适用于机动车安全技术检验机构对机动车进行安全技术检验。本标准也适用于出入境检验检疫机构对入境机动车进行安全技术检验。经批准进行实际道路试验的机动车和临时入境的机动车，可参照本标准进行安全技术检验。

本标准不适用于拖拉机运输机组等上道路行驶的拖拉机的安全技术检验。

2 规范性引用文件

下列文件对于本文件的应用是必不可少的。凡是注日期的引用文件，仅注日期的版本适用于本文件。凡是不注日期的引用文件，其最新版本(包括所有的修改单)适用于本文件。

GB 1589 道路车辆外廓尺寸、轴荷及质量限值
GB/T 3730.2 道路车辆 质量 词汇和代码
GB/T 3730.3 汽车和挂车的术语及其定义 车辆尺寸
GB 4785 汽车及挂车外部照明和光信号装置的安装规定
GB 7258—2012 机动车运行安全技术条件
GB 11567.1 汽车和挂车侧面防护要求
GB 11567.2 汽车和挂车后下部防护要求
GB 13094 客车结构安全要求
GB 13392 道路运输危险货物车辆标志
GB 16735 道路车辆 车辆识别代号(VIN)
GB/T 17676 天然气汽车和液化石油气汽车 标志
GB 18564.1 道路运输液体危险货物罐式车辆 第1部分:金属常压罐体技术要求
GB 18986 轻型客车结构安全要求
GB/T 19056 汽车行驶记录仪
GB 19151 机动车用三角警告牌
GB 20300 道路运输爆炸品和剧毒化学品车辆安全技术条件
GB 24315 校车标识
GB 24407 专用校车安全技术条件
GB 25990 车辆尾部标志板
GB/T 26765 机动车安全技术检验业务信息系统及联网规范
GA 36 中华人民共和国机动车号牌
GA 802 机动车术语 类型和定义
GA 804 机动车号牌专用固封装置
GA 1186 机动车安全技术检验监管系统通用技术条件

3 术语和定义

GB 7258 和 GA 802 界定的以及下列术语和定义适用于本文件。

3.1

注册登记检验　inspection for unregistered vehicle

机动车安全技术检验机构对申请注册登记的机动车进行的安全技术检验。

3.2

在用机动车检验　inspection for in-use vehicle

机动车安全技术检验机构对已注册登记的机动车进行的安全技术检验。

3.3

车辆唯一性检查　inspection for the identify of vehicle

对机动车的号牌号码和类型、车辆品牌和型号、车辆识别代号(或整车出厂编号)、发动机号码(或电动机号码)、车辆颜色和外形进行检查,以确认送检机动车的唯一性。

3.4

车辆特征参数检查　inspection for the characteristic parameters of vehicle

对机动车的外廓尺寸、整备质量、核定载人数等车辆主要特征和技术参数进行检查,以确认与机动车国家安全技术标准、机动车产品公告、机动车出厂合格证、机动车行驶证等技术资料凭证的符合性。

3.5

底盘动态检验　chassis operating inspection

在行驶状态下,定性地判断送检机动车的转向系、传动系、制动系、仪表和指示器是否符合运行安全要求。

4　检验项目

4.1　机动车安全技术检验项目见表1。

4.2　出入境检验检疫机构对需领取机动车牌证方可上道路行驶的入境机动车检验时,应覆盖表1规定的检验项目,并按照注册登记检验要求执行。

4.3　轮式专用机械车、有轨电车的安全技术检验项目按照相关国家标准和行业标准的要求参照表1确定。

表1　机动车安全技术检验项目表

<table>
<tr><th rowspan="3">序号</th><th rowspan="3" colspan="2">检验项目</th><th colspan="6">适用车辆类型</th></tr>
<tr><th colspan="2">载客汽车</th><th rowspan="2">载货汽车(三轮汽车除外)、专项作业车</th><th rowspan="2">挂车</th><th rowspan="2">三轮汽车</th><th rowspan="2">摩托车</th></tr>
<tr><th>非营运小型、微型载客汽车</th><th>其他类型载客汽车</th></tr>
<tr><td rowspan="5">1</td><td rowspan="5">车辆唯一性检查</td><td>号牌号码/车辆类型</td><td>●</td><td>●</td><td>●</td><td>●</td><td>●</td><td>●</td></tr>
<tr><td>车辆品牌/型号</td><td>●</td><td>●</td><td>●</td><td>●</td><td>●</td><td>●</td></tr>
<tr><td>车辆识别代号(或整车出厂编号)</td><td>●</td><td>●</td><td>●</td><td>●</td><td>●</td><td>●</td></tr>
<tr><td>发动机号码(或电动机号码)</td><td>●</td><td>●</td><td>●</td><td></td><td>●</td><td>●</td></tr>
<tr><td>车辆颜色和外形</td><td>●</td><td>●</td><td>●</td><td>●</td><td>●</td><td>●</td></tr>
<tr><td>2</td><td colspan="2">联网查询</td><td>●</td><td>●</td><td>●</td><td>●</td><td>●</td><td>●</td></tr>
</table>

表 1（续）

序号	检验项目		适用车辆类型					
			载客汽车		载货汽车（三轮汽车除外）、专项作业车	挂车	三轮汽车	摩托车
			非营运小型、微型载客汽车	其他类型载客汽车				
3	车辆特征参数检查	外廓尺寸		○	○	●	○	○
		轴距			●	●		
		整备质量			●	●	●	○
		核定载人数	●	●	●			○
		栏板高度			○	○		
		后轴钢板弹簧片数			●	●		
		客车应急出口		○				
		客车乘客通道和引道		○				
		货厢			○	○	●	
4	车辆外观检查	车身外观	●	●	●	●	●	●
		外观标识、标注和标牌	●	●	●	●	●	
		外部照明和信号装置	●	●	●	●	●	●
		轮胎	●	●	●	●	●	●
		号牌及号牌安装	●	●	●	●	●	●
		加装/改装灯具	●	●	●	●		
5	安全装置检查	汽车安全带	●	●	●			
		机动车用三角警告牌	●	●	●		○	
		灭火器		○	○			
		行驶记录装置		○	○			
		车身反光标识			●	●	●	
		车辆尾部标志板			○	○		
		侧后防护装置			○	○		
		应急锤		○				
		急救箱		○				
		限速功能或限速装置		○	○			
		防抱死制动装置		○	○	○		
		辅助制动装置		○	○			
		盘式制动器		○	○			
		紧急切断装置			○	○		
		发动机舱自动灭火装置		○				

表 1（续）

<table>
<tr><th rowspan="3">序号</th><th rowspan="3" colspan="3">检 验 项 目</th><th colspan="6">适用车辆类型</th></tr>
<tr><th colspan="2">载客汽车</th><th rowspan="2">载货汽车（三轮汽车除外）、专项作业车</th><th rowspan="2">挂车</th><th rowspan="2">三轮汽车</th><th rowspan="2">摩托车</th></tr>
<tr><th>非营运小型、微型载客汽车</th><th>其他类型载客汽车</th></tr>
<tr><td rowspan="5">5</td><td rowspan="5">安全装置检查</td><td colspan="2">手动机械断电开关</td><td></td><td>○</td><td></td><td></td><td></td><td></td></tr>
<tr><td colspan="2">副制动踏板</td><td></td><td>○</td><td>○</td><td></td><td></td><td></td></tr>
<tr><td colspan="2">校车标志灯和校车停车指示标志牌</td><td></td><td>○</td><td></td><td></td><td></td><td></td></tr>
<tr><td colspan="2">危险货物运输车标志</td><td></td><td></td><td>○</td><td>○</td><td></td><td></td></tr>
<tr><td colspan="2">肢体残疾人操纵辅助装置</td><td>○</td><td></td><td></td><td></td><td></td><td></td></tr>
<tr><td rowspan="4">6</td><td rowspan="4">底盘动态检验</td><td colspan="2">转向系</td><td>○</td><td>●</td><td>●</td><td></td><td>●</td><td>●</td></tr>
<tr><td colspan="2">传动系</td><td>○</td><td>●</td><td>●</td><td></td><td>●</td><td>●</td></tr>
<tr><td colspan="2">制动系</td><td>○</td><td>●</td><td>●</td><td></td><td>●</td><td>●</td></tr>
<tr><td colspan="2">仪表和指示器</td><td>○</td><td>●</td><td>●</td><td></td><td>●</td><td>●</td></tr>
<tr><td rowspan="5">7</td><td rowspan="5">车辆底盘部件检查</td><td colspan="2">转向系部件</td><td>○</td><td>●</td><td>●</td><td>●</td><td>●</td><td></td></tr>
<tr><td colspan="2">传动系部件</td><td>○</td><td>●</td><td>●</td><td>●</td><td>●</td><td></td></tr>
<tr><td colspan="2">行驶系部件</td><td>○</td><td>●</td><td>●</td><td>●</td><td>●</td><td></td></tr>
<tr><td colspan="2">制动系部件</td><td>○</td><td>●</td><td>●</td><td>●</td><td>●</td><td></td></tr>
<tr><td colspan="2">其他部件</td><td>○</td><td>●</td><td>●</td><td>●</td><td>●</td><td></td></tr>
<tr><td rowspan="9">8</td><td rowspan="9">仪器设备检验</td><td rowspan="4">行车制动[a]</td><td>空载制动率</td><td>●</td><td>●</td><td>●</td><td>●</td><td>●</td><td>●</td></tr>
<tr><td>空载制动不平衡率</td><td>●</td><td>●</td><td>●</td><td>●</td><td></td><td></td></tr>
<tr><td>加载轴制动率</td><td></td><td></td><td>○</td><td>○</td><td></td><td></td></tr>
<tr><td>加载轴制动不平衡率</td><td></td><td></td><td>○</td><td>○</td><td></td><td></td></tr>
<tr><td colspan="2">驻车制动</td><td>○</td><td>●</td><td>●</td><td>●</td><td>●</td><td></td></tr>
<tr><td rowspan="2">前照灯</td><td>远光发光强度</td><td>●</td><td>●</td><td>●</td><td></td><td>●</td><td>●</td></tr>
<tr><td>远近光束垂直偏移</td><td></td><td>●</td><td>●</td><td></td><td></td><td></td></tr>
<tr><td colspan="2">车速表指示误差</td><td></td><td>●</td><td>●</td><td></td><td></td><td></td></tr>
<tr><td colspan="2">转向轮横向侧滑量</td><td></td><td>○</td><td>○</td><td></td><td></td><td></td></tr>
<tr><td colspan="10">注 1：车辆唯一性检查、联网查询、车辆特征参数检查、车辆外观检查、安全装置检查、底盘动态检验、车辆底盘部件检查等检验项目属于人工检验项目。
注 2：“●”表示该检验项目适用于该类车的全部车型，“○”表示该检验项目适用于该类车的部分车型。
注 3：对于适用车辆类型为“非营运小型、微型载客汽车”的，“○”对应的检验项目适用于面包车、7 座及 7 座以上车辆，以及使用年限超过 10 年的车辆。
注 4：对于适用车辆类型为“摩托车”的，“○”对应的该检验项目适用于带驾驶室的正三轮摩托车。
注 5：适用车辆类型为其他情形的，“○”对应的检验项目所适用的具体车型见第 6 章。
注 6：对于因更换发动机、车身或者车架申请变更登记的机动车检验时，参照在用机动车检验项目；对于因质量问题更换整车申请变更登记的机动车检验时，参照注册登记检验项目。</td></tr>
<tr><td colspan="10">[a] 三轴及三轴以上的载货汽车、采用并装双轴及并装三轴的挂车，对部分轴还测试加载轴制动率和加载轴制动不平衡率。</td></tr>
</table>

5 检验方法

5.1 一般规定

5.1.1 检验流程

机动车安全技术检验流程见图1,机动车安全技术检验机构可根据实际情况适当调整检验流程。

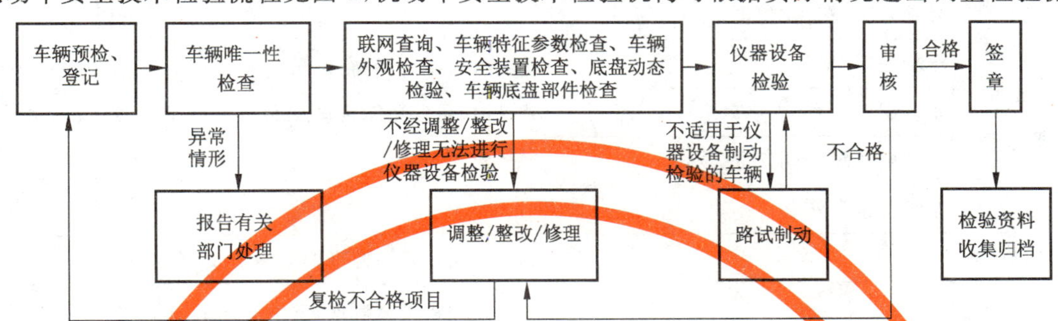

图1 机动车安全技术检验流程

5.1.2 基本要求

5.1.2.1 送检机动车应清洁,无明显漏油、漏水、漏气现象,轮胎完好,轮胎气压正常且胎冠花纹中无异物,发动机应运转平稳,怠速稳定,无异响;装有车载诊断系统(OBD)的车辆,不应有与防抱死制动系统(ABS)、电动助力转向系统(EPS)及其他与行车安全相关的故障信息。对达不到以上基本要求的送检机动车,机动车安全技术检验机构应告知送检人整改,符合要求后再进行安全技术检验。

5.1.2.2 在用机动车检验时,应提供送检机动车的机动车行驶证和有效的机动车交通事故责任强制保险凭证。

5.1.2.3 机动车安全技术检验时,各检验工位应保证足够的检验时间。机动车安全技术检验各工位的最少检验时间见表2。

表2 机动车安全技术检验各工位的最少检验时间

单位为秒

检验工位		最少检验时间		
		非营运小型、微型载客汽车	载客汽车(非营运小型、微型载客汽车除外)、载货汽车(三轮汽车除外)、专项作业车、挂车	摩托车、三轮汽车
人工检验	车辆唯一性检查、车辆特征参数检查、车辆外观检查、安全装置检查	120	240	90
	底盘动态检验	60	60	
	车辆底盘部件检查	40	100	
仪器设备检验	制动[a]	40	60	30
	前照灯	60[b]	60[b]	30
	车速表	—	20	—

[a] 使用平板式制动检验台时,最少检验时间对汽车为15 s。

[b] 使用左右前照灯检测仪同时检测时,最少检验时间对汽车为40 s。

5.2 检验方法

机动车安全技术检验方法见表 3。

表 3 机动车安全技术检验方法

序号	检验项目		检验方法
1	车辆唯一性检查	号牌号码/车辆类型*	目视比对检查，目视难以清晰辨别时使用内窥镜等工具；有条件时，可使用能自动识别车辆识别代号、发动机号码的仪器设备
		车辆品牌/型号	
		车辆识别代号（或整车出厂编号）*	
		发动机号码（或电动机号码）	
		车辆颜色和外形*	
2	联网查询		利用联网信息系统查询车辆事故/违法信息
3	车辆特征参数检查	外廓尺寸	用长度测量工具测量，重中型货车、专项作业车、挂车应使用自动测量装置，见附录 A
		轴距	用长度测量工具测量；有条件时，可使用自动测量装置
		整备质量	用地磅或轴（轮）重仪等装置称量，见附录 B
		核定载人数*	目视检查，目测座椅宽度、深度及驾驶室内部宽度等参数偏小时使用量具测量相关尺寸
		栏板高度	用钢尺等长度测量工具测量
		后轴钢板弹簧片数*	目视检查
		客车应急出口*	目视检查，目测应急出口尺寸偏小的，使用长度测量工具测量相关尺寸
		客车乘客通道和引道*	目视检查，目测通道、引道偏窄或高度不符合要求时，使用通道、引道测量装置检查
		货厢*	目视检查，目测货厢有超长、超宽、超高嫌疑时，使用长度测量工具测量相关尺寸
4	车辆外观检查	车身外观*	目视检查，对封闭式货厢的货车、挂车应打开车厢门检查，目测有疑问时，使用透光率计、钢尺、手锤、铁钩及照明器具等工具测量相关参数
		外观标识、标注和标牌*	目视检查，目测字高偏小时，使用长度测量工具测量相关尺寸
		外部照明和信号装置	目视检查并操作
		轮胎*	目视检查轮胎规格/型号，目测胎压不正常、轮胎胎冠花纹深度偏小时，使用轮胎气压表、花纹深度计等测量工具测量相关参数
		号牌及号牌安装*	目视检查，目测号牌安装位置、形式，有疑问时使用长度测量工具测量相关尺寸
		加装/改装灯具	目视检查

表 3（续）

序号	检验项目		检验方法
5	安全装置检查	汽车安全带*	目视检查并操作
		机动车用三角警告牌*	目视检查
		灭火器*	目视检查
		行驶记录装置*	目视检查，目测显示功能异常存疑时，使用专用检验仪器
		车身反光标识*	目视检查，目测逆反射系数偏小时，使用专用检验仪器
		车辆尾部标志板*	目视检查，目测逆反射系数偏小时，使用专用检验仪器
		侧后防护装置*	目视检查，目测防护装置单薄、安装不规范时，使用长度测量工具
		应急锤*	目视检查
		急救箱*	目视检查
		限速功能或限速装置	审查机动车产品公告、机动车出厂合格证、产品使用说明书等技术凭证资料
		防抱死制动装置*	打开电源，观察“ABS”指示灯，对于半挂车检查相关装置
		辅助制动装置*	审查机动车产品公告等技术资料凭证并操作驾驶室（区）内操纵开关，有疑问时检查相关装置
		盘式制动器*	目视检查
		紧急切断装置*	目视检查
		发动机舱自动灭火装置*	目视检查
		手动机械断电开关*	目视检查，有疑问时操作开关，观察是否断电
		副制动踏板*	目视检查，有疑问时踩下踏板，判断踏板工作是否正常
		校车标志灯和校车停车指示标志牌*	目视检查
		危险货物运输车标志*	目视检查
		肢体残疾人操纵辅助装置*	目视检查
6	底盘动态检验	制动系	以不低于 20 km/h 的速度正直行驶，双手轻扶方向盘，急踩制动踏板后迅速放松
		转向系	检验员操作车辆，起步并行驶 20 m 以上，利用目视、耳听、操作感知等方式检查。对方向盘最大自由转动量和转向力有疑问时，使用方向盘转向力-转向角检测仪测量相关参数
		传动系	
		仪表和指示器	检验过程中，观察仪表和指示器
7	车辆底盘部件检查*	转向系部件	车辆停放在地沟上方的指定位置，使用专用手锤等工具检查，并由驾驶室操作人员配合；大中型客车、重中型货车、专项作业车、挂车检查时应使用底盘间隙仪
		传动系部件	
		行驶系部件	
		制动系部件	
		其他部件	

表 3（续）

<table>
<tr><th>序号</th><th colspan="3">检验项目</th><th>检验方法</th></tr>
<tr><td rowspan="9">8</td><td rowspan="9">仪器设备检验</td><td rowspan="4">行车制动*</td><td>空载制动率</td><td rowspan="5">采用滚筒反力式制动检验台、平板制动检验台检验，不适宜用制动检验台检验的车辆用便携式制动性能测试仪等路试设备检验，见附录 C</td></tr>
<tr><td>空载制动不平衡率</td></tr>
<tr><td>加载轴制动率</td></tr>
<tr><td>加载轴制动不平衡率</td></tr>
<tr><td colspan="2">驻车制动</td></tr>
<tr><td rowspan="2">前照灯*</td><td>远光发光强度</td><td rowspan="2">采用前照灯检测仪检验，见附录 D</td></tr>
<tr><td>远近光光束垂直偏移</td></tr>
<tr><td colspan="2">车速表指示误差</td><td>采用车速表检验台检验，见附录 E</td></tr>
<tr><td colspan="2">转向轮横向侧滑量</td><td>采用侧滑检验台检验，见附录 F</td></tr>
<tr><td colspan="5">所有检验项目应一次检验完毕，出现不合格项时应继续进行其他项目的检验，但无法继续进行检验的项目除外。
仪器设备检验时，除检验员外可再乘坐一名送检人员或随车人员。
半挂牵引车可与半挂车组合成铰接列车后同时实施检验，也可单独检验。
机动车安全技术检验时，带“*”的项目应采用检验智能终端(PDA)等设备拍摄检验照片(或视频)，其数量、内容和清晰度应能满足检验监管的要求。</td></tr>
</table>

6 检验要求

6.1 车辆唯一性

6.1.1 号牌号码/车辆类型、车辆品牌/型号

6.1.1.1 注册登记检验时，送检机动车的车辆品牌/型号应与机动车出厂合格证(对进口车为海关货物进口证明书)一致。

6.1.1.2 在用机动车检验时，送检机动车的号牌号码/车辆类型、车辆品牌/型号，应与机动车行驶证签注的内容一致。

6.1.2 车辆识别代号(或整车出厂编号)

6.1.2.1 注册登记检验时，送检机动车的车辆识别代号(或整车出厂编号)应与机动车出厂合格证(对进口车为海关货物进口证明书)、车辆识别代号(或整车出厂编号)的拓印膜一致，车辆识别代号的内容和构成应符合 GB 16735 的相关规定；其打刻部位、深度，以及组成字母与数字的字高等应符合 GB 7258 的相关规定，且不应出现被凿改、挖补、打磨、擅自重新打刻等现象。对于 2013 年 3 月 1 日起出厂的乘用车、总质量小于等于 3 500 kg 的货车(低速汽车除外)，从车外应能清晰地识读到靠近风窗立柱位置的车辆识别代号标识。车辆上标识的所有车辆识别代号内容应一致。

6.1.2.2 在用机动车检验时，送检机动车的车辆识别代号(或整车出厂编号)应与机动车行驶证签注的内容一致，且不应出现被凿改、挖补、打磨，擅自重新打刻等现象。

6.1.3 发动机号码(或电动机号码)

6.1.3.1 注册登记检验时，送检机动车的发动机号码(或电动机号码)应与机动车出厂合格证(对进口车

为海关货物进口证明书)一致,并符合 GB 7258 的相关规定。

6.1.3.2 在用机动车检验时,送检机动车的发动机号码(或电动机号码)应与机动车行驶证签注的内容一致。

6.1.4 车辆颜色和外形

6.1.4.1 注册登记检验时,送检机动车的外形应与机动车产品公告照片相符。

6.1.4.2 在用机动车检验时,送检机动车的车辆颜色和外形应与机动车行驶证上的车辆照片相符,且不应出现更改车身颜色、改变车厢形状、改变车辆结构等情形。

6.2 联网查询

联网查询送检机动车事故/违法信息:

a) 对发生过造成人员伤亡交通事故的送检机动车,人工检验时应重点检查损伤部位和损伤情况,属于使用年限在 10 年以内的非营运小型、微型载客汽车的,增加底盘动态检验、车辆底盘部件检查;

b) 对涉及尚未处理完毕的道路交通安全违法行为或道路交通事故的送检机动车,应提醒机动车所有人及时到公安机关交通管理部门处理。

6.3 车辆特征参数

6.3.1 外廓尺寸

6.3.1.1 机动车外廓尺寸不得超出 GB 7258、GB 1589 规定的限值。

6.3.1.2 注册登记检验时,机动车的外廓尺寸应与机动车产品公告、机动车出厂合格证相符,且误差满足:汽车(三轮汽车除外)、挂车不超过±1%或±50 mm,三轮汽车、摩托车不超过±3%或±50 mm。

6.3.1.3 在用机动车检验时,重中型货车、挂车的外廓尺寸应与机动车行驶证签注的内容相符,且误差不超过±2%或±100 mm。

6.3.2 轴距

6.3.2.1 注册登记检验时,机动车的轴距应与机动车产品公告、机动车出厂合格证相符,且误差不超过±1%或±50 mm。

6.3.2.2 在用机动车检验时,机动车的轴距应与机动车登记信息相符,且误差不超过±1%或±50 mm。

6.3.3 整备质量

注册登记检验时,机动车的整备质量应与机动车产品公告、机动车出厂合格证相符,且误差满足:重中型货车、挂车、专项作业车不超过±3%或±500 kg,轻微型货车、专项作业车不超过±3%或±100 kg,低速汽车不超过±5%或±100 kg,摩托车不超过±10 kg。

6.3.4 核定载人数

6.3.4.1 机动车的核定载人数应符合 GB 7258—2012 中 4.5.2~4.5.6、11.6 的核载规定。

6.3.4.2 注册登记检验时,机动车的核定载人数应与机动车产品公告、机动车出厂合格证相符。

6.3.4.3 在用机动车检验时,机动车的座位(铺位)数应与机动车行驶证签注的内容一致。

6.3.5 栏板高度

6.3.5.1 机动车栏板高度不得超出 GB 1589 规定的限值。

6.3.5.2 注册登记检验时，货车、挂车的栏板高度应与机动车产品公告、机动车出厂合格证、驾驶室两侧喷涂的栏板高度数值相符，且误差不超过±1%或±50 mm。

6.3.5.3 在用机动车检验时，货车、挂车的栏板高度应与机动车登记信息、驾驶室两侧喷涂的栏板高度数值相符，且误差不超过±2%或±50 mm。

6.3.6 后轴钢板弹簧片数

6.3.6.1 注册登记检验时，货车、挂车、专项作业车的后轴钢板弹簧片数应与机动车产品公告、机动车出厂合格证一致，且不应有明显“增宽、增厚”情形。

6.3.6.2 在用机动车检验时，货车、挂车、专项作业车的后轴钢板弹簧片数应与机动车登记信息一致，且不应有明显“增宽、增厚”情形。

6.3.7 客车应急出口

6.3.7.1 客车应急出口的数量、标志应符合 GB 7258、GB 13094、GB 18986、GB 24407 的相关规定；且2013 年 9 月 1 日起出厂的设有乘客站立区的公共汽车车身两侧的车窗如面积能达到设置为应急窗的要求，均应设置为推拉式应急窗或外推式应急窗。

6.3.7.2 注册登记检验时，目测应急出口尺寸偏小的，还应测量应急出口的尺寸参数，尺寸参数应符合GB 7258、GB 13094、GB 18986、GB 24407 等相关标准的规定。

6.3.8 客车乘客通道和引道

6.3.8.1 客车的通道应无明显通行障碍，通向应急门的引道宽度应符合 GB 7258 的相关规定。

6.3.8.2 注册登记检验时，目测通道、引道偏窄或高度不符合要求时，还应使用通道、引道测量装置检查，应符合 GB 7258、GB 13094、GB 18986、GB 24407 等相关标准的规定。

6.3.9 货厢

车辆不应有“加长、加高、加宽货厢”、“拆除厢式货车顶盖”、“拆除仓栅式货车顶棚杆”等情形。

6.4 车辆外观检查

6.4.1 车身外观

6.4.1.1 车身外观应满足以下要求：

a) 保险杠、后视镜、下视镜等部件应完好；
b) 风窗玻璃应齐全，驾驶人视野部位应无裂纹、破损，所有风窗玻璃不应张贴镜面反光遮阳膜；
c) 车体应周正，车体外缘左右对称部位高度差应符合 GB 7258 的相关规定；
d) 车身外部不应有明显的镜面反光现象，不应有任何可能触及行人、骑自行车人等交通参与者的部件、构件，不应有任何可能使人致伤的尖角、锐边等凸起物；
e) 车身(车厢)及其漆面不应有明显的锈蚀、破损现象；
f) 喷涂、粘贴的标识或车身广告不应影响安全驾驶。

6.4.1.2 根据车辆类型和使用性质的不同，相应车辆还应满足以下要求：

a) 货车和挂车的货厢安装应牢固，其栏板和底板应规整，强度满足使用要求，装置的安全架应完好无损；
b) 罐式危险货物运输车的罐体顶部应按 GB 7258 要求设置倾覆保护装置；
c) 校车和车长大于 7.5 m 的其他客车不应设置有车外顶行李架；设置有车外顶行李架的客车，其车外顶行李架长度不超过车长的 1/3 且高度不超过 300 mm；

d) 校车和 2012 年 9 月 1 日起出厂的公路客车、旅游客车的所有车窗玻璃不应张贴有不透明和带任何镜面反光材料的色纸或隔热纸，前风窗玻璃及风窗以外玻璃用于驾驶人视区部位的可见光透射比应大于等于 70%，其他车窗玻璃的可见光透射比应不小于 50%；专用校车乘客区侧窗结构应符合 GB 24407 的相关规定。

注：车窗玻璃包括侧窗玻璃和前、后风窗玻璃，但不包括驾驶人旁侧窗下围的装饰玻璃。

e) 机动车(挂车除外)应在左右至少各设置一面外后视镜，总质量大于 7 500 kg 的货车和货车底盘改装的专项作业车应在右侧设置至少各一面广角后视镜和补盲后视镜，车长大于 6 m 的平头货车和平头客车在车前应至少设置有一面前下视镜或相应的监视装置；教练车(三轮汽车除外)应安装能使教练员有效观察到车辆周围交通状态的辅助后视镜；

f) 货车和挂车的载货部分不应设计成可伸缩的结构或设置有乘客座椅；

g) 乘用车自行加装的前后防撞装置及货运机动车自行加装的防风罩、水箱、工具箱、备胎架，应不影响安全；

h) 三轮汽车和摩托车的前、后减振器、转向上下联板和方向把不应有变形和裂损，左右后视镜应齐全有效，座垫、扶手(或拉带)、脚蹬和挡泥板应齐全，且牢固可靠；对无驾驶室的三轮汽车，货箱前部应安装有高出驾驶员座垫平面至少 800 mm 的安全架。

6.4.1.3 注册登记检验时，送检机动车还应满足以下要求：

a) 车身前部外表面的易见部位上应至少装置一个能永久保持，且与车辆品牌/型号相适应的商标或厂标；

b) 货车货箱(自卸车、装载质量 1 000 kg 以下的货车除外)前部应安装有比驾驶室高至少 70 mm 的安全架；

c) 厢式货车和封闭式货车驾驶室(区)两旁应设置有车窗，货厢部位不得设置车窗(但驾驶室[区]内用于观察货物状态的观察窗除外)；

d) 乘用车、专用校车和车长小于 6 m 的其他客车的前后部应设置有保险杠，货车(三轮汽车除外)应设置有前保险杠；

e) 对无驾驶室的正三轮摩托车，应采用方向把转向；对 2013 年 3 月 1 日起出厂的有驾驶室的正三轮摩托车，若采用方向盘转向，方向盘中心立柱距车辆纵向中心平面的水平距离应不大于 200 mm。

6.4.2 外观标识、标注和标牌

6.4.2.1 根据车辆类型和使用性质的不同，外观标识、标注和标牌应满足以下要求：

a) 所有货车(半挂牵引车除外)和专项作业车，其驾驶室(区)两侧应喷涂有总质量；所有半挂牵引车，其驾驶室(区)两侧应喷涂有最大允许牵引质量；载货部位为栏板结构的货车和自卸车，驾驶室两侧应喷涂有栏板高度；罐式汽车和罐式挂车的罐体上应喷涂有允许装运货物的种类及与机动车产品公告和机动车出厂合格证一致的罐体容积，且罐式危险货物运输车的罐体上喷涂的允许装运货物的名称应与机动车产品公告和机动车出厂合格证一致；载货部位为栏板结构的挂车，其车厢两侧应喷涂有栏板高度；喷涂的中文和阿拉伯数字应清晰，高度应大于等于 80 mm；

b) 总质量大于等于 4 500 kg 的货车(半挂牵引车除外)、挂车，其车身(车厢)后部应喷涂/粘贴有符合规定的放大号，无法喷涂/粘贴的平板挂车应设置有符合规定的放大号；

c) 客车(专用校车和设有乘客站立区的公共汽车除外)其乘客门附近车身外部易见位置，应用高

度大于等于 100 mm 的中文和阿拉伯数字标明该车提供给乘员(包括驾驶人)的座位数;

d) 教练车应在车身两侧及后部喷涂有高度大于等于 100 mm 的“教练车”字样;

e) 气体燃料汽车、两用燃料汽车和双燃料汽车应按 GB/T 17676 的规定标注其使用的气体燃料类型;

f) 消防车、救护车、工程救险车和警车的车身颜色应符合相关国家标准或行业标准,警车、消防车、救护车、工程救险车安装使用的标志灯具应齐全、有效,其他机动车不得喷涂、安装、使用上述车辆专用的或者与其相类似的标志图案、警报器或者标志灯具;

g) 残疾人机动车应在车身前部和后部分别设置残疾人机动车专用标志。

6.4.2.2 注册登记检验时,标牌还应满足以下要求:

a) 标牌应固定可靠、标注的内容应清晰规范,并符合 GB 7258 的规定;

b) 非插电式混合动力汽车的标牌还应标明电动动力系统最大输出功率;纯电动汽车、插电式混合动力汽车、燃料电池汽车还应标明主驱动电机型号和功率,动力电池工作电压和容量,储氢容器形式、容积、工作压力(燃料电池汽车)。

6.4.3 外部照明和信号装置

6.4.3.1 外部照明和信号装置应满足以下要求:

a) 前照灯、前位灯、前转向信号灯、前部危险警告信号灯、示廓灯和牵引杆挂车标志灯等前部照明和信号装置应齐全,工作应正常;前照灯的远、近光光束变换功能应正常;

b) 后位灯、后转向信号灯、后部危险警告信号灯、示廓灯、制动灯、后雾灯、后牌照灯、倒车灯、后反射器应齐全,工作应正常;制动灯的发光强度应明显大于后位灯的发光强度;

c) 侧转向信号灯、侧标志灯和侧反射器应齐全,工作应正常;

d) 对称设置、功能相同灯具的光色和亮度不应有明显差异,转向信号灯的光色应为琥珀色;

e) 除转向信号灯、危险警告信号、紧急制动信号、校车标志灯及消防车、救护车、工程救险车和警车安装使用的标志灯具外,其他外部灯具不应有闪烁的情形;

f) 对 2014 年 9 月 1 日起出厂的总质量大于等于 4 500 kg 的货车、专项作业车和挂车,每一个后位灯、后转向信号灯和制动灯的透光面面积应大于等于一个 80 mm 直径圆的面积;如属非圆形的,透光面的形状还应能将一个 40 mm 直径的圆包含在内;

g) 机动车不应安装遮挡外部照明和信号装置透光面的装置;

h) 机动车设置的喇叭应能有效发声;

i) 发动机舱内目视可见的电器导线应布置整齐、捆扎成束、固定卡紧,并无破损现象。

6.4.3.2 注册登记检验时,车辆外部照明和信号装置的数量、位置、光色还应符合 GB 4785 等相关标准的规定。

6.4.4 轮胎

6.4.4.1 轮胎应满足以下要求:

a) 同轴两侧应装用同一型号、规格和花纹的轮胎,轮胎螺栓、半轴螺栓应齐全、紧固;轮胎规格应与机动车产品公告和机动车出厂合格证(对于在用机动车检验时为机动车登记信息)相符;

b) 轮胎的胎面、胎壁不应有长度超过 25 mm 或深度足以暴露出轮胎帘布层的破裂和割伤及其他影响使用的缺损、异常磨损和变形。

6.4.4.2 根据车辆类型和使用性质的不同,相应车辆还应满足以下要求:

a) 乘用车、摩托车和挂车轮胎胎冠上花纹深度应大于或等于 1.6 mm,其他机动车转向轮的胎冠

花纹深度应大于或等于3.2 mm;其余轮胎胎冠花纹深度应大于或等于1.6 mm,轮胎胎面磨损标志应可见;

b) 公路客车、旅游客车和校车的所有车轮及其他机动车的转向轮不应装用翻新的轮胎。

6.4.4.3 注册登记检验时,送检机动车还应满足以下要求:

a) 专用校车应装用无内胎子午线轮胎;

b) 危险货物运输车及车长大于9 m的其他客车应装用子午线轮胎;

c) 使用小规格备胎的小型、微型载客汽车,其备胎附近明显位置(或其他适当位置)应装置有能永久保持的、提醒驾驶人正确使用备胎的标识,标识的相关提示内容应有中文说明。

6.4.5 号牌及号牌安装

6.4.5.1 机动车号牌字符、颜色、安装等应符合GA 36的规定,机动车号牌专用固封装置应符合GA 804的规定。

6.4.5.2 号牌及号牌安装应满足以下要求:

a) 机动车号牌应齐全,表面应清晰、整齐、平滑、光洁、着色均匀,不应有明显的皱纹、气泡、颗粒杂质等缺陷或损伤;

b) 机动车应使用机动车号牌专用固封装置固定号牌,固封装置应齐全、安装牢固;

c) 使用号牌架辅助安装时,号牌架内侧边缘距离机动车登记编号字符边缘应大于5 mm,不应使用可拆卸号牌架和可翻转号牌架;

d) 不应出现影响号牌正常视认的加装、改装等情形。

6.4.5.3 注册登记检验时,号牌及号牌安装还应满足:

a) 车辆应设置能够满足号牌安装要求的前、后号牌板(架),但摩托车只需设置有能满足号牌安装要求的后号牌板(架);前号牌板(架)应设于前面的中部或右侧(按机动车前进方向),后号牌板(架)应设于后面的中部或左侧;

b) 2013年3月1日起出厂的车辆,每面号牌板(架)上至少应设有2个号牌安装孔,且能保证用M6规格的螺栓将号牌直接牢固可靠地安装在车辆上;

c) 2016年3月1日起出厂的车辆,每面号牌板(架)[三轮汽车前号牌板(架)、摩托车后号牌板(架)除外]上应设有4个号牌安装孔,且能保证用M6规格的螺栓将号牌直接牢固可靠地安装在车辆上。

6.4.6 加装/改装灯具

车辆不应有加装或改装强制性标准以外的外部照明和信号装置,不应有后射灯。

6.5 安全装置检查

6.5.1 汽车安全带

6.5.1.1 注册登记检验时,检查汽车安全带应满足:

a) 汽车应按GB 7258—2012的12.1配备安全带;

b) 对于专用校车,学生座位均应配备两点式汽车安全带,驾驶人座椅、照管人员座椅均应配备汽车安全带。

6.5.1.2 在用机动车检验时,配备的汽车安全带应完好且能正常使用,不得出现“座垫套覆盖遮挡安全带”、“安全带绑定在座位下面”等情形。

6.5.2 机动车用三角警告牌

汽车(无驾驶室的三轮汽车除外)应配备三角警告牌,三角警告牌的外观、形状应符合 GB 19151 的要求。

6.5.3 灭火器

客车和危险货物运输车配备的灭火器应在使用有效期内,不应出现欠压失效等情形,配备数量应符合 GB 7258 等相关标准的要求。

6.5.4 行驶记录装置

6.5.4.1 公路客车、旅游客车、危险货物运输车、校车以及 2013 年 3 月 1 日起注册登记的未设置乘客站立区的公共汽车、半挂牵引车、总质量大于等于 12 000 kg 的货车,应安装有符合要求的行驶记录装置(包括:汽车行驶记录仪或行驶记录功能符合 GB/T 19056 的卫星定位装置等)。

6.5.4.2 行驶记录装置的连接、固定应可靠,显示功能应正常,主机外壳的易见部位应加施有符合规定的 3C 标志。

6.5.4.3 卧铺客车以及 2013 年 5 月 1 日起出厂的专用校车应安装车内外录像监控系统,功能应正常。

6.5.5 车身反光标识

6.5.5.1 货车、货车底盘改装的专项作业车和挂车后部车身反光标识的粘贴要求和材料类型(反光膜型或反射器型)应符合 GB 7258 的规定,反射器型车身反光标识固定应可靠。

6.5.5.2 所有货车(半挂牵引车除外)、货车底盘改装的专项作业车和挂车,侧面粘贴的车身反光标识应符合 GB 7258 的规定。

6.5.5.3 粘贴/安装的车身反光标识应印有符合规定的 3C 标志。

6.5.6 车辆尾部标志板

6.5.6.1 2012 年 9 月 1 日起出厂的总质量大于等于 12 000 kg 的货车(半挂牵引车除外)和车长大于 8.0 m的挂车,以及 2014 年 1 月 1 日起出厂的总质量大于等于 12 000 kg 的货车底盘改装的专项作业车,应安装车辆尾部标志板。

6.5.6.2 车辆尾部标志板的形状、尺寸、布置和固定应符合 GB 25990 的规定。

6.5.7 侧后防护装置

6.5.7.1 侧后防护装置安装应牢固、无变形,且满足以下要求:

a) 总质量大于 3 500 kg 的货车、货车底盘改装的专项作业车和挂车,其装备的侧面及后下部防护装置应正常有效,货车列车的牵引车和挂车之间装备的侧面防护装置应正常有效;

b) 罐式危险货物运输车的罐体及罐体上的管路和管路附件不应超出车辆的侧面及后下部防护装置,罐体后封头及罐体后封头上的管路和管路附件与后下部防护装置的纵向距离应大于等于 150 mm;

c) 货车和挂车的侧面防护装置的下缘离地高度、防护范围和前缘形式及后下部防护装置的离地高度、宽度、横截面宽度应符合 GB 11567.1 和 GB 11567.2 的规定。

6.5.7.2 注册登记检验时,侧后防护装置的外观、结构、尺寸、安装要求还应与机动车产品公告相符。

6.5.8 应急锤

采用密闭钢化玻璃式应急窗的客车，在相应的应急窗邻近应配备一个应急锤以方便击碎车窗玻璃。

6.5.9 急救箱

校车应配备急救箱，急救箱应放置在便于取用的位置并有效适用。

6.5.10 限速功能或限速装置

注册登记检验时，公路客车、危险货物运输车、旅游客车及车长大于 9 m 的未设置乘客站立区的公共汽车，应具有限速功能或配备限速装置；车长大于等于 6 m 的客车，应具有超速报警功能。

6.5.11 防抱死制动装置

6.5.11.1 以下车辆应装备防抱死制动装置：

a) 道路运输爆炸品和剧毒化学品车辆，以及 2012 年 9 月 1 日起出厂的其他危险货物运输车；

b) 2005 年 2 月 1 日起注册登记的总质量大于 12 000 kg 的公路客车和旅游客车、总质量大于 10 000 kg的挂车、总质量大于 16 000 kg 允许挂接总质量大于 10 000 kg 的挂车的货车；

c) 2012 年 9 月 1 日起出厂的半挂牵引车及车长大于 9 m 的公路客车、旅游客车；

d) 2013 年 5 月 1 日起出厂的专用校车；

e) 2013 年 9 月 1 日起出厂的车长大于 9 m 的未设置乘客站立区的公共汽车；

f) 2014 年 9 月 1 日起出厂的总质量大于等于 12 000 kg 的货车和专项作业车。

6.5.11.2 机动车配备的防抱死制动装置自检功能应正常。

6.5.12 辅助制动装置

注册登记检验时，以下车辆应安装缓速器或其他辅助制动装置：

a) 2012 年 9 月 1 日起出厂的车长大于 9 m 的客车(对专用校车为车长大于 8 m)、所有危险货物运输车、总质量大于或等于 12 000 kg 的货车；

b) 2014 年 9 月 1 日起出厂的总质量大于或等于 12 000 kg 的专项作业车。

6.5.13 盘式制动器

注册登记检验时，以下车辆的前轮应装备盘式制动器：

a) 2012 年 9 月 1 日起出厂的危险货物运输车、车长大于 9 m 的客车(未设置乘客站立区的公共汽车除外)；

b) 2013 年 5 月 1 日起出厂的专用校车；

c) 2013 年 9 月 1 日起出厂的车长大于 9 m 的未设置乘客站立区的公共汽车。

6.5.14 紧急切断装置

2015 年 1 月 1 日起，用于运输液体危险货物的罐式危险货物运输车应按 GB 18564.1 等规定安装紧急切断装置。

6.5.15 发动机舱自动灭火装置

以下车辆应装备发动机舱自动灭火装置：

a) 2013 年 5 月 1 日起出厂的专用校车；

b) 2013 年 3 月 1 日起出厂的发动机后置的其他客车。

6.5.16 手动机械断电开关

2013 年 3 月 1 日起出厂的车长大于或等于 6 m 的客车，应设置能切断蓄电池和所有电路连接的手动机械断电开关。

6.5.17 副制动踏板

教练车（三轮汽车除外）装备的副制动踏板应牢固、动作可靠有效。

6.5.18 校车标志灯和校车停车指示标志牌

6.5.18.1 校车配备的校车标志灯和停车指示标志牌应齐全、有效。

6.5.18.2 专用校车以及喷涂或粘贴专用校车车身外观标识的非专用校车应由校车标志、中文字符“校车”、中文字符“核载人数：××人”、校车编号和校车轮廓标识组成，且应符合 GB 24315 的相关规定。

6.5.19 危险货物运输车标志

6.5.19.1 危险货物运输车应设置符合 GB 13392 规定的标志。

6.5.19.2 道路运输爆炸品和剧毒化学品车辆应粘贴符合 GB 20300 规定的橙色反光带并设置安全标示牌。

6.5.20 肢体残疾人操纵辅助装置

加装肢体残疾人操纵辅助装置的汽车，操纵辅助装置铭牌标明的产品型号和产品编号应与操纵辅助装置加装合格证明或机动车行驶证记载的产品型号和产品编号一致。

6.6 底盘动态检验

6.6.1 转向系

车辆的方向盘应转动灵活，操纵方便，无卡滞现象，最大自由转动量应符合 GB 7258 的相关规定；对于使用方向把的三轮汽车、摩托车，转向轮转动应灵活。

6.6.2 传动系

传动系应满足以下要求：

a) 车辆换挡应正常，变速器倒挡应能锁止；

b) 离合器接合应平稳，无打滑、分离不彻底等现象。

6.6.3 制动系

车辆正常行驶时无车轮阻滞、抱死现象；制动时制动踏板动作应正常，响应迅速，方向盘无抖动，无跑偏现象。

6.6.4 仪表和指示器

车辆配备的车速表等各种仪表和指示器不应有异常情形。

6.7 车辆底盘部件

6.7.1 转向系部件

转向系部件应满足以下要求：

a) 各部件不应松动；

b) 横、直拉杆不应有拼焊、损伤、松旷、严重磨损等情况；

c) 转向过程中不应有干涉或摩擦现象。

6.7.2 传动系部件

传动系部件应满足以下要求：

a) 变速器等部件应连接可靠；

b) 传动轴、万向节及中间轴承和支架不应有裂纹和松旷现象，不应有漏油现象。

6.7.3 行驶系部件

行驶系部件应满足以下要求：

a) 车架纵梁、横梁不应有明显变形、损伤，铆钉、螺栓不应缺少或松动；

b) 钢板吊耳及销不应松旷，中心螺栓、U 形螺栓不应松旷；

c) 车桥与悬架之间的拉杆和导杆不应松旷和移位，减振器不应漏油。

6.7.4 制动系部件

制动系部件应满足以下要求：

a) 制动系应无擅自改动，不应从制动系统获取气源作为加装装置的动力源；

b) 制动主缸、轮缸、管路等不应漏气、漏油，制动软管不应有明显老化；

c) 制动系管路与其他部件无摩擦和固定松动现象。

6.7.5 其他部件

其他部件应满足以下要求：

a) 发动机的固定应可靠；

b) 排气管、消声器应安装牢固、不应有漏气现象，排气管口不得指向车身右侧(如受结构限制排气管口必须偏向右侧时，排气管口中心线与机动车纵向中心线的夹角应小于等于 15°)和正下方；专门用于运送易燃和易爆物品的危险货物运输车，排气管应装在罐体/箱体前端面之前、不高于车辆纵梁上平面的区域，并安装机动车排气火花熄灭器，机动车尾部应安装接地装置；

c) 电器导线应布置整齐、捆扎成束、固定卡紧，并无破损现象；

d) 燃料箱应固定可靠，不应漏油；燃料管路与其他部件不应有碰擦，不应有明显老化；

e) 承载式车身底部应完整，不应有影响车身强度的变形和破损；

f) 轮胎内侧不应有严重磨损、割伤、腐蚀。

6.8 仪器设备检验

6.8.1 行车制动

6.8.1.1 台试空载检验行车制动性能时，应符合 GB 7258—2012 中 7.11.1 的相关要求。

6.8.1.2 对于全挂车、半挂车，台试空载制动性能检验时，应同时满足以下要求：

a) 与牵引车组合成的汽车列车检验结果符合 GB 7258—2012 中 7.11.1 的相关要求；

b) 挂车的轴制动力之和与挂车轴荷之和的比值大于或等于 55%；

c) 挂车的轴制动不平衡率符合 GB 7258—2012 中 7.11.1.2 的要求。

6.8.1.3 对于三轴及三轴以上的多轴货车，按照附录 C 的 C.3 方法加载后，加载轴的轴制动率应大于或等于 50%，加载轴制动不平衡率符合 GB 7258—2012 中 7.11.1.2 的要求。

6.8.1.4 对于并装双轴、并装三轴的挂车，组成汽车列车按照附录 C 的 C.3 方法加载后，加载轴的轴制动率应大于等于 45%，加载轴制动不平衡率符合 GB 7258—2012 中 7.11.1.2 的要求。

6.8.1.5 路试检验行车制动性能时，应符合 GB 7258—2012 中 7.10.2 的相关要求。

6.8.2 驻车制动

6.8.2.1 台试检验驻车制动性能时，应符合 GB 7258—2012 中 7.11.2 的相关要求。

6.8.2.2 路试检验驻车制动性能时，应符合 GB 7258—2012 中 7.10.4 的相关要求。

6.8.3 前照灯

6.8.3.1 前照灯远光发光强度应符合 GB 7258—2012 中 8.5.2 的相关要求。

6.8.3.2 前照灯远近光光束垂直偏移应符合 GB 7258—2012 中 8.5.3 的相关要求。

6.8.4 车速表指示误差

注册登记检验时，车速表指示误差应符合 GB 7258—2012 中 4.12 的相关要求。

6.8.5 转向轮横向侧滑量

对前轴采用非独立悬架的汽车(前轴采用双转向轴时除外)，转向轮横向侧滑量应符合 GB 7258—2012 中 6.11 的相关要求。

7 检验结果处置

7.1 检验结果的评判

授权签字人应逐项确认检验结果并签注整车检验结论。检验结论分为合格、不合格。送检机动车所有检验项目的检验结果均合格的，判定为合格；否则判定为不合格。

7.2 检验合格处置

7.2.1 机动车安全技术检验机构应出具《机动车安全技术检验报告》(式样见附录 G)，报告一式三份，一份交机动车所有人(或者由送检人转交机动车所有人)，一份提交车辆管理所作为机动车安全技术检验合格证明，一份留存检验机构。

7.2.2 机动车安全技术检验机构应按 GB/T 26765、GA 1186 的要求传递数据及图像。

7.2.3 机动车安全技术检验机构应妥善保管《机动车安全技术检验报告》、《机动车安全技术检验表(人工检验部分)》(见附录 H)、《机动车安全技术检验表(仪器设备检验部分)》(见附录 I)、车辆识别代号(或整车出厂编号)的拓印膜或照片(注册登记检验时保存拓印膜，在用机动车检验时保存车辆识别代号照片)等资料，保存至本次检验周期届满前，但最短不得少于 2 年。

7.3 检验不合格处置

7.3.1 机动车安全技术检验机构应出具《机动车安全技术检验报告》，并注明所有不合格项目。

7.3.2 机动车安全技术检验机构应通过拍照、摄像或保存数据等方式对不合格项取证留存备查。

7.3.3 机动车安全技术检验机构应按 GB/T 26765、GA 1186 的要求传递数据及图像。

7.4 异常情形处置

7.4.1 发现送检机动车有拼装、非法改装、被盗抢、走私嫌疑时，机动车安全技术检验机构及其检验员应详细登记该送检机动车的相关信息，拍照、录像固定证据，通过机动车安全技术检验监管系统上报，并告知送检人到当地公安机关交通管理部门处理。

7.4.2 注册登记检验时，发现送检机动车的车辆特征参数、安全装置不符合 GB 1589、GB 7258 等机动车国家安全技术标准、机动车产品公告、机动车出厂合格证时，应拍照、录像固定证据，详细登记送检机动车的车辆类型、品牌/型号、车辆识别代号(或整车型号和出厂编号)、发动机号码、整车生产厂家、生产日期等信息，通过机动车安全技术检验监管系统上报。

8 标准实施的过渡期要求

8.1 表 1 中三轴及三轴以上的多轴货车、采用并装双轴及并装三轴的挂车的部分轴还测试加载轴制动率和加载轴制动不平衡率的要求，自本标准实施之日起第 25 个月开始实施；实施之前，只检验空载制动率和空载制动不平衡率。

8.2 以下要求自本标准实施之日起第 25 个月开始实施：

a) 表 3 中重中型货车、专项作业车、挂车使用外廓尺寸自动测量装置的要求；

b) 表 3 中大中型客车、专项作业车、重中型货车、挂车使用底盘间隙仪的要求；

c) 附录 C 的 C.1.1d)中用于检验多轴及并装轴车辆的滚筒反力式制动检验台的要求。

8.3 本标准 8.1、8.2 中涉及实施过渡期的要求，有条件的地方可提前实施。

附 录 A
（规范性附录）
外廓尺寸测量

A.1 检验设备、工具要求

A.1.1 人工检验标准器

钢卷尺：不确定度：1级；标尺、铅垂、水平尺。

A.1.2 外廓尺寸自动测量仪

测量仪应符合计量法规，测量仪最大允许误差：±1%或±20 mm。

A.2 人工检验方法

A.2.1 车辆长度、宽度的测量

将车辆停放在平整、硬实的地面上，在车辆前后和两侧突出位置，使用线锤在地面画出“十”字标记。如图A.1所示。

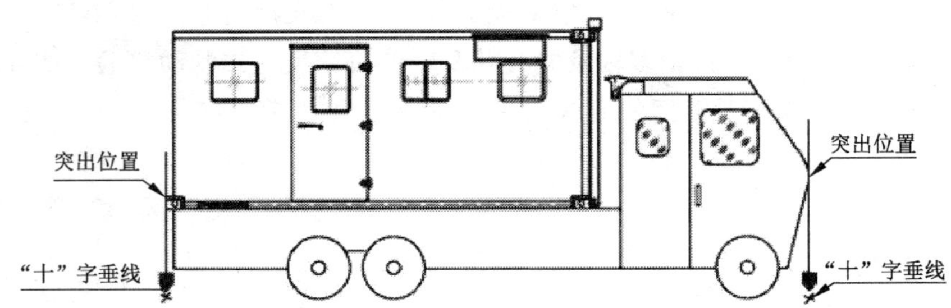

图 A.1 车辆前后突出位置标注示意

为防止车辆前后突出位置不在同一中心线上，影响测试准确度，可将车辆移走，在地面的长宽标记点上分别画出平行线，在地面形成一个长方形框架（可用对角线进行校正）找出车辆中心位置，用钢卷尺分别测出长和宽的直线距离，作为整车的车长和车宽，但GB/T 3730.3规定的后视镜、侧面标志灯、示位灯、转向指示灯、挠性挡泥板、折叠式踏板、防滑链以及轮胎与地面接触部分变形，以及法律法规允许加装的其他部件不计入，如图A.2所示。

A.2.2 车辆高度的测量

将车辆停放在平整、硬实的地面上，将水平尺放在车辆的最高处并且保持与地面水平。在水平尺一端点放铅垂到地面画出“十”字标记，用钢卷尺测量水平尺该端点与地面“十”字标记之间的距离示值即为该车的实际高度，如图A.3所示。

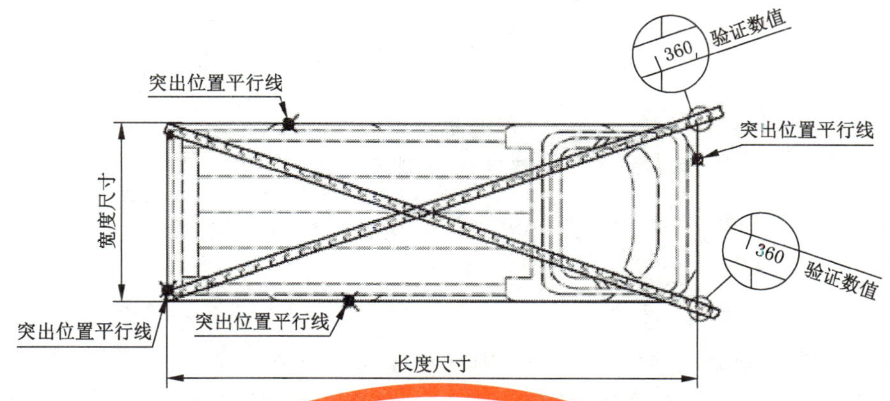

图 A.2 车辆长度、宽度的测量示意

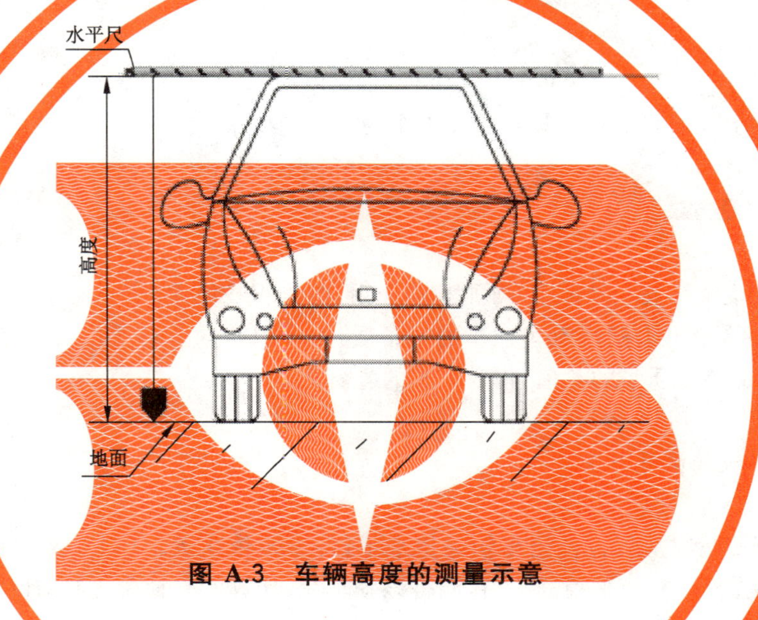

图 A.3 车辆高度的测量示意

A.3 外廓尺寸自动测量仪检验

A.3.1 将车辆正直居中驶进测量仪，按产品使用说明书的要求，测得车辆长度、宽度和高度数值。

A.3.2 测量仪不得具有人工修改测量数据和照片的功能，对于需要人工确认修改不计入车长、车宽的，应记录修改日志。

A.4 测量过程记录

A.4.1 人工测量过程记录

人工检验的整个检验过程应进行全程摄像记录。

A.4.2 外廓尺寸自动测量仪检验过程记录

仪器测量过程中应由仪器实时自动保存测得数据和车身正面、侧面的测量照片并上传至监管系统，照片及数据不能人工修改。

附 录 B
(规范性附录)
整备质量测量

B.1 设备要求

整备质量测量可选择地磅或轴(轮)重仪(包括带称重功能的平板试验台)等方式进行测量。三轴及三轴以上车辆如采用轴(轮)重仪测量时,应保证轴(轮)重仪有足够的有效测量长度,确保双联和三联的各并装轴同侧轮同时停在一块称重板上。

B.2 测试车辆要求

测试车辆应符合 GB/T 3730.2 规定的关于车辆质量的要求。

B.3 应用地磅的测量方法

B.3.1 将车辆平稳缓慢行驶至地磅上,等平稳静止后,测得整备质量。

B.3.2 挂车的整备质量可先测得汽车列车的整备质量、牵引车的整备质量,然后计算得出汽车列车的整备质量与牵引车的整备质量的差值,作为挂车的整备质量。

B.4 应用轴(轮)重仪的测量方法

B.4.1 轴(轮)重仪测量时应保持被测车辆保持水平,将车辆依次逐轴(对并装双轴和并装三轴视为一轴)平稳缓慢行驶至测量台,等平稳静止后,测得该轴轴荷;计算所有轴荷之和,计为该车的整备质量。

B.4.2 对于挂车的整备质量测量方法同 B.3.2。

附 录 C
（规范性附录）
制动性能检验

C.1 台试空载制动检验

C.1.1 检验设备相关要求

检验设备相关要求如下：

a) 机动车制动检验宜采用滚筒反力式制动检验台或平板制动检验台，并应根据所检验车辆的轴荷选择相应承载能力的制动台；

b) 轴（轮）重仪应水平安装，安装时称重台上表面与地平面的高差不得超过±5 mm；

c) 制动台前后地面的附着系数应不小于0.7；

d) 用于检验多轴及并装轴车辆的滚筒反力式制动检验台，应具有台体举升功能并满足：滚筒中心距为460 mm、主副滚筒高差为30 mm时，副滚筒上母线与地面水平面的高度差为+40 mm。当滚筒中心距增大或减小10 mm，副滚筒上母线与地面水平面的高度差相应增大或减小2 mm；当主副滚筒高差减小10 mm，副滚筒上母线与地面水平面的高度差相应增大4 mm。

C.1.2 检验前准备

检验前应准备工作如下：

a) 制动检验台滚筒（或平板）表面应清洁，没有异物及油污；

b) 检验辅助器具应齐全；

c) 气压制动的车辆，贮气筒压力应能保证该车各轴制动力测试完毕时，气压仍不低于起步气压（未标起步气压者，按400 kPa计）；

d) 液压制动的车辆，根据需要将踏板力计装在制动踏板上。

C.1.3 滚筒反力式制动检验台检验

检验步骤如下：

a) 被检车辆正直居中行驶，各轴依次停放在轴（轮）重仪上，并按规定时间（不少于3 s）停放，测出静态轴（轮）荷[轮（轮）重、制动分列式]；

b) 被检车辆正直居中行驶，将被测试车轮停放在制动台滚筒上，变速器置于空挡，松开制动踏板；对于全时四轮驱动车辆，非测试轮应处于附着系数符合要求的辅助自由滚筒组上，变速器置于空挡；采用具有举升功能的滚筒反力式制动检验台时，对于多轴车辆及并装轴车辆，举升台体至规定位置，测出左右轮空载轮荷，计算得出该轴空载轴荷（或直接测得该轴空载轴荷）；

c) 起动滚筒电机，稳定3 s后实施制动，将制动踏板逐渐慢踩到底或踩至规定制动踏板力，测得左、右车轮制动力增长全过程的数值及左、右车轮最大制动力，并依次测试各车轴；对驻车制动轴，操纵驻车制动操纵装置，测得驻车制动力数值，并按C.1.5.1要求计算轴制动率、不平衡率、驻车制动率、整车制动率；

d) 可采取相关措施防止被检车辆在滚筒反力式制动检验台上后移，以适应制动检测需要。

C.1.4 平板制动检验台检验

检验步骤如下：

a) 检验员将被检车辆以 5 km/h～10 km/h 的速度滑行，置变速器于空挡后（对自动变速器车辆可位于“D”挡），正直平稳驶上平板；

b) 当被测试车轮均驶上平板时，急踩制动，使车辆停止，测得各车轮的轮荷（对小型、微型载客汽车应为动态轮荷，对于并装双轴、并装三轴车辆的左右两侧可以按照 1 个车轮计）、最大轮制动力、轮制动力增长全过程的数值等，并按照 C.1.5.2 规定计算轴的制动率、不平衡率、整车制动率等指标；

c) 重新起动车辆，待车辆驻车制动轴驶上平板时操纵驻车制动操纵装置，测得驻车制动力数值，按照 C.1.5.2 规定计算驻车制动率；

d) 车辆制动停止时如被测试车轮已离开平板，则此次制动测试无效，应重新测试。

C.1.5 制动性能参数计算

C.1.5.1 用滚筒反力式制动检验台检验时

制动性能参数计算方法如下：

a) 轴制动率为测得的该轴左、右车轮最大制动力之和与该轴（静态）轴荷之百分比；

b) 以同轴左、右轮两个车轮均达到最大制动力（或两个车轮一个达到最大制动力、另一个产生抱死滑移；或两个车轮均产生抱死滑移）时为取值终点，取制动力增长过程中测得的同时刻左右轮制动力差最大值为左右车轮制动力差的最大值，用该值除以左、右车轮最大制动力中的大值（当后轴及其他轴，制动力小于该轴轴荷的 60%时为该轴轴荷），得到不平衡率；

c) 整车制动率为测得的各轮最大制动力之和与该车各轴（静态）轴荷之和之百分比；

d) 驻车制动率为测得的各驻车轴制动力之和与该车所有车轴（静态）轴荷之和之百分比。

注 1：对多轴车辆及并装轴车辆，采用具有举升功能的滚筒反力式制动检验台，计算轴制动率、不平衡率和整车制动率时，（静态）轴荷按照空载轴荷计算。

注 2：按照本标准 C.3 加载制动检验，计算加载轴制动率、加载轴制动不平衡率时，（静态）轴荷按照加载状态下的轴荷计算。

C.1.5.2 用平板制动检验台检验时

制动性能参数计算方法如下：

a) 轴制动率为测得的该轴左、右车轮最大制动力之和与该轴轴荷之百分比，对小（微）型载客汽车轴荷取左、右轮制动力最大时刻所分别对应的左、右轮荷之和，对其他机动车轴荷取该轴静态轴荷；

b) 不平衡率、整车制动率、驻车制动率等指标的计算同 C.1.5.1。

C.1.6 特殊情形处置

特殊情形按以下方式处置：

a) 在滚筒反力式制动检验台上检验时，被测试车轮在滚筒上抱死但整车制动率未达到合格要求时，应在车辆上增加足够的附加质量或相当于附加质量的作用力（在设备额定载荷以内，附加质量或作用力应在该轴左右车轮之间对称作用，不计入轴荷）后，重新测试；

b) 在滚筒反力式制动检验台上检测受限的车辆或底盘动态检验过程中点制动时无明显跑偏，但左右轮制动力差不合格的车辆，应换用平板制动检验台或采用路试检验。

c) 对加装肢体残疾人操纵辅助装置的汽车，应通过操纵辅助装置检验制动性能。检验行车制动性能时施加在制动和加速迁延手柄表面上的正压力不应大于 300 N,检验驻车制动性能时驻车制动辅助手柄的操纵力应不大于 200 N。

C.2 路试制动检验

C.2.1 行车制动

C.2.1.1 路试制动性能检验应在纵向坡度不大于 1%、轮胎与地面间的附着系数不小于 0.7 的硬实、清洁、干燥的水泥或沥青路面上进行。检验时车辆变速器应置于空挡。检验前应对检验场地进行安全检查,并采取必要的防护及封闭措施,确保检验过程的安全。

C.2.1.2 对于不适用于仪器设备制动检验的车辆,用制动距离或者充分发出的平均减速度(*MFDD*)和制动协调时间判定制动性能。有疑问时应安装踏板力计,检查达到规定制动效能时的制动踏板力是否符合标准。

C.2.1.3 在试验路面上,按照 GB 7258 划出规定的试车道的边线,被测车辆沿着试车道的中线行驶。使用便携式制动性能测试仪进行测试时,行驶至规定初速度后,置变速器于空挡,急踩制动,使车辆停止,测量充分发出的平均减速度(*MFDD*)和制动协调时间,并检查车辆有无驶出车道边线;当使用第五轮仪或非接触式速度仪进行测试时,行驶至高于规定的初速度后,置变速器于空挡,滑行到规定的初速度时,急踩制动,使车辆停止,测量车辆的制动距离和检查车辆有无驶出车道边线。

C.2.1.4 对已在制动检验台上检验过的车辆,制动力平衡及前轴制动率符合要求,但整车制动率未达到合格要求时,用便携式制动性能测试仪检测,对于小(微)型载客汽车及其他总质量不大于 4 500 kg 的汽车的制动初速度应不低于 30 km/h,对于其他汽车、汽车列车及无轨电车,制动初速度应不低于 20 km/h,急踩制动后测取 *MFDD* 及制动协调时间。

C.2.2 驻车制动

C.2.2.1 将车辆驶上坡度为 20%(总质量为整备质量的 1.2 倍以下的车辆为 15%),附着系数不小于0.7 的坡道上,按正反两个方向保持固定不动,其时间不少于 5 min,检验车辆的驻车制动是否符合要求。

C.2.2.2 在用机动车检验时,在不具备试验坡道的情况下,可参照相关标准使用符合规定的仪器测试驻车制动性能。

C.3 台式加载制动检验

加载制动检验宜采用具有台体举升功能的滚筒反力式制动检验台进行,多轴货车、由并装轴挂车组成的汽车列车的第一轴和最后一轴不进行加载制动检验。具体方法如下:

a) 被检车辆正直居中行驶,将被测试车的第二轴停放在制动台滚筒上,变速器置于空挡,松开制动踏板;
b) 通过举升台体对测试轴加载,举升至副滚筒上母线离地 100 mm(或轴荷达到 11 500 kg 时),停止举升;测出左右轮轮荷,计算得出该轴加载状况下的轴荷(或直接测得该轴加载状况下的轴荷);
c) 起动滚筒电机,稳定 3 s 后实施制动,将制动踏板逐渐慢踩到底或踩至规定制动踏板力,测得左、右车轮制动力增长全过程的数值及左、右车轮最大制动力;并按 C.1.5.1 要求计算加载轴制动率、加载轴制动不平衡率;
d) 重复 a)、b)、c)步骤,依次测试各车轴。

附 录 D
（规范性附录）
前照灯检验

D.1 设备要求

前照灯光束照射位置检验及前照灯远光光束发光强度测量应使用具备远近光光束照射位置检验功能的前照灯检测仪。

D.2 检验前仪器及车辆准备

检验前，仪器及车辆准备如下：

a) 检测仪受光面应清洁；

b) 对手动式前照灯检测仪应检查其电池电压是否在规定范围内；

c) 轨道内应无杂物，使仪器移动轻便；

d) 前照灯应清洁。

D.3 检验方法

D.3.1 自动式前照灯检测仪检验

D.3.1.1 采用自动式前照灯检测仪检验时，按以下步骤进行：

a) 车辆沿引导线居中行驶至规定的检测距离处停止，车辆的纵向轴线应与引导线平行，如不平行，车辆应重新停放，或采用车辆摆正装置进行拨正；

b) 置变速器于空挡（无级变速二轮、三轮车辆应实施制动），车辆电源处于充电状态，开启前照灯远光灯；

c) 给自动式前照灯检测仪发出启动测量的指令，仪器自动搜寻被检前照灯，并测量其远光发光强度及远光照射位置偏移值；

注：前照灯远光照射位置偏移值检验仅对远光光束能单独调整的前照灯进行；远光光束能单独调整的前照灯是指手工或通过使用专用工具能够在不影响近光光束照射角度的情况下调整远光光束照射角度的前照灯，通常情况下远近光束一体的前照灯其远光光束照射角度不能单独进行调整。

d) 被检前照灯转换为近光光束，自动式前照灯检测仪自动检测其近光光束明暗截止线转角（或中点）的照射位置偏移值；

e) 按上述 c)、d)步骤完成车辆所有前照灯的检测；

f) 在对并列的前照灯（四灯制前照灯）进行检验时，应将与受检灯相邻的灯遮蔽；

g) 采用气体放电光源前照灯时，测试前应预热。

D.3.1.2 三轮汽车、摩托车前照灯检验时，按以下步骤进行：

a) 将车辆停止在规定的位置；

b) 保持前照灯正对检测仪，有夹紧装置的将车轮夹紧；

c) 开启前照灯检测仪进行检测，检测过程中车辆应处于充电状态（挡位置于空挡，无级变速的车辆应实施制动）；

d) 对两轮机动车和装用一只前照灯的三轮机动车，记录前照灯远光光束发光强度。对装用两只或两只以上前照灯的三轮机动车，参照 D.3.1.1 的方法进行。

D.3.2 手动式前照灯检测仪检验

用手动式前照灯检测仪检验时，参照 D.3.1 的方法进行。

附 录 E
(规范性附录)
车速表指示误差检验

E.1 设备要求

车速表检验宜在滚筒式车速表检验台上进行。

E.2 检验程序

检验程序如下:

a) 将车辆正直居中驶上检验台,驱动轮停放在测速滚筒上;
b) 降下举升器或放松滚筒锁止机构,为防止车辆向前驶出该工位,可在非驱动轮前部加止动块(前轮驱动车使用驻车制动);
c) 当车速表指示 40 km/h 时,测取实际车速,检验结束;
d) 升起举升器或锁止滚筒,将车辆驶出检验台。

E.3 检验注意事项

注意事项如下:

a) 测速时车辆前、后方及驱动轮两旁不准站立人员;
b) 检验结束后,检验员不可采取任何紧急制动措施使滚筒停止转动;
c) 对于不能在车速表检验台上检验的车辆,只需在底盘动态检验时定性判断其车速表工作是否正常即可。

附 录 F
（规范性附录）
转向轮横向侧滑量检验

F.1 设备要求

转向轮横向侧滑量的检验应在侧滑检验台上进行，侧滑检验台宜具有轮胎侧向力释放功能。

F.2 检验程序

将车辆正直居中驶近侧滑检验台，并使转向轮处于正中位置，在驱动状态以不大于 5 km/h 的车速平稳、直线通过侧滑检验台，读取最大示值。

F.3 检验注意事项

车辆通过侧滑检验台时，不得转动方向盘；不得在侧滑检验台上制动或停车；应保持侧滑检验台滑板下部的清洁，防止锈蚀或阻滞。

附 录 G
（规范性附录）
机动车安全技术检验报告（式样）

G.1 机动车安全技术检验报告

机动车安全技术检验报告（式样）见表 G.1。

表 G.1 机动车安全技术检验报告（式样）

<table>
<tr><td colspan="6">一、基本信息</td></tr>
<tr><td>检验报告编号</td><td></td><td>检验机构名称</td><td colspan="3"></td></tr>
<tr><td>号牌号码</td><td></td><td>所有人</td><td colspan="3"></td></tr>
<tr><td>车辆类型</td><td></td><td>品牌/型号</td><td></td><td>使用性质</td><td></td></tr>
<tr><td>注册登记日期</td><td></td><td>出厂年月</td><td></td><td>检验日期</td><td></td></tr>
<tr><td>车辆识别代号
（或出厂编号）</td><td colspan="2"></td><td>发动机号码
（或电动机号码）</td><td colspan="2"></td></tr>
<tr><td colspan="6">二、检验结论</td></tr>
<tr><td>检验结论</td><td colspan="2"></td><td>授权签字人</td><td colspan="2"></td></tr>
<tr><td colspan="6" align="right">单位名称（盖章）：××××机动车安全技术检验机构</td></tr>
</table>

<table>
<tr><td colspan="5">三、人工检验结果</td></tr>
<tr><td>序号</td><td>检 验 项 目</td><td>结 果 判 定</td><td>具体不符合项目情况说明</td><td>备 注</td></tr>
<tr><td></td><td></td><td></td><td></td><td></td></tr>
<tr><td></td><td></td><td></td><td></td><td></td></tr>
<tr><td></td><td></td><td></td><td></td><td></td></tr>
<tr><td></td><td></td><td></td><td></td><td></td></tr>
<tr><td></td><td></td><td></td><td></td><td></td></tr>
<tr><td></td><td></td><td></td><td></td><td></td></tr>
<tr><td></td><td></td><td></td><td></td><td></td></tr>
</table>

<table>
<tr><td colspan="6">四、仪器设备检验结果</td></tr>
<tr><td>序号</td><td>检验项目</td><td>检 验 结 果</td><td>标 准 限 值</td><td>结 果 判 定</td><td>备 注</td></tr>
<tr><td></td><td></td><td></td><td></td><td></td><td></td></tr>
<tr><td></td><td></td><td></td><td></td><td></td><td></td></tr>
<tr><td></td><td></td><td></td><td></td><td></td><td></td></tr>
<tr><td></td><td></td><td></td><td></td><td></td><td></td></tr>
<tr><td></td><td></td><td></td><td></td><td></td><td></td></tr>
<tr><td></td><td></td><td></td><td></td><td></td><td></td></tr>
</table>

表 G.1（续）

五、建议					
备注					

G.2 机动车安全技术检验报告填表说明

机动车安全技术检验报告填表说明如下：

a) “基本信息”栏为必填项；

b) “检验结论”栏由授权签字人签注“合格”、“不合格”并“签字”，加盖机动车安全技术检验机构印章；

c) “人工检验结果”栏填写实际开展检验合格项目大类，出现不合项目的，填写“具体不合项目情况说明”，例如：

车辆唯一性检查、合格；

联网查询、合格；

车辆特征参数检查、合格……

车身外观、不合格、罐式危险货物运输车未按要求设置倾覆保护装置；

轮胎、不合格、右后轮胎胎面磨损严重，花纹深度不符合要求……

d) “仪器设备检验结果”栏填写实际开展检测的仪器设备检验项目，例如：

一轴制动率/不平衡率、二轴制动率/不平衡率……

整车制动率；

驻车制动率；

路试制动性能；

前照灯左外灯远光发光强度、前照灯左内灯远光发光强度、前照灯右外灯远光发光强度、前照灯右内灯远光发光强度；

前照灯左外灯远近光垂直偏移、前照灯左内灯远近光垂直偏移、前照灯右外灯远近光垂直偏移、前照灯右内灯远近光垂直偏移；

车速表指示误差；

转向轮横向侧滑量。

e) “建议”栏可根据检验结论的不同，分别签注内容：

——当检验结论为“合格”时，可视检验结果，提醒机动车送检人，例如：

“您爱车的制动结果显示：制动力已接近标准限值，建议进一步检查，消除安全隐患”；

“您爱车的制动结果显示：某轴的制动不平衡率接近标准限值，建议进一步检查，消除安全隐患”；

“您爱车的前照灯结果显示：某灯的发光强度接近标准限值，建议进一步检查，消除安全隐患”；

“您爱车的轮胎胎冠上花纹深度已接近标准限值,建议及时消除安全隐患”;

“您爱车的轮胎不规则磨损,建议进一步检查,消除安全隐患”;

“您爱车某某内饰件不宜放置在安全气囊上,建议您消除安全隐患”;

“您爱车某某内饰挂件存在影响驾驶人视线的隐患,建议您消除安全隐患”等。

——当检验结论为“不合格”时,可视不合格项情形,提醒机动车送检人,例如:

“您的爱车某某不合格项目,请及时到修理厂调修,消除安全隐患”或“您的爱车灯光远光/近光垂直偏移量不合格项目,本单位能提供免费调修服务,请及时调修,消除安全隐患”。

f) “备注”栏可填写提示类信息,例如:

“下次检验时间：　　”;

“机动车安全技术检验合格后请及时向公安机关交通管理部门申领检验合格标志”;

“机动车安全技术检验机构地址：　　联系电话：　　”。

附 录 H
（规范性附录）
机动车安全技术检验表（人工检验部分）

机动车安全技术检验表（人工检验部分）见表 H.1。

表 H.1 机动车安全技术检验表（人工检验部分）

一、基本信息							
号牌号码（编号）：		车辆类型：		使用性质：		里程表读数： km	
车辆出厂日期： 年 月 日		初次登记日期： 年 月 日		检验日期： 年 月 日			
二、检验结果							
序号	检验项目		判定	序号	检验项目		判定
1	车辆唯一性检查	①号牌号码/车辆类型		4	安全装置检查（续）	㉗车辆尾部标志板	
		②车辆品牌/型号				㉘侧后防护装置	
		③车辆识别代号（或整车出厂编号）				㉙应急锤	
						㉚急救箱	
		④发动机号码（或电动机号码）				㉛限速功能或限速装置	
						㉜防抱死制动装置	
		⑤车辆颜色和外形				㉝辅助制动装置	
2	车辆特征参数检查	⑥外廓尺寸				㉞盘式制动器	
		⑦轴距				㉟紧急切断装置	
		⑧整备质量				㊱发动机舱自动灭火装置	
		⑨核定载人数				㊲手动机械断电开关	
		⑩核定载质量				㊳副制动踏板	
		⑪栏板高度				㊴校车标志灯和校车停车指示标志牌	
		⑫后轴钢板弹簧片数				㊵危险货物运输车标志	
		⑬客车应急出口				㊶肢体残疾人操纵辅助装置	
		⑭客车乘客通道和引道		5	联网查询车辆事故/违法信息（对发生过造成人员伤亡交通事故的送检机动车，人工检验时应重点检查损伤部位和损伤情况）		
		⑮货厢					
3	车辆外观检查	⑯车身外观					
		⑰外观标识、标注和标牌					
		⑱外部照明和信号灯具		6	底盘动态检验	㊷转向系	
		⑲轮胎				㊸传动系	
		⑳号牌及号牌安装				㊹制动系	
		㉑加装/改装灯具				㊺仪表和指示器	
4	安全装置检查	㉒汽车安全带		7	车辆底盘部件检查	㊻转向系部件	
		㉓机动车用三角警告牌				㊼传动系部件	
		㉔灭火器				㊽行驶系部件	
		㉕行驶记录装置				㊾制动系部件	
		㉖车身反光标识				㊿其他部件	

表 H.1（续）

<table>
<tr><td>序号</td><td>不合格项（填写编号和名称）</td><td>不合格项目说明</td><td>备注</td></tr>
<tr><td></td><td></td><td></td><td></td></tr>
<tr><td></td><td></td><td></td><td></td></tr>
<tr><td colspan="4">车辆外廓尺寸（mm×mm×mm）：　　　整备质量（kg）：</td></tr>
<tr><td colspan="4">机动车所有人：　　　手机电话：　　　地址/邮编：</td></tr>
<tr><td colspan="4">检验员建议：

检验员签字：</td></tr>
<tr><td colspan="4">注 1：判定栏中填“○”为合格，“×”为不合格，“—”表示不适用于送检车。
注 2：当车辆外廓尺寸、整备质量检验项目使用仪器自动测量并打印在仪器设备检验表格中时，本表相应参数可不填。</td></tr>
</table>

附　录　I
（规范性附录）
机动车安全技术检验表（仪器设备检验部分）

I.1　机动车（三轮汽车、摩托车除外）安全技术检验表（仪器设备检验部分）

I.1.1　机动车（三轮汽车、摩托车除外）安全技术检验表（仪器设备检验部分）见表 I.1。

表 I.1　机动车（三轮汽车、摩托车除外）安全技术检验表（仪器设备检验部分）

一、基本信息					
检验流水号		引车员		检验日期	
检验类别		检验项目		登录员	
号牌（自编）号		所有人			
号牌种类		车辆类型		品牌/型号	
车辆识别代号				发动机号	
初次登记日期		出厂年月		燃料类别	
驱动型式		驻车轴		转向轴悬架形式	
整备质量（kg）		前照灯制		前照灯远光束能否单独调整	

二、检验结果

台试检测项目		轮荷（kg）		最大行车制动力（10N）		过程差最大差值点（10N）		空载制动				加载制动			项目判定	单项次数
		左	右	左	右	左	右	行车制动率（%）	不平衡率（%）	驻车制动力（10 N）	驻车制动率（%）	加载轴荷（kg）	轴制动率（%）	不平衡率（%）		
制动B	一轴															
	二轴															
	三轴															
	四轴															
	五轴															
	整车															
	驻车															
	动态轮荷（左/右）（kg）		1 轴　/							2 轴　/						

前照灯H	项目	远光发光强度（cd）	远光垂直偏移量（mm/10 m）	近光垂直偏移量（mm/10 m）	远光灯中心高（mm）	近光灯中心高（mm）	远光垂直偏移	近光垂直偏移	项目判定	单项次数
	左外灯									
	左内灯									
	右内灯									
	右外灯									

表 I.1（续）

车速表 S	km/h				
侧滑 A	m/km				
路试制动性能		路试检验员			
车辆外廓尺寸(mm×mm×mm)：		整备质量(kg)：			
主车制动检验结果(对于主车和挂车一起检验，在打印挂车报告时)			总 检 次 数		
备注					

I.1.2 机动车(除摩托车、三轮汽车外)安全技术检验表填表说明如下：

a) 路试制动性能中，按选择的如下路试检测项目打印项目名称(单位)、数据：
   制动初速度，制动距离(m)，制动稳定性；
   制动初速度，*MFDD*(m/s^2)，协调时间(s)，制动稳定性；

b) 制动动态轮荷仅在使用平板制动检验台检测小(微)型载客汽车时需打印，按“左/右”格式打印；

c) 远近光垂直偏移量栏按照上偏差为正“+”，下偏差为负“-”计；

d) 远(近)光垂直偏移按照远(近)光垂直偏移量与远(近)光灯中心高的比值计，单位取 *.H。

e) 单项次数栏打印本检验周期内单项检测的次数(含初复检)、以便明确该数据是第几次检测结果。制动各轴单项次数以该轴上检验设备次数为准；

f) 总检次数栏打印本检验周期内该车上线检测的总次数(含初复检)；

g) 挂车检测时与主车(牵引车)一起上线检测的，主车与挂车均按本表格式打印；

h) 当车辆外廓尺寸、整备质量检验项目使用仪器自动测量时，可一并在此表中打印。

I.2 三轮汽车、摩托车安全技术检验表(仪器设备检验部分)

I.2.1 三轮汽车、摩托车安全技术检验表(仪器设备检验部分)见表 I.2。

表 I.2 三轮汽车、摩托车安全技术检验表(仪器设备检验部分)

一、基本信息					
检验流水号		引车员		检验日期	
检验类别		检验项目		登录员	
号牌(自编)号		所有人			
号牌种类		车辆类型		品牌/型号	
车辆识别代号		发动机号		燃料类别	
初次登记日期		出厂年月		里程表读数	
整备质量(kg)		前照灯制		前照灯远光束能否单独调整	

表 I.2（续）

二、检验结果								
台试检测项目		轮荷(kg)		制动力(10N)		制动率(%)	项目判定	单项次数
		左	右	左	右			
制动B	前轮							
	后轮(轴)							
	驻车							
前照灯H	项目	远光发光强度(cd)					项目判定	单项次数
	左(单)灯							
	右灯							
路试制动性能				路试检验员				
车辆外廓尺寸(mm×mm×mm)：				整备质量(kg)：				
备注						总检次数		

I.2.2 三轮汽车、摩托车安全技术检验表(仪器设备检验部分)填表说明如下：

a) 路试制动性能中，按选择的如下路试检测项目打印项目名称(单位)、数据：
制动初速度，制动距离(m)，制动稳定性；
制动初速度，$MFDD$(m/s²)，协调时间(s)，制动稳定性；

b) 单项次数栏打印本检验周期内单项检测的次数(含初复检)，以便明确该数据是第几次检测结果，制动各轴单项次数以该轴上检验设备次数为准；

c) 总检次数栏打印本检验周期内该车上线检测的总次数(含初复检)；

d) 当车辆外廓尺寸、整备质量检验项目使用仪器自动测量时，可一并在此表中打印。

参 考 文 献

[1] 《中华人民共和国道路交通安全法》.

[2] 《中华人民共和国道路交通安全法实施条例》.

[3] 国家标准 GB 7258—2012《机动车运行安全技术条件》实施指南.北京:中国质检出版社,2012.

[4] 俄联邦国家标准 GOST R 5109—2004《汽车安全行驶对技术状况的要求 检测方法》.

[5] 货车验车员手册(中华人民共和国香港特别行政区运输署验车部).

[6] 私家车轻型货车(车辆总质量不超过 1.9 公吨)验车员手册.

[7] 美国联邦机动车安全法规 49CFR570《Vehicle In Use Inspection Standards》.

[8] 《Roadworthiness tests for motor vehicles and their trailers》(2009/40/EC).

[9] 《Adapting to technical progress Directive 2009/40/EC of the European Parliament and of the Council on roadworthiness tests for motor vehicles and their trailers》(2010/48/EU).

[10] 《Vermont periodic inspection manual》(TA-VN-112 03/01 INTERNET CAL Reprinted: March 2001).

[11] 《Inspection standard for exported used cars》(JAAI 6-30B,March 23,1995).

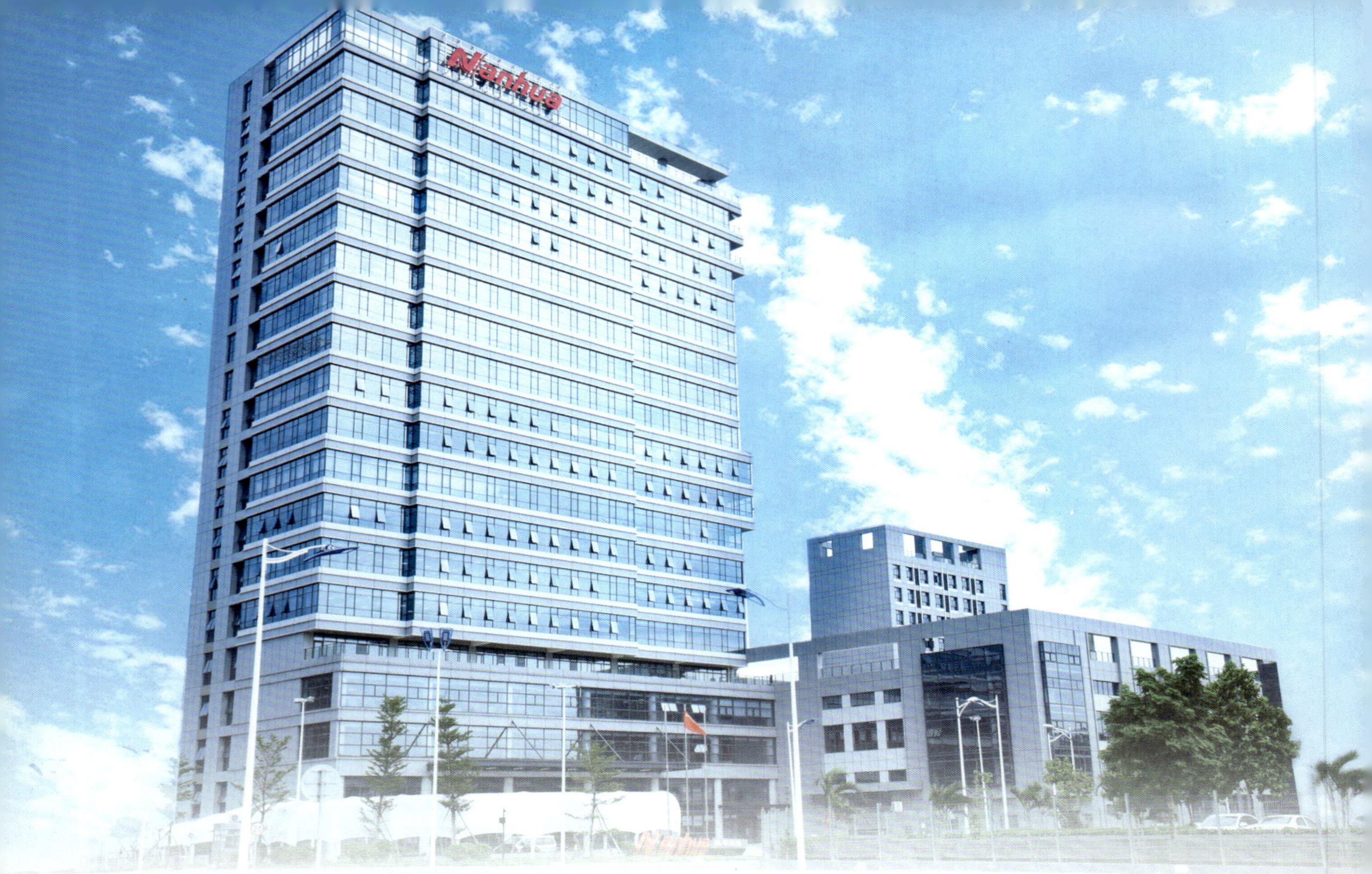

Nanhua南华仪器（股票代码：300417）

服务汽车与环保检测

佛山市南华仪器股份有限公司的前身(佛山市南华仪器公司)成立于1996年，于2010年12月改制名为佛山市南华仪器股份有限公司（简称“南华仪器”），并于2015年1月23日在A股创业板发行股票(股票代码：300417)。企业现自有生产、办公基地近20000m^2,智能化生产、办公大楼建筑面积约16000m^2。

南华仪器是一家专业从事机动车环保和安全检测设备及系统研发、生产和销售的国家级高新技术企业。主导产品包括机动车环保检测系统设备(如废气分析仪、不透光度计、烟度计、底盘测功机）及机动车安全和综合性能检测设备系统(如前照灯检测仪、外廓检测仪、制动检测台、加载制动检测台、ABS制动检验台、侧滑检测台、车速检测台、轮重检测台、底盘间隙仪等)及各种计算机检测/管理网络监控系统软件，全套系统设备均为自主研发和生产。系列产品已被全国三十一个省、市、自治区及部队的检测维修机构选用；还广泛出口欧、美、亚等。

企业及主导产品均取得国家计量部门相关认证和ISO 9001质量体系认证。凭借研发能力、核心技术、质量控制、服务与品牌方面的优势，我们已成为国内自主研发、制造全部检测线主体设备的专业化企业及主要供应商。

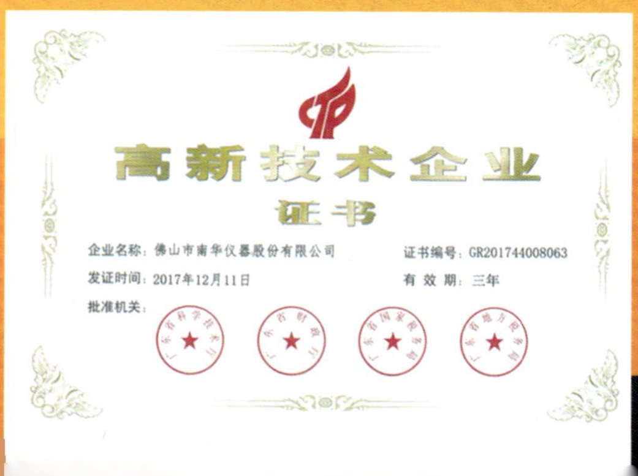

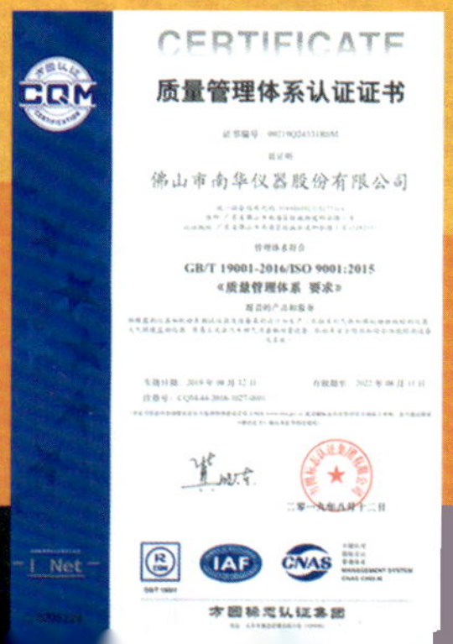

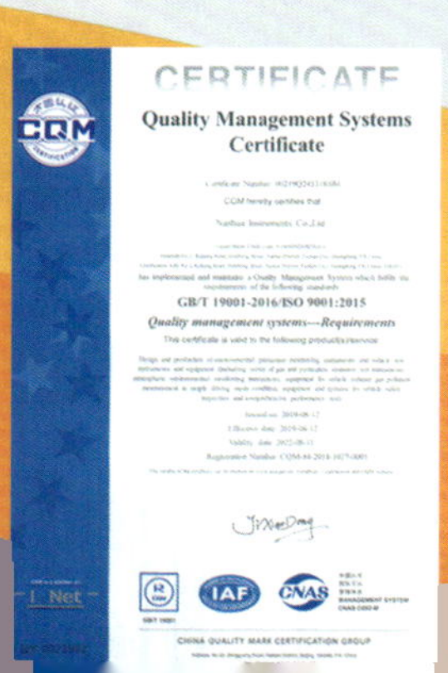

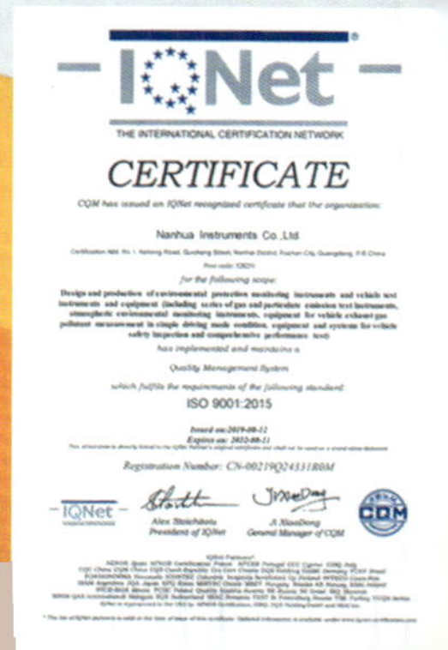

品质高于一切
professional

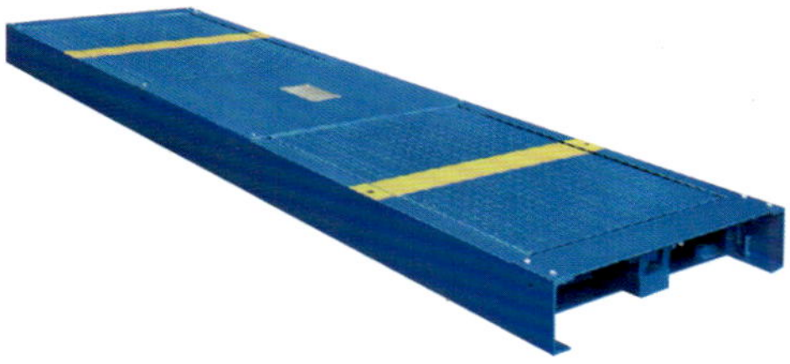

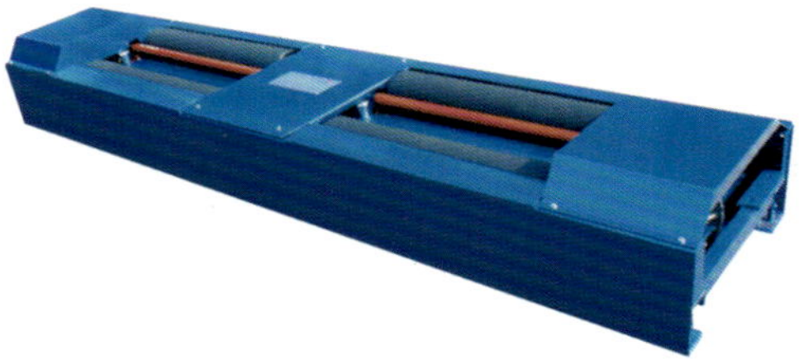

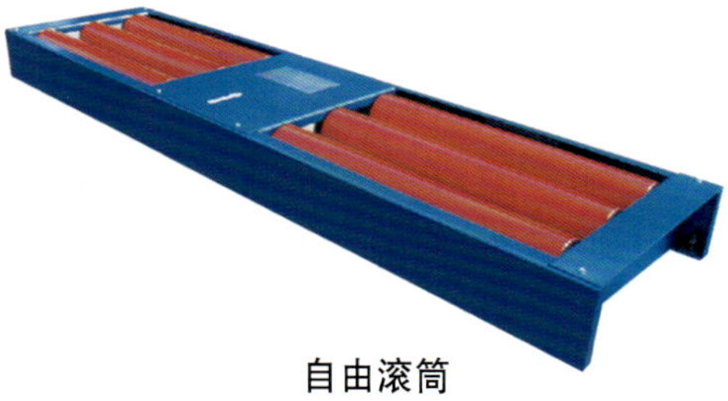

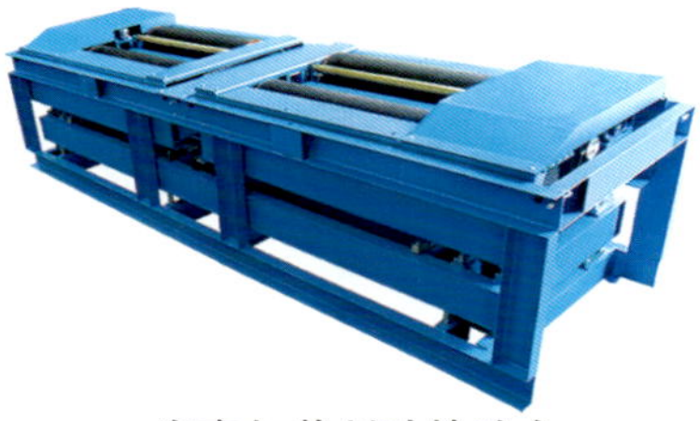

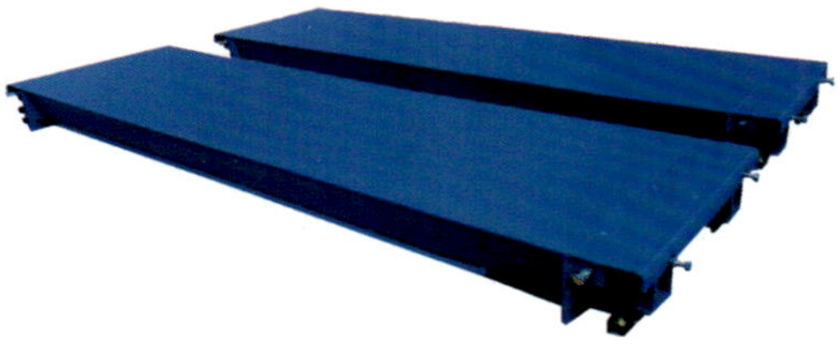

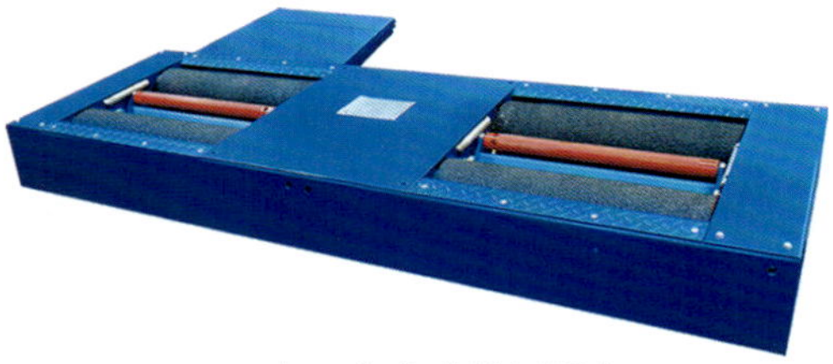

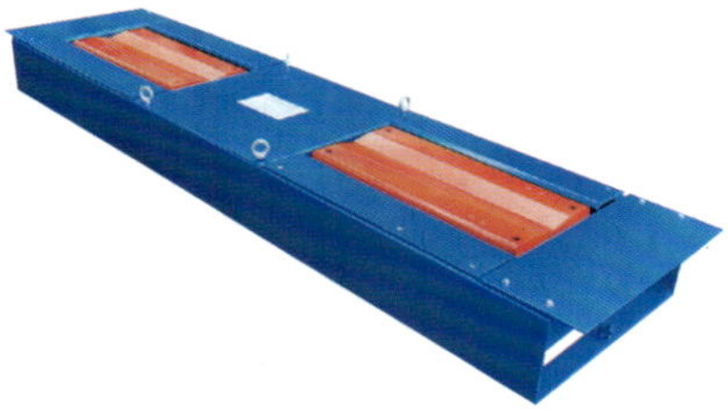

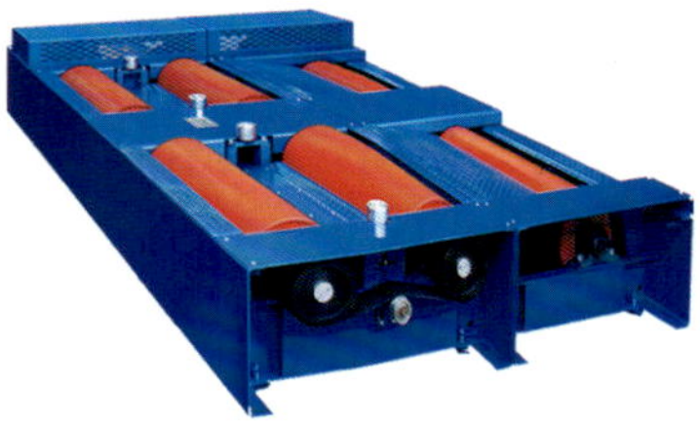

HG.Banner 华工邦元

广州华工邦元信息技术有限公司

企业简介
COMPANY PROFILE

广州华工邦元信息技术有限公司（以下简称“华工邦元”）是依托华南理工大学计算机应用工程研究所的骨干科研力量创办的高新技术企业。从 1991 年至今，已有近三十年的行业经验，是国内机动车检测行业的先进企业。

华工邦元是从事机动车检测领域计算机软件项目开发，为各级公安、交通、环保等管理部门提供计算机联网系统的专业公司。产品包括交警车管所机动车检验监管系统、机动车查验检验智能审核系统、机动车安全技术检测线、工况法检测线、汽车制造厂检测系统、质监局联网监管系统、环保局机动车尾气排放监管平台等。

华工邦元专注于机动车检测领域的技术研究，形成了一支高素质的“研发 + 服务”专业化人才队伍，专注自主研发与技术创新，拥有 40 多项自主知识产权的软件产品、多项发明专利，并负责起草了机动车检测的多项国家标准、地方标准、团体标准与技术规范。近年，公司通过了 CMMI、IS0 9001、IS0 20000、IS0 27001 软件及服务体系认证，获得了国家计算机信息系统集成资质，软件研发实力雄厚。

企业资质
QUALIFICATION

业务范围
SCOPE OF BUSINESS

01 车辆检验系统

汽车安全技术检测线
摩托车安全技术检测线
机动车进出口商检系统
汽车外廓尺寸自动检测与比对系统
汽车排气检测维修（I/M）系统

02 环保检测、监管系统

机动车排气污染物检验监管系统
汽车排气污染物工况法检测线
机动车排气检测数据管理系统
在用机动车排气污染物排放限值研究
机动车尾气遥感监测系统
环保标志限行区域固定式电子抓拍系统
机动车排气复测管理

04 人工智能、大数据

机动车查验检验智能审核系统
机动车维修行业大数据的综合分析
汽车年审服务平台
广东省道路运输车辆综合性云检测平台
广东省道路运输车辆车型技术参数库

03 交警车管检验监管系统

汽车安全技术检测线
摩托车安全技术检测线
机动车进出口商检系统
汽车外廓尺寸自动检测与比对系统
汽车排气检测维修（I/M）系统

主营产品
MAIN PRODUCTS

汽车侧滑检验台

汽车轮重检测台

汽车加载制动检测台

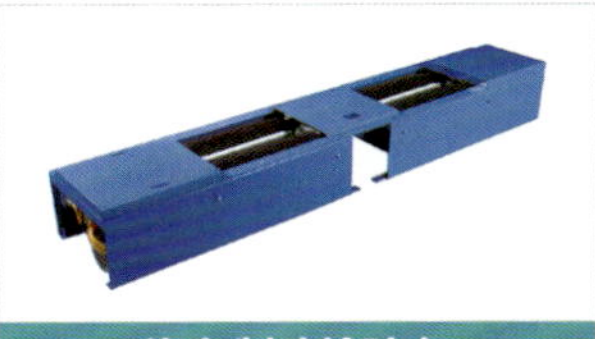

汽车制动检验台

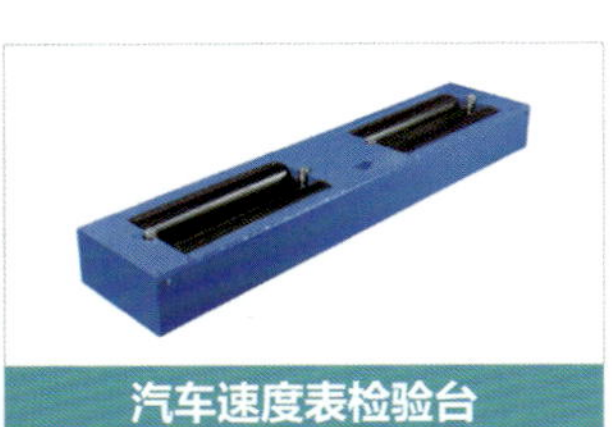

汽车速度表检验台

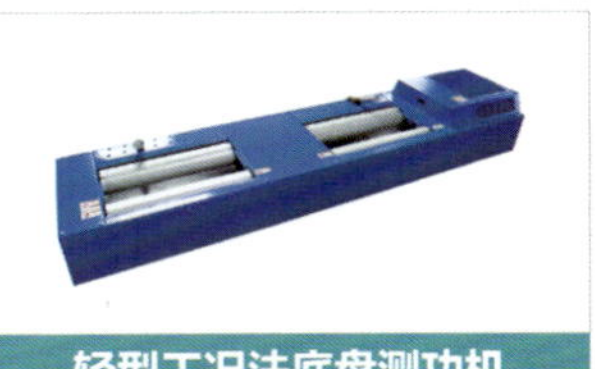

轻型工况法底盘测功机

汽车底盘间隙检测台

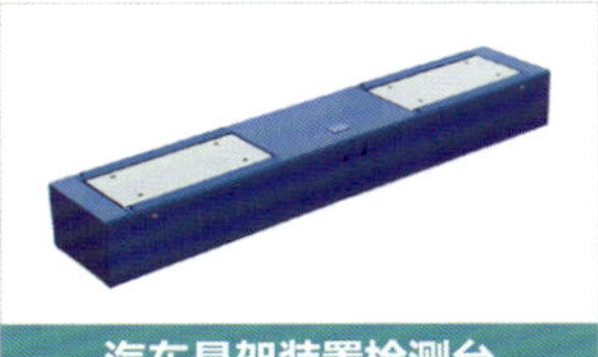

汽车悬架装置检测台

地址：广州市黄埔区科学大道 99 号科汇金谷科汇二街 13 号　网站：Http://www.hg-banner.com.cn
电话：020-2808 2639　传真：020-2808 2681　客服热线：020-2808 2678

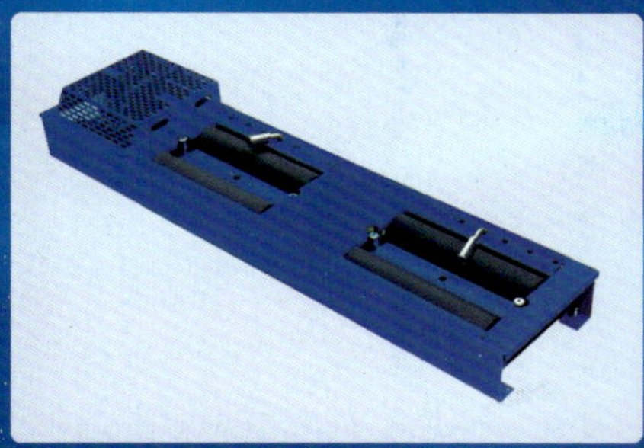

轻型汽车
底盘测功

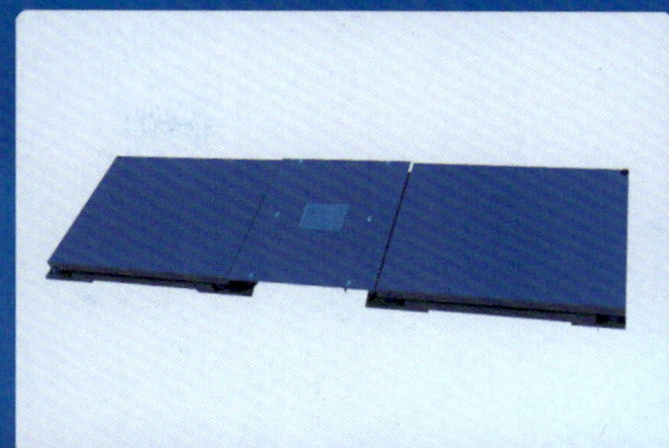

机动车检测专用
轮(轴)重仪

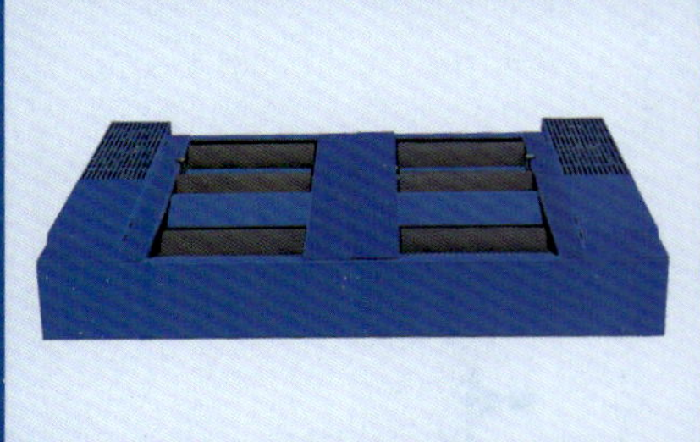

重型汽车
排放测功机

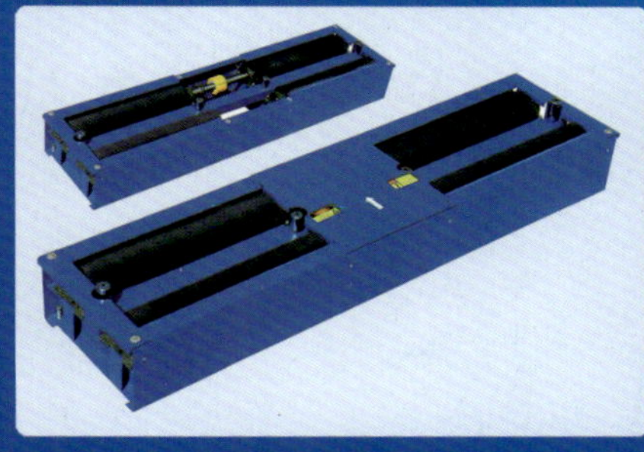

滚筒式汽车车速
表检验台

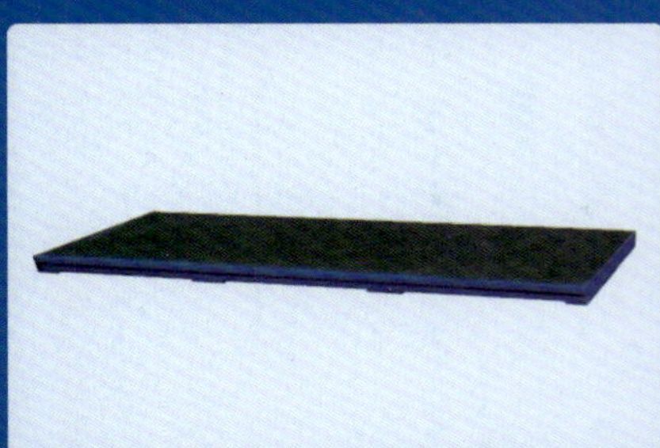

平板式汽车
制动检验台

双滑板联动式汽
车侧滑检验台

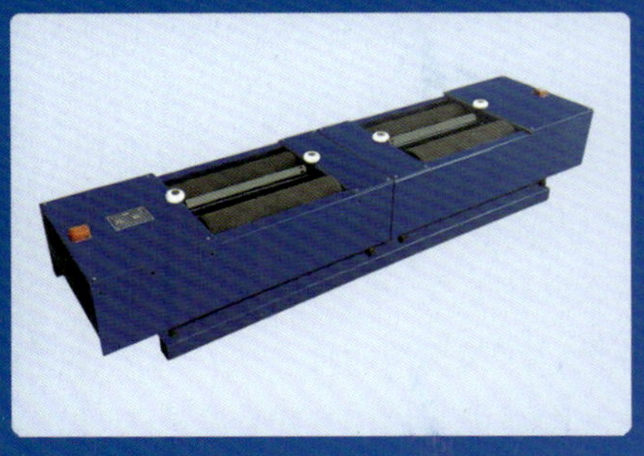

滚筒反力式汽车
制动检验台

单机仪表

合肥市极点科技有限公司

HEFEI GEODOM TECHNOLOGY.,LTD.

地址：合肥市包河区包河大道988号和昌中心A座1901-1903室、1910-1912室

总经理：廖小鹏

手机：13013092001

电话：0551-88388690

网址：www.hfjdkj.com

万国股份

UNIVERSAL TECHNOLOGY SHARES

实用新型专利证书

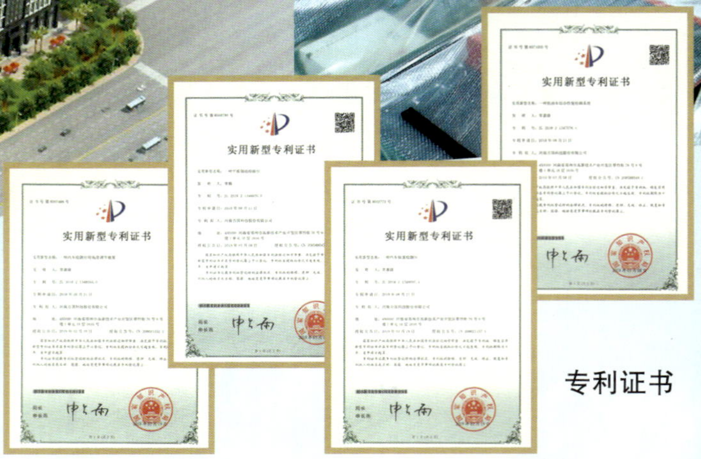

专利证书

公司简介

河南万国科技股份有限公司（以下简称为“河南万国”）创立于2006年3月，坐落在郑州市高新技术开发区龙鼎创富中心。经过十多年的跨越式发展，河南万国从最初名不见经传的行业新军，迅速成长为我国机动车检测行业具有影响力的主流厂商之一。

公司主营业务包括七大类：①机动车安全性能检测线，包括3 t/10 t/13 t/18 t全车型汽车检测、全车型摩托车检测、农用三轮车检测；②机动车环保检测线，包括汽油车双怠速法、ASM简易稳态工况法、VMAS简易瞬态工况法、柴油车自由加速法、Lugdown加载减速工况法；③机动车综合性能检测线，机动车二级维护竣工检测线；④教育机构及汽车4S店检测线；⑤汽车生产制造厂整车质检线；⑥军工特种车辆装备智能检测系统；⑦检测线管理系统，包括机动车检测综合信息管理系统、新车远程查验系统、车辆号牌自动识别及智能上线系统、机动车安全检测远程检验监管系统、机动车环保检测远程监管系统、机动车远程监销系统、智慧检测站系统。其他配套业务可根据客户个性化需求，自主设计，独立研发。

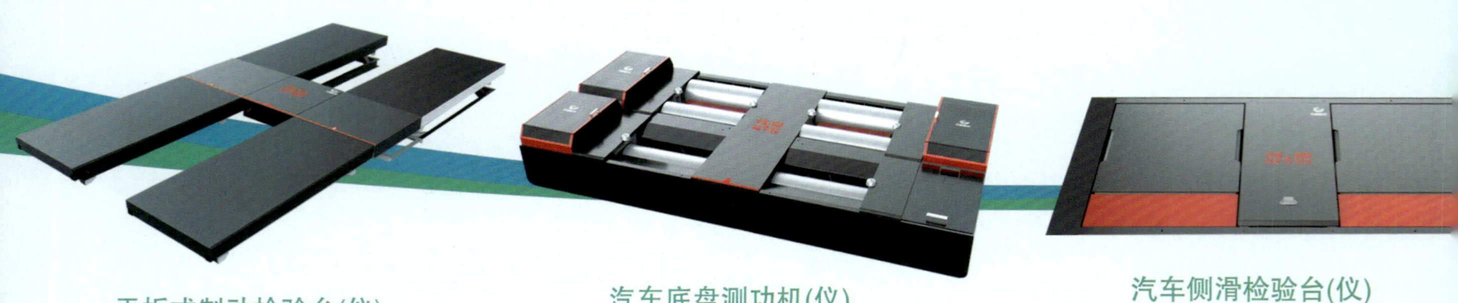

平板式制动检验台(仪)　　汽车底盘测功机(仪)　　汽车侧滑检验台(仪)

高新技术企业

证书

Appraisal Certificate

Henan wanguo technology share CO.,Ltd.

河南万国科技股份有限公司

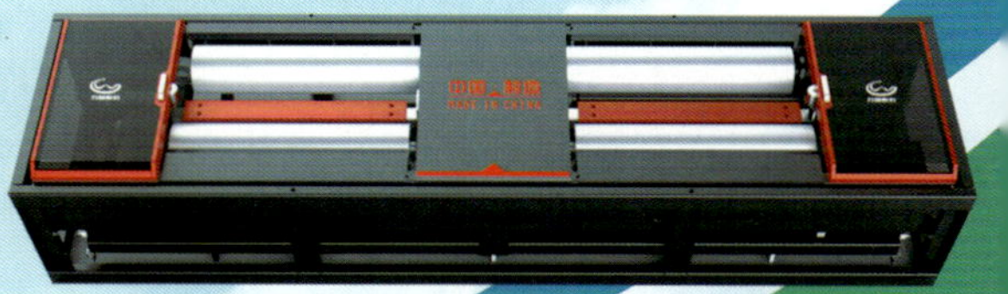

轮重检测台

侧滑检测台

摩托车检测设备

公司简介

Company profile

苏州太平洋汽车保修设备有限公司成立于1994年，是集设计、生产及销售汽车、摩托车设备于一体的专业公司，拥有一批长期从事机动车检测设备研制、生产的机械、电子及计算机软件工程技术人员。公司于2002年通过ISO 9001质量管理体系认证。公司于2004年在苏州高新技术开发区购地约2.4×104m²建造生产厂房，现已完成房建设并投入使用。

苏州太平洋汽车保修设备有限公司是生产汽车、摩托车检测设备的专业公司，是中国道路交通行业协会、中国汽车维修行业协会、中国汽车保修设备行业协会会员单位及中国计量协会会员单位。公司现有员工40余名，其中具有中级及高级以上职称的技术人员8名，具有初级技术职称的人员10名，公司利用完全自主品牌开发生产的汽车、摩托车检测设备及全自动检测系统的优势，积极参与市场竞争，提高了企业在市场的知名度和市场占有率。公司现有品种、规格齐全的几十种产品供用户选用，是国内少数几家能够整套独立开发、生产汽车、摩托车检测设备的公司之一。

公司生产的检测设备已装备在众多公安系统车辆管理部门、交通管理部门及汽车制造、汽车修理企业，公司以向广大用户提供技术先进、质量可靠、操作方便的检测设备及向用户提供周到的售后服务为目标，得到了用户的广泛好评。

苏州太平洋汽车保修设备有限公司将一如既往地立足于汽车后市场，积极面向智能交通，运用“物联网”“云计算”等新技术，为机动车检验机构、政府部门、行业管理部门提供优质的产品和服务，将配合公安、交通、环保及市场管理部门做好监管工作。

公司厂门

外廓尺寸检测仪

公司产品
Company product

(1) SPL系列汽车制动力检测台；
(2) SPLJZ系列加载式汽车制动力检测台；
(3) SPLPB系列平板式轮重、制动力检测台；
(4) SPZ系列汽车轴重检测台；
(5) SPH系列汽车侧滑检测台；
(6) SPS系列汽车车速表检测台；
(7) SPJ系列汽车底盘间隙检测台；
(8) SPXG-1汽车悬挂检测台；
(9) SPZJ系列汽车转向角检测台；
(10) SPJS系列地沟举升机；
(11) SPG-1A系列汽车底盘测功机（碳平衡法油耗检测）；
(12) SPDJ多功能车轮定位、转向角测试台；
(13) SPG-3（ASM/VMAS/LUGDWON）尾气检测系统；
(14) SPG-13（LUGDWON/ASM）重型柴油/汽油车尾气检测系统；
(15) SPWK-1车辆外廓尺寸检测仪；
(16) SPM系列摩托车（二轮、三轮）安全性能检测设备；
(17) SPCM摩托车移动检测系统；
(18) SPTS系列汽车全自动检测系统；
(19) SPTS-4.SHY汽车安全、综合、环保（三合一）检测计算机网络系统；
(20) SPTS-AJ.JK汽车安检实时监控系统；
(21) SPTS-HJ.JK汽车环检实时监控系统。

制动力检测台

加载式制动力检测台

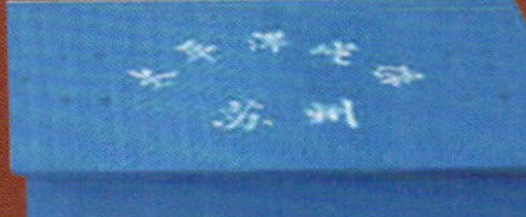

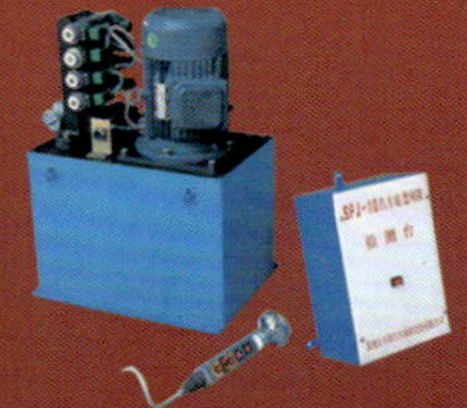

底盘间隙检测台

轻型汽车环保检测系统

重型汽车环保检测系统

地址：中国苏州高新技术产业开发区
（虎丘区）珠江路900号
邮编：215151
电话：0512-87679071、87679988
传真：0512-87679068
E-mail:zhoujingxing@126.com
网址：www.tpyqb.com

公司产品的设计原则是：高起点，强创新，生产满足客户需求的一流产品。

公司的服务宗旨是：高效、精密、细致、严格。

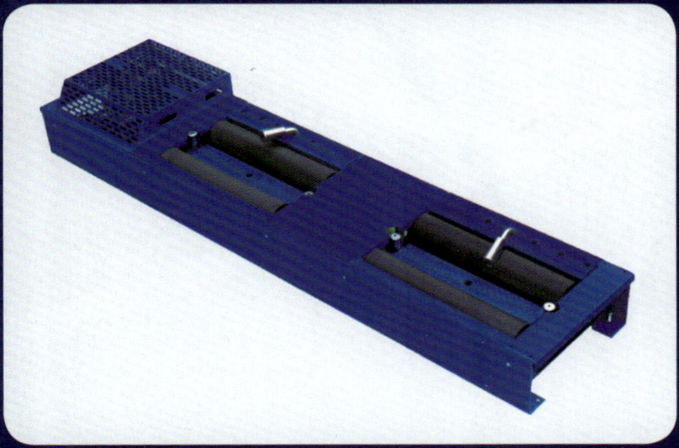
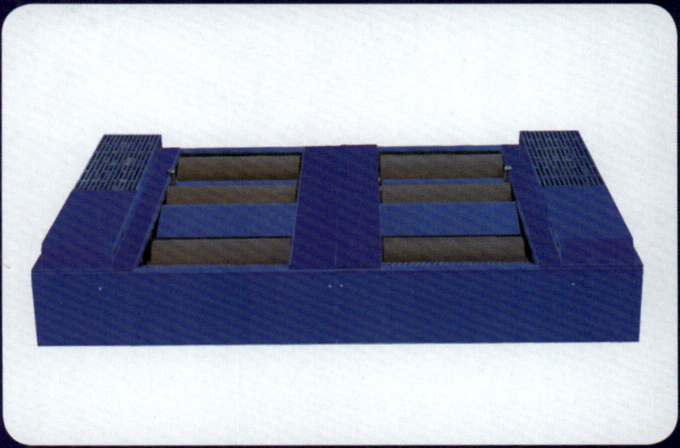
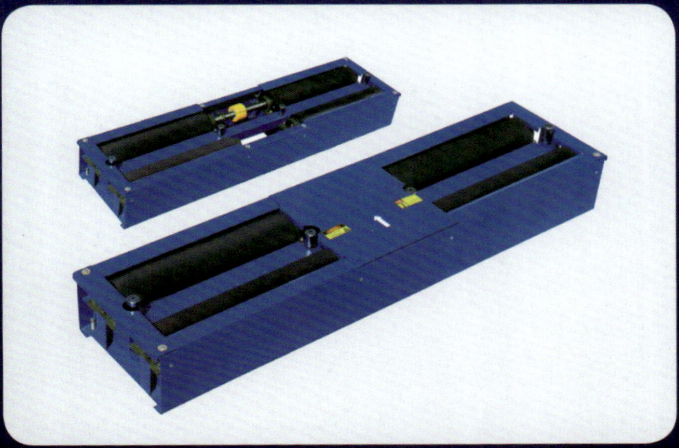
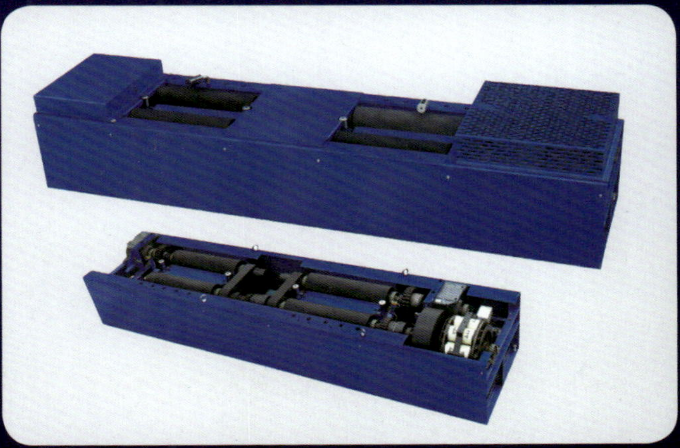
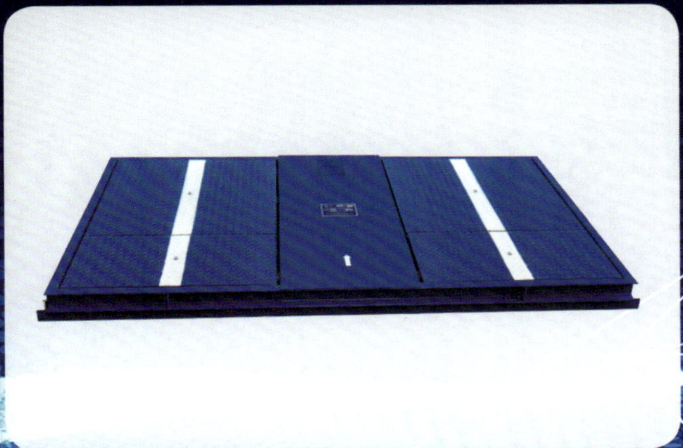
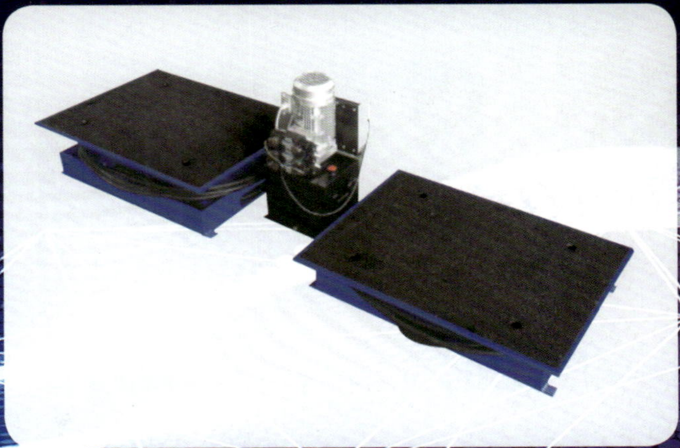
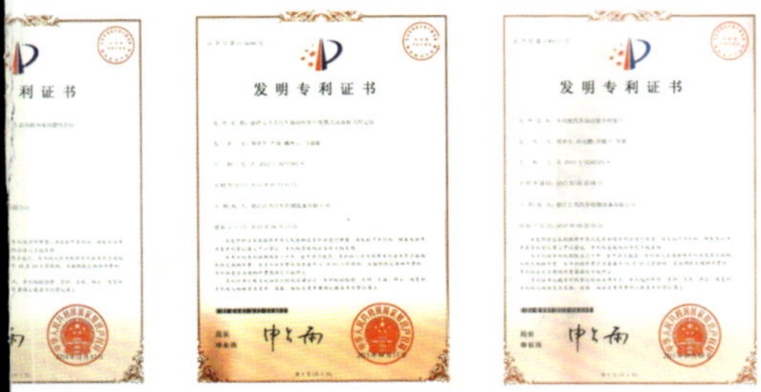

浙江江兴汽车检测设备有限公司

江兴 JIANG XING

地址：浙江省丽水市缙云县新碧工业园区新辉路18号

电话：0578-3218281

天津市圣威科技发展有限公司

天津市圣威科技发展有限公司成立于2000年，是一家致力于科技、汽车、交通、环保领域的国家级高新技术企业。

一直以来，圣威科技秉承“为客户创造价值”的经营理念，坚持自主研发，不断为客户提供具有竞争优势的产品和解决方案。

目前，圣威科技主要从事汽车尾气分析仪、不透光烟度计、氮氧化合物检测仪、便携式柴油车尾气分析仪、便携式制动性能检测仪、固定式水平遥感尾气监测系统、固定式垂直遥感尾气监测系统、移动式机动车尾气遥感监测车、黑烟车智能抓拍系统的研发和生产。

圣威科技具备完善的质量保障体系，产品应用广泛，连续几年获得质量管理体系、环境管理体系、职业健康安全管理体系认证，并在检测领域取得几十项专利证书，保证产品的质量可靠，性能优越。近年来，圣威科技不断地与各地方的生态环境局、交通局展开深度的合作，为当地的环保事业贡献了一份力量。

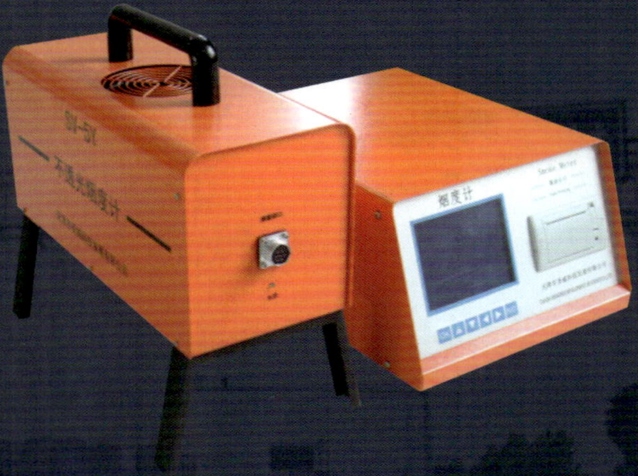

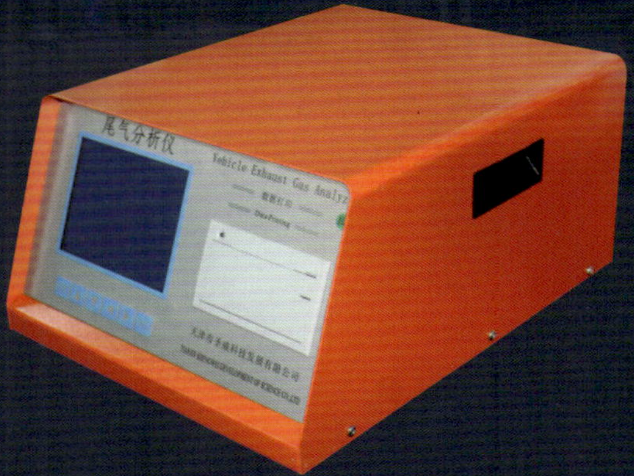

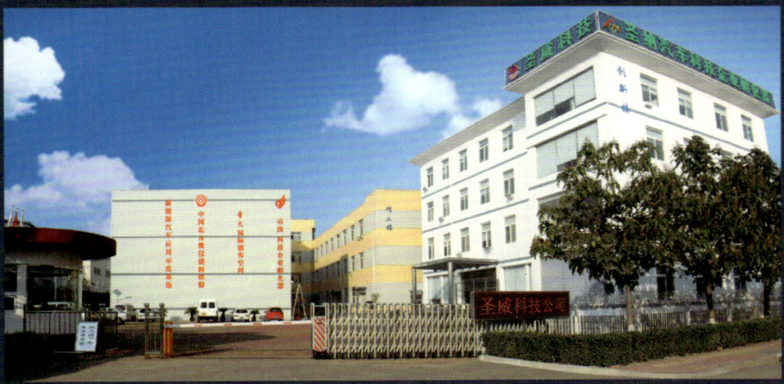

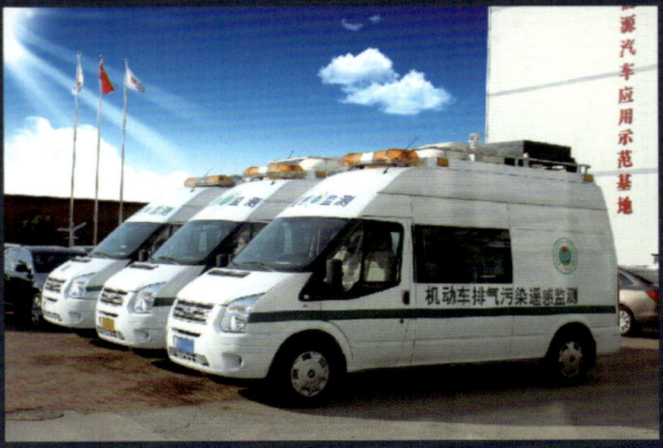

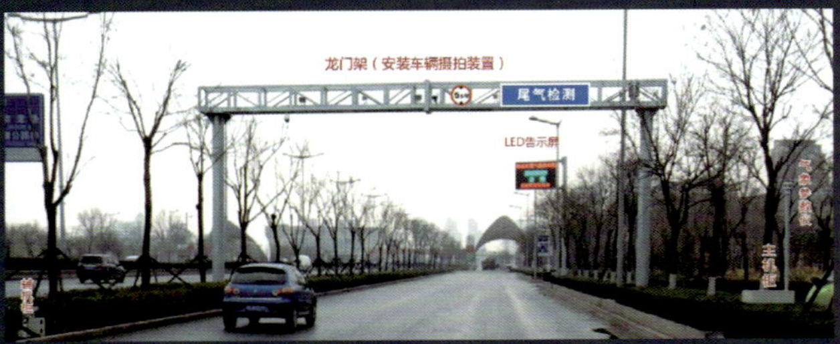

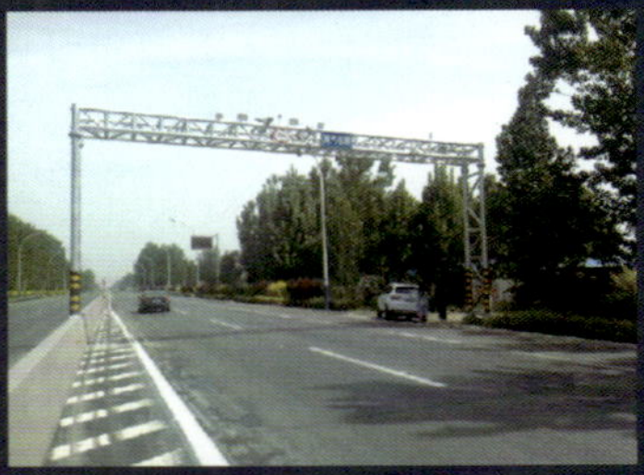

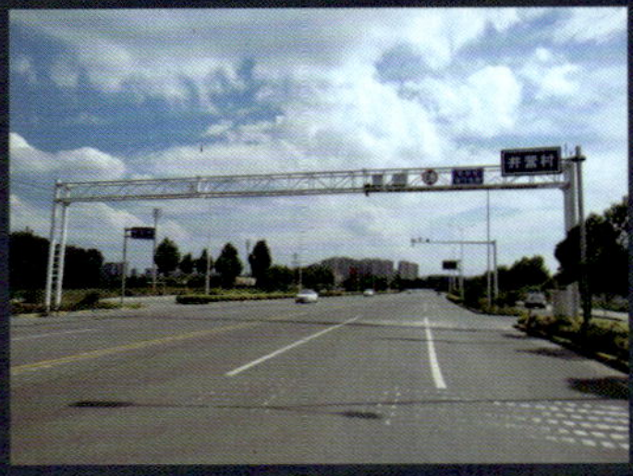

地址：天津市西青区中北工业园金霞路18号　邮编：300112
公司电话：022-27980166　传真：022-27980166　移动电话：13312148801

山东正能汽车检测装备有限公司

www.sdzhengneng.com

本公司多年精耕汽车厂高端检测线，在 14 年前就投资研发汽车主动安全防抱制动系统 ABS 检测技术，已获得两项关于 ABS 检测核心发明专利，已经具备与国际大品牌同台竞标高端检测线的实力与业绩。本公司辖设烟台光宇汽车设备科技有限公司、烟台高能软件有限公司、烟台鑫正能汽车检测有限公司三家子公司，其中烟台光宇汽车设备科技有限公司成立于 2001 年，至今已从事机动车检测设备研发生产销售二十余年，是一家集汽车检测设备研发生产销售为一体化的专业科技公司。公司具备较强的新产品研发和生产能力。产品涉及汽车研发和生产领域在用车检测三大类产品，公司产品遍及海内外，仅汽车厂客户多达 120 多家，包括国内吉利、一汽、北汽、苏州金龙、厦门金龙、河北中兴、众泰汉腾、开沃汽车（原南京金龙）、北汽福田、新吉奥、电咖汽车、合众汽车等著名的汽车厂家。

本公司通过 ISO 9001 质量体系认证，有 5 类产品获得欧盟 CE 证书，获得 5 项发明专利、50 项实用新型专利证书、25 项软件著作权。

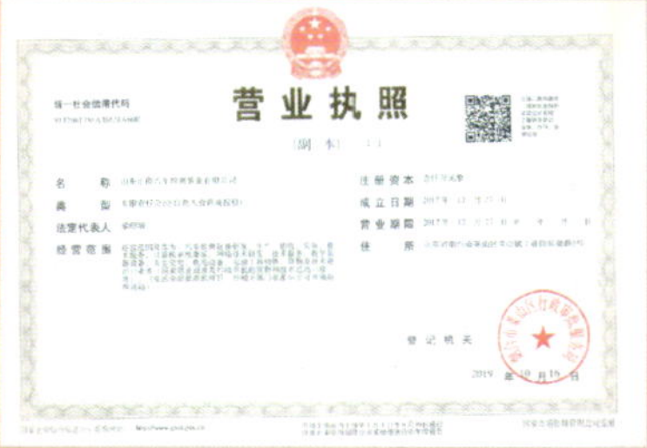

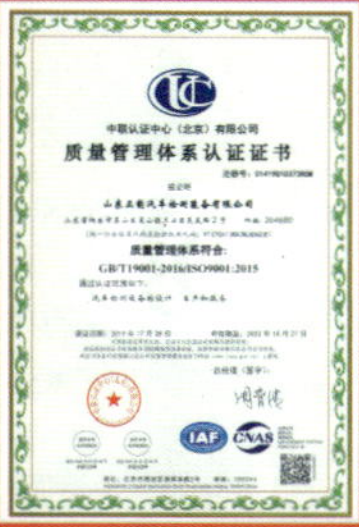

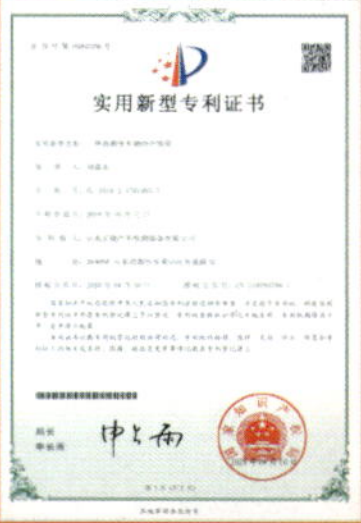

本公司部分汽车检测设备已经获得欧盟安全质量体系认证证书，并出口到菲律宾、巴拉圭、蒙古、哈萨克斯坦、伊朗、缅甸、尼日利亚等国家。

汽车厂高端检测设备：非接触式动态激光四轮定位仪、综合转鼓台。发明专利：汽车制动性能综合检验台含 ABS 及 EBD 检验、龙门大灯仪、接触式动态四轮定位仪。智能汽车关键检测技术研发及产业化已经完成并投放市场，整车研发实验关键设备“48 英寸交流电力底盘测功机”。本公司是唯一填补高端检测线设备“非接触式动态激光四轮定位仪、综合转鼓台、龙门大灯仪”空白的国内企业！交流电力底盘测功机销量位居国产品牌销量的前三强。

不忘初心，以振兴民族高端检测事业为己任，以上项目的成功不仅打破国外的技术壁垒和垄断，也将极大提升我国在该领域的综合实力及影响力！

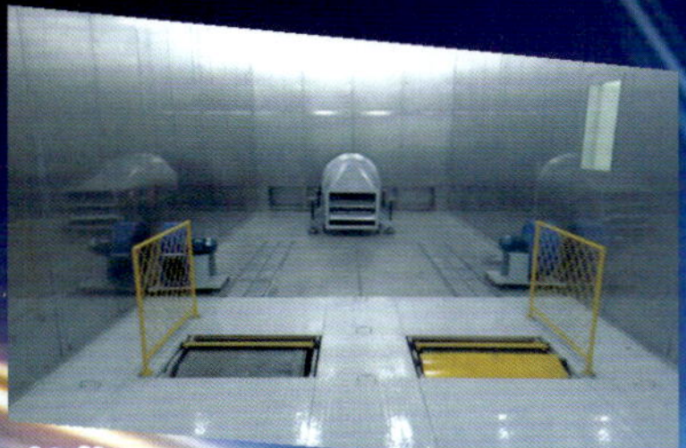

48英寸两驱交流永磁同步电力底盘测功机

ADAS高级辅助驾驶功能标定设备

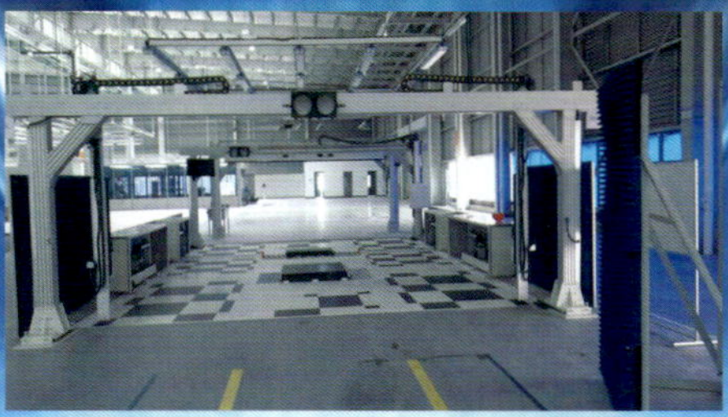

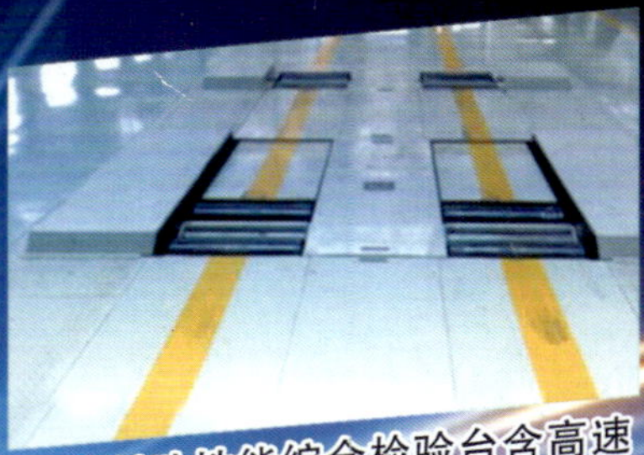

汽车制动性能综合检验台含高速ABS检验

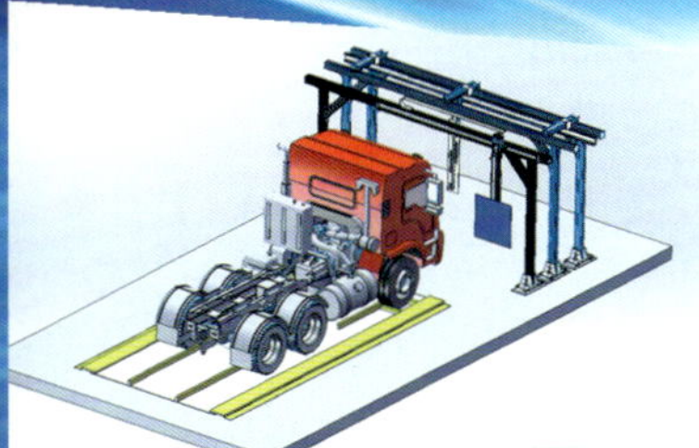

大车ADAS高级辅助驾驶功能标定设备

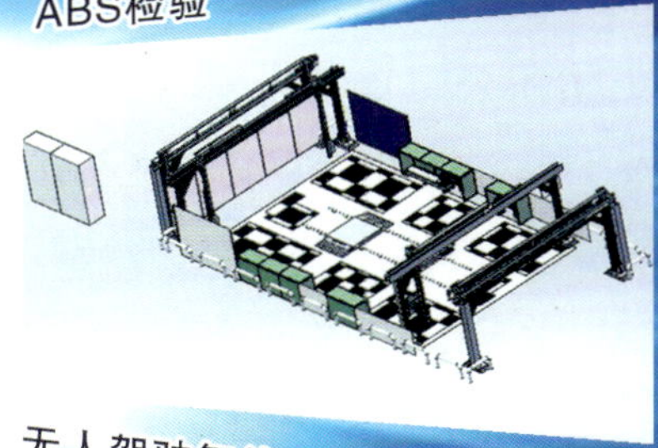

无人驾驶智能实验检测线

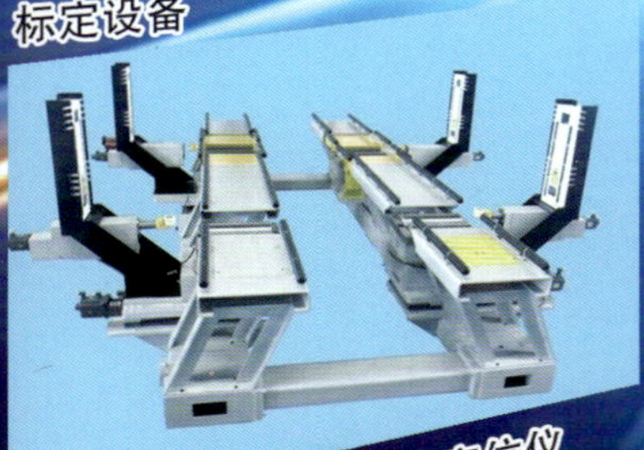

非接触式动态激光四轮定位仪

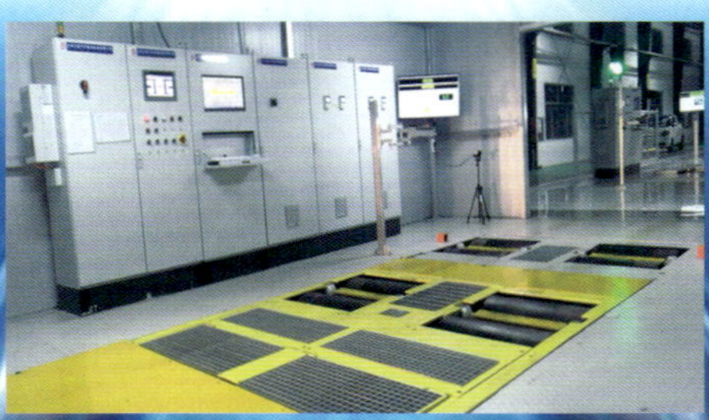

GYZG汽车防抱制动系统（ABS、EBD）性能综合转鼓台

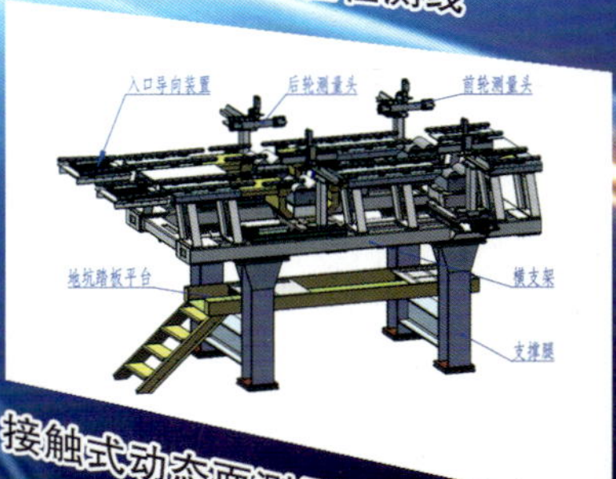

接触式动态面测量四轮定位仪

地址：烟台市莱山区昊晟路 2 号　电话：0535-6778072　13370917979　邮箱：yantaiguangyu@126.com